Fedor
Dostoievski

Autore Selectos

Fedor
Dostoievski

Los hermanos Karamazov
El jugador
Noches blancas
El gran inquisidor
Novela en nueve cartas

Grupo Editorial Tomo, S. A. de C. V.,
Nicolás San Juan 1043,
03100, México, D. F.

1a. edición, septiembre 2009.

© Fedor Dostoievski
  The Brothers Karamasov
  The Gambler
  White Nights
  The Legend of the Great Inquisitor
  A Novel in Nine Letters
  Traducción: Rafael Rutiaga

© 2009, Grupo Editorial Tomo, S.A. de C.V.
  Nicolás San Juan 1043, Col. Del Valle
  03100 México, D.F.
  Tels. 5575-6615, 5575-8701 y 5575-0186
  Fax. 5575-6695
  http://www.grupotomo.com.mx
  ISBN-13: 978-607-415-120-6
  Miembro de la Cámara Nacional
  de la Industria Editorial No 2961

Diseño de portada: Karla Silva
Supervisor de producción: Leonardo Figueroa

Impreso en México - *Printed in Mexico*

Prólogo

Fedor Dostoievski (1821-1881), novelista ruso, uno de los más importantes de la literatura universal, que escudriñó hasta el fondo de la mente y el corazón humanos, y cuya obra narrativa ejerció una profunda influencia en todos los ámbitos de la cultura moderna. Nació en Moscú el 11 de noviembre de 1821. Su infancia fue bastante triste y, cuando contaba sólo diecisiete años, su padre, que era un médico retirado del ejército, le envió a la Academia Militar de San Petersburgo. Pero los estudios técnicos le aburrían y, al graduarse, decidió dedicarse a la literatura.

Su primera novela, *Pobres gentes* (1846), la desgraciada historia de amor de un humilde funcionario estatal, recibió buenas críticas por su tratamiento favorable de los pobres, víctimas de sus terribles circunstancias. El libro era bastante novedoso, pues añadía la dimensión psicológica a la puramente narrativa, en su análisis de los conflictos del protagonista observándolos desde su propio interior. En su siguiente novela, *El doble* (1846), y en otros trece esbozos y cuentos que escribió durante los siguientes tres años, el autor ruso continuó explorando las humillaciones y el consecuente comportamiento de los desheredados. En 1849, su carrera literaria quedó fatalmente interrumpida. Se había unido a un grupo de jóvenes intelectuales que leían y debatían las teorías de escritores socialistas franceses, por aquel entonces prohibidos en la Rusia zarista. En sus reuniones secretas se infiltró un informador de la policía, y todo el grupo fue detenido y enviado a la prisión. En diciembre de 1849 se les condujo a un lugar en que debían ser fusilados pero, en el último momento, se les conmutó la pena máxima por otra de exilio. Dostoievski fue sentenciado a cuatro años de trabajos forzados en Siberia y a servir a su país, posteriormente, como soldado raso. Las tensiones de ese periodo le desataron una epilepsia, que sufriría durante el resto de su vida.

En *Memorias de la casa de los muertos* (1862), publicada en *Vremya* (Tiempo), la revista que él mismo fundó en 1861, Dostoievski describió con todo detalle el sadismo, las condiciones infrahumanas y la falta total de privacidad entre los presos, resultado de su experiencia puesto que en la cárcel le habían tratado a él, "un caballero", con desprecio. En él también se produjo un cambio espiritual y psicológico. Sus lecturas de aquel periodo, limitadas a la Biblia, le empujaron a rechazar el ateísmo socialista, de inspiración occidental, que había practicado en su juventud. Las enseñanzas de Jesucristo se convirtieron en la suprema confirmación de las ideas éticas y de la posibilidad de la salvación a través del sufrimiento.

La brutalidad de los delincuentes, salpicada a veces por gestos de valentía y generosidad, y por sentimientos nobles, le ayudaron a profundizar en su conocimiento de la complejidad del espíritu humano. Liberado en 1854, se le envió a una guarnición militar en Mongolia, donde pasó los siguientes cinco años hasta que recibió permiso para regresar a San Petersburgo, en compañía de una viuda aquejada de tuberculosis, con la que se había casado y que no le hizo feliz.

Al regresar a San Petersburgo, Dostoievski retomó su carrera literaria, lanzando una publicación mensual en colaboración con su hermano Mijáil, llamada *Vremya* (Tiempo). En ella publicó, en capítulos, *Memorias de la casa de los muertos*, al igual que *Humillados y ofendidos* (1861). En esta melodramática historia, muy apreciada por los lectores debido a su compasivo tratamiento de los desheredados, el autor ruso presenta por primera vez el tema de la redención y del logro de la felicidad a través del sufrimiento.

Su primer viaje al extranjero, un deseo que había acariciado desde mucho tiempo atrás, quedó reflejado en *Notas de invierno sobre impresiones de verano* (1863), ensayo en el cual describe la mecánica monotonía de la cultura de la Europa occidental. Cuando la revista fue cerrada, por un artículo supuestamente subversivo que se publicó en ella, los dos hermanos se embarcaron, en 1864, en el proyecto de *Epoja* (Época) otra revista de corta vida. En ella se publicó el comienzo de la única novela filosófica de Dostoievski, *Memorias del subsuelo* (1864). Esta obra, considerada como el prólogo a las obras mayores de su autor, es un autoflagelante monólogo en el que el narrador, un rebelde contrario al materialismo y al conformismo imperantes en la sociedad, constituye el primero de los antihéroes enajenados de toda la historia de la literatura moderna. Tras la larga enfermedad y muerte de su mujer en 1864, y la de su hermano, cuyas deudas financieras se vio obligado a pagar, quedó prácticamente en la ruina.

A cambio de un préstamo, se comprometió con un poco escrupuloso editor a cederle todos los derechos de sus obras si no le entregaba una novela completa en el plazo de un año. Dos meses antes de cumplirse ese plazo, le presentó *El jugador* (1866), basada en su propia pasión por la ruleta. Para transcribir esta novela había contratado los servicios de una mecanógrafa, Anna Snitkina, con la que se casaría poco después, y con la que alcanzaría felicidad y satisfacción.

Dostoievski se pasó los siguientes años fuera del país, para escapar de los acreedores. Fueron años de pobreza, pero de gran creatividad. Durante este periodo, consiguió finalizar *Crimen y castigo* (1866), que había comenzado antes que *El jugador*, y *Los endemoniados* (1871-1872). Cuando regresó a Rusia, en 1873, había obtenido ya el reconocimiento internacional. Su última novela, *Los hermanos Karamazov* (1880), la completó poco antes de su muerte, acaecida el 9 de febrero de 1881 en San Petersburgo.

Sobre estas cuatro últimas novelas, en las que Dostoievski traslada a sus narraciones los problemas morales y políticos que le preocupan, descansa el reconocimiento universal. En el interior de argumentos ingeniosamente construidos para mantener el interés del lector hasta el final, el autor crea unos personajes heroicos, de carácter dinámico y autónomo, y los coloca en situaciones extremas. Cada novela se centra en la exploración de sus conflictivas vidas, de sus motivaciones y de la justificación filosófica de sus existencias. De cada una de ellas, el autor llevó un cuaderno de notas. Todos ellos fueron traducidos a comienzos de este siglo, y constituyeron una impagable revelación de sus métodos creativos.

En *Crimen y castigo*, probablemente su mejor novela, un estudiante pobre, Raskolnikov, asesina y roba a una vieja avara a la que considera un parásito, con el fin de destruir esa vida que le parece miserable y salvar la de sus familiares, sumidos en la indigencia. Atormentado por su culpa y su aislamiento, termina por confesar y por redimirse espiritualmente. El tema principal de esta novela es un análisis sobre si un ser, que se ve como un individuo extraordinario, tiene derecho a quebrantar el orden moral.

En cambio, el protagonista de otra de sus novelas, *El idiota*, es un personaje mesiánico, concebido por el autor como el paradigma del hombre bueno. El príncipe Mishkin irradia sinceridad, compasión y humildad, y se convierte en un defensor público de estas virtudes, pero es derrotado finalmente por sus propios odios y deseos. *Los endemoniados* es una novela sobre un grupo de conspiradores revolucionarios que usan tácticas terroristas para conquistar sus metas. El protagonista, Stavrogin, es un personaje demoníaco y autodestructivo, con una ilimitada inclinación hacia la crueldad.

Los hermanos Karamazov, considerada como una de las grandes obras maestras de la literatura universal, constituye la expresión artística más poderosa de la habilidad de Dostoievski para traducir a palabras sus análisis psicológicos y sus puntos de vista filosóficos. Su argumento, el de una historia de misterio sobre un asesinato, se adentra en el terreno del parricidio y de las tensiones familiares. La profunda significación intelectual y espiritual de esta extensa novela se va revelando a través del enfrentamiento entre los tres hermanos, el intelectual escéptico, Iván; el pasional hombre de acción, Dimitri; y el bondadoso novicio en un monasterio, Aliosha. Los tres protagonistas, símbolos metafísicos del cuerpo, la mente y el espíritu que habitan en el hombre contemporáneo, llevan a cabo un prolongado y apasionado debate sobre los temas que preocupaban al autor desde su juventud: la expiación de los pecados a través del sufrimiento, la necesidad de una fuerza moral en este universo racional, la lucha entre el bien y el mal, el valor supremo de la libertad y del individuo, y la más importantes de todas las preguntas, y de la que sólo se han dado respuestas parciales: cómo debe vivir un ser humano y para quién tiene que hacerlo.

La creación simbólica de mundos en los que héroes traspasados por el carácter trágico de la vida buscan la verdad y la autorrealización conforma la característica más destacada de las últimas obras de Dostoievski, que las convierte en obras universales e intemporales. A través de ellas, el escritor ruso se anticipó a la moderna psicología, al explorar los motivos ocultos y llegar a comprender de un modo intuitivo el funcionamiento del inconsciente, que se manifiesta claramente en las conductas irracionales, el sufrimiento psíquico, los sueños y los momentos de desequilibrio mental de sus personajes. Preparó, asimismo, el camino para las aproximaciones psicológicas llevadas a cabo por la literatura del siglo XX y por los escritores del surrealismo y el existencialismo.

El jugador, originalmente llamado *Ruletemberg*, es un relato nacido a la sombra de *Crimen y castigo*, escrito sólo en veinte días, en 1866, bajo el agobio de un contrato leonino. En ella el lector puede constatar las insuficiencias y desequilibrios de un texto realizado en estas circunstancias.

Pero *El jugador* es una obra menor que se convierte en mayor cuando advertimos la nitidez con que se desarrolla en ella aquella tarea para la que Dostoievski estaba más dotado: la anatomía de una pasión. Todas sus novelas son, como sabemos, espacios asfixiantes donde se entrecruzan las pasiones humanas en conjuntos poderosos pero, asimismo, caóticos. *El jugador*, por el contrario, enfrenta a los lectores con una única pasión, la del juego, que emerge como matriz de todas las demás. La atracción de muchos escritores modernos por el juego está bien atestiguada y en la propia literatura rusa encontramos ejemplos relevantes. Pero la incursión de Dostoievski quizá se acerque más a lo expresado por pintores que, como Munch y Bacon, creían hallar en los casinos de juego los talleres idóneos para estudiar descarnadamente las emociones humanas: el rostro del apostador tiene, para ellos, la virtud de contener en potencia las reacciones más extremas.

La gran aportación de Dostoievski a la literatura universal consistió en dar un nuevo enfoque a la novela según el cual el narrador ya no está fuera de la obra relatando acontecimientos más o menos ajenos a él, sino que su presencia se manifiesta con voz propia, como si de otro personaje se tratara.

Luis Rutiaga

Los hermanos
Karamazov

Primera parte
Una reunión desafortunada

Capítulo I

Era una bella mañana clara y tibia de fines de agosto. La reunión de la familia Karamazov, con el *starets* Zossima, debía tener lugar a las once y media, inmediatamente después de la última misa.

Habían recurrido a este medio desesperado, a un consejo de familia, para intentar allanar las diferencias existentes entre Fedor Pavlovitch Karamazov y su hijo primogénito Dimitri Fedorovitch. Confiaban en que la dignidad y la personalidad del *starets* podrían imponer la reconcialización entre ambos.

Dimitri Fedorovitch reclamaba la herencia de su madre, y Fedor Pavlovitch pretendía haber dado a su hijo todo lo que le pertenecía. Este desacuerdo alcanzaba entonces su punto culminante. Sus relaciones se habían envenenado hasta llegar a ser insoportables.

Los invitados fueron conducidos en dos carruajes. En el primero llegaron Piotr Alejandrovitch Miusov, pariente de Fedor Pavlovitch y Piotr Formitch, un jovenzuelo silencioso y tímido, que estaba a punto de ingresar en la universidad. Sin embargo, en la intimidad, el chico hablaba y jugueteaba alegremente. Era amigo del más joven de los tres hijos de Fedor Pavlovitch, Alexey Fedorovitch, a la sazón novicio en el convento del monje Zossima.

En el otro vehículo, viejo y destartalado, vinieron Fedor Pavlovitch y su hijo Fedorovitch. Dimitri Fedorovitch, a pesar de haber sido avisado como todos los demás, no había llegado todavía.

Exceptuando a Fedor Pavlovitch, parecía que los invitados no hubiesen estado nunca en un convento. Particularmente Miusov, un viejo liberal residente en París que hacía treinta años que no entraba en una iglesia.

—¡Diantre! —exclamó, apenas entró—. En esta casucha no sabe uno a quién dirigirse.

En aquel momento apareció un hombrecillo calvo, de ojos apacibles, envuelto en un amplio capote, y el cual se anunció como hacendado de Tula.

—Yo le acompañaré —dijo— a la celda del monje Zossima.

Por el camino encontraron a otro religioso que les dijo muy cortésmente:

—El padre superior le invita a almorzar en su casa, después de que haya visitado usted el monasterio. También le invita a usted —añadió, volviéndose hacia el rico labrador de Tula.

Éste marchó al punto, solo, a la celda del superior, y el monje se encargó de conducir a los forasteros, los cuales atravesaron un bosquecillo, guiados por aquél.

—He aquí el retiro —exclamó Pavlovitch—. Ya hemos llegado... ¡Ah, está cerrada la puerta!

Seguidamente comenzó a hacer repetidas veces la señal de la cruz delante de los santos pintados encima y a los lados de la entrada.

—¿Cuántos padres son ustedes? —preguntó al monje.

—Veinticinco —contestó el otro.

—Que, según creo, pasan la vida mirándose unos a otros y comiendo coles a todo pasto, ¿eh? ¿Y es cierto que no ha traspasado jamás una mujer el umbral de esta puerta?... ¡Es sorprendente!... Sin embargo, dicen que Zossima recibe también a las señoras. ¿Cómo se explica esto?

—Son campesinas —respondió el monje—. Vea; en este momento hay varias que esperan. En cuanto a las señoras de la alta sociedad, han construido aquí, en la galería, fuera del recinto, dos celdas, cuyas ventanas son esas que ve usted, y a través de ellas es por donde se comunican con el superior. Mire usted, allí una *pomiastchitsa* de Kharcov que le espera con su hija enferma. Sin duda el *starets* ha prometido que la escuchará, si bien, de algún tiempo a esta parte, sale raramente, a causa de su notable debilidad.

—Y, ¿hay alguna otra puerta para los *barines*...? No crea usted, padre, que hago yo esta pregunta por malicia, ¡no! Pero en él monte de Athos no sólo no entran mujeres, sino que no admiten ninguna especie femenina; ni gallinas, ni yeguas, ni...

—Fedor Pavlovitch —dijo Miusov—, si no cesa usted de burlarse, le dejo, y le advierto que lo harán salir de aquí a viva fuerza.

—¿Lo molesto?

—Esperen un momento, señores —observó el monje—. Voy a avisar al *starets*.

—Fedor Pavlovitch —murmuró Miusov—, por última vez le digo que, si sigue comportándose mal, se arrepentirá.

—No comprendo esa advertencia de su parte —repuso Pavlovitch con aire burlón—. ¿Son, acaso, sus pecados los que le atormentan? Ya sabe usted que el *starets* lee en los ojos de las personas el motivo que les lleva a él. Y lo que más me extraña es que usted, un parisiense, como si dijéramos, un hombre de ideas avanzadas, dé tanto crédito a lo que dicen los monjes.

Miusov no tuvo tiempo de responder. El monje había vuelto y les hizo saber que ya les esperaba.

Capítulo II

Inmediatamente entraron en una especie de sala, casi al mismo tiempo que el *starets*, quien salió de su habitación a recibirles, acompañado de Aliosha y de otro novicio. Todos saludaron al anciano con afectada cortesía. Zossima estaba a punto de alzar las manos para bendecirlos, pero al observar aquella frialdad, se abstuvo de hacerlo, y devolviendo el saludo les invitó a sentarse. Aliosha se ruborizó visiblemente.

Dos monjes más asistían a aquel coloquio, uno se sentó junto a la puerta y el otro cerca de la ventana. Aliosha, otro novicio y un seminarista, permanecieron de pie. La celda era reducida y la atmósfera pesada; los muebles, pocos y modestísimos. Delante de una imagen de la Virgen, oscilaba la luz de una lámpara. Dos esculturas más, cargadas de espléndidos ornamentos, brillaban, próximas a la de la Virgen. En el resto de la estancia se encontraban diseminados los más diversos objetos religiosos, unos de una vulgaridad pasmosa y otros, en cambio, verdaderas obras del arte antiguo italiano. En los muros se veían retratos litografiados de obispos muertos y vivos. Miusov ojeó distraídamente todos aquellos atributos y fijó luego su mirada en el *starets*. El aspecto de éste le disgustó desde un principio; y a decir verdad, el rostro del viejo tenía algo capaz de hacerle antipático a cualquiera. Era un hombre pequeño, encorvado, con las piernas vacilantes. Tenía sesenta y cinco años, pero la enfermedad que lo consumía le hacía parecer diez años más viejo. Su rostro enjuto, seco, por decirlo así, estaba lleno de pequeñas arrugas por todas partes, especialmente en torno de los ojos, ojos diminutos, vivos, brillantes como dos carbones encendidos. Sólo le quedaban algunos cabellos, cortos y grises, alrededor de las sienes; la barba, rala; sus labios sonrientes y delgados como un bramante. La nariz, de regular dimensión y bastante puntiaguda.

"El aspecto de este hombre —pensó Miusov— hace presentir un alma vanidosa y perversa".

El reloj dio las doce. Como si hubieran estado esperando esta señal, la conversación comenzó enseguida.

—La hora convenida —dijo Pavlovitch— y mi hijo Dimitri no ha llegado. Le ruego que le perdone, santo *starets*.

Aliosha se estremeció al oír aquellas dos últimas palabras.

—En cuanto a mí —continuó Pavlovitch—, siempre soy exacto. Puntualidad militar. La puntualidad es la cortesía de los reyes.

—Y usted cree ser un rey, ¿verdad? —murmuró Miusov.

—Ciertamente, no; ya lo sé. ¡Qué quiere usted! No digo más que disparates... Perdóneme, santo varón —dijo Pavlovitch, volviéndose hacia el superior—. Soy una especie de payaso, de bufón... pero hablo sin malicia; solamente para tratar de distraer a la gente... La alegría es un remedio barato y eficaz... A propósito, *gran starets:* hace tres años, lo menos, que tenía la intención de venir aquí a informarme para esclarecer algunas dudas... Escúcheme; mas le ruego que no permita a Miusov que me interrumpa. ¿Es cierto, venerable padre, que hubo un santo mártir, el cual, luego de haber sido decapitado, recogió su cabeza, la besó con amor y anduvo durante mucho tiempo sosteniéndola siempre y sin cesar de besarla?... ¿Es esto verdad, o es falso, mis buenos padres?

—No es cierto —respondió Zossima.

—En el martirologio no existe semejante cosa. ¿Qué santo era ése? —preguntó el padre bibliotecario.

—No sé su nombre. No sé nada. Me habrán engañado. Fue Miusov quien me lo contó.

—¡Oh, qué embuste! —exclamó el aludido—. ¿Cuándo he hablado yo a usted de eso?

—A mí no me lo dijo usted; pero contó esta historia, hace tres años, en una reunión en que me encontraba yo. Sí, sí; usted ha sido la causa de que mi fe haya vacilado durante todo ese tiempo. A usted le debo mi rebajamiento, mi relajación moral...

Pavlovitch hablaba patéticamente, si bien ninguno tomaba en serio las farsas que relataba.

Miusov, no obstante, se enfadó.

—¡Cuánto desatino! —murmuró—. Dice usted más disparates que palabras...

—¿Acaso no lo dijo usted?

—Es posible; pero a usted no... Eso que ha dicho se lo oí yo contar a un francés en París... Un hombre ilustradísimo, que estudia especialmente la estadística de Rusia, en la cual ha vivido durante mucho tiempo... Yo, la verdad, no entiendo nada de eso: no he leído nunca el martirologio, ni pienso leerlo... Eso se dijo durante una cena que...

—Sí —interrumpió Pavlovitch—, una cena que me costó... la fe.

—¿Y qué, importa la fe de usted? —replicó Miusov. Y añadió luego, con acento despreciativo—. Usted contamina todo lo que toca.

Zossima se levantó de repente.

—Perdonen ustedes, señores —dijo—. Les dejo por breves momentos; hay gente que me espera y que ha llegado antes que ustedes.

Zossima salió de la estancia. Aliosha y el novicio se apresuraron a sostenerlo para ayudarle a bajar la escalera. Aliosha se alegró de tener que abandonar a sus parientes antes que éstos hubieran podido llegar a ofender al *starets*. Éste se dirigió hacia la galería para bendecir a aquellos que le esperaban, pero Fedor Pavlovitch lo detuvo todavía en la puerta de la celda.

—¡Santo varón! —exclamó, con voz conmovida—, permítame usted que le bese la mano. Sí, veo que se puede hablar libremente; que se puede vivir en su compañía. ¿Cree usted que soy bromista sempiterno?... No, padre; sepa que he representado hasta ahora esta comedia para ponerle a prueba. Quería indagar si mis palabras le causarían enojo... ¡Ah, señor, le doy un diploma de honor!... ¡Se puede, se puede vivir con usted! Ahora me callo, y no volveré a hablar hasta que termine nuestra entrevista. Desde ahora —prosiguió, mirando a Miusov—, usted tiene la palabra. Es usted el personaje más importante... por espacio de diez minutos...

Capítulo III

Abajo, en la galería de madera que formaba el recinto, no había sino mujeres: una veintena de *babás*. Se les había dicho que el monje las admitiría a su presencia. La *pomiestchika* Koklakof y su hija esperaban en la celda reservada a las señoras aristocráticas. La madre, rica, elegante, de aspecto agradable, un poco pálida, de ojos vivos y oscuros, joven todavía, pues solamente contaba treinta y tres años, se hallaba en el quinto de su viudez.

Su hija, jovencita de catorce años, tenía paralizadas las piernas: hacía seis meses que no podía andar, y era preciso transportarla en una silla de ruedas.

La muchacha era bellísima, si bien estaba bastante delgaducha, a causa de los sufrimientos. En su rostro simpático se dibujaba constantemente una sonrisa apacible. Sus ojos, orlados de largas pestañas, eran negros y grandes, y su mirada tenía algo de astuta. La *pomiestchika* hubiera deseado llevarla al extranjero durante la primavera, pero la administración de sus bienes se lo había impedido.

Llegadas a aquel lugar hacía ya una semana, habían visitado al monje hacía tres días y volvían ahora suplicando fervorosamente que se les permitiese, siquiera una vez más, tener la felicidad de ver al *gran médico*.

El starets se dirigió primeramente hacia las *babás*. Éstas acudieron prontas, en tropel, a la escalinata que separaba el recinto de la galería baja.

La escalinata contaba solamente tres escalones, y Zossima, de pie en el más alto, empezó a bendecir a las que estaban arrodilladas. Después, con gran fatiga, condujeron a su presencia una *klikusschas*. Ésta, apenas lo vio, comenzó a emitir agudos gritos, a sollozar y a temblar. Zossima colocó su estola sobre la cabeza de la mujer, rezó una breve plegaria, y la enferma se calmó de improviso.

En mi infancia he visto y oído, sobre todo en las aldeas, a las *klikusschas*. Las llevaban a la iglesia, donde entraban aullando como perros; y, de repente, se calmaban apenas llegaban al pie del altar en que estaba expuesto el Santísimo Sacramento: el demonio cesaba de atormentarlas. Este hecho me daba mucho que pensar; pero *los pomiestchika* y mis profesores me explicaron que todas estas maniobras no eran más que ficciones y que las pretendidas endemoniadas fingían su mal por pereza, para que las dispensasen de trabajar, y en prueba de ello citaban numerosos ejemplos de posesas a quienes un trato severo las había liberado para siempre del demonio. Más tarde supe con estupor que existen médicos especialistas, los cuales sostienen que no hay tal ficción, sino una enfermedad real y verdadera, propia de las mujeres, especialmente de las mujeres rusas.

Esta enfermedad, una de las pruebas más elocuentes de la insoportable condición de las campesinas de Rusia, la engendran los trabajos demasiado penosos, sobrellevados a los pocos días de haber dado a luz sin asistencia médica; las penas, los malos tratamientos, etcétera, que ciertos temperamentos femeninos no pueden soportar. En cuanto a la extraña e instantánea curación de la endemoniada conducida al pie del altar, curación que se tiene hoy día por comedia, es, probablemente, la cosa más natural del mundo.

En efecto, las *babás*, que acompañan a la enferma, y aun ésta misma, están firmemente convencidas de que el espíritu maligno abandonará el cuerpo de la posesa tan pronto como ésta sea introducida en el templo y se arrodille ante el Santísimo Sacramento: la expectativa del milagro, y de un milagro cierto, debe, necesariamente, determinar una revolución en un organismo preso de una enfermedad nerviosa, y cumplido el rito prescrito es esa misma revolución la que produce el milagro.

La mayor parte de las mujeres que allí se encontraban, lloraban de ternura y de entusiasmo. Unas se apresuraban a besar el hábito del *santo;* otras le rezaban oraciones... El monje las bendijo a todas y cambió unas palabras con varias de ellas.

—Aquélla debe venir desde muy lejos —dijo, indicando una mujer sumamente morena, mejor dicho, quemada por el sol.

—Sí, padre —respondió la mujer, rompiendo a llorar amargamente—. Desde muy lejos... muy lejos...

—¿Por qué lloras? —preguntó el *starets.*

—Por mi hijo adorado.

—¿Lo has perdido acaso?

—Sí, padre mío; lo he perdido y no puedo olvidarlo. Me parece verlo por todas partes, siempre junto a mí... y me desconsuelo, me muero de dolor... He ido a tres monasterios y me han dicho: "Ve allá lejos. Visita al padre Zossima".

—¿Eres casada?

—Sí, padre.

—¿Qué edad tenía tu hijo?

—Sólo tres años —respondió la mujer, volviendo de nuevo a sollozar—. Y era muy hermoso, santo señor: tal vez el niño más hermoso que ha existido... No, no es la pasión de madre que me ciega, no; es que no había, no podía haber niño más angelical que el mío... ¡Ah, el dolor me asesina!...

—¿Y tu esposo?

—Lo he abandonado, señor. Le he dicho que partía en peregrinaje y me he marchado... Pero él también lloraba... Ya hace tres meses que lo dejé, y ando errante, olvidada de todo, sin pensar más que en él, en mi hijo, cuya vocecita oigo por todas partes, como si me dijera: "Aquí estoy, mamita mía"; como si oyera sus diminutas pisadas a mi espalda. Pero me vuelvo y no lo veo, y yo me muero, padre, me muero de angustia.

—Escucha, madre desconsolada —dijo el monje—. ¿No sabes dónde está tu hijo?... Pues está al lado del Señor, junto al Altísimo. Los niños son los ángeles del Cielo... No te desesperes, porque él es feliz ahora. Es otro ángel que ruega a Dios por ti... Llora, llora si quieres; pero que tus lágrimas sean de gozo y no de pena.

La mujer suspiró profundamente.

—Eso mismo me decía mi esposo para consolarme —repuso—. "¡Qué tonta eres!", me repetía, "¿por qué llorar? Nuestro hijo, está ahora en el Cielo y canta con los otros ángeles las glorias del Altísimo". Pero, ¡ah, padre!, que mientras eso decía mi esposo también él lloraba...

—Sin embargo, tenía razón en lo que te aseguraba —repuso Zossima—. Tu hijo, repito, está en el seno de Dios.

—¡Ah, sí! —admitió la madre, juntando las manos—, no puede ser de otro modo. Está en el seno de Dios... pero, ¡ay de mí! Yo soy su madre y lo he perdido para siempre. ¡Ya no le veré nunca más! ¡Ya no oiré jamás su dulce acento!...

Y escondiendo la cara entre sus manos, rompió de nuevo a llorar con amargura.

—Escucha, madre amorosa —repuso Zossima, solemnemente—. ¿No crees que cometes un grave pecado desesperándote de ese modo? ¿No sabes que, en realidad, tu hijo no ha muerto?

—¿Que no ha muerto?

—No, hija mía. El alma es inmortal, y si ella es para ti invisible, sin embargo continúa la de tu amado hijo circundándole por doquier. Pero, ahora, su alma sufre.

—¡Sufre mi hijo! —exclamó, asustada, la pobre mujer.

—Sí, sufre; y sufre por tu causa.

—¡Dios santo! ¿Qué dice usted?

—La verdad. Sufre por tu causa, porque, ¿cómo quieres que pueda gozar de la eterna bienaventuranza viendo que tú abandonas aquella casa, aquel lugar de sus amores? ¿Dónde quieres que vaya tu hijo, si en ninguna parte encuentra juntos a sus padres?

—¡Oh!

—Dices que pareces verlo y oírlo, y que sufres horriblemente al no hallarlo. ¿Sabes por qué sucede eso? Porque el alma del niño amado te llama..., pero diciéndote que vuelvas al lado de tu esposo, en donde, poco a poco, te será devuelta la calma que perdiste. Tu propio hijo velará tu sueño y te inspirará resignación cristiana, para sufrir con paciencia los contratiempos que la Divinidad nos manda... ¡Ah, hija mía querida! Los humanos somos egoístas. Queremos sólo dicha y ventura material sin otorgar por ella ningún sacrificio... ¡Vuelve, vuelve, hija mía, al lado de tu marido, y allí, pensando en él los dos, hablando de vuestro hijo a todas horas, hallarás el consuelo que apeteces! ¿No estarías tranquila si supieses que tu hijo estaba, ahora, en casa de una hermana tuya?... Sí, ¿verdad? Pues, ¿cómo no has de estarlo más, sabiendo que está en la casa de Dios?

—¡Volveré, padre amado!... ¡Volveré en seguida a mi casa! —respondió la madre, apesadumbradamente.

—¿Hoy mismo?

—Hoy mismo, sí. ¡Ah, qué gran consuelo me ha dado! ¡Sí, sí! Ahora oigo la voz de mi esposo que me llama a su lado...

La madre partió con ánimo resuelto.

Entonces el monje dirigió la vista a una viejecilla vestida al uso de la ciudad.

—¿Qué le pasa a usted, matrona?

—Yo, padre —respondió la anciana—, soy viuda de un oficial del ejército, y tengo un hijo empleado en Siberia, del cual no recibo noticias hace ya un año, y deseo informarme...

—Pero yo, hija mía, no soy adivino.

—Es que...

—Hable con cuidado.

—Una amiga mía, muy rica, me ha dicho: "Escucha, Prochorovna, deberías inscribirlo en una iglesia para que rueguen por el reposo de su alma; entonces, su espíritu se sentirá ofendido y te escribirá tu hijo en seguida; tenlo por seguro. Esto se ha hecho ya varias veces".

—¡Qué disparate! —exclamó el anciano—. ¡Qué vergüenza! ¿Es posible? ¡Rogar por un alma viviente!... ¡Ah, no! ¡Eso es un pecado horrible! ¡Una brujería!... ¡No, no! Yo la perdono, y el Cielo la perdonará igualmente, a causa de su ignorancia. Ruegue usted a la Virgen que proteja a su hijo, que vele por su salud, y que le perdone a usted ese loco pensamiento que ha tenido... Escuche: o su hijo vendrá pronto, o le escribirá a usted. Váyase en paz. Su hijo vive, yo se lo aseguro.

—Gracias, padre amantísimo.

En seguida llamaron la atención del monje dos ojos que resplandecían entre la muchedumbre. Dos ojos devorados por la fiebre...

Era una joven campesina enferma, que permanecía silenciosa, mirándole fijamente; sus ojos suplicaban, pero ella no se atrevía a moverse.

—¿Qué deseas, hija mía? —preguntó Zossima.

—Su absolución, padre —respondió ella, dulcemente, arrodillándose—. ¡He pecado, padre mío, y mi pecado me asusta!

El monje se sentó en el escalón más bajo, y la mujer se le aproximó, arrastrándose sobre sus rodillas.

—Hace tres años que soy viuda —repuso ella, en voz baja y temblorosa—. La vida conyugal era muy penosa para mí. Mi marido era viejo y me maltrataba cruelmente. Después cayó enfermo, y yo pensé: "Si se mejora, volverá a levantarse, y ¿qué será de mí?..." Entonces, padre, tuve una idea horrible...

—Espera —dijo el monje, aproximando su oído a los labios de la joven—. Habla ahora.

La penitente siguió su relato en voz baja, que ninguno, salvo el confesor, podía oír.

La confesión fue brevísima.

—¿Y han transcurrido tres años desde que eso ocurrió? —preguntó el monje.

—Sí, padre; tres años. Al principio no pensaba en ello, pero ahora no puedo estar un momento tranquila.

—¿Vienes desde lejos?

—Sí.

—¿Te has confesado de ello antes?

—Dos veces.

—¿Y te han dado la comunión?

—Sí; pero temo la hora de la muerte.

—Nada temas. De nada te lamentes. Arrepiéntete y Dios te perdonará. No hay en el mundo ningún pecado que Dios se niegue a perdonar al que de veras se arrepiente de haberlo cometido. La misericordia divina no se agota jamás. Dios te ama, ahora, tanto como a los demás, porque ve tu sincero dolor. El castigo del pecador es su dolor mismo. Por eso, cuando comprende el daño causado, y lo lamenta, y se enmienda, su pena empieza a mitigarse hasta que se extingue por completo cuando hace el bien con otros humanos, y repara así el daño que antes causó... Vete, pues, y cesa de temer. Sé humilde... Soporta con paciencia las ofensas de los hombres. Perdona de corazón el mal que te hizo el difunto. El amor, hija mía, salda todas las cuentas. Piensa en esto: si yo, que soy un pecador como tú, tengo piedad de ti, ¿cuánto más grande no será la bondad divina? El amor es un tesoro de tal valía, que él sólo basta para rescatar todos los pecados del mundo; no sólo los nuestros, ¿comprendes?, sino los del universo entero. Ve, y nada temas.

Y después de hacer por tres veces consecutivas el signo de la cruz, se quitó del cuello una medallita y la colgó en el de la joven.

El monje se levantó y sonrió a una mujer llena de salud, que llevaba en los brazos una pequeñuela.

—Vengo de Nishegoria, padre mío... ¿Se ha olvidado usted de mí? ¡Qué mala memoria tiene! —dijo la mujer—. Me aseguraron que estaba usted enfermo, y entonces pensé: "Es preciso que vaya a verle". Y veo que, felizmente, no está tan mal como yo temí. Todavía vivirá usted veinte años más; puede estar seguro. ¡Que Dios conserve su preciosa salud! Nada ha de temer, porque son muchos los que ruegan por usted.

—Gracias, hija mía.

—A propósito; debo pedirle un favor. He traído conmigo sesenta *kopeks*, y le ruego que se los entregué a otra que sea más pobre que yo.

—Gracias, gracias, hija mía. Tú eres un alma buena. Haré lo que me dices. ¿Es una niña lo que llevas en brazos?

—Sí, padre: Lisavetaita.

—¡Que Dios bendiga a las dos! Tu visita me ha causado gran placer... ¡Adiós, adiós a todos, hijos míos!

Y luego de bendecir a los que allí se hallaban se retiró.

Capítulo IV

La *pomiestchika*, que asistió a aquella escena, lloraba dulcemente. Era una señora aristocrática, sensible, y de instintos verdaderamente buenos. Se levantó, y dando algunos pasos hacia el monje, que venía a su encuentro, le dijo con entusiasmo:

—¡Estoy muy conmovida!

La emoción le impidió continuar.

—Comprendo que el pueblo le ame —repuso ella—. Yo también amo al pueblo... ¡Ah, sí! ¡Es muy bueno el sencillo pueblo ruso!

—¿Cómo está su hija? ¿Desea tener otra entrevista conmigo?

—Sí. Con gusto me hubiera quedado aquí, a su puerta, tres días de rodillas, para tener el placer de hablar con usted algunos instantes. Hemos de expresarle nuestra ardiente gratitud. Ha curado usted a mi querida Liza. La ha curado absolutamente, y, ¿cómo? Rogando solamente por ella y poniéndole las manos sobre la cabeza. Hemos venido a besar sus manos veneradas, y a manifestarle nuestra gran admiración.

—¡Cómo! ¿Dice que la he curado?

—Por lo menos ha desaparecido la intensa fiebre que la atormentaba.

—¿Desde cuándo?

—Desde el jueves. Hace ya dos días que duerme tranquilamente.

—¿Y las piernas?

—Más fuertes —respondió la dama—. Vea usted sus mejillas cómo empiezan a colorearse de nuevo. Vea la brillantez de sus ojos. Antes lloraba, ahora ríe y está contenta. Hoy probó de sostenerse en pie, y ha estado más de un minuto sin apoyarse en nada. Liza dice que antes de quince días podrá ponerse a bailar. He hecho venir al doctor Herzeuschtube, y cuando la ha visto se ha quedado admirado.

—¿Qué dijo?

—Se encogió de hombros primero, y luego aseguró que no lo comprendía. ¿Y aún dirá usted que nada le debemos? ¡Da las gracias, Liza mía, da las gracias a este santo varón!

El rostro sonriente de Liza cambió de improviso, tornándose grave; se incorporó cuanto pudo, en la butaca, y volviéndose hacia el monje, juntó las manos... Pero luego, no pudiendo contenerse, soltó una carcajada.

—¡Es él! ¡Es él! —exclamó, señalando a Aliosha y mirándole con infantil despecho.

El rostro del jovencito se encendió, y sus ojos centellearon... Luego los cerró.

—¿Cómo está usted, Alexey Fedorovitch? —dijo la dama, tendiendo al joven su mano enguantada—. Liza tiene algo que decirle.

El monje se volvió, y miró atentamente a Aliosha, mientras éste se aproximaba a la jovencita, sonriendo tímidamente.

Liza adoptó un aire importante.

—Katerina Ivanovna le envía, por intermediación mía, esta carta —dijo la niña, dándole un pliego cerrado—, y me dice que le ruegue que vaya usted a verla en seguida.

—¿Que vaya yo a su casa?... ¿Y por qué motivo? —murmuró Aliosha, sorprendido.

—Creo que será a propósito de Dimitri Fedorovitch y... a todos los sucesos ocurridos últimamente —se apresuró a responder la *pomiestchika*—. Katerina ha tomado una resolución; verdaderamente necesita verle... al menos así lo dice. Irá usted, ¿verdad? El sentimiento cristiano se lo ordena.

—Sólo la he visto una vez —replicó Aliosha, sin reponerse de su sorpresa—. Bueno... iré —añadió el joven, después de leer la carta, la cual no contenía sino una calurosa súplica de que no faltase.

—Será una buena acción por parte suya —dijo Liza, animada—. Y yo pensaba que no iría usted... y hasta se lo aseguré a mamá, diciéndole que estaba usted demasiado ocupado en la salvación de su alma... ¡Qué bueno es usted! ¡Tengo verdadero placer en manifestarlo!

—¡Liza! —dijo la madre con tono que pretendía ser severo; pero sonriendo en seguida, añadió—. Usted nos olvida demasiado, Alexey. No viene usted nunca a nuestra casa... Y, sin embargo, he oído más de una vez decir a mi Liza que nunca se sentía tan bien como cuando estaba usted cerca de ella.

Aliosha bajó la vista, se sonrojó de nuevo y sonrió sin saber por qué.

El *starets* se hallaba distraído, hablando con un monje que venía de otro convento del norte. Zossima lo bendijo y le invitó a que le visitase en su celda cuando lo tuviese por conveniente. Se retiró el forastero, y la *pomiestchika*, dirigiéndose de nuevo a aquél, le preguntó:

—¿Qué clase de enfermedad es la suya, padre? Porque, aparentemente, su salud parece no haber sufrido alteración alguna... Tiene usted el rostro alegre...

—Hoy me siento mejor —respondió Zossima—; pero esta mejoría es pasajera. Conozco mi dolencia, y si aparento estar alegre, es porque el hombre se siente feliz cuando puede decir: "He cumplido mi deber". Por lo demás, me satisface su observación, ya que todos los santos se mostraron siempre contentos.

—Dichoso usted, padre, que puede creerse feliz... Pero, ¿existe acaso la felicidad? Escúcheme, señor, ya que tiene la amabilidad de permitirnos que permanezcamos aquí todavía algunos instantes, deje usted que le diga hoy todo lo que no he podido decirle otras veces, todo lo que me oprime desde hace tanto tiempo. ¡Ah, padre! Yo sufro mucho... mucho...

Y juntó las manos con exaltación.

—¿Cuál es su sufrimiento?

—La falta de... de fe.

—¿Falta de fe en Dios?

—¡Oh, no! Semejante duda no ha cruzado jamás por mi cerebro. ¡Mas la vida futura es tan problemática! Nadie puede asegurar nada a ese respecto. Escúcheme bien, padre mío. Es usted el médico de las almas. El pensamiento de la vida de ultratumba me conmueve de un modo extraordinario... Me atormenta, me estremece, me horroriza. Jamás he hablado con nadie de este asunto; mas con usted me atrevo a exponer mis ideas... Todos creen en una vida futura; pero esta creencia, ¿de qué proviene? ¿A qué obedece? Los hombres de ciencia aseguran que la fe nació del miedo que ocasionaba a los primeros seres el espectáculo de los terribles fenómenos de la Naturaleza; que la fe no tiene otro origen. ¿Es posible, oh Cielos, que al morir desaparezca todo? ¿Es posible que sólo quede de nosotros la ortiga que, como ha dicho no recuerdo qué poeta, crecerá en nuestra tumba? ¡Esto es horroroso! ¿Cómo creer después de oír tales cosas?... Además, padre, hablando sinceramente, debo decir que yo no creí sino cuando era niña, automática, sin reflexionar. ¿Cómo saber la verdad? Miro en torno a mí, y veo que hoy, nadie, nadie, se procupa de este grave problema... Y yo, sumida en honda ignorancia, sufro de un modo indecible.

—Cierto, es horrible. No hay medio de probarlo, pero, sin embargo, uno puede convencerse...

—¿Cómo?

—Ame a su prójimo sin poner límites a su amor —prosiguió el monje con santa exaltación—, y a medida que crezca su amor, se convencerá más y más de la existencia de Dios y de la inmortalidad del alma. Y si a su amor añade la abnegación, entonces creerá sin dudar nunca más.

—Escúcheme, padre —dijo la dama—. Yo amo a mis semejantes hasta tal punto, que, a veces, pienso en abandonarlo todo, hasta a mi hija, y hacerme hermana de la caridad. En esos momentos nada me asusta:

creo que asistiría a los heridos, que lavaría con mis propias manos sus heridas, que besaría sus llagas...

—El concebir semejante pensamiento es ya una gran cosa.

—Sí, pero, ¿podría soportar durante mucho tiempo esa vida de abnegación? —prosiguió ella con ardor—. He ahí mi gran inquietud. Cierro los ojos y me pregunto: ¿Podría perseverar largo tiempo en esa vocación? Si el enfermo fuese ingrato, exigente y si sus caprichos me hiciesen sufrir, si se lamentase de mí, ¿qué haría yo? La ingratitud podría amortiguar mi amor por la humanidad... Yo quiero trabajar para que se me pague después, ¿comprende? Quiero un salario, quiero que me den amor a cambio del amor que yo dé, y sin esta justa reciprocidad no sé amar.

—Eso mismo me decía un amigo médico que yo tuve. Era un hombre cultísimo y de edad avanzada. Se hubiese hecho crucificar por sus semejantes, y, sin embargo, no podía soportar a nadie a su lado más de veinticuatro horas. Al uno, porque comía demasiado aprisa, y al otro porque se sonaba fuerte la nariz cuando estaba resfriado.

—¿Qué hacer, pues, padre? ¿Habremos de desesperar de todo?

—No; basta con saber sufrir. Haga cuanto pueda en ese sentido... Después de todo, ya hace bastante con conocerse a sí misma. No obstante, si ha hecho usted esa confesión únicamente para que alabe su sinceridad, no alcanzará jamás el amor activo: sus proyectos no pasarán nunca de tales y su vida se desvanecerá como una sombra.

—Me asusta usted, porque es cierto lo que dice: yo no buscaba otra cosa que sus elogios.

—Eso prueba que es usted sincera y que su corazón es bueno. Está usted en el buen camino, trate de no desviarse de él. Lo importante es saber huir de la mentira, especialmente de la mentira que se hace uno a sí mismo. No se espante de sus propias vacilaciones tocante a su deseo de amar activamente. Siento no poder decirle algo más categórico. El amor activo es completamente distinto del amor especulativo. No le maraville si un día, a pesar de todos sus esfuerzos, le parece que, no sólo no se ha aproximado al objetivo, sino que se halla más distante que nunca. Ese día, yo se lo afirmo, es cuando estará más cerca del fin que persigue, y entonces reconocerá la fuerza divina que la ha guiado y sostenido... Perdóneme si le abandono ahora: me están esperando... Hasta la vista...

La señora lloraba.

—Bendiga usted a Liza —dijo sollozando.

—No lo merece la picaruela —replicó, riendo, Zossima—. Durante todo este tiempo, no ha hecho otra cosa que muecas y guiños a uno y otro lado. ¿Por qué se ríe tanto de Alexey?

En efecto, Liza había observado la confusión de Aliosha, cada vez que sus miradas se encontraban. El joven alzaba la vista y volvía a bajarla, avergonzado, al notar que Liza le miraba. Por último, para evitarse aquel martirio, corrió Alexey a esconderse tras del monje.

Pero pronto, impulsado por una fuerza irresistible, se arriesgó a mirar furtivamente lo que Liza hacía; la jovencita había inclinado el cuerpo hacia fuera de su butaca, y esperaba a que el otro se dejase ver; y apenas lo divisó espiándole, se echó a reír con tantas ganas, que el anciano le dijo:

—¡Pícara! ¡Más que pícara! ¿Por qué se divierte a costa del pobre Alexey?

Liza se sonrojó, brillaron sus ojos, su rostro adquirió una seria expresión, y se puso a hablar viva y nerviosamente.

—¿Por qué se ha olvidado él de todo? —dijo—. Cuando yo era pequeñita me llevaba en sus brazos y jugábamos juntos. Él me enseñaba a leer... Hace dos años, cuando nos separamos, me prometió que no me olvidaría nunca; me dijo que seríamos siempre amigos, y ahora... ahora se avergüenza de mí y se esconde. ¿Teme, acaso, que yo le muerda? ¿Por qué no viene más a mi casa? ¿Es usted quien se lo prohibe? ¡Y, sin embargo, él tiene derecho a ir adonde se le antoje! ¿Le parece bien que haya yo de verme obligada a invitarle a que vaya a visitarnos? Esperaba que él tuviese un poco más de memoria... Pero, he ahí, el hombre piensa ahora en la salvación de su alma... ¿Y por qué le ha hecho ponerse esa túnica larga? ¡Jesús! ¡Si echase a correr se caería a los dos pasos!...

De improviso, no pudiendo contenerse, ocultó la cara entre sus manos y se puso a reír de nuevo, pero con risa nerviosa.

Zossima la estuvo escuchando sonriente, y por último la bendijo con suma ternura.

La jovencita le tomó la mano para besársela, y luego que lo hizo se llevó aquella mano a sus ojos y comenzó a sollozar.

—No se enfade conmigo —dijo— soy una loca... ¡Aliosha debe tener razón, mucha razón, para no querer ir a casa de una tonta como yo!

—Le diré, que vaya. Pierda cuidado —afirmó el religioso.

Capítulo V

Veinticinco minutos había estado Zossima fuera de su celda. Eran ya las doce y media, y Dimitri Fedorovitch, por el cual tenía lugar aquella reunión, no había aparecido todavía.

Al entrar, el monje encontró a sus huéspedes conversando animadamente acerca de un estudio de Iván sobre el tema, entonces candente, de los tribunales eclesiásticos, asunto que ya había sido bastante discutido.

Zossima tomó también parte en la controversia, que duró cerca de media hora, y acabaron hablando de la reorganización de la sociedad según los principios del socialismo cristiano.

—Respecto a eso —dijo Miusov—, permítanme que les refiera una pequeña anécdota. Fue ello en París, algún tiempo después del golpe de Estado del 2 de diciembre. Yo me encontraba en casa de un personaje de gran influencia entonces, al cual había ido yo a visitar. En aquella casa conocí a un hombre singular, jefe de una cuadrilla de espías políticos. Aprovechando el hecho de que yo visitaba la casa de uno de sus superiores, cosa que podía, pensaba yo, hacerme esperar cierta consideración, me puse a interrogarle sobre la calidad de los socialistas revolucionarios. Me respondió con más cortesía que sinceridad, al uso francés; pero concluí por obtener de él una especie de confesión: "A los socialistas anárquicos, ateos y revolucionarios —me contestó— no les tememos mucho. Los vigilamos y estamos siempre al corriente de todo lo que hacen... Pero a los que son a un tiempo cristianos y socialistas, a ésos hay que temerles porque son terribles". Aquellas palabras me dieron que pensar, y no sé por qué, hoy acuden a mi memoria...

—¿Quiere eso decir que habla usted por nosotros y que nos toma por socialistas? —dijo casi brutalmente el padre Paissi, uno de los monjes.

Antes que Miusov pudiese contestar, se abrió la puerta, y entró Dimitri Fedorovitch. Como nadie le esperaba, su repentina entrada sorprendió a todos.

Dimitri era un joven de veintiocho años, de estatura media, y aspecto agradable, aunque parecía de más edad. Era de musculatura fortísima, y parecía tener un gran vigor físico, no obstante su rostro magro y enfermizo, sus mejillas hundidas y su color amarillento. Sus grandes ojos negros tenían una expresión obstinada y vaga a un tiempo. Aun cuando se agitaba colérico, los ojos conservaban dicha expresión distinta a la de su fisonomía. "Es difícil saber en que está pensando", comentaban a menudo quienes hablaban con él.

En cuanto a lo demás, aquel aspecto enfermizo, como asimismo sus ímpetus de cólera en las discusiones con su padre, se explicaban fácilmente con la vida de desorden y de excesos a que se entregaba en aquellos últimos tiempos. Vestía con mucha elegancia: levita abotonada... guantes negros; en la mano sostenía su sombrero de copa... Caminaba a grandes pasos, con ademán resuelto.

Al abrir la puerta se detuvo, y luego miró a Zossima como adivinando en él al dueño de la casa, o, a lo menos, al que en ella mandaba.

Se inclinó ante él haciendo una gran reverencia, y solicitó su bendición. Luego le besó la mano respetuosamente y, conmovido, casi irritado, dijo:

—Tengan la generosidad de perdonarme. Les he hecho esperar largo tiempo; pero ello es debido a que el criado Smerdiakof, que mi padre me ha enviado, me ha engañado acerca de la hora de la reunión...

—No se preocupe por ello —dijo Zossima—. El que haya llegado un poco retrasado no implica gran mal...

—Gracias. No esperaba menos de su bondad.

Seguidamente, se volvió Dimitri hacia su padre, se inclinó de nuevo y le saludó con el mismo respeto. Por aquel saludo se comprendía que Dimitri quería testimoniar sus buenas intenciones. Fedor Pavlovitch se desconcertó al principio, pero en seguida se repuso de su sorpresa. Se levantó de su asiento, y contestó al saludo de su hijo con una reverencia igualmente profunda y solemne. Su rostro adquirió una expresión imponente que, a decir verdad, encerraba más malicia que majestuosidad. Dimitri hizo después un saludo general y silencioso a las otras personas, se aproximó a una ventana, se sentó, y se dispuso a escuchar la conversación que había interrumpido.

El padre Paissi se volvió de nuevo hacia Miusov y lo instó a que respondiese a lo que le había preguntado; pero Piotr Alejandrovitch se excusó de hacerlo en la forma que aquél solicitaba.

—Permítame que abandone este asunto —dijo, con una especie de negligencia de hombre de mundo—. Todo eso es demasiado complicado... Mas veo sonreír a Iván Fedorovitch; sin duda tiene algo interesante que contarnos: denle a él la preferencia, interróguenle.

—¡Oh! Simplemente una pequeña observación —respondió Iván—. En general, el liberalismo europeo, como también nuestro *dilettantismo*, confunde el propósito de los socialistas y el de los cristianos. Y esa equivocación la sufren también, con frecuencia, los gendarmes. Su anécdota parisiense, Piotr Alejandrovitch, es muy característica.

—Vuelvo a insistir en la conveniencia de cambiar de conversación —repuso Miusov—. Preferiría contarles otra anécdota más característica todavía, y que concierne al propio Iván Fedorovitch... No hace más de cinco días, en una reunión en que predominaba el sexo femenino, declaró Iván que nada en la Tierra puede impulsar al hombre a amar a su prójimo; que no hay ninguna ley natural que obligue al hombre a amar a la humanidad, y que, si este amor existe, es solamente porque espera una recompensa, base sobre la cual se sostiene la creencia de la inmortalidad del alma. Y todavía añadía Iván Fedorovitch que, si se le quitase al hombre esta creencia, perdería en seguida el amor a sus semejantes y toda fuerza vital: perdería la moralidad; todo sería lógico, incluso la antropofagia... Por último, concluyó afirmando que la ley moral de cada individuo cambiaría repentinamente con la pérdida de aquella creencia, y que la única ley universal que dominaría sería el egoísmo más feroz, ley, aseguró, incontestablemente noble y plausible. Ahora, señores, de esta paradoja deducirán ustedes el resto... es decir, todo lo que podrá contarnos nuestro querido y paradójico Iván Fedorovitch.

—¿Me permiten? —exclamó de repente Dimitri Fedorovitch—. ¿Habré comprendido bien? "La ferocidad no sólo se permite, sino que viene a ser la ley natural y lógica de un ateo..." ¿No es eso? En una palabra: "A un ateo se le permite todo". ¿No es cierto?

—Así es —contestó el padre Paissi.

—¡No lo olvidaré!

Dimitri calló como había hablado: bruscamente. Los demás le miraban con curiosidad.

—¿Es ésa verdaderamente su convicción? ¿Cree usted que el ateísmo produzca, necesariamente, ese resultado? —preguntó Zossima a Iván Fedorovitch.

—Sí, lo he afirmado y lo repito: si no hay inmortalidad no hay virtud.

—Es usted feliz si posee tanta fe... o, al contrario bastante desgraciado.

—¿Desgraciado? ¿Por qué? —preguntó Iván sonriendo.

—Porque es probable que ni usted mismo crea en la inmortalidad del alma, ni en todo eso que ha escrito sobre la cuestión eclesiástica.

—Tal vez tenga usted razón... Y, sin embargo, no lo he dicho en broma —confesó Iván, sonrojándose.

—Ya lo sé. La cuestión no está todavía resuelta para usted y sufre a causa de esa incertidumbre. El hombre desesperado se complace, a menudo, en jugar con su desesperación. Eso es, creo yo, lo que le sucede. De ahí provienen sus artículos en los periódicos, y sus conversaciones en los salones. Pero ni usted mismo cree en sus razonamientos; por eso digo que la cuestión no está para usted completamente resuelta, y que ello constituye su mayor afán, por eso precisamente: porque esa pregunta quiere hallar una respuesta, una resolución.

—¿Puede ser, pues, resuelta? ¿Y puede serlo de modo... afirmativo? —repuso Iván Fedorovitch, sonriendo siempre con su manera incomprensible.

—Para usted no puede ser resuelta ni afirmativa ni negativamente, usted lo sabe bien. Ese es el carácter particular de su alma; ése es el mal del que usted sufre. Mas dé gracias al Creador que le ha dotado de un alma capaz de soportar semejante sufrimiento. Razonar acerca de la sabiduría y procurar elevarse hasta él, he ahí en lo que se resume nuestra existencia. Dios permita que pueda usted escoger con tiempo el buen camino, y que Él bendiga su modo de verlo.

El anciano levantó la mano y desde su asiento hizo el signo de la cruz sobre Iván Fedorovitch, el cual se aproximó apresuradamente a él, le besó la mano y en seguida volvió a sentarse.

Llevó a cabo aquella acción tan sencilla de un modo tan extraño, con una solemnidad tan singular, que sorprendió a todos los presentes y por un momento reinó un silencio general. Aliosha parecía estar espantado; Miusov bajó la cabeza y Fedor Pavlovitch dio un salto sobre la silla.

—Santo padre —exclamó el último, indicando a Iván—, es mi hijo, carne de mi carne, mi preferido... ¡Perdónele sus extravagancias! Él es para mí, el respetuoso Karl Moor, mientras que el otro, el que ha entrado últimamente, es el poco y nada respetuoso Francisco Moor, en *Los Bergantes,* de Schiller, como yo soy el Regierender Graf von Moor. Juzgue usted mismo y sálvenos a todos...

—¿A qué viene esa nueva bufonada? ¿Por qué ofende a sus hijos? —murmuró el anciano con voz débil.

—Esa es la comedia que yo presentía viniendo hacia acá —dijo Dimitri Fedorovitch, con indignación, levantándose a su vez—. Perdóneme, reverendo padre; yo he recibido una pobre educación, y ni siquiera sé en qué términos dirigirme a usted. Mi padre no deseaba sino un escándalo... ¿y por qué? Él lo sabrá, quizás... y yo también creo saberlo.

—¡Todos me acusan! —gimió Fedor Pavlovitch—. El mismo Piotr Alejandrovitch Miusov... ya que usted me ha acusado, Miusov, porque me ha acusado... —repitió, volviéndose hacia Piotr Alejandrovitch, como si éste hubiese protestado de sus palabras, cosa que en verdad, no pensaba hacer—. Me acusan de haber escondido el dinero de mis hijos en mis arcas... Mas permítanme. Les rendiré las cuentas para que puedan juzgar. Tus mismos recibos, Dimitri Fedorovitch, darán fe de ello. Se conocerán las sumas que has dilapidado en orgías y placeres. ¿Por qué no dice su opinión Piotr Alejandrovitch? Él conoce bien a mi hijo Dimitri. Todos me culpan a mí y, sin embargo, es Dimitri quien resulta deudor mío, y de una suma considerable, por cierto: algunos miles de rublos... Tengo las pruebas... Toda la ciudad está horrorizada de sus maneras de derrochar... Hasta ha llegado al extremo de comprar por mil o dos mil rublos la virginidad de las doncellas. Todo eso se sabe, Dimitri, hasta en los más insignificantes detalles, y te lo probaré... Santo padre, ¿creerá usted que llegó hasta hacerse amar de una joven noble, de excelente familia, rica, hija de un antiguo superior suyo, un bravo coronel?... La ha pedido en matrimonio y se ha comprometido irreparablemente; y ahora que ella está aquí, huérfana, se atreve, a la vista de esa noble joven, a cortejar a una *hetera.* Y, sin embargo, esta mujer vive maritalmente con un hombre bastante considerado; es, por decirlo así, una fortaleza inexpugnable como una mujer legítima, porque es virtuosa también, santo padre, sí, es virtuosa. Pero Dimitri pretende abrir la fortaleza con una llave de oro. Por eso quiere dinero constantemente. Ya ha gastado por ella millares de rublos... Toma cantidades a interés; y, ¿sabe usted de quién? ¿Quiere que lo diga? ¿Debo decirlo, Dimitri?

—¡No! —gritó Dimitri Fedorovitch—. ¡Espere que me haya yo marchado! ¡No pretenda ultrajar delante de mí a una noble joven! ¡Sólo el hecho de poner su nombre en sus labios es una ofensa, una infamia!... ¡No se lo permito!

Dimitri estaba sofocado, rojo de ira.

—¡Mitia! ¡Mitia! —decía Fedor con acento sentimental—. ¿No tienes en cuenta mi paternal bendición? ¿Qué harás si yo te maldigo?

—¡Cínico! ¡Hipócrita! —rugió Dimitri Fedorovitch.

—¡Vean ustedes cómo trata a su padre!... ¡Piensen cómo lo hará con los demás!... ¡Ah! ¿Quieren saber cómo lo hace? Pues lo voy a decir. Existe aquí un pobre desgraciado, un capitán que se ha visto obligada a presentar su dimisión, a pedir su retiro, pero sin escándalo, sin proceso, muy honradamente. Un hombre cargado de familia... Hace tres semanas, nuestro amado Dimitri lo agarró por la barba, lo arrastró hasta la calle, y allí, delante de todo el mundo, lo maltrató bárbaramente... ¿Y saben por qué?... Pues porque ese desventurado había sido enviado para mediar en cierto asunto...

—¡Mentira!

—¿Eh?

—¡Mentira inicua! Eso podrá parecer verosímil, pero, en realidad, es falso —rugió Dimitri—. No voy a pretender justificar mis actos. Sí, confieso públicamente que me he comportado mal con ese capitán. Me arrepiento de lo que hice, y deploro la cólera que me cegó en aquel momento. Pero sepan ustedes, señores, que ese famoso capitán es el encargado de los negocios de mi señor padre, y que fue a casa de esa señora a quien él llama *hetera,* y le propuso, en su nombre, que se hiciese cargo de los recibos que yo le he firmado y los llevase a los tribunales para que me metiesen en la cárcel, en caso de que yo le importunase mucho pidiéndole el arreglo de nuestras cuentas. Y es usted —añadió, mirando a su padre— quien me reprocha la inclinación que yo siento por esa señora, usted, que es quien le sugirió la idea de atraerme hacia ella... Sí, ella misma me lo ha confesado, burlándose de usted... Más aún: usted la fastidiaba con sus galanteos y protestas de amor, y ahora, por celos, quería usted deshacerse de mí haciendo que me llevaran a la cárcel. Sí, señores, sí, también ella me ha contado eso. ¡Ahí tiene usted, santo varón —prosiguió, volviéndose hacia el *starets*—, qué clase de hombre es ése que predica la moral de su hijo!... Perdónenme todos la vehemencia, la cólera con que me explico... Vine aquí con la mejor intención, dispuesto a perdonar y a pedir perdón si mi padre me tendía la mano. Pero, lejos de hacer eso, ha ofendido a una noble criatura, a una joven cuyo nombre no me atrevo siquiera a pronunciar delante de él: por eso me veo obligado a desenmascararle públicamente, aunque sea mi padre...

No pudo continuar, sus ojos despedían relámpagos. Respiraba fatigosamente. Los demás se sentían conmovidos. Todos, excepto Zossima, se habían puesto de pie. Los monjes miraban gravemente al *starets*, esperando que hablase.

Zossima estaba palidísimo, y de su boca irradiaba una dulce sonrisa. De tiempo en tiempo, había levantado las manos durante la controversia, como para apaciguar a los litigantes, y, probablemente, una palabra suya hubiese hecho cesar aquella escena; mas parecía que estuviese esperando alguna cosa, y miraba fijamente, ya al uno, ya al otro, como si tratase de convencerse de algo que le permitiese formarse una opinión bien fundamentada.

Miusov fue quien habló primero.

—En este escándalo —dijo—, todos tenemos una parte de responsabilidad. Mas confieso que al venir hacia aquí no esperaba tal ignominia, a pesar de que sabía con quién trataba... ¡Es preciso que termine este estado de cosas! Yo, santo padre, ignoraba los particulares que todos acabamos de oír... o, a lo menos, no quería creerlos... ¡Un padre celoso de su hijo, a causa de una mujer de malas costumbres, y que se pone de acuerdo con ella para mandar al hijo a la cárcel!... ¡Qué horror! ¡Oh!... ¿Debo estar engañado? ¡Sí, debo estar engañado!

—¡Dimitri Fedorovitch! —gritó con voz ronca Fedor—. ¡Si no fueses mi hijo, te provocaría a un duelo... a pistola, a tres pasos... y teniendo las puntas de un pañuelo!... ¡Sí, con sólo un pañuelo de por medio! —repitió, pateando.

Dimitri arrugó el entrecejo y miró con desprecio a su padre.

—Pensaba —dijo, con voz dulce—, soñaba con volver a mi país con el ángel de mis amores, con mi prometida, y soñaba también con cuidar los últimos días de este anciano... Mas no; veo que es imposible, ya que en lugar de un padre venerado me encuentro con un hombre disoluto, inmundo, convertido en vil comediante.

—¡Duelo a muerte! —exclamó de nuevo Fedor, como si continuase su discurso anterior, y esputando saliva a cada palabra que hablaba—. Y usted, Piotr Alejandrovitch, sepa que en toda su ascendencia difícilmente se encontrará con una mujer tan honesta como ésa, a la que ha osado calificar de malas costumbres... Y tú, Dimitri, ¿no has sacrificado a tu prometida por esa otra bella criatura? Eso significa que tu novia, ante tus mismos ojos, no vale ni la suela del calzado de la otra.

—¡Qué infamia! —dijo de improviso otro de los monjes, el padre Jossif.

—¿Por qué vive un hombre semejante? —murmuró, como en un sueño, Dimitri Federovitch—. Díganme, ¿se puede permitir que siga contaminando la tierra que pisa?...

—¿Han oído ustedes? ¿Han oído ustedes, señores, a este parricida? —repuso Fedor—. ¡Esa es la infamia, padre Jossif!... ¡Y de qué calibre!... La "vil criatura" a que Miusov se ha referido... Esa a la que él ha calificado de "mujer de malas costumbres", es, tal vez, más santa que todos los que aquí buscan la salvación de su alma. Sí, porque... ¿quién sabe? Es el ambiente en que vivía lo que la hizo pecar durante su juventud. Pero esa mujer "ha amado mucho" y sabido es que Jesucristo perdonó a los que mucho amaron...

—No es esa clase de amor el que perdonó Jesucristo —replicó, ingenuamente, el buen padre Jossif.

—Sí, señor monje —repuso Fedor—, por esa clase de amor fue. Ustedes se creen justos pensando aquí en la salvación de sus almas, comiendo berzas.

—¡Esto es demasiado! —exclamaron todos a un tiempo.

Esta escena violenta tuvo un final inesperado. Zossima se levantó de improviso, y Aliosha, no obstante el miedo que le dominaba, tuvo la presencia de espíritu de sostenerlo por un brazo. El monje se dirigió hacia Fedor Pavlovitch, y se arrodilló delante de él. Aliosha, al principio, creyó que el anciano se había caído a causa de su debilidad, pero no era así. Cuando estuvo Zossima arrodillado, saludó a Dimitri con una profunda reverencia hasta tocar el suelo con la frente. Aliosha estaba tan sorprendido que ni siquiera pensó en sostener nuevamente al viejo cuando éste se levantó. Una débil sonrisa entreabrió los labios del *starets*.

—¡Perdónense!... ¡Perdónense todos recíprocamente! —dijo, mirando con dulzura a sus visitantes.

Dimitri Fedorovitch permaneció un instante como petrificado... ¡Cómo!... ¡Saludarle a él!... ¡Prosternarse, humillarse ante él!... ¿Qué significaba aquello?

—¡Dios mío! —exclamó de repente.

Y escondiendo el rostro entre sus manos se precipitó fuera de la estancia. Todos los visitantes le siguieron, sin cuidarse siquiera de despedirse del viejo Zossima.

—¿Qué significa ese saludo tan profundo? —murmuraba Fedor Pavlovitch visiblemente turbado, pero sin volverse hacia ninguno de los otros.

—¡Caterva de imbéciles! —exclamó Miusov, con voz alterada—. ¡De todos modos, haré por librarme de su dañina compañía, Fedor Pavlovitch... y puede usted creerme!... ¿Dónde está el monje que nos invitó a almorzar con el superior?

Precisamente en aquel momento venía el monje al encuentro de los invitados.

—Le ruego que me excuse ante el padre superior —le dijo—. Soy Miusov. Dígale que circunstancias imprevistas me impiden tener el honor de compartir el pan con él, no obstante mi sincero deseo...

—Esa "circunstancia imprevista" soy yo —dijo rápidamente Fedor Pavlovitch—. ¿Comprende usted, padre? Es por mí, que Piotr Alejandrovitch no quiere quedarse... Mas, no tema: puede usted ir a almorzar tranquilo... ¡Buen apetito y buen provecho!... Soy yo quien se marcha... ¡A casa! ¡A mi casa, sí!... Allí comeré, seguramente. Aquí no podría hacerlo, mi querido pariente.

—¡Yo no soy pariente suyo, no lo he sido nunca, no quiero serlo!

—Lo he dicho justamente para ofenderle ¡Ah! Desdeña el honor de ser pariente mío, ¿verdad? Pues no lo es menos por eso... ¡Se lo probaré!... En cuanto a ti, Iván, puedes quedarte; luego te mandaré el coche. Conviene, Piotr Alejandrovitch, que se quede a almorzar aquí. Vayan a pedirle perdón por esta fuga desordenada...

—¿Pero es cierto que se va usted? —preguntó Miusov.

—Sí —respondió Fedor—. No me atrevo a presentarme ante el padre superior después de lo que ha ocurrido... Perdónenme, señores. Me avergüenzo de mí mismo. Ustedes son hombres que tienen el corazón semejante al de Alejandro de Macedonia. Otros lo tienen parecido al de los perros, a los cuales se castiga siempre. Yo temo pertenecer a estos últimos. Después de este escándalo, ¿cómo podría osar presentarme en el monasterio a gustar los alimentos de esta santa casa?... ¡No, no puedo!... ¡Excúsenme!

—¡Diablo!... ¿Y si nos engaña? —pensaba Miusov, perplejo, siguiendo con la mirada al bufón que se alejaba.

Fedor, después de haber andado algunos pasos, se volvió, y viendo que Miusov lo miraba, le envió un beso con la mano.

—¿Se queda usted? —preguntó Miusov, secamente, a Iván.

—¿Por qué no? —respondió éste—. Tanto más por haber sido invitado ayer, particularmente, por el padre superior.

—Desgraciadamente, creo que yo también me veré obligado a quedarme —dijo Miusov, con amargura, sin siquiera darse cuenta de que le estaba escuchando el monje—. Nos excusamos y haremos notar que no ha sido nuestra la culpa. ¿Qué le parece?

—Sin duda —replicó Iván—. Desde luego, mi padre no estará.

—¡Maldito almuerzo!...

Todos se dirigieron a casa del superior. Éste les esperaba. Nadie dijo una palabra. Miusov lanzaba a Iván Fedorovitch miradas de odio mientras pensaba: "¡También es desfachatado éste! Se queda como si nada hubiera sucedido. Tiene la cabeza de bronce y la conciencia de... Karamazov".

Capítulo VI

Aliosha acompañó a Zossima hasta su aposento y le ayudó a sentarse sobre el lecho. La celda era bastante reducida y estaba amueblada con verdadera humildad. Zossima estaba realmente fatigado. En sus ojos brillaba la fiebre: respiraba con dificultad. Luego miró a Aliosha, fijamente, como si estuviese absorto con sus pensamientos.

—Vete, hijo mío —le dijo después—. Porfirio me atenderá. Tú eres más útil allá arriba. Ve a casa del padre superior a servir el almuerzo.

—Permítame que no le abandone —dijo Aliosha con voz suplicante.

—Repito que serás más útil allá; tendrán necesidad de ti. Si se agitan los demonios, reza; y comprende, hijo mío (Zossima gustaba de dar este título a Aliosha), que tu porvenir no está aquí. Acuérdate de esto: ¡Apenas me haya llamado el Señor a su seno, abandona el monasterio... abandónalo!

Aliosha se estremeció.

—¿Qué te sucede? —prosiguió el monje—. Por el momento te digo que tu puesto no está aquí. Tu peregrinaje será largo todavía. Deberás casarte; será preciso. Antes de volver a este lugar, deberás haber soportado muchas cosas. Por lo demás, no dudo de ti; precisamente por eso te envío hacia el peligro. Jesucristo está contigo: séle siempre fiel. Él no te abandonará... Tendrás contratiempos, sufrirás desventuras, pero serás consolado. He aquí mi testamento: Busca tu felicidad en las lágrimas. Trabaja continuamente y no olvides lo que hoy te digo. Todavía tendré ocasión de hablarte; pero, no sólo están contados mis días, sino también mis horas.

El rostro de Aliosha reflejaba una emoción profunda. Los ángulos de sus labios temblaban, mientras Zossima sonreía dulcemente.

—No te aflijas, hijo mío. Nosotros los religiosos nos alegramos cuando parte uno de los nuestros, y nos limitamos a rogar por él. Quédate cerca de tus hermanos... pero no de uno solo, ¿entiendes?... No, no. Cerca de los dos.

Zossima levantó la mano para bendecir al joven. Aliosha hubiera querido preguntarle el significado de aquel profundo saludo que hizo delante de Dimitri, pero no se atrevió. Sospechaba, no obstante, que debía tener algún significado misterioso, extraño, y tal vez terrible.

Mientras atravesaba el recinto del convento y apresuraba el paso para llegar a tiempo al departamento del superior, el joven sentía que se le oprimía el corazón y tuvo que detenerse. En su memoria vibraron de nuevo las palabras del anciano, relativas a su próximo fin. Una predicción tal, tan precisa, debía realizarse sin duda alguna: Aliosha lo creía ciegamente. ¿Qué sería de él, entonces? ¡Vivir sin verlo, sin oírlo! ¿Y adónde iría?

—¡Me prohíbe que llore! —murmuró—. ¡Y me ordena que abandone el monasterio! ¡Dios mío!... ¡Dios mío!

Hacía mucho tiempo que Aliosha no había estado tan triste. Apresuró el paso y llegó a un bosquecillo que separaba el monasterio, y allí, no pudiendo soportar por más tiempo sus pensamientos, se puso a contemplar los árboles seculares que limitaban el sendero con el bosque. La travesía no era larga: quinientos pasos a lo sumo. A aquella hora el camino estaba ordinariamente desierto; pero, en una curva, Aliosha encontró al seminarista Rakitine, quien parecía estar esperando a alguien.

—¿Me esperas a mí? —le preguntó Aliosha, acercándose a él.

—Precisamente —respondió Rakitine, sonriendo—. ¿Vas a casa del padre superior? Sé que hay alguien convidado a almorzar allí. Por cierto, que el día que recibió al obispo y al general Pakhatov estuvo bastante mal servida la mesa, ¿te acuerdas?... Yo no voy... Oye, Aliosha, ¿qué significa el saludo que antes hizo el viejo Zossima a tu hermano Dimitri? Me han dicho que tocó el suelo con el cráneo.

—¿Con el cráneo?

—Perdona si no me expreso con el debido respeto... Dime lo que eso significa.

—No lo sé, Micha.

—Pensaba que él te lo hubiera explicado. Sin embargo, creo que es bastante fácil de suponer.

—¿Qué supones?

—En verdad, no acierto a verlo claro; pero sospecho que eso suene a...

—¿A qué?

—A reproche.

—¿A reproche?

—Sí.

—¿Por qué?

—Por lo mal que se comporta tu familia. En tu casa se adivina el delito...

—¿Delito de qué?

—Tampoco sabría explicártelo; pero entre tus hermanos y tu padre va a ocurrir algo por cuestión de dinero... Lo cierto es que el padre Zossima ha golpeado el suelo con su frente, y dentro de poco, si sucede algo en tu casa, dirán las gentes: "El padre Zossima lo había previsto".

—¿Pero tú crees que ese saludo significa una predicción?

—¡A lo menos un emblema, una alegoría!... ¡Diantre!

—Habla.

—El monje Zossima es muy particular. Acaso sería capaz de pegar al inocente y saludar al culpable.

—¿Entonces, el culpable es Dimitri?

—¡Oh, eso es lo que yo no sé! No obstante, los carácteres como el suyo, honestos, pero sensuales, no pueden alterarse, excitarse, sin correr el riesgo de exponerse a apuñalar a su propio padre. Por otra parte, tu progenitor, y perdona que te lo diga, es un alcohólico, un disoluto desenfrenado, que no conoce límite alguno. Ni uno ni otro sabrán poner freno a sus pasiones, y ambos rodarán juntos al abismo.

—No, Micha. Si no es más que eso, no me apuro. Las cosas no llegarán hasta ese punto.

—Sin embargo, hemos de convenir en que es cierto lo que digo. No niegues que tu hermano es violento; honesto, repito, pero violento. Después de todo, no tiene nada de particular, porque es defecto de familia. Es la característica de la casa. A mí me sorprende, ciertamente, que tú seas tan puro. ¡Al fin y al cabo eres un Karamazov! En tu ascendencia, la sensualidad es crónica. Los otros tres, tu padre y tus dos hermanos, lleva cada uno un cuchillo escondido, y el mejor día acabarán por venir a las manos... Y quién sabe si un cuarto, que eres tú, se limitará a permanecer inactivo...

—¡Yo!

—Sí; ya sabes que el motivo de todo eso son los celos...

—¡Bah! Respecto a esa mujer, Dimitri la desprecia —replicó Aliosha, estremeciéndose a pesar suyo.

—Te refieres a Grushenka, ¿verdad? Pues bien, amiguito, eres tú el que te engañas. Dimitri no la desprecia, puesto que por ella ha dejado a su prometida. En esto, querido Aliosha, hay algo... algo que tú no alcanzas a comprender. Un hombre puede enamorarse de una parte cualquiera de la belleza corporal, de una parte solamente, del cuerpo femenino (sólo los seres sensuales pueden comprender esto). En ese caso, dará por ella a sus propios hijos; venderá por ella a su padre, a su madre y hasta su patria. Si es honrado, robará. Si es fiel, se hará traidor. Puschkin ha cantado, ha celebrado los pies de la mujer; pero hay hombres que no son poetas y que todavía no pueden contemplar los pies de una mujer sin estremecerse, y... no solamente los pies... en este caso, el desprecio no sirve de nada. Dimitri puede despreciar a Grushenka... pero no puede separarse de ella.

—Comprendo —dijo ingenuamente Aliosha.

—¿De veras? —insinuó irónicamente Rakitine—. Es una confesión preciosa, esa tuya, ya que la has hecho a tu pesar. Eso prueba que este

asunto no te es desconocido, tú has reflexionado ya sobre la sensualidad... ¡Ah, el casto Aliosha!... Convengo en que eres un santito; pero el
diablo sabe ya todo lo que tú has pensado; todo lo que tú conoces o
adivinas... Eres puro, pero ya te has arriesgado a mirar en lo profundo
del abismo desde hace tiempo. ¡Carape!... ¡Ahí no es nada un Karamazov
virgen!... Sí, la selección natural entra por mucho en esto. Por parte de
padre, eres sensual; por parte de madre, inocente. Pero, ¿por qué tiem-
blas? ¿Es, acaso, porque te he dicho la verdad?... ¿Sabes una cosa?...

—¿Qué?

—Grushenka me ha pedido que te lleve a su casa, y ha jurado que te
hará colgar la sotana. ¡Y si vieses cómo insistía! "Tráemelo, tráemelo",
repetía sin tregua. ¿Qué es lo que habrá encontrado en ti de particular?
¡Te aseguro que es una mujer extraordinaria!

—Salúdala de mi parte, y dile que jamás iré yo a su casa —repuso
Aliosha riendo débilmente.

—¡Bah!... Eso es una tontería... Y, ahora, si tú eres también algo sensual, piensa lo que será tu hermano Iván, que ha nacido del mismo vientre
que tú. Él también es un Karamazov, esto es: un sensual y un inocente a
un tiempo. Ese escribe artículos sobre la cuestión eclesiástica para divertirse, y los publica, a pesar de ser ateo, como él mismo declara.
Además, trata de robarle a Dimitri la prometida, y me parece que lo
conseguirá, y hasta con el consentimiento de Mitia. Éste le cederá la novia para deshacerse más pronto de ella y así poder ir libremente a casa
de Grushenka. Ahí tienes unos hombres sobre los cuales pesa una verdadera fatalidad. Comprenden que sus acciones son viles y las cometen,
sin embargo. Todavía hay más. Tu padre desearía que Mitia se evaporase;
también él está locamente enamorado de Grushenka. Cuando la mira
se le hace la boca agua. Ella ha sido la causa del último escándalo: sobre
todo, porque Miusov la ha llamado "perdida". ¡Oh, está el hombre más
enamorado que un gato! Padre e hijo llegarán un día a las manos: eso lo
ves tú bien. Grushenka no quiere ni a uno ni a otro; se limita a reírse de
los dos y a calcular cuál de ellos le será más provechoso. El padre es rico,
pero no se casará con ella, y un buen día acabará por cerrar la bolsa;
Dimitri tiene, pues, bajo este punto de vista, más valor. No es rico, pero
puede llegar a casarse... ¡Ah!... ¡Qué horror si llegase a hacer esto! ¡Abandonar a una joven honesta, noble y rica, para casarse con la antigua
amante de un *mujik* licencioso!... He aquí de dónde puede nacer el delito... Eso es lo que tu hermano Iván espera. De ese modo se casará con
Katerina Ivanovna, por la cual muere de amor, y con su dote de sesenta
mil rublos. Para un hombre pobre como un gusano, la cosa es sumamente tentadora, máxime cuando, lejos de ofender con ello a Dimitri, le
hará un gran servicio. La semana pasada, estando Mitia borracho en
una taberna, con un grupo de gitanas, decía gritando, a todo aquel que

quería oírle, que él no merecía a Katerina Ivanovna, que el único hombre digno de ella era su hermano Iván. Al fin de cuentas la pobre Katerina se ve indefensa contra un seductor como Iván Fedorovitch. Ya vacila entre uno y otro. ¡Qué diantre de muchacho! ¡Ha fascinado, acaso, a todos ustedes? Yo creo que Iván se burla y se divierte a costa de ustedes.

—¿Cómo sabes todo eso? ¿Por qué me hablas así, tan brutalmente? —dijo Aliosha, ofendido.

—¿Por qué me haces esa pregunta, sabiendo, como sabes, lo que voy a responderte? —replicó Rakitine—. Admite tú mismo que estoy diciendo la verdad.

—Es que tú no amas a Iván. Mi hermano es un hombre desinteresado.

—¿De veras?... ¿Y la belleza de Katerina Ivanovna?... ¿Y los sesenta mil rublos?... ¡Me parece que éstas son cosas que no deben desdeñarse!

—Iván es un hombre superior a todo eso. Ni cien millones serían capaces de tentarlo... Acaso haga un sacrificio...

—¡Vaya una salida!... Ustedes, los nobles, son muy extraordinarios.

—¡Micha!

—¡Bah!

—Su alma es elevada. No es dinero lo que él necesita, sino poner en claro su pensamiento.

—Eso es plagio, Aliosha; no has hecho sino parafrasear lo que dijo Zossima. Aquí, el único problema que existe para ustedes es el propio Iván —repuso Rakitine, con evidente malignidad—. Y un problema sin solución que es lo peor. Piensa y lo comprenderás... Su último artículo es sencillamente ridículo; no tiene sentido común... He oído bien lo que ha dicho: "Si no existe la inmortalidad, no existe la virtud: todo es fango." Y tu hermano Dimitri exclamó: "Me acordaré de eso". ¡Bonita teoría para los bribones!... ¡Digo, para los charlatanes, o mejor, para los jactanciosos que tienen en su mente un problema que resolver!... ¡Esa teoría es innoble! La humanidad encontrará en sí misma la fuerza para rechazar el mal y vivir sólo para la virtud, sin tener necesidad de creer en la inmortalidad del alma. Es el amor a la libertad donde la humanidad hallará esa fuerza...

Rakitine se exaltaba. De pronto se detuvo, como si se hubiese acordado de algo.

—¡Bueno, basta! —dijo—. Te ríes. Me encuentras vulgar, ¿verdad?

—No —contestó Aliosha—. Sé que eres inteligentísimo... Mas dejemos esto... He sonreído tontamente, sin saber por qué. Veía que te exaltabas... Hasta me parece haber comprendido que...

—¿Qué? ¡Habla!

—Que tampoco a ti te es indiferente Katerina Ivanovna.

—¿Qué dices?

—¡Bah! Y si he de serte franco, te diré que hace ya tiempo que lo sospechaba. Por eso detestas a mi hermano Iván. Tienes celos de él...

—Y del dinero, ¿verdad? ¡Di eso también!

—No hablo de dinero. No quiero hacerte esa ofensa.

—Te creo; mas... que el diablo te lleve con tu hermano Iván. No es preciso que intervenga Katerina Ivanovna para que yo le deteste. ¿Debo ser su amigo, acaso? Él también me hace el honor de aborrecerme. Yo me limito a corresponderle...

—Jamás le he oído hablar de ti, ni en bien ni en mal.

—En cambio yo sé que, el otro día, ha hablado de mí en casa de Katerina... ¡Y de qué modo! Ya ves hasta qué punto se interesa por este humilde servidor. ¿Quién es el que está celoso, tu hermano o yo? Se dignó decir, que si no me doy prisa en llegar a ser arcipreste, me iré seguramente a San Petersburgo, entraré en cualquier importante revista, probablemente en el batallón de los críticos, escribiré durante ocho o diez años, y después de dicho tiempo la revista será por completo mía; que la conduciré hasta el liberalismo y el ateísmo, manteniéndome, no obstante, en la reserva, siendo a un mismo tiempo del partido de los unos y del de los otros y embaucando a los necios; que mi socialismo, sin embargo, no me impedirá saber utilizarlo a tiempo y en ocasiones para ponerlo bajo la protección de algún hombre pudiente, hasta que llegue el momento en que pueda hacerme construir una gran casa en San Petersburgo, para establecer en ella la redacción...

—¡Pero eso podría muy bien suceder, Micha! —exclamó Aliosha soltando una carcajada.

—¿También tú te haces sarcástico, Alexey Fedorovitch?

—No, perdóname... Bromeaba. Tengo otras cosas en que pensar... Escúchame: ¿quién te ha informado tan minuciosamente de todo eso? ¿Estabas en casa de Katerina cuando hablaba de ti Iván?

—No yo no estaba; pero sí tu hermano Dimitri, que es quien me lo ha contado. Es decir, él no me lo ha dicho directamente a mí: lo he oído, involuntariamente estando oculto en el dormitorio de Grushenka...

—¡Ah, sí, olvidaba que eres pariente de ella!...

—¡Yo pariente de esa mujer!... ¿Estás loco?

—¿Ah, no?... Pues creía...

—¿Quién ha podido decirte semejante cosa? ¡No sonrías, no! ¡Vaya, hombre!... Es verdad que tú eres noble... ¡Ah, los Karamazov!... ¡Se llenan ustedes la boca hablando de su vieja nobleza, y, sin embargo, todo el mundo sabe que tu padre es un bufón y un parásito!... Yo soy hijo de un humilde pope, solamente, y al lado de ustedes, claro está, soy un verdadero pigmeo... No creas que me ofendo, no. También tengo yo mi honor, Alexey Fedorovitch. Pero, lo que sí te ruego que creas, es que yo no soy pariente de una mujer pública.

A Rakitine, a pesar de su aparente calma, le temblaban nerviosamente los labios.

—¡Perdóname!... ¡No pensaba en ofenderte! —dijo Aliosha, bastante confuso—. Pero, dime: ¿Es acaso Grushenka una mujer pública? ¿Es así, en efecto?... Me habían dicho que entre ella y tú existían ciertos vínculos de parentesco, te lo aseguro... Además, te veía ir a su casa con mucha frecuencia, y como me decías que no era tu amante... la verdad, no podía imaginarme que sintieras por ella tanto desprecio. ¿Se merece realmente una opinión tan severa?

—Si voy a su casa es porque tengo mis razones para hacerlo... Conténtate con esta explicación... En cuanto al parentesco, y sin que yo diga estas palabras con ánimo de ofenderte, me parece que serás tú más pronto quien lo tendrás con ella por parte de tu padre o de tu hermano... ¡Ea, ya hemos llegado!... Ve a la cocina, ve... ¡Eh! ¿Qué es eso?... ¿Qué pasa? ¿Llegamos, acaso, demasiado tarde?... ¡No es posible que hayan podido almorzar en tan poco tiempo! ¡Mientras no sea que los Karamazov hayan hecho alguna de las suyas! Eso es lo más probable... ¡Ahí tienes a tu padre con Iván ambos salen de casa del superior, y allí está el padre Lezzisof que les habla desde la ventana!... Y tu padre grita y agita los brazos... Escándalo tenemos. Allá va, también, Miusov... ¡Mira! ¡Se va en su coche!... ¡Hasta el *pomietschik* escapa!... Evidentemente, el almuerzo no ha tenido lugar. ¡A ver si le han pegado al padre superior!... Lo más seguro es que se hayan zumbado entre ellos mismos...

Capítulo VII

Cuando Miusov e Iván entraron en casa del padre superior, el primero ya casi se había calmado por completo. Según él, los monjes, claro está, no tenían culpa alguna. Ésta era toda de Fedor Pavlovitch... El padre Nikolai parecía ser de origen noble. ¿Por qué no comportarse con esta gente como aconsejaba la más estricta cortesía? Además, Miusov quería demostrarles a todos, que él no tenía nada de común con aquel esopo, con aquel bufón, con aquel payaso llamado Fedor.

Y todavía Miusov encontraba necesaria aquella entrevista para afianzar su amistad con los religiosos, después de cierto pleito que con ellos sostuvo, o sostenía aún, y que, a decir verdad, en el supuesto de que lo ganase, los resultados, esto es, los beneficios habían de ser casi nulos.

El departamento del padre superior se componía de dos habitaciones, algo más amplias que las de Zossima. El mobiliario era también modesto y fuera de moda... No obstante, como en la otra parte, se notaba una limpieza exquisita... Algunas flores raras ornaban la ventana... Todo el lujo estaba concentrado en la mesa, la cual se hallaba servida con elegancia... una elegancia relativa, naturalmente... Blanquísimo mantel, brillantes cubiertos, tres panes bien dorados, dos botellas de vino, otras dos de un líquido que se fabricaba en el monasterio, una gran garrafa llena de agua, y otra llena de *kvas*, de mucho renombre, en la región.

El almuerzo, según había dicho Rakitine, debía componerse de cinco platos: Una sopa de esturión, un guiso de pescado, preparado de un modo especial, picadillo de peces rojos, helados, pasteles y fruta. Como se ve, el pescado era lo que predominaba.

Rakitine no había sido advertido para asistir a la fiesta. Estaban invitados el padre Jossif, el padre Paissi y otro monje. Estos tres religiosos esperaban ya cuando Miusov, Kalganof e Iván entraron. El *pomiestchik* Maximof se mantenía apartado.

El padre superior salió al encuentro de sus invitados. Era un viejo de alta estatura, todavía robusto, con cabellos negros, entre los cuales se veían ya abundantes hilos plateados... Su rostro era largo, imponente... Saludó silenciosamente y los invitados se acercaron para que les bendijese. Miusov intentó también besarle la mano, pero el superior la retiró.

—Debemos presentar nuestras excusas ante su reverencia —comenzó diciendo Miusov con tono amable, importante y respetuoso a un tiempo—. Fedor Pavlovitch no puede corresponder a su galante invitación; se ha visto precisado a declinar este honor por razones de suma importancia... En la celda del padre Zossima ha pronunciado algunas palabras inconvenientes, exaltado, a causa de una discusión habida entre él y su hijo... Tal vez su reverencia estará ya enterado —añadió, lanzando una furtiva mirada a los otros religiosos—. Fedor ha comprendido su error, ha tenido vergüenza, y, juzgándose indigno de presentarse ante usted, nos ha encargado a su hijo Iván y a mí, que le excusemos... No obstante, pide perdón para sus culpas, y desea reparar su falta. Y solicita ahora su bendición y le ruega que olvide lo que ha ocurrido

Al pronunciar este pequeño discurso se había olvidado de su anterior enfado, estaba contento, y por tanto amaba a toda la humanidad.

El superior le escuchó con gravedad, bajó luego la cabeza y dijo:

—Lamento hondamente lo sucedido. Tal vez durante el almuerzo hubiese podido tranquilizarse y volver a su buen juicio... Tengan, pues, señores, la amabilidad de sentarse.

El superior dijo una breve oración y los demás inclinaron respetuosamente la cabeza. Fue en aquel preciso momento cuando se presentó Fedor Pavlovitch.

Al principio pensó, realmente, en marcharse, no porque estuviese avergonzado ni tuviese conciencia de la indignidad que había cometido, no, estaba bien lejos de eso; únicamente pensó que no era conveniente exponerse a que el padre superior le reconviniese lo que había hecho y dicho... Pero, apenas había montado en su carruaje, cambió de parecer.

—Ya que he empezado —murmuró, sonriendo malignamente—, debo proseguir.

Fedor retrataba en estas palabras todo su ser. Hacía el mal por gusto de odiar.

Un día se le preguntó por qué detestaba a cierto individuo, y respondió: "Le odio porque le he insultado. Él no me había hecho nada, pero como yo le insulté, quiero tener el gusto de seguir odiándolo".

Mandó a su cochero que diese vuelta, descendió de nuevo junto al monasterio, y se dirigió apresuradamente al departamento que al otro lado del bosquecillo ocupaba el padre superior. En realidad, no se daba cuenta exacta de lo que hacía, pero sí sabía que en aquellos momentos no era dueño de sus acciones.

Dijimos que estaban todos los invitados a punto de sentarse a la mesa cuando él entró. Mejor dicho, se detuvo en la puerta, miró a los comensales y soltó una carcajada.

—¿Pensaban ustedes que me había marchado? —dijo—. Pues no ha sido así... ¡Aquí me tienen!...

Hubo un momento de estupor. Todos presintieron que iba a desarrollarse otra escena repugnante. Piotr Alejandrovitch se puso más taciturno que nunca: sus adormecidos rencores se despertaron bruscamente.

—¡No! ¡No! —gritó—. ¡Esto no puede soportarse en modo alguno!... ¡Imposible! ¡Imposible en absoluto!

La sangre afluyó a su rostro... Quiso seguir protestando, y no encontró palabras para hacerlo. De pronto tomó su sombrero.

—¡Cómo!... ¿Usted no puede soportarme absolutamente? —exclamó Fedor—. ¿Puedo o no puedo entrar, santo padre? —añadió, dirigiéndose al superior—. ¿Me acepta como invitado?

—Sí... de todo corazón —respondió el superior—. Señores, les suplico que olviden sus discordias; que no turben la paz de esta reunión.

—¡No! ¡No!... ¡Eso nunca! —exclamó Miusov, fuera de sí—. Yo no puedo...

—Si Piotr Alejandrovitch *no puede,* yo tampoco —repuso Fedor—. Entonces no me quedaré. He venido precisamente por él. Si él se queda me quedaré yo también. ¿No te parece bien así, Von Zohn? —añadió, mirando al *pomiestchik.*

—¿Es a mí a quien habla? —dijo éste, extrañado.

—¡A ti, ciertamente! ¿No se llama Von Zohn, padre superior?

—Yo me llamo Maximof.

—No, tú eres Von Zhon. ¿No saben ustedes quién es Von Zohn? ¿No se acuerdan de aquel célebre proceso criminal? A Von Zohn lo mataron en un lugar *non sancto*... ¿No es así como llaman a los prostíbulos?... Pues sí; le mataron, a pesar de su edad avanzada, lo metieron en una caja, lo mandaron de San Petersburgo a Moscú... Mientras lo ataban, las pescadoras cantaban acompañándose con el arma y el piano... ¡Y Von Zohn está aquí otra vez!... ¡Ha resucitado!... ¿No es cierto, Von Zohn?

—Pero, ¿qué dice este hombre? —exclamó un monje, estupefacto—. ¿A qué viene ese discurso?

—¡Salgamos de aquí! —gritó Miusov, volviéndose hacia Kalganof.

—¡No!... ¡Permítame! —interrumpió Fedor dando un paso hacia adelante—. Déjeme acabar. Se ha dicho que yo me había conducido irrespetuosamente en la celda de Zossima... El señor Miusov, mi queridísimo pariente, prefiere la diplomacia a la sinceridad... Pues bien, yo le escupo a la cara a la diplomacia... ¿No es cierto, Von Zohn?... Permítame, padre superior, que sea yo un bufón, o que me presente como tal. Al fin y al cabo, no por eso soy menos caballero, mientras que Miusov no tiene otra cosa que un poco de amor propio ofendido y nada más... Ante usted, santo padre, el que cae, ¿no tiene derecho a levantarse de nuevo? Yo me levantaré... Mas, venerable padre, hay algo que me disgusta... ¡La confesión!... Comprendo que es una cosa sagrada, ante la cual me inclino y estoy pronto a arrodillarme; pero en estas celdas se confiesan en voz alta. ¿Está, pues, permitido que se confiese en voz alta? Los santos han establecido que la confesión se haga secretamente: en esto consiste la esencia del sacramento, fin primordial de la institución... Oportunamente someteré este asunto al Santo Sínodo; pero, entretanto, sacaré de aquí a mi hijo Aliosha.

Digamos, de paso, que Fedor Pavlovitch había oído decir algo en este sentido, pero, en realidad, no sabía de qué se trataba.

Se habían propagado mil calumnias acerca de la forma en que el monje Zossima solía recibir a sus penitentes, calumnias que, desde luego, habían caído tan pronto como se alzaron.

—¡Esto no se puede tolerar! —exclamó Piotr Alejandrovitch.

—Excúseme —dijo de improviso el padre superior—. Se ha dicho: "Te insultarán, te calumniarán: escucha y piensa que es una prueba que Dios te manda para humillar tu orgullo". Por tanto, mi querido huésped —añadió mirando a Fedor—, nosotros le damos las gracias, humildemente.

Y saludó con respeto a Fedor Pavlovitch.

—¡Ta, ta, ta!... ¡Marrullerías!... ¡Frases viejas y sin sentido!... ¡Vieja comedia! ¡Ya conozco de sobra esos saludos hasta tocar el suelo!... Sí. ¡Besar en la boca mientras se clava el puñal en el corazón... como en *Los Bergantes,* de Schiller! Yo detesto ese fingimiento. Quiero que todos los hombres sean francos. La verdad... la verdad sólo se encuentra en el fondo de los vasos llenos de licor. ¿Por qué ayudan ustedes, los monjes? ¿Por qué sufren algunas otras privaciones, o al menos aparentan sufrirlas? Porque piensan que les serán recompensadas en el Cielo... Por semejante premio yo también ayunaría... No, santos varones, sean virtuosos durante su vida; útiles a la sociedad en vez de encerrarse en un monasterio en el cual comen un pan que ustedes no han amasado. No cuenten con las recompensas celestiales... ¡Ah! Entonces será más difícil vivir a gusto... Yo también sé hablar bien, padre... ¡Vea! ¿Qué tienen preparado aquí? —añadió acercándose a la mesa—. Vino añejo de Oporto, del Medoc... ¡Oh, padres míos! Esto se aviene muy mal con su humildad, y sobre todo con el ayuno... ¡Cuántas botellas! ¿De dónde las han sacado? ¿Quién se las ha dado?... ¡Ah, sí! Los *mujiks,* los campesinos... esos trabajan para ustedes, ¿verdad?, y les traen hasta el último *kopek,* el producto que extraen de la tierra con sus manos callosas, en perjuicio de sus respectivas familias y de la patria... ¡Ustedes esquilman al pueblo!...

—¡Esto es intolerable! —repitió el padre Jossif detrás de Miusov.

El padre Paissi permanecía silencioso... Miusov salió de la estancia y Kalganof lo siguió.

—¡Está bien! —prosiguió Fedor—. Seguiré a Piotr Alejandrovitch, y no teman que vuelva a poner los pies en esta casa. ¡Aunque me lo pidieran de rodillas no volvería! Si me hacen todavía buena cara, es por los mil rublos que les he dado... ¡Sí, sí!... ¡Ya estoy cansado de ustedes! ¡Ya estoy de padres hasta la coronilla!... Estamos, amigos míos, en el siglo del vapor y de los ferrocarriles...

El superior volvió a inclinarse, y añadió:

—Se ha dicho: "Soporta humildemente el ultraje, y permanece pacífico. No conserves rencor a aquel que te ofende..." Nosotros seguimos la máxima divina.

—*Dominus vobiscum!*... ¡Tonterías!... ¡Ya sé, ya, que pretenden hacerme caer en el lazo; pero yo me valgo de mi autoridad paterna y me llevo a mis hijos, perdona si te ordeno que me sigas... Tú también, Von Zohn, ven a mi casa. Allí te divertirás de lo lindo... No está lejos; apenas una *versta.* Ven... En lugar de coles te daré buen lomo de cerdo. Tendrás coñac y otros licores... ¡Hala, Von Zohn, no desperdicies ocasión tan excelente!

Y salió gritando y gesticulando. Fue en este momento cuando Rakitine le vio y lo señaló a Aliosha.

—¡Eh, Alexey! —gritó desde lejos Fedor—. ¡Hoy mismo te marchas del monasterio! ¡Prepara todas tus cosas!

Alexey se quedó como clavado en tierra. Fedor subió a su carruaje seguido de Iván, silencioso y triste, que ni se volvió a saludar a su hermano menor.

De pronto, el *pomiestchik* Maximof corrió apresuradamente hacia el coche de Fedor, riendo a carcajadas.

—¡Llévenme con ustedes! —dijo.

—¡No lo dije! —exclamó Pavlovitch, lleno de gozo ¿No dije que era Von Zohn, el propio Von Zohn resucitado? Mas, ¿cómo has podido escaparte de esa gente? ¿Y qué te sucede ahora?... ¿Sabes que eres un canalla?...

—Yo lo soy también y, sin embargo, tu frescura me sorprende, hermano. ¡Anda, anda, monta!... Colócate como puedas... o, si te parece ponte en el pescante...—. Pero Iván, que ya se había sentado en el carruaje, sin proferir una palabra, dio un empujón a Maximov y lo hizo retroceder unos cuantos pasos. Fue una verdadera casualidad que el hombre no sufriera una caída peligrosa.

—¡En marcha! —gritó Iván al cochero, con irritado acento.

—¿Qué te pasa? —dijo Fedor—. ¿A qué viene eso?

El coche andaba ya... Iván no respondió.

—¡Vamos a ver! —dijo Fedor Pavlovitch, después de algunos minutos de silencio mirando a su hijo con el rabillo del ojo—. Tú fuiste quien aconsejó esta reunión en el monasterio. ¿Por qué, pues, te irritas?

—¡Déjese ya de tonterías!... Descanse un poco ahora —replicó Iván, secamente.

Fedor se calló... Pero algunos momentos después, repuso:

—¿Quieres que bebamos un trago de coñac?

Iván no respondió.

—Cuando lleguemos beberás tú también —insistió Fedor.

Iván continuaba guardando silencio. Su padre volvió a hablar al cabo de dos minutos.

—Me llevaré a Aliosha, aunque se disguste a todos, respetable señor Karl von Moor —dijo.

Iván se encogió desdeñosamente de hombros, volvió la cabeza y se puso a mirar hacia afuera. Y ya no hablaron más en todo el camino.

Segunda parte
Historia de una familia

Capítulo I

Debemos dar al lector algunas explicaciones acerca de los personajes que le hemos hecho conocer.

Como queda dicho, Dimitri, Iván y Alexey Fedorovitch, eran los tres hijos de Fedor Pavlovitch Karamazov.

Este *pomiestchik*, esto es, terrateniente (así lo llamaban, aunque pasó toda la vida fuera de sus tierras), era un hombre extraño, aunque tipos así se encuentran, a pesar de todo, con bastante frecuencia.

Era uno de esos seres que unen a sus perversos instintos, con una mente desordenada, incapaz de coherencia alguna para nada que no sea aumentar su hacienda, sin reparar en los medios.

Fedor Pavlovitch había empezado sus negocios sin dinero alguno, y al morir se encontraron en su casa más de cien mil rublos. Se había casado dos veces. De sus tres hijos, el mayor, Dimitri Fedorovitch, era de la primera esposa; los otros dos, Iván y Alexey, eran de la segunda. Aquélla pertenecía a la más alta y rica nobleza, a la familia de los Miusov, grandes hacendados del distrito.

¿Cómo se explica que una joven rica, graciosa, bella e inteligente, se casara con un hombre tan insignificante? No trataré de explicarlo; mas, no obstante, diré que conocí a una joven de la antigua generación "romántica", que después de haber mantenido "relaciones" durante varios años, con un hombre con quien hubiera podido casarse sin ningún género de dificultades, acabó por inventar obstáculos infranqueables a esta unión, y escogió una noche tempestuosa para precipitarse en el fondo de un río. Probablemente quiso emular a la Ofelia de Shakespeare.

El hecho es auténtico, y creo que en las dos o tres últimas generaciones rusas hay muchos casos parecidos a éste.

La locura de Adelaida Ivanovna Miusov fue de esa clase. Tal vez pensó demostrar con ello la independencia personal y femenina, reaccionar contra los prejuicios de casta y contra el despotismo de su familia, y su imaginación, dócil a su deseo, creyó que Fedor Pavlovitch, si bien era un parásito, no por esto dejaba de ser un hombre de cierto valor, audaz, irónico, astuto y mordaz, cuando en realidad, no pasaba de ser un mal intencionado bufón. Lo más cómico del caso fue que Fedor se vio obligado a raptar a su novia, lo cual halagó singularmente a los gustos románticos de Adelaida Ivanovna.

Fedor Pavlovitch era un hombre dispuesto a todo, resuelto a lanzarse al mundo y hacer su carrera a cualquier precio. El amor, creo sinceramente que no entraba para nada en el asunto, si bien Adelaida era una joven bellísima. Sin embargo, no pasó mucho tiempo sin que Adelaida se diera cuenta de que su marido sólo podía inspirarle el más profundo desprecio. Su familia, la perdonó por fin, y le entregó la dote que le pertenecía.

A poco de casarse, comenzaron a suscitarse entre los esposos escenas de una violencia horrible, escenas que ya no cesaron jamás. Fedor, ni corto ni perezoso, lo primero que hizo fue apoderarse de los veinticinco mil rublos que constituían la dote de su mujer y con ellos se cuidó de acrecentar su escaso patrimonio, y hasta trató de poner a su nombre una casa que Adelaida tenía en la ciudad, y lo hubiera conseguido si la familia de aquélla no hubiese intervenido en su favor.

Después de los dichos pasaron a los hechos, y es notorio que no fue precisamente Adelaida la que más golpes recibió...

Por último, Adelaida Ivanovna se fugó con un pobre seminarista, dejando en brazos de Fedor un niño de tres años: Dimitri. El abandonado esposo se apresuró a consolarse... ¡y de qué modo!, estableciendo en su casa un verdadero harén, y organizando escandalosas borracheras; cuando no estaba ebrio, cuando tenía algunos momentos de lucidez, visitaba a sus conocidos, ante los cuales se lamentaba de su abandono y contaba tales dettalles de su vida conyugal que, el hecho sólo de relatarlo constituía una vergüenza para un esposo. Pero Fedor Pavlovitch parecía querer buscar su gloria en el papel de marido burlado.

—Hombre —solían decirle—, no parece sino que ha adquirido usted un título nobiliario. ¡Jamás se le ha visto tan gozoso!

Después encontró las huellas de su esposa y dio con ella en San Petersburgo. Adelaida vivía en dicha ciudad con su seminarista. Fedor se dispuso a entablar un proceso, aunque, en realidad, no sabía bien con qué objeto. Pero antes de ponerse en marcha rumbo a San Peterburgo, se permitió algunos días de borrachera sin freno. En aquel lapso le llegó la nueva de la muerte de Adelaida. Algunos aseguraban que cuando Fedor recibió la noticia se volvió loco de contento. Otros, en cambio, decían que lloró como un chiquillo. Tal vez ambas partes tuvieran razón.

Capítulo II

Es posible imaginarse qué clase de padre y de educador podía ser un hombre semejante. Como era de suponer, abandonó al hijo que había tenido con Adelaida. No porque lo odiara particularmente, o porque tuviera dudas acerca de su autenticidad, sino sencillamente, porque se olvidó de él sin motivo alguno.

Y mientras importunaba a todos con sus lágrimas y quejas, y convertía su casa en una tertulia de depravados, fue un criado, el fiel Grigori, quien tomó la tutela del pequeño Mitia.

Al principio, ni los parientes de la madre se ocuparon del pequeñuelo. El abuelo había muerto ya, la abuela estaba gravemente enferma, y las tías se habían casado. Por tanto, Dimitri vivió durante un año entero en casa de Grigori.

Mientras tanto llegó de París un primo hermano de Adelaida, Piotr Alejandrovitch Miusov, que habría de pasar muchos años en el extranjero. En aquella época, era un hombre muy joven, bastante instruido, formado, por decirlo así, en el extranjero; un europeo que acabó siendo un gran liberal, tal como se estiló en los años cuarenta y cincuenta.

Durante su carrera mantuvo una estrecha amistad con los hombres liberales más ilustres de la época, tales como Proudhon y Bakunin. Más tarde gustaba de contar las tres grandes jornadas de la revolución de febrero de 1848, dando a entender que también él había estado detrás de las barricadas...

Su hacienda estaba cerca del convento que hemos mencionado anteriormente y, con los padres que lo habitaban, sostenía un pleito desde su juventud, pleito interminable, acerca de los derechos que aquéllos pretendían tener al cazar y pescar dentro de las propiedades de Miusov, derechos que éste negaba en absoluto.

A decir verdad, a él poco le importaba que cazaran o no en sus tierras; pero creía un deber suyo molestar a los clericales tanto como pudiera.

Cuando supo lo sucedido entre su prima y Fedor, se disgustó sobremanera, y sospechando que Dimitri llegaría a ser un verdadero desgraciado si se quedaba por completo al cuidado de su padre, se interpuso entre éste y el niño, y consiguió encargarse de su educación, y, ya que Fedor era el tutor natural, logró hacerse nombrar curador, puesto que le quedaba al niño una pequeña propiedad, como herencia de su madre.

Miusov dejó a Mitia en casa de una tía que tenía en Moscú, y se volvió a París por una larga temporada pero, con el estrépito de aquella famosa revolución, acabó por olvidarse también del pequeñuelo. La tía en cuya casa estaba murió, y de allí pasó Mitia a poder de una prima, cambiando después, por este estilo, de asilo tres o cuatro veces.

La adolescencia y la juventud de Dimitri Fedorovitch, fueron, como puede suponerse, bastante desordenadas. Sin terminar sus estudios entró en una escuela militar, fue enviado al Cáucaso, obtuvo grados, se batió en duelo, fue degradado por aquel hecho, volvió a conquistar sus galones, y pasó algún tiempo gastando, relativamente, bastante dinero.

Como no recibió de su padre ningún recurso antes de su mayoría de edad, hasta esa fecha vivió contrayendo deudas. Fue entonces, al alcanzar su emancipación, cuando conoció a su padre, al cual fue a buscar para poner en claro algunos asuntos relacionados con sus intereses. El padre le hizo una feísima impresión, por demás desagradable.

Dimitri se avino a tomar de momento cierta suma, y a recibir una pensión que su padre le señaló.

Fedor comprendió desde el primer momento que su hijo lo suponía mucho más rico de lo que era: vio en él un joven violento, ligero de cascos, pero bonachón al mismo tiempo, y creyó que le sería difícil contentarlo con pequeñas sumas dadas de vez en cuando, sin llevar una contabilidad rigurosa.

Tal fue la vida que llevó Dimitri durante cuatro años, al cabo de los cuales, su padre le hizo saber que ya le había entregado todo lo que le pertenecía, y que no estaba, por tanto, dispuesto a darle más.

Este desacuerdo fue lo que produjo la catástrofe, cuya narración comprenderá la sustancia de este trabajo.

Pero antes de proseguir, precisa dar algunas explicaciones acerca de los otros dos hijos de Fedor Pavlovitch.

Capítulo III

Fedor Pavlovitch, despues de haberse desprendido de Dimitri, se casó nuevamente, poquísimo tiempo después.

Su segunda mujer, Sofía Ivanovna, vivía en otra comarca, a la cual iba Fedor con frecuencia para asuntos comerciales y agrícolas. Huérfana de un diácono pobre, había sido recogida por la viuda del general Vorokhov.

Fedor continuaba siendo el mismo hombre disoluto de siempre y, a poco de haberse casado por segunda vez, volvió a su vida licenciosa y corrompida.

Sofía padecía una enfermedad nerviosa que, a veces, le hacía perder la razón. A pesar de ello le dio dos hijos a su marido: el primero, Iván al año de matrimonio; el segundo, Alexey, nació tres años más tarde.

Cuando Sofía murió, estos dos niños corrieron la misma suerte que Dimitri anteriormente, y a no ser por el abnegado Grigori, Dios sabe lo que hubiera sido de ellos. Fue allá, en casa del antiguo sirviente donde los encontró y se compadeció de ellos la viuda del general.

Tres meses después de la muerte de Sofía, la generala se presentó en la casa de Fedor Pavlovitch. Poco tiempo estuvo allí, una media hora, a lo sumo; pero, en tan corto espacio, hizo muchísimas cosas.

Era de noche. Fedor Pavlovitch, que después de su segundo matrimonio no había vuelto a ver a la viuda del general, se hallaba embriagado cuando ésta entró, y, según afirman, sin que mediara ninguna clase de explicación, agarró la anciana al borrachón por los cabellos, y después de zarandearle durante largo tiempo, le sacudió unas cuantas bofetadas y se marchó sin decir palabra. De allí se fue a casa de Grigori, tomó a los dos pequeñuelos, que estaban sucios, demacrados y tristes, los cubrió con su abrigo de viaje, los metió dentro de su coche y partió con ellos al instante.

Fedor se alegró de aquel suceso, y hasta celebró y dio cuenta a todo el mundo de los bofetones que había recibido.

También murió la viuda del general al poco tiempo, dejando en su testamento mil rublos para cada uno de los dos muchachos, consignando, no obstante, que aquella suma debía ser consagrada íntegramente a la educación de los chicos. "Creo —decía la tostadora en el documento—, que esta cantidad bastará para pagar sus estudios hasta que sean hombres; mas, si no fuese así, ruego a mis herederos no los desamparen".

Poca fuerza hubiera hecho un ruego si los herederos de la generala hubiesen sido personas despreocupadas y egoístas; pero, por fortuna, el principal de ellos era un hombre honradísimo, un tal Efim Petrovitch Polienof. Viendo éste que no podía esperarse nada de Fedor Pavlovitch, se encargó él, personalmente, de los huérfanos y como tenía singular estima por Alexey, el menor de ellos, lo conservó en su propia casa, detalle del cual ruego a los lectores tomen nota, desde luego.

A este Efim Petrovitch, el más bueno y noble de los hombres, debieron los dos jóvenes su educación y acaso su vida. Él les conservó intacto el pequeño legado que les dejara la generala, y al llegar a su mayoría de edad encontraron el capital doblado por los intereses que se habían acumulado.

Iván, el mayor, era de temperamento triste y taciturno. Desde la edad de diez años comprendió que estaba viviendo de la caridad de su bienhechor, y que tenía por padre a un hombre cuyo solo nombre era un oprobio. Apenas empezó a razonar demostró que su capacidad mental era poderosa. A los trece años ingresó en un Liceo de Moscú y tomó lecciones de un célebre profesor, amigo de Efim Petrovitch. Luego, terminados sus primeros estudios, entró en la Universidad. Por aquel tiempo quiso la fatalidad que también Efim Petrovitch desapareciera del mundo de los vivos, y por retrasos y formalidades en las medidas testamentarias, Iván, durante los dos primeros años de Universidad, se vio obligado a dar lecciones y a escribir en los periódicos para poder vivir.

Sus artículos, a pesar de llevar una firma desconocida hasta entonces en el mundo literario, interesaban a la gente y se distinguían entre muchas producciones de numerosos jóvenes que corrían por las redacciones ofreciendo trabajos traducidos del francés.

Durante los últimos años que estudió en la Universidad, conservó sus relaciones periodísticas, y en los círculos literarios llegó a alcanzar cierto renombre. Sus análisis de diversos libros fueron famosos, y comentados por lo más selecto de la gente de pluma. Fue por aquel tiempo que una singular combinación le atrajo la atención del gran público; he aquí cómo:

Había terminado sus estudios universitarios y se disponía a partir para el extranjero, con sus dos mil rublos, cuando publicó en un gran diario un artículo que llamó mucho la atención aun cuando el asunto que trataba no era de la especialidad del autor. Iván era naturalista y el artículo trataba de los tribunales eclesiásticos, cuestión entonces de palpitante actualidad. El principal interés del trabajo consistía en lo vigoroso del estilo y en la inesperada conclusión que sentaba.

La mayor parte de los eclesiásticos consideraban a Iván como a uno de sus más pujantes y acertados defensores, mientras que los ateos, a su vez, lo aplaudían con igual entusiasmo. Por último, algunos clarividentes comprendieron que no se trataba de una farsa insolente, de una broma audaz. Refiero el hecho, porque llegó la marejada hasta nuestro célebre convento, donde, naturalmente, también se interesaban en el asunto.

Cuando se conoció el nombre del autor, todos los habitantes de la comarca se felicitaban de tener un semejante paisano, pero se maravillaron de que fuese hijo de Fedor Pavlovitch. Fue precisamente en aquellos días cuando Iván volvió a casa de su padre.

¿Cómo se comprendía aquello? ¿Qué venía a hacer allí un joven de porvenir tan brillante y halagüeño? ¿Qué pretendía hacer en una casa de tan mala fama como la que Fedor Pavlovitch tenía?

Añádase a esto, que Fedor no se había jamás vuelto a ocupar de su hijo, que no le había ayudado de ninguna manera y se comprenderá menos aquella decisión del joven. Y, no obstante, Iván eligió, para vivir, la casa de su padre, y pasó dos meses en compañía de éste, del modo más amistoso del mundo. Miusov, que había venido a establecerse en la ciudad, era uno de los que más se maravillaban de aquella decisión del joven.

—Por cuestión de interés no debe ser —pensaba—, porque sabe de sobra lo miserable que es su padre, y debe estar convencido de que no le dará ni un *kopek*.

Sin embargo, la influencia que el hijo ejercía sobre el padre llegó a ser evidente. Fedor Pavlovitch le obedecía casi siempre, y su conducta mejoraba de un modo visible.

Después se supo que la venida de Iván obedecía, más que a nada, al deseo de regular las divergencias surgidas entre su padre y Dimitri, su hermano mayor, al cual había conocido en otra ocasión y con el que se carteaba desde entonces.

Capítulo IV

Alexey, o Aliosha, como se le llamaba cariñosamente, tenía entonces veinte años; cuatro menos que su hermano Iván y ocho menos que Dimitri.

A la sazón lo encontramos en el monasterio del que hemos hablado. No era un fanático, ni un místico; era simplemente un *altruista* precoz. Había escogido la vida monástica como el único medio que se le ofrecía para librarse del ambiente de vicio y de ignominia que le rodeaba; para dedicarse a una *obra de luz y de amor*. Y no era, propiamente dicho, el monasterio lo que le había subyugado allí, sino el ser extraordinario que había encontrado en ese lugar, el padre Zossima, al cual amaba con todas las fuerzas de su alma.

Huérfano de madre desde la edad de cuatro años, no cesó jamás de pensar en ella. Su rostro, sus caricias quedaron grabadas en la mente del joven de tal modo que le parecía sentir constantemente en sus oídos el eco de su dulce voz. Los recuerdos que se graban en las imaginaciones tiernas desde la edad de dos años, son como puntos luminosos que no puede extinguir toda una vida de sombras. Entre tales recuerdos, uno de los más persistentes era éste: Una ventana completamente abierta, una apacible tarde de verano, los rayos oblicuos de un sol poniente, una imagen en un ángulo de la estancia, una lámpara encendida delante de la imagen y su madre arrodillada, llorando como en una crisis de histerismo, llorando y gritando, y apretando a Aliosha contra su pecho hasta el punto de llegar a hacerle daño, pidiendo a la Virgen que protegiese a aquel hijo de sus entrañas...

Aliosha veía todavía el rostro inflamado de su madre... Tales eran sus recuerdos. El joven no gustaba de hablar de ellos o, hablando con más propiedad, puede decirse que Aliosha no gustaba de hablar, sencillamente. Y no es que el mozo fuese tímido, o arisco, no, al contrario; pero sentía cierta interna inquietud, completamente singular, especialísima que le hacía olvidarse de todo lo demás. Todavía bastante sencillo, parecía que se fiaba de todo, sin prudencia alguna y, sin embargo, nadie le tenía por ingenuo.

Era uno de esos espíritus sinceros que no creen en la perversidad de los demás. Para él todos los hombres eran buenos mientras no se demostrase lo contrario. Y cuando alguna vez se le demostraba algún daño, se quedaba más triste que sorprendido sin jamás asustarse por nada.

Veinte años tenía cuando volvió a casa de su padre, a aquel lugar impuro, centro de corrupción, y era de observar en él, un mozo inocente y casto, cuando las escenas a que asistía sobrepasaban toda medida, se retiraba silencioso sin dejar adivinar en su rostro que condenaba todo aquello.

El padre, con su clarividencia de viejo parásito, le observaba al principio con desconfianza; pero al cabo de quince días empezó a amarle sinceramente, profundamente, como no había amado hasta entonces a ninguno y, si bien las lágrimas que vertía cuando le abrazaba eran lágrimas de borrachín, al fin y al cabo eran verdaderas lágrimas.

Por lo demás, Aliosha era amado por todos y en todas partes donde se presentaba. Así había sucedido siempre, desde su infancia. En casa de su bienhechor Efim Petrovitch, toda la familia de éste le había considerado siempre como si fuese un miembro de la familia. En el colegio sucedió otro tanto: sus pequeños compañeros le querían con delirio. Fue el preferido de todos durante el tiempo de sus primeros estudios. Y lo amaban tanto, porque era humilde, porque no se hacía valer, y por tanto, sus camaradas no pensaban nunca que pudiese ser Aliosha un rival para ellos. Y no es que aquella manera de ser suya fuese estudiada; no era orgullo ni afectación, sino pura ingenuidad. Ni él mismo comprendía su propio mérito. Además no conservaba nunca el recuerdo de una ofensa. Si alguna vez le injuriaba un compañero, o un desconocido, una hora después volvía a hablarle como si no hubiese ocurrido nada entre ellos.

Un solo lado de su carácter se prestaba a la broma, aunque dulce e inofensiva: su pudor severo. No podía soportar que se hablase de ciertas cosas acerca de las mujeres, hecho que, desgraciadamente, ocurre entre la mayor parte de los mozos barbilampiños. Jóvenes todavía y con el alma purísima, los escolares pronunciaban, sin darse cuenta, frases que repugnarían incluso a soldados veteranos. Creo firmemente que los hijos de nuestra "sociedad culta" conocen, respecto a esto, ciertas particularidades que la soldadesca, repito, ignora por completo.

¿Se trata de corrupción moral, de cinismo real inherente a la naturaleza del cerebro? No, yo opino que, a lo sumo, obedece a una jactancia superficial, en la cual encuentran los jovenzuelos algo delicado y fino: algo así como una tradición estimable.

Viendo que Aliosha Karamazov, cuando se hablaba de "aquellas cosas" se tapaba presuroso los oídos, al principio le rodeaban todos y le apartaban las manos a viva fuerza, a fin de que no perdiese ninguna de aquellas groserías que se pronunciaban.

Aliosha luchaba por apartarse de ello y concluía por echarse al suelo, pero sin pronunciar jamás una palabra de reproche. Y al notar que no se enfadaba ni se quejaba nunca, optaron por dejarle en paz, cesaron de llamarle "señorita": tuvieron, por decirlo así, piedad de él.

Digamos de pasada que era siempre, si no el primero de la escuela, a lo menos uno de los más aplicados. Después de morir Efim Petrovitch, Aliosha permaneció en el colegio dos años más. La viuda de Polienof, a la muerte de su marido, se marchó a Italia con toda la familia, y Aliosha se quedó en casa de unos parientes lejanos del difunto Efim.

Una de las características más sobresalientes de su temperamento era la de que jamás se cuidaba de saber "de qué dinero o a expensas de quién vivía", en lo cual se diferenciaba notablemente de su hermano Iván, quien, durante los dos primeros años de sus estudios en la Universidad, trabajó para vivir, y que desde su infancia había sufrido al pensar que le sostenían personas extrañas a su familia.

Pero esta particularidad de Aliosha no habría podido enajenarse la estimación de cualquiera que lo hubiese tratado y conocido un poco: era, insistimos, una especie de inocentón en este sentido. Si en lugar de vivir de la caridad de los demás hubiese sido poderoso, no hubiera tardado mucho en deshacerse de su fortuna en provecho del primer adulador que le hubiese salido al paso. Si le daban algún dinero para sus gastos particulares, o bien no sabía qué hacer con él y lo conservaba mucho tiempo en su bolsillo, o, a lo mejor, lo gastaba de improviso y de una vez, sin fijarse cómo ni en qué.

Piotr Alejandrovitch Miusov, hombre de honradez a lo burgués, y que conocía bien el valor del dinero, decía a Aliosha:

—He aquí, tal vez, el único hombre en el mundo al cual se le puede abandonar en medio de una plaza pública, en una ciudad de un millón de almas donde no conociese a nadie, sin temor de que llegue a faltarle nada. Hasta creo que tendrían a gala el ofrecerle cuanto necesitase, considerándose todavía muy honrados con que Aliosha aceptase.

Sólo le faltaba un año para terminar sus estudios cuando declaró bruscamente a sus nuevos protectores que debía partir inmediatamente a casa de su padre para arreglar ciertos asuntos. Aquéllos se esforzaban por disuadirle, pero el mozo se obstinó en su resolución. No obstante, sus bienhechores le proporcionaron el dinero que necesitaba para el viaje...

Cuando su padre le preguntó por qué motivo había interrumpido sus estudios estando a punto de terminarlos, Aliosha no respondió y se quedó pensativo. Pronto se supo que buscaba la tumba de su madre. Ciertamente, aquél no debía ser el único motivo de su repentino viaje, pero es seguro que ni él mismo pudiera explicarse la causa real que lo había ocasionado. Había obedecido a un impulso instintivo...

Fedor Pavlovitch no pudo indicarle el lugar donde se hallaba la sepultura de su segunda esposa, por la sencilla razón de que no había ido nunca a visitarla; ni siquiera había acompañado el cadáver hasta su última morada.

Aliosha, más aún que Iván, ejerció sobre su padre una influencia moralizadora. Se hubiese creído que los buenos instintos de aquel viejo se habían despertado después de estar largo tiempo adormecidos.

—¿Sabes —le decía a menudo, contemplándole de cerca— que te pareces mucho a Klikusca?

Así llamaba a su segunda difunta esposa.

Grigori fue quien, por fin, indicó al joven el cementerio en que se hallaba la tumba de Klikusca. El antiguo sirviente del padre lo condujo a un ángulo apartado del campo santo y le mostró una losa modesta, pero decente, sobre la cual se veía escrito el nombre y la edad de la difunta, como asimismo su clase social y la fecha del año en que falleció. También se veía grabado un epitafio, una cuarteta de esa literatura tan estimada por la clase media. Aliosha supo con asombro que el autor de aquella obra era el propio Grigori. El joven no demostró ningún exceso de sentimentalismo ante la tumba de su madre. Escuchó pacientemente la pomposa explicación que Grigori le dio acerca de la construcción de la tumba y partió luego con la cabeza inclinada sobre el pecho. Después no volvió jamás al cementerio.

Este episodio produjo en Fedor Pavlovitch un efecto inesperado. Sacó mil rublos de su arca y los llevó al monasterio para que dijesen misas en sufragio del alma de su esposa; pero no de la segunda, madre de Aliosha, sino de la otra, de Adelaida Ivanovna, aquella que le pegaba cuando reñían.

Sin embargo, aquella misma noche se embriagó y llenó de impoperios a los monjes delante de Aliosha. Como puede verse, el vino le *iluminaba* más que la religión. Poco tiempo después, Aliosha declaró a su padre su intención de entrar en el monasterio, añadiendo que los monjes le aceptaban con gusto y que sólo esperaba la autorización paterna. Fedor sabía ya que el monje Zossima le había producido al "inocente mozo" una impresión profunda.

—Ese *starets* es, ciertamente, el más honesto de todos ellos —dijo Fedor, luego de haber escuchado en silencio, sin manifestar ninguna sorpresa, la petición de su hijo—. ¡Hum! —añadió después—. De modo que quieres vivir con él, ¿eh? Esperaba que acabases de ese modo. ¿Sabías tú que yo lo había presentido?... ¡Bueno, bueno!... ¡Por mi parte, sea!... Tienes dos mil rublos que te pertenecen. Ellos serán tu dote. En cuanto a mí, ángel mío, no te abandonaré nunca. Daré lo que haga falta. Pagaré lo que me pidan. Si no quieren nada, si nada me exigen, mejor. Ya sé que tú, como los pajarillos, te mantienes con poco: con unos cuantos granos de alpiste tienes suficiente. ¡Hum!... ¡Vaya, vaya! ¿Conque quieres hacerte monje?... ¡En fin, después de todo, eso servirá para que tú, joven casto, ruegues a Dios por nosotros los que hemos pecado! Muchas veces me he preguntado yo eso, precisamente: ¿Quién rogará por mí?... Yo, la verdad, confieso que no entiendo gran cosa en asuntos de ultratumba... Alguna que otra vez suelo pensar, pero muy de tarde en tarde. Opino que el hombre no debe ocuparse de esas cosas... Algunos aseguran que el infierno tiene un escondrijo en el cual fabrican los diablos las horquillas con que atormentan a los condenados... Yo, la verdad, estoy dispuesto a admitir que haya infierno, pero sin fragua, ni yunque, ni escondrijo alguno... ¡Bah!... Es más delicada, más moderna la teoría protestante... Pero con fragua o sin ella, ¿qué, importa? Solamente que, si no existe esa fragua, no hay horquilla que valga, y si no hay horquilla, ¿con qué pinchará el diablo que me tome a su cargo?... Mas entonces, ¿dónde está la justicia? Si esas horquillas no existen sería preciso inventarlas para mí, para mí solo, porque tú no puedes imaginarte, Alexey, lo abominable que yo soy.

—¡Pero si no hay tales cosas! —replicó Alexey, serio y dulcemente.

—Sí, solamente existe la sombra de esos instrumentos de tortura, lo sé. Así lo asegura aquel poeta francés que dijo:

> *He visto la sombra de un cochero*
> *limpiando, con la sombra de un cepillo,*
> *la sombra de un carruaje.*

"Pero no; ya verás cómo cuando estés con los monjes cambias de parecer, verás cómo entonces dices que sí, que existen las tales horquillas... ¡Quién sabe! ¡Tal vez ellos te harán ver la realidad!... Entonces me la dirás tú a mí, y de ese modo, la partida para el otro mundo me resultará más fácil, sabiendo lo que por allí ocurre... Por otra parte, en el convento estarás más a gusto que al lado de un viejo alcohólico como yo. Conmigo, lejos de convertirme, acabarías por pervertirte... Sin embargo, confieso que no creo que estés allá mucho tiempo; el fuego, vivo ahora, de tu vocación religiosa, se apagará pronto, y volverás aquí, y yo te esperaré y te recibiré con los brazos abiertos, porque sé bien que tú eres el único en el mundo que no me detestas, que no me condenas... Tú eres un ángel, y lejos de aborrecerme me compadeces, y hasta me amas..."

Y al decir esto rompió a llorar. Fedor era un malvado, pero un malvado sentimental.

Capítulo V

Acaso el lector se habrá imaginado a Aliosha como un ser atacado de neurosis, enfermizo y poco desarrollado. Nada de eso. Era, a la sazón, un mozo robusto, arrojado, de sonrosadas mejillas y ojos grises, grandes y dulces, lleno de salud, guapísimo, de estatura más que regular, cabellos castaños y rostro ovalado.

Todo esto, claro es, no evita el fanatismo ni el misticismo; pero, vuelvo a afirmar que Aliosha poseía un temperamento realista como el que más. Es cierto que creía en milagros; pero era de esos realistas en los cuales la fe no es la consecuencia de los milagros, sino todo lo contrario. Si un realista llega a creer, su mismo realismo debe hacerle admitir el milagro.

Santo Tomás declaró que él no creería antes de haber visto, y cuando vio, exclamó: "¡Dios y Señor mío!" ¿Fue el milagro lo que le dio la fe? Las mayores probabilidades están por la negativa. Adquirió aquella fe porque la deseaba: acaso la sentía interiormente antes de decir: "No creeré sino lo que vea".

Aliosha era uno de los jóvenes de la última generación que, honrados por naturaleza, buscan la verdad y que, cuando creen haberla hallado, son capaces de sacrificar su propia vida si es preciso. Desgraciadamente, estos jóvenes no comprenden que el sacrificio de la vida es, con frecuencia, uno de los sacrificios más fáciles.

Sacrificar cinco, seis o más años de la propia existencia en cualquier tarea penosa, por la ciencia, o simplemente por adquirir nuevos conocimientos que nos permitan ponernos en condiciones de poder medir nuestras fuerzas con la verdad misma buscándola sin tregua, ni descanso, he ahí, para la mayor parte, el sacrificio que abate las humanas fuerzas.

Aliosha había escogido la ruta que pensaba seguir, con la sencillez con que se hace una acción heroica. Apenas tuvo la convicción de que Dios existe y de que el alma es inmortal, dijo para sí: "Viviré para la inmortalidad sin ningún género de compromisos". Si, por el contrario, hubiese creído que Dios no existe y que no es inmortal el alma, habría sido ateo con la misma independencia de ánimo. A Aliosha le parecía imposible continuar viviendo en la forma que lo había hecho hasta entonces.

Jesús dijo: "Si quieres ser perfecto y aproximarte a Dios, da todo cuanto poseas y sígueme".

Aliosha había meditado mucho acerca de estas palabras, y comprendía que no es lo mismo dar una o varias limosnas, a darlo *todo;* y comprendía asimismo que *seguir* por completo a Jesús no consistía solamente en ir a misa todos los días.

El recuerdo de su madre, la cual siendo él todavía un niño, le llevaba al monasterio, influyó, probablemente, en aquella su decisión. Y quizás influyese también otro recuerdo: el de aquella plácida tarde de estío en que los oblicuos rayos de un sol poniente iluminaban la estancia en que se hallaba su madre delante de una imagen, teniéndole a él en brazos como ofreciéndole a la Virgen. Tal vez fue eso lo que le hizo venir a casa de su padre para saber cuánto podía dar antes de disponerse a seguir a Jesucristo... Pero el encuentro con el monje Zossima arrancó de raíz todas sus vacilaciones...

Zossima tenía entonces sesenta y cinco años. En su juventud había sido oficial del ejército del Cáucaso. Decíase que, a fuerza de escuchar confesiones, había adquirido tal lucidez, tal penetración, que al primer golpe de vista adivinaba lo que iba a consultarle o a suplicarle aquel que se le acercaba. Sus más ardientes partidarios lo tenían por un santo y afirmaban que, después de su muerte, se obtendrían milagros con su intercesión. Ésta era, particularmente, la opinión de Aliosha, el cual había sido testigo de varias de las numerosas curas milagrosas llevadas a cabo por Zossima. ¿Eran éstas curas reales, o simplemente mejorías naturales?

Aliosha no trataba de responder a esto: él creía ciegamente en la potencia espiritual de su director; la gloria del monje constituía la suya.

El joven gozaba al ver que la muchedumbre acudía a contemplar y a consultar al santo anciano, llorando de alegría al verle, y besando la tierra que pisaba. Las mujeres le presentaban sus pequeñuelos para que los tocase con sus temblorosas manos creyendo que bastaba aquel ligero contacto para que sus hijos quedasen libres de toda tentativa pecaminosa.

Aliosha comprendía aquel amor que el pueblo sentía por el venerable religioso; sabía muy bien que, para aquellas almas sencillas, oprimidas, abatidas por sus propias iniquidades y por la constante iniquidad humana, no había más urgente remedio que un consuelo inmediato, y Zossima consolaba de un modo dulcísimo.

Aliosha pensaba, creía que el santo viejo poseía el secreto de la regeneración universal, la potencia que acabaría por establecer el reino de la verdad. Entonces, los hombres se agruparían, se ayudarían unos a otros y no habría ni ricos ni pobres, ni grandes ni pequeños. Sólo habría hijos de Dios, súbditos de Jesucristo.

La llegada de sus dos hermanos impresionó a Aliosha, y en seguida intimó con Dimitri, por el cual sintió un afecto vivísimo, más profundo que el que sentía por Iván, a pesar de lo mucho que a éste estimaba, si bien su amistad con él no era tan estrecha. Dimitri hablaba de Iván con admiración. Por medio del primero supo Aliosha todo lo concerniente al asunto que había ocasionado la amistad de sus otros dos hermanos.

El entusiasmo que Dimitri sentía por Iván tenía, a los ojos de Aliosha, la siguiente característica: que Dimitri era ignorante, mientras el otro era muy instruido.

En efecto, ofrecían ambos un contraste tan marcado que hubiera sido imposible encontrar dos hombres más diferentes.

Fue en aquellos días cuando tuvo lugar en la celda del monje Zossima la reunión de esta familia heterogénea.

Tercera parte
Los sensuales

Capítulo I

La casa de Fedor Pavlovitch estaba situada en un extremo de la ciudad. Era una casa de dos cuerpos, esto es: la casa propiamente dicha y un pabellón, en el cual se albergaban los criados. Contaba con gran número de habitaciones y escaleras secretas.

Los ratones pululaban por todas partes. Fedor no los detestaba: "Cuando se está solo por la noche —decía—, se aburre uno menos oyéndolos correr..."

El pabellón, situado en el patio, era grande y bien construido, y tenía su correspondiente cocina, aparte de la que existía en la casa. Fedor hacía que se guisase en la primera porque le molestaba el olor de cocina.

La casa hubiera podido alojar un número de personas cinco veces mayor al que la habitaba. El padre e Iván eran los únicos moradores.

Como ya hemos dicho, en el pabellón se albergaban los tres criados de Fedor: Grigori, su esposa Marfa y un tal Smerdiakof, muy joven todavía.

Grigori era un hombre honrado, testarudo, incorruptible, que iba derecho a su objeto, fuese éste cual fuese, apenas lo juzgaba un deber suyo. Marfa, su mujer, solía entrometerse de continuo en los asuntos de su esposo. Ya en la época en que se efectuó la abolición de la esclavitud, había trabajado Marfa para que su marido abandonase a Fedor Pavlovitch y se hubiesen ido a Moscú a establecerse independientemente; pero Grigori opinó que no, que su deber le ordenaba quedarse allí, junto a su patrón, al cual amaba aun con todos sus defectos.

—¿Comprendes tú lo que es el deber? —dijo Grigori a su esposa.

—Sí —contestó ésta—; pero no sé apreciar qué clase de deber es el que te hace permanecer aquí.

—Pues que lo comprendas o no, así ha de ser. ¡Cállate!

Y con razón tan categórica hubo de conformarse Marfa, y allí se quedaron, y Fedor les asignó una paga mensual bastante regular.

Grigori, sin embargo, sabía que ejercía alguna influencia sobre su patrón. En varias ocasiones le había defendido personalmente contra ciertos ataques: Fedor Pavlovitch se acordaba de esto y tenía siempre presente aquella clase de servicios.

Probablemente, por no decir seguramente, Fedor, debido a su mal comportamiento en general, sentía ciertos temores, ciertos presentimientos, y le halagaba el saber que allí cerca, dentro de su misma casa, había un hombre robusto, aleccionado a él, de puras costumbres, dispuesto a defenderle, a ayudarle, sin jamás reprocharle nada; bien es verdad que, intelectualmente, Grigori estaba todavía muy por debajo de su amo.

Algunas veces se levantaba Fedor sobresaltado, durante la noche, y corría a despertar a Grigori, al cual rogaba que fuese a hacerle compañía, y hablaba con él, entonces, de cosas insignificantes. Lo necesario para Fedor, en aquellos momentos, era sentirlo cerca de sí. Después lo dejaba marchar y volvía a dormirse tranquilamente.

Grigori era un místico; un suceso extraordinario había dejado en su alma, según su propia expresión, una huella indeleble. Una noche se despertó Marfa, sobresaltada por el sonido de unos lamentos infantiles que parecían ser de un recién nacido. Aterrada llamó a su esposo:

—Escucha, Grigori —le dijo.

—Parecen gemidos de mujer —añadió él después de prestar atención.

Y el buen hombre se levantó y se vistió. Bajó por la escalera, salió al patio, y observó que los lamentos partían del jardín; éste, por el lado del patio, estaba cerrado y defendido por una fuerte puerta barrera.

Grigori volvió a entrar en su casa, encendió un farolillo, tomó la llave de la barrera, y, sin cuidarse del terror de su esposa, bajó al jardín. Allí comprobó que los gemidos salían del cuarto de baño, situado cerca de la puerta del jardín, y que eran, efectivamente, de mujer.

Al abrir la puerta del cuarto de baño, se quedó estupefacto ante el espectáculo que se ofrecía a su vista. Tendida en el suelo estaba Lisaveta Smerdiactchaia, una idiota conocida en toda la población: a su lado yacía un recién nacido... La madre agonizaba, de sus labios no salía palabra alguna... era idiota y muda...

Capítulo II

Una circunstancia particular confirmó ciertas sospechas horribles que Grigori había concebido desde hacía largo tiempo.

Esta Lisaveta Smerdiactchaia era una joven de pequeña estatura, de buen color, y de fisonomía perfectamente idiota. Su mirada tenía una fijeza desagradable, si bien con cierto viso de resignación. Andaba constantemente de uno a otro lado, vestida con sólo una bata corta de cáñamo. Su enmarañada cabellera era rizada como la lana de una oveja y le formaba como una especie de sombrero. Su cabeza estaba llena siempre de polvo, de hojas, de paja y pedazos de madera, debido a que, generalmente, dormía en el bosque, y en el suelo. Su padre era un vagabundo, un alcohólico que vivía empleándose de vez en cuando como mozo de cuerda o recadero. Su madre había muerto cuando aún era ella muy niña...

El padre la maltrataba cruelmente cuando Lisaveta iba a verle, lo que acontecía rara vez, y por tanto, la desventurada se mantenía de limosna. Varias veces había tratado de obligarla a usar ropa más conveniente que la túnica corta que vestía. A comienzo de cada invierno le daban un abrigo y un par de zapatos; ella se dejaba vestir sin oponer resistencia, pero luego, apenas la dejaban, proseguía su marcha y abandonaba abrigo y zapatos en la puerta de la primera iglesia que encontraba a su paso, siguiendo después su ruta, tiritando bajo aquel camisón.

Un gobernador, herido "en sus mejores sentimientos" viendo a la desgraciada criatura tan indecentemente vestida, preguntó el motivo que la obligaba a ir de aquel modo, y como le dijeran que era una pobre idiota, inocente, replicó:

—Sí, pero su inocencia ofende el pudor. Es preciso tomar medidas para evitar eso.

Y ordenó que se la obligase a vestir más correctamente.

Pero ella desapareció y no se la pudo obligar a cambiar su género de vida. Murió su padre, y esto hizo que los que la conocían sintiesen por ella mayor compasión. Hasta los chiquillos de la calle, irreverentes de suyo, se compadecían de ella y la dejaban transitar con silencioso respeto.

Todas las puertas estaban abiertas para la infeliz. Si le daban alguna moneda, corría a depositarla en el cepillo de las limosnas de cualquier iglesia o establecimiento de beneficencia. Si alguien le entregaba un pan, se apresuraba a regalárselo a un muchacho, o al primer pordiosero que encontraba, contentándose ella con comer pan negro y beber agua pura, lo que constituía su único alimento. Las noches las pasaba, generalmente, bajo el pórtico de una iglesia, o en un huerto cualquiera.

Una noche de septiembre, dulce y clara (ya hace de esto muchos años), durante la luna llena, tarde ya, unos cuantos señores regresaban del club a su casa, después de haber comido opíparamente. La calle que ellos seguían estaba limitada por un espacioso huerto y concluía en un puente, construido sobre un arroyo nauseabundo al cual llamaban río, no se sabe por qué.

En unas malezas, junto a unas matas de ortigas, vieron a Lisaveta dormida. Los ricachos, bastante alterados por los vapores del vino que habían bebido en abundancia, se detuvieron y empezaron a bromear con palabras y gestos obscenos. Uno de ellos preguntó si era posible que se pudiese tomar *aquello* por una mujer. Los demás protestaron.

Fedor Pavlovitch, que formaba parte del grupo, declaró, por el contrario, que no sólo se podía tomar a Lisaveta por una mujer, sino que la aventura le parecía bastante curiosa y picante.

Aquella salida produjo una carcajada general, y todos, menos Fedor (viudo, a la sazón, de su primera esposa), se marcharon haciendo guiños y ademanes picarescos.

Tiempo después, Fedor aseguró que él también se había alejado por otro lado. Nadie supo ni trató de indagar lo que hubiere de cierto en aquellas palabras; pero el caso fue que, algunos meses más tarde, la ciudad se indignó de ver a Lisaveta encinta, y se pensó en tratar de descubrir al villano que hubiere podido ultrajar a aquella desventurada criatura.

Y entonces empezó a circular un rumor, rumor que acusaba a Fedor Pavlovitch de ser él el causante de aquella infamia.

¿De dónde partió semejante afirmación? No se sabía con certeza, pero todo el mundo aseguraba lo mismo.

—No puede ser otro que Fedor —se repetía por todas partes.

Grigori defendía a su amo enérgicamente, y hubo de sostener muchos altercados a dicho respecto.

—Ella sola es la culpable —decía.

Y añadía que su cómplice era un cierto Karp, un escapado de presidio del cual se sospechaba que estaba escondido en alguna parte de la ciudad.

Sin embargo, aquella desgracia no perjudicó en nada a la pobre idiota. Una señora, viuda de un comerciante, la recogió en su casa para que no sufriera privación alguna hasta la hora del alumbramiento.

La vigilaban constantemente; mas, no obstante, una tarde, cuando estaba a punto de dar a luz, desapareció Lisaveta de casa de su protectora, y se fue al jardín de Fedor Pavlovitch.

¿Cómo pudo salvar una puerta-barrera tan alta en el estado en que se encontraba? Unos decían que la habían transportado allí entre varias personas, mientras otros aseguraban que no habría podido llevar a cabo semejante cosa a no ser ayudada por fuerzas sobrenaturales.

Grigori, a todo correr, fue a llamar a su esposa para que se apresurara a ir a asistir a Lisaveta, y él partió en busca de una comadrona que habitaba a poca distancia.

El niño pudo ser salvado, pero Lisaveta murió al amanecer.

Grigori tomó al recién nacido, se lo llevó al pabellón, lo puso sobre las rodillas de su esposa, y dijo solemnemente:

—¡Los huérfanos son hijos de Dios!... ¡Éste ha sido procreado por el diablo y una santa!... ¡Edúcalo!...

Le bautizaron con el nombre de Pavel, al cual añadieron luego, todos, el de Fedorovitch.

Fedor Pavlovitch no protestó de aquello; al contrario, lo tomó a broma, si bien continuó negando siempre semejante paternidad.

Más tarde, le dio él mismo el nombre de Smerdiakof, que era el que le pertenecía por parte de su madre Lisaveta Smerdiactchaia.

Aquel niño siguió siempre en casa de Fedor, y es el mismo que hemos mencionado al tratar de los criados de Fedor, en calidad de lo cual vivía en el pabellón con los viejos Grigori y Marfa, desempeñando las funciones de cocinero.

Capítulo III

Cuando Aliosha vio partir a su padre y a su hermano Iván, después del escándalo que tuvo lugar en las habitaciones del padre superior, se quedó aturdido.

¡Abandonar el monasterio! ¡Y tan de repente!

El joven se encaminó al aposento del superior, para averiguar lo que había sucedido, y mientras avanzaba, trataba de resolver el problema que se le imponía.

No pensaba que la orden de su padre fuera definitiva. Se había convenido que Fedor Pavlovitch no trataría de oponerse a sus deseos.

No; Aliosha no temía por aquel lado, y, sin embargo, era evidente que sentía temores que él mismo no podía definir.

Estos temores se relacionaban con aquella joven llamada Katerina Ivanovna que ya hemos mencionado anteriormente.

Katerina insistía en quererle ver, y a decir verdad, no le inquietaba al joven lo que ella pudiera decirle, sino lo que habría él de responder.

Aliosha no temía, por decirlo así, *a la mujer.* Había sido educado por mujeres y las conocía bien. Pero temía *a aquella mujer,* precisamente a aquélla, a Katerina Ivanovna. Más aún: le había temido desde que la vio por primera vez.

Luego volvió a verla dos o tres veces más, solamente, y la recordaba bien... bella, orgullosa y dominante; y se asustaba de ella sin saber por qué, y encontraba inexplicable aquel temor que la joven le infundía.

Él sabía perfectamente que Katerina era de nobles instintos, que se esforzaba por salvar a Dimitri, culpable con respecto a ella, y que obraba tan sólo por generosidad; pero, a pesar de la admiración que por ella sentía, le era imposible poder evitar el escalofrío misterioso que le acometía cada vez que se aproximaba al domicilio de la joven.

Aliosha pensó que, en aquel momento, no estaría Iván en casa de ella, puesto que se había alejado con su padre, y que tampoco era probable que estuviese Dimitri. Por tanto, podría hablar él con ella.

Pero Aliosha, antes de verla, quería entrevistarse con Dimitri.

¿Dónde hallar a éste?

¡Ah, he aquí la dificultad!

Dimitri se había alejado del monasterio solo, sin decir adónde iba.

Aliosha sonrió de un modo "intraducible", se persignó y se dirigió con paso firme hacia la casa de la bella y terrible joven.

Para abreviar camino empezó a atravesar algunos jardines; después pasó junto a un huerto, dentro del cual había una casa... levantó la cabeza, y allá, un poco más lejos, vio, sobre un montecillo, a su hermano Dimitri gesticulando, sin hablar, para llamar su atención sin tener necesidad de gritar, cosa que, evidentemente, quería evitar.

Aliosha corrió hacia él.

—Afortunadamente, me has visto —murmuró Dimitri, en voz baja—. De no haber sido así hubiera tenido que ponerme a gritar.

Aliosha, ayudado por su hermano, saltó una cerca de ramaje que lo separaba de él.

—Precisamente estaba pensando en ti —repuso Dimitri—. No has podido llegar más a tiempo. ¡Vamos!

—¿Adónde?... ¿Y por qué hablas tan bajo si nadie nos oye? —replicó Aliosha.

—¿Por qué? ¡Ah, diantre, es verdad! —exclamó de pronto Dimitri con voz natural—. Es que... verás, estoy en acecho, espiando un secreto, y por eso, porque es un secreto, temía que alguien me escuchase... ¡Anda!... ¡Ven y calla!... Pero antes déjame que te abrace.

Estaban dentro de un pequeño jardín. Echaron a andar, y pronto llegaron a un cenador de antigua construcción; encima de una mesa desvencijada, fija en el suelo, vio Aliosha una botella mediada de líquido, y junto a ella una copita.

—¡Es coñac! —dijo Mitia, riendo alegremente—. Tú dirás: ¡Continúa embriagándose! Y yo te respondo: ¡No pienses tal cosa! "¡No hagas caso de lo que piense una chusma enamorada de la mentira!... ¡Aleja de ti toda sospecha!" No bebo, paladeo jarabe, como dice ese puercote de Rakitine, amigo tuyo... ¡Siéntate!... ¡Quisiera, Aliosha, estrecharte entre mis brazos hasta estrujarte, porque verdaderamente, ver-da-de-ra-mente, ¡créeme!, ¡tú eres lo único que amo en este mundo!

Dimitri pronunció estas palabras con gran exaltación.

—Sólo a ti y a una mujer, de la cual me he enamorado, por mi mal, amo de veras. Es decir, repito que amar, no amo sino a ti: porque enamorarse no es realmente amar. Uno puede enamorarse y odiar al mismo tiempo. Acuérdate de esto... ¡Ahora hablemos seriamente! Siéntate más cerca de mí. Que yo te vea bien. Voy a decirte algo importante. No me interrumpas. Hablaré yo solo, puesto que la hora de hablar ha llegado... Pero lo haré en voz baja, cautelosamente, porque temo que haya quien pueda oírnos sin que yo lo vea. Hace días que buscaba esta ocasión. Necesitaba decírtelo todo a ti solo... ¡Mañana empezará una vida nueva para mí! ¿Has experimentado alguna vez, en sueños, la sensación de caer de lo alto de una montaña?... Pues bien, yo voy a caer, realmente... ¡Oh! No tengas miedo, no precisas tenerlo; es decir, sí, yo lo tengo, pero un miedo que me gusta... No, tampoco es eso; es una especie de embriaguez... mas ¡qué diablo!... ¡No importa!... ¡Mira qué bello sol, qué cielo tan puro, qué árboles tan frondosos!... ¡Cantemos en plena primavera!... ¡Cantemos a la Naturaleza!... Dime una cosa: ¿Adónde ibas?

—A casa de papá, y de paso quería entrar en casa de Katerina Ivanovna.

—¡Qué coincidencia!

—Pero aún no me has dicho para qué me has llamado.

—Es verdad. Te he llamado... pues... para mandarte a casa de papá y a casa de Katerina, para terminar de una vez con el uno y con la otra. Hubiera podido mandar a cualquiera, pero yo necesitaba un ángel en lugar de una persona, y ese ángel eres tú, Aliosha querido.

—¿Y para qué, deseas mandarme? —preguntó Aliosha con triste semblante.

—Ya lo sabes tú, que lo has comprendido todo aunque aparentas ignorarlo. ¡Pero, calla, no te lamentes, no te entristezcas!

Dimitri se levantó pensativo.

—Probablemente te ha llamado ella misma, ¿verdad? —repuso—. ¿Te ha escrito? ¡Sí, forzosamente debe haberte escrito, porque, de otro modo, tú no te habrías atrevido a ir!...

—Es cierto —respondió Aliosha—. Aquí está la carta.

Mitia la leyó rápidamente.

—¡Oh, dioses del Olimpo! —exclamó después—. ¡Gracias por habérmelo mandado; por haberle inspirado que pasara, que viniera hacia mí como el pececillo de oro a la red del pobre pescador, según cuenta la fábula! Escucha, Aliosha, escucha hermano mío. ¡Te lo diré todo! Debo confesarme... Ya me he confesado con un ángel del Cielo; ahora lo haré con uno de la Tierra... porque tú eres un ángel. Tú me oirás y me perdonarás. Necesito ser absuelto por un hombre más puro que yo. Escucha, pues. Imagínate que dos seres se alejan de las cosas terrestres y se elevan hacia una atmósfera superior... Si no los dos, al menos uno de ellos. E imagínate, además, que éste, antes de desaparecer, se acerca al otro y le dice: "Haz por mí tal cosa..." Una cosa de esas que sólo se piden en el lecho de la muerte... En tal caso, ¿podría negarse a hacerla aquel a quien se le pide, máxime si es un amigo o un hermano?

—Haré lo que pidas... ¡Habla!... ¿De qué se trata? ¡Pronto!...

—¡Pronto!... ¡Hum!... No tengas tanta prisa, Aliosha; no te impacientes; es inútil... Mas, ¿qué digo, si tú no te impacientas nunca? Y tienes mucha razón. ¿De qué sirve ello? Pero, ¿qué diantre estoy diciendo?

—¡Hombre, sé noble!

—¿De quién es este verso?

Aliosha esperaba sin responder. Mitia permaneció largo rato silencioso, con la frente apoyada en sus manos.

—Aliosha —repuso luego—, tú solo eres capaz de escucharme sin burlarte... Quisiera comenzar mi... confesión con un himno de gloria a lo Schiller. *An die Freude!* (¡A la alegría!), pero no conozco el alemán... No creas que hablo exaltado por la embriaguez... Necesitaría dos botellas de coñac para embriagarme, y apenas he bebido una copa. Verdaderamente, no soy Fuerte con F mayúscula, pero soy fuerte con f pequeña. Permíteme este juego de palabras. Hoy debes permitirme todo esto, porque... porque debo decirlo... ¡voy, voy al grano!... Espera, ¿cómo es aquello?...

Mitia levantó la cabeza, reflexionó un instante y luego prosiguió con entusiasmo:

> *Tímido, desnudo, salvaje, se escondía*
> *un troglodita en las grutas de la montaña.*
> *Nómada, erraba por los campos*
> *y los devastaba*
> *cazaba con su lanza y con sus flechas.*
> *Terrible, recorría la floresta...*

¡Ay de aquellos a quienes las olas
empujaban hacia aquellas orillas!
De la olímpica altura
descendió una madre. Ceres, que busca
a Proserpina, que le ha sido robada.
El mundo se presenta a su vista en todo su horror
ningún retiro, ningún albergue,
la diosa no sabe dónde ir.
Allí es desconocido el culto a los dioses.
No hay templo alguno.
Frutos de los campos, los sabrosos racimos
no adornan ningún festín;
humean solamente restos de cadáveres
sobre altares ensangrentados.
Y a todas partes donde el ojo triste
de Ceres mira,
en su profunda humillación,
el hombre se presenta por doquier
a las miradas de la diosa.

Mitia cogió una mano de Aliosha y empezó a sollozar.

—¡Amigo!... ¡Amigo mío!... ¡Sí, *en la humillación,* en la humillación, hoy todavía! ¡El hombre sufre mucho sobre la Tierra!, ¡ah!, ¡mucho! No creas que soy un hombre de fútiles placeres como cada militar se cree obligado a ser... Hermano mío, yo no pienso sino en esa humillación de la humanidad. No miento. ¡Yo soy la humildad misma!

Porque, para que de su humillación,
con la fuerza del alma,
pueda el hombre levantarse,
precisa que con la antigua madre Tierra
haga un eterno tratado de alianza.

—Pero, ¿cómo haré yo este tratado de alianza con la madre Tierra? ¿Debo hacerme labrador o pastor? En las horas de mi más abyecta degradación, siempre he gustado de leer esos versos en los cuales Ceres contempla la humillación de nuestra especie. Mas, por mucho que los he leído, no han podido nunca hacer que yo me elevara, porque soy un Karamazov... ¡Estoy maldito, hundido, envilecido! ¡Acaso soy el mismo diablo!... ¡Y, sin embargo, Señor, no soy menos hijo tuyo que otros, y te amo! ¡Ah!, basta!... ¡Estoy llorando!... ¡Déjame llorar! Ya ves, nosotros, los Karamazov, somos unos sensuales... La bestia dormida dentro de ti también, y eso que tú eres un ángel. ¡Terrible misterio! Dios no ha hecho sino misterios... Las contradicciones se multiplican en su obra magna. Yo no soy más que un ignorante, lo sé; y no obstante, he pensado mucho... ¡La belleza, por ejemplo! Con frecuencia, un hombre de gran corazón y de poderoso talento, tiene por ideal primero a la Virgen y por último a Sodoma. Pero lo más horrible es haber comenzado con Sodoma llevando la Virgen dentro del pecho. Sí, sí, el hombre es demasiado vago en sus concepciones; yo quisiera restringirlo... ¡El diablo entienda todo esto! Para la mayor parte de los hombres, hasta en la relajación hay belleza; ésta no se encuentra sino allí, en el ideal de Sodoma. ¿Sabías esto?... Es el duelo entre Dios y el diablo, cuyo campo de batalla somos nosotros... Mas, volvamos a mí, al asunto mío. Escúchame bien ahora... Yo me divertía... Mi padre decía, que yo había comprado con dinero la virginidad de las doncellas. ¡Imaginación de depravado!... ¡Es falso! No he gastado nada. El dinero es superfluo en esta clase de asuntos. Es puramente un adorno. A mí me quieren casi todas las mujeres; la hija del pueblo y la gran señora. ¡Ah!... Si te parecieses a mí, comprenderías bien esto que digo. Yo amaba la francachela por lo que hay en ella de vulgar. Amaba la crueldad... ¿Qué clase de vil ser soy yo, entonces? ¿Un insecto asqueroso? No, un Karamazov. Un día, en una fiesta campestre a la cual habían ido casi todos los habitantes de la ciudad, obtuve de una joven (tímida y graciosa, hija de un funcionario público) ciertos favores... Era una oscura tarde de invierno; nos alejamos por entre la arboleda, y me permitió ciertas libertades... Pensaba, la pobrecilla, que al día siguiente iría yo a pedir su mano... No fue así: estuve cinco meses sin dirigirle una palabra. La veía a menudo en un ángulo de un salón, seguirme con la vista mientras yo bailaba... ¡Y qué fuego despedían sus ojos!... ¡Aquello me divertía! Después se casó, y partió furiosa contra mí y, probablemente, amándome todavía... Ahora vive feliz con su esposo. Debo advertirte que, de todo esto, no he dicho jamás una palabra a nadie. No he abusado de la confianza que me otorgó aquella niña... ¡Oh! tengo instintos viles, pero no soy cínico... Te sonrojas, Aliosha: tus ojos despiden fuego... ¡Ah, y, sin embargo, tengo todo un álbum de recuerdos semejantes, hermano mío! ¡Bueno!... No te he llamado para remover delante de ti todas estas lúbricas remembranzas. No, te contaré algo más curioso. Deja que te lo diga todo, y no te sonrojes; me place contártelo todo.

—No es de tus palabras ni menos de tus acciones de lo que me sonrojo —murmuró Aliosha—. Me sonrojo, porque yo mismo soy como tú eres.

—¿Tú?

—Sí.

—Debes exagerar.

—No, no exagero —repuso el joven con animación. Estamos en la misma escala; yo en el primer escalón, tú más lejos... pero es igual, una vez puesto el pie en el primer peldaño, se recorren todos después.

—Entonces hay que evitar el primer paso.

—Cierto, si es posible.

—¿Y no podrás evitarlo tú?

—Creo que no.

—Calla, Aliosha, calla, querido, y déjame que te bese la mano. ¡Ah!... ¡Esa bribona de Grushenka conoce a los hombres! Un día me dijo que te habría comido a besos como a los demás... ¡Bueno, bueno, no diré nada! Volvamos a la tragedia. El viejo ha mentido relativamente en cuanto a mis pretendidas seducciones; pues, en realidad, eso me sucedió una vez... es decir, me sucedió y no me sucedió, porque la cosa no ha llegado al desenlace... Repito que no he confiado nunca estas cosas a nadie; tú eres el primero que las sabe... después de Iván. Sí, Iván sabe todo esto desde hace mucho tiempo; pero Iván es una tumba.

—¡Cómo! ¿Iván es una tumba?

—¡Sí!

Aliosha redobló su atención.

—Ya sabrás —prosiguió Dimitri— que yo era subteniente de un batallón de infantería. Me vigilaban como si hubiera sido un deportado, pero en la ciudad me acogían siempre con regocijo. Por todas partes derrochaba yo dinero. Todos me creían rico. Hasta yo mismo llegué a creérmelo... Cuando me veían, bajaban la cabeza, a causa de mis calaveradas, pero te aseguro que me amaban. El coronel, un viejo regañón, la había tomado conmigo; pero como toda la ciudad estaba de mi parte no pudo hacer nada en contra mía. Y, sin embargo, era yo quien faltaba; pues, por un orgullo mío, estúpido, que a nada obedecía, me había dado por no rendirle los honores que le eran debidos... Aquel viejo, buen hombre en el fondo, se había casado dos veces, y había enviudado otras tantas. Su primera esposa, de origen vulgar, le había dejado una hija, sencilla como él. Tenía la muchacha veinticuatro años, y vivía con su padre y una tía. De mente despejada y de mucha desenvoltura, no he visto jamás un carácter más gracioso de mujer. Se llamaba Agafia Ivanovna. Alta, rusa de pura sangre, bien hecha, con unos ojos bellísimos de una expresión poco común. Dos jóvenes distinguidos habían solicitado su mano, pero ella no quería casarse. Su carácter era alegre, por demás: siempre estaba contenta. Pronto fuimos amigos... Charlábamos juntos, y yo le decía cosas inauditas, respecto a cuestiones bastante escabrosas. Ella se reía. Muchas mujeres gustan de esa libertad de lenguaje. A mí me divertía también aquello de un modo extraordinario. El coronel era uno de los principales personajes de la localidad: vivía cómodamente, recibía en su casa a lo más selecto de la población, y organizaba bailes y cenas fastuosas. Cuando yo me incorporé al batallón, no se hablaba de otra cosa que de la próxima llegada a la ciudad de la segunda hija del coronel, la cual pasaba por ser de una belleza perfecta. Había terminado sus estudios en un colegio aristocrático de la capital. Se llamaba... ya te lo habrás supuesto: Katerina Ivanovna. Ésta es hija de la segunda mujer del coronel, la cual era de noble origen. Las señoras más distinguidas la invitaban y obsequiaban por doquier. Katerina era la reina de todas las fiestas. Una noche, en casa del comandante de la batería, me miró con cierto desdén. Aquello lastimó mi amor propio, y juré vengarme. Yo sabía bien que Katerina no era una colegiala inocente, que tenía un carácter firme, mucho orgullo y una virtud sólida, y especialmente mucha inteligencia e instrucción, mientras que yo carecía de esto último. ¿Crees que yo aspiraba a conquistar su mano?... ¡No, por cierto! Quería solamente castigar su orgullo, por no haber comprendido qué clase de hombre era yo... Seguí mi acostumbrada vida de jolgorio... El coronel me hizo arrestar y estuve castigado durante tres días. Por entonces recibí justamente, de mi padre, seis mil rublos, junto con una renuncia formal a todos mis derechos sobre la herencia de mi madre. Yo no estaba al corriente de estos asuntos: es más, hasta estos últimos días, hasta hoy mismo, no he comprendido nada de lo que entre mi padre y yo ocurría... Mas, ¡vayan al diablo las cuentas!... Volvamos a mi historia. Poseedor, pues, de aquellos seis mil rublos, supe por un amigo mío que el coronel había caído en desgracia, que se sospechaba hubiese malversado los fondos del regimiento... En efecto, a los pocos días, le obligaron a presentar su dimisión. Por aquel entonces encontré un día a Agafia Ivanovna (siempre continuábamos siendo amigos), y le dije:

—Creo que su padre tiene un déficit de cuatro mil quinientos rublos.

—Cuando pasó el general —me respondió—, todo estaba en orden perfecto.

—Cuando pasó el general, sí; pero, ahora, no.

—¡No me asuste usted, por Dios! ¿Cómo ha sabido esto?

—Cálmese —repuse—, no se lo diré a nadie; es más: si llegase el caso de que le pidiesen a su padre los cuatro mil quinientos rublos que le faltan, y no los tuviera, para evitar que sea juzgado en consejo de guerra y, seguramente, degradado, envíe usted a mi casa a su hermana Katerina, y le daré yo ese dinero. De ese modo podrá todo arreglarse sin que nadie sepa nada.

—¡Ah, qué perverso es usted! ¡No se engañaba Katerina!... ¡Qué audacia!... —gritó Agafia, partiendo indignada.

La joven se lo contó a su hermana Katerina, a la cual amaba entrañablemente. Aquello era, precisamente, lo que yo deseaba... Al poco tiempo llegó un nuevo jefe para hacerse cargo del mando del destacamento. El viejo coronel cayó enfermo; estuvo en cama cuarenta y ocho horas, y, por tanto, no pudo hacer entrega de las cuentas. El médico aseguró que la enfermedad no era fingida. Así era, en efecto. Yo sabía que el coronel solía distraer todos los años, por aquel tiempo, una cantidad respetable que entregaba a un comerciante, el cual la hacía circular y se la devolvía luego al coronel quintuplicada. Pero esta vez, el citado comerciante no le había devuelto la suma prestada. El coronel, viéndose comprometido, fue a pedírsela, con amenazas, y el otro, muy tranquilo, le respondió: "A mí no me ha entregado usted nada". Imagínate la desesperación del coronel... En aquellas circunstancias, llegó una orden por la cual se le exigía que hiciese entrega de todo en el término perentorio de dos horas. El coronel firmó en el libro la recepción de aquella orden, se levantó, y dijo que iba a ponerse su uniforme. Corrió a su gabinete, tomó un revólver, y ya estaba a punto de apoyar el cañón sobre su sien derecha, cuando Agafia, que había sospechado sus intenciones, se arrojó sobre él y le sujetó por los brazos. El tiro partió, sin embargo; pero, desviada la puntería, la bala fue a incrustarse en la pared. Al ruido de la detonación acudió gente y desarmaron al enfermo. A aquella hora (era ya de noche), estaba yo en mi casa, y me disponía a salir, cuando se abrió de repente la puerta y entró en mi aposento Katerina Ivanovna. Nadie la había visto llegar hasta allí. Su estancia dentro de mi habitación podía haber permanecido ignorada de todos. Yo comprendí al instante de qué se trataba. Katerina me miró con fijeza; sus ojos brillaban llenos de resolución, y hasta de insolencia, si bien sus labios temblaban ligeramente.

—Me ha dicho mi hermana —murmuró— que nos daría usted cuatro mil quinientos rublos si venía yo en persona a buscarlo... Aquí estoy ya... ¡Démelos!

Su respiración se hizo fatigosa en aquel momento... ¿Me oyes, Aliosha?...

—¡Sí! ¡Habla! ¡Dime toda la verdad!

—¿Quieres saberla entera? Está bien. Nada te ocultaré... Mi primer impulso, mi primer pensamiento fue el de un Karamazov... ¡Un día, hermano mío, me mordió una tarántula, y me hizo pasar quince días con fiebre!... Pues bien; en aquel momento me sentí otra vez como mordido por una tarántula. ¿Comprendes?... Miré a Katerina... Tú la conoces, sabes cuán hermosa es. Pero en aquel instante te aseguro que estaba mil veces más hermosa. Su actitud de mujer sacrificada le daba un aspecto tan grande, tan importante, que yo me sentí pequeño, pequeño junto a ella. Allí estaba, allí la tenía a mi disposición, dependiendo de mí en cuerpo y alma. La mordedura del venenoso insecto fue tan cruel que me sentí morir... ¡Claro está que podía haber ido al día siguiente a su casa, a pedir su mano, y nadie habría sabido nada! Pero oí una voz que me gritaba internamente: "Mañana hará ella que te arroje un criado de su casa a puntapiés". Sí, era cierto aquello: los ojos de Katerina lo estaban pregonando en silencio. ¡Cómo me odiaba en aquel momento! Yo la miré, me sentí dominado por la rabia, y estuve tentado de cometer una acción vil... A punto estuve de sonreír irónicamente y decirle: "¿Cuatro mil rublos? ¡Bah! ¡Fue una broma, señorita! Ha procedido usted muy ligeramente... Si fuese un par de billetes de a ciento se los daría de buena voluntad por pasar un rato agradable; pero, ¡cuatro mil, digo, cuatro mil quinientos rublos por una bagatela... se ha molestado usted inútilmente!" ¡Figúrate!... Ella se habría marchado avergonzada, corrida... ¡Qué bella venganza la mía!... Eso habría sido algo verdaderamente diabólico. ¡Jamás he mirado a una mujer con tanto odio! ¡Sí, te juro por Dios que te digo la verdad! Durante cuatro o cinco segundos la miré con odio, con ese odio que apenas separa del amor, del amor más violento, la distancia del grueso de un cabello. Me acerqué a la ventana y apoyé la frente sobre el vidrio helado... Aquel frío me quemó aún más... ¡Qué inexplicable!... Después... Bien poco la hice esperar. Abrí un cajón, saqué una obligación de cuatro mil quinientos rublos, se la enseñé, la doblé, la puse en sus manos, abrí yo mismo la puerta y saludé haciendo una profunda reverencia. Ella se estremeció, clavó en mí sus ojos, se puso pálida y, de repente, sin hablar, pero con decisión, y sonriendo dulcemente se inclinó ante mí, a la rusa, hasta casi tocar el suelo, y en seguida se incorporó y partió rápidamente... Cuando estuvo fuera, tomé un cuchillo, y casi estuve a punto de clavármelo en el pecho; pero no creas que de rabia, no; de alegría. ¿Comprendes que uno pueda suicidarse de alegría?... Sin embargo, me repuse y dejé caer el arma... Podía haberte ocultado estos detalles, esta lucha interna de la cual salí vencedor, pero, ¡bah!, no creas que lo hago por alabarme.

—Bien —dijo Aliosha—. Ya conozco la mitad del caso.

—Sí. Un drama, ¿verdad? Bueno, pues ahora tendrá lugar la tragedia, cuyas escenas se representarán aquí, en este pueblo, que será el teatro...

—No comprendo gran cosa de esta segunda mitad.

—Y yo, si he de decir verdad, no comprendo nada de nada.

—Escucha, Dimitri, ¿eres todavía su prometido?

—Sí. Di mi palabra de casamiento tres meses después de ese día a que acabo de referirme. Yo creí que aquel suceso no tendría consecuencia alguna, porque me pareció indigno ir a pedir la mano de Katerina. En cuanto a ésta, durante las seis semanas que permaneció todavía en la ciudad, no dio signos de vida sino una sola vez. Al siguiente día de la famosa escena, vino a mi casa una doncella de Katerina, y me entregó un sobre que contenía el excedente del dinero que había sido necesario.

Ninguna palabra, ni por medio de la muchacha ni por escrito. Aquel dinero y lo que a mí me había quedado, me lo gasté guapamente en juergas de todas clases, y supe distinguirme tanto que el comandante se vio obligado a amonestarme públicamente... El coronel, como ya habrás supuesto, rindió cuenta hasta del último *kopek*, con gran asombro de todos. Poco después cayó enfermo y permaneció tres semanas en cama; un día aseguraron que tenía un reblandecimiento cerebral, y cinco días más tarde rindió su última cuenta en este mundo, siendo enterrado con todos los honores militares. Al cabo de diez días, Katerina, su hermana y la tía partieron para Moscú... Fue el día de la partida cuando recibí un billetito azul con estas solas palabras: "Escribiré a usted. Espere. C." En Moscú, las circunstancias hicieron que se sucediesen acontecimientos dignos de *Las Mil y Una Noches*. La parienta de Katerina perdió en poco tiempo, uno después de otro, los dos sobrinos que debían heredarla, y como fuese Katerina su único consuelo, testó en favor de ella, y entre tanto le señaló una dote de ochenta mil rublos. Algunos días después, tuve la sorpresa de recibir por giro postal los cuatro mil quinientos rublos que había yo prestado a Katerina, y tres días más tarde llegó la carta prometida. Todavía la guardo: no me desprenderé de ella jamás: quiero que me entierren con ella. Decía así: me la sé de memoria: "Le amo locamente: no me importa que usted me ame o no; pero deseo que sea mi marido. ¡No se asuste usted! No le causaré molestia alguna. Seré un mueble más en su casa, la alfombra sobre la cual pisará usted. ¡Le amaré eternamente y le salvaré de usted mismo!" ¡Oh, Aliosha! No soy digno de repetir estas palabras con mi voz contaminada para siempre. Esta carta abrió en mi pecho una herida incurable. Como no podía ir yo a Moscú, contesté en seguida. Escribí con mis lágrimas: le recordaba que ella era rica y yo pobre; sí, hice eso, le hablé de dinero. Al propio tiempo escribía a Iván, que se encontraba en Moscú; le expliqué todo en una carta de seis páginas, y le rogué que fuese a casa de Katerina... ¿Por qué me miras? Sí, Iván se enamoró de ella: la amó, lo sé. Hice una tontería, ¿verdad?... Pues bien, esa tontería es lo que nos salvará a todos. ¿No ves que ella también le estima, que le distingue? Si nos compara a los dos no puede por menos de preferirle a él, sobre todo después de lo ocurrido últimamente.

—Yo, en cambio, creo que es a ti y no a él a quien debe amar.

—Es que a mí no me ama, propiamente dicho. No ama en mí mi persona, sino su propia virtud —replicó Dimitri, algo excitado, a su pesar.

De pronto, dio un puñetazo encima de la mesa, y exclamó con el semblante enrojecido:

—¡Te juro, Aliosha, puedes creerme, que me siento indigno de ella! ¡Y aquí está la tragedia, bien lo sé!... En cuanto a Iván, ¡cómo debe maldecir a la Naturaleza! Ella, Katerina, a pesar de esta vida disipada que llevo, me prefiere. ¿Y por qué me prefiere? ¡Por agradecimiento! ¡Por agradecimiento quiere sacrificarme su vida!... ¡Eso es un absurdo! Yo no he hablado nunca a Iván en este sentido, ni él tampoco me ha dicho nunca, nada. ¡Pero lo que debe ser será! Yo desapareceré, me sumergiré en el fango que es mi elemento, y él... ocupará mi puesto.

—Espera, hermano mío —interrumpió Aliosha—. En todo eso hay algo que para mí resta oscuro. Tú eres su prometido. ¿Con qué derecho romperás tú ese compromiso si ella no lo permite?

—Yo prometí corregirme... y ya ves que no lo he cumplido.

—Bueno, ¿y qué deseas?

—Te he llamado para que vayas a su casa y...

—¿Y qué?

—Le dices que no volveré a verla más.

—¡Es posible! ¡No verla más!

—No. Por eso debes ir tú; porque si fuera yo, no podría decírselo.

—¿Y qué harás?

—Ya te lo he dicho: volveré al fango.

—Con la Grushenka, ¿no es cierto? —exclamó Aliosha con triste voz—. ¿Habrá, entonces, dicho la verdad Rakitine? Yo pensaba que eso sería una cosa pasajera que terminaría pronto.

—¡Cómo! ¿Piensas que lo hacía por bromear, por pasar el tiempo? ¡Todavía tengo un poco de vergüenza! Apenas comencé a frecuentar la casa de Grushenka dejé de considerarme un hombre honesto, como también renuncié a conceptuarme el prometido de Katerina. ¿Por qué me miras de ese modo? Cuando fui la primera vez a visitar a aquélla, iba con ánimo de maltratarla. Supe que aquel capitán le había entregado una carta de mi padre, en la cual le rogaba que me exigiese una renuncia sobre los derechos de la dote de mi madre, a fin de obligarme a callar y a permanecer tranquilo. Querían asustarme. Fui, por tanto, para zurrarle la badana. Ya la había visto algunos días antes. A simple vista es una mujer bastante ordinaria. Sabía la historia de su amante, un comerciante rico que está moribundo y que dejará una gran fortuna. Sabía también que ella es avara y que presta dinero a interés, bastante fuerte, por cierto... Te repito que fui dispuesto a pegarle... ¡y me quedé en su casa! Ella es la lepra, ¿sabes?, y yo no me he contagiado. Todo acabó; ya no es posible remediarlo. El ciclo de los tiempos vuelve a repetirse; he aquí mi historia. Cuando fui a su casa tenía tres mil rublos. En seguida nos marchamos lejos de la ciudad a celebrar nuestra amistad. Hice avisar a unos músicos ambulantes... corrió el champaña, y todos cuantos mujiks, mozos y mozas encontramos acabaron por emborracharse. Tres días después me quedé limpio. ¿Y crees tú que yo haya obtenido algo de ella?... ¡Ni un céntimo; Grushenka es escurridiza como una anguila...! ¡La bribona!... Te digo que es una anguila, una serpiente... Una vez me dijo: "Aunque seas pobre, si me dejas hacer cuanto se me antoje, me casaré contigo".

Dimitri se levantó excitado; sus ojos estaban inyectados de sangre.

—¿Y serías capaz de casarte con esa mujer? —preguntó Aliosha, alarmado.

—Enseguida, si ella lo quiere; si no seré su criado...

—¡Jesús!

—Pero, ¿no sabes tú, Aliosha —repuso Dimitri con vehemencia—, que todo esto es una locura, una demencia terrible, una tragedia? Sabes, sí, que soy un hombre vil, de bajas e inmundas pasiones; pero respecto a otras cosas, a robarle a nadie nada... ¡ah!, eso no puedo, no podré, no sabré hacerlo... Mas, ¿qué estoy diciendo? ¡Ja, ja, ja! ¡Insecto de mí! ¡Digo que no robaré nada a nadie, y, sin embargo, ya he robado! ¡A Katerina Ivanovna! ¡Sí! Un día me llamó, y, con gran sigilo, me entregó tres mil rublos para que fuese a la oficina central del distrito y se los remitiese desde allí a Agafia, su hermana, que está en Moscú... Bueno, pues son esos tres mil rublos los que me gasté en la francachela de la que antes te hablé... Luego, claro está, mentí, dije que había mandado el dinero, pero que se me había olvidado el talón resguardo... ¿Qué te parece?... Hoy, cuando vayas a saludarla de mi parte, y a despedirte en mi nombre, te preguntará tal vez: "¿Y qué ha hecho del dinero?" Tú debes responder: "Dimitri es un perdido, un canalla sin conciencia. No ha podido resistir a la tentación y se ha gastado esos tres mil rublos". No obstante... ¡Pero, qué loco estoy!... Y, sin embargo, yo... no, no soy ladrón... Quisiera que tú pudieras haber agregado: "Es un pillo, pero no es ratero... Aquí está su dinero... los tres mil rublos..." Pero, sí, sí. ¿Cómo diablos vas a decir eso si no puedes dárselos?... ¿De dónde sacar esa cantidad?

Dimitri se mesaba los cabellos con cierta nerviosidad.

—¡Tranquilízate, Dimitri! —dijo su hermano—. Eres desgraciado, pero no tanto como te lo figuras... ¡Sosiégate!... ¡No te abandones a la desesperación!

—¡Descuida!... No me suicidaré por eso. No me siento ahora capaz de hacerlo. Más tarde... ¡quién sabe! Ahora... ahora me voy a casa de Grushenka.

—Y después, ¿qué harás?

—Después me casaré con ella, si se digna aceptarme por esposo; y, cuando vengan sus amantes, me retiraré a una estancia vecina, y lustraré las botas de todos ellos, haré el café y otras comisiones...

—Katerina Ivanovna te perdonará, Dimitri. Su corazón es bueno y su mente elevada. Comprenderá que eres un gran desgraciado y te perdonará, repito.

—Te engañas; no me perdonará: hay aquí cosas que una mujer no puede perdonar nunca. ¿Sabes lo que sería mejor?

—¿Qué?

—Devolverle los tres mil rublos.

—Sí, pero, ¿de dónde sacarlos?... Espera... Yo tengo dos mil... Iván podrá darte los otros mil y así completarás la suma.

—¡Imposible! Tú eres menor de edad, y se necesita cierto tiempo para llevar a cabo los trámites necesarios; y yo preciso hoy mismo ese dinero. Mañana sería ya tarde. Ve a casa del viejo.

—¿De nuestro padre?

—Sí; pídele de mi parte esa cantidad.

—No me la dará.

—Escucha. Legalmente nada me debe, pero moralmente, sí. Fue con los veinticinco mil rublos de mi madre con lo que él ha hecho su fortunita. Que me dé esos tres mil rublos; me sacará del infierno, y muchos pecados suyos serán perdonados. No volverá jamás a verme ni a oír hablar de mí. Le proporciono la última ocasión de ser padre. Puedes decirle que es Dios mismo quien se la ofrece.

—Pero, Mitia, no los dará por nada del mundo.

—Lo sé, lo sé bien... ahora especialmente. Sé, que le han dicho *en serio*, ayer, por vez primera, fíjate bien, *en serio*, que Grushenka está dispuesta a casarse conmigo. Ya ves. ¿Cómo es posible que dé ese dinero, pensando, acaso, que va a servir para los gastos de la boda, estando él, como está, perdidamente enamorado de Grushenka? Más todavía: sé que hace cuatro o cinco días ha apartado el viejo cinco mil rublos en billetes de a ciento, y ha hecho con ellos un paquete que ha atado con cintitas de color de rosa. Estoy bien informado, ¿eh?... Sobre el pliego ha escrito: "Para mi Grushenka, si acepta venir a mi casa". Ha escrito eso a escondidas, y nadie sabe que haya apartado ese dinero, nadie, salvo una persona: Smerdiakof, su criado, en el cual confía como en sí mismo. Y ya hace cuatro días que está esperando a Grushenka, pues ésta, a su requerimiento, ha contestado: "Tal vez vaya..." Tu comprenderás que, si va Grushenka a casa de mi padre, yo no puedo casarme con ella. Por eso me escondo aquí y espío.

—¿Espías?

—¡Sí!

—¿A ella?

—¡Claro! Estoy aquí, gracias a la complacencia del soldado que custodia esta casa: el dueño de ella ignora que me hallo en este lugar, y el mismo soldado no sabe por qué estoy aquí. Sólo lo sabe...

—¿Smerdiakof?

—Sí; él es quien me hará saber si Grushenka va o no a casa del viejo.

—¿Es él, también, quien te ha contado la historia del paquete?

—Sí; es un gran secreto; el mismo Iván no sabe nada acerca de eso. El viejo lo ha enviado a pasear a una ciudad vecina, encargándole ciertos asuntos comerciales que le retuvieron allí algunos días; todo esto, naturalmente, con el propósito de alejarlo, y ver si durante ese tiempo iba Grushenka a su casa.

—¿Así, pues, la espera hoy?

—No, hoy no irá; lo deduzco por ciertos indicios particulares... Smerdiakof también opina como yo. El viejo está bebiendo. Iván está allí también con él. Ve, pues, Alexey; pídele ahora esos tres mil rublos.

—Mitia, hermano querido... —dijo Aliosha, levantándose para mirar más de cerca a Dimitri—, ¿qué te pasa? ¿Estás trastornado?

—¡Cómo! ¿Crees que me haya vuelto loco? —replicó solemnemente Dimitri—. Sé bien lo que digo; creo en milagros.

—¿En milagros?

—Sí, en los de la Providencia. Dios sabe lo que pasa dentro de mi corazón; Dios ve que estoy desesperado. ¿Es posible que me abandone en este trance horrible? Aliosha, te repito que creo en un milagro. Ve a casa del viejo.

—Iré, puesto que insistes. ¿Me esperarás aquí?

—Sí; el asunto será laborioso. Nuestro padre está embriagado ahora. Esperaré tres, cuatro, cinco, seis horas si es preciso; pero es menester que hoy mismo quede terminado este asunto, antes de la medianoche. Es necesario que hoy vayas a casa de Katerina Ivanovna con el dinero, y le digas: "Dimitri Fedorovitch me ha encargado que salude a usted". Esta frase es la que debes, textualmente, pronunciar.

—Mitia..., ¿y si Grushenka va a casa de papá hoy, o mañana, u otro día?

—¿Grushenka?... Yo la vigilaré y lo impediré...

—Y si...

—Entonces... mataré...

—¿A quién?

—¡Al viejo!

—¿Qué dices, hermano mío?

—¡No sé, no sé lo que digo! Acaso mataré... o no mataré... ¡Quién sabe!... Sin embargo, temo el odio que me inspira mi padre... ¡Sí! Odio su nariz de judío, sus ojos, su sonrisa diabólica... Repito que es ese odio lo que me asusta; no sabría contenerme...

—Iré, Mitia; creo que Dios no permitirá que ocurran tales cosas horribles.

—Y yo esperaré aquí el milagro; mas si no se verifica, entonces...

Aliosha, sumamente triste y pensativo, se dirigió a casa de su padre.

Capítulo IV

Fedor Pavlovitch estaba todavía sentado a la mesa. Como de costumbre, la mesa se hallaba en el salón y no en el comedor. En un ángulo había una imagen, delante de la cual ardía una lámpara, no por sentimiento piadoso, sino para que la habitación estuviese más alumbrada durante la noche.

Fedor se acostaba bastante tarde: a las tres o las cuatro de la mañana. Generalmente pasaba el tiempo paseándose por la habitación, o sentado, reflexionando, en una butaca.

Cuando entró Aliosha estaban terminando de almorzar: le servían entonces los dulces y el café. Iván estaba allí también. Grigori y Smerdiakof se hallaban próximos a la mesa. Todos, amos y criados estaban visiblemente de buen humor. Fedor reía alegremente.

Aliosha, desde el vestíbulo, reconoció perfectamente la risa de su padre, y dedujo por ella que todavía no estaba aquél embriagado por completo.

—¡Ah!... ¡Aquí está también Aliosha! —exclamó Fedor al ver a su hijo menor—. ¡Siéntate con nosotros! ¿Quieres un poco de café? El café de cuaresma, sin leche, no tengas miedo; está caliente y es moka superior. Coñac no te ofrezco, porque sé que eres abstemio. Te daré un licor dulcísimo... Smerdiakof, ve a buscarlo: está en el segundo estante, a la derecha: toma las llaves... ¡Aprisa!

Aliosha quiso excusarse, pero no le sirvió de nada.

—Es inútil —dijo su padre—. Lo traerán igualmente. De todos modos, si no quieres beber tú, beberemos nosotros... ¿Has almorzado?

—Sí —contestó Aliosha, a pesar de que sólo había comido un pedazo de pan y bebido un poco de caldo en la cocina del padre superior—. Tomaré solamente un poco de café.

—¡Ah, picaruelo!... ¿Está caliente?... Sí, mira, todavía abrasa. Lo ha preparado Smerdiakof: ese chico entiende esto de maravilla. No tiene rival para preparar el café y la sopa de pescado. Ven un día a comer con nosotros... Adviértemelo antes... ¡Ah! Te dije que trajeras aquí tu colchón... ¿Lo has hecho?

—No —respondió Aliosha, sonriendo.

—Es curioso —repuso Fedor—. Escucha, Iván; no sabes qué placer me causa el ver a Alexey cuando me mira sonriente. ¡Mi alma se estremece de gozo!... ¡Aliosha, yo te amo profundamente!... Ven para que te bendiga.

Aliosha se levantó, pero Fedor había cambiado ya de parecer.

—No —dijo—, haré solamente el signo de la cruz... Ya está. Vuelve a sentarte... ¡Ah, ja!... ¡Aquí llega el asno de Balaam cargado de licores!

El asno Balaam no era otro sino Smerdiakoff, el criado, joven de veinticuatro años, bastante taciturno; no precisamente porque fuese insociable o tímido, sino porque parecía ser algo altanero, y tenía aspecto de mirar a todos con desprecio.

Desde pequeño, según decía Grigori, se había ya mostrado ingrato con los bienhechores. Su diversión favorita consistía en agarrar gatos, ahorcarlos y enterrarlos luego con gran ceremonia; a tal efecto, colgaba una piedra al extremo de una cuerda y la movía a guisa de un incensario.

Grigori le sorprendió una vez en dicha ocupación y le dio unos cuantos golpes, debido a lo cual estuvo el muchacho durante una semana acurrucado en un rincón, lanzando miradas de odio sobre sus protectores.

—No nos quiere, el bribón —decía Grigori a su esposa—. Mejor dicho, no quiere a nadie.

Y otro día le increpó severamente, diciéndole:

—¡Tú no eres un hombre; eres un bicho nacido en el fango del cuarto de baño!...

Smerdiakof no había perdonado jamás aquellas palabras.

Grigori le enseñó a leer, y le hizo repasar la Santa Escritura apenas tuvo doce años. Pero el resultado que obtuvo fue nulo. Un día, dando la duodécima, o trigésima lección, el chiquillo se echó a reír.

—¿Qué te sucede? —le preguntó Grigori, severamente.

—Nada —respondió el chicuelo—. Aquí dice que Dios creó la luz el primer día, y el sol, la luna y las estrellas, el cuarto; ¿de dónde, pues, venía la luz el primer día?

Grigori se quedó estupefacto. El muchacho continuó mirándole con irónica sonrisa.

En aquella mirada iba envuelta una provocación. Grigori no pudo contenerse, y por toda contestación dio al jovenzuelo un par de bofetadas.

—¡Toma! —gritó—. ¡De aquí venía la luz!

Smerdiakof guardó silencio: no hizo la más leve protesta, pero volvió a acurrucarse en un rincón, y allí permaneció otros cuatro días. Una semana después tuvo un primer ataque de epilepsia, enfermedad que desde entonces no cesó de padecer. Fedor se interesó más por él desde aquel momento, y mandó a buscar a un médico para que le diera un tratamiento, pero la enfermedad era incurable.

Por lo general, solía sufrir una crisis mensual (irregular, con respecto a la fecha), de variada intensidad, tan pronto eran ataques débiles como violentos.

Fedor prohibió a Grigori que castigara al muchacho, y autorizó a éste para que entrara en sus habitaciones cuando lo fuera conveniente. También prohibió que, hasta nueva orden, le fatigaran con estudios de cualquier clase.

Una vez (Smerdiakof tenía entonces quince años), Fedor le sorprendió en su biblioteca, leyendo, a través de los vidrios, los títulos de las obras. El viejo poseía un centenar de libros, pero nadie le vio jamás abrir ninguno de ellos.

—Bueno, bueno —dijo Fedor, dando al chico la llave de la biblioteca—. ¡Toma! Serás mi bibliotecario. Siéntate y lee... ¡Anda, empieza con este libro!

Y le entregó las *Veladas en el caserío de Dikanka,* de Gogol.

Este libro no satisfizo a Smerdiakof, quien lo volvió a cerrar con desdén, sin haber sonreído ni una sola vez.

—¿Qué, no es divertido? —le preguntó Fedor Pavlovitch.

Smerdiakof guardó silencio.

—¡Contesta, imbécil!

—Todo son mentiras —respondió el joven.

—¡Vete al diablo, alma de cántaro!... Espera... Toma la *Historia Universal,* de Smaragdov. Ahí todo es verdad. ¡Lee!

Pero Smerdiakof no alcanzó a leer diez páginas. La historia le aburría. La biblioteca cesó de interesarle desde entonces. Poco después, Grigori participó a su amo que Smerdiakof se había vuelto muy delicado para las comidas, que se quedaba largo tiempo mirando lo que le servían, y que llevaba sus remilgos hasta inspeccionar detenidamente las cucharas y demás piezas del servicio.

—¿Hay alguna mosca? —le preguntaba Grigori, brutalmente.

—¿Alguna mosca, tal vez? —añadía Marfa.

El joven no contestaba nunca, pero hacía la misma operación con el pan, con la carne y con los demás alimentos. Cuando Fedor supo aquello, dedujo que Smerdiakof debía tener gran vocación por la cocina, y lo mandó a Moscú a aprender el arte culinario. El mozo estuvo allá varios años y volvió bastante cambiado, envejecido, lleno de arrugas y amarillento, semejante a un *skopets*. En cuanto a lo demás, seguía siendo tan taciturno como antes de su partida... Pero se había hecho un cocinero excelente.

Fedor Pavlovitch le asignó un sueldo, que el joven gastaba, casi enteramente, en trajes, pomadas y cosméticos. No obstante, parecía sentir indiferencia y desprecio por las mujeres.

Sus ataques epilépticos eran más frecuentes, cosa que daba mucho que pensar a Fedor Pavlovitch, tanto más, cuanto que en tales circunstancias era Marfa la que hacía la comida, y a decir verdad, se notaba mucho la diferencia.

—Debes casarte, Smerdiakof —le decía Fedor—. ¿Quieres hacerlo? Yo me encargo de buscarte mujer.

Pero Smerdiakof no respondía, y se tornaba pálido al oír tal proposición. Por lo demás, era excesivamente honesto. Un día, por ejemplo, estando ebrio Fedor Pavlovitch, perdió en el patio trescientos rublos que llevaba encima, y sólo se acordó de ellos cuando los vio al día siguiente encima de la mesa de su cuarto. Smerdiakof los había encontrado la noche anterior.

—No tienes par —le dijo Fedor.

Y le dio diez rublos de regalo.

Un fisonomista no habría podido leer en el rostro de Smerdiakof; no se adivinaba en él ningún pensamiento, únicamente una especie de contemplación.

El pintor Kramskó ha hecho un cuadro notable: *El contemplador*. Representa una foresta, en invierno, en medio de la cual hay un mujik vestido con un capote destrozado y calzados los pies con unas sandalias de piel de carnero. Parece que está pensativo y no piensa en nada: su mente se halla perdida en un vago sueño. Si le tocasen, se estremecería y miraría sin comprender, como uno que se despierta. Probablemente volvería pronto en sí, pero si se le preguntase qué clase de sueño era el suyo, no sabría qué contestar; no se acordaría de nada. Y, sin embargo, de esta especie de sopor, que se repite con frecuencia, conserva una impresión agradable, y se van acumulando en él dichas impresiones... ¿con qué fin? Él no lo sabe, pero quizás un día no lejano lo abandonará todo y se dirigirá a Jerusalén, pensando en su *salvación,* o bien meterá fuego a su propia aldea, o todavía cometerá primero el delito y partirá después en peregrinaje...

En nuestro país se encuentran frecuentemente tipos de esta naturaleza. Smerdiakof era uno de los más característicos.

Capítulo V

¡Cosa extraña! Fedor Pavlovitch, que tan alegre estaba cuando Aliosha llegó, cambió repentinamente...

—¡Márchense de aquí! —gritó a los sirvientes, mientras llenaba de coñac una copa—. ¡Fuera de aquí, Smerdiakof!... ¡Este mozo no nos deja un momento tranquilos! Tal vez eres tú quien le interesas, Iván. ¿Qué diablos le has hecho?

—Nada —contestó el aludido—. Debe ser capricho suyo.

—¡Ah! El asno de Balaam reflexiona con la vista perdida... ¡Sabe Dios adónde le conducirán sus pensamientos! No puede sufrir, ni a ti ni a Aliosha. ¡Nos desprecia a todos!... ¡Pero es tan honrado... y tan buen cocinero!...

Y Fedor bebió, sucesivamente, varias copitas de coñac.

—Creo que bebe usted demasiado —se arriesgó a decir Aliosha.

—Espera, una todavía, y nada más. Di, pues, Aliosha, ¿crees, decididamente, que no soy sino un bufón?

—No creo tal cosa.

—Me parece que tú no eres sincero. Iván no lo es... ése es un orgulloso... Bueno, hablemos de lo otro. Quisiera acabar de una vez con tu famoso monasterio... Sería necesario limpiar el suelo ruso de toda clase de personas místicas. ¡Cuánto oro le chupan al país!

—¿Qué quiere usted decir? —preguntó Iván.

—Que habría que confiscar los bienes de los monjes y popes...

—¿Por qué?

—¡Para apresurar el triunfo de la libertad!

—¡Qué tontería! Si la libertad verdadera rigiese, ¿cómo justificaría usted la fortuna que posee?...

—¡Calla!... Acaso tengas razón —exclamó Fedor, golpeándose la frente con la mano—. ¡Diablos!... Desde hoy dejaré tranquilos a tus monjes, Aliosha... Sí, sí... tranquilos... tranquilitos... ¡Viva la tranquilidad y el coñac!, Dios ha hecho bien las cosas. Iván, dime, ¿existe Dios? ¿Sí, o no? ¡Dímelo seriamente!

—¡No, no hay Dios alguno!

—Y tú, Aliosha, ¿qué dices a eso? ¿Hay Dios?

—Sí.

—¡Bravo! —exclamó Fedor—. ¿A quién hacer caso? ¿Y la inmortalidad?

—Tampoco existe, como no existe Dios replicó Iván.

—¿De veras?

—De veras.

—¿Ni remotamente?

—¡Nada! ¡Cero absoluto!

—Habla tú ahora, Aliosha.

—Yo digo que el alma es inmortal.

—¿Tú crees, pues, en Dios y en la inmortalidad del alma?

—Sí. Ésta se basa en Aquél.

—¡Hum!... Me parece que es Iván quien tiene razón... ¡Dios de Dios! ¡Cuando se piensa en toda la energía que el hombre ha malgastado en creencias quiméricas durante miles y miles de años...! ¿Pero, entonces, Iván, ¿quién es, pues, el que se divierte mofándose de la humanidad?

—Probablemente el diablo —contestó burlándose Iván.

—Entonces, ¿hay diablo?

—¡No, hombre!

—Pues habría que fabricarlo para que atormentase al primer estúpido que forjó en su mente un Dios.

—Es que sin ese supuesto no habría civilización posible.

—¿Y por qué?

—Ni habría este coñac que me veo obligado a quitarte —dijo severamente Aliosha, tratando de apartar la botella.

—Espera, espera... una copita nada más... Perdona, Aliosha querido... Tú no quieres beber, ¿verdad?

—No, yo sé que su corazón es mejor que su cabeza.

—¿Que mi corazón vale más que mi cabeza? ¿Y eres tú quien dice eso?... Iván, ¿quieres tú a Aliosha?

—Sí, lo quiero —contestó aquél.

—Tienes razón...

Los vapores del alcohol turbaban ya la vista y el cerebro de Fedor.

—Aliosha —dijo—, he estado algo brutal con Zossima, tu director espiritual... Me encontraba algo excitado... Es un buen hombre ese Zossima. ¿Qué piensas tú, Iván, acerca de eso?

—¡Psh! Es posible...

—Sí, ciertamente, hay algo de Pirón allá dentro. Es un jesuita; quiero decir, un jesuita ruso. Interiormente debe indignarse de verse obligado a representar una comedia, a llevar un hábito que...

—Pero cree en Dios.

—¡Qué bobería! Tú no le has comprendido. Lo hace ver y creer a todos; al menos a todos aquellos que saben lo que son bellas palabras.

Yo sé que una vez le dijo al gobernador Schultz, textualmente: "Creo, pero no sé en qué".

—¿De veras?

—Como lo oyes. Yo le estimo. Hay en él algo de mefistofélico, o, si se quiere, de *Un héroe de nuestro tiempo*, Arbenine. ¿No se llama así?... Es un sensual, créeme, hasta tal punto, que, viejo y todo como está, no dejaría yo a su lado una hija mía, ni menos mi esposa si la tuviese. Cuando empieza a contar cosas... ¡si tú supieses! Hace tres años, nos invitó a tomar en su casa té y licores (porque las señoras le envían licores), y se puso a relatarnos su vida pasada... era para desternillarse de risa. Me acuerdo, especialmente, del modo como curó, según él, a una señora. "Si no tuviese tan débiles las piernas (nos dijo), bailaría cierta danza..." ¿Qué dicen ustedes a eso?... ¡Ah! Y sepan que al comerciante Dimidor le ha robado sesenta mil rublos.

—¡Cómo! ¿Robado?

—Sí. El otro se los había confiado para que se los guardase, y el viejo, cuando Dimidor fue a reclamárselos, le dijo: "Usted los dio para la Iglesia..." Pero, ¿qué estoy diciendo? ¡Si este cuento se refiere a otra persona!... ¡Ya no sé lo que me digo! ¡Vaya, una copita más, y basta! Toma la botella, Iván... ¿Por qué me has dejado mentir?

—Creía que se hubiese callado sin necesidad de indicárselo.

—¡No es cierto! ¡Es por maldad que me has dejado decir tonterías! Me desprecias, ¿verdad? ¡Has venido aquí para mostrarme cuánto me aborreces!

—Bueno, pues me iré mañana. Creo que el coñac empieza ya a impresionarle.

En efecto, la embriaguez de Fedor se acentuaba por momentos.

—¿Por qué, me miras así? Tus ojos me dicen: "¡Estás borracho!" Leo en ellos desconfianza y desprecio. ¡Mira cuán serenos están los de Aliosha!... ¡Aliosha, hijo mío, no ames a Iván!...

—No ofenda usted más a mi hermano —dijo Aliosha con firmeza.

—Sea —repuso Fedor—. Me duele la cabeza... mucho, mucho... Te repito, Iván, por tercera vez, que quites de ahí esa botella.

El viejo se quedó pensativo, y luego se echó a reír.

—No te enfades, Iván —prosiguió—. Tú me odias, lo sé, pero... no te enfades. Ya sé que no merezco ser amado... Te mandaré a hacer un viaje y luego iré a reunirme contigo. Conozco, no lejos de donde irás, una muchacha. Va siempre descalza, pero... ¿qué importa? No por eso se debe desdeñar los pies descalzos... A veces suele uno encontrar tesoros escondidos...

Y besó ruidosamente las puntas de sus dedos.

—Yo —repuso animándose repentinamente, como si entablase una conversación favorita—, yo... hijos míos, no he creído nunca en las mujeres feas... ese es mi *credo*. ¿Comprenden ustedes?... No, ustedes no pueden comprender, tienen aún las venas llenas de leche; todavía no han lanzado el cascarón. Para mí, cada mujer tiene algo singular de lo que carecen las demás; pero ese algo, precisa saberlo encontrar. Es un talento especial. El sólo hecho del *sexo*, es ya mucho. Hasta las viejas solteronas tienen cualidades que lo hacen a uno maravillarse de la estupidez de aquellos que dejaron a esas pobres criaturas envejecerse inútilmente... Supónganse ustedes una vagabunda. ¿Cómo empezar a conquistarla?... Precisa sorprenderla, maravillarla... ¿Entienden ustedes? Precisa ponerla a punto de que se enorgullezca y se avergüence al mismo tiempo... ¡Figúrense! ¡Una pordiosera que llama la atención de un señor!... Sí, sí, Aliosha, también llegué a admirar a tu difunta madre, aunque de otro modo. Nunca la había acariciado, y de pronto, caí de rodillas delante de ella; le besé los pies, y, poco a poco, concluí por hacerla reír, con aquella risa silenciosa, nerviosa, que le era tan particular... Ella sola era capaz de reír de aquel modo... Yo sabía que aquello era un síntoma de su enfermedad, que al día siguiente tendría un ataque... mas, ¡qué importaba!, era un simulacro de pasión, de placer... Vean cómo se encuentra cuando se sabe buscar. Pero, Dios es testigo, Aliosha, de que nunca la ofendí en lo mínimo... Solamente una vez, durante el primer año de nuestro matrimonio, ocurrió algo singular. Ella rezaba demasiado, y me había prohibido la entrada en su habitación. Yo me había propuesto hacerle abandonar aquel misticismo. "¿Ves esta imagen, le dije, esta imagen que tú consideras como milagrosa?... Pues bien, yo me la llevo, escupiré encima de ella, y no por eso sufriré ningún castigo..." ¡Gran Dios! —pensé yo—. Ahora es capaz de matarme... Pero no; se levantó tan sólo, juntó las manos, escondió en ellas su rostro, y presa de un fuerte ataque de nervios, cayó en tierra sin conocimiento... ¡Aliosha! ¡Aliosha! ¿Qué te pasa, hijo mío?

Desde que se hablaba de su madre, Aliosha cambiaba continuamente de color. De repente se sonrojó, sus ojos relampaguearon y sus labios temblaron convulsivamente. El viejo alcoholizado no se había dado cuenta de nada.

Aliosha rehizo en su mente la escena que su padre acababa de narrar, y levantándose, juntó las manos, se cubrió con ellas el rostro, y cayó encima de una butaca, temblando de pies a cabeza, como atacado de histerismo, y rompiendo a llorar nerviosamente.

Aquella semejanza entre el hijo y la madre asustó a Fedor Pavlovitch.

—¡Iván! ¡Iván! —gritó—. ¡Dale agua! ¡Es igual que ella! ¡Échale agua en la cara, como hacía yo con su madre! ¡Es igual, igual que ella! ¡Justo como su madre!

—Y como la mía, supongo —murmuró Iván, con voz reconcentrado—. La madre de Aliosha era también mi madre. ¿Qué dice usted a eso? —añadió con gran desprecio.

El viejo se estremeció ante la fulgurante mirada de Iván.

—¡Cómo! —exclamó—. ¿Tu madre? ¿De qué madre hablas? ¿Es, tal vez, que...? ¡Ah, diablos!... Sí, tienes razón. Es verdad; era tu madre igualmente... ¡Perdona!... Me hallaba turbado; pensaba...

Se calló de pronto y se puso a reír.

En aquel momento se produjo en el vestíbulo un rumor imprevisto que pronto degeneró en tumulto. Se oyeron gritos desesperados, se abrió la puerta con estrépito y entró Dimitri Fedorovitch.

El viejo, aterrado, corrió a esconderse detrás de Iván.

—¡Quiere asesinarme! ¡Quiere asesinarme! Defiéndanme —gritó Fedor, agarrándose a los faldones de la levita de su hijo Iván.

Capítulo VI

Detrás de Dimitri Fedorovitch, venían Grigori y Smerdiakof. Éstos se habían esforzado por impedirle a aquél la entrada, según les tenía ordenado su amo, desde hacía largo tiempo. Aprovechando un instante que Dimitri se detuvo para mirar en torno suyo, Grigori atravesó la estancia, cerró la puerta que conducía a las otras habitaciones de Fedor Pavlovitch y se puso delante de ella, con los brazos cruzados, dispuesto a defender aquella entrada hasta que perdiera su última gota de sangre. Dimitri lanzó un grito agudo y se arrojó sobre Grigori.

—¡Ah! —aulló—. ¡Entonces está ahí dentro! ¡La han escondido ahí! ¡Fuera de aquí, miserable!

Y se aferró al criado. Éste le rechazó con furia. Entonces, sin poder contenerse, volvió Dimitri sobre él y le abofeteó con todas sus fuerzas. El viejo cayó al suelo. Dimitri pasó por encima de su cuerpo y abrió la puerta. Smerdiakof estaba al otro lado del salón y se apretujaba contra Fedor.

—¡Grushenka está aquí! —gritaba Dimitri—. La he visto dirigirse hacia la casa, pero no he podido alcanzarla. ¿Dónde está?... ¿Dónde está?

El grito de "Grushenka está aquí", había devuelto a Fedor todo su valor.

—¡Deténganle! ¡Deténganle! —rugió.

Y se puso a seguir a Dimitri.

Grigori se levantó, pero estaba como atontado.

Iván y Aliosha siguieron también a su hermano.

En la habitación contigua se oyó algo que se rompió al caer.

Era un gran jarrón de vidrio, sin valor alguno, que estaba sobre un pedestal de mármol, y que Dimitri había derribado al pasar.

—¡Agárrenlo! ¡Sujétenlo! ¡Socorro!... —seguía gritando Fedor.

Iván y Aliosha alcanzaron a Fedor y, entre los dos, lo hicieron retroceder hasta el salón.

—¿Por qué le sigue usted? —gritó colérico Iván a su padre—. ¿No comprende que puede muy bien matarle?

—¡Grushenka está aquí! ¡Él la ha visto venir!... ¡Él mismo ha dicho que la ha visto entrar! —vociferó Fedor, sofocante de lujuria.

La idea de que la joven pudiera hallarse en su casa lo volvía loco.

—Sin embargo, bien sabe usted que no ha venido —repuso Iván.

—Tal vez haya entrado por la otra puerta...

—¿Cómo si está cerrada y tiene usted la llave?

Dimitri comprendió de nuevo. Había encontrado cerrada la otra puerta que daba acceso a la casa. La llave, en efecto, la tenía Fedor en el bolsillo. Las ventanas estaban también cerradas. No había, pues, hueco alguno por el cual hubiera podido entrar Grushenka.

—Sujétenlo —repitió Fedor—. Me ha robado, sin duda, el dinero que había en mi dormitorio.

Y desprendiéndose de los brazos de Iván, se abalanzó contra Dimitri; pero éste le sujetó las manos y, agarrándole por los pocos cabellos que le quedaban, lo arrojó violentamente al suelo y le dio, en pleno rostro, tres golpes con el tacón de la bota.

Iván y Aliosha sujetaron con fuerza a Dimitri y lo hicieron caer.

—¡Loco! —exclamó Iván—. ¡Has podido matarlo!... ¡Quién sabe si lo has conseguido!...

—¡Tanto mejor! —replicó, nervioso, Dimitri—. Y si no es todavía cosa hecha, volveré en otra ocasión.

—¡Dimitri, sal de aquí! —gritó imperiosamente Aliosha.

—¡Alexey! ¡Hermano mío! ¡Sólo a ti te creeré! —dijo Dimitri—. ¿Está ella aquí? La he visto correr por la callejuela, la he llamado y ha huido.

—¡Te juro que aquí no ha venido y que nadie la esperaba! —respondió solemnemente Aliosha.

—Sin embargo, yo la he visto... Entonces es que... ¡Adiós, Aliosha! Quiero saber dónde está... No digas nada al vicio, a propósito del dinero. Ve a casa de Katerina y dile: "Dimitri me encarga que la salude; que la salude, precisamente, textualmente... nada más que eso: que la salude de su parte". ¡Ah!... ¡Y descríbele esta escena!

Entretanto, Iván y Grigori habían levantado al viejo y lo habían acostado en un diván.

Tenía el rostro ensangrentado, pero conservaba toda su presencia de espíritu, y escuchaba con suma atención las exclamaciones de Dimitri.

Estaba convencido de que Grushenka se hallaba escondida en algún sitio de su casa.

Dimitri, antes de partir, lanzó sobre su padre una mirada llena de odio.

—No me arrepiento de nada —dijo—. ¡Esté usted sobre aviso, viejo endemoniado!... ¡Yo le maldigo y reniego de usted para siempre!...

Y se alejó a grandes pasos.

—¡Grushenka está aquí, seguramente! —murmuraba Fedor—. ¡Smerdiakof! ¡Smerdiakof!...

—¡No, no está aquí, viejo insensato! —exclamó furioso Iván—. ¡Bah! ¡Ahora pierde el conocimiento!... Trae un poco de agua y un paño cualquiera, Smerdiakof. ¡Anda, hombre, muévete!

Smerdiakof corrió a buscar el agua. Desnudaron luego al herido y lo llevaron a la cama, después de lavarle las heridas y cubrírselas con paños mojados.

Debilitado Fedor, por la embriaguez de una parte y por la emoción y los golpes, además, se quedó adormecido apenas apoyó su cabeza en la almohada.

Iván y Alexey volvieron al salón. Smerdiakof se puso a recoger los pedazos del vidrio que había por el suelo y Grigori permaneció cerca de la mesa, caviloso y abatido.

—Tú también debes refrescarte la cabeza y acostarte —le dijo Aliosha—. Nosotros cuidaremos de nuestro padre... Mi hermano Dimitri te ha herido... acaso gravemente...

—¡Desgraciado joven! —murmuró Grigori con voz profunda.

—¡Ha osado, también, alzar la mano contra su padre! —dijo Iván—. ¡Diablos! —añadió en voz baja a Aliosha—. ¡Si no hubiera sido por nosotros lo mata!...

—¡Que Dios le proteja!

—¡Bah! ¿Y por qué ha de protegerle? —repuso Iván, con voz apenas perceptible, pero llena de odio profundo—. ¡Que se devoren los reptiles entre ellos!... ¡Será justicia!

Aliosha se estremeció.

—Sin embargo —repuso Iván, en el mismo tono —no permitiré que delante de mí se le ultraje, que se cometa un delito... Hace poco lo he impedido; pero... Quédate aquí, Aliosha: yo voy un rato afuera, al patio; tengo dolor de cabeza.

Aliosha entró en el dormitorio de su padre, se sentó a la cabecera y permaneció allí cerca de una hora.

Fedor abrió de repente los ojos y miró durante largo rato a su hijo, sin hablar, como esforzándose por coordinar sus recuerdos.

En su rostro se pintaba una extraordinaria emoción.

—Aliosha —dijo en voz baja—. ¿Dónde está Iván?

—En el patio; le duele la cabeza... Está al cuidado, no tema usted.

—Dame aquel espejito.

Aliosha se lo dio.

El viejo se miró al espejo y vio que su nariz estaba hinchada y que en la frente, encima de la ceja izquierda, tenía una gran mancha de sangre coagulada.

—¿Qué dice Iván? —preguntó Fedor—. ¡Aliosha! ¡Querido mío!... ¡Mi hijo más amado!... ¡Oh, sí! ¡Tengo miedo de Iván! ¡Lo temo más que al otro!... ¡Tú eres el único que no me causa espanto!...

—No tema usted a Iván —replicó el joven—. Se encoleriza, pero lo defiende a usted.

—¿Y el otro? ¿Ha ido a casa de Grushenka? ¡Ángel mío, dime la verdad! ¿Ha estado ella aquí, hace poco?

—No; nadie la ha visto. ¡Es una ilusión!...

—¿Sabes que Mitia quiere casarse con ella?

—Sí, pero ella no lo ama.

—¿De veras? ¿De veras? ¡Oh, no lo ama! —exclamó el viejo, lleno de gozo.

Hubiera sido imposible decirle nada que le hubiera causado tanto placer. Tomó con entusiasmo la mano de su hijo y la apretó fuertemente contra su corazón. Sus ojos se humedecieron.

—Toma la pequeña imagen de que antes te hablé: tómala y llévasela. Te permito también que vuelvas al monasterio. ¿Sabes?... Todo aquello fue una broma; no te enfades... ¡Ah, cómo me duele la cabeza!... Escucha, Aliosha, tranquilízame; sé mi ángel bueno; dime la verdad.

—¡Siempre lo mismo!... —murmuró tristemente el joven—. Si ha venido, o no, Grushenka, ¿verdad?

—No, no, no es eso... Es que... ve tú mismo a su casa, y pregúntale a quién prefiere: a mí o a Mitia. Obsérvala bien con tu mirada; trata de leer su pensamiento... ¡Anda, ve! ¿Quieres?

—Sí, iré —repuso Aliosha, turbado.

—Pero ella no te responderá francamente —repuso el viejo—. Es una víbora; te abrazará y te dirá que es a ti a quien prefiere. ¡Es una falsa, una vil criatura, una infame! No, no vayas, no es preciso.

—En realidad, padre mío, no estaría bien que yo fuera.

—¿Adónde te decía Mitia que fueras, cuando se ha marchado?

—A casa de Katerina Ivanovna.

—¿A pedirle dinero?

—¡No!

—Mitia no tiene ni un *kopek* y, a propósito de esto, yo... debo reflexionar. Márchate. Ve a cumplir el encargo que te he dado... Ven mañana temprano. Tengo que decirte una cosa. ¿Vendrás?

—Vendré.

—Haz como si vinieses a saber noticias acerca de mi salud; no digas que yo te he ordenado que vengas... ¡A Iván, ni una palabra!

—¡Está bien!

—Adiós, ángel mío. Antes me defendiste tú también; no lo olvidaré... Mañana te diré algo importante; pero precisa que lo reflexione bien.

—¿Cómo se encuentra usted ahora?

—Mejor. Mañana me levantaré. Ya estaré bueno del todo.

Aliosha, al salir, vio a Iván sentado en un banco junto a la puerta.

—¿Se ha despertado? —preguntó Iván.

—Sí.

—¿Adónde vas ahora?

—Al monasterio.

—¿Te lo ha dicho él?

—Sí.

—Aliosha, quiero verte mañana temprano —dijo Iván con acento afectuoso, tanto, que llamó la atención de Alexey.

—Mañana voy a casa de los Koklakof y, probablemente, también a casa de Katerina, si no la encuentro ahora.

—¡Ah, ya! ¿Vas a saludarla?... ¿A saludarla?... —dijo sonriendo Iván.

Aliosha se quedó perplejo.

—Creo haber comprendido las palabras de Dimitri —repuso aquél—. Te ha encargado que vayas a casa de Katerina, para decirle que... vamos, en una palabra: para decirle que todo ha terminado entre ellos...

—¿Cómo acabará esto, hermano mío?

—Es difícil preverlo... Aquella mujer, Grushenka, es una bestia feroz. Es necesario impedir que el viejo salga, y que Dimitri entre.

—¡Iván, permíteme todavía que te pregunte si un hombre tiene derecho a juzgar a sus semejantes para decidir quién merece vivir y quién morir!

—¿A qué viene esa filosofía? La cualidad de los individuos no es lo que importa en una cuestión semejante... En cuanto al derecho... ¡Psh!... ¿Quién no tiene el derecho de desear?

—¡Qué dices, Iván! ¡Jamás me habría imaginado tal cosa! ¡Ni a Dimitri lo hubiera creído capaz de pensar...!

—¡Gracias! —dijo Iván, sonriendo—. Yo... seguramente, defenderé siempre al viejo; mas, no obstante, les dejo a mis deseos toda la libertad imaginable... ¡Hasta mañana!

Iván estrechó la mano de Aliosha con más cordialidad que nunca. El último comprendió que su hermano pretendía ganar su confianza, no sin oculta intención.

Capítulo VII

Al salir Aliosha de casa de su padre, se sentía fatigado de cuerpo y de espíritu.

Algo nuevo para él, un sentimiento parecido a la desesperación, oprimía su pecho, y una preocupación dominaba por completo su mente. La preocupación era ésta: ¿Cómo acabaría la discordia entre su padre y Dimitri a propósito de aquella terrible mujer?

Sin embargo, Alexey comprendía que, de los dos, el más desgraciado era su hermano. Sonaban las siete y el joven llegó con el crepúsculo a casa de Katerina Ivanovna. La mansión era grande y cómoda, y estaba situada en la calle principal de la ciudad.

La joven vivía con dos tías suyas: una de ellas, hermana de la madre de Agafia Ivanovna, y la otra, una señora de Moscú, bastante desgraciada.

Se decía que estas dos señoras obedecían por completo la voluntad de Katerina, y que vivían con ella solamente por salvar las apariencias, debido a las convenciones sociales.

La joven no daba cuenta de sus actos a nadie sino a su bienhechora, la mujer del general, a quien su delicada salud retenía en Moscú. Katerina le escribía dos veces por semana, cartas llenas de toda clase de particulares, por pequeños que ellos fuesen.

Al entrar en el vestíbulo y decir su nombre, creyó notar Aliosha que ya lo esperaban... Tal vez lo habrían visto llegar...

Luego un rumor de pasos femeninos y frotamiento de sedas, como si dos o tres mujeres se retirasen a una habitación contigua, y se quedó maravillado de la conmoción que su llegada había producido.

Le hicieron entrar en el salón, un vasto aposento elegantemente amueblado a la moda que imperaba en la capital. Muchos divanes, sillas, mesas grandes y chicas, cuadros, jarrones, lámparas, flores; había hasta un pequeño acuario próximo a la ventana.

Sobre un diván vio Aliosha una manteleta de seda y, encima de una mesa, precisamente delante del citado diván, dos tazas de chocolate, mediadas todavía, bizcochos, vino de Málaga y dulces.

Aliosha sospechó que había invitados en la casa y se lamentó de haber venido a interrumpir, tal vez su charla.

Se levantó un cortinaje y entró precipitadamente Katerina Ivanovna, quien, sonriendo graciosamente, tendió ambas manos al joven. Al propio tiempo entró una doméstica llevando un candelabro con dos velas encendidas.

—¡Por fin! —dijo Katerina Ivanovna—. He pasado todo el día rogando a Dios para que lo hiciese a usted venir. Siéntese.

La belleza de Katerina Ivanovna había ya maravillado a Aliosha tres semanas antes, cuando su hermano Dimitri lo llevó a su casa, a instancias de la propia Katerina, que deseaba conocerlo.

Entonces, apenas habían hablado: Katerina creyó que Aliosha fuese tímido y, para evitar que se encontrase violento, no cesó de hablar con Dimitri. Pero Aliosha la había observado atentamente y admiraba el porte majestuoso y la arrogante desenvoltura de aquella joven. Juzgaba que aquellos sus grandes ojos brillantes estaban en perfecta armonía con la palidez de su rostro perfectamente ovalado. No obstante, estimaba que aquellos graciosos labios no podían ser amados durante largo tiempo, si bien comprendió que fuese posible enamorarse de ellos.

Cuando Dimitri le preguntó su opinión, Aliosha le expuso sinceramente el juicio exacto que de ella había formado.

—Serás feliz con ella —le dijo— pero no creo que esa felicidad pueda ser completa.

—Aliosha —replicó Dimitri— esta mujer será siempre la misma: de las que no se doblegan ante las imposiciones de su destino. ¿Por qué crees que no podré amarla toda la vida?

—Sí, tú la amarás siempre, sin duda; es muy posible; sin embargo, repito que acaso no llegues a ser completamente feliz con ella...

Aliosha había expuesto su opinión sonrojándose, tal vez por haberse visto obligado por su hermano a hablar tan claramente. Sin embargo, apenas emitió aquel parecer, lo rectificó, calificándolo de caprichoso...

Y ahora, al verla por segunda vez, tuvo la profunda convicción de que, en efecto, se había engañado en aquel su primer juicio. El rostro de la joven irradiaba tanta sinceridad y ardor como belleza. En sus ojos se adivinaba una noble energía fundada en la absoluta confianza que tenía en sí misma. Aliosha comprendió que la joven tenía plena conciencia de la tragedia.

—Lo esperaba —dijo ella—, probablemente, ya estaba enterada de todo.

Katerina, al pronunciar estas palabras, dio muestras de una viva agitación.

—Pues yo... he venido —insinuó Aliosha, con cierto embarazo—, porque él me ha mandado venir.

—¡Ah! ¿Es él quien lo ha enviado? Lo presentía. Ahora lo sé todo, todo —repuso la joven, fulgurantes sus ojos—. Espere usted, Alexey, le diré por qué deseaba verlo. Acaso sepa yo más de lo que usted mismo sabe; no es, precisamente, ninguna noticia lo que de usted espero. Quiero tan sólo saber la última impresión que Dimitri le ha producido a usted; quiero que me diga con absoluta franqueza, y tan sucintamente como pueda, lo que de él piensa usted ahora, después de su último encuentro. Esto es preferible a una explicación entre él y yo, ya que él no quiere verme. ¿Comprende usted lo que deseo?... Bueno, dígame usted ahora a qué lo ha mandado. Hable usted sin ambages.

—Me ha encargado que diga que... no vendrá más y que... que le salude de su parte.

—¿Saludarme? ¿Eso le ha dicho?

—Sí.

—¿Con estas mismas palabras?

—Sí.

—¿No se equivoca usted?

—No, no; insistió y me encargó que fuese, textualmente, esa palabra la que debía emplear yo... ¡Saludarla! Por tres veces seguidas me lo dijo.

El rostro de Katerina se encendió.

—Ayúdeme usted, Alexey —exclamó—. Tengo absoluta necesidad de usted. Voy a decirle lo que pienso; usted me dirá si me equivoco. Si Dimitri le hubiese encargado que me saludase sin insistir sobre la transmisión exacta de la palabra, sin subrayarla, todo habría concluido. Pero si él se ha apoyado particularmente en esa palabra, si le ha encargado a usted que me salude en esa forma, es debido a que se hallaba exaltado, fuera de sí. Acaso ha tomado una resolución suprema de la cual se ha asustado él mismo. No es posible que haya renunciado a mí, así, a sangre fría, no; ha debido hacer un violento esfuerzo. El hecho de haber recalcado tanto esa palabra, significa desconfianza en sí.

—Así es, así es —aprobó Aliosha, con calor—. Soy de su parecer.

—Si el asunto está planteado en esos términos, todavía no está Dimitri completamente perdido. Si se trata tan sólo de desesperación, aún puedo salvarlo. ¿No le ha hablado a usted de dinero? ¿De tres mil rublos?

—Sí, y eso es tal vez lo que le atormenta. Me dijo que estaba deshonrado y que, siendo así, ya no le importaba nada en el mundo —respondió Aliosha, sintiendo renacer la esperanza y entreviendo una probable solución del terrible conflicto en que se hallaba su hermano—. Pero —añadió—, ¿es que usted sabe lo que ha ocurrido con ese dinero?

—Sí; hace tiempo que telegrafié a Moscú y supe que esa cantidad no había sido enviada. La semana pasada supe, todavía, que Dimitri necesitaba dinero... El objeto a que me dirijo, el propósito que me anima, es hacerle comprender cuál es para él la amistad más verdadera, y él no quiere ver, no quiere, o no puede entender que *su mejor amigo soy yo*. Dimitri no ve en mí sino a la mujer... ¿Cómo hacer para que pueda decirme sin avergonzarse que se ha gastado tres mil rublos? Porque esa vergüenza puede tenerla con todos, hasta con él mismo, pero no conmigo... ¿Por qué no quiere conocerme? ¿Cómo se niega a conocerme después de lo que entre nosotros ha ocurrido?... ¡Ah, pero yo quiero salvarlo! Si es preciso para ello, que deje de considerarme como la prometida suya.

—Ya lo hace.

—¡Se avergüenza de venir a hablarme! Y, ¿por qué no se ha avergonzado de contárselo todo a usted? ¿No merezco yo su confianza?

Katerina pronunció estas últimas palabras sumamente conmovida.

—Debo decir a usted —observó Aliosha con voz trémula— lo que ha ocurrido en casa de mi padre.

Y refirió la escena, minuciosamente, repitiendo las palabras de Dimitri encargándole que la *saludase*.

—Y se ha marchado a casa de esa mujer —añadió Aliosha, con tristeza.

—¿Cree usted que no pueda acostumbrarme a la idea de que vea a esa mujer? También lo cree él; pero yo le aseguro que no se casará con ella —dijo Katerina sonriendo nerviosamente—. ¿Es posible que un Karamazov pueda ser presa eternamente de una pasión semejante?... Porque se trata de un arrebato y no de un amor verdadero... No, le repito que no se casará con ella. Grushenka misma no quiere saber nada de él.

—No obstante, creo que se equivoca usted —respondió Aliosha bajando los ojos.

—Repito que no se casará. Esa joven es un ángel. ¿Sabía usted esto? —exclamó Katerina con ímpetu—. Es un ser extraordinario. Bello es su rostro, cierto; pero su alma es todavía más hermosa que su semblante. ¿Por qué me mira usted así? ¿No me cree usted? ¿Le sorprende lo que digo?

Y volviéndose hacia la puerta más próxima, exclamó:

—¡Mi queridísima Grushenka, venga usted aquí! ¡Ese joven está enterado de todo! ¡Venga usted!

—Sólo esperaba su orden —respondió una voz dulce y melodiosa.

Se levantó el cortinaje y apareció Grushenka sonriente y graciosa.

Aliosha sintió un escalofrío y se quedó mirándola fijamente, sin poder apartar los ojos de ella. Allí estaba la mujer terrible, la bestia feroz, como había dicho Iván. Y, sin embargo, a simple vista Grushenka parecía sencilla, graciosa y buena. Dimitri no se había equivocado. Era la joven una de esas bellezas "comunes" que nos admiran sin tener nada extraordinario, a pesar de reconocer su indiscutible hermosura, una hermosura que podemos llamar rusa, de ésas que hacen nacer tantas pasiones.

Bastante alta, si bien un poco menos que Katerina Ivanovna (la que, dicho sea de paso, era de estatura poco común), fuerte, con gestos elásticos y dulces que armonizaban perfectamente con su voz.

Grushenka se acercó, no como lo había hecho poco antes Katerina, con paso firme y seguro, sin hacer ruido. Se hundió en un sillón, hizo oír el crujido de su ropa de seda negra y se cubrió con un chal su cuello, blanco como la espuma y sus robustos hombros.

Tenía veintidós años. La piel era blanquísima, con reflejos rosados; ovalado el rostro y la mandíbula inferior algo pronunciada. El labio superior era sutilísimo, mientras que el otro era dos veces más grueso, casi hinchado; cabellos abundantes, color castaño, cejas negras, magníficos ojos azules y largas pestañas, completaban aquel rostro singular que llamaba la atención de todos cuantos llegaban a contemplarlo. Viéndolo una vez era difícil olvidarlo durante mucho tiempo.

Aliosha se maravilló principalmente de la ingenuidad infantil de aquella fisonomía. Grushenka tenía, en efecto, miradas y sonrisas de niña. El chal dibujaba sus anchos hombros y un pecho fuerte de mujer joven. Aliosha permaneció como fascinado.

Una cosa, sin embargo, llamó su atención. ¿Por qué mascullaba las palabras? ¿Por qué hablaba con tanta afectación? ¿Sería para disimular su origen vulgar? Katerina Ivanovna la había hecho sentar enfrente de Aliosha y la había besado repetidas veces en la boca.

—Hoy la he visto por primera vez —dijo alegremente Katerina—. Quería conocerla, ir a su casa; pero ha venido ella al primer llamamiento;

preveía yo que íbamos a comprendernos en seguida; el corazón me lo decía... Me habían aconsejado de no dar este paso, pero yo tenía la certeza de que hacía con ello algo bueno; y no me he engañado. Grushenka me ha explicado sus intenciones. Ha venido aquí, como un ángel que es, a traer la alegría y la felicidad...

—Y usted no me ha despreciado, querida señora mía —cantó más que habló Grushenka, sin abandonar su eterna sonrisa.

—¡Calle usted, maga hermosa, encantadora!... ¡Despreciarla! Para castigar esas palabras, besaré otra vez sus bellos labios... ¡Mire usted, Alexey, cómo se ríe! ¡Esto alegra el corazón!

Aliosha se sonrojaba y estremecía sin saber por qué.

—Usted me adula, querida señora mía; yo no soy digna de sus caricias.

—¡Que no es usted digna!... ¡Que no es usted digna!... ¡Bah! —exclamó Katerina con vehemencia—. Sepa usted, Alexey, que esta joven tiene un cerebro... ¿cómo diré?... fantástico, y un corazón grande. Tiene sentimientos nobles y generosos... ¿Sabía usted esto?... Grushenka amó con toda su alma a un hombre; a un oficial que se portó mal con ella. Le dio su alma y su vida y él la olvidó y se casó con otra... Pasaron cinco años de tristeza y de amargura... Pero, ahora, aquel hombre le ha escrito diciendo que está viudo y que viene a unirse con ella... Grushenka, que no ha amado sino a ese hombre, será de nuevo feliz después de cinco años de sufrimientos. ¿Qué se le puede criticar? ¿Lo del viejo mercader impotente? ¡Bah! Ese hombre era más bien un padre, un amigo, un protector. La encontró desesperada, ofendida, abandonada tal vez dispuesta a enlodarse, y ese viejo la salvó... ¡Sí, la salvó!

—Me defiende usted más de lo que merezco, mi querida señorita —balbuceó de nuevo Grushenka.

—¡Defenderla!... ¡No necesita usted defensa! ¡Deme usted esa mano encantadora!... ¡Mire usted, Alexey, mire usted qué manita tan deliciosa! Es Grushenka quien me ha traído la felicidad, quien me ha resucitado y quiero besar su mano por encima, por debajo y por todas partes... así... así...

Grushenka reía nerviosamente y miraba a Katerina hacer cuanto iba diciendo... En sus ojos se notaba el placer que le causaban las muestras de cariño que la encopetada señorita le daba.

Aliosha se extrañaba de aquellos exagerados mimos.

—Si cree usted que me turbaré porque me bese la mano delante de Alexey Fedorovitch, se engaña usted, señorita Ivanovna —dijo Grushenka.

—No pretendo tal cosa —replicó Katerina—. Me conoce usted mal.

—Tampoco me conoce usted a mí; yo soy, seguramente, menos buena de lo que usted se figura. Estoy corrompida, soy caprichosa y he seducido a Dimitri Fedorovitch sólo por tener el gusto de burlarme de él.

—Pero ahora lo salvará usted. Así me lo ha prometido. Le hará comprender la razón que la asiste. Le dirá usted que no puede casarse con él porque ama a otro desde hace mucho tiempo.

—¡Oh, no; yo no he prometido eso! Es usted quien lo ha dicho: yo no he asegurado nada.

—Entonces no la he comprendido —dijo Katerina, con voz trémula, palideciendo notablemente—. Usted ha prometido...

—No, no, angelical señorita, yo no he prometido nada —respondió con tranquilidad Grushenka, sin perder su alegría y candidez—. ¿Ve usted cómo soy caprichosa y malvada? Tal vez sí se lo he prometido y ahora cambio de parecer, y me digo: "¿Y si me gusta todavía Mitia? Una vez me gustó por espacio de una hora... Acaso le diga que, a partir de este momento, se venga a mi casa a vivir conmigo..." ¿Ve usted qué inconstante soy?

—Pero hace poco, decía usted otra cosa totalmente distinta —pudo apenas murmurar Katerina.

—Es cierto —replicó Grushenka—; pero, ¡si supiese usted cuán variable es mi corazón!... ¡Cuán voluble y aturdida soy!...

—¡No me esperaba esto!...

—¡Usted, señorita, es más noble que yo! Afirmo que cesará usted de amarme cuando conozca mi carácter detestable. Deme usted su mano, hermosa señora mía.

Y tomó respetuosamente la mano de Katerina Ivanovna.

—Se la besaré como usted ha besado la mía; será preciso que le dé trescientos besos, lo menos, para pagarle los tres que usted me ha dado... ¿Qué hacer?... ¡Todo sea por Dios! Quisiera contentarla, pero... no hagamos ninguna promesa más; Dios dirá lo que ha de ser. ¡Qué mano!... ¡Qué bella y graciosa manita! ¡Qué hermosa es usted, señorita!

Y se llevó dulcemente la mano de Katerina a los labios.

La aristocrática dama tuvo alguna esperanza todavía... Creía que Grushenka deseaba sinceramente contentarla, *pagarla*...

"O es demasiado imbécil, o es perversa cual ninguna" —pensaba Katerina.

Ya casi tocaba la mano con sus labios, cuando Grushenka se detuvo.

—¿Sabe usted lo que he pensado, bella dama? —balbuceó, con voz melodiosa—. Pues, he pensado... no besarle la mano.

Y se puso a hacer expresivos guiños.

—Como mejor le parezca a usted —dijo Katerina, estremeciéndose—. ¿A qué viene eso ahora?

—Quiero que conserve usted un recuerdo mío. Sí... Acuérdese bien de que usted me besó la mano y de que yo no quise besarle la suya —repuso Grushenka, retando con la mirada a Katerina.

—¡Insolente! —gritó ésta como si de pronto lo hubiese comprendido todo.

Y se levantó, con el rostro vivamente alterado.

Grushenka se levantó también, pero sin apresuramiento.

—Voy a decirle a Mitia —exclamó— que me ha besado usted la mano y que yo me he negado a besársela a usted... ¡Cómo va a reírse!

—¡Miserable!... ¡Salga usted de aquí!

—¡Qué barbaridad!... ¡Qué lenguaje en una señora!... ¡Qué vergüenza!

—¡Vergüenza!... ¡Vergüenza es la de usted, infame! ¡Mujer vendida!...

Katerina temblaba roja de cólera.

—¡Vendida!... ¡Vendida!... ¡Phs, no está mal! Pero, dígame usted, ¿acaso no ha ido usted también cierta noche, a casa de un bello joven a buscar dinero, llevando en pago su bello cuerpo?... ¡Lo sé todo, señorita!...

Katerina lanzó un grito, e hizo ademán de arrojarse sobre Grushenka; pero Aliosha lo impidió, sujetándola con todas sus fuerzas.

—¡Por Dios, señorita! —dijo el joven—. ¡Déjela, déjela que se marche! ¡No le responda una palabra más!

En aquel momento acudieron las dos tías de Katerina y la sirvienta, y todas rodearon a la joven Ivanovna.

—Sí, sí, me voy —dijo Grushenka, tomando la manteleta que estaba encima del diván—. Mi querido Aliosha, acompáñeme.

—¡Márchese usted cuanto antes, se lo suplico! —exclamó Aliosha, juntando las manos.

—Acompáñeme, Alexey: debo decirte algo sumamente gracioso. Es por ti, por quien he organizado esta pequeña comedia. ¡Vamos, ven, tortolito mío, que no te arrepentirás!

Aliosha se volvió de espaldas, rojo como una cereza en sazón. Grushenka soltó una carcajada y salió apresuradamente. Katerina cayó en brazos de sus parientes, presa de un ataque de nervios.

—Ya te lo había dicho yo —exclamó una de las tías—. Tú no conoces a esas mujeres, y ésa, sobre todo ésa, es la peor de todas.

—¡Es un tigre! —vociferó Katerina—. ¡Ah! ¿Por qué me han sujetado?... ¡Con qué gusto le habría retorcido el pescuezo!... ¡Es preciso hacerla pedazos y arrojar sus miembros a la plaza pública!...

Aliosha hizo ademán de retirarse.

—¡Dios mío! —exclamó Katerina, juntando las manos—. ¡Y él!... ¡Cómo puede ser tan malvado, tan cruel! ¡Ir a contarle a esa innoble criatura lo que ocurrió entre nosotros aquella noche fatal; aquel día maldito!... ¡Sí, maldito mil veces!... ¡Ah!... ¡Mitia es un miserable!

Aliosha quiso responder, pero no pudo; su corazón estaba sumamente amargado, su mente confusa...

—¡Perdóneme usted, Alexey; no sé lo que me digo!... ¡Qué vergüenza!... ¡Pero le ruego que, por Dios, venga usted mañana!

Aliosha se marchó, vacilante, como si estuviese ebrio. La sirvienta lo alcanzó a los pocos pasos.

—La señorita se ha olvidado de darle esta carta de la señora Koklakof —le dijo, entregándole un sobre.

Aliosha lo tomó maquinalmente y se lo guardó sin siquiera mirarlo.

Capítulo VIII

El monasterio estaba cerca de la ciudad. Aliosha caminaba de prisa. A medio camino se alzaba un olmo solitario y contra el árbol se proyectaba la sombra de un hombre, el cual, apenas apareció Aliosha, se adelantó gritando:

—¡La bolsa o la vida!

Aliosha se estremeció; pero, reconociendo en seguida al que acababa de hablar, dijo, sorprendido:

—¡Ah, eres tú, Mitia!

—¡Ja, ja, ja! No te esperabas esta broma, ¿verdad? Pues sí, yo soy. No sabía dónde aguardarte, y como suponía que habrías de pasar por aquí... Bueno, habla... mas, ¿qué te pasa?

—Nada, hermano mío; estoy algo triste...

—¿Triste?

—Sí. La sangre de nuestro padre...

Aliosha lloraba. Hacía tiempo que deseaba hacerlo; le parecía que le desgarraban el corazón.

—Faltó poco para que lo matases —añadió sollozando—. Hace un rato lo maldijiste, renegaste de él, y he aquí que ahora te pones a bromear gritando: "¡La bolsa o la vida!"

—¿Y qué?... ¿Está mal hecho eso?

—¡Hombre!...

—¡Escucha!... Mira qué noche tan triste; esas nubes, ese viento... yo vine aquí, junto a este árbol, y esperaba reflexionando (Dios me es testigo) lo siguiente: ¿Por qué atormentarme más todavía?... Aquí está el árbol... la cuerda —mi misma ropa—, poco se necesita para huir pronto de este mundo... Te oigo venir... ¡Dios mío!... te veo, y me digo: ¡Ah, todavía hay en la tierra un hombre a quien yo amo! Y ha sido tal la alegría que tu presencia me ha ocasionado, que me ha trastornado el cerebro, y en vez de correr a abrazarte he cometido la estupidez de asustarte con el grito de "¡La bolsa o la vida!" ¡Ya ves si soy mentecato!... Perdóname... Pero, habla, habla. ¿Qué te ha dicho?... ¿Estaba enojada?... Furiosa, ¿verdad?

—No, al contrario.

—¿Al contrario?

—Sí, y ha ocurrido algo que no puedes sospechar... Estaban las dos.

—¿Las dos?... ¿Cuáles dos?

—Katerina y Grushenka.

Dimitri se quedó estupefacto.

—¡No es posible!... ¡Tú sueñas!... Grushenka en casa de...

Aliosha le refirió todo cuanto había sucedido.

Dimitri escuchaba en silencio, mirándole con extraordinaria fijeza. A medida que Aliosha avanzaba en su narración, el rostro de Dimitri se tornaba más amenazador. Arrugaba el entrecejo, rechinaba los dientes, y su mirada era cada vez más fija, más terrible. De pronto, con una rapidez inaudita, cambió su semblante de expresión; los contraídos labios se abrieron y comenzó a reír ruidosamente.

—¡Entonces se ha marchado sin besarle la mano! —exclamó en un transporte de alegría, que habría podido calificarse de infame si hubiese sido menos sincera—. ¿Y la otra le ha llamado tigre?... ¡No se engaña!... ¿Y que es preciso descuartizarla?... ¡Evidentemente! Debiera haberse hecho eso hace mucho tiempo. En efecto, es carne de verdugo... La veo tal cual es en ese momento, a esa reina de la infamia... ¿Y está en su casa?... Voy allá en seguida, voy, sí... No me acuses; estoy de acuerdo contigo; convengo en que habría que destruirla...

—¿Y Katerina Ivanovna? —preguntó Aliosha con tristeza.

—¡Oh, a ésa la veo y comprendo más que nunca! Es una de las maravillas de las cuatro, digo, de las cinco partes del mundo... ¡Qué pasión!... Es la misma Katerina aquella que no tuvo miedo de ir sola a casa de un oficial corrompido, por amor a su padre, arriesgándose a sufrir un ultraje irremediable... ¡Qué orgullo!... ¡Qué sed de peligro!... ¡Qué ansia de medirse con el destino!... La tía censuraba este último paso, ¿verdad? Pero ella pensó: "Yo lo venceré todo; todo se allanará a mi paso; amansaré a la propia Grushenka..." Y tal vez se lo creía sinceramente. ¿De quién es, pues, la culpa? ¿Crees que fue astucia?... No, no lo hizo de buena fe, pensando en *su* idea, en *su* deseo...

—Oye, Mitia, ¿y has pensado en la ofensa que has inferido a Katerina, confiando a la otra la historia... de aquel día? Grushenka se lo ha lanzado al rostro como un reto. ¿Por qué hiciste eso, hermano mío?

Aliosha se sentía intranquilo al ver que Dimitri parecía alegrarse de la humillación de Katerina.

—¡Basta! —gritó Dimitri, arrugando la frente—. Es cierto, recuerdo que se lo dije estando yo embriagado, aquel día que fuimos a hacer la fiesta... Pero yo creo que mientras lo decía sentía acudir lágrimas a mis ojos... Ella parecía también entristecerse, y ahora... ¡Miserable!... ¡Ahora se sirve de aquella confidencia como de un puñal!... ¡Así son las mujeres!

Dimitri se quedó pensativo durante algunos instantes.

—Sí, soy un canalla —dijo luego, con voz profunda—. ¿Qué importa que yo dijese aquello llorando? No por eso dejo de haberlo dicho... Repito que soy un miserable. Dile que así lo reconozco; eso tal vez le servirá de consuelo... ¡Y nada más! ¡Adiós! ¡Nuestra conversación no tiene nada de divertida, pobre amigo mío! Prosigamos cada uno nuestro camino. ¡Adiós, Alexey; ya no te veré más!

Y tomando la mano de Aliosha la estrechó con fuerza y se dirigió luego a grandes pasos hacia la ciudad.

Su hermano le siguió con la mirada, anonadado, sin saber qué hacer.

Dimitri volvió sobre sus pasos.

—Escucha —repuso—. Quiero decirte una sola cosa más. ¡Mírame bien! ¿Ves?... Aquí dentro llevo escondida la más abominable de las infamias, y voy a ponerla en práctica.

Y al decir *aquí,* se golpeó con fuerza el pecho.

Su rostro adquirió en aquel momento una expresión indescriptible.

—Tú me conoces —añadió—, sabes que soy un miserable, un verdadero miserable; pero nada de lo malo que pueda haber yo hecho, igualará a la infamia que llevo dentro del pecho, infamia que, fíjate, podría sofocar, pero que no sofocaré. ¡No!... ¡La cometeré, sábelo bien! Si renunciase a hacerla, podría reconquistar mi honor perdido; y, sin embargo, no renunciaré, no; realizaré mi innoble propósito, y tú puedes ser testigo de que yo te lo he dicho con anterioridad. El abismo te dará a conocer todo... ¡El infierno, el fuego!... ¡Adiós!...¡No ruegues por mí, porque no soy digno de ello!... ¡además, es tiempo perdido, porque no quiero ruegos ni plegarias!... Adiós!... ¡Aléjate de mí!...

Y esta vez desapareció definitivamente.

Aliosha se encaminó hacia el monasterio, pensando:

"¡Cómo! ¿Que no lo veré más? ¡Hasta mañana que iré a buscarle! ¡Vaya una ocurrencia!"

Cuando entraba en el monasterio sentía oprimido el corazón.

¿Por qué, por qué había salido de allí? ¿Por qué le habían ordenado que entrase en aquel mundo? Aquí, en el convento, todo era reposo y santidad; allá, confusión e impenetrables tinieblas...

En la celda del monje Zossima, velaban a éste el novicio Porfirio y el arcipreste; el padre Paissi había también estado allí repetidas veces, durante el día, para adquirir noticias. El viejo Zossima estaba peor, según supo Aliosha con tristeza.

—Se debilita por momentos —dijo dulcemente a Aliosha el padre Paissi—. Está casi siempre aletargado, y apenas se consigue despertarle. Una vez que se animó un poco habló de ti; preguntó dónde estabas y le respondimos que habías ido a la ciudad. "¡Dios le bendiga!", dijo. "Su puesto está allí, no aquí en el monasterio". Piensa en ti constantemente; ya ves si tienes suerte. Mas, ¿por qué te asigna un puesto en el mundo? Sin duda ha leído el destino que te está reservado. Comprende, no obstante, Alexey querido, que tu pasaje por el mundo será una gran prueba para ti. No creas que Zossima entienda que debes abandonarte a las humanas pompas y a las flaquezas del siglo.

El padre Paissi salió de la celda. Aliosha no dudaba que el fin de su maestro espiritual estaba próximo. "A lo sumo —pensaba— vivirá un día o dos más".

El joven, a pesar de que tenía intención de ver en el siguiente día a su padre, su hermano, a los Koklakof y a Katerina Ivanovna, pretendía no salir del monasterio mientras el padre Zossima estuviese en tan grave estado. Si moría, quería estar junto a él hasta sus últimos momentos.

¡Cuán amargamente se reprochaba el haber podido, siquiera unas cuantas horas, haberse olvidado de aquel santo que yacía moribundo en su humilde lecho!

Aliosha, presa de gran unción, se arrodilló y saludó al ilustre anciano, inclinándose hasta casi tocar el suelo con la frente. Zossima dormía dulcemente; apenas se le oía respirar. Su rostro estaba sereno.

Aliosha se dirigió a la habitación contigua y se tendió sobre el sofá cubierto de cuero, en el cual solía dormir desde hacía algún tiempo. Pero antes de acostarse se arrodilló y oró largamente, rogando a Dios que disipase su turbación y le devolviese la calma de que disfrutaba anteriormente.

De pronto se dio cuenta de que tenía en el bolsillo el sobrecito color rosa que Katerina Ivanovna le había hecho entregar por medio de su sirvienta.

El joven se estremeció, mas, sin embargo, continuó rezando, y cuando concluyó, después de vacilar largo rato, se determinó a leer la carta. Ésta la firmaba "Liza", aquella jovencita que se había burlado de él, por la mañana, delante del monje Zossima. He aquí el contenido de la epístola:

"Alexey, le escribo a usted sin que nadie lo sepa, ni siquiera mamá, y sé que no está bien lo que hago pero no puedo vivir más sin hacerle saber lo que me dicta mi corazón, y que nadie sino nosotros dos debe saber, al menos durante algún tiempo. Pero, ¿cómo decir lo que deseo decirle? Aseguran que el papel no se sonroja: le juro que es falso, y que yo y él estamos rojos de vergüenza. Querido Aliosha, 'yo le amo...' le amo desde nuestra infancia, desde que estábamos en Moscú, y le amo y amaré toda la vida. Usted es el elegido, el preferido de mi corazón. Es preciso que pasemos nuestra existencia juntos, hasta que seamos viejecitos, a condición, claro está, de que abandonará usted el monasterio. Respecto a nuestra edad, esperaremos todo el tiempo que la ley exige. Entonces ya estaré completamente restablecida y podré andar, y bailaré; no le quepa duda. Ya ve usted que yo lo he calculado todo. Lo único que no puedo prever es la opinión que se formará usted de mí, después de leer esta carta. Habrá usted observado que yo me río siempre y bromeo sin cesar, y también que esta mañana le hice a usted enfadarse; pero, le aseguro que, hace poco, al tomar la pluma, he rezado delante de la imagen de la Virgen, casi llorando. Mi secreto está ahora en sus manos. Mañana, cuando venga usted, no sé si tendré valor para mirarle. ¡Oh, Alexey! ¡Que cuando venga usted no sé si me echaré a reír cuando le vea! Usted debe creer que yo estoy medio loca, o loca por completo... haga usted lo que guste, pero le ruego, amigo mío, que tenga piedad de mí, y no me mire de frente cuando venga, ya que me será imposible contener la risa al verle con esa larga sotana. Sólo al pensarlo, tengo que hacer un gran esfuerzo para mantenerme seria. Al entrar no me mire usted en seguida; mire a mamá o hacia la ventana.

"Bueno, he aquí escrita mi declaración de amor. ¡Dios mío! ¿Qué es lo que he hecho? Aliosha, no me desprecie usted si he obrado mal, si esto le atormenta, perdóneme. Mi reputación, ahora, depende de usted. Tengo ganas de llorar... ¡Hasta la vista!... ¡Hasta que llegue la hora de ese coloquio terrible!...

Liza".

"P.D. ¡Aliosha, no deje usted de venir! ¡Necesito verle, absolutamente, absolutamente, absolutamente!

Liza".

El joven leyó esta carta dos veces y se quedó profundamente sorprendido y caviloso; luego se estremeció de placer y sonrió, pareciéndole que su sonrisa tenía algo de pecaminoso. Guardóse la carta en el bolsillo, sin apresuramiento, se persignó y se acostó. Su turbación interior se había disipado por completo.

—Señor, protégelos a todos... ¡A los desgraciados y a los rebeldes!... ¡Guíalos, dirígelos hacia el buen camino! ¡Tú eres amor infinito; tú puedes dispensar la alegría a todos!... —murmuró volviendo a persignarse repetidas veces, y por fin se durmió con el sueño tranquilo de los espíritus inocentes...

Cuarta parte
Los amores de Aliosha

Capítulo I

Aliosha se despertó antes que amaneciese. Zossima estaba ya más despejado: había salido de aquel amodorramiento que le acometiera durante la noche, y a pesar de su extremada debilidad, quiso levantarse y sentarse en una butaca. Su lucidez era absoluta, su rostro denotaba el gozo interno del que se sentía poseído, su mirada era sumamente afable.

—Tal vez no alcance a ver el fin del día de hoy —dijo Aliosha.

Los monjes se reunieron en la celda del viejo venerable. Apuntaba el día. Zossima hablaba mucho; parecía querer decir, en aquel momento supremo, todo lo que no había podido decir durante su vida, no tanto por pretender imponer su manera de pensar, cuanto por compartir con aquéllos a quienes amaba, la extraña felicidad de sus últimos instantes. Pero pronto se fatigó; cerró los ojos, luego volvió a abrirlos y llamó a Aliosha. En la celda estaban el padre Paissi, el padre arcipreste Jossif y el novicio Porfirio. Zossima miró con fijeza a Aliosha y le preguntó de improviso:

—¿Te esperan tus parientes, hijo mío?

El joven se quedó perplejo.

—Acaso te necesiten; debes haber prometido ir a ver a alguno hoy, ¿verdad?

—En efecto..., a mi padre... a mis hermanos... y a alguien más, todavía.

—Ve, pues, hijo mío, y no te apenes. No moriré antes de haber pronunciado delante de ti las últimas palabras que de mis labios oirán los humanos. ¡A ti te las legaré, hijo querido, a ti, Aliosha mío, porque sé que tú me amas!... Y ahora ve a reunirte con aquellos que te esperan.

Aliosha hubo de avenirse a lo que le mandaban, si bien le fuese excesivamente penoso tener que abandonar a su venerable amigo en tales momentos. Mas la promesa de Zossima de legarle, a guisa de testamento, sus últimas palabras, llenó de gozo el alma del novicio y se dispuso a terminar cuanto antes lo que tenía que hacer en la ciudad para poder volver pronto al monasterio.

Capítulo II

Aliosha se dirigió primeramente hacia la casa de su padre. Mientras, recordó que Fedor Pavlovitch le había recomendado que entrase sin que Iván se diera cuenta de ello.

—¿Por qué tal cosa? —se preguntaba—. Si quiere decirme algo en secreto, ¿por qué esconderlo? Tal vez la emoción le impidiera explicarse ayer.

No obstante, al llegar, supo con satisfacción, por boca de Marfa Ignatievna (Grigori estaba enfermo), que Iván había salido hacía ya cerca de dos horas.

—¿Y mi padre?

—Ya está levantado; está tomando el café.

Aliosha entró; el viejo estaba sentado junto a una mesa, vestido con un gabán usado y ojeaba distraídamente algunos documentos. Su rostro denotaba cansancio; su frente, en la cual se habían formado algunas cicatrices, la cubría un pañuelo rojo. La nariz, sumamente hinchada, le daba un aspecto mucho más salvaje que de ordinario.

El viejo se había dado cuenta de ello, y al entrar Aliosha le miró de reojo.

—¡El café está frío! —dijo con sequedad—, ¡no te ofrezco!... Además... no estoy visible para nadie. ¿Por qué has venido?

—Para saber cómo se encontraba usted —respondió el joven.

—Sí, ahora recuerdo que ayer te mandé venir... ¡Bah! ¡Tonterías! Sin embargo, sabía que vendrías...

Fedor hablaba con tono de evidente malhumor. Se levantó y se examinó el rostro, por vigésima vez, mirándose en un espejito; seguidamente, se arregló el pañuelo que le cubría las heridas.

—¡Un pañuelo encarnado... es mejor! —dijo—. El pañuelo blanco da visos... de hospital... ¡Ah! ¿Qué tal va el apóstol Zossima?

—Muy mal; tal vez muera hoy mismo —respondió Aliosha con tristeza.

Fedor ni siquiera oyó esta respuesta.

—Iván ha salido —repuso—. Trata de robarle a Mitia la novia. Por eso sigue en esta ciudad.

—¿Se lo ha dicho a usted él mismo?

—Sí, hace tres semanas, lo menos. No es a asesinarme a lo que ha venido... es otro su objeto.

—¿Qué dice usted? ¿Por qué habla usted así? —dijo, con angustia el joven.

—Todavía no me ha pedido dinero; bien es verdad, que no le daré ni un *kopek*. Yo, mi querido Alexey, pienso vivir el más largo tiempo posible, sépanlo todos, y necesito todo mi dinero, ya que, cuanto más viejo me haga, más lo necesitaré —prosiguió, mientras caminaba a grandes pasos de un lado a otro de la habitación, con las manos metidas en los bolsillos de su destrozado gabán—. Sólo tengo cincuenta y siete años, estoy en pleno vigor de mis fuerzas, y cuento, por lo tanto, vivir unos veinte años más: entonces estaré agobiado, decrépito, feo; las mujeres no querrán ni verme siquiera, y será cuando necesite todo mi dinero para cuidarme bien. ¡Por eso acumulo cuanto puedo, mi querido Alexey Fedorovitch, sábelo bien! Porque no pienso cambiar hasta que estire la pierna... te lo aseguro... Se está mejor en el fango... Todos me critican y, sin embargo, todos llevan en secreto la misma vida que yo no me cuido de ocultar a nadie. En cuanto a tu paraíso, Alexey, no quiero saber nada de él. ¿Comprendes? Por otra parte, tu paraíso no es nada conveniente para un hombre bien educado, admitido, claro está, que pueda haber un paraíso... Mi opinión es que uno se duerme y no se despierta más: he ahí todo. Si se acuerdan ustedes o se olvidan de mí, poco me importa. ¡Esta es mi filosofía! Ayer, Iván se expresó bien acerca de este punto; los dos estábamos ebrios... Cierto que, después de todo, Iván es un exagerado, un sabio ful, de oropel.

Aliosha escuchaba sin replicar.

—¿Por qué no me habla Iván? —prosiguió Fedor—. Y cuando lo hace, ¿por qué hace gestos de disgusto? ¡Es un miserable tu hermano Iván!... Y respecto a Grushenka, me casaré con ella si se me ocurre... Cuando se tiene dinero, basta querer una cosa para lograrla. ¡Ah, y precisamente eso es lo que teme Iván! Quiere evitar que yo me case con Grushenka y azuza a Dimitri para que lo haga él. ¡Como si fuese a ganar algo con todo eso! ¡Que yo me case o no, él no recibirá un *kopek*! Pero, si Dimitri se une a Grushenka, entonces él, Iván, puede dirigirse libremente a Katerina Ivanovna, la rica prometida de Mitia. ¡Esos son sus cálculos! ¡Te repito que Iván es un miserable!

—Veo que la escena de ayer le ha irritado los nervios. Yo creo que debería usted acostarse de nuevo.

—¡Qué! ¡Te atreves a decirme eso!... Pero, ¡bah!, no quiero enfadarme contigo. Tú eres mejor que los otros. Para aquéllos no soy sino un salvaje.

—No, usted no es salvaje; es algo exaltado, nada más —dijo Aliosha sonriendo.

—¡Oye!... Quería haber hecho que metieran preso a ese bribón de Mitia hoy mismo. No sé todavía qué decisión tomar. Cierto es que hoy se hace poco caso del respeto que se le debe a los padres; pero las leyes no toleran todavía que se zarandee a un padre, agarrándole por los cabellos, ni que se le pisotee como si fuera una estera; y todo esto delante de testigos... Si quisiera podría hacerlo arrestar ahora mismo.

—Pero usted no quiere, ¿verdad? No, no quiere usted.

—Iván me ha disuadido de hacerlo; el parecer de Iván me hubiera importado poco, pero hay otra cosa de por medio.

Y se inclinó hacia Aliosha para seguir diciendo en voz baja:

—Si hiciese arrestar a ese miserable, ella lo sabría en seguida y se apresuraría a ir a visitarle; mientras que, por el contrario, cuando sepa que me ha maltratado, que ha herido a un pobre viejo desvalido, tal vez se indignará y vendrá a saber cómo me encuentro... ¡Así es esa mujer! ¡La conozco bien!... ¿Quieres una copita de coñac? Toma un poco de café frío; te pondré en él un poquito de licor; es cosa excelente.

—No, gracias, prefiero un pedacito de pan... y le aconsejo que no beba coñac, hoy.

—Sí, irrita, lo sé; pero sólo beberé una copa.

Y abriendo el aparador tomó una botella de coñac y llenó de él una copa, volviendo luego a guardarse la llave del armario.

—Esto es todo —dijo—, un vasito no me matará.

—Veo que está usted más tranquilo ahora.

—¡Bah! ¡No necesito beber coñac para quererte! Yo no soy violento sino con los perversos. Iván no quiere ir a pasear a Tchermachnia, porque quiere espiarme para saber cuánto daré a Grushenka si viene. ¡Todos son unos canallas!... Después de todo, reniego de Iván. ¿Qué se propone? Su alma no es como la tuya y la mía. Tiene puestos sus ojos en mi fortuna, sobre la cual ha hecho ya sus cálculos. Pero debo advertirte que ni siquiera haré testamento... En cuanto a Mitia, lo abofetearé donde le encuentre, y si no puedo hacerlo yo, haré que otros se encarguen de ello... ¡Tu Mitia! ¡Y digo *tuyo*, porque sé que le amas!... Pero eso no me importa. Tú no me das miedo... ¡Otra cosa sería si Iván lo amase! Entonces temería por mí. Pero Iván no ama a nadie; no es de los nuestros; mejor dicho, ése y otros como él no pertenecen a este mundo. Han venido a molestar, como el polvo de las calles; pero vendrá una ráfaga de viento y se llevará ese polvo... Ayer, verdaderamente, tuve miedo; me sobrecogió... cómo diré... una especie de presentimiento; por eso te dije que vinieras hoy. Quería informarme, por mediación tuya, si Mitia consentiría, a cambio de mil o dos mil *kopeks,* en abandonar esta ciudad por un término de cinco años, o, mejor todavía, por treinta o cuarenta... pero sin Grushenka, ¿eh? ¿Qué te parece?

—Sí... se lo... preguntaré —murmuró Aliosha—. Si le da usted tres mil rublos que necesita, estoy seguro que...

—¡No! ¡Basta! ¡Es inútil!... He cambiado de parecer ya. Eso es una tontería. No le daré nada, nada; ni un *kopek.* Necesito el dinero para mí solo. Lo haré aplastar como a un reptil. No, no le digas nada. Ni a ti tampoco quiero verte aquí. Puedes marcharte... Mas no; espera, dime, ¿se casará Mitia con Katerina, sí o no? ¿Has estado en su casa ayer?

—Sí.

—¿Qué te dijo?

—"Que por nada del mundo lo desamparará".

—¡Ahí ves! Siempre son esos miserables los que seducen a las damas de alto copete. ¡Valientes damas! ¡Ah, si se tratase de...! ¡Por Baco!... ¡Si yo fuese joven como él, también triunfaría!... ¡Ah, bribón!... ¡Pero con todo y con eso no se llevará a Grushenka, no! ¡Antes lo haré matar!

Fedor empezó a exaltarse de nuevo.

—¡Vete! ¡Nada tienes ya que hacer aquí!

Aliosha se aproximó a él para decirle adiós, y le besó en el hombro.

—¿Qué te pasa? —dijo el viejo un poco sorprendido—. Volveremos a vernos. ¿Pretendes despedirte para siempre?

—No... lo hice sin intención. ¡Adiós!

—Está bien; escucha, escucha —gritó Fedor mientras Aliosha se alejaba—. Ven a comer conmigo uno de estos días. Mañana, ¿eh?

Apenas se fue Aliosha, volvió Fedor a abrir la alacena y se sirvió otra copa de coñac.

Capítulo III

"¡Dios sea alabado! —pensaba el joven Aliosha mientras se dirigía a casa de la señora Koklakof—. No me ha pedido noticias de Grushenka... Si lo hubiese hecho, me habría visto obligado a contarle lo ocurrido ayer... Mi padre es irascible y... y malo, sí. Es preciso que vea yo, hoy mismo, a Dimitri".

Y absorto en sus melancólicas reflexiones, caminaba de prisa sin mirar siquiera dónde pisaba.

De improviso dio un paso en falso, tropezó contra una piedra y cayó al suelo, con tan mala fortuna, que se hirió en la mano derecha; algo avergonzado por su atolondramiento, se envolvió con el pañuelo la mano, de la cual salía bastante sangre, y prosiguió su camino.

Algunos minutos después entraba en casa de las Koklakof, las cuales ocupaban uno de los más elegantes palacios de la ciudad.

La señora Koklakof corrió al encuentro del joven.

—¿Sabe usted que Katerina Ivanovna está aquí con nosotros? —le dijo.

—¡Lo celebro! —exclamó Aliosha—. Había prometido ir a verla hoy. Así aprovecharé la ocasión para hacerlo.

—¡Lo sé todo! —repuso la dama—. Conozco todos los particulares de lo que ayer ocurrió con aquella infame mujer. ¡Es algo trágico! Yo, en su lugar, habría... no sé, no sé, en verdad, lo que habría hecho. Confiese, sin embargo, que su hermano es sorprendente.

—¿Dimitri?

—No, Iván.

—¡Bah!

—Está aquí ahora. Habla con ella de algo solemne. ¡Si supiera usted lo que ocurre! ¡Es terrible! ¡Qué historia tan inverosímil! ¡Se atormentan ambos por gusto, sin saber el porqué! Le estábamos esperando, necesito hablarle; se lo diré todo, porque yo no sé ya callar por más tiempo. Pero antes... ¡ah!, ya se me iba a olvidar lo más importante. ¿Sabe usted lo que ha pasado? ¿No? Pues que Liza, apenas supo que iba usted a venir tuvo un fuerte ataque de nervios. ¿Quiere usted decirme a qué viene eso?

—¡Es usted, mamá, y no yo, quien tiene ahora una crisis nerviosa! —dijo, desde la estancia contigua, la voz aguda de Liza.

Era fácil advertir que la jovencita hacía grandes esfuerzos para contener la risa.

—No tendría nada de particular, Liza, con los disgustos que tú me das —dijo la madre—. Sepa usted, Alexey, que está enferma. Ha tenido fiebre toda esta noche pasada. ¡Con qué impaciencia esperaba yo la llegada del doctor Herzenschtube! Por fin vino y me dijo que no comprendía nada de lo que a esta muchacha le ocurre; que es preciso esperar. ¡Siempre la misma canción!... Ahora, apenas ha sabido Liza que había usted entrado en la casa, lanzó un grito y ha mandado que la lleven a su habitación. ¡Y ahí la tiene usted! ¿Puede decirme qué significa esto? ¿Tampoco usted lo entiende?

—No, no, mamá; yo no sabía que él venía; no es por su causa que me he hecho conducir a mi habitación...

—¡Eso es falso, Liza! —objetó la dama—. ¡Julia ha venido a decirte que era el señorito Alexey quien entraba! ¡Ya hace más de una hora que estaba espiando su llegada!

—Querida mamá, eso que dice usted denota poco ingenio. Si quiere usted decir algo más gracioso, dígale al señor Alexey Fedorovitch que él también da muestras de poca astucia viniendo hoy aquí, después de haberme burlado yo de él ayer, delante de aquel santo varón.

—¡Liza, eres demasiado atrevida! ¡Te aseguro que me obligarás a tomar contra ti medidas de rigor! ¡Burlarse de él! ¡Yo tengo verdadera satisfacción en verle! ¡Necesito hablarle!... ¡Oh, Alexey, aseguro a usted que soy muy desgraciada!

—¿Qué le pasa a usted, mamaíta mía?

—Tus caprichos, Liza, tu inconstancia, tu enfermedad, ¿crees tú que todo eso no sea nada? ¡Estas noches de fiebre, y el terrible Herzenschtube... el eterno, eterno, eterno Herzenschtube... ¡No puedo soportar tantas cosas! ¡Se lo declaro a usted anticipadamente, Alexey!... ¡No puedo soportarlo!... Es una comedia mixta de tragedia... ¡Ah!... Dígame usted... ¿Vivirá hasta mañana el monje Zossima? ¡Oh, Dios mío!... ¡Qué mundo éste! ¡Cierro los ojos, y me digo que todo esto no es sino humo!...

—¿Quiere usted tener la bondad de darme un paño para medicinarme la mano? —interrumpió Aliosha, tratando de sonreír—. Me he causado una herida, y ahora me hace sufrir.

Aliosha se quitó el pañuelo, lleno de sangre, del dedo lesionado. La señora Koklakof lanzó un grito y cerró los ojos.

—¡Dios mío, qué herida! —exclamó—. ¡Es horrible!

Liza abrió bruscamente la puerta.

—¡Entre, entre usted aquí! —gritó, imperiosamente—. ¿Por qué permanecía usted ahí, de pie, sin decir nada? ¡Podía haber perdido mucha sangre!... ¿Y cómo se ha herido usted así?... ¡Agua, mamá, agua! ¡Es preciso lavar esta herida!... ¡Meter los dedos en agua fría! ¡Pronto, mamá, que traigan agua en una palangana... pero en seguida!

Todo esto lo dijo Liza con voz nerviosa.

—No estaría de más enviar a buscar a Herzenschtube —propuso la señora.

—¡Mamá, usted me hará morir con su Herzenschtube!... ¿Para qué llamarlo? ¿Para que venga a decir: "No comprendo nada, es preciso esperar"? ¡Agua, mamá, por Dios!... ¡Vaya usted misma a buscar a Julia!... ¡Esa chica siempre está presente menos cuando se la necesita!... ¡Pero vaya usted pronto, o me va a dar otro ataque!...

—¡Pero si no es nada! —exclamó Aliosha.

—¡Mamá, deme usted hilas, hilas, y agua para las heridas!... ¿cómo se llama?... Usted la tiene guardada allí... allí... en su habitación, en el armario, a la derecha; es un frasquito grande... Allí están también las hilas...

—¡Voy en seguida, Liza; pero no te exaltes tanto, y no grites de ese modo! ¡Mira con cuánta firmeza soporta Alexey el dolor!... ¿Dónde se ha herido usted así, Alexey?

Y salió de la habitación sin esperar la respuesta.

—Ante todo, respóndame usted —dijo apresuradamente Liza—. ¿Dónde, cómo se ha herido? Después le hablaré de otra cosa.

Aliosha, comprendiendo que los instantes eran preciosos, explicó brevemente lo que le había sucedido.

Liza juntó las manos.

—¡Es posible! ¿Es posible que a su edad no sepa usted todavía andar? —exclamó, enfadada—. ¡Es usted un chiquillo, un...! Bueno, hablemos de otra cosa. ¿Puede usted, a pesar de su dolor, hablar seriamente de cosas insignificantes?

—Perfectamente; casi no siento dolor alguno.

Julia había entrado mientras Liza pronunciaba las últimas palabras.

—Ponga usted el dedo en el agua... —dijo Liza a Aliosha—. ¡Así!... Julia, vaya usted a buscar un pedazo de hielo... Bueno, ahora hablemos...

—Hablemos.

—Deme usted la carta antes de que pueda venir mi mamá.

—No la tengo aquí.

—¡No es cierto!... ¡Ya sabía que me iba usted a decir ese embuste!... La tiene en el bolsillo... ¡Si supiera usted cómo me he arrepentido de haber hecho esa broma!... ¡Devuélvame la carta, pronto, devuélvamela!

—La he dejado en casa.

—Pero, en fin, de todos modos, usted no puede por menos de tomarme por una loca, después de haberle escrito esa carta estúpida... ¡Le ruego que me perdone!... Bueno, si no tiene usted realmente aquí la carta, le suplico que me la traiga hoy...

—Hoy es imposible: debo volver al monasterio, y no podré salir antes de tres, cuatro, o cinco días, porque el padre Zossima...

—¡Cuatro o cinco días!... ¡Jesús!... Escuche usted, señorito, ¿se ha reído usted mucho de mí?

—No, por cierto.

—¿Y por qué no?

—Porque la he creído sincera.

—¡Qué ofensa!

—Nada de eso; todo sucederá como usted ha indicado: cuando Dios llame a mi venerable maestro, yo abandonaré el monasterio, completaré mis estudios, me examinaré, y apenas alcancemos la edad que la ley exige nos casaremos. He reflexionado bien acerca de ello, y he llegado a comprender que no podré encontrar una mujer mejor que usted. Además, el mismo padre Zossima me ha aconsejado que me case.

—¡Pero yo soy una especie de monstruo! Es preciso que me conduzcan sentada en una butaca... —dijo Liza, riendo.

Sus mejillas se tiñeron de rosa.

—Yo la curaré: tengo la seguridad de que en esa fecha estará usted ya completamente restablecida.

—¡Qué locura! —repuso Liza, nerviosamente. Usted establece un proyecto serio nacido de una broma. Pero calle, que viene mamá... ¡Jesús!... ¡A propósito, qué calmosa es usted! ¿Cómo ha estado fuera tanto tiempo? ¡Ah, ya está aquí Julia con el hielo!...

—¡Liza, te ruego que no grites! Lo más importante es eso, que no grites. Estoy cansada de tus voces. Bueno, pues... no he encontrado las hilas: debes haberlas puesto en algún otro sitio. He buscado por todas partes... y nada. ¡Sospecho que lo habrás hecho adrede!

—¡Eso es! ¡Iba yo a prever que el señor Alexey Fedorovitch vendría con un dedo herido! ¡Qué ocurrencia tan chistosa!

—¡Jesús, qué muchacha!... ¡Créame usted, Alexey, no es esto ni lo otro, particularmente, lo que abruma; es el conjunto de tantas inconveniencias!...

—Bueno, mamá, bueno... Mira, aquí está Julia, con las hilas. ¿Está usted viendo cómo...? ¿Sabe lo que le ha pasado? Pues que se ha caído. ¡Ahí lo tiene usted! ¡No sabe ni andar como los hombres! ¿Cree usted que un sujeto así puede casarse? ¿No es verdaderamente ridículo?

Liza se echó a reír, mirando maliciosamente a Aliosha.

—Y a propósito, ¿por qué hablas tú ahora de matrimonio? —dijo la madre—. Ese es un asunto que a ti no te importa... ¡Ah, ja! ¡Mire qué bien le ha vendado el dedo!... ¡Yo no habría sabido hacerlo así! ¿Le duele todavía?

—Casi nada —respondió Aliosha.

—Katerina ha sabido que está usted aquí, y desea vivamente hablarle.

—Vaya usted sola, mamá; él no puede ir todavía... Sufre...

—No sufro nada —interrumpió el joven—. Puedo perfectamente ir a saludarla.

—¡Ah! ¿Se va usted?

—En cuanto haya concluido allá, volveré y hablaremos todo cuanto quiera. Necesito ver a Katerina, para poder volver hoy mismo al monasterio.

—Bueno, lléveselo usted cuanto antes, mamá. Y usted, Alexey, no se moleste en volver después que haya visto a Katerina. ¡Váyase directamente a su monasterio, adonde le llama su vocación! Yo dormiré ahora, porque no he cerrado los ojos en toda la noche.

—¡Si supieras lo ridícula que eres con esas tus burlas! —dijo la madre—. No obstante, si en efecto te acostaras...

—Esperaré, aún algunos minutos... ¡Lléveselo, lléveselo pronto, mamá!

—¡Liza, estás loca, hija mía! Vámonos, Alexey, hoy está demasiado caprichosa. Temo que se enoje aún más. ¡Oh, qué plaga es una joven nerviosa! Mas tal vez tenga realmente sueño... Sin embargo, yo creo que la presencia de usted la ha tranquilizado un tanto. ¡Es curioso!...

—¡Hoy me encuentro mejor; eso es todo! —replicó la joven.

—Escuche usted, Alexey —repuso la señora, con aire importante—. Yo no quiero coaccionarle, no quiero alzar el velo de este misterio; entre usted y verá por sus propios ojos lo que sucede. ¡Es terrible!... Es... la más fantástica de todas las comedias... ¡Figúrese!... ¡Ama a Iván, y quiere persuadirse de que es a Dimitri a quien prefiere... Le repito que es terrible lo que sucede... Entraré con usted, y si me lo permiten me quedaré.

Capítulo IV

Entretanto, el coloquio en el salón se acercaba a su fin. Katerina Ivanovna estaba muy animada, pero su fisonomía denotaba gran energía. Al ver entrar a la señora Koklakof y a Aliosha, Iván se levantó. Aliosha miró a su hermano con inquietud.

—¿Hallaré por fin la explicación de este enigma? —repuso.

Hacía un mes que, por todas partes, oía decir que Iván amaba a Katerina y que pretendía robársela a Dimitri. Esto le parecía monstruoso. Aliosha sentía vivo cariño por sus dos hermanos, y se aterraba al pensar en su rivalidad. Ciertamente, el día anterior el mismo Dimitri le había dicho que aprobaba aquella pretensión de Iván, y que pondría de su parte cuanto pudiera para que pudiese realizarla. ¿Cómo? ¡Casándose con Grushenka!

Aliosha había considerado desesperada esta decisión, porque hasta entonces creyó que Katerina amaba apasionadamente a Dimitri. ¿Podía amar a Iván? No; era a Mitia a quien debía preferir, tanto por sus buenas cualidades como por sus defectos... Pero, durante la escena con Grushenka, el día anterior, la opinión de Aliosha había variado. Y he aquí que, ahora, la rotunda afirmación de la señora Koklakof corroboraba la nueva impresión del joven.

"Tal vez sea verdad —pensó Aliosha—. Y en ese caso, ¿qué hará Iván? Su situación es difícil".

Aliosha presentía que un carácter como el de Katerina Ivanovna necesitaba dominar, y se decía:

"Un tal dominio podrá ejercerlo sobre Dimitri, no sobre Iván... ¿Y si no amase ni al uno ni al otro?", se le ocurrió de pronto.

¿A cuál de los dos compadecer?

Las terribles palabras de Iván, "que los reptiles se devoren los unos a los otros", sonaban todavía, fatídicamente, en los oídos de Aliosha.

Ellas indicaban que, para aquél, Dimitri era más rival que hermano.

Al ver a Aliosha, dijo Katerina a Iván, observando que éste se disponía a partir:

—¡Un momento!... Quiero saber la opinión de Alexey Fedorovitch. Tengo gran confianza en él. Señora Koklakof, quédese usted también.

Aliosha, a instancia de Katerina, se sentó cerca de ésta.

—Ustedes son todos mis amigos; los seres que más amo en el mundo —comenzó a decir la joven con voz vibrante de emoción—. Usted, Alexey Fedorovitch, ha sido testigo de aquella escena terrible. Usted, Iván, no presenció aquella escena, y no puede darse cuenta de lo que ella fue. Pues bien, Alexey, ahora, ni yo misma sé si le amo todavía. ¡Me da lástima!... ¡Mal signo de amor! Si le amase, tal vez, después de lo sucedido le odiaría pero ¡tengan piedad!...

Su voz temblaba; las lágrimas asomaban a sus ojos. Aliosha se estremeció.

"Es sincera —pensó—, no ama a Dimitri".

—¡Así es! ¡Así es! —exclamó la señora Koklakof.

—Espere usted, amiga mía; todavía no he dicho a usted la resolución que he tomado esta noche pasada. Observo que es una decisión grave, pero no renunciaré, ni me volveré atrás por nada del mundo. Mi querido, mi bueno y amable consejero, él, que tan bien conoce el corazón humano, mi entrañable amigo Iván Fedorovitch, que conoce esta decisión, la aprueba enteramente.

—Sí, la apruebo —dijo Iván, con voz dulce y firme.

—Mas deseo que Aliosha... y perdóneme si le hablo tan familiarmente, Alexey... deseo, repito, que me dé su opinión, que me diga si tengo o no razón. Creo, Aliosha, hermano mío, ya que es usted mi hermano —exclamó, estrechando entre sus manos ardientes, las manos frías de Aliosha—, creo que su opinión me calmará por completo, y me someteré a lo que diga.

—No sé lo que pide usted de mí —dijo Aliosha, sonrojándose—. En todo caso, sepa usted que la amo sinceramente, y que deseo su felicidad más que la mía propia... Pero no estoy al corriente de lo que ocurre... —se apresuró a decir, sin saber por qué.

—Es una cuestión de honor, y un deber, al propio tiempo. Acaso sea algo más todavía; se lo diré a usted todo en dos palabras: Si él se casa con esa... mujer, cosa que no podré nunca perdonarle, *de todos modos no le abandonaré*... no, no le abandonaré nunca —repitió con voz exaltada—. No quiere esto decir que me halle dispuesta a seguirle por todas partes, a importunarle, a hacerle sufrir, no; me iré a otra ciudad, no importa dónde; pero no cesaré de interesarme por él. ¡Cuando sea desgraciado —lo que, ciertamente, no tardará en verificarse—, que venga a mí! Seré para él una amiga, una hermana; una hermana solamente, cierto, pero una hermana amorosa a quien él ha sacrificado para siempre. Así conseguiré hacerme comprender de él y obtener su confianza —exclamó con fervor—. Seré para él un dios a quien él habrá de adorar de rodillas, y es lo menos que podrá hacer para compensarme todo cuanto por él he sufrido, ayer especialmente. Quiero que sepa que, a pesar de su infidelidad y de su traición, yo permaneceré siempre fiel a la palabra que le di... Esta es mi resolución, que aprueba enteramente Iván Fedorovitch.

Katerina hablaba con gran exaltación, sofocándose; seguramente hubiera deseado expresarse con más dignidad, con más naturalidad. Lo había hecho con demasiada precipitación, sin habilidad. No obstante, le había servido como de satisfacción que su orgullo hubiese buscado para desquitarse, para vengarse de la humillación sufrida el día anterior. De pronto se oscureció su semblante; en sus ojos brillaba un maligno esplendor...

—Ese es, en efecto, el mejor pensamiento que cabe tener —dijo Iván—. Otra mujer cualquiera haría mal en proceder de ese modo; usted, sin embargo, Katerina, tiene razón. Es usted sincera, de una sinceridad absoluta, y es precisamente por eso por lo que tiene usted razón en pensar así.

—Pero eso es un movimiento pasajero —interrumpió la señora Koklakof—, es el resentimiento de ayer.

—¡Claro está que sí! —añadió con vehemencia Iván, como si la observación de la dama lo hubiese enojado—. Pero repito que, lo que en otra mujer no sería sino un movimiento pasajero, en Katerina Ivanovna es una decisión irrevocable. Lo que para otras es una promesa hecha a la ligera, para ella es un empeño sagrado. La vida de usted, Katerina, transcurrirá desde hoy en una dolorosa contemplación de sus virtudes. Pero el sufrimiento cesará, acabará por calmarse, su sacrificio se verá dulcificado con la satisfacción que el cumplimiento del deber derrama sobre las almas orgullosas.

Iván hablaba con tono áspero, irónico, sin cuidarse siquiera de disimular su ironía.

—¡Oh, Dios mío!... ¡Cuán falso es todo eso! —exclamó la señora Koklakof.

—Alexey, hable usted, tengo verdadera impaciencia por oír su parecer —dijo Katerina Ivanovna casi sollozando.

Aliosha se levantó.

—¡No es nada!... ¡No es nada!... —repuso la joven, rompiendo a llorar—. Es la emoción... el insomnio... pero con amigos como usted y su hermano me siento animosa, ya que sé positivamente que no me abandonarán ustedes nunca.

—Desgraciadamente —dijo de pronto Iván—, mañana mismo debo marchar a Moscú. Dejaré a usted por mucho tiempo, y, lo más lamentable es que este viaje no puedo retardarlo ni un solo día.

—¿Mañana?... ¿A Moscú? —exclamó Katerina, aterrada—. Pero... ¡Ah, Dios mío!... ¡Ah, sí, sí, es una verdadera suerte!... —añadió como interrumpiéndose ella misma, con voz más firme.

Su rostro no conservaba ya traza de sufrimiento; no era ya, aquélla, la joven ofendida y desolada: era la mujer dueña de sí misma.

—No es respecto a su ausencia de lo que me alegro —repuso Katerina, con la graciosa sonrisa de una dama del gran mundo—. Un amigo como usted no puede suponer en mí semejante pensamiento. Tendré, por el contrario, verdadera pena de no volver a verlo...

Y tomando las manos de Iván se las estrechó efusivamente.

—Me alegro —prosiguió—, porque así podré hacer conocer a mi hermana y a mi tía la situación en que me encuentro. Usted sabrá explicar las cosas como es debido. No se puede usted imaginar cuán desgraciada era yo esta mañana: no sabía cómo referirles todo lo acaecido. De este modo, siendo usted quien la llevará y aclarará, mi carta será sencillísima y fácil de escribir. He ahí lo que me causa satisfacción: eso solamente, créame usted... Voy corriendo a escribir esa carta —añadió bruscamente, dando un paso hacia la puerta.

—¿Y Aliosha?... ¿Y la opinión de Alexey Fedorovitch que tanto deseaba usted conocer? —exclamó la señora Koklakof, con tono sarcástico.

—No lo he olvidado —dijo Katerina, deteniéndose—. Mas, ¿por qué me habla usted con ese acento irónico, en este momento? Siempre pienso igual —añadió con tristeza—. La opinión de Alexey me es ahora más preciosa que nunca... Haré lo que él me diga... Pero, ¿qué le pasa a usted, Alexey?

—Nunca hubiera podido imaginar una cosa semejante —dijo Aliosha con acento de reproche.

—¿El qué?

—Dice mi hermano Iván que se marcha mañana a Moscú, y usted exclama: "¡Qué suerte tan grande!" Pero eso lo ha dicho usted adrede, y ha tratado usted de explicarnos, en seguida, que no era su partida precisamente lo que le causaba regocijo, sino que, al contrario, eso la apenaba... ¡En fin, señorita, que ha estado usted representando una comedia... como si esto fuera un teatro!

—¡Un teatro!... ¡Cómo! ¿Qué dice usted? —exclamó Katerina, estupefacta, sonrojándose y frunciendo el ceño.

—Usted afirma que ama a Iván como a uno de sus mejores amigos, y, sin embargo, insiste usted en que le alegra su partida.

—Pero, ¿de qué habla usted?... ¡No le comprendo!...

—Ni yo mismo lo sé —repuso Aliosha—. Sin embargo, parece como si en este momento hubiera iluminado mi cerebro una luz repentina... usted, señorita, no ama a Dimitri... Por otra parte, tampoco Dimitri la ha querido a usted ni en un principio... la aprecia, he ahí todo. Realmente, no sé cómo tengo la audacia de... sin embargo, fuerza es que alguien tenga el valor de decir la verdad, ya que veo que todos se excusan de ser sinceros.

—¿Qué verdad? —preguntó, con violencia, Katerina.

—Va usted a saberla —respondió Aliosha, experimentando la misma sensación que si se arrojase desde una gran altura—. Llame a Dimitri, dígale que venga a tomar su mano y la de mi hermano Iván, y que las unan para siempre, ya que está haciendo sufrir a Iván, puesto que usted lo ama, además de torturar usted misma el corazón, imponiéndose por Dimitri un amor que no siente, aunque haya jurado amarlo toda la vida.

Aliosha guardó silencio.

—¡Pero... usted... está loco! —dijo Katerina, pálida, contraídos los labios.

Iván Fedorovitch lanzó una carcajada y se levantó a su vez.

—Te has engañado, mi buen Aliosha —dijo, con una ingenuidad, con una juvenil, graciosa y sincera expresión que Aliosha no había jamás notado en él hasta entonces—. Katerina Ivanovna no me ha amado nunca. Ella sabe, sin embargo, que yo la amo, si bien jamás se lo he dicho.

Lo sabía, pero no me amaba, no me correspondía. Ni siquiera he sido su amigo durante un minuto; su orgullo le basta; no tiene necesidad de mi amistad. Me tolera a su lado, para vengarse de ese modo de las continuas ofensas que Dimitri le ha inferido desde su primer encuentro con él... Este primer encuentro, precisamente, ha quedado grabado en la mente de Katerina como una ofensa. Mi parte se ha reducido a oírla hablar de amor refiriéndose a otro hombre. Yo me voy, repito, y aseguro a usted, señorita, puede usted estar convencida de que nunca ha amado sino a Dimitri. Cuanto más la ofendía él, más lo amaba usted. Si él cambiase, si se comportase mejor con usted, dejaría usted de amarlo. Usted ama en él el heroísmo de su propio sacrificio de usted. Y todo ello por orgullo. ¡Oh, ciertamente, ello no está exento de humillaciones, de innumerables afrentas; mas, afrentas y humillaciones son, no obstante, pretextos para saciar ese orgullo que la domina. Yo soy demasiado joven, la amo a usted demasiado; habría hecho mejor con no decir a usted nada, con guardar silencio. Se ofendería usted menos, tal vez.. pero yo me voy lejos y no volveré... ¡Me voy para siempre! Yo he dicho cuanto tenía que decir. ¡Adiós, Katerina Ivanovna! No me guarde rencor por lo que le he dicho. Yo quedo mil veces más castigado que usted desde el momento que no volveré a verla nunca más. Adiós, no le doy a usted la mano, porque, la verdad, me ha hecho usted sufrir demasiado para que yo pueda perdonarla en este instante. Más tarde... tal vez; ahora no puedo, no quiero... No necesito, señorita, su agradecimiento —añadió con forzada sonrisa.

Y salió sin saludar siquiera a la dueña de la casa.

—¡Iván! —gritó Aliosha, aturdido, corriendo tras de su hermano—. ¡Ven aquí!... ¡Ven!... Pero... no, no volverá más por nada del mundo. ¡Yo tengo la culpa! —añadió, desolado—. Y, sin embargo, volverá un día... sí, volverá... ¡Dios mío, qué confusión!... No sé lo que estoy diciendo.

Katerina Ivanovna se retiró a la habitación contigua.

—¡No tiene usted que reprocharse nada, amigo mío! ¡Ha obrado usted correctamente! ¡Como un ángel! —dijo la señora Koklakof—. Es preciso hacer cuanto sea posible para evitar que parta Iván.

El rostro de la dama denotaba una vivísima alegría. Tomó por la mano a Aliosha y lo condujo al vestíbulo.

—Katerina es orgullosa y no quiere confesar la verdad de lo que siente; pero es buena. Hace un mes que Liza, yo y sus tías nos esforzamos en hacerle comprender que Dimitri no la ama y que debe abandonarlo todo para casarse con Iván, el cual la ama apasionadamente.

—Pero debe haberse ofendido por lo que yo he dicho.

—No crea usted en la cólera de las mujeres.

—Mamá, observo que le está usted dando muy malos consejos —dijo la voz aguda de Liza.

—No, no; soy yo, sólo yo quien ha hecho todo el mal —exclamó Aliosha con desconsuelo.

—Al contrario, le repito que ha hecho usted muy bien en decir lo que ha dicho. ¡Como un ángel! ¡Como un ángel!

—¿Qué ha hecho para comportarse como un ángel? —preguntó Liza.

—Creí comprender que amaba a Iván y no pude evitar decírselo —repuso Aliosha, como si no hubiese oído la voz de Liza.

—¿Pero de qué hablan ustedes? —gritó la joven—. ¡Mamá!... ¿Quiere usted hacerme morir? ¡Estoy preguntando y no me contesta usted!...

Un criado entró en el vestíbulo.

—La señorita Ivanovna se siente mal —dijo—. Está sollozando... Sufre un ataque de nervios...

—¿Pero qué pasa? —continuó Liza desesperada—. ¡Ay, Dios mío, yo soy quien va a sufrir un ataque de nervios!

—¡Calla, Liza! ¡Por el amor de Dios, déjame en paz!

La señora Koklakof corrió en ayuda de Katerina.

—¡No quiero ver a usted por nada del mundo, Alexey! —gritó Liza—. Hábleme usted desde la puerta. ¿Qué es lo que dicen? ¿Que es usted un ángel? ¿Cómo ha merecido usted semejante honor? ¡Eso es todo lo que deseo saber!

—¡Una locura es lo que me ha valido ese honor!... ¡Adiós, Liza!

—¡Le prohíbo que se marche usted así!

—¡Perdóneme usted, Liza, pero no puedo detenerme!... ¡Adiós!... Volveré, volveré... Ahora estoy intranquilo. Necesito volver al monasterio en seguida...

Y salió precipitadamente de la casa.

Quinta parte
En pro y en contra

Capítulo I

Aliosha corrió hacia el monasterio: sentía verdadera ansia por saber cómo estaba Zossima. El venerable viejo había recaído en su anterior sopor, y el médico aseguró a los monjes que, al menos por algunas horas, no era de esperar ninguna catástrofe.

Enterado de esto Aliosha, volvió de nuevo a casa de las Koklakof.

La crisis nerviosa de Katerina había cesado, dejándola en una profunda postración. Ahora deliraba. La dueña de la casa había mandado llamar al doctor Herzenschtube y a las tías de la joven.

—Vaya usted a ver a Liza —dijo la dama—. ¡Liza! —prosiguió, acercándose a la habitación de su hija—. ¡Aquí está Alexey Fedorovitch otra vez!

—¡Gracias, mamá!... ¡Entre usted, Alexey!

Aliosha obedeció.

Liza lo miró, confusa, y se puso roja como una amapola. Se sentía avergonzada, y, como sucede en casos semejantes, se puso a hablar de todo menos de lo que la preocupaba en aquel instante... Pero, de repente, se inclinó hacia su amigo y le dijo:

—Acérquese usted a la puerta para ver si está mamá escuchando.

Aliosha abrió la puerta.

—¡No hay nadie, Liza, nadie! —replicó.

—Venga usted hacia acá, pues —repuso ella, sonrojándose aún más—. Debo hacer a usted una confesión... Mi carta de ayer era seria...

Y se ocultó el rostro con las manos. Luego estrechó las de Aliosha y se las llevó a los labios.

—¡Ah, Liza, qué alegría me da usted!... —exclamó Aliosha, gozoso—. Sabía, sin embargo, que se trataba de una cosa seria.

—¿Ah, sí? ¿Tan seguro estaba usted?

Liza reía alegremente, pero continuaba tan encendida como antes.

—Quisiera agradarle a usted siempre, Liza, pero no sé cómo hacer para lograrlo —dijo Aliosha, turbado.

—Aliosha, amigo mío, es usted muy vanidoso y frío... ¡Fíjese!... ¡Se digna aceptarme por esposa y permanece así... tan tranquilo!... ¡Y tenía el señor la seguridad de que yo le había escrito seriamente!... ¡Qué fatuidad!...

—Entonces, ¿he hecho mal en creer lo que me decía usted?

—No, Aliosha, al contrario; ha hecho usted perfectamente —respondió la joven, mirándolo con ternura.

Aliosha permanecía de pie, con la mano entre las de la joven. De repente se inclinó y la besó en la boca.

—¡Eh!... ¿Qué es eso?... ¿Qué hace usted? —exclamó Liza.

Aliosha se quedó completamente desorientado.

—Perdóneme si no es eso lo que debe hacerse —murmuró—. Tal vez he cometido una grave falta... pero usted acaba de decirme que soy frío, y yo... en fin, veo que he hecho un disparate...

Liza se echó a reír y se cubrió de nuevo el rostro.

—¡Y con ese traje! —exclamó sin cesar de reír.

Mas de pronto se puso seria, casi triste.

—No, Aliosha —dijo—, no es tiempo de besos todavía. Es preciso esperar... Mas dígame antes, ¿cómo un hombre como usted, tan inteligente y tan serio, quiere tomar por esposa a una joven alocada y enferma como yo?... Le aseguro, Aliosha, que usted merece una mujer mejor. Yo no soy digna de usted.

—Liza, pronto dejaré el monasterio, entraré en el mundo y me casaré. Es necesario... Él mismo me lo ha ordenado. ¿Y a quién podría elegir que fuese mejor que usted?... ¿Y quién podría gustarme no siendo usted? Ya he pensado en ello. Ante todo nos conocemos desde la infancia, y además tiene usted muchas cualidades que a mí me faltan: usted es más alegre que yo, más ingenua, ya que yo he comprendido ya muchas cosas... ¡Sí, Liza, usted no lo sabe, pero yo soy también un Karamazov! Puede usted reír, jugar, mofarse de mí, no importa: todo eso me causa placer porque lo hace, repito, ingenua, graciosamente.

—Aliosha, deme usted su mano. ¿Por qué la ha retirado usted? —dijo Liza con voz trémula de alegría—. Escuche, ¿qué traje se pondrá usted cuando abandone el monasterio? ¡No se ría, ni se enfade: para mí es eso algo muy importante!

—No he pensado todavía en ello, Liza. Me vestiré como mejor le guste a usted.

—Quiero que se mande hacer una chaqueta de terciopelo azul oscuro, un chaleco de piqué blanco, y un sombrero de fieltro gris... Bueno, oiga: ¿creyó usted hace poco que no lo amaba cuando dije que le había escrito en broma?

—No, no lo creí.

—¡Oh, qué insoportable! ¡Qué incorregible!

—Sabía que me amaba usted; al menos me lo figuraba... pero quería creer lo contrario para engañarme yo mismo...

—¡Oh, eso es peor todavía!...

—Es verdad.

—¡Aliosha... yo le amo a usted locamente! Antes que viniese usted me dije: Le pediré mi carta, y si me la da, eso querrá decir que no me quiere, que no ha pensado en mí, que es un botarate, un chiquillo y que... yo estoy perdida para siempre. Pero usted dejó la carta en su celda y eso me infundió coraje. La ha dejado usted allí, porque presentía que yo había de pedírsela y usted no quería verse obligado a devolvérmela, ¿verdad?

—¡Nada de eso, mi querida Liza!

—¿Eh?

—Antes, como ahora, estaba la carta aquí, en mi bolsillo.

Aliosha sacó la carta y se la mostró a la joven desde lejos, riendo.

—Mírela aquí —dijo.

—¡Cómo! ¿Ha mentido usted?... ¡Jesús! ¡Mentir un fraile!

—¡Sea!... He mentido por no devolvérsela. ¡Es algo precioso para mí este papel! ¡Lo conservaré siempre!

Liza miraba al joven entusiasmada.

—Aliosha —murmuró en voz baja—, vuelva usted a ver si nos escucha mamá.

—Sí, Liza, miraré; pero, ¿le parece a usted que está eso bien hecho? ¿Por qué suponer semejante bajeza en su madre?

—¡Cómo!... ¡Bajeza!... ¿Y por qué, es una bajeza el vigilar a una hija?... ¡No, señor, es un deber! —exclamó la joven con exaltación—. Tenga usted la seguridad, señor mío, de que cuando yo sea madre, cuando tenga una hija como yo, la vigilaré rigurosamente.

—¿De veras, Liza?... ¡Eso no está bien!...

—¿Cómo que no? ¿Qué mal hay en ello? Si solamente se tratase de una conversación cualquiera, sería bajeza el escuchar; pero una joven encerrada con un mozo... ¡Sepa usted, amigo mío, que, cuando estemos casados, abriré todas sus cartas y las leeré!... ¡Vaya!... ¡Ya está usted prevenido!...

—Perfectamente; pero eso no quiere decir que esté bien hecho.

—Bueno, admito que tenga usted razón; sin duda la tiene, pero eso no impide que yo lo haga y me ponga a escuchar junto a las puertas...

—Haga usted lo que quiera —replicó Aliosha, riendo—. Tengo la seguridad de que no me sorprenderá usted nunca.

—Otra cosa... ¿Me obedecerá usted siempre? Es preciso aclarar este punto importante.

—Sí, pero...

—Pero, ¿qué?

—En los casos graves, si no llegásemos a estar de acuerdo, decidiré según me aconseje mi conciencia.

—Es lo que debe hacerse. Sin embargo, yo... se lo diré a usted sin rodeos: yo estoy dispuesta a someterme a su voluntad en los casos graves, y en los leves, ahora y siempre y por los siglos de los siglos —exclamó Liza con fuego—. Y eso lo haré de buen agrado, casi con alegría, puede decirse. Más todavía: le juro que no escucharé nunca junto a las puertas, y que jamás abriré sus cartas, ya que es usted quien tiene razón. Claro está, que desearía poder oírlo todo, pero no lo haré, puesto que usted piensa que eso no es honesto... Usted es mi Providencia. Pero... oiga, ¿por qué está triste desde hace algunos días? Estoy al tanto de sus pesadumbres: pero, ¿no tiene usted alguna tristeza secreta? ¿No?...

—Sí, Liza; tengo una. Veo que me ama usted puesto que ha adivinado...

—¿Qué tristeza es? ¿Qué la motiva?... ¿Quiere usted decírmelo? —preguntó Liza con sonrisa suplicante.

—Se lo diré más tarde... Ahora, tal vez no me comprendería, o acaso no sabría yo explicarme.

—Supongo que se trata de sus parientes.

—Sí —contestó Aliosha, como absorto.

—Su hermano Iván, se lo diré a usted con franqueza, no me gusta.

Alexey se extrañó, pero no respondió.

—Mis hermanos y mi padre se pierden, sin remedio, y arrastran a los demás en su caída de perdición. Es, como dice el padre Paissi, *la fuerza de la Tierra,* especial a los Karamazov; o como si dijéramos la fuerza de la materia: una fuerza enorme, de bestia, de bruto. No sé si la

Providencia se dignará reprimir esta fuerza... Decía hace poco que yo era un monje...

—Sí, eso he dicho.

—Pues bien, tal vez ni yo mismo creo en Dios.

—¡Jesús! ¿Qué está usted diciendo?

Aliosha no respondió. En sus últimas palabras había algo de misterioso y oscuro, y se vio que el joven sufría cuando salieron de su boca.

—¡Y he aquí —prosiguió Aliosha con tristeza— que se aleja mi mejor amigo! ¡El más grande, el mejor de los hombres está a punto de abandonar la Tierra! Hace poco le he visto en el monasterio... dormitaba, y dentro de poco se adormecerá con el sueño eterno... ¡Ah, Liza!... Si supiese usted cuánto lo amo, cuán espiritualmente estoy identificado con él ¡Y se va!... ¡Y yo me quedaré solo!... Mas, ¡qué digo! Solo no, Liza, porque yo vendré constantemente a su casa... ¡Desde ahora estaremos siempre juntos!

—¡Sí, siempre, siempre juntos! —repitió la joven—. ¡Abráceme, abráceme, Aliosha!... ¡Ahora se lo permito!

Aliosha la abrazó.

—Puede usted marcharse ya —repuso la joven—. ¡Que Jesús le acompañe!

Liza hizo la señal de la cruz.

—Vaya usted allá en seguida, esté junto a él hasta que exhale su último suspiro —añadió—. He sido egoísta y cruel reteniéndole aquí tanto tiempo. Rogaré por usted y por él... ¡Oh, Aliosha!... Seremos felices, ¿verdad?

Al marcharse, Aliosha no se acordó de pasar por las habitaciones de la dueña de la casa, pero ésta apareció en el momento en que aquél iba a abrir la puerta.

El joven comprendió que estaba acechando su partida.

—Espero —dijo seriamente— que no habrá usted hecho caso de tanta niñería, de tanta simpleza...

—A lo menos, señora —replicó Aliosha—, no se lo diga usted a ella, puesto que podría causarle daño.

—Muy bien dicho... Comprendo... usted mismo, por compasión, no ha querido contradecirla, ¿verdad?

—No, señora. El asunto es completamente serio, y de este modo hablaba yo —respondió el joven con firmeza.

—¿Qué es serio todo eso, dice usted?... ¡Imposible!... Antes que permitirlo le cerraría a usted la puerta de mi casa, o tomaría a mi hija y me marcharía de aquí con ella... ¡Sépalo usted!

—¿Por qué?... Está eso todavía muy lejos. Hay que esperar, a lo menos, un año y medio.

—Es cierto, en dieciocho meses hay tiempo para que pueda usted cambiar de opinión... ¡Comprendo que son niñerías, pero me causa inquietud! He aquí la explicación de la crisis nerviosa de anoche... Perdone usted si he escuchado... No he sabido evitarlo... ¿Qué carta es esa de que hablaban? ¿Quiere usted tener la bondad de enseñármela?

—No, es inútil... ¿Cómo está Katerina Ivanovna?

—Delirando siempre. Aún no ha vuelto en sí... Sus tías no hacen más que exclamar: "¡Ah, ah!" Herzenschtube ha venido, y se ha asustado tanto que no sabía que hacer. ¡Casi estuve tentada de mandar a buscar otro médico para él! Y ahora, para colmo de males, me encuentro con esa famosa carta... Bueno, todavía quedan dieciocho meses por delante. Pero... por el amor de Dios, enséñeme usted la carta... ¡La leeré desde lejos si usted quiere!...

—Ahora, señora, no puede ser. Volveré mañana, y entonces hablaremos. ¡Adiós!

Y echó a correr escalera abajo.

Capítulo II

Una idea dominaba al noble joven: encontrar a su hermano Dimitri, que parecía esconderse de él.

Hubiera deseado ir otra vez al monasterio, a ver al ilustre moribundo; pero no pudo acallar la voz de su conciencia que, sin cesar, le gritaba: "¡Dimitri está en peligro! Corre hacia él, ya que podría sorprenderte luego una catástrofe".

"Si llegase a expirar mi bienhechor y consejero sin que yo pudiese verlo nuevamente —pensó—, me causaría una profunda pena, pero no quiero tampoco tener que reprocharme un día el que por mi causa se haya perdido un alma tan buena como la de mi hermano Dimitri. Al menos haré cuanto pueda para salvarlo".

Para sorprender a su hermano sin que éste tuviese la probabilidad de escapar, se proponía saltar la cerca, como el día anterior, introducirse en el jardín y esperarlo en el cenador.

"Allí estaré —pensó— hasta la noche si es preciso, hasta que lo vea, pues como seguirá espiando la temida entrada de Grushenka en casa de mi padre, no puede dejar de ir al quiosco en que estuvimos ayer".

Y haciendo lo que había pensado entró sin que nadie lo viera, se sentó en la misma silla que había ocupado el día anterior y se quedó pensativo.

Hacía ya un cuarto de hora que esperaba, cuando, de pronto, oyó los acordes de una guitarra, no lejos de allí. ¿Quién podría ser el que tocara aquel instrumento en semejante sitio?

Luego se oyó una voz de hombre, aguda y sonora, que cantaba:

> *Una fuerza invencible*
> *me mantiene junto a mi amada.*
> *¡Que Dios nos proteja*
> *a ella y a mí!...*
> *¡A ella y a mí!...*

La voz calló, y otra de mujer, tímida y afectuosamente:

—¿Por qué no viene usted a vernos más a menudo, Paul Fedorovitch? ¿Por qué nos olvida usted de ese modo?

—Por nada —respondió el hombre con cierta afabilidad no exenta de altanería.

Evidentemente, el hombre dominaba a la mujer, y ésta *trataba de apaciguarlo.*

—Es Smerdiakof —pensó Aliosha—. La joven debe ser hija del dueño de la casa.

—Adoro la poesía cuando está bien recitada —repuso la mujer—. Continúe usted, se lo suplico.

La voz del hombre prosiguió:

> *La corona del zar...*
> *con tal que mi amada disfrute.*
> *¡Que Dios nos proteja*
> *a ella y a mí!*
> *¡A ella y a mí!...*
> *¡A ella y a mí!...*

—El otro día era más bonito —dijo ella—. Después de la corona, dijo usted: "Con tal que mi dulce amada disfrute..." Era más afectuoso...

—¡La poesía!... ¡Bah! ¡Qué sandez! —interrumpió Smerdiakof.

—¡Oh, no; a mí me gustan mucho los versos!

—¿Los versos?... Puras tonterías, repito. Júzguelo usted misma. ¿Se habla alguna vez en verso? Si hablásemos de ese modo, aunque lo ordenase la autoridad, ¿podríamos hacerlo durante largo tiempo? Créame usted, María Kondratievna, eso no es cosa seria: es obra de cerebros perturbados.

—¡Qué inteligente es usted!... ¿Dónde ha aprendido tanto? —repuso la mujer, con voz cada vez más afectuosa.

—Todavía sabría más a no ser la desventura que me acompaña desde que nací... Mas, ¡qué quiere usted! ¡Soy hijo de una *hedionda*, y no tengo padre conocido! En Moscú me lo han echado en cara con irritante frecuencia, pues Grigori se lo contó a todo el mundo. Aquí mismo, en el mercado, corre eso de boca en boca, a cada instante, y su propia madre, con la falta de delicadeza que la caracteriza, repite en todos los tonos que mi madre llevaba los cabellos llenos de fango; que era alta como un *archine*, y otras lindezas por el estilo. No es en vano que yo odio a todos; porque ha de saber usted, María, que yo odio a la Rusia entera.

—¡Bah! Si fuese usted militar, no hablaría así; sacaría usted su espada e iría a defender la patria.

—No sólo no quiero ser soldado, María, sino que desearía que no existiese ninguno.

—Y si viene el invasor, ¿quién nos defendería?

—¿Qué invasor?

—Cualquier enemigo.

—¿Y qué? Si en 1812, cuando la invasión napoleónica, hubiésemos sido conquistados, nos habrían hecho un gran bien. Después de todo, no habría pasado otra cosa sino que una nación civilizada se habría anexado otra nación medio salvaje, y por tanto, estaríamos mucho mejor.

—Pues aunque ellos sean mejores que nosotros, yo, por mi parte, no cambiaría uno de nuestros hombres por tres *gentlemen* ingleses —dijo dulcemente María Kondratievna, acompañando, probablemente, sus palabras, con una mirada lánguida.

—Cada uno tiene sus gustos. Mas respecto a la corrupción de unos y otros, viene a ser una misma cosa. Todos son unos bribones. No obstante, hay una diferencia, y es que la corrupción, en los otros países, va con zapatos de charol, y aquí va a pie descalzo, y se encuentra tan ricamente. El pueblo ruso necesita tener el látigo a la vista, como dice Fedor Pavlovitch, aunque está loco, como igualmente sus hijos.

—Pero, ¿no ha dicho usted que estima a Iván Fedorovitch?

—¿Yo?... ¡Iván me llama lacayo hediondo!... ¡Ah! ¡Si yo tuviese dinero ya habría tomado las de Villadiego hace mucho tiempo! Dimitri Fedorovitch, por su conducta y su inteligencia, es el peor de todos, incapaz de hacer nada bueno, y, sin embargo, todos le admiran... ¿Y puede, acaso, ponerse a mi lado ese hombre? ¿No tengo yo mucho más talento que él?... ¡Y el dinero que ha derrochado el buen señor!

Smerdiakof pulsó de nuevo la guitarra y cantó la última estrofa:

A pesar de mis esfuerzos
procuraré alejarme
para gozar libremente
viviendo en la capital.
¡Y no me lamentaré,
no me quejaré de nada,
no; no tengo intención
de lamentarme!

Entonces ocurrió un incidente imprevisto: Aliosha estornudó. Los que estaban sentados en el banco miraron sorprendidos, y vieron a Aliosha que se aproximaba a ellos.

Era, efectivamente, Smerdiakof, el que allí estaba. Iba vestido de *gentleman,* lleno de pomada, rizado el cabello, y con zapatos de charol. En sus manos sostenía el musical instrumento.

La señorita llevaba un traje azul claro, bastante deteriorado; era joven y no mal parecida, si bien se observaban en su rostro algunas pecas.

—¿Tardará mucho en llegar mi hermano Dimitri? —preguntó Aliosha con el tono más natural del mundo.

—¿Cómo quiere usted que yo lo sepa? ¿Piensa usted que soy su guardia de vista? —respondió Smerdiakof, tranquilo, con voz un tanto desdeñosa.

—Creía que pudiera usted saberlo.

—¡No sé nada, ni ganas!

—Sin embargo, mi hermano me ha dicho que usted le tiene al corriente de todo lo que ocurre en casa de mi padre, y que ha prometido usted advertirle si acaso entrase allí Grushenka.

Un relámpago brilló en los ojos de Smerdiakof.

—Y, ¿cómo ha entrado usted aquí? —preguntó, mirando fijamente a Aliosha—. Hace ya una hora que la puerta está cerrada con cadena.

—He saltado la cerca... Perdóneme usted —respondió Aliosha, dirigiéndose a María—. Tenía necesidad de ver a mi hermano cuanto antes.

—¡Oh, no se moleste por ello el señor! —dijo María, graciosamente—. Su hermano suele entrar, a menudo, en la misma forma.

—Deseo verlo. ¿Pueden ustedes decirme dónde podría encontrarlo?

—No dice nunca dónde va.

—¡Está visto que no han de dejarme tranquilo! —repuso, con disgusto, Smerdiakof—. ¡Vengo a hacer una visita, y hasta aquí han de venir a preguntarme por Dimitri! ¡Siempre igual! ¿Qué ocurre? ¿Qué pasa? ¿Quién llega? ¿Quién se va?... El mismo Dimitri me ha amenazado de muerte dos veces.

—¿Eh?

—¡Qué! ¿Se extraña usted? ¿Cree usted que tendría eso algo de particular con el carácter que tiene el caballero? ¡Digo, usted mismo habrá podido apreciarlo ayer!... "¡Si dejas entrar a Grushenka sin advertírmelo —me dijo—, si pasa la noche en casa de mi padre, te degüello!" Temo mucho a ese hombre... ¡Qué quiere usted!... ¡Si no fuera por ese temor...!

—Ayer le dijo: "Te he de hacer picadillo para albóndigas" —añadió María.

—Eso no pasa de ser una broma —repuso Aliosha—. Si pudiera yo verlo, hablaría con él de esto, sin embargo.

—Todo lo que puedo decirle —exclamó con brusquedad Smerdiakof—, es lo siguiente: Esta mañana, Iván me mandó a casa de Dimitri para que le dijese de su parte que le suplicaba fuese a almorzar con él en la fonda que está en la plaza. Fui, en efecto, pero no encontré a Dimitri en su domicilio. Eran ya las ocho. "Ha venido —me dijo el propietario de la casa—, pero ha vuelto a marcharse..." ¡Parece que estuviese conspirando!... Probablemente estarán los dos en la citada fonda, porque Iván no ha ido a almorzar a casa. Ruego a usted respetuosamente que no les hable de mí, sobre todo a Dimitri, respecto a lo que de él acabo de contar a usted, porque sería muy capaz de asesinarme.

—¿Dice usted que Iván lo ha citado en una fonda?

—Sí.

—Creo que se llama *Restaurant de la Capital,* ¿no es eso?

—Precisamente.

—Voy a ver si los encuentro —repuso Aliosha—. Gracias, Smerdiakof; voy en seguida allá.

—¡No me descubra usted!...

—No, no; entraré como casualmente; nada tema.

—Pero, ¿hacia dónde va usted? —dijo María—. Yo le abriré la puerta...

—No, no; se gana más tiempo saliendo por la cerca.

La noticia causó a Aliosha cierta emoción, y corrió hacia el mencionado *restaurant.* No obstante, dado su carácter y representación, no le era posible entrar en aquel lugar que de *restaurant* sólo tenía el nombre, pues se trataba, sencillamente, de una taberna algo más elegante que las otras.

Felizmente, Iván lo vio desde una ventana, y le gritó:

—¡Aliosha! ¡Aliosha! ¡Ven, te lo ruego!

—Pero... ¿con este hábito?...

—Estoy en un reservado. Sube por la escalera del jardinillo; salgo a tu encuentro.

Un momento después, se sentaba Aliosha frente a su hermano. Iván almorzaba solo.

Capítulo III

El cuarto reservado que había dicho Iván, consistía en que su mesa estaba separada de las otras, y cubierto aquel espacio con un biombo o *auparaveut* que le defendía contra las miradas de los demás concurrentes.

Aliosha sabía que a Iván no le gustaban aquella clase de establecimientos, y dedujo que, efectivamente, la cita debía existir. Sin embargo, Dimitri no estaba.

—Mandaré que te sirvan *houka* o cualquier otra cosa... —dijo Iván—. Supongo que no vives de té solamente.

—Sea como gustes —replicó Aliosha, jovial—. Tengo hambre.

—Y pasteles y cerezas... ¿Te acuerdas cuánto te gustaban en casa de Polienof?

—¡Ah, sí!... Tienes buena memoria... Sí, sí: todavía me gustan.

Iván llamó, y ordenó la *houka*, el té, pasteles y cerezas.

—Me acuerdo de todo, Aliosha; tú tenías once años, y yo quince. Cuatro años, en aquella edad, constituyen una diferencia que no permite la intimidad... Hasta no sé si te estimaba. Cuando me fui a Moscú, al principio, ni pensaba en ti; después fuiste tú también a la capital, y sólo nos vimos una vez. Ahora, ya hace cuatro meses que estoy aquí, y todavía no hemos hecho otra cosa que cruzar unas cuantas palabras... Y ya ves, mañana me voy... por eso, cuando te he visto, he sentido verdadera alegría; te aseguro que pensaba en ti; parece que alguien te haya enviado...

—¿Tenías muchos deseos de verme?

—¡Muchos!... ¡Quisiera conocerte a fondo, y que me conocieras tú a mí, antes de que nos separemos!... Según mi opinión, es mejor llegar a conocerse en el momento de dejarse. Estos tres meses estuve notando cómo me observabas. Leía en tus ojos una constante expectativa... Esto me disgustaba, y era, precisamente, lo que hacía que me alejara de ti... Pero he llegado a estimarte luego. "Es un muchacho de voluntad", pensaba yo. "Ríe, pero habla seriamente". ¿No es cierto que eres voluntarioso? Eso me place. Me gustan los hombres así, cualquiera que sea el objeto que se proponen. También me parece que, no sé por qué razón, sientes tú algún afecto por mí.

—Sí, Iván, yo te quiero. Dimitri dice: "Iván es una tumba". Y lo digo: Iván es un enigma. En efecto, todavía, ahora, eres un enigma para mí, y no obstante, creo haber empezado a leer en ti algo, hoy, esta mañana.

—¿Qué has leído? —preguntó Iván riendo.

—¡Oh, nada, en total!

—¡Habla!

—¡Bah! He visto que, al fin y al cabo, eres... un muchacho como todos los jóvenes de veintitrés años.

—Es verdad. ¿Creerás que después de nuestro encuentro en *su* casa, no he hecho sino pensar en esa extraña juventud, en mis veintitrés años?... ¡Y he aquí que vienes tú también a hablarme de ello!... Mientras estaba aquí, solo, pensaba: ¡Si no tuviese fe en la vida, si me hallase desesperado por la traición de una mujer, si estuviese convencido de que todo es desorden, de que estamos en un caos infernal... en fin, aunque me acosase el horror de todas las desilusiones humanas, no me suicidaría, querría vivir igualmente! He acercado a mis labios la copa encantada y no la abandonaré hasta ver lo que hay en el fondo. Sin embargo, cuando llegue a los treinta años, es posible que la arroje, sin haberla apurado, e iré... no sé dónde. Hasta llegar a esa edad, estoy seguro, mi juventud triunfará de todo, de cada desilusión, de cada disgusto. Más de una vez me he preguntado si habrá en el mundo dolor capaz de vencer en mí esta sed infinita, sed de vida, tal vez indecorosa, y me respondo que no; no creo que exista ese dolor para mí; al menos no lo conoceré antes de los treinta años. Esta sed de vivir, los moralistas, especialmente en verso, gente tuberculosa, enfermiza, declaran que es una cosa vil. Cierto que dicha sed es la característica de los Karamazov: vivir a toda costa. También a ti te aqueja. Mas, ¿qué hay de vil en ello? Todavía hay mucha fuerza centrípeta en nuestro planeta. Aliosha. ¡Vivir!... Se desea vivir, yo quiero vivir, a despecho de toda lógica. ¿Qué importa que yo crea o no en el orden establecido de las cosas? Amo las flores de la naciente primavera, amo a algunas personas, y, sin embargo, no sé siempre el porqué. Admiro ciertos actos heroicos, tal vez por costumbre... ¡Aquí está la *houka,* come! ¡En esta casa la hacen muy bien!... Yo me voy al centro de Europa. ¡Oh, sé bien que voy a visitar un cementerio... el más precioso, no obstante, de los cementerios! Él contiene los restos de grandes muertos. Cada piedra cuenta la historia de una vida ardiente, atestigua la profunda fe de un héroe... ¡Oh, quiero besar aquellas piedras, y llorar sobre ellas, convencido, repito, de que todo eso no deja de ser un cementerio!... Y no lloraré de desesperación, sino de felicidad... Amo las flores de la primavera, vuelvo a decir, y el cielo azul... ¡Qué laberinto! Es el corazón lo que ama, es el vientre; es la propia juventud lo que se ama. ¿Comprendes algo de este enredo, Aliosha?

—Comprendo bien, Iván. Se querría vivir para el corazón y para el vientre; dices bien, y yo me alegro de ver en ti esa sed de vivir —respondió Aliosha—. Opino que debe amarse la vida antes que nada.

—¿Amar la vida antes que el sentido de vivir?

—Absolutamente. Amar antes de reflexionar, sin lógica, como parece has querido decir, y luego pensar en el sentido de la vida. Hace mucho tiempo que yo he pensado en ello. Tú has amado ya la vida; precisa, pues, que procures ahora comprenderla: ahí está la salvación.

—¡Ah, tú piensas ya en la salvación!... ¿Estoy, pues, a punto de perderme yo?... Y, ¿en qué consiste eso de *comprenderla?*

—¡Dame, dame un poco de té!... Me gusta mucho hablar contigo, Iván.

—Sí, veo que estás excitado. Me gusta esa profesión de fe por parte de un novicio. Sí, eres un muchacho de gran voluntad... ¿Es cierto que quieres abandonar el monasterio?

—Sí; el padre Zossima me lo aconseja.

—Entonces nos veremos otra vez antes de mis treinta años, cuando empiece a apartar la copa de mis labios... Nuestro padre no quiere arrojarla antes de los setenta, o acaso de los ochenta... Lo ha dicho seriamente, a pesar de sus bufonadas. Éste sí que está agarrado a la sensualidad... Es verdad que, después de los treinta años, acaso sepa yo que no existe otra cosa en el mundo; mas, no obstante, opino que es una vileza aferrarse hasta edad tan avanzada... Vale más detenerse a los treinta... ¿No has visto a Dimitri?

—No; ha sido Smerdiakof quien me ha dicho que podría hallar a ustedes aquí.

Iván se quedó pensativo.

—Me ha rogado que no dijera a Dimitri que he hablado con él.

Iván frunció el ceño.

—¿Qué te pasa? —preguntó Aliosha.

—Quería ver a Dimitri, pero... ¡bah, qué diablo, ya es demasiado tarde!...

—¿Te vas tan pronto?

—Sí.

—Y Dimitri... ¿Cómo acabará todo esto, hermano mío?...

—¡Poco me importa! ¡No me han encargado que cuide a Dimitri! —respondió Iván, algo irritado.

En seguida sonrió amargamente.

—Esa es la respuesta de Caín, ¿verdad? Pero, chico, yo no puedo permanecer aquí para vigilarlo. Mis asuntos me llaman a otra parte, y me voy. ¿Creías tú, como los demás, que tuviese yo celos de él y que pretendía robarle la novia? No, Aliosha; mis asuntos eran particularísimos... Ya lo has visto tú mismo esta mañana.

—¿En casa de Katerina?

—Sin duda. Lo he terminado todo de un solo golpe. Eso no le interesa a Dimitri, él no entra en ello. Yo tenía, repito mis particulares asuntos con Katerina... Tú sabes perfectamente que Dimitri se ha comportado como si hubiese estado puesto de acuerdo conmigo. Sin embargo, yo nada le he pedido; fue él quien me la transmitió solemnemente... ¡Es cosa de reírse!... ¡Oh, Aliosha, si supieses cuán contento me hallo en este momento! Estoy por pedir una botella de *champagne* para festejar mi primera hora de libertad!... ¡Seis meses de esclavitud! ¡Pero me he desquitado bien! ¡No me habría imaginado nunca que me hubiese costado tan poco!

—¿Y no hablas de tu amor, Iván?

—Si así te place, lo haré. Me enamoré de una colegiala, y hemos sufrido los dos por culpa nuestra; pero ya ha terminado todo eso. ¿Te acuerdas de mi enojo, ayer? Pues cuando salí me eché a reír estrepitosamente. ¿Lo crees? Te aseguro que fue tal como te lo digo.

—Pues ahora me parece que no estás muy alegre —observó Aliosha, examinando atentamente el rostro de su hermano.

—A decir verdad, yo creo que no la amaba, realmente. Me gustaba mucho, eso sí... Y me gusta todavía; pero partí sin encono, sin enfado... ¿Piensas, acaso, que me las doy de jactancioso?

—No; tal vez no era amor lo que sentías.

—Aliosha —dijo Iván, riendo—, no razones acerca del amor, no analices; es cosa que no te conviene... ¡Ah, chico!... ¡Y tú, con qué calor hablas!... Me he olvidado de abrazarte por ello... "Es a Iván y no a Dimitri a quien ama usted", dijiste una gran verdad. Solamente que habrán de transcurrir quince o veinte años antes de que ella llegue a comprender que es a mí a quien ama; a mí, a quien tanto ha hecho sufrir. Acaso no alcance a comprenderlo nunca, a pesar de la lección de ayer... Mejor sería, pues yo parto para no verla más... Y a propósito, ¿cómo se encuentra? ¿Qué sucedió después de mi partida?

Aliosha le refirió la crisis sufrida por Katerina, y añadió que todavía deliraba.

—¿No miente aquella Koklakof?

—Creo que no.

—Entérate bien de su estado. Por supuesto que nadie se ha muerto de un ataque de nervios... Yo no iré más a su casa.

—Tú le dijiste que nunca te había amado.

—Lo hice adrede... Aliosha, voy a pedir el champaña... ¡Brindemos por mi libertad! ¿No?... ¡Si supieras qué contento estoy!

—No, Iván, no bebamos. Yo, por mi parte, estoy triste.

—Sí, ya hace tiempo que lo he notado.

—¿Y partes definitivamente mañana temprano?

—Mañana, sí; pero no he dicho temprano. Mas, quién sabe; tal vez lo haga así. Hoy he venido a almorzar aquí para evitar la presencia del viejo; no puedo soportarle... Pero veo que te alarmas pensando en mi partida. ¿Por qué?... ¡Bah! Tenemos todavía mucho tiempo por delante... ¡Toda una eternidad!

—¿Cómo es eso, si te vas mañana?

—No importa; nos queda tiempo para decirnos todo aquello que nos interesa. ¿Por qué me miras con estupor? ¿No nos hemos encontrado aquí para hablar de Katerina, del viejo, de Europa, de la fatal situación de Rusia, del emperador Napoleón...? ¿No ha sido para eso?

—¡No!

—Entonces... ¿Sabes tú para lo que ha sido?... ¡Ah, sí; para tratar de nuestros asuntos, de los asuntos de familia!... Eso suelen hacer casi todos los jóvenes de Rusia, mientras los viejos se ocupan de cosas prácticas... ¿Por qué, Aliosha, me examinabas con tanta atención durante los tres últimos meses? ¿Querías saber si creo o no creo? Eso es lo que preguntaban tus ojos, ¿verdad?

—Sea así —respondió Aliosha, sonriendo—, pero en este momento, se me antoja que te burlas de mí.

—¿Yo?... ¡Por nada del mundo! Aliosha, aparte de que eres un novicio, somos los dos unos muchachos... Bueno; hagamos lo que hacen muchos jovenzuelos rusos. ¿Sabes lo que hacen?... Pues se van a un bodegón como éste, y se sientan en un ángulo allí cada cual encuentra frente a él a otra persona a la que jamás había visto hasta entonces, y, sin embargo, ya no volverán a olvidarse uno de otro en toda su vida. ¿De qué hablaron?... Pues... de ideas generales: de si Dios existe, si el alma es inmortal, y, los que no creen en Dios, de socialismo, de anarquía, de renovación del orden social, que viene a ser lo mismo, considerado bajo otro punto de vista... Cuántos jóvenes rusos pasan el tiempo agitando estas graves cuestiones, ¿verdad?

—Sí, para los verdaderos rusos, estos temas, es cierto, son las más palpitantes —dijo Aliosha, con sonrisa dulce y penetrante—, y yo encuentro que hacen muy bien.

—Pero, Aliosha, el ser ruso no significa ser siempre inteligente. No hay nada más tonto que ese coloquio eterno... Y, sin embargo, hay un jovenzuelo ruso a quien yo quiero mucho... Bueno, vamos a ver; dime tú mismo por dónde se debe empezar. ¿Existe Dios? ¿Por ahí?...

—Como quieras. Si gustas puedes hacerlo por el lado opuesto. Ya proclamaste ayer que Dios no existe.

—¡Quería hacerte rabiar!... ¡Cómo relampagueaban tus ojos!... Pero hoy quiero hablarte de eso seriamente. Quiero ser amigo tuyo, Aliosha, porque no tengo amigos, y quiero tenerlos. Figúrate, pues, que admito la existencia de Dios —dijo Iván, riendo—. Es algo inesperado, ¿Verdad?

—Cierto; pero, ¿no bromeas?

—No, fue ayer, en la celda del padre Zossima, cuando pude reprocharme el haber bromeado. Escucha, mi querido Aliosha: en el siglo dieciocho, hubo un anciano que dijo: "Si Dios no existe, precisaría inventarlo". En efecto, es el hombre quien ha inventado a Dios. En esto no hay nada sorprendente. Lo sorprendente es que esta idea de la necesidad de un Dios haya podido penetrar en la mente de un animal tan feroz y salvaje como el hombre, ya que la idea es grande, conmovedora, sabia y generosa. En cuanto a mí, he decidido, desde hace mucho tiempo, no indagar más si es Dios quien ha creado al hombre o el hombre a Dios. No quiero hablar de los axiomas que, con las hipótesis europeas, han forjado los rusos. Lo que allá es sólo una hipótesis, pasa por axioma entre nosotros, y no sólo para los jóvenes, sino para los profesores. Dejemos, pues, de lado ese asunto; voy a explicarte, a la ligera, la esencia de mi pensamiento, la clase de hombre que soy yo. Empiezo por declarar que admito la existencia de Dios, como antes dije. Pero observa bien que, si Dios existe, si Él ha creado la Tierra, lo ha hecho, ciertamente siguiendo la teoría de Euclides. Según ésa, dos líneas paralelas no pueden, jamás, llegar a encontrarse en la Tierra; es posible que lleguen a hacerlo en un punto del infinito, pero como yo no puedo comprender eso, estoy decidido a no interrogarme más acerca de la existencia o negación de Dios, ya que no sé cómo debo imaginármelo. Confieso modestamente que no me creo capaz de resolver esta cuestión. Yo tengo la mente de Euclides, esto es: ideas terrenales. ¿Por qué empeñarse en buscar lo que no pertenece a este mundo? Me atrevo a aconsejarte, Aliosha, que no te hagas nunca la pregunta de si existe Dios. Es una cuestión vana para un cerebro que lleva en sí la concepción de las tres dimensiones... Bueno; digo, pues, que *admito* la existencia de Dios, no sólo su voluntad, sino también su sabiduría, el propósito misterioso, el orden, el sentido de la vida; creo en la armonía eterna en la que, por decirlo así, nos fundiremos todos un día: creo en la Palabra divina que es ley del Universo, y que sea Ella Dios mismo... Ya ves que estoy en el buen camino, ¿eh? Pero, ahora, imagínate que ese universo de Dios, en sus resultados definitivos, no lo admito. Sé que Él existe, y, sin embargo, no lo admito... Entiéndeme bien: no es a Dios a quien no admito, ya que esto se contradeciría con mi primera afirmación, sino el mundo que Él ha creado. Estoy plenamente convencido de que desaparecerán los sufrimientos; que la comedia dolorosa de las contradicciones humanas se desvanecerá como débil humareda, como invención vil de una mente enferma, pequeña, como un atómo del espíritu de Euclides; de que en el final del mundo, en el momento en que se revele la armonía eterna, se producirá algo extraordinario, excesivamente bello, precioso, que hará que todos los corazones se llenen de gozo, se cancelarán todos los delitos; esto bastará para justificar cuanto pudo ocurrir en la Tierra... ¡Sea! ¡Sea así! Todo eso sucederá... mas, sin embargo, yo no lo admito, no quiero admitirlo. Que se encuentren las líneas paralelas, que yo las vea con mis propios ojos, y que me halle obligado a exclamar: ¡Se han encontrado!... Perfectamente; sin embargo, vuelvo a repetir, yo no quiero admitirlo. He aquí mi tesis, Aliosha; te hablo seriamente. Era esto lo que deseabas, ¿no es cierto? La cuestión de la existencia de Dios, no te interesaba; tú querías saber solamente la vida espiritual de tu hermano, ¿no es así?... Pues ya la sabes.

Iván pronunció estas últimas palabras con patético tono.

—No obstante, empezaste bromeando —apuntó Aliosha— ¿Por qué lo hiciste?

—Ante todo por ser ruso —contestó Iván—. Las conversaciones rusas sobre este tema, deben comenzar de ese modo, ya que, cuanto más ligeramente se habla, aturdidamente, si quieres, más verdades se dicen. Es el lenguaje más sincero, porque no recurre al sofisma astuto y bien vestido. La seriedad es muchas veces una gran bribona, mientras que la broma suele ser siempre honesta... Mi profesión de fe te explicará la desesperación que llevo dentro del alma.

—¿Quieres decirme, Iván, por qué no admites el universo tal como es?

—Sí; ya que he empezado, estoy dispuesto a concluir, y te aseguro hermano mío —dijo Iván, sonriendo ingenuamente— que lejos de pretender pervertir tu alma con mis ideas, desearía curar la mía con tu solo contacto.

Capítulo IV

—Debo hacerte una confesión —prosiguió Iván—, y es que no he podido nunca comprender cómo puede amarse al prójimo. Según mi opinión, es precisamente el prójimo lo que no se puede amar; y al decir prójimo, me refiero al que está cerca de nosotros, al que vemos y tocamos, al próximo, en fin. ¡Cuando está lejos, párese!... Se puede amar desde lejos a un semejante, pero de cerca, no. He leído en un libro, a propósito de un santo... "Juan el Misericordioso", un santo, repito, al que un día visitó en su casa un hombre muerto de hambre, y le pidió permiso para calentárse; el santo lo llevó a su lecho, se acostó con él, lo tomó en sus brazos y se puso a expeler su aliento en la boca maloliente del desgraciado que padecía una terrible enfermedad de estómago. Estoy seguro de que Juan hizo aquello esforzándose, como imponiéndose a sí mismo aquel sacrificio. ¡Amar!... ¡Se puede amar al hombre invisible, repito; mas apenas aparece éste, desaparece el amor!

—El padre Zossima me hablaba con frecuencia de eso —observó Aliosha—. Y añadía que el rostro del hombre apaga a menudo el amor de muchos corazones. Sin embargo, yo sé, Iván, que existe en la humanidad un amor generoso; aquel que Cristo practicó.

—Pues yo, querido mío, no alcanzo a comprenderlo. La cuestión estriba en saber si son los sentimientos adquiridos en el medio en que vivimos los que hacen desaparecer el amor al prójimo, o bien si es ello cosa inherente a la especie humana. Según mi opinión, el amor de Cristo por los hombres es una especie de maravilla imposible sobre la Tierra. Hay que tener en cuenta que él era Dios; pero nosotros, amigo, no somos dioses. Supongamos, por ejemplo, que yo pueda sufrir profundamente; otro ser no puede saber el grado de sufrimiento al que yo puedo llegar, puesto que él es un hombre como yo. Y después, es raro que entre *vecinos* se consienta en creer en el sufrimiento de los demás, como si el sufrimiento fuese una dignidad... Además, hay muchas maneras de sufrir. Si yo tengo hambre, es posible que mi bienhechor se acerque amoroso a darme un pedazo de pan, reconociendo que sufro; pero si mi dolencia es del espíritu, si mis ideas son contrarias a las suyas, lejos de compadecerme, es posible que se alegre de verme sufrir, o por lo menos cesará de tener piedad de mí, y, lo que es más curioso, acaso lo haga sin mala intención... Algunos pordioseros no deberían pedir limosna personalmente: se hacen daño con ello. Se puede amar al prójimo, insisto, con la mente, desde lejos; de cerca no. Si al menos sucediera todo esto como en el escenario de un teatro, donde los pobres piden bailando graciosamente, se les podría soportar aunque no se les amara. En fin, basta ya de esto; quizá te estoy molestando.

—De ningún modo.

—Quería solamente presentarte mi punto de vista. Podría hablarte de los sufrimientos de los niños. Ante todo, diré que a los niños se les puede amar de cerca, aunque sean sucios, aunque sean feos... y yo creo que los niños no son nunca feos. Los hombres han comido la fruta del bien y del mal, y, siguen comiéndola... Los niños, por el contrario, son inocentes. ¿Amas tú a los niños, Aliosha?... Sí, sé que los amas, y que comprendes por qué quiero hablar de ellos solamente. También ellos sufren, por culpa de sus padres que comieron la consabida fruta... Pero, ¡qué incomprensible es todo esto! ¿Por qué sufre la inocencia? Repara que hasta los hombres crueles, sensuales, voraces, hasta los Karamazov aman a los niños, y muchas veces con locura. Esos tiernos seres no tienen nada de lo que caracteriza al hombre. Parece como si pertenecieran a otra especie. He conocido un bribón que, durante su *carrera,* llegó a cometer la infamia de asesinar algunos niños, y, sin embargo, estando en presidio, demostró que los estimaba... ¿Sabes por qué te digo todo esto?... ¡Oh, Aliosha, me duele mucho la cabeza, y me siento triste!...

—Tienes una fisonomía singular ahora. Se diría que estás trastornado...

—¡A propósito! Hace tiempo, en Moscú, un búlgaro me contaba que los turcos en Bulgaria violan a las mujeres y escarnecen a los niños —prosiguió Iván, como si no hubiese oído a su hermano—. Entre las mil barbaridades que con ellos cometen, suelen, muchas veces, clavarles por las orejas en una puerta, y allí los dejan hasta el siguiente día, en que los mutilan bárbaramente. Con frecuencia se habla de la crueldad del hombre y se acostumbra a compararle con las fieras. Esto es injusto, al decir tal cosa se ofende a las últimas. Las fieras no poseen la artística crueldad de los hombres. Imagínate un niño de pecho apoyado en el regazo de su madre; alrededor de ellos los turcos; éstos se acercan, acarician al pequeñín y tratan de hacerle reír; el tierno infante los mira y en su carita sonrosada se dibujan dos hoyuelos preciosos: ya ríe, agitando sus manitas. En aquel momento, uno de los hombres saca una pistola y apunta con ella al niño; éste ríe con más fuerza y trata de tomar el arma; de pronto, el *artista* dispara y hace volar los sesos del angelito... Es una cosa realmente bella, ¿verdad?, aseguran que los turcos adoran esta clase de diversiones...

—¿Por qué me cuentas todo eso, Iván?

—Pienso que el hombre ha creado al diablo a imagen suya.

—¿Y a Dios, también, entonces?

—Veo, Aliosha, que, como dice Polonio en el *Hamlet* sabes colocar tus expresiones, a tiempo. ¡Sea!... ¡Me place en verdad! ¡Mas, debo añadir que si el hombre ha creado a Dios a imagen suya también, bonito debe ser ese Dios! ¿Me preguntabas antes por qué digo todo esto? Te diré: yo soy muy aficionado a las estadísticas; me gusta reunir datos de todo, y te aseguro que tengo una buena colección de ellos. Pues bien, *las diversiones turcas,* no se practican en Europa... En ésta ocurre algo muy distinto. ¡Fíjate y juzgarás tú mismo!... En Ginebra existió un cierto Richard, un asesino; lo hicieron prisionero, lo juzgaron y lo condenaron a muerte. Este mozo, era hijo natural de unos sujetos que, para evitarse quebraderos de cabeza, lo entregaron a unos pastores, y el chico creció como las bestias, sin aprender a hacer nada. Iba medio desnudo, y eran muchos los días en que no probaba bocado. Se hizo hombre, creyó que tenía derecho a vivir, y robó; después mató a un viejo para desvalijarlo.

Por esto fue condenado a muerte. En seguida, estando ya preso, fueron a visitarle los curas y las damas de las sociedades de beneficencia. Estos seres caritativos le enseñaron a leer y a escribir en poco tiempo, mientras se tramitaba la causa; le explicaron el Evangelio, y, finalmente, así como antes negaba siempre, ahora concluyó por confesar solemnemente su delito. Entonces escribió al juez diciéndole que era un monstruo, y que Dios le había, por fin, iluminado. Todo Ginebra se conmovió; los miembros de las sociedades piadosas corrieron a abrazarle a la prisión. "Hermano querido", le decían, "la luz divina te ha sido revelada". Richard lloraba emocionado. "Sí", respondía, "la verdad ha penetrado en mi alma; mi juventud ha sido una continua ofensa a Dios; pero moriré en el seno del Señor. Él ha querido concederme su divina gracia". Llega el día fatal, Richard comienza a llorar, y exclama: "He aquí el día más hermoso de mi vida. Voy al cielo, junto al trono del Omnipotente". "Sí", responden los clérigos, los jueces y las damas piadosas, "este es el día más bello de tu vida, puesto que volarás al lado del Señor". Lo conducen al lugar en que se alzaba el patíbulo y le dicen todavía: "Muere, hermano, muere en gracia de Dios..." Momentos después, la guillotina cercena la cabeza del delincuente... ¿Qué te parece? Es una historia bastante curiosa. La he leído en un libro francés, y se ha traducido ya al ruso... Sí, sí, la envían gratis por todas partes, como suplemento de algunos periódicos. ¿Pero, a qué ir a buscar historias fuera de casa? También aquí las tenemos tan buenas o mejores. Nekrassof cuenta, en verso, que un mujik golpeó con la vara del látigo, en los ojos, a su caballo... Esto, sea dicho de paso, lo vemos todos con bastante frecuencia, es cosa rusa por excelencia, si así puede decirse. El poeta describe la escena minuciosamente: el pobre caballo va excesivamente cargado, no puede ya más; sus patas se hunden en el fango y el carro se atasca allí igualmente. El mujik, furioso, sin comprender lo que hace, golpea cruelmente a la bestia, gozando, sin embargo, al ver el daño que inflige al animal "¡Qué!... ¿No puedes?", grita, "ya verás cómo yo te hago poder..." y pretende que el caballo tire del carro a fuerza de maltratarle y por tanto *robarle* las escasas fuerzas que le quedan... Seguramente Dios ha dado el caballo al hombre para que éste ejercite en él el manejo del látigo... Es verdad que también hay personas que golpean a sus hijos con un recio bastón, y algunos hasta le añaden unas cuantas espinas o puntas de tachuelas para que el efecto sea más rápido y seguro. Hechos de éstos han trascendido al público, y han intervenido los tribunales, y, más aún, hasta ha habido abogados que defienden a esos padres cariñosos que, al fin y al cabo, hacen eso por el bien de sus hijos; y los tribunales los han absuelto porque... claro está, eran cuestiones puramente de familia. ¡Hermoso cuadro!... ¿Verdad, Aliosha?... Pues todavía queda otro mejor. Se trata de una muchachita de cinco años, a la cual han tomado antipatía sus padres... Esto lo habrás visto a menudo... La familia es una de esas "distinguidas": él es funcionario público, instruido y bien educado... El gusto de torturar a los niños se da también en la humanidad con bastante frecuencia. Tal vez sea un modo como otro cualquiera de amar a la infancia. Los niños son seres indefensos: he aquí lo que seduce a muchos. No tienen aquéllos a quien pedir auxilio, a quien llamar, y esto irrita la sangre de los malvados. En el fondo de cada hombre hay una bestia feroz; en unos un tigre, en otros una hiena... la fiera pide sangre, y el hombre se la da *artísticamente*... Quedamos, pues, en que la fiera es puramente fiera, fiera bruta; el hombre es más: es hombre y fiera al propio tiempo; es la crueldad y la ferocidad practicadas con exquisito refinamiento... Bueno; decía yo que los padres de aquella niña de cinco años infligieron a la pobrecita horribles torturas. El cuerpo de la criatura estaba lleno de señales. Durante las heladas de invierno, la dejaban encerrada en el retrete, so pretexto de que la nena no pedía con tiempo el hacer sus necesidades... Y la madre, ¡su propia madre!, dormía tranquilamente mientras la niña gritaba, muerta de frío... ¿Comprendes? ¿Te imaginas a este ser inocente que todavía no sabe pensar? ¿Lo ves mientras golpea con sus manecitas su pecho jadeante, llorando lágrimas de sangre, invocar a Dios pidiéndole socorro? ¿Comprendes a ese Dios, novicio y hermano mío? ¿Comprendes *el sentido* de todo eso? Dicen que ello es necesario para establecer en la mente del hombre la distinción del bien y del mal; pero, digo yo, ¿a qué viene esa diabólica distinción que tan cara cuesta? Toda la ciencia del mundo no vale las lágrimas de un niño. Repara que no hablo de los sufrimientos de los adultos, sino del sufrimiento de los niños. ¿Te molesto, Aliosha? Veo que experimentas cierto malestar. ¿Prefieres que me calle?

—No, quiero sufrir oyendo todo eso —murmuró Aliosha.

—Entonces te contaré otro hecho curioso, característico. Lo he leído en una de nuestras revistas históricas. Ocurrió en el momento más angustioso de nuestra esclavitud, aquel en que el pueblo empezaba a rebelarse... ¡Y viva el zar libertador!... Un general de grandes relaciones, rico, uno de esos individuos que se hallan convencidos de que tienen derechos de vida y muerte sobre sus subordinados, vivía, lleno de orgullo, en una de sus posesiones, tratando con altanería a sus vecinos menos afortunados que él. Tenía centinelas de guardia en varios puntos de su propiedad, y también en las perreras que mantenía. Un doméstico suyo hirió un día en una pata, de una pedrada, a uno de los perros favoritos del general. Éste hizo arrestar al culpable, y el chiquillo, pues era efectivamente un niño, pasó la noche en un calabozo del puesto de policía. A la mañana siguiente, el general montó a caballo y se dispuso para ir a cazar, rodeado de sus guardias, a caballo como él. Hizo llamar a toda su servidumbre, "para dar un ejemplo", y la madre del muchacho castigado compareció también, llevando a su hijo de la mano, por orden del general. La mañana era fría y brumosa. El general ordenó que desnudasen completamente al chiquillo. Éste lloraba aterrorizado. "Hacedlo correr", dijo el general. "Corre, niño, corre", gritaron los guardias. El muchacho empezó a correr, temblando de miedo. Entonces, el general dio la voz de: "¡Adelante!", y se lanzó en seguimiento del chico, seguido de toda la jauría... Resumen: el muchacho murió despedazado por los perros, a la vista de su madre... El general ha sido llamado a comparecer ante un consejo de guerra... ¿Debe fusilársele?... ¡Habla, Aliosha!

—Sí —respondió Aliosha, pálido, sonriendo nerviosamente.

—¡Bravo!... Si tú lo dices, es que... ¡ah, diantre!... ¡Miren el asceta! ¡He aquí que tú también llevas el diablo en el cuerpo, Alexey Karamazov!

—He dicho una ligereza, pero...

—Sí, sí; *pero*... Has de saber, novicio, que las ligerezas son esenciales al mundo: que es sobre ellas donde aquél se funda; que nada hay posible sin ellas... Nosotros sabemos lo que sabemos.

—¿Qué sabes tú?

—¿Yo?... Si he de decir verdad, no quiero saber nada por el momento. Me limito a los hechos; he renunciado a comprender...

—¿Y por qué me sometes a esta prueba? ¿Quieres decírmelo de una vez?

—Sí; lo hago porque te amo, y porque no quiero abandonarte a la influencia del padre Zossima.

Iván se recostó en el asiento, y su rostro se oscureció.

—Escucha, Aliosha —añadió luego—. He escogido estos ejemplos que se refieren a niños, para ser más claro. Los hombres son culpables. Se les dio un paraíso y prefirieron las iras del Cielo: no merecen, pues, ninguna piedad. Deben ser castigados aquí mismo, en este mundo, a la vista de todos. Yo no quiero servir de abono a la tierra para mejorar las cosechas futuras: quiero ver con mis propios ojos a la gacela dormir tranquila y confiada junto al león; quiero ver a la víctima abrazar a su atormentador. Sobre este deseo se han fundado todas las religiones. Pero... ¿y los niños? ¿Qué hacer de ellos? ¡Cuestión insoluble! Si todos deben sufrir para coadyuvar con sus sufrimientos a la armonía eterna, ¿qué razón hay para que sufran los niños? Comprendo la mancomunidad del pecado y el castigo entre los hombres; pero aquélla no existe entre los niños inocentes. Y respecto a la del pecado original, como no pertenece a este mundo, me niego a comprenderla. "Los niños crecerán —dirá cualquier burlón malvado—, y tendrán tiempo de pecar". Está bien, diré yo; que sufran entonces, pero antes... antes, no... Ya ves, Aliosha, que no digo blasfemias. Comprendo el supremo goce del universo cuando el Cielo y la Tierra lleguen a fundirse en una sola idea gloriosa, y cuando cuanto vive y ha vivido lance al unísono el grito de: "¡Señor, tu verdad nos ha sido por fin revelada!"; cuando el verdugo, la madre y el niño sacrificado se abracen, repitiendo: "Señor, tienes razón..." Entonces todo se habrá cumplido y explicado perfectamente. Pero es precisamente contra ese hecho cumplido contra el cual me rebelo yo, y tomo mis medidas a ese respecto, mientras estoy en la Tierra. Cuando llegue ese momento, Aliosha, es posible que, viendo abrazarse la víctima con su verdugo, exclame yo también: "¡Señor, tienes razón: benditos sean tus divinos designios!"; pero será contra mi voluntad. Lo declaro mientras me queda tiempo de hacerlo: me niego a aceptar esa armonía universal; sostengo que ella no vale una sola lágrima de un niño inocente, puesto que esa lágrima no habrá sido nunca rescatada, y no pudiendo ser cancelada en este mundo, ese solo hecho destruye dicha armonía. Porque, ¿cómo rescatarla? ¿Cómo deshacer lo hecho? ¡Imposible! Que el verdugo que la hizo derramar sufra en los infiernos, ¿qué importa? ¡También el niño tuvo su infierno! Y después, ¿qué armonía es esa que tolera un infierno? Yo quiero perdón, el beso universal, la abolición de los sufrimientos y si las lágrimas, si los dolores de los niños sirven para completar la suma de sufrimientos necesaria para comprar la verdad, pretendo que ésta no vale el precio que cuesta. No quiero que la madre perdone al verdugo de su hijo; no tiene ella derecho a hacerlo. Que le perdone lo que la hizo sufrir a ella, pasa, estoy conforme; pero no lo que hizo sufrir a aquél al ser despedazado por los perros. La madre no tiene derecho a perdonar, ni aunque se lo perdonase su hijo; y si no existe el derecho de perdonar, ¿dónde está la armonía? Y es precisamente por amor a la humanidad por lo que me niego a aceptar esa armonía. Prefiero conservar mis sufrimientos no rescatados "aunque estuviese equivocado". Para el capital con que cuento, es demasiado cara la entrada en esa armonía: devuelvo mi billete. Y, si soy honesto, debo restituirlo cuanto antes me sea posible, que es lo que hago. No me niego a admitir la existencia de Dios, pero le devuelvo el billete respetuosamente.

—¡Eso es rebelarse! —dijo Aliosha con voz dulce.

—¡Rebelarme!... No quisiera oírte nunca pronunciar esta palabra. ¿Se puede vivir en rebelión? Respóndeme sinceramente: imagínate que el porvenir de la humanidad depende de tu voluntad, por dar la felicidad a los hombres, el pan y la tranquilidad, ¿es necesario torturar a un solo ser? ¿Es preciso hacer sufrir a aquella niña que se golpeaba el pecho con sus manecitas mientras se moría de frío, para, sobre sus lágrimas, fundar la felicidad futura? Con tales condiciones, ¿consentirías en ser tú el arquitecto de esa felicidad venidera? ¡Respóndeme sin mentir!

—¡No, no lo consentiría!

—¿Puedes admitir que los hombres a los cuales les deseas tú esa felicidad, consientan en aceptarla al precio de la sangre de aquel pequeño mártir?

—¡No, no puedo admitirlo, Iván! —respondió Aliosha con ojos brillantes—. Pero tú me has preguntado hace poco si hay en el mundo un solo ser que tenga el derecho de perdonar, y yo te digo que ese ser existe y perdona sin detenerse a reflexionar si tiene o no derecho a hacerlo. ¡Cristo les perdonó todo, a todos, y por ellos derramó su sangre inocente! ¡Sin duda has olvidado eso, cuando es precisamente sobre él donde descansa el monumento del mundo! A Él es a quien le corresponde gritar: "Tienes razón, Señor, puesto que tu verdad nos ha sido revelada".

—¡Ah, sí; ése solamente es el único que no pecó, el único inocente!... No, no lo había olvidado; y no sólo no lo había olvidado, sino que ya me maravillaba que no hubieses hecho antes esa objeción, ya que, por regla general, los tuyos, los religiosos, es eso lo primero que sacan a relucir... Verás, no te rías, pero debo hacerte saber que he escrito, hace un año, un poema acerca de eso. Si te quedan todavía diez minutos que perder en mi compañía, te lo contaré.

—¡Tú has escrito un poema!

—Bueno, en realidad, no lo he escrito —respondió Iván, sonriendo—. No he hecho ni dos versos en toda mi vida; pero puedo decir que lo he compuesto y que lo llevo estampado en la memoria. Tú serás el primer lector: es decir, el primer oyente.

—¡Te escucho!

—Mi poema se titula: *El gran Inquisidor;* es absurdo, ya lo verás.

Capítulo V

"Ante todo, una palabra que servirá de prefacio". La acción se desenvuelve en el siglo dieciséis. Ya sabes que en esa época tomaban las potencias celestes como sujetos poéticos. No me refiero al Dante. En Francia, los mismos clérigos daban representaciones enteras, en las cuales hacían las figuras de la Virgen, los ángeles, los santos, Jesucristo, y hasta la de Dios. Todo ocurría sencillamente. En *Nuestra Señora de París*, de Víctor Hugo, con motivo del nacimiento del Delfín, reinado de Luis XI, se ve, en París, en los salones del preboste, una escena titulada: *El buen juicio de la santísima y graciosa Virgen María.* En este misterio, comparece la Virgen en persona, y pronuncia su buen juicio. Entre nosotros, en Moscú, antes de Piotr el Grande, se daban de tiempo en tiempo representaciones análogas, todas ellas sacadas del Antiguo Testamento. Además, circulaban entonces muchos romances y poemas cuyos principales personajes eran los ángeles y los santos, y en algunos de ellos intervenía toda la corte celestial. En nuestros monasterios copiaban y traducían estos poemas, y componían otros nuevos. Era en tiempo de los tártaros. Tenemos, por ejemplo, un pequeño poema monástico, traducido probablemente del griego, llamado: *La peregrinación de la Virgen a través de los sufrimientos*. Hay allá cuadros dignos del Dante, a lo menos por la concepción. La virgen visita el infierno guiada por el arcángel San Micha. Allí ve a los pecadores y las torturas que sufren. Entre otros, hay en un lago un fuego, una categoría de pecadores bastante curiosa: éstos se hallan olvidados hasta de Dios mismo. La Virgen llora, cae de rodillas y ruega al Señor que perdone a todos los pecadores sin distinción alguna. Su diálogo con Dios es de tal interés, que yo no sabría explicártelo. Ella ruega, insiste; Dios le muestra las manos y los pies agujereados de su Hijo y dice a la Virgen: "¿Cómo quieres que yo perdone a sus verdugos?" Pero ella ordena a todos los santos, ángeles y arcángeles que se arrodillen y pidan lo mismo que ella solicita... ¡Por fin, triunfa! Aquellos sufrimientos cesan cada año, desde el Viernes Santo hasta la Pascua de Pentecostés, y los pecadores del fondo del infierno dan gracias a Dios, diciendo: "Señor, tienes razón, y es justa tu sentencia..." Pues bien, mi poema pertenece a ese género. En él aparece Jesús, aunque no dice nada, pues no hace sino pasar. Ya han transcurrido quince siglos —en la época de mi composición— desde que Dios, por boca de su profeta, dijo: "Volveré pronto; respecto al día y hora, nadie lo sabe, ni siquiera el Hijo". Tales fueron sus palabras al desaparecer, y la humanidad lo espera siempre con la misma fe, o, si se quiere, con fe aún más ardiente que aquella de quince siglos atrás. Pero el diablo no duerme, la duda comienza a corromper a nuestra especie, a penetrar en las tradiciones de los milagros. En aquel momento, en el norte de Alemania surgía una protesta, una herejía terrible, que negaba, precisamente los milagros. Los fieles creyeron con más ardor, y esperan al Salvador, y quieren sufrir y morir como él por el pasado... Y tanto ha suplicado y rogado la humanidad durante siglos pidiendo al Señor que se dignara aparecer, que éste, en su infinita misericordia ha accedido a descender entre sus fieles. Ha querido mostrarse, siquiera por breves momentos, al pueblo, a la multitud desgraciada, sumida en el abismo del pecado, pero que lo ama con pueril amor... El lugar de la acción es Sevilla, en tiempo de la Inquisición, en aquella época venturosa en que, para mayor gloria de Dios, se veían diariamente.

Magníficos autos de fe
quemando a los terribles herejes.

"Ciertamente, no es éste el advenimiento prometido del fin del mundo, en que aparecerá de repente en todo el esplendor de su gloria y su divinidad como el relámpago que vibra a un tiempo de Oriente a Occidente..." No, hoy —me refiero a la época de mi poema, claro está—, ha querido solamente hacer una visita a sus hijos, y ha escogido la hora y el lugar en que eran más ardientes las plegarias. Su figura es la misma, aquella figura humana que adoptó durante treinta y tres años, quince siglos antes. Precisamente, aquel día, el cardenal, gran inquisidor, en presencia del rey, de los nobles, de los caballeros, de los obispos y de las más bellas y grandes señoras de la corte, en presencia, en fin, de todo el pueblo, ha mandado quemar un centenar de herejes *ad majorem gloriam Dei*. Sin tratar de llamar la atención, Jesús camina modestamente; pero todos lo reconocen en seguida. Sería una de las más hermosas páginas del poema, si lograse yo hacer comprender el porqué lo reconocen. El pueblo, presa de un impulso irresistible, se agolpa a su paso y forma cortejo en torno suyo; pero Él, silencioso, con una sonrisa llena de compasiones, atraviesa por entre la muchedumbre; el amor inunda su alma, de sus ojos emanan la Luz, la Ciencia y la Fuerza, en ardientes rayos que despiertan el amor de los hombres. Levanta sus brazos y da a todos su bendición. De su ser, de sus vestidos, se desprende un hálito de virtud que cura. Un viejo, ciego de nacimiento, sale de entre la apiñada multitud, y grita: "Señor, cúrame, a fin de que pueda verte..." De pronto, siente como una sacudida producida por un fluido misterioso y el ciego ve. El pueblo derrama lágrimas de alegría, y besa la tierra que acaba de pisar Jesús. Los niños arrojan flores a su paso y cantan: "Hosanna", mientras el pueblo en masa exclama: "¡Es Él, debe ser Él, no puede ser sino Él!" Jesús se detiene bajo el atrio de la catedral. Unos hombres se acercan llevando un féretro blanco, dentro del cual reposa una joven de diecisiete años, hija de un hombre importante de la ciudad... "¡Él resucitará a tu hija!", dice el pueblo a la madre que llora desconsolada. El sacerdote que había salido para recibir la llegada del féretro, mira estupefacto y frunce el ceño. Pero, repentinamente, grita la madre: "¡Si eres Tú, resucita a mi hija!" Y se prosterna delante de Él. El cortejo fúnebre se detiene; colocan el ataúd en el suelo. Jesús, enternecido, dirige hacia él sus ojos, llenos de piedad, y, como antaño, pronuncia una vez más las mágicas palabras: *Talipha Koumi*. La muerta se incorpora primero, se pone luego en pie, abre los ojos y sonríe llena de sorpresa. En sus manos conserva aún el ramo de rosas blancas que había de acompañarla a la tumba. El pueblo, lleno de estupor, grita y llora. En aquel momento pasa por delante de la iglesia el cardenal gran inquisidor. Es un viejo de noventa años, alto, erguido, de una delgadez de asceta. Los ojos, sumamente hundidos en sus órbitas, no han perdido todavía su enérgico brillo. Ahora no viste el traje pomposo que llevaba en el acto de la ceremonia, mientras quemaban a los enemigos de la Iglesia; no, ahora lleva puesta una sotana vieja de fraile. Sus siniestros colaboradores y los esbirros del Santo Oficio, lo siguen a respetuosa distancia. El inquisidor se detiene y observa desde lejos. Ha presenciado toda la escena ocurrida poco antes: la invocación de la madre, la resurrección de la jovencita, lo ha visto todo, y su rostro se oscurece. Arruga la frente y sus ojos despiden llamaradas siniestras. De pronto señala a Jesús con el dedo, y manda a los esbirros que lo arresten: es tal su poder, y tal la costumbre del pueblo a humillarse, temblando, ante él, que pronto se dispersa por todas partes. Se hace un silencio de muerte, y los esbirros sujetan a Jesús y se lo llevan y lo encierran en un calabozo de la Santa Inquisición. Muere el día, la noche cae sobre la ciudad, una noche sin luna, calurosa, sofocante. De repente se abre la puerta de la prisión, y entra en ella el propio gran inquisidor con una linterna en la mano. Avanza con lentitud; va solo. La puerta se cierra tras él, y quieto y silencioso contempla al prisionero durante breves momentos. Finalmente se acerca a él suavemente, deja la linterna en el suelo, y dice:

"—¿Eres Tú?... *¡Tú!*

"Y sin esperar la respuesta se apresura a proseguir:

"—No hables, calla. ¿Qué podrías decirme? Sé bien todo lo que decir pudieres... Mas no tienes derecho alguno a añadir una sola palabra a lo que antes dijiste. ¿Por qué has venido a perturbarnos? Ya que es evidente, y tú lo sabes bien, que has venido a sembrar la discordia entre nosotros. ¿Sabes lo que ocurriría de hoy a mañana?... Espera: ignoro quién puedas ser; es más, no quiero saber si eres Él en realidad o en apariencia; pero, quienquiera que seas, mañana te condenaré y perecerás entre las llamas como el más culpable de los herejes, y verás cómo ese mismo pueblo que hace poco te besaba los pies, se apresura a una sola indicación mía, a amontonar la leña que ha de abrasarte. ¿Lo sabes esto?... Tal vez sí —añade el inquisidor, sin dejar de espiar al prisionero".

—No comprendo bien qué es lo que significa todo eso, Iván —observó Aliosha, sonriendo—. ¿Es un error del viejo, o un capricho suyo?... ¿Algún *quid pro quo*?

Iván soltó una carcajada.

—Atente a la última hipótesis, si estás contaminado del realismo moderno hasta el punto de que no puedas admitir nada que sea sobrenatural —replicó Iván—. ¿Un *quid pro quo*, preguntas? Sea así. Además, eso se explica; ten en cuenta que mi inquisidor tiene ya noventa años, y su idea ha podido volverle loco hace mucho tiempo. Puede suceder, también, que la vista del prisionero lo haya impresionado extraordinariamente. En fin, hasta puede admitirse que sea un simple delirio, el sueño de un viejo que está a dos pasos de la tumba y cuyo cerebro se halla todavía impresionado por el espectáculo reciente en que acaban de ser ejecutados por medio de las llamas cien herejes. Pero, sea ello fantasía, *quid pro quo*, o sueño, ¿qué importa? Lo que precisa notar, es que el inquisidor revela por primera vez todo lo que ha callado durante su vida.

—Y el prisionero, ¿no dice nada?

—El prisionero no hace sino escuchar sabiamente, primero las razones que el viejo pueda darle. Se ve acusado, y quiere saber en qué se funda aquella acusación. Además, el cardenal le ha ordenado que calle, y tiene derecho a que se le obedezca. Esto no admite réplica. "Dios ha dado amplios poderes al Papa; es, pues, el Papa quien ordena y manda en la Tierra; no vengas a perturbarnos", dice el inquisidor, y yo añado: Esta es la doctrina de los jesuitas; la he leído en varios libros. "¿Tienes derecho —sigue diciendo el viejo— a revelar uno solo de los secretos del mundo de que procedes?" Y se responde él mismo: "No, no tienes derecho, porque esa revelación habría de añadirse a las que hiciste en otro tiempo, y con ella comprometerías aquella misma libertad que tú mismo predicaste. Todas tus nuevas revelaciones no harían sino embarullar la libertad de la fe humana, puesto que a los ojos de los hombres constituirían otros tantos milagros. Hace quince siglos predicabas todavía acerca de esta libertad de la fe. ¿No has dicho con frecuencia: *Yo os haré libres?* Pues ya has visto libres a los hombres —añade el viejo bruscamente—. ¡Ah, esta libertad nos ha costado cara! —prosigue, mirando al prisionero con severidad—. Pero, en fin, hemos cumplido esa misión en nombre tuyo. El establecimiento de la libertad nos ha costado quince siglos de incesante y penoso trabajo; pero ya es un hecho; un hecho evidente. ¿No me crees? ¡Ah, fijas en mí tus dulces ojos sin siquiera hacerme el honor de indignarte!, sabe, sin embargo, que los hombres no se han creído jamás tan libres como ahora que han puesto su libertad a nuestros pies. Esa obra es nuestra, cierto... ¿Es, acaso, ésa, la libertad que tú soñabas?"

—Otra vez me encuentro sin comprender — interrumpió Aliosha—. ¿Se muestra irónico? ¿Se burla?

—No, se alaba él mismo por haber suprimido a la libertad para hacer felices a los hombres. Porque es ahora solamente cuando puede decirse por primera vez (se refiere, naturalmente, a la fundación de la Santa Inquisición), que la humanidad es completamente feliz. El hombre es rebelde por naturaleza; y, ¿pueden ser felices los seres estando en rebelión? Tú estabas ya advertido; no faltó quien te aconsejara, pero no hiciste caso; te privaste del solo medio real para poder hacer felices a los hombres, y nos dejaste a nosotros ese penoso trabajo; tú nos transmitiste solemnemente el derecho de condenar y absolver; supongo que no pensarás en retirárnoslo ahora. ¿Por qué, pues, vienes a perturbarnos?

—¿Qué significan las palabras "no faltó quien te aconsejara"? —preguntó Aliosha.

—Ese es el punto esencial sobre el que debe insistir el viejo. "El espíritu terrible e inteligente, el espíritu de la negación y de la nada —prosiguió el inquisidor—, te ha hablado en el desierto y las Escrituras

Sagradas afirman que te *tentó*. ¿Es cierto? ¿Y podría decirse nada más profundo de aquello que te fue dicho en las tres preguntas, o, sirviéndome del lenguaje de las Escrituras, en las tres *tentaciones* que tú rechazaste? ¡Si hubo alguna vez un milagro auténtico, fulminante, fue aquel de las tres tentaciones! El solo hecho de que esas tres tentaciones puedan haber llegado a formularse, es por sí solo un milagro estupendo. Supongamos que hubiesen sido arrancadas del Libro Santo las páginas en que aquéllas se describen, y supongamos que no hubiese ser humano que recordase lo que allí se decía, y que fuese preciso volver a escribirlas, a inventarlas de nuevo... Pues bien, sigamos suponiendo que con ese objeto se reuniera a todos los sabios de la Tierra, hombres de Estado, príncipes de la Iglesia, filósofos, poetas, etc., y que se les dijese: Buscad, inventad tres preguntas que no sólo correspondan a la grandeza del asunto, sino que expresen en tres palabras, en tres frases humanas, toda la historia de la humanidad futura; ¿crees tú que ese congreso de todas las inteligencias terrestres podría imaginar algo tan grande, tan maravilloso como aquellas tres preguntas del inteligente y maligno espíritu? Esas tres preguntas demuestran, por sí solas, que se trata Espíritu Eterno y absoluto y no, de espíritu humano tansitorio. La historia ulterior de la humanidad se hallaba predicha y condensada en aquellas tres frases: ellas son las fórmulas en que se cristalizan todas las contradicciones de la historia de nuestra especie. Esto no era evidente todavía, entonces; el porvenir era aún desconocido; pero han transcurrido quince siglos, y ahora vemos que todo se había previsto en esas tres preguntas: ellas son nuestra historia. Decide, pues, tú mismo: ¿Quién tenía razón? ¿Tú, o aquel que te interrogaba? Acuérdate... He aquí la primera pregunta, el significado, si no las palabras textuales: ¿Quieres presentarte al mundo con las manos vacías, anunciando a los hombres una libertad que su idiotez y su natural maldad no les deja comprender; una libertad pavorosa, puesto que para el hombre y para la sociedad no ha habido nunca nada más poderoso que la libertad?... Mira las piedras de este árido desierto, cámbialas en panes, y verás a los humanos correr detrás de ti como un rebaño de corderos, agradecidos, dominados, temiendo que retires tus manos y los panes vuelvan a convertirse en piedras... Pero tú no quisiste privar a los hombres de su libertad y rechazaste la tentación, porque, ¿qué sería de la humanidad si la obediencia se comprase con pan? Tú respondiste que el hombre no vive solamente de pan; pero ignorabas que el espíritu de la Tierra, en nombre de ese pan terrestre, habrá un día de alzarse contra ti, presentarte batalla y vencerte. Sí, porque los sabios de la Tierra, en nombre de la humanidad, proclaman que no existen delincuentes, y por consiguiente pecadores; que no hay sino hambrientos. 'Nútreles, si quieres que sean siempre virtuosos', será la divisa de aquellos que se alzarán contra ti, 'y tu templo será demolido, y en su lugar se levantará un nuevo edificio; otra torre de Babel que, como la primera, tampoco se verá terminada...' Y, sin embargo, habrías podido economizar a los hombres ese nuevo esfuerzo de mil años de sufrimiento, ya que vendrán a nosotros después de haber padecido mil años para construir su torre... Nos buscarán por toda la Tierra, y nos encontrarán en las catacumbas donde nos escondemos, nos atropellarán, nos martirizarán, gritando siempre: '¡Pan! ¡Pan!', y seremos nosotros quienes terminaremos su nueva Babel: no les faltaba sino pan, y nosotros se lo daremos. Y se lo daremos en tu nombre. Nosotros sabemos mentir, hablaremos en nombre tuyo. Si no fuese por nosotros, ¿no se morirían de hambre? ¿Será su ciencia lo que los nutrirá? ¡No tendrán pan hasta que consigan su libertad...! ¡Pero es que acabarán por traernos su libertad y ponerla a nuestros pies!... 'Vengan cadenas, pero dadnos pan'. Ese será el grito constante... Al fin comprenderán que la libertad no es compatible con una justa repartición del pan terrestre entre todos los seres vivientes, porque jamás... ¡jamás!... sabrán dividirlo entre ellos. Igualmente se convencerán de que no son dignos de gozar de libertad los seres débiles, viciosos, idiotas y rebeldes como ellos. Tú les prometiste el pan del cielo, el pan de la gracia divina, y, ¿puede compararse ese pan con el de la Tierra siendo éste una cosa vil como vil e incorregible es la raza humana? Con tu pan te podrás conquistar algunos miles de almas, o, acaso, algunos centenares de millar; pero, ¿cuántos serán los cientos y miles de millones de seres que preferirán el pan de la Tierra al otro Cielo? ¿No eres tú el Dios de los grandes y de los fuertes? Y los otros, aquellos, pequeños cual las arenillas del mar, los otros que son débiles, pero que te aman, ¿no son a tus ojos sino viles instrumentos en manos de los grandes y fuertes? Y, no obstante, esos seres débiles nos son a nosotros muy queridos; por viciosos y rebeldes que sean, acabarán por dejarse domar; llegarán a admirarnos, seremos sus dioses, nosotros, los que habremos consentido a tomar el peso de su libertad, y a reinar sobre ellos —hasta el punto que el solo nombre de libertad les cause espanto. Y nos llamaremos 'discípulos de Jesús'; reinaremos en tu nombre, sin permitirte que te aproximes a nosotros. Esta impostura constituirá nuestra parte de sufrimiento, ya que nos veremos obligados a mentir... Éste es el significado de la primera de las tres preguntas. Ella escondía el secreto del mundo y tú la desdeñaste. Tú ponías la libertad por encima de todo, mientras que, aceptando los panes, habrías satisfecho el unánime y eterno deseo de la humanidad... Danos un patrón, un 'amo', ya que no hay afán más constante y doloroso para el hombre libre, que el andar buscando un objeto o un ser ante el cual inclinarse. Pero no quiere humillarse sino ante una fuerza incontestable, que pueda reunir a todos los seres humanos en la comunión del respeto, y no es precisamente el objeto de un culto particular lo que pide cada uno de estos seres lamentables: es un culto universal, una religión común. Y esta necesidad de la adoración común es el principal tormento así del individuo como de la humanidad entera, desde el principio hasta el fin de los siglos. Es para realizar esa quimera por lo que se han exterminado unos a otros. Cada pueblo se ha dado un Dios, y ha dicho a su vecino: 'Deja tus dioses y adora los míos, de otro modo morirás', y así seguirá practicándose hasta el día del juicio final. Si desapareciesen de la Tierra los dioses que cada cual ha creado a su manera, serían reemplazados por otros. Tú no ignoras este secreto fundamental de la naturaleza, y, sin embargo, rechazaste la divisa, la única segura que se te ofrecía para poder asegurarte el homenaje incontestable de todos los hombres: la divisa del pan terrenal: la rechazaste en nombre del pan celestial y de la libertad, y he aquí lo que hiciste en seguida, siempre en nombre de esa misma libertad. Repito que no hay en el hombre afán más ardiente que el de buscar, lo más pronto posible, alguien en quien delegar esa libertad que lleva al nacer toda miserable criatura. Todavía para obtener el homenaje de la libertad de los hombres, precisa darles la paz de la conciencia. El pan te ofrecía ese medio: el hombre se inclinará ante ti si le das pan, porque el pan es una cosa incontestable; pero, si al mismo tiempo otro ser cualquiera se apodera de la conciencia humana, entonces el hombre abandonará tu pan para seguir a aquel que sepa darle la paz de la conciencia. En eso tenías tú razón: el secreto de la existencia humana consiste en tener un motivo para vivir. Si el hombre no se explica claramente por qué debe vivir, se destruirá a sí mismo, antes que continuar una vida inexplicable, aunque tuviese el pan a montones. Pero, ¿qué provecho has obtenido de esa verdad que te era conocida? En vez de confiscar la libertad de los hombres, la has acrecentado. ¿Olvidaste, pues, que el hombre prefiere a la libertad de escoger entre el bien y el mal, la paz, aunque sea la paz de la muerte? Cierto es que nada place tanto al hombre como el libre albedrío; y, sin embargo, nada hay que lo haga sufrir tanto. Y en vez de principios sanos que puedan tranquilizar por siempre la conciencia humana, has compuesto tu doctrina con todo cuanto hay de extraordinario, vago e hipotético, con todo lo que sobrepasa las fuerzas de los hombres y con ello hiciste como si no los amases, tú que moriste por ellos. Ensanchando su libertad, has introducido en el alma humana nuevos elementos de sufrimiento indestructibles. Quisiste ser amado libre y espontáneamente. En vez de obedecer la dura ley antigua, el hombre debía de allí en adelante, discernir libremente, entre el bien y el mal, sin más guía que la de tu imagen; pero, ¿cómo no comprendiste que eso habría de perjudicarte a ti mismo, a esa tu libertad, a la verdad proclamada por ti, sintiéndose abrumado por el terrible fardo del libre albedrío? El hombre negará que tú eres la única verdad, ya que, si hubieses poseído tú la verdad, ¿habrías dejado a tus hijos en semejante confusión, víctimas de tantos y tan indescifrables problemas? Tú mismo, pues, has preparado tu propia ruina: no acuses a nadie de ello. ¿Era eso lo que te proponías? Sólo hay tres fuerzas en la Tierra que pueden someter por siempre la conciencia de esos devotos rebeldes —para su bien, por supuesto—, y son: el milagro, el misterio y la autoridad: tú las rechazaste las tres. El terrible espíritu te condujo a la cima del monte y te dijo: '¿Quieres saber si eres el hijo de Dios? Precipítate en el abismo, puesto que está escrito que los ángeles te protegerán con sus alas; así sabrás si eres el hijo de Dios, y demostrarás tu fe en el Padre'. Tú rechazaste la proposición no precipitándote desde lo alto. ¡Oh, sin duda, así afirmaste y demostraste tener la sublime arrogancia de un Dios, pero los hombres, esos seres débiles e impotentes, no son dioses! Tú sabías que, si te hubieses despeñado, habrías esparcido los restos de tu cuerpo —con gran placer del tentado—, sobre aquella tierra que habías salvado. Pero, te lo repito, ¿existen muchos seres semejantes a ti? ¿Has podido admitir, ni por un solo instante, que los hombres serían capaces de comprender tu resistencia a esa tentación? La naturaleza humana no es capaz de rechazar el milagro, y darse por satisfecha dejando elegir al corazón, en aquellos terribles instantes en que las cuestiones vitales exigen una respuesta. ¡Ah!... Tú sabías que tu heroico silencio sería constatado en los libros, y que llegaría a ser conocido de todos hasta en los últimos confines de la Tierra. Tú esperabas que el hombre te imitase y hubiese llegado a hacer milagros como un dios; pero el hombre no es capaz de hacer milagros, los inventa: se inclina ante los prodigios de los magos, ante los encantamientos de los brujos, por rebelde, hereje y ateo que sea. Tampoco quisiste descender de la cruz cuando burlonamente te gritaban: 'Desclávate y creeremos en ti'. En aquella ocasión no quisiste tampoco obligar a creer al hombre por la fuerza que imprime lo maravilloso, sino que deseaste que lo hiciera él libremente, sin imposición alguna. Deseabas el amor del hombre, espontáneo, bien meditado, y no la humillación servil de un esclavo aterrorizado. Pero, entonces, como siempre, te formaste del hombre una idea más elevada de lo que merece: el ser humano ha pretendido siempre pasar por rebelde y, sin embargo, es un esclavo. Repara y juzga tú mismo, después de los quince siglos que han transcurrido. ¿Quién se ha elevado hasta ti?... ¡Ah, yo te juro que el hombre es más vil y más débil de lo que tú pensaste! ¡Jamás podrá ni imitar siquiera lo que tú hiciste! Lo consideras demasiado y tienes poca piedad de él; amándolo tanto le exiges más de lo que puede dar. Precisaba estimarlo menos e imponerle deberes más llevaderos. El hombre es débil, es vil. ¿Qué importa que hoy se subleve por todas partes contra nuestra autoridad, mostrándose orgulloso de tal desacato?... ¡Es una vanidad de colegial! Sí, los hombres son eternos estudiantes: se amotinan contra su profesor y lo expulsan de la clase; pero, terminada la revuelta, ¡cuán cara les cuesta! Entonces, al volver a someterse, no viéndose capaces de mantener la rebelión iniciada, lloran y se irritan, comprendiendo que aquel que los quiso hacer rebeldes se había burlado de ellos. Gritarán, protestarán, blasfemarán, y eso aumentará su desesperación, porque la naturaleza no puede soportar la blasfemia: esta misma le sirve de castigo, como así también la inquietud, la duda y la desventura: he ahí el destino de los hombres libertados de tus sufrimientos. Algunos han pretendido imitarte, cargando también con la cruz, viviendo durante años, en el desierto, manteniéndose de raíces; es cierto, puedes sentirte orgulloso de esos hijos de la libertad, del amor espontáneo que, en su nombre, se han sacrificado voluntariamente por ti... Pero observa que han sido solamente unos cuantos miles de seres los que han hecho eso... mas ¿y los otros? ¿Y los restantes miles de millones? ¿Es culpa de ellos, de los débiles, el no haber tenido las fuerzas sobrenaturales de aquéllos? ¿Es culpa del alma humana el no poder soportar dones tan terribles? Y entonces, ¿viniste solamente para los elegidos? ¡Terrible misterio! No alcanzamos a comprenderlo y, puesto que es un misterio, no tenemos derecho a predicar, a enseñar a los hombres que lo que importa no es ni la libertad ni el amor, sino el misterio, al cual deben someterse sin razonar, aunque sea en contra de su propia conciencia. Y eso es lo que nosotros hemos hecho. Hemos corregido tu obra, fundándola sobre el *milagro,* sobre el *misterio,* sobre la *autoridad.* Y los hombres se han alegrado al verse libres de aquel don fatal de pensar que tantas inquietudes y sufrimientos les causaba. Habla: ¿Hemos hecho bien? ¿Se nos puede reprochar el no amar a la humanidad? ¿Por qué te limitas a mirarme con esos ojos dulces y penetrantes? Yo no te amo, y no quiero saber nada de tu amor; prefiero tu cólera. ¿Por qué habría de fingir lo que he de decirte? Lo leo en tus ojos. ¿Por qué, pues, habría de ocultarte mi pensamiento? ¿Quieres, acaso, oírlo de mi misma boca? Escucha entonces: Nosotros no estamos *contigo,* sino con Él... He aquí nuestro secreto. Hace ocho siglos que ya es así. Ocho siglos, que recibimos de Él aquel don que tú rechazaste también, cuando te ofrecieron todos los reinos de la Tierra. Nosotros lo hemos aceptado, Roma y el trono de los Césares y nos hemos declarado dueños de este planeta. Sin embargo, la conquista no está completa todavía. El negocio no está sino en sus comienzos: se necesitará todavía mucho tiempo para llegar hasta el final: la Tierra ha de sufrir todavía mucho, pero lograremos nuestro objeto, llegaremos a ser Césares, y entonces pensaremos en la felicidad universal. ¡Y pensar que pudiste tú empuñar ese cetro! ¿Por qué lo desdeñaste? Si lo hubieses aceptado habrías podido dar a los hombres lo que ellos buscan sin tregua en la Tierra: un amo, un depositario de su conciencia, y todavía un ser que les proporcione los medios de unirse para no formar más que un gran hormiguero, puesto que la necesidad de la unión universal es el tercero y último tormento de la humanidad. La humanidad, en conjunto, tiende siempre a la unidad mundial. Varios pueblos han sido grandes y gloriosos; y cuanto más han sido ambas cosas, más han sufrido, experimentando más fuertemente que los demás pueblos la necesidad de la unión universal. Los grandes conquistadores, los Tamerlán y los Gengis-Kan, que han recorrido la Tierra como un huracán devastador, sentían también, aunque sin darse exacta cuenta de ello, esa tendencia de los pueblos hacia la unidad. Tomando la púrpura del César, habrías tú fundado el imperio universal y dado la paz a la humanidad. Porque, ¿a quién le pertenece reinar sobre los hombres sino a aquel que es dueño de sus conciencias, y que tiene el pan de todos en sus manos? Nosotros, repito, nos hemos hecho cargo de ese cetro, y al hacerlo te hemos renegado; nos hemos aliado a Él. Todavía habrá algunos siglos de libertinaje intelectual, de pedantería y de antropofagia, pues en la antropofagia terminarán después de haber levantado sus torres de Babel sin nosotros. Pero entonces la bestia volverá hacia nosotros, arrastrándose, nos lamerá los pies y nos los bañará con sus lágrimas de sangre. Y nosotros nos sentaremos encima de la bestia y levantaremos una copa en la cual estará escrita la palabra *Misterio*. Y entonces, solamente entonces, empezará para los hombres una era de paz y felicidad verdaderas. Tú estás orgulloso con tus elegidos, pero entre todos ellos no suman sino un pequeño rebaño; nosotros proporcionaremos el reposo a todos. ¡Y, todavía, entre ese núcleo de elegidos, entre ese batallón de espíritus *fuertes,* cuántos se han cansado de esperar, cuántos han prestado y prestarán todavía las luces de su inteligencia y el ardor de su corazón a los enemigos de tu casa, cuántos concluirán por usar en contra tuya esa libertad que les diste! Nosotros daremos la felicidad a todos, aboliremos las revueltas, las matanzas inseparables de la libertad. Sí, llegaremos a convencerlos de que no serán verdaderamente libres hasta que se nos entreguen por completo. ¿Mentiremos? No, diremos la verdad; pues acabarán por persuadirse de que la libertad que tú les diste no les sirve sino para vivir siempre llenos de duda y terror. La independencia, el libre examen y la ciencia los habrán conducido a lugares tan tenebrosos, asustados con tales prodigios y oprimidos con tales exigencias, que los menos sencillos y los menos dóciles de ellos se suicidarán por sus propias manos; otros, igualmente ariscos, pero débiles y violentos, se degollarán mutuamente, y otros, todavía, catervas de viles y miserables, se arrastrarán a nuestros pies, gritando: '¡Sí, tenéis razón, vosotros solamente poseéis su secreto, volvemos hacia vosotros, salvadnos!' Indudablemente, observarán que el pan que repartiremos entre ellos, sin hacer milagro alguno, es el mismo que ellos han producido por su propio esfuerzo; mas sin embargo, les ocasionará inmenso placer el recibirlo de nuestras manos, porque no habrán olvidado que, oponiéndose a nuestros deseos, los panes se vuelven piedras, mientras, por el contrario, al volver hacia nosotros, las piedras se convierten en panes. Comprenderán definitivamente el valor de la sumisión y hasta que no lo hayan comprendido, sufrirán. ¿Quién, responde, ha contribuido más a esta inteligencia? ¿Quién ha espantado el rebaño dispersándolo por lugares desconocidos? Las ovejas se reunirán nuevamente, el rebaño tornará a la obediencia, y será ya para siempre. Entonces daremos nosotros, a los hombres la felicidad que place a débiles criaturas: una felicidad hecha de pan y humildad, al contrario que tú, que los enseñaste a ser orgullosos. Nosotros les probaremos que son débiles, débiles chiquillos, y que sin embargo, la felicidad de los niños tiene sus dulzuras particulares. Nos admirarán temiéndonos, y se maravillarán al pensar la energía y el genio que habremos necesitado para domar y reducir a tantos rebeldes. Tendrán miedo de nuestro enojo, y sus ojos, a semejanza de los de las mujeres y los niños, serán fuentes de lágrimas. No obstante, y a una simple seña nuestra, su tristeza se convertirá en alegría, y su mueca de espanto en dulce sonrisa. Los obligaremos a trabajar, ¡qué duda cabe!, pero organizaremos sus pasatiempos, los haremos divertirse, como niños, honestamente. ¡Oh, y hasta les permitiremos pecar!... ¡Son tan débiles! Y como les permitiremos pecar, nos amarán más todavía. Les diremos que cada pecado cometido les será perdonado después... y será por cariño, por amor, por lo que les dejaremos que pequen, ya que nos tomaremos nosotros el trabajo de absolverles dejándoles a ellos el placer obtenido en el pecado. Así, ganaremos su confianza y nos lo confesarán todo y según sean más o menos obedientes, les permitiremos, o impediremos, que vivan con sus esposos o amantes, que tengan o no hijos, y en todo nos obedecerán con gusto. Nos confiarán los secretos más íntimos de su conciencia, y seremos nosotros los que decidiremos y fallaremos según convenga, fallos que serán aceptados por ellos con alegría ya que de ese modo se librarán del tormento de tener que escoger temiendo equivocarse. Todos los seres de la Tierra serán igualmente felices salvo algunos escasos millares, y salvo... nosotros, los depositarios del secreto... Nosotros seremos desgraciados. Pero no importa; vivirán contentos millones de hombres y sólo un centenar de miles serán mártires del conocimiento, exclusivo y maldito, del bien y del mal. Éstos morirán tranquilos, se consumirán dulcemente pensando en ti, y al otro lado de la tumba no verán sino la muerte. Nosotros, sin embargo, guardaremos el secreto; prometeremos a los nuestros una recompensa en el Cielo, y así procuraremos no disgustarnos; aunque, si existiese otro mundo, no será, ciertamente, para seres como ellos... Se vaticina que volverás, rodeado de tus elegidos, de tus héroes, y que vencerás: nosotros diremos, entonces, que tus héroes no han salvado a nadie sino a sí mismos, mientras que nosotros habremos salvado al mundo entero. ¡Dícese que la *Imprudencia,* sentada encima de la bestia y teniendo asida *la copa del misterio* (tal como yo la he descrito), será deshonrada, y que los débiles se rebelarán de nuevo, destrozarán su túnica de púrpura y descubrirán su cuerpo impuro!... Pero yo, entonces, me levantaré y te enseñaré los millones de millares de hombres felices que no han conocido el pecado... Nosotros, que, por hacer felices a los demás, habremos asumido la responsabilidad de sus culpas, nos enderezaremos delante de ti, diciendo: '¡Júzganos si puedes, si osas hacerlo!...' o te temo; yo, también he estado en el desierto, comiendo raíces, yo también bendije la libertad que diste a los hombres, y soñé contarme entre los *fuertes;* pero pronto renuncié a ese sueño, a esa locura, para ir a unirme a los que la corrompían. He abandonado a los fuertes para hacer la felicidad de los humildes. Todo cuanto te digo se realizará: nuestro imperio será un hecho. Repito que mañana, a una sola seña mía, verás un ejército de hombres sumisos echar leña al fuego que ha de abrasarte, cosa que mereces por haber venido a perturbarnos. *Dixi!"*

Iván, que se había ido exaltando, al terminar soltó una carcajada.

Aliosha le había estado escuchando atentamente con una emoción extrema. Algunas veces hubiera deseado interrumpir a su hermano, pero supo contenerse.

—¡Pero eso es... insensato! —exclamó, cuando Iván cesó de hablar—. Tu poema es una alabanza de Jesucristo en vez de una condena. ¿Quién creerá todo eso que dices a propósito de la libertad? ¿Es así como debe entenderse? ¿Es ésa la doctrina de la Iglesia ortodoxa? La de Roma, tal vez, o acaso, la de los peores católicos, los inquisidores, los jesuitas... En cuanto a lo demás, tu gran inquisidor es puramente fantástico. ¿Qué pecados son ésos, qué responsabilidad la asumida por él y los suyos? ¿Quiénes son los depositarios del misterio que toman sobre sus hombros las culpas ajenas y dejan ser felices a los demás? ¿Cuándo se ha visto eso jamás? Yo he oído hablar mal, muy mal de los jesuitas: ¿es a ellos a quien te refieres? En efecto... ¡ése es el ejército con el cual cree Roma poder dominar al mundo y hacerle que caiga a las plantas del Papa!... ¡Ése es su ideal! Pero eso no es ningún misterio; es un simple deseo de reinar, sed de terrenal felicidad... he ahí todo. Tal vez no creen en Dios... En fin, repito que tu inquisidor es un personaje fantástico...

—¡Poco a poco! —dijo Iván, riendo—. Veo que te alteras... ¿Fantástico, dices?... Bueno, es posible, admito que lo sea enteramente; mas, no obstante, ¿no crees tú que todos los movimientos católicos de estos últimos tiempos han tenido por objeto el apoderarse de la Tierra? ¿No le has oído decir eso al padre Paissi?

—No, no, al contrario, el padre Paissi habló una vez, pero... no, no es eso lo mismo que él dijo.

—Ésa es una información preciosa, a pesar de tu objeción: "No es eso lo mismo que él dijo..." Pero, ¿por qué habrían de unirse los jesuitas y los inquisidores para la felicidad material solamente? ¿No se encontrará entre todos ellos un solo mártir capaz de sufrir noblemente y que ame de veras a la humanidad? Supón que no exista más que un ser del género de mi viejo inquisidor, que ha vivido en el desierto y se ha obstinado en vencer sus sentidos para lograr la libertad y llegar al límite de la perfección; sin embargo, ha amado siempre a la humanidad y, de pronto,

observa que él, seguramente, podrá alcanzar la felicidad celestial, pero...
¿y los otros millones de hombres?... Pues quedarán por siempre mal
equilibrados, demasiado débiles para servirse de esa libertad que se les
dio... Se revolucionarán sin llegar nunca a entenderse, y no es, ciertamente, por ese camino por el que el gran Idealista ha soñado su Armonía.
He aquí por qué mi inquisidor vuelve sobre sus pasos y... se une a los
hombres inteligentes. ¿No puedes comprender esto?

—¿A quién se une? —preguntó Aliosha con firmeza—. ¿Dónde están esos hombres inteligentes? ¿Dónde está la inteligencia y el misterio
de que hablas?... ¡Ya caigo!... ¡En el ateísmo!... ¡Tú inquisidor no cree en
Dios!

—Bueno, ¿y qué? Si es así, si existe el ateísmo, ¿cuánto no habrá
sufrido, antes, un hombre como él que ha pasado su vida entera sacrifi-
cándose en el desierto, y que, sin embargo, no ha podido desprenderse
de su amor por la humanidad? Al declinar de su vida, se convence claramente de que sólo el consejo del grande y terrible espíritu podría, al
menos en cierto modo, establecer un orden aceptable para los débiles
insurreccionados, "esos seres contrahechos, esas irrisiones vivientes",
que si uno consigue convencerse de que el Espíritu ha indicado la verdadera vía, ese terrible *Espíritu de ruina y muerte,* precisa aceptar desde
aquel momento la mentira por verdad, la hipocresía por regla general
de conducta, y conducir a los hombres, con conocimientos de causa, hacia
la ruina y la muerte, engañándolos durante el camino, ya que esos pobres ciegos no ven adónde se les conduce y son felices. Nota bien, que
mi viejo miente en nombre de aquél en quien él había creído
ardientemente durante toda su vida. ¿No es éste un sufrimiento noble y
grande? Pero el hecho de que un hombre como él se ponga a la cabeza
de ese ejército "que no quiere sino el poder y la felicidad terrestres", ¿no
es bastante para una tragedia? Yo te hablo francamente: creo que mi
inquisidor se reproduce siempre entre aquellos que están a la cabeza del
movimiento. ¿Quién sabe? Acaso había uno entre los primeros obispos
de Roma. Acaso ese maldito viejo que ama tan obstinadamente a la humanidad, a su modo, se ha perpetuado, y está ahora encarnado en
cualquiera de esos viejos que conservan el misterio y tienen el secreto
contra los desgraciados y los débiles, para hacerlos felices. Necesariamente debe ser así. Me parece que entre los francmasones debe existir
también algún misterio de ese género: éstos ven en sus "sociedades secretas" una competencia y la difusión de una idea única, mientras no
sea preciso sino un solo rebaño bajo un solo pastor... Por lo demás, de-
fendiendo yo mi criterio, semejo un escritor, inferior a tus críticas... ¡No
hablemos más de esto!

—¡Acaso seas tú también un francmasón!... —exclamó Aliosha de
improviso—. Tú no crees en Dios...

En los ojos de Iván se advirtió cierta ironía.

—¿Cómo termina tu poema? —preguntó Aliosha ¿Concluye así?

—Quería terminarlo así —respondió su hermano de este modo—: El inquisidor se calla, y espera durante algunos minutos la respuesta del prisionero. Este silencio le resulta penoso. El prisionero le ha escuchado mirándole fijamente, con dulces ojos, evidentemente decidido a no responder nada. El viejo quisiera oír del otro siquiera una sola palabra, aunque fuese la más amarga, la más terrible, y he aquí que el prisionero se aproxima en silencio al viejo y le da un beso en sus labios exangües. Aquélla es su respuesta. El viejo se estremece; sus labios tiemblan: se dirige hacia la puerta, la abre y dice: "¡Vete y no vuelvas más!" Y lo deja marchar entre las tinieblas de la ciudad. El prisionero se va.

—¿Y el viejo?

—El viejo se queda con el corazón ardiendo... pero conserva entera su convicción.

—¡Y tú te quedas con él! —exclamó, amargamente, Aliosha.

Iván se echó a reír.

—Pero si es una tontería, Aliosha. ¡Es un poema que carece de sentido común, obra de un inexperto! ¿Por qué tomarlo en serio? ¿Crees que yo iré a unirme a los jesuitas para ayudarles a proseguir su obra contraria a la de Aquél? ¡Dios mío! ¿Qué me importa a mí eso? Ya te lo he dicho: llegaré hasta los treinta años, y entonces haré pedazos mi copa.

—¿Y las pequeñas hojas primaverales, y las tumbas venerables, y el cielo azul, y la mujer amada?... ¿Cómo vivirás? ¿A quién amarás, pues? ¿Cómo poder vivir con ese infierno dentro del corazón y la cabeza?... Sí, veo que irás a unirte a... o bien te suicidarás...

—Y, sin embargo, hay en mí una fuerza que podrá contenerme —dijo Iván fríamente.

—¿Cuál?

—La de los Karamazov... la fuerza que los Karamazov deben a la ruindad de su naturaleza.

—Esto es, a la disipación... Sofocar, sumergir el alma en el fango, ¿no es cierto?

—Sea así... Tal vez sabré evadirme hasta los treinta; pero entonces...

—Pero, ¿cómo podrás evadirte? Es imposible con esas tus ideas.

—Ideas de Karamazov.

—"A un ateo, todo le es permitido", ¿verdad?

Iván palideció.

—Ayer —dijo—, pescaste al vuelo esa expresión de la cual se ofendió tanto Miusov... y que Dimitri repitió tan ingenuamente. Sea, pues;

todo es permitido; no me retracto... Por lo demás, la fórmula de Mitia es bastante buena.

Aliosha le contemplaba en silencio.

—Al hacer mis preparativos para la partida —repuso Iván, con voz profunda—, pensaba que no tengo en el mundo a nadie sino a ti; pero veo que, ahora, ni tú me cedes un puesto en tu corazón... Yo no rechazo la fórmula de Dimitri, y es por eso que tú me rechazas, ¿no es cierto?

Aliosha se acercó a él y le besó en la boca.

—¡Es un plagio! —exclamó Iván, transportado. Eso lo has aprendido en mi poema... Sin embargo, te lo agradezco profundamente... Y ahora, separémonos: los dos tenemos deberes que cumplir.

Salieron del comedor, y al llegar a la escalinata se detuvieron.

—¡Aliosha, Aliosha! —dijo Iván con voz segura—. Si tengo fuerzas para amar todavía la primavera, no lo deberé sino a tu dulce recuerdo. Me bastará saber que estás aquí, en cualquier parte, para amar aún la vida. Si quieres, toma estas palabras por una declaración, por un pacto de amistad. ¡Adiós! He ahí tu camino, he aquí el mío. ¡Basta! ¿Comprendes? ¡Basta!... Es decir, que si no me marchase mañana, lo cual es punto menos que imposible, si hubiésemos de encontrarnos todavía, no me hables ni una palabra de estas cosas; te lo ruego encarecidamente. No hablemos ni siquiera de Dimitri nunca más. ¡Ya está todo dicho! ¡Todo! ¡Todo está ya terminado! Por mi parte te prometo que, cuando habrá sonado la hora de arrojar la copa, vendré a hablar contigo otra vez, me halle donde me hallare; aunque fuese en América. Ahora tendré, un gran interés por verte. Es una promesa solemne; nos diremos, pues, adiós por siete, por diez años tal vez... Nada más. Ve con tu *Pater Seraphicus*. Está moribundo, ¿verdad? Anda... ¿Serás capaz de aborrecerme si muriese sin volver a verle? ¡Adiós; abrázame una vez más!... ¡Adiós!...

Iván giró bruscamente y partió sin volver a mirar hacia atrás. Su partida tenía cierta semejanza con aquella de Dimitri. Esta observación pasó como una flecha por la mente entristecida de Aliosha, el cual siguió con la mirada a su hermano durante algunos instantes. De pronto observó que Iván caminaba tambaleándose, y que tenía un hombro más alto que el otro.

Aliosha giró a su vez, y se dirigió casi corriendo, al monasterio.

Llegó la noche. Aliosha se sentía inquieto. Tenía como un presentimiento. Se levantó un fuerte viento, y los árboles seculares empezaron a oscilar, moviéndose, tristes, en torno suyo, cuando el joven entró en la foresta que conducía al monasterio.

—¡*Pater Seraphicus*! ¿De dónde ha sacado esa expresión? ¡Iván, pobre Iván!... ¿Cuándo volveré a verte?... Ya he llegado... ¡Señor!... ¡Sí, él es, es el *Pater Seraphicus* quien me salvará!

Varias veces se preguntó Aliosha, cómo había podido, al dejar a Iván, olvidarse de Dimitri, siendo así que se había prometido, horas antes, verlo de nuevo, aunque para ello hubiese sido preciso no volver al monasterio en toda la noche...

Capítulo VI

Iván se dirigió a casa de su padre. Una especie de languidez insoportable le invadía. No era la sensación por sí misma lo que le sorprendía, sino el hecho de no poder definirla.

Trató de no pensar, mas fue tarea inútil. Y lo que más le irritaba era que aquel estado singular pesaba sobre su alma... Un ser, un objeto, se dibujaba delante de él, como acontece cuando, durante una conversación animada, se observa algo que no está en su debido puesto: un pañuelo caído en la tierra, por ejemplo; un libro que falta en el estante de la biblioteca, etcétera. Por fin, llegó Iván, bastante excitado, a la casa paterna; a quince pasos de la puerta alzó los ojos, y entonces solamente adivinó el motivo de su inquietud. Sentado en un banco, cerca de la puerta de la casa, estaba Smerdiakof tomando el fresco. Iván Fedorovitch comprendió al punto que era él, Smerdiakof, quien estaba *pesando sobre su alma*.

"¿Y vale la pena que yo me preocupe por este miserable?", pensó Iván, con rabia.

Efectivamente, desde hacía algún tiempo, había tomado ojeriza a Smerdiakof, al que odiaba profundamente. Tal vez este odio se había acentuado más, porque siguió a una especie de simpatía. Al principio encontraba a Smerdiakof bastante original, y hablaba con él gustoso, sorprendido de aquella mente inquieta, sin comprender el motivo de tal inquietud. La pregunta de Smerdiakof: "¿Cómo pudo ser creada la luz el primer día siendo así que las estrellas no aparecieron hasta el cuarto?" regocijó a Iván. Pero pronto se convenció de que Smerdiakof no pensaba solamente en las estrellas y que le sucedía otra cosa. Luego adivinó en él algo así como un amor propio ofendido.

Aquello fue lo que empezó a alejar a Iván del criado. Después ocurrieron los sucesos que ya hemos descrito. Smerdiakof hablaba alguna vez con animación, pero sin decir jamás lo que deseaba para sí. Interrogaba, hacía alusiones, pero no se explicaba nunca, y si trataba de hacerlo, se interrumpía, generalmente, en el momento más animado.

Pero lo que más irritaba a Iván era la creciente familiaridad que Smerdiakof se tomaba con él. Y no es que fuese descortés el sirviente, al contrario; parecía como si entre él e Iván hubiese inconcluso un pacto ignorado por los demás mortales. Iván estuvo durante algún tiempo sin comprender la causa de su disgusto, y sólo la adivinó últimamente.

Al acercarse, pensó pasar sin decir nada a Smerdiakof, pero éste se había ya levantado y le hizo comprender, por medio de signos, que debía decirle algo de particular. Iván se detuvo, y el hecho sólo de haberse detenido cuando había pensado proseguir, le disgustó, y miró al otro con encono.

Smerdiakof sonrió, como diciendo: "¿Por qué te detienes?... ¡Porque sabes que entre nosotros existe un interés común!"

Iván, a su vez, parecía pensar: "¡Apártate, miserable! ¿Qué hay de común entre tú y yo?" Pero lejos de decir esto, con gran asombro suyo, preguntó con voz tranquila y afable:

—¿Duerme ya mi padre?

Smerdiakof estaba de pie, frente a él, con las manos detrás de la espalda, mirándole fijamente, casi con severidad.

—Duerme —respondió el criado, pausadamente, y añadió, después de un instante de silencio, fingiendo bajar los ojos—. Me extraña verle ahora, señor.

—¿Por qué te extraña? —preguntó Iván secamente, esforzándose por contenerse.

—¿Por qué no va usted a Tchermachnia? —preguntó a su vez Smerdiakof, con familiar sonrisa, mientras su siniestra mirada parecía decir: "Tú que eres hombre inteligente, debes comprender por qué te pregunto eso".

—¿Por qué no voy a Tchermachnia?

—Su padre se lo ha rogado tanto...

—¡Qué diablo!... ¡Habla con más claridad!... ¿Qué quieres? —exclamó Iván con ímpetu.

Smerdiakof volvió a sonreír.

—Nada, nada —respondió—. Era sencillamente por... saberlo.

Hubo un nuevo silencio.

Iván se daba perfecta cuenta de que habría debido enfadarse, imponerse... Pero el silencio de Smerdiakof parecía decir, precisamente: "Vamos a ver, ¿te enfadarás de una vez?" Iván pareció decidirse a dominar la situación, y Smerdiakof se apresuró a añadir con voz segura:

—¡Es una situación terrible la mía! ¡No sé qué hacer!

Iván, lejos de retirarse, se dejó caer maquinalmente en el banco.

—Son como los chicos —repuso el sirviente—. Hablo de su padre y de su hermano Dimitri. El señor Fedor me preguntará: "¿No ha venido

Grushenka? ¿Por qué no ha venido?" Y si no viene, como creo que ni siquiera ha tenido intención de hacerlo, mañana volverá a preguntarme: "¿Por qué no ha venido?... ¿Cuándo vendrá?..." ¡Como si tuviese yo la culpa!... Después, por otra parte, en cuanto llega la noche, aparece armado su hermano Dimitri y me dice: "¡Vigila atentamente, miserable! ¡Si la dejas pasar sin advertirme, iréis los dos al otro mundo; pero tú delante!..." ¡Y todos los días la misma canción!... ¡Siempre yo, aquí, con la vida en un hilo!...

—¿Por qué te has metido en ese enredo? ¿Por qué te has avenido a ser espía de Dimitri?

—¿Y qué podía hacer? Yo no le dije nada. Ha sido él quien me lo ha ordenado amenazándome de muerte a cada instante. Estoy seguro de tener mañana un fuerte ataque...

—¿Un ataque de nervios?...

—Sí, uno que durará, lo presiento, una hora, dos, tal vez un día, acaso dos... Una vez estuve tres días sin recobrar el conocimiento...

—Pero dicen que es imposible prever los ataques epilépticos. ¿Cómo, pues; puedes saber que será mañana? —preguntó Iván con voz mezclada de curiosidad y enojo.

—Sin embargo, es cierto.

—La crisis a que te refieres, te ocurrió porque te caíste del granero.

—Cierto, pero como todos los días subo y bajo a ese sitio, puedo caerme mañana. Y si no es allí será en otra parte... lo presiento.

—Tú estás ahora diciendo algo que no comprendo claramente —dijo Iván, en voz baja, con acento amenazador—. ¿No tienes intención de fingir una crisis durante dos o tres días?

Smerdiakof, que miraba hacia el suelo y jugaba moviendo la tierra con el pie derecho, se irguió, y dijo sonriendo:

—Si pudiese fingir (lo cual no es difícil, cuando se tiene cierta experiencia), tendría perfecto derecho a emplear ese medio para salvar la vida, ya que, estando enfermo, si llegase a venir Grushenka, no podría reprochárseme el no haber avisado...

—¡Bah! ¡Siempre estás temiendo por tu vida!...

—Es que Dimitri...

—¡Dimitri habla por hablar!... ¡No tengas cuidado que te haga nada!

—¿Qué no?... ¡Hum! ¡Me mataría como a una mosca, sin dificultad alguna, y antes que a nadie! Además, temo que si le da por maltratar a su padre, me acusen a mí de complicidad.

—¿Y de qué habrían de acusarte?

—De que pudiera haberle dado alguna señal...

—¡Mal diablo te lleve!... Pero, ¿de qué señales estás hablando? ¿Quieres explicarte de una vez claramente?...

—Debo confesar —repuso Smerdiakof, con pedantesca tranquilidad— que entre Fedor Pavlovitch y yo existe un secreto. Usted sabe que, de algunos días a esta parte, en cuanto se hace de noche, se encierra en sus habitaciones. Usted no puede calcular cómo atranca la puerta. Grigori no sabe nada, porque no va nunca allí; soy yo quien sirve y atiende al amo. Digo, pues, que él se encierra, y yo, por orden suya, paso la noche en la despensa. Me ha prohibido que duerma antes de la medianoche, y a fin de que pueda avisarle si llega Grushenka, a quien espera con impaciencia. "En cuanto llegue, vienes a mi cuarto y llamas a la puerta con la mano, en la siguiente forma: primero despacio, suavemente, dos veces, y luego tres, más aprisa. Entonces abriré". Eso me ha dicho. Para los casos extraordinarios tenemos otras señales: primero dos veces, aprisa, toc, toc, y después de una pausa, un golpe fuerte. Por tanto, si Grushenka viniese y estuviese encerrada con él, si llegara a presentarse Dimitri en ese tiempo, sería preciso, absolutamente preciso, dar la señal convenida entre él y yo... Pues bien, esas señales...

—¿Qué?

—Las conoce también Dimitri.

—¡Cómo!... ¿Has osado decírselas tú?...

—Sí.

—¡Insensato!... ¿Por qué razón?

—Porque le tengo miedo, y porque quiero que sepa que no le engaño.

—¡Pero, si crees que él pretenda entrar valiéndose de esa señal, puedes impedírselo!

—¿Y si estoy con el ataque?... Además, admitiendo que yo tratase de impedírselo, como él es tan violento...

—¡Que el diablo te lleve!... ¡Te estás burlando de mí! ¿Por qué tienes la seguridad de que mañana sufrirás un ataque?

—¡Cómo!... ¿A santo de qué habría de burlarme de usted? ¿Es esto, acaso, asunto de burla?... ¡Es que tengo un presentimiento!... He ahí todo.

—Pues cuando te acuestes, adviérteselo a Grigori: él no dejará entrar a nadie.

—Sí, pero yo no me atrevo a decirle a Grigori este secreto sin permiso del amo. Además, Grigori no se encuentra bien; su esposa Marfa le está preparando una medicina especial que ella conoce, que también toma ella al propio tiempo, y que tiene la particularidad de dejarlos a ambos insensibles, como adormecidos, durante algunas horas. Ya lo han hecho otras veces, y cuando se despiertan, Grigori está curado y Marfa tiene un pequeño dolor de cabeza. Así, pues, si les da por tomar esa medicina hoy y mañana, no podrán oír llegar a Dimitri, y éste entrará sin dificultad.

—¿Sabes lo que te digo? Que todo esto me parece dispuesto por ti, adrede; lo de tu ataque, lo de la medicina y todo lo demás. En suma: que eso es lo que tú deseas. ¿No es así?

Iván frunció el ceño.

—¿Cómo quiere usted que haya yo preparado todo eso? —replicó Smerdiakof—. Todo depende de Dimitri. Eso es cosa suya. ¿O cree usted que voy a ir yo a buscarle para meterlo aquí, dentro de la casa?

—¿Pero no acabas de asegurar hace un momento que Grushenka no vendrá jamás aquí? ¿Por qué, entonces, habrá de venir mi hermano Dimitri? —exclamó Iván, pálido de coraje—. ¡Habla claro! ¡Quiero conocer íntegramente el sentido de tus palabras!

—Mis palabras no tienen más sentido que el que ellas mismas expresan. Dimitri puede venir, por desconfianza, o por maldad. Y si yo estoy enfermo, como aseguro, vendrá para convencerse por sus propios ojos. Además, Dimitri sabe perfectamente que el amo lleva consigo un paquete de dinero que tiene destinado a esa joven, en el caso de que a ella le diese por venir.

—¡Miserable! ¡Dimitri no es capaz de asesinar a su padre por robarle! ¡Está loco... pero no robará!

—Es que necesita dinero... Yo se lo aseguro a usted. Lo necesita sin demora. ¡No puede usted calcular hasta qué punto! —replicó tranquilamente Smerdiakof—. Además, esos tres mil rublos que el amo tiene guardados los considera suyos Dimitri. Por otra parte, si Grushenka quiere, Fedor Pavlovitch se casará con ella, y ella, naturalmente, preferirá al padre que al hijo, ya que éste no tiene sobre qué caerse muerto. Por tanto, si Fedor se casa con Grushenka, al morir el padre de usted, ni Dimitri ni Alexey recibirán un solo *kopek,* todo quedará para ella, mientras que muriendo ahora, como no tiene hecho testamento, les corresponderán cuarenta mil rublos a cada uno de los tres. Esto lo sabe Dimitri.

El rostro de Iván se contrajo.

—Y tú me aconsejas que me marche a Tchermachnia... ¿Qué significa eso? —preguntó, sin poder ocultar su emoción—. ¿Quiere decir que cuando yo me haya marchado ocurrirá aquí algo?...

—Perfectamente —respondió con tono tranquilo Smerdiakof, mirando fijamente a Iván.

—¿Cómo perfectamente? —rugió éste con voz ahogada, y mirada amenazadora, pero procurando, con trabajo, dominarse—. ¡Explícate!

—Creo haberlo hecho ya con cuanta claridad me ha sido posible. Y si he hablado así, créame, fue porque me causa usted lástima.

—¡Yo!

—Sí; yo en su lugar lo abandonaría todo —repuso Smerdiakof con desenvoltura.

Hubo un breve silencio.

—Tú —dijo Iván— tienes cara de ser un imbécil, pero... ciertamente eres el más ruin de los miserables.

Diciendo esto se levantó y dio algunos pasos; pero, de pronto, se detuvo y volvió hacia donde estaba Smerdiakof. Entonces ocurrió algo extraño: Iván se mordió los labios, apretó los puños, y poco faltó para que se arrojase sobre su sirviente. Éste se dio cuenta, se estremeció y dio un salto atrás. Pero Iván había girado nuevamente y se dirigía hacia la casa.

—Mañana, al apuntar el día, me marcho a Moscú —dijo, maravillándose él mismo de haber pronunciado aquellas palabras.

—Es lo mejor que puede usted hacer —replicó el otro, como si no hallase nada de particular en el lenguaje de Iván—. Sólo que, estando en Moscú, podrán avisarle a usted por medio de un telegrama... si llegase a ocurrir algo extraordinario.

El rostro de Iván había variado por completo: ahora denotaba una gran expectación, mezcla de angustia y sumisión.

—¿Y estando en Tchermachnia?...

—También podrían inquietarle —murmuró Smerdiakof a media voz, sin dejar de mirar a Iván, con fijeza.

—Eso quiere decir que debo marcharme más lejos...

—Sí —respondió Smerdiakof, disponiéndose a retroceder si fuera preciso.

Mas, con gran sorpresa suya, vio que Iván soltaba una carcajada y se internaba rápidamente en la casa.

Cualquiera que hubiese visto a Iván, en aquel instante, no hubiera podido tomar aquella risa por un signo de alegría. Es verdad que ni él mismo habría podido explicarse lo que sentía...

Capítulo VII

Iván andaba y hablaba como por instinto. Al ver su padre en el salón, le gritó apresurado:

—Voy a mi habitación y... no vendré a despedirme de usted... ¡Hasta la vista!

Y se alejó sin volver a mirar al viejo.

Aquella insolencia asombró a Fedor, a pesar de estar acostumbrado a ellas. Sin embargo, como tenía que decirle a su hijo algo urgente, hizo un movimiento disponiéndose a seguirle; pero, ofendido ante aquel bochornoso comportamiento, hizo un gesto de despecho y se sentó nuevamente.

—¿Qué le pasa a éste? —preguntó a Smerdiakof, que acababa de entrar.

—Está enfadado no sé por qué —respondió evasivamente el criado.

—¡Vaya al diablo con su enfado!... ¡Dame la cafetera y márchate!... ¿Nada de nuevo?

Y siguió preguntando todo aquello que Smerdiakof temía tanto...

Poco después quedaba cerrada la casa.

Fedor se puso a pasear por su habitación, presa de gran excitación, esperando siempre que sonaran aquellos cinco golpecitos convenidos, y mirando de tiempo en tiempo a través de los vidrios de la ventana, sin alcanzar a ver otra cosa que la noche oscura.

Ya era tarde. Iván no dormía, reflexionaba, y sentía que perdía un tanto la noción exacta de las cosas. Le atormentaban extraños deseos... Una vez estuvo a punto de bajar a la despensa y emprenderla a golpes con Smerdiakof...

Por otra parte, se sentía invadido de una timidez inexplicable; sus mismas fuerzas físicas le abandonaban; la cabeza le rodaba, se le oprimía el corazón, y en aquel momento odiaba a todo el mundo, hasta a su hermano Aliosha, hasta a sí mismo.

Ni se acordaba para nada de Katerina Ivanovna...

—Moscú —se decía sí mismo—, ¡qué estupidez! ¡No, no iré!

Luego se acercó a la puerta del dormitorio de su padre, y oyó que éste se paseaba impaciente. El corazón de Iván latía con violencia, y la respiración era fatigosa...

Todo había quedado en silencio. A eso de las dos se acostó Fedor. También lo hizo Iván, y se quedó aletargado, con sueño pesado, intranquilo. A las siete se despertó; abrió los ojos, y notando en sí una energía extraordinaria, se vistió en seguida y se puso a arreglar los baúles. Cuando todo estuvo listo (eran las nueve), Marfa subió a preguntarle si tomaría el té en su cuarto, o si bajaría al comedor. Iván hizo esto último, casi alegremente, si bien en sus gestos se notaba algo de febril e impaciente. Saludó a su padre, y, sin esperar la respuesta a su saludo, le dijo que se iba a Moscú, dentro de una hora. El viejo no manifestó ninguna sorpresa; pero hizo cuanto pudo por aparentar una tristeza que no sentía.

—Así eres tú —dijo—. Anoche no me dijiste sino unas cuantas palabras desabridas... mas no importa; yo siempre te estimo igual... ¿Quieres hacerme un favor? Pasa por Tchermachnia. No harás un rodeo excesivo.

—Perdóneme usted, pero no puedo. De aquí a la estación hay veinticuatro *verstas*, y el tren de Moscú pasa a las siete de la noche. Apenas tengo tiempo de alcanzarlo.

—¿Y qué? Puedes irte mañana o pasado mañana. Hoy ve a Tchermachnia. ¿Qué te importa? Yo estaré más tranquilo. Si no tuviese que hacer aquí iría yo mismo; se trata de un asunto urgente... Tengo allá un bosque para vender. Un comerciante ofrece once mil rublos, y me escriben que él se detendrá en Tchermachnia solamente una semana. Tú puedes ir a negociar el asunto.

—Escriba usted a su representante: que se entienda él con el otro.

—Mi representante allí es un pope, hombre poco entendido en esos negocios. Se necesita un sujeto listo, porque el tal comerciante es un bribón.

—Es que yo tampoco entiendo de esas cosas.

—Al contrario, tú puedes servirme de maravilla. Ahora te explicaré...

—No, no puedo perder tiempo... ¡Déjeme usted a mí de negocios!...

—¡Iván, hazme este favor; no lo olvidaré nunca! ¡Caramba! ¡No tienes corazón! ¿Qué puede importarte un día más de tardanza? ¿Crees que va a desaparecer Moscú en ese tiempo?... Yo habría mandado a Aliosha, pero es demasiado joven...

—Entonces, ¿me obliga usted a ir a esa maldita Tchermachnia? —dijo Iván, con malvada sonrisa.

Fedor Pavlovitch no quiso observar la maldad y no vio más que la sonrisa.

—¡Irás! ¡Irás! ¡Ahora te daré una carta!

—No sé si iré; lo resolveré por el camino.

—¿Y por qué no ahora?...

—Vaya, bueno; como quiera usted.

El viejo se puso muy contento. Escribió la carta y mandó preparar los caballos. Después sirvieron de comer. Fedor Pavlovitch era ordinariamente expansivo en sus ratos de alegría pero esta vez procuraba contenerse: ni una palabra dijo a propósito de Dimitri ni de la partida de Iván.

"Le fastidio", pensaba éste.

Al acompañar a su hijo hasta el coche, Fedor hizo un movimiento como si quisiera abrazarle; pero Iván, para evitarlo, extendió la mano, mientras sonreía irónicamente; el viejo comprendió y se contuvo.

—¡Que el Señor te acompañe! ¡Que el Señor te acompañe! —repetía Fedor desde la puerta—. ¡Siempre tendré sumo gusto en volver a verte! ¡Que Dios sea contigo!

Iván partió en el coche.

—¡Adiós, Iván! ¡No conserves mal recuerdo de mí! —gritó el padre por última vez.

Antes de marchar dijo Iván a Smerdiakof, con voz insegura:

—Voy a Tchermachnia.

El criado sonrió.

Partió el coche. Iván miraba con avidez los campos, las colonias, los árboles, y experimentó un singular placer. Después pensó en su hermano Aliosha y en Katerina: sonrió dulcemente, y se pasó la mano por la frente como si tratase de borrar de su imaginación la figura de aquellos seres queridos.

"¡Más tarde!", pensó, dirigiendo la vista hacia otro lado.

Los caballos galopaban vertiginosamente.

Iván no podía olvidar la última sonrisa de Smerdiakof.

—¿Por qué le habré dicho que iba a Tchermachnia? —murmuró.

A doce *verstas* de dicho punto, se detuvo el coche: era la segunda parada en aquel camino.

—Si no fuese a Tchermachnia, amigos —dijo, a los que conducían el carruaje—, ¿tendría tiempo de estar en la estación a las siete?

—Si usted lo ordena, sí.

—¿Irá alguno de ustedes a la ciudad mañana?

—Sí, Alejandro irá.

—¿Y podría decirle a mi padre que no he ido a Tchermachnia?

—¿Por qué no? ¡Con mucho gusto!

—Pues entonces, a la estación en seguida. ¡Ah!... Tomen la propina, porque mi padre se olvidaría, seguramente, de darla —dijo Iván, riendo.

—¡Gracias, señor! ¡Su encargo será cumplido!...

A las siete tomaba Iván el tren para Moscú.

—¡Atrás todo el pasado! —murmuraba—. ¡No quiero oír hablar más de él!... ¡Adelante, hacia un mundo nuevo, hacia un nuevo cielo, sin volver la cabeza!

Pero su alma estaba llena de tristeza. Aquella noche la pasó en el tren reflexionando, y sólo al llegar a Moscú, a la mañana siguiente, recobró Iván su presencia de ánimo, y se dio perfecta cuenta de todos sus actos.

"¡Soy un miserable!", pensó.

Fedor Pavlovitch, al verse solo, se sintió feliz. Iba a servirse una copa de coñac, cuando ocurrió una cosa desagradable: Smerdiakof acababa de caerse en la escalera de la bodega. Por fortuna, Marfa se dio cuenta, al oír su grito de epiléptico.

Smerdiakof estaba retorciéndose en el suelo, presa de horribles convulsiones, y echando espuma por la boca.

Acudieron algunos vecinos, y lo subieron con fatiga. El mismo Fedor Pavlovitch, asustado, ayudó a conducirle al cuarto que ocupaba el criado. Éste no volvía en sí... Cesó la crisis, pero luego se repitió con más fuerza.

Por la noche se presentó otro nuevo inconveniente: Grigori, que estaba malucho hacía dos días, se metió en cama.

Fedor se encerró en su cuarto, dando muestras de gran agitación, pues según le habían asegurado, era precisamente aquella noche cuando había de ir Grushenka a su casa. Así se lo había dicho Smerdiakof aquella misma mañana.

El corazón del viejo latía violentamente. Andando de aquí para allá, dentro de su habitación, se detenía de vez en cuando para escuchar, puesto que Dimitri podía estar fuera espiando la llegada de Grushenka, la cual, según le aseguró Smerdiakof, conocía ya la seña convenida.

No obstante, a pesar de su gran inquietud, nunca había experimentado Fedor una sensación de placer tan intensa. La idea de besar a Grushenka en los labios le volvía loco.

"¡Ya no es una vana esperanza! —se decía—. ¡No, no es ilusión, porque vendrá, sí, vendrá!"

Sexta parte
Aliosha

Capítulo I

Al entrar Aliosha en la celda del padre Zossima, se quedó estupefacto. En vez de encontrar un hombre moribundo, o tal vez un cadáver, como temía, se halló con el venerable anciano sentado en una butaca, bastante cansado, pero con una fisonomía que denotaba alegría y serenidad al propio tiempo.

En aquel momento estaba rodeado de algunos visitantes con los que charlaba tranquilamente. Se había levantado un cuarto de hora antes de que llegara Aliosha. El padre Paissi había asegurado a los visitantes que *el maestro* se levantaría y hablaría, según lo había anunciado aquella misma mañana.

Su fin tuvo lugar de una manera bastante inesperada. Ciertamente, todos sus amigos sabían que el fatal desenlace estaba próximo, pero no hubieran pensado jamás que fuese tan de repente, viendo al anciano tan animado algunos minutos antes. Por el contrario, esperaban todavía una reacción favorable, y la daban por segura cuando sobrevino la catástrofe.

El noble viejo se había llevado de improviso las manos al pecho, cayó luego de rodillas, inclinó la cabeza hacia el suelo, y quedó muerto cuando tocaba éste con sus labios.

La noticia se extendió rápidamente por la ciudad, y pronto acudieron al monasterio grandes grupos de admiradores del difunto.

El cadáver se descompuso con una rapidez increíble, y no faltó quien asegurase, entre las gentes del pueblo, que el espíritu del mal se había apoderado del anciano. La turba esperaba que las leyes de la naturaleza hubiesen sido más respetuosas con aquel cuerpo que con los del resto de los mortales.

Aliosha se impresionó enormemente, y anduvo algún tiempo como desorientado; parecía que había perdido la brújula que debiera indicarle el camino a recorrer.

La noche se acercaba. Rakitine, que entraba en el bosquecillo, vio a Aliosha, tendido en tierra, inmóvil, bajo un árbol.

—¿Eres tú, Aliosha?... ¿Eres tú quien...?

Se detuvo; quería decir: "¿Eres tú quien tan fácilmente se deja acobardar de una manera tan profunda?"

Aliosha no se movió, pero Rakitine comprendió que le había oído.

—¿Qué te pasa? —prosiguió, sonriendo con ironía—. Hace cerca de dos horas que te estoy buscando. ¿Qué haces aquí? ¡Mírame al menos!

Aliosha levantó la cabeza y se sentó, recostándose contra el árbol. Su rostro denotaba gran sufrimiento, y en su mirada se advertía un mal disimulado disgusto.

—¡Cómo has cambiado!... —siguió diciendo Rakitine—. ¿Te ha ofendido alguien?

—¡Déjame en paz! —respondió Aliosha, sin mirarle y con gesto desesperado.

—¡Oh, oh, qué maneras, chico! ¡A ver si tú, un ángel, vas a pensar como los demás mortales!... ¡Me sorprende tu actitud, Aliosha, te lo digo francamente!

Aliosha le miró, por fin, aunque distraídamente.

—¿Es acaso, porque hiede tu viejo, por lo que te hallas así? ¿Creías tú también que se iba a operar algún milagro?

—¡Lo creía, lo creo y lo creeré siempre! —exclamó Aliosha, furioso—. ¿Qué más quieres?

—Nada, amigo mío, ¡qué diablo! ¡Vaya, hombre, si eso ya no lo creen, ni los chicos de la escuela!... Pero eso importa poco... De modo que estás enfadado con Dios... ¿eh? ¿Piensas que no ha tratado a Zossima como era debido?...

Aliosha miró de nuevo a Rakitine con visible enojo.

—¿Te enfadas conmigo también? —preguntó éste—. ¿Conmigo y con Dios?...

—No me enfado con Dios —respondió Aliosha algo turbado—: pero no acepto su universo.

—¡Atiza!... ¡Que no aceptas su universo! ¿Qué mosca te ha picado?

Aliosha no respondió.

—Bueno; dejemos estas bagatelas —repuso Rakitine—. ¿Has comido hoy?

—No me acuerdo; creo que sí.

—Es preciso reponer las fuerzas. Estás desfigurado; da lástima verte. Me han dicho que no has dormido en toda la noche. ¿Ha habido función en casa de tu padre?... De todos modos, hay que hacer por la vida. Hay que comer algo... aunque sea hierba o raíces... Espera, tengo aquí un pedazo de salchicha... pero tú no querrás, tal vez...

—¡Sí que quiero!

—¡Vaya! Eso es una resolución completa. Ya te veo en las barricadas el mejor día. Bueno, anda, vamos a mi casa y echaremos un trago de buen *vodka*... aunque, ahora caigo en que eso sería ya demasiado... Tú no querrás *vodka*...

—¡También quiero!

—¡Vamos! ¡Vamos!... ¡Si te oyese tu hermano Iván!... ¡Valiente cara iba a poner! A propósito, ¿sabes que se ha ido a Moscú esta mañana?

—Lo sé.

—Oye, volviendo a lo de antes, hasta la señora Koklakof está enojada. Hace un rato que la vi, y al contarle lo de la precipitada descomposición del padre Zossima, exclamó: "¡Jesús! ¿Quién hubiera esperado de él semejante cosa?..."

—Cambia de asunto.

—¿Adónde vamos?

—A donde quieras.

—Vamos... a casa de Grushenka... ¿Quieres? —dijo Rakitine con cierta emoción, dispuesto a escuchar una rotunda negativa.

—¡Vamos! —respondió Aliosha tranquilamente.

Esta inesperada respuesta hizo dar un salto a Rakitine, el cual, tomando a Aliosha por un brazo, lo arrastró consigo, por decirlo así, temiendo que su joven amigo cambiase de resolución. Y no era precisamente por dar gusto a Grushenka por lo que Rakitine obraba de aquel modo: en primer lugar se regocijaba de antemano por tener el placer de ver *caer* a un *justo*, y luego, y esto era lo más importante, la joven le había prometido cierta cantidad si lograba llevar a Aliosha a su casa.

Capítulo II

Grushenka había recibido la carta en la cual el capitán polaco, su antiguo amante, de quien ya hemos hecho mención anteriormente, le hacía saber que estaba a punto de llegar.

Este hombre, después de haber engañado a Grushenka, la había abandonado y se había casado, no volviendo ella a tener noticias suyas durante largo tiempo. Pero como llegara a enviudar y se enterase que su antigua amante había llegado a reunir cierto capitalito, se decidió a casarse con ella.

Grushenka, a pesar de ser relativamente rica, vivía modestamente, en compañía de dos criadas, una joven y otra vieja.

Aquella noche debía partir Grushenka para Mokroié, un pueblo de aquellos alrededores, en el cual celebró la primera fiesta con Dimitri. Allí debía encontrarse con el capitán polaco.

Aliosha y Rakitine la hallaron en un salón, tendida en un sofá, inmóvil, con las manos debajo de la cabeza. Vestía de seda negra, y llevaba sujeto con un alfiler de oro un cuello de encaje blanco que le sentaba de maravilla. Parecía estar esperando a alguien. Su rostro era pálido en aquel momento, y sus labios estaban más encendidos que nunca, como abrasados por la fiebre.

—¿Quién es? —había preguntado al oír ruido de pasos.

Y al ver a los recién llegados sonrió y suspiró como si libertaran su pecho de un peso insoportable.

Grushenka estaba algo despeinada y al reconocer a sus visitantes se apresuró a arreglarse los cabellos que le caían encima de los hombros.

—Manda que traigan luces —dijo Rakitine con acento familiar.

—En seguida... ¡Fenia!... ¡Trae un candelabro!

—Me parece —dijo Rakitine, algo ofendido— que llegamos en mal momento.

—No; me han asustado ustedes; he aquí todo —replicó Grushenka, mirando dulcemente a Aliosha—. Creía que fuese Mitia que echaba la puerta abajo.

—¿Cómo es eso? —preguntó Rakitine.

—Porque hace poco lo he engañado; él juró que me creía, pero yo, repito, lo he engañado; le he dicho que iba a casa de mi viejo mercante a hacer cuentas durante toda la noche, pues han de saber ustedes que voy allá una vez por semana a arreglarle las cuentas... Mitia se lo ha creído, y yo he vuelto en seguida aquí. Espero una noticia. ¿Cómo es que Fenia os ha dejado entrar?... ¡Fenia, corre a la puerta y ve si Dimitri Fedorovitch está escondido en cualquier parte! ¡Le tengo un miedo horrible!

—Ya he mirado; no hay nadie —replicó la sirvienta—. ¡Yo también tengo miedo!

—Cierra las ventanas y corre las cortinas. Podría ver el resplandor de la luz. Hoy temo a tu hermano Mitia, Aliosha; hoy especialmente.

Grushenka hablaba en voz alta, con intensa expresión de inquietud.

—¿Y por qué le temes tanto hoy? —preguntó Rakitine—. Generalmente haces de él cuanto quieres.

—Es que espero una noticia que Mitia no debe conocer.

—Te encuentro más bella que nunca. ¿Por qué te has arreglado tanto?

—¡Qué curioso eres, Rakitine! ¿No te digo que espero una noticia? Cuando la haya recibido, me marcharé y ya no volverás a verme más. Por eso me he arreglado.

—Y, ¿adónde irás?

—Pretendes averiguar demasiado, y eso te hará pronto envejecer. Mas, ¿por qué estoy perdiendo el tiempo contigo cuando tengo un príncipe en mi casa?... ¡Aliosha, mi querido Aliosha, lo estoy viendo y aún no lo creo! Nunca hubiera pensado que vinieses. El momento no es muy propicio, pero, no obstante, estoy igualmente contenta. Siéntate aquí, en el diván... Y tú, Rakitine, ¿por qué no viniste más pronto ayer?

Grushenka se sentó junto a Aliosha, y lo miró con ternura y alegría. Aliosha no se esperaba un recibimiento tan afectuoso.

—¡Dios mío, cuántas cosas inesperadas ocurren hoy! —repuso la joven—. ¡Soy feliz sin saber por qué razón!

—¡Vaya si lo sabes! —dijo Rakitine sonriendo maliciosamente—. Alguna razón tendrías para repetirme constantemente: "¡Tráemelo, tráemelo aquí!..."

—Sí, sentía un motivo, pero ya no existe... Ya no hay caso... Siéntate tú también, Rakitine... ¿Por qué estás tan triste, Aliosha? ¿Tienes miedo de mí?

—Está intranquilo —respondió Rakitine.

—¿Por qué?

—El viejo Zossima hiede desde lejos...

—¿Eh?... ¡Vaya una tontería!... ¡Siempre sales con alguna majadería!... ¡Calla, calla, imbécil!... ¡Aliosha, déjame que me siente sobre tus rodillas!... ¡Así!

Y se sentó encima de las rodillas de Aliosha, cuyo cuello rodeó con sus brazos.

—Yo haré que te pase esa inquietud... ¿Te disgusta que esté sentada de ese modo? Si te molesto me levantaré.

Aliosha callaba, sin atreverse a hacer un movimiento. Estaba como paralizado. Pero no era ello debido a la sensación que se podía suponer. La tristeza que lo embargaba, no sólo neutralizaba, sino que vencía por completo todo sensualismo, y si Aliosha hubiera podido darse cuenta, habría comprendido que era inaccesible a cualquier clase de seducción. Más aún: la misma novedad de su insensibilidad le sorprendió sobremanera. Aquella joven, aquella terrible joven, no sólo no le asustaba, sino que le causaba una curiosidad extraordinaria.

—¡Celebremos el suceso! —dijo Rakitine—. ¡Danos *champagne;* bien sabes que me lo debes!

—Es cierto, ¿sabes, Aliosha? Se lo prometí, entre otras cosas, si te conducía aquí. ¡Fenia!... Trae la botella que ha destapado Mitia... Me da pena, pero no importa... haré que te sirvan *champagne.* No por ti, Rakitine, que eres un bodoque, sino por él... ¿sabes?... Tengo otras cosas en la mente.

—Vaya, ¿quieres decirnos ya qué clase de noticia es ésa? —dijo Rakitine—. ¿Es algún secreto?

—No es un secreto, puesto que ya estás tú al corriente... Que llega mi *oficial;* eso es todo.

—¿Tan cerca está ya?

—En Mokroié. Debe mandarme un mensajero... He recibido la carta... Ahora espero el coche.

—¿Y por qué en Mokroié?

—Sería muy largo de contar.

—¿Y Dimitri?... ¿Lo sabe?

—No. Me mataría. Pero yo no tengo ya miedo de él... ¡Calla, no hablemos de eso!... Me ha hecho demasiado daño. Además, no quiero pensar sino en Aliosha, y no quiero sino mirarlo a él... ¡Ríete, Aliosha, alégrate un poco! ¡Así!... ¡Gracias!... ¿Sabes? Te creía enfadado conmigo por lo que sucedió en casa de aquella señorita. Me porté mal, pero no me arrepiento de nada. Hice bien y mal al propio tiempo.

Y asomó a sus labios una sonrisa cruel.

—Mitia me ha dicho que ella gritaba: "¡Es preciso descuartizarla!" —añadió—. ¡Dios mío, cuánto la he ofendido!... ¡Ella quería vencerme! ¡Ja, ja! ¡Y tomamos chocolate juntas!... ¡Pensaba engañarme!... ¡Bah!... ¡Todo eso ha estado muy bien hecho!... Lo que temo es que tú te hayas enfadado conmigo, Aliosha, porque te amo. ¿Sabes? ¡Sí, te amo con toda mi alma!

—¡Ah, descarada! —exclamó Rakitine—. ¡Eso es una declaración en regla!

—Ni más ni menos.

—¿Y el oficial? ¿Y la buena noticia de Mokroié?

—Ese es otro cantar...

—¡Vaya una lógica!

—¡No me hagas rabiar, Rakitine! Te digo que ése es otro cantar... Es verdad, Aliosha, que respecto a ti, he tenido malos pensamientos. Soy vil, ardiente, y, sin embargo, te admiro. Algunas veces me he dicho entre mí: ¡Cómo debe despreciarme un hombre semejante! Eso mismo pensaba el otro día, al salir de casa de la señorita Ivanovna. Mitia lo sabe; se lo he dicho y me comprende...

Fenia entró y colocó encima de la mesa una bandeja conteniendo una botella y tres copas llenas de *champagne*.

—¡Aquí está el licor! —exclamó Rakitine.

Y acercándose a la mesa tomó una copa, la apuró, y después de llenarla de nuevo repitió la operación.

—Estas ocasiones se presentan pocas veces —dijo—. ¡Anda, Aliosha, bebe! Pero.... ¿a la salud de quién beberemos? ¡Brindemos por... por la entrada en el Paraíso! ¡Hala, Grushenka! ¡Por el Paraíso!

—¿Qué Paraíso es ése? —preguntó la joven tomando su copa.

Aliosha tomó también la suya, humedeció sus labios y volvió a dejarla.

—Prefiero no beber —dijo con dulce sonrisa.

—Entonces no bebo yo tampoco —dijo Grushenka—. Bebe tú solo, Rakitine.

—¡Ah! ¡Ya empieza el sentimentalismo!... Y, sin embargo, está sentada sobre sus rodillas... Bueno, él, Aliosha, está pensativo por... por aquello del padre Zossima; pero tú, Grushenka, ¿qué tienes? Aliosha hace poco estaba enojado con Dios; pero tú...

—Pues, ¿qué ha pasado?

—Ha muerto su guía, su timonel.

—¿Quién?...

—¡Zossima!

—¡Zossima!... ¡Y yo que lo ignoraba! —exclamó Grushenka, persignándose. Luego añadió—. ¡Dios mío, y yo sigo sentada en sus rodillas!...

Y levantándose rápidamente fue a sentarse en el diván.

Aliosha la miró con sorpresa y recobró su habitual serenidad.

—¡Rakitine! —dijo—. ¡No me hagas enfadar diciéndome que me rebelo contra Dios!... ¡No quiero enfadarme, yo te perdono esa broma de mal gusto! ¡Perdóname tú a mí también!... ¡Hoy he perdido todo cuanto amaba en el mundo!... ¡Tú!, Rakitine ignoras esto; ¡no puedes comprender! Mira a Grushenka; mira cuán amable es conmigo... Al venir aquí, temía encontrarme con un alma perversa, y eso precisamente es lo que me hizo venir, ya que yo también me hallaba mal dispuesto... Pero he encontrado una verdadera hermana, un alma amorosa, un tesoro...

Los labios de Aliosha temblaban...

—¡Vaya, vaya! —exclamó Rakitine con ironía—. Ella te ha salvado, ¿verdad? Y, sin embargo, quería comerte a besos; ¿no lo sabías?

—¡Basta, Rakitine! —gritó Grushenka—. ¡Cállense los dos!... ¡Calla, Aliosha! Tus palabras me avergüenzan... Te aseguro que te engañas respecto a mí: yo soy una criatura malvada... Y tú, Rakitine, también te engañas ahora. Es cierto que yo quería comérmelo a besos como has dicho; pero antes, hace tiempo. ¡Que no te vuelva yo a oír decir eso!

—¡Locos! —murmuró Rakitine—. ¡Ni que estuviéramos en un manicomio!... ¡A ver si nos ponemos a llorar dentro de poco!

—¡Sí, lloraré, lloraré! —dijo Grushenka, emocionada—. ¡Me ha llamado hermana suya! ¡No lo olvidaré, nunca! Escucha, Aliosha; quiero hacerte una confesión. Deseaba tanto verte, que le he prometido veinte rublos a Rakitine si lograba conducirte aquí... ¡Espera, Rakitine!

Y abriendo un mueblecito sacó de él veinte rublos.

—Toma, Rakitine; no lo rehuses, pues tú mismo me lo pediste.

Y le dio el billete.

—Cierto que no lo rehuso —replicó Rakitine con cinismo—. Nunca viene mal...

—Calla —dijo Grushenka—. Tú no nos amas...

—¿Y por qué debo amarles?

—Por... por nada, como Aliosha.

Grushenka se acercó a éste.

—Sí —le dijo—, quería *comerte*. Tenía miedo de ti, y me decía: ¡Me lo *comeré*, y luego me reiré de él! He aquí la malvada a quien tú has llamado tu hermana. Pero mi amante vuelve; espero noticias suyas de un momento a otro. Hace cinco años, cuando conocí a Kuzma, mi viejo mercante, huía yo de la gente. Me enflaquecía de pena, y lloraba, diciendo siempre: "¿Dónde está aquel que yo amaba? ¡Ah!... ¡Riéndose de mí con otra mujer!... ¡Si lo encuentro algún día sabré vengarme de él!" Con esta idea fija en mi mente, he acumulado dinero, me hice desaprensiva y engordé... Pero, ¿crees que me haya hecho más inteligente? ¡No! Nadie sabe que, cuando llega la noche, lloro como hace cinco años, me desespero y exclamo: "¡Me vengaré! ¡Me vengaré!..." ¡Compréndeme!... Hace cuatro semanas recibí una carta de... de él, ¿sabes? Viene hacia acá, es viudo, quiere verme... ¡Señor!... ¡No puedo respirar!... ¡Me llamará, y yo acudiré a él, arrastrándome como un perro apaleado, como una culpable!...

¡Ni yo misma puedo comprenderlo! ¿Tan bajo he caído?... ¿Iré o no iré? Y estoy ardiendo de coraje, de ira; una ira peor que aquella de hace cinco años... ¿Ves, Aliosha, cómo soy violenta? Me he divertido con Mitia para impedirme yo misma de ir a ver al otro... Y estaba aquí, cuando han llegado ustedes, pensando en mi porvenir... ¡Ah, no sabes el peso que tengo en el corazón! ¡Sí, Aliosha; dile a aquella señorita que me perdone! Nadie sabe en el estado en que ahora me encuentro: nadie puede saberlo... Tal vez vaya a reunirme con él, con mi oficial, armada de un cuchillo; mas todavía no he decidido nada...

Grushenka no pudo contenerse más. Se dejó caer en el diván, con el rostro oculto entre los cojines, y se puso a llorar como un niño.

Aliosha se levantó y se acercó a Rakitine.

—Perdónale lo que antes te dijo —murmuró—. Ya ves el estado en que se hallaba. Hay que ser misericordioso...

Rakitine lo miró con ironía.

—¡Piensa en tu padre Zossima y déjame a mí en paz! —dijo con sorna.

—¡No te rías, Rakitine: no hables del muerto!... Él es superior a todos los seres vivientes —exclamó Aliosha con los ojos llenos de lágrimas—. No es un juez quien te dice esto; yo mismo soy un acusado... Vine aquí para perderme, por debilidad; pero ella, Grushenka, después de cinco años de torturas, al oír una palabra sincera, perdona, lo olvida todo y llora. Su seductor ha vuelto, y ella lo perdona y corre hacia él alegremente... ¡Sí, porque no llevará consigo el cuchillo, no, no lo llevará! ¡Qué lección para nosotros!... Grushenka nos supera en grandeza de espíritu... Y la otra, aquella a quien ofendió anteayer, perdonará también cuando lo sepa todo.

Grushenka levantó la cabeza y miró a Aliosha conmovida.

—Ven, Aliosha —le dijo—. Siéntate aquí, a mi lado, y dime... dime... ¿He de amar a mi seductor, sí o no? ¡Habla! ¡Lo que tú digas será la verdad! ¿Precisa perdonar?

—¡Pero si tú has perdonado ya!

—Es cierto —murmuró Grushenka, con voz solemne—. ¡Oh, vil corazón!... Está, bien... ¡Beberé por la vileza de mi alma!

Y tomando una copa llena, la vació de un trago y la arrojó al suelo, en donde se hizo añicos.

Una sonrisa cruel volvió a asomar a sus labios.

—Acaso no he perdonado todavía realmente —repuso, bajando la vista, con tono amenazador, y como si hablase consigo—. Tal vez esté, solamente, a punto de perdonar. Mas lucharé todavía en contra mía. Con mis cinco años de lágrimas, mi ultraje, lo que amo, y no a él.

—No quisiera estar en su lugar —dijo Rakitine.

—No lo estarás nunca, no temas. Tú, a lo sumo, tal vez valdrás para limpiarme a mí el calzado... Una mujer como yo no se ha hecho para ti... ni para él tampoco, probablemente.

—Entonces, ¿por qué te has arreglado tanto?

—¡Mentecato! Me he vestido así para poder decirle: "¿Me viste jamás tan bella?" Él me abandonó cuando yo contaba diecisiete años, delgaducha, lloricona... ¡Ah!... Podría seducirlo, exasperarle, diciéndole: "¿Me viste jamás tan hermosa? ¿No?... Bueno, pues ahora, márchate por donde has venido, con la miel en la punta de la nariz, sin poder alcanzarla con tu lengua..." O quién sabe si rasgaré este vestido y me desfiguraré el rostro... y también podrá suceder que no vaya a encontrarle a él, ni a casa de Kuzma tampoco. Le devolveré a ese viejo mercante su dinero y me pondré a servir... ¿Crees que no tendría valor para hacerlo? ¡Pues te engañas!

Dijo estas últimas palabras sumamente excitada, y volvió a dejarse caer en el diván, sollozando.

Rakitine se levantó.

—El tiempo pasa —dijo—. Pronto será tarde para volver al monasterio.

Grushenka se alzó vivamente.

—¿Te vas tú también, Aliosha?

—¿Crees que va a quedarse a dormir en tu casa? —replicó Rakitine—. Aunque todo podría ser... Bueno, me iré solo.

—¡Calla, mala lengua! —gritó colérica Grushenka—. ¡Él ha sido el primero, el único que ha tenido piedad de mí!

Y emocionada profundamente, se dejó caer de rodillas ante Aliosha.

—El corazón me decía que tu visita habría de hacerme gran bien —murmuró, sollozando—. Yo misma me engañaba deseando tu venida... Creía que... ¡Ah, sí; ahora veo lo grande que eres! ¡Tú me amas, y no precisamente por mi vergonzoso estado!

—¿Qué te he hecho, pues? —dijo Aliosha conmovido, tomando las manos de la joven.

En aquel momento se oyó un rumor en el vestíbulo.

Grushenka se levantó asustada.

Fenia entró gritando:

—¡Señorita, señorita, el correo! El coche ha llegado de Mokroié... ¡Tome usted esta carta!

Grushenka tomó la carta, rompió el sobre y se puso a leer las escasas palabras que el pliego contenía.

—¡Me llama!... ¡Silba a su perrillo! —exclamó; y después de un momento de vacilación, repuso—: ¡Me voy! ¡Adiós mis cinco años de penas! ¡Adiós, Aliosha! ¡El dado está echado! ¡Márchate, márchate presto de aquí!... ¡Que yo no te vea más! ¡Grushenka vuela hacia una nueva vida!... ¡Hacia la muerte, tal vez!... ¡Ah!... ¡Estoy como embriagada!

Y se precipitó hacia la puerta de su dormitorio.

—Vámonos —dijo Rakitine—. ¡Estoy cansado de comedias!

Aliosha se dejó conducir automáticamente.

Apenas habían salido de la casa, abrióse una ventana y apareciendo en ella Grushenka, gritó:

—Aliosha, saluda a Dimitri y dile que Grushenka ha preferido un villano a un noble. Dile, también, que lo he amado por espacio de una hora entera; que se acuerde siempre de aquella hora, que se lo ruego yo...

Y cerró la ventana, llorando...

Rakitine hizo una mueca de desprecio.

—¡Qué canalla! —exclamó—. ¡Licencia a Dimitri y le ordena que piense siempre en ella!

Aliosha se separó de Rakitine, y se dirigió triste y pensativo hacia el monasterio.

Séptima parte
Mitia

Capítulo I

Al acompañar a Grushenka a casa de Kuzma Samsonnof, Mitia se prometió volver a buscarla a medianoche. Aquella disposición de la joven le satisfacía plenamente.

"Estando en casa de Kuzma —pensó—, no irá a ver a mi padre. ¡Quién sabe si miente! —murmuró luego—. Pero no; creo que me ha dicho la verdad".

Mitia era uno de esos seres que, cuando se hallan lejos del objeto amado, se imaginan toda clase de traiciones posibles; pero, al volver a verlo, aunque sospechen que la traición ha podido someterse, pierden, a la primera mirada del ser querido, su desconfianza, y se ven subyugados por aquellos ojos que adoran y que reclaman imperiosamente una sonrisa como respuesta.

Así es que, no había llegado aún a su casa, cuando ya se sentía atormentado de nuevo por los celos.

¡Los celos!... "¡Otelo no es un celoso! —ha dicho Puskin—, es un confiado". Esta observación denota la profundidad de espíritu de nuestro gran poeta. La turbación de Otelo dimana de haber perdido su ideal. Pero no se esconde, no espía, no escucha junto a las puertas; es confiado. Ha sido preciso que le hagan muchas insinuaciones, que lo martiricen con incesantes alfilerazos para inducirle a sospechar. Un verdadero celoso no es así. No se puede uno imaginar la vergüenza moral y la bajeza en que se sumerge un hombre celoso. Y no es precisamente que éste sea necesariamente de alma ruin y vulgar, al contrario. Un corazón noble, un amor puro, un afecto real, pueden muy bien esconderse debajo de las mesas, comprar confidentes, acechar y vivir en ese fango que se llama espionaje.

Otelo no pudo aceptar ni la sombra de una traición, y, sin embargo, su alma era ingenua como la de un niño. No se trata, pues, de un verdadero caso de celos. Los celosos suelen ser los que perdonan antes, y las mujeres lo saben. Esos pueden perdonar una traición, casi evidente, después de una escena semitrágica; perdonan los apretones de manos que han presenciado ellos mismos, diciéndose para consolarse: "Tal vez será ésta la última vez..."

Inútil es decir que la reconciliación dura un par de horas escasamente, porque, si no existe otro motivo real que ocasione un nuevo ataque de celos, el celoso se lo inventa a su modo, hasta tenerlo por un hecho cierto. Por tanto, ¿qué vale un amor que de ese modo ha de ser vigilado y espiado sin cesar?... Cierto es que un hombre celoso no comprenderá esto jamás.

Decíamos, que, apenas se separó Dimitri de Grushenka, volvió a sentirse herido por la venenosa mordedura de los celos.

Pero otro asunto, de suma importancia, lo mortificaba también. Le era absolutamente urgente encontrar algún dinero cuanto antes, y para lograrlo tomó sus pistolas y las fue a empeñar en casa de Perkhotine.

María Kondratievna le hizo saber que Smerdiakof estaba enfermo, y esta noticia le desagradó mucho. También supo que Iván había partido para Moscú aquella misma mañana. ¿Qué hacer? ¿Quién espiaría por su cuenta?

Dimitri se puso a reflexionar, sin decidirse por una de estas dos cosas: vigilar él mismo la casa de su padre, o bien esperar a que Grushenka saliese de la de Samsonnof. Entonces se le ocurrió una cosa. Quería hacer una diligencia en la cual invertiría una hora aproximadamente.

"En ese tiempo —se dijo— lo sabré todo; después... a casa de Samsonnof... luego aquí, hasta las once, y después, otra vez a casa de Samsonnof, para acompañar a Grushenka a su domicilio".

Se dirigió rápidamente a su vivienda, se lavó, se peinó, cepilló su ropa y tomó el camino del palacio que habitaba la señora Koklakof. Este era el proyecto que se le había ocurrido, y consistía en pedirle a la señora Koklakof los tres mil rublos que necesitaba. Estaba convencido de que no se los negaría. Y no obstante, aquella señora lo detestaba desde hacía mucho tiempo, por ser prometido de Katerina Ivanovna, pues ya es sabido que ella era partidaria de que dicha joven se casase con el distinguido e inteligente Iván Fedorovitch.

Y precisamente por eso, Dimitri tenía alguna esperanza, y murmuró:

"Le diré que si me presta los tres mil rublos, me ausentaré de aquí, la dejaré libre y tranquila, y así podrá cumplirse su deseo... Y si no me los da, no sé qué diablos haré. Va a ser preciso que le rompa la crisma a alguien para desvalijarle de cuanto lleve".

Eran las siete y media cuando llamó a la puerta del palacio. Al principio, todo fue bien. Apenas llegó, salió a saludarle la dueña de la casa, declarándole que lo esperaba.

—¿Ah, sí? —exclamó Dimitri.

—¿Eso le sorprende?... Tenía un presentimiento... Estaba segura de que vendría usted.

—En efecto, señora, me sorprende sobremanera —dijo Mitia, sentándose, algo perplejo—. Pero... he venido a un asunto importante, excesivamente importante, para mí al menos, y me apresuro a...

—Sé lo importante que es, Dimitri Fedorovitch. No se trata ya de un presentimiento; ha sido una fatalidad; usted debía venir, forzosamente, después de lo ocurrido a Katerina... Tenía usted que venir. No podía por menos de venir. ¡Es una fatalidad!

—No; es el realismo de la vida, he aquí lo que es, ni más ni menos. Mas déjeme usted que le diga...

—Precisamente el realismo, Dimitri Fedorovitch. Yo soy partidaria del realismo... Me disgustan ciertas fórmulas... ¿Sabe usted que se ha muerto el padre Zossima?

—No, señora.

—Esta misma noche. Y si supiera usted...

—Señora lo único que sé, es que me encuentro en una situación desesperada, y que, si usted no me ayuda, todo se hundirá, y yo seré el primero... Perdóneme la trivialidad de esta expresión, pero mi alma es un infierno...

—Sí, sí, lo sé. ¿Cómo podría ser de otro modo?... Mas poco importa lo que me ha dicho usted; lo sabía anticipadamente. Hace mucho tiempo que me interesa su suerte; la conozco, la estudio... ¡Oh, créame, soy un hábil médico de almas, Dimitri Fedorovitch!

—Señora, si usted es un hábil médico de almas, yo soy un enfermo crónico y tengo el presentimiento de que, desde el momento que sigue usted el curso de mi destino con tanta solicitud, me ayudará a resolver mi problema. Permítame, pues, que le exponga el motivo que me ha traído a su casa...

—No prosiga usted; son detalles inútiles... En cuanto a mi ayuda, no será usted el primero al cual se la habré dado. Usted debe haber oído hablar de mi prima Delmessiva, ¿verdad? Su marido se encontraba en un lance muy apurado; se iba a robar, según ha dicho usted con frase característica... Pues bien, yo le aconsejé que se hiciese domador de caballos, y ahora, su situación es brillantísima. ¿Ha pensado usted alguna vez en el amaestramiento de caballos, Dimitri Fedorovitch?

—¡No, señora!... ¡Jamás! —exclamó Mitia, levantándose, no pudiendo contenerse más—. Ruego a usted que me escuche, que me conceda dos minutos para que le exponga el objeto de mi afán. Además, tengo bastante prisa —añadió con la esperanza de hacerla callar, hablando más apresuradamente y más fuerte que ella—. He venido aquí, desesperado, a pedirle, prestados, tres mil rublos, con garantía segura... Permítame que le explique...

—Después, después —replicó la señora, agitando la mano—. Sé todo lo que usted quiere decirme. ¿Me pide usted tres mil rublos? Yo le daré más, mucho más, Dimitri Fedorovitch, pero debe usted obedecerme.

Dimitri dio un salto.

—¡Señora! —exclamó—. ¡Será usted tan buena que...! ¡Ah, señora! ¡Me salvará usted de la muerte... del suicidio!... Mi agradecimiento será...

—Le daré infinitamente más de tres mil rublos —repitió la señora Koklakof, mirando a Mitia con dulzura.

—¡Infinitamente!... ¡No preciso tanto! Sólo necesito esa cantidad, esa suma fatal, tres mil rublos... ¡Ah, gracias!... Escuche usted lo que...

—Basta, Dimitri; es cosa hecha —interrumpió secamente la dama con aire de protección—. He prometido salvar a usted, y lo salvaré, como salvé a Belmossof... ¿Qué piensa usted de las minas de oro, Dimitri Fedorovitch?

—¿De las minas de oro?... Nunca he pensado...

—Soy yo quien piensa por usted. Hace un mes entero que sigo sus pasos con esta idea. "He ahí —decía para mí— un hombre enérgico; su puesto indicado está en las minas..." También he estudiado su vigoroso porte, y me he convencido de que encontrará riquísimos filones...

—¿Con mi porte, señora?

—Sí, sí. ¿Niega usted que pueda conocerse el carácter del vigor físico? Las ciencias naturales lo afirman. ¡Oh, yo soy realista, Dimitri Fedorovitch! Desde hoy, al saber lo del padre Zossima, su rápida descomposición, me he hecho realista pura, y me lanzaré de lleno a la vida activa. ¡Estoy curada! "Basta de fantasmagorías", como dice Turguenef.

—Pero, señora, esos tres mil rublos que tan generosamente me ha prometido usted...

—No los perderá; es como si los tuviese usted ya en el bolsillo. Y no sólo tres mil, sino tres millones, y en breve tiempo. Esa es mi idea.

—¿Cuál?

—Usted encontrará filones, y se hará rico en poco tiempo; volverá aquí transformado en un hombre de acción, y nos conducirá a todos hacia el bien... Levantará usted edificios, implantará diferentes empresas, ayudará usted a los pobres, y éstos lo bendecirán. Estamos en el siglo de las luces; usted llegará a ser célebre...

—Señora —interrumpió Dimitri, con inquietud—, yo seguiré, tal vez, su animoso consejo, e iré allá, a las minas..., pero, ahora, esos tres mil rublos que usted... me ha ofrecido tan espléndida y generosamente, serán mi salvación... Los necesito hoy... No puedo perder ni un momento...

—¡Basta, Dimitri, basta!... Una pregunta, solamente: ¿irá usted a las minas de oro? Respóndame categóricamente.

—Sí, señora; después iré donde usted quiera; pero, ahora...

—Espere, pues —exclamó la señora Koklakof.

Y se dirigió hacia un magnífico *secrétaire,* cuyos cajones empezó a registrar apresuradamente.

"¡Qué noble corazón! —pensaba Mitia—. ¡Darme tres mil rublos, sin exigirme garantía, ni recibo, ni nada! ¡Si hablase menos, sería un ángel esta mujer!"

—He aquí —dijo la dama, radiante de gozo—, he aquí lo que buscaba.

Y le mostró una pequeña imagen de plata, con un cordón; uno de esos amuletos que se llevan debajo de la ropa interior.

—Esta viene de Kiew, Dimitri Fedorovitch —dijo la dama con respeto—. Es Santa Bárbara, la gran mártir. Permítame que yo misma se la coloque en el cuello y que lo bendiga en los umbrales de una nueva vida.

Mitia, aturdido, se inclinó, y se dejó colocar la imagen.

—Ahora puede usted partir —dijo la dama, sentándose con gran solemnidad.

—Señora, estoy realmente conmovido, y... no sé cómo expresarle mi agradecimiento... pero... si supiese usted la prisa que tengo..., cuán urgentemente necesito esa suma que usted... generosamente... ¡Ah, señora; puesto que es usted tan noble, tan generosa, permítame que le confiese lo que... tal vez sepa ya... que amo a una mujer... que he traicionado a Katerina!... Sí, he sido inhumano, un mal hombre, pero... amo a otra, a una que usted seguramente desprecia, puesto que conoce su historia, mas yo no puedo abandonarla, y por consiguiente, esos tres mil rublos...

—Abandónelo todo, Dimitri —interrumpió concisamente la dama—. Abandone usted todo, y especialmente las mujeres. Su suerte está en las minas de oro. Más tarde, cuando vuelva usted lleno de gloria y riquezas, encontrará una digna compañera entre lo mejor de la sociedad. Será una joven aristocrática, instruida, sin prejuicios. Por ese tiempo, precisamente, la cuestión de la emancipación de la mujer estará ya resuelta, y existirá una nueva especie de mujer...

—¡Señora, no es eso, no es eso! —dijo Dimitri, juntando las manos en actitud suplicante.

—Sí, sí, eso es y no otra cosa que usted necesita. Soy partidaria de la emancipación de la mujer. A propósito de esto he escrito a Stchedrine. Este sabio sociólogo me ha ilustrado tanto en mis investigaciones acerca del porvenir del sexo femenino, que, el año pasado, no pude resistir al deseo de escribirle una carta anónima, en la que le decía: "Le estrecho contra mi corazón, y le abrazo en nombre de la mujer moderna". Y firmaba: "Una madre"... Pero, ¿qué le pasa a usted?

—Señora —gimió Dimitri, levantándose con las manos siempre juntas—, dígame por última vez, si va a darme usted ahora el dinero que me ha ofrecido, y si no puede ser en este momento, tenga la bondad de indicarme cuándo debo venir a buscarlo.

—¿Qué dinero, Dimitri?

—¡Cómo!... ¡Los tres mil rublos que tan generosamente me ha ofrecido hace unos momentos...!

—¿Tres mil?... ¿Tres mil qué? ¿Tres mil rublos?... ¡Oh, no, no los tengo! —respondió la dama algo sorprendida, pero sin inmutarse.

—¿Eh? ¿Qué? Pero... hace un rato, usted me dijo que... me dijo... que podía hacerme cargo... vamos... hacerme cuenta de que ya los tenía en el bolsillo.

—¡Oh, no, no; me ha comprendido usted mal! Yo me refería a las minas; le prometí a usted más de tres mil, infinitamente más, lo recuerdo perfectamente; pero no tenía más idea que lo de las minas de oro.

—¿Y el dinero? ¿Y los tres mil rublos?

—¡Oh!, si usted entendió eso, se equivocó, porque no los tengo. Precisamente me he visto obligada a pedir quinientos rublos prestados... Miusov ha sido quien me los ha dejado, con el correspondiente interés, por supuesto. Además, si yo tuviese dinero disponible, tampoco se los daría, porque no presto a nadie. Por otra parte, mi amistad hacia usted me habría impedido hacerle un tan flaco servicio, porque no es eso lo que usted necesita, sino las minas. Créame: váyase usted a las minas.

—¡Y usted al demonio! —gritó Mitia, golpeando con fuerza encima de la mesa.

—¡Cómo! ¿Qué, ha dicho usted...? ¡Ah! ¡Oh! —exclamó la señora, corriendo hacia el otro extremo del salón.

Mitia le dirigió una mirada preñada de amenazas, escupió con desprecio hacia donde ella estaba, y salió precipitadamente, derribando al pasar una columnata que sostenía un busto de Bellini.

Ya en la calle, caminaba como un loco, golpeándose el pecho, precisamente en el mismo sitio que lo hiciera momentos antes de separarse de su hermano Aliosha, la última vez que con él habló. En aquel momento lloraba como un chiquillo, él, Mitia, aquel hombre enérgico y vigoroso. Mientras andaba, sin saber adónde se dirigía, tropezó con alguien, e, inmediatamente, oyó el agudo chillido de una vieja, a la cual estuvo a punto de derribar.

—¡Dios mío! —dijo aquella voz—. ¡Casi me ha matado!... ¿Qué modo de andar es ése? ¿No ve usted por dónde va?

—¡Ah! ¿Es usted? —exclamó Mitia, reconociendo en la semioscuridad a la vieja doméstica de Kuzma Samsonnof, a quien conocía de vista.

—Sí, señor. Y, usted, ¿quién es, jovencito mío? ¡No lo conozco!

—¿No está usted sirviendo en casa de Samsonnof?

—Sí, hijo mío... Pero usted... No acierto a reconocerlo...

—Diga, señora. ¿Está todavía Grushenka en su casa de usted?

—No.

—¿Eh?

—Vino, pero se fue en seguida; no estuvo sino unos instantes...

—¿Qué está usted diciendo? ¿Que se ha marchado?... ¿Adónde?

—No sé; hizo unos cuantos números con Kuzma Samsonnof, y se marchó inmediatamente.

—¡Mientes, vieja maldita!

—¡Jesucristo!

Mitia salió corriendo desesperado, y se dirigió a casa de Grushenka. Fenia lo vio entrar, pálido como la cera.

—¿Dónde está? —preguntó Mitia, casi sin aliento.

Y sin esperar la respuesta se echó a los pies de la doncella.

—¡Fenia, por el santo nombre de Dios, dime dónde está la señorita!

—¡Señor, no lo sé! ¡No sé nada, patroncito mío!

—¡Fenia!...

—¡Pero si se fue con usted!...

—Sí; pero ha vuelto...

—¡No, no, patroncito!, no ha vuelto; ¡Se lo juro a usted por...!

—¡Mientes! —rugió Mitia—. Lo conozco en tu voz, lo leo en tus ojos... ¡Ah, ya adivino adónde ha ido!...

Y salió escapado.

Fenia, que se había asustado al ver el rostro amenazador de Mitia, dio un salto de alegría cuando lo vio salir.

—No creí escapar tan bien —dijo—. La señorita estará ya en Mokroié... —Y después de una breve pausa, añadió—: ¡Hum! ¡Pero esto no va a acabar nada bien!

Esta última observación de la doncella vino a ratificarla la cocinera, diciendo:

—Fenia..., ¿sabe usted lo que ha hecho el señorito Dimitri?

—¿Qué?

—Ha tomado un cuchillo que había dejado yo olvidado encima de una mesa.

—¡Ay, Dios mío!... ¡Es capaz de matar a alguien!

Capítulo II

¿Adónde iba Mitia? Se comprende fácilmente.

"No puede estar sino en casa de mi padre —se decía el joven, sin cesar de correr—. Lo veo claro como el agua... ¡Ah! ¡Todos se han puesto en contra mía!... ¡María Kondratievna, Smerdiakof, todos, todos se han vendido!..."

Y tomando por un callejón, llegó a la empalizada que, a modo de verja, o mejor dicho, de valla, circundaba el jardín de Fedor Pavlovitch.

Buscó el punto por donde poder saltar, y escogió, precisamente, aquel que, según la historia, había elegido en otro tiempo la jorobadita Smerdiachtchaia.

—Si pudo saltar ella, bien podré hacerlo yo —murmuró.

Y dando un brinco, se agarró a la parte superior de las tablas, trepó sobre ellas y se puso a horcajadas encima de la valla.

Allí estaba el cuarto de baño. A través de los árboles se veía, en una ventana, el resplandor de una luz.

—Allí están —murmuró con sordo acento—. Aquél es el dormitorio de mi padre.

Y saltó al jardín.

Aunque sabía que Grigori y Smerdiakof estaban enfermos, y que nadie podía oírle, se quedó inmóvil, e instintivamente se puso a escuchar. Nada se oía.

—"Sólo el rumor del silencio" —murmuró, recordando al poeta—. Creo que nadie me ha oído entrar...

Esperó todavía algunos instantes, y después echó a andar silenciosamente a través del jardín, conteniendo la respiración, y cuidando de

no producir el menor ruido al andar. Recordaba que debajo de la ventana iluminada había una hilera de saúcos y arbustos, tomó aquella
dirección, después de haber observado que la puerta de la casa que
daba al jardín estaba cerrada. Al llegar junto a los árboles no osaba ni
respirar.

"Debo esperar hasta convencerme de que no se han dado cuenta de
mi llegada", pensó:

Luego murmuró en voz muy queda:

—¡Mientras no me dé por toser o estornudar!...

Esperó dos minutos; el corazón le latía con violencia; en determinados instantes le faltaba el aliento.

"Es inútil —pensó—. Esta agitación no se me pasará... No puedo
esperar más".

Y saliendo de entre la intensa sombra que proyectaban los árboles,
se aproximó a la ventana y se empinó sobre la punta de los pies.

Desde allí distinguía claramente todo cuanto había en la habitación
de su padre.

Fedor estaba cerca de la ventana, en actitud pensativa, vestido con
una elegante bata de seda, que llevaba abierta, dejando ver una finísima
camisa de batista, con botones de oro.

"¡Qué elegante está! —pensó Mitia, ardiendo de coraje—. Ella estará, seguramente, detrás de las cortinas del lecho".

Fedor levantó de pronto la cabeza, se acercó a una mesita, llenó de
coñac una copa y se la bebió. Después lanzó un suspiro profundo y recobró su anterior inmovilidad. Momentos más tarde, se volvió hacia un
espejo, y levantando un poco el pañuelo rojo que llevaba en la frente, se
puso a examinar las cicatrices que en ella tenía. Seguidamente se acercó
de nuevo a la ventana. Mitia se retiró de ella. Fedor miró a través de los
vidrios y otra vez se alejó.

"No debe estar Grushenka —se dijo Mitia, procurando dominar su
emoción—. Pero la está esperando... y la impaciencia le devora".

Y acercándose de nuevo a la ventana vio a su padre junto a la mesita, visiblemente triste.

"¡Gran Dios! —pensó Mitia—. Debe estar solo, solo; si estuviese ella
ahí dentro, no tendría ese aspecto".

Y, cosa extraña: de pronto invadió su corazón una ola de despecho,
al ver que Grushenka no estaba allí.

"No, no es porque no está ella —se dijo, como respondiendo a aquella afirmación que había cruzado por su mente—, sino porque no sé con
seguridad si está".

Y después de reflexionar unos instantes llamó suavemente a la ventana. Aquélla era la señal convenida entre el viejo y Smerdiakof: los dos primeros golpecitos lentamente, y luego otros tres más aprisa... aquello significaba que Grushenka había llegado. El viejo se estremeció, levantó la cabeza y corrió hacia la ventana, la abrió, y se asomó fuera.

—¡Grushenka! —dijo con voz anhelante—. ¿Eres tú? ¡Por fin!... ¡Ah, cielo mío! ¿Dónde estás, ángel de mi vida?...

"¡Solo!", pensó Mitia.

—¿Dónde estás? —repitió el viejo, alzando la voz, e inclinándose hacia afuera para poder mirar a todas partes—. ¡Ven aquí! ¡Te he preparado un regalo! ¡Ven a verlo! Pero, ¿dónde estás? ¿En la puerta, tal vez? Voy a abrirte en seguida.

Y miraba hacia la puerta, sacando el cuerpo, exponiéndose a caer.

Mitia recordó las palabras que había dicho a su hermano Aliosha: "No sé si le mataré o no; pero *temo no poder soportar su antipático rostro en aquel momento*... ¡Odio aquella nariz de judío, sus ojos, su desvergonzada sonrisa!..."

E instintivamente, al ver el rostro libidinoso de su padre, echó mano al cuchillo.

—¡Verdugo de mi vida entera!... —murmuró—. ¡Vas a...!

—*Dios me vio en aquel instante* —decía más tarde Mitia...

Grigori se despertó en aquel preciso momento. Al acostarse había tomado el remedio de que habló Smerdiakof a Iván, y junto con su esposa, que había seguido el mismo tratamiento, cayó en un sueño profundísimo.

De repente se despertó, reflexionó un rato, y, aunque sentía un agudo dolor en los riñones, se levantó y se vistió apresuradamente. Tanto le remordía la conciencia el haberse dormido de aquel modo y dejado la casa sin guardián, en tan peligrosos momentos.

Smerdiakof permanecía tendido en el lecho, en una habitación vecina.

Marfa no se movía para nada.

"¡La pobre está cansada!", pensó Grigori mirándola, y salió, caminando con fatiga. Quería solamente echar una mirada al jardín, ya que no tenía ánimo para ir más lejos, a causa del insoportable dolor que tenía en la pierna derecha.

Repentinamente, recordó que la puertecilla del jardín no estaba cerrada. Era un hombre preciso y minucioso, esclavo del orden tradicional.

Atormentado por el dolor, y tropezando, bajó por la escalerilla, y se dirigió hacia la puerta del jardín. No se había engañado: la puertecilla estaba forzada. Salió al jardín. le pareció haber oído algún ruido. Miró hacia la izquierda, y vio la ventana de su amo abierta.

¿Por qué estaba abierta? Si ya no hacía calor.

En aquel momento vio moverse una cosa a cuarenta pasos de él, y un hombre pasó, como una sombra, en la oscuridad.

—¡Señor! —exclamó Grigori. Y, olvidándose de su dolor, corrió al encuentro del desconocido.

Para cortarle la retirada, tomó por un sendero, pues conocía el jardín mejor que el fugitivo, el cual se precipitó hacia el muro.

Grigori no le perdía de vista, y le seguía, llegando a la empalizada precisamente en el momento en que Dimitri la escalaba.

Grigori, fuera de sí, se puso a vociferar, dio un salto y agarró a Dimitri por una pierna.

¡Ah! Sus pensamientos no le habían engañado. Pronto le reconoció; aquel era "el miserable parricida".

Ésta es la palabra que Grigori lanzó con toda la fuerza de sus pulmones: "¡Parricida!"

Y, diciendo esto, cayó como fulminado.

Mitia saltó de nuevo al jardín y se inclinó sobre el viejo. Llevaba en la mano el cuchillo, el cual dejó caer involuntariamente. El arma quedó en medio del sendero, en un punto muy visible. Dimitri examinó a Grigori durante algunos instantes. La cabeza del viejo estaba ensangrentada. Mitia se la palpó suavemente. ¿Se habría fracturado el cráneo, o estaría simplemente aturdido? Sacó un pañuelo de su bolsillo y lo aplicó a la cabeza de Grigori para contener la sangre. El pañuelo se enrojeció enseguida.

—¡Pero qué diablos es esto! —dijo Mitia en voz alta—. Con la oscuridad no puedo darme cuenta... Además, ¡qué me importa! Si está muerto... muerto está; que se quede ahí tendido.

Volvió de nuevo hacia el muro, lo escaló, saltó al callejón y se puso a correr. En la mano llevaba el pañuelo ensangrentado, y, sin darse cuenta, se lo guardó en el bolsillo. Corría con suma velocidad. Algunos transeúntes recordaron, más tarde, que habían visto aquella noche a un hombre que corría como una flecha.

Mitia volvió a casa de Grushenka. La puerta estaba cerrada; llamó: el portero le reconoció, le dejó entrar y le dirigió una sonrisa, al mismo tiempo que alargaba la mano, esperando la propina.

—¿Sabe usted, señor —le dijo—, que Grushenka no está en casa?

—¿Dónde está, pues? —preguntó Dimitri deteniéndose.

—Hace dos horas que se marchó con Timoteo, a Mokroié.

—¿A qué?

—No lo sé. Creo que ha sido un militar quien la ha mandado buscar.

Mitia se precipitó fuera de la casa, como un loco.

Capítulo III

Fenia y Matrona, la cocinera, se disponían a acostarse. Dimitri agarró a Fenia por el cuello.

—¡Pronto! —gritó—. ¿Con quién ha ido a Mokroié?

Las dos mujeres lanzaron un grito.

—¡Ah, señor, yo se lo diré; se lo diré todo, no le esconderé nada!

—¿Quién es ese militar?

—Aquel amante que tuvo hace tiempo. El que la abandonó hace cinco años.

Dimitri soltó a Fenia, y permaneció mudo de estupefacción y pálido como un muerto. Pero su mirada decía que había comprendido todo, hasta el último detalle. La pobre Fenia seguía aterrada, pero se mantenía a la defensiva. Dimitri tenía las manos manchadas de sangre. Durante su huida, mientras corría, se había llevado, sin duda, el pañuelo al rostro, para enjugarse el sudor; por tanto, también en la frente tenía bastantes manchas de sangre. La vieja cocinera estaba paralizada de espanto.

Mitia se sentó maquinalmente cerca de Fenia, y se puso a reflexionar. Le parecía que en su imaginación se revelaba todo claramente. La misma Grushenka le había referido todo su pasado, y ya conocía él la carta que ella había recibido un mes antes. ¿Cómo había podido olvidar esto? Esta pregunta se alzaba ante él como un monstruo al que contemplaba con pavor.

De pronto, dulce y tímidamente, como un niño, se puso a hablar con Fenia. Ésta miraba con desconfianza las manos ensangrentadas de Dimitri, pero respondió a todas sus preguntas: le contó todo lo que había ocurrido durante aquel día; la visita de Rakitine y de Aliosha, y que Grushenka, cuando aquellos se marchaban, les recordó desde la ventana que dijesen a Mitia que le había amado sinceramente durante una hora entera.

Mitia sonrió. Fenia, más tranquila, se arriesgó a decirle:

—Tiene usted las manos ensangrentadas.

—Sí —dijo Mitia, mirándoselas distraídamente.

Pero, olvidando en seguida aquellas palabras de Fenia, se levantó pensativo. Después, volvió a mirar sus manos y dijo:

—Es sangre, Fenia, sangre humana. Pero, Fenia aquella empalizada... —y se puso a mirar a la joven como si esperase que respondiera a aquellas palabras enigmáticas—. Aquella alta empalizada que, a primera vista, parece infranqueable... pero mañana... al despuntar el día... cuando salga el sol... Mitia franqueará una cerca todavía más alta... ¿No sabes, Fenia, de qué barrera hablo? No importa, mañana lo sabrás y comprenderás todo... ¡Y ahora, adiós! No quiero ser un obstáculo. Me iré... me alejaré... ¡Vive, gloria mía!... Dices que me ha amado durante un hora entera...

Mitia salió; su partida aterrorizó todavía más a Fenia que su llegada.

Diez minutos después entraba Mitia en casa del mismo judío a quien dejó empeñadas sus pistolas.

Eran ya las ocho y media, y Piotr Ilich, el prestamista, después de haber tomado el té, se había puesto el gabán para ir a la sala de billar. Al ver a Mitia con el rostro congestionado, exclamó:

—¿Qué le ha sucedido, señor?

—Nada —dijo vivamente Mitia—; vengo a que me devuelva usted las pistolas; aquí está el dinero... Gracias... ¡Tengo prisa, Piotr Ilich; pronto, haga usted el favor!

El prestamista vio en las manos de Mitia un paquete de billetes de Banco y se maravilló de la manera insólita que lo sostenía, como si quisiese enseñárselos a todo el mundo. Eran billetes de cien rublos, y podría haber allí dos o tres mil... Mitia respondía con impaciencia a las preguntas de Piotr Ilich, encontrando algo extraña la manera de interrogar de éste. Tal vez bromeaba; mas de pronto le dijo bruscamente:

—¿Pero qué le ha sucedido? ¿Cómo ha podido usted mancharse así? ¿Se ha caído usted? ¡Venga, venga usted a mirarse!

Y condujo a Mitia delante de un espejo.

Al ver Dimitri su rostro cubierto de sangre, se estremeció y frunció el ceño.

—¡Diablos! —dijo—. ¡Sólo me faltaba esto!

Y pasándose los billetes de la mano derecha a la izquierda, sacó del bolsillo el pañuelo, lo miró y lo arrojó al suelo.

—¡Caramba! —exclamó—. ¿No tiene usted nada para que pueda limpiarme?

—¡Qué! ¿Se ha caído usted? ¿Se ha herido? Venga usted a lavarse; el agua lo arregla todo.

—Eso es; venga agua... pero, ¿dónde meteré esto? —y miró, perplejo, el paquete de billetes de Banco.

—Guárdeselos en el bolsillo, o déjelo usted encima de la mesa. Nadie se lo robará.

—Sí, me lo guardaré... Muy bien... Al fin y al cabo, todo esto no son sino tonterías. Ante todo, arreglemos el asunto de las pistolas. Devuélvemelas. Aquí tiene usted su dinero. ¡Pronto, pronto, porque no puedo perder ni un minuto!

·Y sacando un billete del paquete, se lo entregó al prestamista.

—Es que no tengo cambio —dijo éste—. ¿No tiene usted otra clase de moneda? Espere un momento, voy a mandar a mi muchacho a casa de los Plotnikof, cierran tarde y tendrán dinero suelto.

Al rato regresó Micha con un paquete de billetes pequeños.

—Todo está arreglado en casa de Plotnikof —dijo el criado.

Mitia tomó un billete de diez rublos y se lo dio a Piotr Ilich, haciendo después lo propio con Micha.

—Prohibo a usted que le dé dinero a mi criado —dijo el prestamista—. Eso le acostumbra mal. Recoja usted el billete. ¿Por qué repartir su caudal de esa manera? Si sigue usted de ese modo, mañana volverá a pedirme prestado... Le repito que, si no se guarda usted el dinero en el bolsillo, lo perderá.

—Oiga usted, Ilich —dijo Mitia—. ¿Por qué no viene usted conmigo a Mokroié?

—¡Yo! ¿A qué?

—A beber conmigo una botella. Brindaremos por la hermosa primavera... Tengo sed. Quiero beber con usted; nunca hemos bebido juntos ¿verdad?

—Sea. ¡Vamos a tomar el coche!

—No, ya no es tiempo... Vamos a la bodega de Plotnikof... Vea; aquí tiene usted un enigma.

Mitia sacó la carta que se había guardado y se la mostró a Piotr Ilich.

En caracteres bastante legibles se veían estas palabras:

"¡Me castigo yo mismo para toda la vida; para toda, toda la vida!..."

—¡Palabra de honor! —dijo Piotr Ilich—. Voy a decir eso a alguien.

—No, no tendrá usted tiempo, amigo mío. Vamos, vamos a beber. ¡Andando!

El coche esperaba ya a la puerta de la tienda de Plotnikof. En el ·pescante estaba sentado el cochero Andrey, dispuesto ya a partir, como se le había ordenado.

—No hay tiempo que perder —murmuró Dimitri. La otra vez fue Timoteo quien me condujo, pero hoy se ha marchado con la maga... ¡Andrey! ¿Llegaremos a tiempo? ¿Cuánto tardaremos?

—Una hora, a lo sumo —dijo Andrey.

—Si no tardamos más que eso, te daré cincuenta rublos.

—Se lo aseguro a usted.

Mitia se agitaba, dando órdenes, olvidando de acabar las frases que comenzaba, y andando de acá para allá.

Piotr Ilich se había encargado de los preparativos. Al principio procuró impedir a Dimitri que gastara mucho; mas después, viendo que era todo inútil, lo abandonó a su suerte.

—¡Qué el diablo se lo lleve todo! —dijo—. ¿Qué me importa a mí? ¡Tire usted el dinero si le place!

—Venga. Acérquese usted, no incomode —dijo Mitia conduciéndole a un gabinete particular—. Bebamos una botella, ¿Sabe usted amigo mío, que yo no he amado nunca el desorden?

—¡Atiza! ¿Y quién lo ama, entonces? ¡Se ha visto alguna vez cosa semejante! ¡Se lleva tres docenas de botellas de *champagne,* y habla de esa manera!

—Me refiero a otra clase de desorden. Pero... Eso ya está terminado... No nos preocupemos más... Se hace tarde... ¡Al diantre! Toda mi vida no ha sido sino un desorden continuo; pero ahora me enmendaré. Lo que era desorden será orden... Es decir, que ordenaré el desorden... ¿Ve usted? No hago sino juegos de palabras.

—Eso no son juegos de palabras, sino extravagancias.

—Tal vez...

—¡Gloria al Altísimo, en el mundo! ¡Gloria al Altísimo en mí! Esos versos estaban un día grabados en mi corazón. No son versos, sino lágrimas. Y no fue, ciertamente, tirándole de las barbas al capitán, cuando los aprendí.

—¿Por qué habla usted del capitán ahora?

—¿Por qué hablo del capitán?... ¡Hum! Todo termina, todo se salda. Se tira una línea, y se hace el total.

—No puedo quitarme de la cabeza lo que me dijo usted de las pistolas.

—¡Boberías! Beba usted y abandone esos pensamientos. ¡Amo demasiado la vida! Tal vez es insoportable, pero no importa; de todos modos me place tener un alma tan baja, y sin embargo, repito que estoy contento de mí. Bendigo a Dios y su obra; pero... ¡Es preciso hacer desaparecer un insecto repugnante! ¡Un insecto que chupa la sangre de los demás!... Brindemos por la primavera, hermano. ¿Hay algo en el mundo más precioso que la vida? ¡Reír! ¡Beber! Bebamos, pues, por la vida, por la reina de la belleza... ¡Por mi reina!

—Sea. ¡Bebamos por la vida y por su reina!

Apuraron los vasos. Mitia, si bien estaba alegre, revelaba cierta tristeza en su semblante. Un gran afán oprimía su corazón.

—¡Micha! —gritó Mitia—. Micha, ven aquí, amigo mío. Bebe esto en honor de Febo, el de los cabellos de oro, que aparecerá de nuevo mañana...

—¿Qué hace usted? —exclamó Piotr Ilich irritado.

—¡Cállese, cállese!... ¡Yo lo quiero!... ¡Bebe!

Micha bebió, saludó y se fue.

—Así se acordará más tiempo de mí —murmuró Mitia—. Una mujer... Yo amo a una mujer. ¿Qué es una mujer?... ¡Estoy triste, Piotr Ilich! ¿Se acuerda usted de Hamlet? "Estoy triste, oh, triste, Horacio... Ay de mí... Pobre Yorick..." ¡Acaso sea yo este Yorick! Sí, sí; yo soy este Yorick ahora, y dentro de poco seré una carroña.

Piotr Ilich le escuchaba en silencio.

—¿De quién es este perro? —preguntó Mitia al camarero, indicando un perrillo de ojos brillantes.

—Es del ama.

—Vi uno semejante cuando estaba en el regimiento —dijo Mitia, pensativo—. Pero el otro tenía una de las patas lastimadas... Piotr Ilich, quiero preguntarle a usted una cosa. ¿Ha robado usted alguna vez?

—¡Qué pregunta!

—Verá usted... Algo así que le pertenezca, que se toma del bolsillo de otro... No hablo del Tesoro público. El Tesoro lo esquilman entre todos, tanto usted como los demás, ciertamente...

—¡Vaya usted al diablo!

—Hablo de lo que pertenece a otro; de lo que se le encuentra en el bolsillo, o en la bolsa...

—¡Psch!... Un día robé veinte kopeks a mi madre; tenía nueve años.

—¿Y después?

—Después, nada. Conservé durante tres días los veinte kopeks; pero me dio vergüenza, lo confesé, y devolví el dinero.

—¿Y luego?

—Luego, naturalmente, me pegaron... Y usted, ¿ha robado alguna vez?

—¡Robado! —dijo Mitia guiñando maliciosamente un ojo.

—¿Qué ha robado usted? —preguntó Piotr Ilich, con curiosidad.

—A mi madre, veinte kopeks; tenía nueve años; pero después lo confesé, y lo devolví.

Y diciendo esto, se levantó.

—¡Dimitri Fedorovitch! —gritó Andrey, desde la puerta—. ¡Es necesario apresurarse!

—¡Ya estoy listo! Vamos. Una palabra más; la última, y... ¡Denle un vaso de *vodka* a Andrey. ¡Pronto!... Ponga mis pistolas debajo del asiento. ¡Adiós, Piotr Ilich! Perdóneme si le he dicho alguna inconveniencia.

—Espero que regrese usted mañana.

—Sin falta.

—Hay que arreglar la cuenta —dijo el camarero.

—¿Pagar? Naturalmente.

Volvió a sacar del bolsillo el paquete de billetes: tomó tres de ellos, los echó sobre la mesa, y salió. Todos le siguieron, y por fin le saludaron, haciendo votos porque tuviera un buen viaje. Andrey, en cuanto apuró el vaso, saltó sobre el pescante. Pero, en el momento en que Dimitri entraba en el coche, apareció Fenia, y se echó a sus pies, gritando:

—¡Mi querido patroncito! ¡No haga usted daño a la señorita! ¡Se lo ruego! ¡No la mate usted!

"¡Oh, ahora veo de lo que se trata!", dijo para sí Piotr Ilich; y añadió en voz alta:

—Lo comprendo todo. ¡Usted va a hacer otra barbaridad, Dimitri! Deme usted las pistolas, y empiece por ordenar el desorden, como había usted dicho antes.

—¿Las pistolas? Las tiraré en medio del camino... Levántate, Fenia, no permanezcas ahí en el suelo... Mitia no matará a nadie. Además, Fenia —añadió sentándose en el coche—, perdóname si te ofendí antes... Perdóname... ¡Y si no, haz lo que te dé la gana! Ahora ya no me importa nada. ¡En marcha, Andrey, y pronto!

Andrey restalló el látigo; sonaron los cascabeles, y el coche partió.

—Adiós, Piotr Ilich —dijo Mitia—; para usted mi última lágrima.

Piotr Ilich permaneció un momento pensativo, después giró de pronto y se dirigió hacia el café llamado *La Capital*, para hacer su partida de billar. Pero a medio camino cambió de idea, pensó acercarse a casa de Fedor Pavlovitch, y, finalmente, se encaminó hacia el domicilio de Grushenka. Llamó varias veces y esperó...

Capítulo IV

El coche en que iba Dimitri rodaba vertiginosamente hacia Mokroié. La distancia era de unas veinte verstas. El carruaje de Andrey era bastante ligero para poder recorrerlas en una hora.

La velocidad de la carrera refrescaba la sangre de Mitia. En aquel instante no experimentaba ningún sentimiento de celos contra su nuevo rival. A cualquier otro le hubiera deseado la muerte; pero a aquél no le odiaba; aquél era el *primero*.

"A éste no puedo decirle nada; está en su derecho. Es su primero, acaso su único amor. Ella no ha cesado de amarle durante estos cinco años. ¿Qué, haré yo, pues, allí? Debo dejarle el campo libre. Además, todo ha concluido para siempre".

Hubo un momento en que pensó hacer detener el carruaje, bajarse, tomar una pistola, y quitarse allí mismo la vida, sin esperar a la mañana siguiente. Pero el vehículo devoraba el espacio, y a medida que se aproximaba al punto de destino, más invadía la mente de Mitia la idea de la mujer amada. ¡Oh, verla una vez más, siquiera un instante!

"Ahora estará con él —pensaba Mitia—; pues bien, la veré feliz; eso es todo lo que deseo".

Nunca había amado a aquella mujer tanto como en aquel momento. Pero este amor, el amor que ahora sentía, era un sentimiento desconocido, una ternura religiosa, una adoración mística.

—Sí —murmuró—, precisa que yo desaparezca.

Había transcurrido una hora. De improviso, exclamó Mitia con inquietud.

—Es posible, Dimitri Fedorovitch.

Mitia arrugó el entrecejo. ¿Qué hacer? Ella estaría durmiendo ¡Durmiendo, acaso con él!

La cólera empezó a apoderarse de Mitia.

—¡Aprisa, Andrey, aprisa! —gritó.

—Tengo que preguntarle una cosa, señor. Pero no se enoje usted...

—¿Qué es?

—Hace poco, Fenia cayó a sus pies, suplicándole que no hiciese usted daño a la señorita, que no la matase. Y como soy yo quien le conduzco a usted... ¡Perdóneme! Tal vez es una tontería lo que voy a decirle...

Mitia le agarró bruscamente por la espalda.

—¿Eres tú cochero? —gritó fuera de sí.

—¡Sí, señor!...

—¿Sabes tú que yo debo dejar libre el camino? Pero tú, cochero, atropellas a la gente; quieres que tu coche pase por encima de todo el mundo. No, cochero, no se debe matar a ninguno; no se debe destruir la vida de los demás... si por desgracia no puedes pasar, si hallas impedimento... ¡qué diablo, castígale tú mismo! ¡Desaparece! ¡Suprímete por tu propia mano!

Andrey, si bien se quedó sorprendido al oír aquellas palabras, que apenas comprendió, replicó:

—Tiene usted razón, señor, tiene usted razón; no se debe matar a nadie; el hacer sufrir a otras personas es cosa que no está bien. Cada criatura tiene derecho a la vida. He aquí, por ejemplo, estos caballos; y bien, éstos, como los demás, están bajo el dominio de los cocheros, que los azotan cruelmente, y sin embargo, corren siempre, nada les detiene...

—¡Oh, Andrey! ¡Corazón sencillo! —dijo Mitia golpeándole suavemente en la espalda—. Escucha: ¿crees que Dimitri Fedorovitch Karamazov irá al infierno?

—¡Ah, no sé, querido señor! Eso depende de usted... Para todos nosotros usted es tan bueno como un chiquillo: todos le queremos a pesar de que es usted algo violento; pero Dios le perdonará...

Y Andrey fustigó al caballo de la izquierda.

—¿Y tú también me perdonarás, Andrey?

—¿Y de qué he de perdonarle si nada me ha hecho usted?

—No es por ti, es por los demás; por todos. Dime, quieres tú, ¡oh corazón sencillo!, ¿perdonarme en nombre de todos?

—Señor, tengo miedo de conducirle allá arriba... ¡Habla usted de una manera tan extraña!...

Mitia no oyó; en aquel momento oraba con exaltación.

—¡Ah, Señor! —murmuraba—. Contémplame en toda mi ignominia; pero sé bondadoso... No seas severo, puesto que ya lo soy yo conmigo mismo. ¡No me castigues, porque te amo, oh Dios mío! Soy vil, pero te amo. Tú puedes mandarme al infierno; pero aun allí te amaré, y gritaré: ¡Te adoro eternamente!... No obstante, déjame que salde mi cuenta con los amores de aquí abajo. Dame todavía cinco horas de tu sol... Porque no puedo dejar de amarla. ¡Yo amo a esa reina de mi alma, oh Dios mío! Tú me ves tal cual yo soy; caeré delante de ella, de rodillas, y le diré: "Tienes razón para rechazarme... olvida a tu víctima; no te inquietes por mí. Adiós".

—¡Mokroié! —gritó Andrey, señalando con su látigo al pueblecito.

A través de la oscuridad de la noche se distinguía una masa compacta y negra de casas.

La aldea de Mokroié contaba con dos mil almas. A aquella hora dormían todos, y solamente se veía una que otra luz.

—¡Aprisa! ¡Azota! ¡Pronto, Andrey! Soy yo quien llega —gritaba Mitia en su delirio.

—Tengo miedo, señor —dijo Andrey, vacilante—. Para beber me basta con cinco rublos; no quiero más. Trifón será testigo de lo que digo. Perdóneme esta mi estupidez...

—¿Miedo, dices? ¿De qué tienes miedo?

—De... no sé.

—¡Vete, pues, al diablo! —dijo Dimitri, y le arrojó los cinco rublos—. Y tú, Trifón, condúceme con sigilo a un sitio desde el cual pueda yo ver sin que me vean.

Trifón vaciló, pero luego le introdujo en el vestíbulo, y le hizo entrar en una habitación contigua a la sala en que se encontraba Grushenka con sus amigos. El hostelero apagó la luz, y colocó a Dimitri en un ángulo oscuro desde el cual podía fácilmente observar lo que sucedía en la sala vecina. Pero Mitia no esperó mucho tiempo. Quiso mirar, y hubo de cerrar los ojos. Apenas vio a Grushenka, su corazón empezó a latir con fuerza, y la vista se le turbó. La joven estaba sentada en una butaca, junto a una mesita cerca de ella, sobre un diván, estaba el joven y apuesto Kalganof. Ella le estrechaba la mano y reía, mientras él, sin mirarla, hablaba con desdén a Maximof que estaba sentado frente a Grushenka. En el otro extremo del diván se hallaba él, y cerca, sobre una silla, un desconocido fumando una pipa. Era un hombre grueso, de pequeña estatura y largo rostro. En cambio, su compañero era muy alto.

Mitia no podía distinguir nada más. La respiración le faltaba. Sólo estuvo en la habitación un minuto; dejó las pistolas sobre una mesa, y, con el corazón oprimido, entró en la sala.

—¡Ah! —gritó Grushenka, pálida de terror.

Capítulo V

Mitia se acercó precipitadamente a la mesa.

—Señores —dijo, con voz fuerte y entrecortado—. ¡Soy yo! ¡Soy yo!... No teman nada; no es nada... ¡Nada!... —repitió, volviéndose hacia Grushenka, la cual, a su vez, se inclinaba hacia Kalganof, y le apretaba vivamente las manos.

—¡Yo!... Viajo como ustedes. Estaré solamente hasta mañana. Señores..., ¿se ofenderían ustedes si les ofreciera pasar la noche juntos, en esta sala, hasta el amanecer?

Y diciendo esto miraba al individuo grueso. Éste, con aire importante, se quitó la pipa de la boca, y dijo con tono severo:

—Caballero, nosotros estamos aquí en una habitación privada si no estoy equivocado, creo que hay más habitaciones.

—¡Es usted Dimitri Fedorovitch! ¡No le había conocido! —exclamó Kalganof—. Quédese usted. Pero ante todo, ¿cómo va la salud?

—Muy bien, querido amigo; ya sabe usted que siempre le he estima-
do —dijo alegremente Mitia, apresurándose a tenderle la mano.

—¡Ah! ¡Cómo aprieta usted! Poco ha faltado para que me estruje
usted los dedos —dijo Kalganof.

—Siempre lo hace así; siempre aprieta de ese modo —observó
Grushenka.

Sin estar plenamente convencida, la joven adivinaba que Mitia no
tenía intenciones violentas; observaba en él algo extraño que la hacía
pensar, y permaneció mirándole, como esperando descubrir sus propó-
sitos reales.

—¡Buenas noches! —dijo, con voz dulce, el labriego Maximof.

Mitia se volvió hacia él.

—¡Ah! Buenas noches. ¿Está usted aquí? Tengo gran placer en verle.
¡Señores, señores, yo...!

Y miró de nuevo al señor de la pipa, como considerándolo el personaje principal.

—Querría pasar la última noche en esta misma habitación... donde
he adorado... a una reina. ¡Perdónenme ustedes!... Yo... viajo, y he jurado... ¡Oh! ¡No teman nada! Es la última noche. ¡Bebamos por la paz! Nos
servirán vino. He traído esto conmigo —dijo enseñando el paquete de
billetes—. Quiero música, canto, alegría, como la otra vez... Pero el vil
insecto desaparecerá pronto de la Tierra. Quiero pasar aquí la última
noche de placer.

Mitia se sofocaba hablando; habría querido decir muchas cosas, pero
no podía proferir sino exclamaciones. El sujeto grueso estaba algo confuso, y miraba, sucesivamente a Mitia, al paquete de billetes, y a
Grushenka, sin saber qué decir.

—Si mi reina lo consiente... —balbució.

—Siéntate, Mitia —dijo Grushenka—. Pero, ¿qué estás diciendo? ¿No
harás nada violento? ¿No me asustarás?

—¡Asustarte yo! —exclamó Mitia alzando los brazos al cielo—. ¡Oh!
Pasen, pasen, viajeros; no me interpondré en su camino.

De pronto, inesperadamente para todos y especialmente para él
mismo, se dejó caer Mitia en una silla y rompió a llorar.

—¡He aquí cómo eres tú! —dijo Grushenka con tono de reproche—.
¡Así hacías en mi casa diciéndome cosas que yo no comprendía!... Un
día se puso a llorar como hoy... ¡Es una vergüenza! Y, ¿por qué lloras,
vamos a ver? ¿Hay motivos para llorar? —añadió con acento misterioso, subrayando las últimas palabras.

—¡No, no; si no lloro!... ¡Ea, venga alegría! —dijo Mitia riendo
nerviosamente.

—He aquí otra de las tuyas. ¡Vaya, serénate! ¡Estoy contentísima de que hayas venido! ¿Comprendes, Mitia? ¡Contentísima! Quiero que permanezcas aquí con nosotros —dijo ella imperativamente.

La joven miraba a todos, pero ninguno comprendió que aquella orden afectaba particularmente al individuo de la pipa.

—Yo lo quiero, y sí se va me iré yo también —añadió Grushenka, brillando en sus ojos un relámpago.

—La voluntad de mi reina es una orden para mí —dijo el de la pipa, besando galantemente la mano de Grushenka—. Ruego, pues, al caballero, que se quede con nosotros —añadió mirando afablemente a Mitia.

Éste hizo un movimiento para levantarse y dijo:

—¡Bebamos, señores!

Todos se echaron a reír.

Mitia levantó los brazos como si pretendiera echar otro discurso de los suyos; mas de pronto hizo un gesto extravagante y exclamó de nuevo:

—¡Bebamos! ¡Bebamos!

—Creí que nos ibas a declamar alguna cosa —dijo Grushenka—. Permanece, Mitia. No te alteres. Has hecho bien en traer *champagne;* no me gustan los licores. Pero lo que más me place es que hayas venido tú mismo... me aburría terriblemente... ¿Has venido a divertirte? Guárdate ese dinero. Pero ahora que pienso, ¿de dónde lo has sacado?

Mitia, que tenía siempre los billetes desparramados en sus manos, de lo cual parecían estar muy asombrados los otros individuos, los ocultó precipitadamente en uno de sus bolsillos, sonrojándose ligeramente. En aquel momento apareció el patrón llevando una botella de *champagne* y algunos vasos. Mitia agarró la botella y se quedó inmóvil. Kalganof se la quitó de las manos y llenó los vasos.

—¡Una botella más! —gritó Mitia al patrón.

Y, olvidando de chocar su copa con aquellos a quienes solemnemente había invitado a beber, la bebió de un sorbo.

Su rostro cambió de repente.

En vez de la expresión trágica que había tenido hasta entonces, lo iluminaba ahora una sencillez infantil.

Miraba a los allí reunidos con una alegría tímida; con dulce sonrisa nerviosa, con actitud sumisa y agradecida, como un perrillo culpable, que ha entrado en casa ajena.

Se aproximó a la silla en que estaba sentada Grushenka, y la miró sonriente. Después examinó a los otros caballeros; el que estaba sentado en uno de los extremos del diván le pareció demasiado polaco y le asombró la exagerada dimensión de su pipa.

—"¡Qué estúpido soy! —pensó—. ¿Qué habrá de extraordinario en que un hombre fume en pipa?"

La obesidad de aquel individuo, su pequeña nariz subrayada por un bigotillo que acababa en punta, el aspecto insolente del semblante de aquel hombre que parecía tener unos cuarenta años, disgustaron a Mitia, como asimismo la extraña peluca que el personaje llevaba colocada en su cabeza.

"Y bien —pensó Mitia—, era preciso que así fuese".

El otro individuo, el que estaba sentado junto al muro, era más joven que su compañero, miraba a todos los circunstantes con actitud provocativa, y escuchaba silenciosamente y con desdén la conversación general.

Aquél no llamó la atención de Mitia sino por su exagerada estatura.

"Lo menos debe tener dos metros de alto", pensó Dimitri.

Y pensó también que aquel sujeto larguirucho debía ser una especie de asistente del hombre de la pipa.

Mitia sonreía. Evidentemente, aquel sujeto no le inspiraba envidia alguna. Se hubiera enojado consigo mismo si cualquiera de aquellos dos hombres, el gordo o el alto, le hubiesen hecho sentir celos. Nada había comprendido del tono misterioso que había empleado Grushenka; pero sí sabía que ella lo había perdonado, y que se encontraba junto a su amada.

Sin embargo, acabó por inquietarse a causa del silencio que reinaba, y se puso a mirar a todos los que había allí reunidos, como si quisiera decir: "¿Por qué no hablan ustedes, señores?"

—¿Saben ustedes lo que asegura el señor Maximof? —dijo Kalganof, como si hubiese comprendido el pensamiento de Mitia.

—¿Eh, qué? ¿Qué digo yo? —exclamó el labrador.

—¡Figúrense ustedes! —añadió Kalganof—. Este hombre afirma que, en 1821, todos nuestros militares se casaron con mujeres polacas. ¿No es eso una estupidez?

—¿Con polacas? —exclamó Mitia, delirante de gozo.

Kalganof había entrado en la hostería con Maximof por casualidad. Grushenka los había presentado al sujeto de la pipa.

—¡Pobre Maximof! —repuso Kalganof—. Ya hace cuatro días que lo hago ir conmigo de un lado para otro. ¿Se acuerda usted de aquel día en que su hermano Iván lo rechazó desde el coche? Pues entonces me interesé por él, y me lo traje a mi casa. Pero, como su conversación no me distrae, sino que, al contrario, me aburre, vuelvo a acompañarlo yo a la suya.

—No se trata de eso —respondió Maximof—, lo que yo digo es que apenas bailaron aquellas polacas una mazurca con nuestros hulanos, les saltaron al cuello como gatas enamoradas, y sus padres vieron aquello, y lo permitieron... Al día siguiente, los hulanos fueron a pedirlas en matrimonio.

—¡Es usted un miserable! —rugió el de las piernas largas.

Mitia notó que este sujeto llevaba las botas llenas de fango... Aunque, a decir verdad, iban los dos polacos igualmente mal vestidos.

—¡Cómo! ¿Un miserable? ¿A qué viene esa injuria? —dijo Grushenka, furiosa.

—Es que ese hombre —dijo el de la pipa— no debe haber conocido en Polonia sino gente de la clase baja.

—¡Cállate tú! —dijo Grushenka.

El aludido dirigió una significativa mirada a la joven y prosiguió fumando tranquilamente.

—No, no, el señor ha dicho la verdad —dijo Kalganof—. Maximof no ha estado nunca en Polonia. ¿Cómo puede, pues, hablar de los polacos? ¿Fue en Polonia donde se casó usted?

—No, fue en el distrito de Smolensk. Mi futura había sido raptada por un hulano. Después, el hulano me la pasó a mí. Era un subteniente... Primero quiso casarse con ella, pero luego renunció, al darse cuenta de que era coja.

—¿Entonces se casó usted con una coja? —preguntó Kalganof.

—Sí; se pusieron todos de acuerdo para esconderme ese defecto.

—Bueno, pero se está usted refiriendo a su primera mujer, ¿verdad? Porque han de saber ustedes, señores, que este hombre se ha casado dos veces. La historia que ha contado ahora es la de su primera esposa; la otra se le escapó, y ya lo ven ustedes. Maximof sigue siendo tan pobre diablo como antes.

—Eso quiere decir —exclamó Mitia, riendo—, que si la primera tropezaba al andar, la otra andaba más que de prisa.

El individuo de las piernas largas se levantó y se puso a pasear de un lado a otro de la habitación, dando muestras de estar aburrido en aquella compañía, como si la juzgara indigna de él.

—¿Tiene usted ganas de hacer ejercicio? —dijo Grushenka con tono de desprecio.

Mitia, echando de ver de pronto que el hombre de la pipa lo miraba con ojos de cólera, le gritó:

—¡Bebamos, caballero!

Y volviéndose al que paseaba añadió:

—¡Bebamos, señor! ¡Por Polonia!

—¡Sea! ¡Bebamos! —dijo el de la pipa con aire importante, y tomó su vaso.

—¿Y ese otro caballero? ¿Cómo se llama? ¿No bebe usted, señor?

—¡Vrublevski! —dijo el de la pipa.

—¡Viva Polonia, señores! —gritó Mitia alzando su copa.

Todos bebieron; Mitia tomó de nuevo la botella y llenó otra vez las copas.

—¡Y ahora por Rusia! Seamos buenos hermanos.

—Dame a mí otra copa —dijo Grushenka—; yo también quiero brindar por Rusia.

—¡Y yo! —dijo Kalganof.

—Pues yo no he de negarme tampoco a brindar a la salud de nuestra vieja y querida patria —insinuó Maximof.

—¡Todos! ¡Todos! —gritó Mitia—. Patrón, otra botella. ¡Por Rusia! ¡Viva Rusia!

Todos bebieron excepto los polacos. Grushenka vació la copa de un sorbo.

—¿Y ustedes dos? —preguntó—. ¿No beben?

Vrublevski tomó una copa, levantó el brazo, y dijo con voz fuerte:

—¡Por Rusia...! Dentro de los límites que tenía antes del año 1772.

—¡Así, sí! —dijo el otro polaco.

Y ambos apuraron sus copas.

—¡Señores —dijo Mitia—, son ustedes un par de imbéciles!

—¡Caballero! —exclamaron aquéllos dando un paso hacia Mitia.

—¿Acaso está prohibido que ame uno su país? —dijo Vrublevski.

—¡Silencio! ¡Tengamos la fiesta en paz! —gritó impetuosamente Grushenka, dando una patada en el suelo.

Mitia se asustó.

—Señores, perdónenme —dijo—, soy yo quien tiene la culpa. Amigo Vrublevski, no diré nada más.

—¡Cállate tú, y siéntate! —dijo con despecho Grushenka—. Y a todo esto, ¿por qué permanecemos sentados? Es preciso alegrarse; hacer algo.

—Verdaderamente no creo que podamos divertirnos mucho aquí —dijo Kalganof, bostezando.

—¿Y si jugáramos a las cartas, como antes?

—¿A las cartas? Buena idea. ¿Son ustedes del mismo parecer?

—Ya es tarde —dijo con acento fastidiado el de la pipa.

—Cierto —añadió Vrublevski.

—Éstos quieren impedir a los demás que se diviertan —exclamó Grushenka—; porque se aburren, quieren que nos aburramos nosotros también.

—Mi amadísima Grushenka —suspiró el de la pipa—, haremos lo que tú quieras. Es tu manera displicente de hablar lo que me pone triste. Estoy a sus órdenes, señores —añadió volviéndose hacia Mitia.

—Empiece usted, pues —dijo éste, sacando de su bolsillo el paquete, del cual tomó dos billetes que puso sobre la mesa—. Quiero hacerle ganar mucho dinero. Tome usted unas cartas.

—No jugaré sino con cartas del patrón —dijo con gravedad el de la pipa.

—Es mejor —observó Vrublevski.

—¿Con cartas del patrón? ¡Sea! ¡A ver, hostelero, vengan otras cartas! —gritó Mitia.

El patrón trajo un paquete de cartas, precintado, y declaró a Mitia que las mujeres estaban ya reunidas, que los hebreos estaban a punto de llegar, y que el vehículo de las provisiones hacía un rato que se hallaba detenido frente a la puerta. Mitia corrió a la habitación contigua para dar algunas órdenes.

En aquel momento, Maximof le tocó en un hombro, y le dijo muy bajito:

—Deme usted cinco rublos; quisiera jugar yo también.

—Tome usted diez. Si los pierde, pídame más.

—¡Ah, muchas gracias! —dijo alegremente Maximof, volviendo al salón.

Mitia lo siguió poco después. Los polacos se habían ya sentado junto a la mesa y empezado a barajar las cartas. En el rostro del de la pipa se notaba algo misterioso y solemne.

—Siéntense ustedes, señores —dijo Vrublevski.

—No, yo no quiero jugar —dijo Kalganof—, ya perdí antes cincuenta rublos.

—En verdad que estuvo usted desgraciado —dijo el de la pipa, volviéndose hacia Kalganof—. Pero esta vez muy bien pudiera usted desquitarse.

—¿Cuánto se talla? —preguntó Mitia.

—Tal vez ciento, o acaso doscientos rublos. ¿Cuánto quiere usted apuntar?

—¡Un millón! —exclamó riendo Mitia—. ¿No? ¡Pues bien, ahí van diez rublos!

—¡Y yo juego un rublo a esa sota! —dijo Maximof tocando una de las cartas.

Mitia y Maximof ganaron.

—¡Doblo! —gritó Mitia.

—¡Y yo también! —dijo el otro.

—¡He perdido! —exclamó Mitia.

Éste perdió varias veces seguidas.

—¡Cálmese usted! —dijo de pronto Kalganof.

—¡No! ¡No! ¡Doblo, doblo! —exclamó Mitia.

Y perdía cada vez que jugaba.

—¡No importa; vuelvo a doblar!

—Ha perdido usted doscientos rublos y todavía dice que dobla. ¿No es así? —preguntó el de la pipa.

—¡Cómo! ¿Ya he perdido doscientos? Bueno, bueno; ¡pues van doscientos más! —y puso dos billetes junto a una carta.

Kalganof extendió una mano y golpeando encima de la mesa, dijo:

—¡Basta!

—¿Qué le pasa a usted? —le preguntó Mitia.

—¡Basta! No quiero que juegue usted más.

—¿Por qué?

—¿Por qué?... ¡Porque no! ¡No le dejaré jugar más!

Mitia estaba estupefacto.

—Déjalo, Mitia. Kalganof tiene razón; ya has perdido bastante —dijo Grushenka con voz extraña.

Los dos polacos se levantaron con aire ofendido.

—¿Bromea usted? —dijo el de la pipa, lanzando una mirada severa a Kalganof.

—¡Cómo! ¿Osa usted...? —gruñó, a su vez, Vrublevski.

—¡No griten ustedes! ¡No griten! ¡Ah! ¡Parecen ustedes gallinas! —exclamó Grushenka.

Mitia miraba alternativamente al de la pipa y a Grushenka. El rostro de ésta le daba que pensar.

—¡Grushenka, me ofendes! —gritó el de la pipa, rojo de cólera.

De improviso, Mitia se acercó a él, y dándole un golpecito en el hombro, le dijo:

—Honorable señor, deseo decirle dos palabras.

—¿Qué desea usted?

—Venga usted a la habitación contigua y se lo diré. Venga. Le agradará saberlo.

El de la pipa miró a Mitia con desconfianza; pero accedió, a condición de que su compañero Vrublevski lo siguiera.

—¿Es acaso su defensor, su guardia, su escolta?... ¡Bueno, que venga él también!

—¿A dónde van ustedes? —preguntó Grushenka inquieta.

—Dentro de un momento estaremos de vuelta —respondió Mitia, conduciendo a los polacos a una habitación próxima que estaba llena de baúles, mantas y almohadas. Encima de una mesa ardía una bujía. El de la pipa y Mitia se sentaron junto a dicha mesa, el uno frente al otro; Vrublevski permaneció en pie. Los dos miraban a Mitia severamente, pero con ansiedad.

—¿Qué es lo que quiere usted de nosotros?

—Pronto estará dicho —respondió Mitia—; aquí está mi dinero; tres mil rublos. ¿Los quieren ustedes?... Tómelos y márchese.

El de la pipa lo miró atentamente.

—¡Tres mil rublos!

Y lanzó una mirada a Vrublevski.

—¡Tres mil, señor, tres mil!... Escuche; veo que es usted un hombre inteligente. ¡Tome esos tres mil rublos, y váyase al diablo con su amigo! ¿Comprende? ¡Pero pronto! ¡En este mismo instante! ¿Comprende? ¡Para siempre! Salgan ustedes por esta puerta; yo les daré sus gabanes. En la calle hay un carruaje; monten en él, y buenas noches. ¿Eh?

Mitia esperaba la respuesta con rostro tranquilo y resuelto.

Los polacos lo miraron, también con resolución.

—¿Y el dinero? —preguntó el más pequeño.

—¿El dinero? Ahora les daré quinientos rublos, y mañana, en la ciudad, les daré los dos mil quinientos restantes. ¡Lo juro por mi honor! Se los daré mañana, aunque haya que sacarlos de debajo de tierra.

Los polacos se consultaron con la mirada.

El semblante del más pequeño se alteraba.

—¡Setecientos! ¡Setecientos!... ¡Pronto! —repuso Mitia, viendo que el asunto tomaba mal cariz—. ¿Qué les pasa a ustedes? ¿No me creen? No puedo darles los tres mil rublos de una vez; no los tengo aquí, los tengo en mi casa, allá en la ciudad —dijo Mitia vacilando—. En mi casa... en un escondrijo.

Una repentina expresión de amor propio ofendido contrajo el rostro del polaco más pequeño.

—¿Era todo eso lo que tenía usted que decirme?, —preguntó irónicamente—. ¡Oh, que vergüenza!

Y escupió.

Vrublevski hizo otro tanto.

—¿Piensan sacarle mayor provecho a Grushenka?

—Sí, sí; escupan ustedes —dijo Mitia sonriente ¡Valiente par de imbéciles!

—¡Usted me ofende! —dijo el de la pipa, rojo como una cereza.

Y salió de la habitación seguido de Vrublevski. Mitia los siguió, algo perplejo. Temía a Grushenka, presintiendo que el hombre gordo le contaría todo lo que acababa de suceder. Y así ocurrió. El de la pipa tomó una actitud puramente teatral, y dijo en polaco:

—¡Grushenka, estamos sumamente ofendidos!

A la joven se le acabó la paciencia.

—¡Habla ruso! ¡Ni una palabra más en polaco! Antes sabías hablarlo. ¿Lo has olvidado ya?

—¡Agripina Grushenka!...

—¡Me llamo Agrafeana! ¡Habla ruso si quieres que te escuche!

El de la pipa se puso a hablar ruso con malísimo acento y tono exagerado.

—Agrafeana Grushenka —dijo—, he venido a tender un velo sobre el pasado, a perdonar, a olvidarlo todo...

—¿Cómo, perdonar? ¿Es a mí a quien llamas de ese modo? —dijo Grushenka levantándose.

—Sí, querida mía. Tengo amor propio, pero soy generoso. Sin embargo, lo que acaba de decirme uno de tus amantes, me sorprende. Este caballero acaba de ofrecerme tres mil rublos para que me aleje de aquí. Y yo... le he escupido al rostro.

—¡Cómo! ¡Te ha ofrecido dinero por mí! ¿Es verdad eso, Mitia? ¿Entonces yo soy algo que puede venderse?

—Señores —dijo Mitia—, ella es pura. Yo no he sido nunca su amante. ¡Usted ha mentido!

—¿Cómo osas tú defenderme delante de él? No ha sido por virtud por lo que he permanecido pura, ni por temor a Kuzma. Ha sido porque quería decir un día con la cabeza bien alta: "¡Eres un miserable!", que es lo que hago hoy con este hombre.

Y miró al de la pipa con ojos amenazadores.

—¿Es verdad que le has ofrecido dinero? —preguntó a Mitia.

—Sí —dijo éste.

—¿Y no ha querido?

—Sí, sí. Lo quería en este mismo instante; pero yo no podía darle sino setecientos rublos anticipados.

—¡Ahora lo comprendo todo! —dijo Grushenka—. Ha oído decir que tengo dinero, y por eso quiere casarse conmigo.

De repente, Vrublevski se acercó a Grushenka, y amenazándole con el puño, rugió:

—¡Ramera!

Mitia dio un salto, cayó sobre él, lo agarró fuertemente, lo levantó en el aire y, en un santiamén, lo llevó hacia la habitación vecina.

Al cabo de unos momentos volvió a entrar, algo fatigado, respirando con trabajo.

—¡Lo he dejado en el suelo! —dijo, anhelante—. ¡Se defendió el miserable; pero no tenga usted cuidado, ya no volverá aquí!

Cerró una hoja de la puerta y dejando abierta la otra, dijo, mirando al de la pipa:

—Honorabilísimo señor, tenga usted la bondad, se lo ruego...

Y extendió su brazo hacia la puerta.

—Quítele usted antes el dinero que le ha robado —dijo el hostelero.

—Yo les regalo mis cincuenta rublos —dijo Kalganof.

—Y yo les dejo mis doscientos. Que ellos les sirvan de consuelo —añadió Mitia.

—¡Bravo, bravo, jóvenes! —gritó Grushenka.

El de la pipa, rojo de cólera, pero sin perder su aire importante, se dirigió hacia la puerta y se detuvo en el umbral.

—Si quieren ustedes seguirme —dijo—, háganlo, y si no, adiós.

Y entró en la habitación contigua. Mitia cerró la puerta.

—Eche usted la llave —dijo Kalganof.

Pero en aquel instante se oyó rechinar la cerradura: los polacos se habían encerrado ellos mismos.

—¡Bravísimo, bravísimo! —gritó Grushenka.

Capítulo VI

—¡Quiero beber! —exclamó la joven—. ¡Quiero embriagarme como el otro día! ¿Te acuerdas, Mitia, cuando vinimos aquí por primera vez?

Mitia estaba casi loco de alegría; presentía su "felicidad", si bien Grushenka lo alejaba más de ella.

—¡Bah! —dijo Grushenka—. ¡Que bailen, que se alegren!

El coro estaba entonces en todo su apogeo. Los hebreos, con sus violines y sus guitarras, estaban también allí. Mitia se agitaba en medio de tanta gente. Algunos *mujiks* y varios forasteros que estaban ya acostados, se habían despertado y acudieron a disfrutar de la fiesta. Mitia los abrazaba a todos y les hacía servir de comer y beber. Aquello lo entusiasmaba; se encontraba en su elemento. Grushenka lo miraba fijamente; de pronto se dirigió hacia él, y tomándole la mano, le dijo:

—¡Cuando entraste hace poco, tuve un miedo terrible! Tú querías abandonarme a él... pero, dime: ¿lo deseabas en realidad?

—No quería turbar tu felicidad...

Pero Grushenka no lo escuchaba ya.

—¡Anda, anda! Diviértete, no llores —dijo Mitia.

Grushenka iba de un lado para otro; escuchaba las canciones, miraba las danzas, seguía a Mitia con la mirada y después lo llamaba a su lado...

—Siéntate aquí, junto a mí —le dijo—. ¿Cómo has sabido que estaba yo en esta casa?

Mitia, refirió lo que había ocurrido anteriormente, y cómo Fenia, sin pensar, le había declarado el lugar donde se hallaba su señorita. De pronto frunció el ceño...

—¿Qué te pasa? —le preguntó ella.

—¡Nada!... He dejado allá un hombre enfermo... ¡Ah! ¡Si pudiese al menos curarse! ¡Si supiese que iba a curarse, daría diez años de mi vida!

—¡Deja en paz ahora a tu enfermo! Entonces, ¿es cierto que querías suicidarte mañana? ¡Loco! ¿Y por qué? Pero los locos como tú me gustan. ¿De modo que harías por mí cuanto fuese preciso?... Pues en vez de suicidarte es probable que oigas de mi boca una palabra que... pero no te la diré hoy, sino mañana... ¡Ah! Tú querrías que te la dijese hoy mismo, ¿verdad? Pero no quiero; vete.

Poco después volvió a llamarlo nuevamente a su lado y le preguntó con inquietud:

—Pero, ¿qué te pasa, Mitia? ¿Estás triste...? ¡Porque, estás triste! Abrazas a los *mujiks*, cantas, pero en el fondo estás triste. Alégrate, si quieres que yo ría... ¿Sabes a quién amo yo?... ¡Adivina!

La mente de Mitia ardía. Se dirigió al balcón y el aire fresco le calmó un tanto. Sólo allí, en la oscuridad, se agarró la cabeza con las manos. Mil pensamientos se agolparon a su frente, y de improviso se iluminó su cerebro.

—"¡Si me suicidase! —pensó—. ¿Cuándo mejor que ahora podré hacerlo?"

Y permaneció indeciso. Poco antes, cuando venía hacia Mokroié, dejaba tras de sí la vergüenza, el robo, la sangre... ¡Y qué sangre!... No obstante, se sentía mejor que ahora; mucho mejor. Todo había concluido; Grushenka pertenecía a otro hombre. La había perdido para siempre. Le habría sido fácil tomar una resolución, puesto que ya no le quedaba nada en el mundo...

Pero ahora, aquel fantasma terrible, aquel hombre fatal, el antiguo amante de Grushenka estaba lejos, se había transformado en un ser ridículo, grotesco, y estaba encerrado, como un chiquillo, en un cuarto oscuro... Y sin embargo, si fuese a él a quien Grushenka amase... ¡Ah, qué felicidad! ¡Sería el momento de vivir!... ¡Mas esto era imposible! ¡Oh, maldición!

—¡Ah! Señor —murmuró Mitia juntando las manos—. ¡Resucita a aquel que ha quedado junto a la cerca! ¡Evítame este amargo dolor! ¡Tú puedes hacer milagros, Señor! ¡Y es precisamente por los pecadores como yo por quien debes hacerlos! Si vive el viejo todavía, ¡oh, entonces yo mismo me castigaré y me redimiré de mis pasadas vergüenzas; devolveré el dinero robado, sacándolo, si es preciso, del fondo de la tierra! ¡La infamia no habrá dejado huellas sino en lo más recóndito de mi corazón!... ¡Pero no, no; es un sueño imposible! ¡Ah, maldición...!

Sin embargo, una esperanza brillaba entre tantas tinieblas. Volvió a la habitación, junto a su amada, junto a *"su reina por la eternidad"*. Una hora, un instante de su amor, ¿no valía, acaso, todo el resto de su vida, incluso la tortura de tanta ignominia? ¡Sólo con ella, verla, sentirla, no pensar sino en ella, olvidarlo todo!... ¡Siquiera aquella noche, una hora, un instante!

Grushenka no estaba ya en el salón. Mitia miró en la habitación contigua y la vio sentada encima de un baúl, con la cabeza inclinada sobre el pecho, llorando amargamente y esforzándose por contener sus gemidos. Al distinguir a Mitia le hizo señas de que se acercase. El joven avanzó; ella le tomó las manos.

—¡Mitia! ¡Mitia! Yo lo amaba, no había cesado de amarlo durante estos cinco años. ¿Era a él o al odio que le tenía? ¡Era a él, sí, a él! ¡Mentí cuando dije lo contrario!... ¡Mitia, yo sólo contaba entonces diecisiete años! El era muy afectuoso conmigo... tan alegre... me cantaba canciones... o al menos así me parecía a mí, loca chiquilla. Pero ahora... ahora no es a él a quien amo. No parece el mismo de antes. No tiene el mismo rostro. Viniendo hacia acá me preguntaba qué le diría, cómo lo miraría, y mi alma temblaba de emoción; y ahora se diría que ha echado sobre mí un cubo de agua sucia... Parece un maestro de escuela. Al verlo me quedé estupefacta. Al principio pensé que estuviese turbado por la presencia de su compañero, el de las piernas largas, y me preguntaba yo misma: ¿Por qué no puedo hablarle como antes? ¿Sabes, Mitia? Ha sido su mujer la que lo ha hecho envejecer de ese modo: aquélla por la cual me abandonó... ¡Ah, Mitia, qué horror! ¡Oh, cómo me avergüenzo! ¡Malditos sean estos cinco años!

Y rompió de nuevo a llorar, mientras estrechaba entre las suyas una de las manos de Mitia.

—¡Mitia, amigo mío, espera; no te vayas, quiero decirte una cosa! —murmuró mirándolo dulcemente—; dime: ¿sabes a quién amo? Amo a cierto hombre... ¿Sabes quién es? —y en sus ojos, llenos de lágrimas, brilló un rayo de alegría.

"Cuando tú viniste, estaba yo entristecida. Al verte entrar, noté que mi corazón se oprimía": ¡Ah, locuela, me dije, he aquí el hombre que tú amas! Pero, ¿de qué tenías miedo?... ¡Porque tú tienes miedo, no querías hablar, y no era a ellos a quienes temías, sino a mí! Pero, ¿no te dijo Fenia que te había amado durante una hora entera? ¡Y pensar que podía amar después a otro! ¡Ah, Mitia, Mitia! ¿Cómo podría haber amado a otro hombre después de amarte a ti? ¿Me perdonas, Mitia? ¿Me amas? ¿Me amas, di?

Grushenka se levantó y le puso las manos sobre los hombros. Mitia, mudo de contento, la miraba atónito. De repente la estrechó en sus brazos.

—¿Me perdonas todo cuanto te hice sufrir? —prosiguió ella—. Era por maldad por lo que he vuelto loco al viejo... ¿Te acuerdas cuando rompiste un vaso en mi casa? ¡Hoy he hecho yo lo mismo brindando por mi vileza! ¡Ah, Mitia! ¡Querido mío! ¿Por qué me abrazas?... Me abrazas, me miras y me escuchas... ¿Por qué me escuchas? ¡Abrázame! ¡Más fuerte!... ¡Más fuerte!... ¡Así, así! Ahora seré tu esclava para toda la vida. ¡Qué dulce es ser esclava de un hombre a quien se ama!... ¡Abrázame, hazme sufrir! ¡Haz de mí todo cuanto quieras!... ¡Oh, quiero que me hagas sufrir! ¡Mas no, espera... más tarde, después!... —añadió rechazándole—. ¡Vete! ¡Quiero beber, quiero embriagarme, quiero bailar, quiero, quiero...!

Y desprendiéndose de los brazos del joven, se alejó. Mitia la siguió vacilante.

—¡Lo que sea sonará! —murmuró Mitia—. ¡Este instante bien vale una vida y un mundo entero!

Grushenka bebió una copa de *champagne* y se aturdió. Seguidamente, se sentó en una butaca y una sonrisa de felicidad asomó a sus labios. Sus mejillas se colorearon y sus lánguidos ojos buscaban a Mitia.

Éste se acercó a ella nuevamente.

—¿Por qué no bebes, Mitia? ¡Yo he bebido!

—No, yo no quiero beber más. Me siento ya casi ebrio.

No obstante, apuró todavía una copa y la cabeza le rodó de manera repentina.

—¿Sabes, Mitia?... Quiero ir al monasterio. Sí, sí, de veras iré en cuanto sea de día. Aliosha me ha dicho hoy una palabra que no olvidaré nunca... ¡Sí!... Pero hoy bailemos... ¡Mañana al monasterio, hoy al baile! ¡Riamos! ¡Dios nos perdonará! ¡Si yo fuese Dios, perdonaría a todos! ¡Quiero pedir perdón para los dos! Quiero pedir perdón para los otros también... Yo... soy una fiera, he aquí lo que soy. Pero sé rogar... ¡Sí una miserable como yo, osará rogar a Dios!... Dejémoslo que bailen, no se lo impidamos! Son todos buenos. ¡Todos!... ¡Qué bella es la vida! ¡Por malvada que una sea, es tan bella la vida!...

Así divagaba Grushenka, bajo la influencia de una creciente embriaguez, hasta que declaró que quería bailar ella también. Se levantó, pero apenas podía sostenerse en pie.

—Mitia —balbució—, no me des más vino aunque yo te lo pida... no me des más. El vino me hace daño... Todo gira a mi alrededor... pero quiero bailar.:. ¡Ahora verán si yo sé hacerlo!

Y con ademán resuelto, sacó del bolsillo un pañuelo de batista, lo tomó por una extremidad y se puso a agitarlo haciendo piruetas. Los *mujiks* se callaron y se dispusieron a entonar un coro: inmediatamente atacaron la *Pliassovaia*. Maximof, viendo que Grushenka bailaba, lanzó un grito de alegría y se puso a saltar en torno de ella, cantando. Pero Grushenka lo rechazó.

—¡Silencio! —gritó la joven—. ¡Mitia, que vengan todos a mirarme!... Llama también a esos que están encerrados. ¿Por qué los has encerrado?... Diles que estoy bailando, que vengan a verme.

Mitia golpeó con toda su fuerza en la puerta de la habitación en que estaban los polacos.

—¡Eh, señores! —gritó—. Grushenka baila y los llama.

—*Laidak!* —gruñó uno de los polacos.

—¡Tú eres el *laidak!* —replicó Mitia.

—Haría usted bien en no mofarse más de la Polonia —observó con gravedad Kalganof.

—Está bien, amigo mío. Pero al tratarlos así no he pretendido expresar la opinión que me merecen los polacos. Un solo *laidak* no constituye la Polonia entera... ¡Cállese el apuesto joven, y coma dulces!...

Durante aquel tiempo, Grushenka había pretendido, inútilmente, bailar.

—¡La señorita ha bebido! —decían las mujeres coristas.

—¡Ha bebido, ha bebido! —repetía Maximof.

—¡Mitia, sácame de aquí!... ¡Llévame contigo! —balbució Grushenka.

Mitia la tomó en sus brazos, la llevó a una estancia vecina y la tendió en un lecho.

La fiesta continuaba, y Mitia acariciaba a Grushenka entre el rumor de los gritos de alegría y de los cantos.

—¡Déjame! —dijo ella con voz suplicante—. No me toques antes de que sea tuya... Te digo que seré tuya... Déjame, pues... mientras los otros estén aquí. Él está ahí cerca. Eso me da horror...

—¡Obedezco!... ¡Te respeto! ¡No ha pasado por mi mente la idea de ofenderte! —murmuró Mitia—. Es verdad que aquí no se está bien...

Y sin cesar de acariciarla dulcemente se arrodilló junto al lecho.

—Mitia, indudablemente eres un tigre... pero eres noble. Sí; precisa que procedamos honestamente... siempre honestamente. A partir de este momento seamos honrados, buenos. No vivamos como las bestias... Llévame contigo lejos de aquí. ¿Comprendes? ¡Aquí no, aquí no, sino lejos, muy lejos...!

—¡Sí, vida mía! —dijo Mitia estrechándola cada vez más fuerte—. ¡Te conduciré al otro extremo del mundo!... ¡Oh, daría mi vida entera por estar un solo año contigo... por... por saber que... aquella sangre...

—¿Qué sangre?

—¡Ninguna, ninguna! —respondió Mitia rechinando los dientes—. Grushenka, tú quieres que procedamos honestamente, pero... ¿No sabes que soy un ladrón?

—¿Tú?

—Sí, he robado. ¡Le he robado a Katerina! ¡Oh, qué vergüenza, qué vergüenza!

—¿A Katerina?... No, no le has robado nada; se lo devolverás todo; yo te daré, el dinero... ¿Qué te pasa? Todo lo que yo tengo es tuyo. ¿Qué, importa el dinero? Lo gastaremos sin reparo... Así es nuestro carácter. ¿No es verdad?... Somos pródigos... Y cuando no tengamos nada, iremos a labrar la tierra. Sí, yo la removeré con estas manos; será preciso trabajar. ¿Comprendes? Aliosha me lo ha ordenado. No seré tu amante, sino tu esposa, tu esclava, y trabajaré, para ti. Iremos los dos a casa de la señorita Katerina, nos arrodillaremos delante de ella, diremos que nos perdone, y partiremos... Y si se niega a perdonarnos, nos marcharemos sin su perdón. Devuélvele a ella su dinero, y a mí dame tu amor... ¡Ah, no la ames más! ¡Si tú la amaras, la estrangularía... le sacaría los ojos!...

—¡Te amo! ¡No amaré a nadie más que a ti! Te amaré en la Siberia...

—¿Por qué en la Siberia?... Bueno, sea, en la Siberia si te place... Allí trabajaremos... entre la nieve... me gusta viajar por la nieve... me agrada el tintineo de los cascabeles. ¿Qué será? Ya se aleja el sonido... Deben ser los viajeros que cruzan por el camino... ya no se oye nada...

Grushenka cerró los ojos y pareció adormecerse.

Efectivamente, a lo lejos se había oído el ruido que Grushenka había indicado. Mitia apoyó la cabeza contra el pecho de la joven, sin darse cuenta de que se habían interrumpido las canciones y que a los alegres gritos de la embriaguez había sucedido un silencio de muerte.

—¿Qué ha pasado? ¿He dormido? ¡Ah, sí, los cascabeles!... He soñado que viajaba por entre la nieve... estábamos juntos, e íbamos lejos, muy lejos... yo te abrazaba, te estrechaba contra mi pecho, y me acurrucaba entre tus brazos... tenía frío... la nieve brillaba. ¿No has visto brillar la nieve en las noches de luna? Me parecía que ya no estaba sobre la tierra... y he aquí que me despierto y me encuentro a mi amadísimo junto a mí. ¡Qué bueno eres!

—¡Junto a ti! —murmuró Mitia cubriendo de besos el pecho y las manos de la joven.

De repente, le pareció a Mitia que su amada miraba por encima de su cabeza, hacia un sitio lejano, con ojos extrañamente fijos. En el semblante de la joven se retrataba un vivo estupor, o mejor dicho, un terror intenso.

—Mitia, ¿quién es ese que nos mira? —dijo ella en voz baja.

Mitia se volvió y vio a un hombre que había levantado las cortinas y miraba hacia dentro de la estancia. Mitia se levantó apresuradamente y se dirigió hacia la puerta.

—¡Acérquese, se lo ruego! —dijo una voz queda, pero firme.

Mitia salió de allí y se quedó perplejo. El salón estaba lleno de gente extraña. Mitia se estremeció y un escalofrío recorrió todo su cuerpo: inmediatamente comprendió con quién se encontraba. Aquel viejo de alta estatura cuya cabeza cubría un kepis era el cabo de la policía rural, Micha Makarovitch, y los demás, si bien no recordaba sus nombres, le eran igualmente conocidos, pues recordaba haber visto a algunos de ellos en el Juzgado de Instrucción. Luego observó que también estaba entre ellos el comisario de la policía rural, Mauricio Mavrikitch. Mitia lo reconoció en seguida. También vio mucha gente del pueblo y en el fondo, cerca de la puerta, estaban Kalganof y Trifón, el hostelero.

—¿Qué pasa, señores? —preguntó Mitia; pero de pronto exclamó con voz fuerte—: Comprendo.

Un joven con anteojos se acercó a Mitia con aire importante, y le dijo con cierta precipitación:

—Tenemos que... en una palabra, ruego a usted que se siente aquí en el diván... Tiene que darnos una explicación.

—¡El viejo! —exclamó Mitia fuera de sí—. ¡El viejo cubierto de sangre!... ¡Comprendo!

Y se dejó caer sobre el diván que le habían indicado.

—¡Ah, lo comprendes, miserable! ¡Parricida! ¡Infame! ¡La sangre de tu padre grita sobre ti! —rugió de repente el viejo cabo de policía, aproximándose a Mitia rojo de cólera.

—¡Esto es intolerable! —exclamó el joven de los anteojos—. ¡No, no es así como debe procederse, Micha Makarovitch! ¡Ruego a usted que me deje hablar! ¡Nunca hubiera esperado de usted semejante cosa!

—¡Mírenlo, mírenlo! —prosiguió el viejo, sin hacer caso de aquellas palabras—. ¡Mírenlo, ebrio con una mujer pública, manchado todavía con la sangre de su padre! ¡Qué horror!

—Le ruego encarecidamente, mi señor Makarovitch, que contenga sus ímpetus —dijo severamente el joven—; de lo contrario, me vería obligado a tomar medidas.

El juez instructor se acercó a Mitia y le dijo con tono resuelto:

—¡Señor teniente retirado Karamazov, debo manifestarle que está usted acusado de haber asesinado a su padre Fedor Pavlovitch Karamazov, al cual se ha encontrado muerto esta misma noche!...

Mitia escuchaba sin comprender, mirándolos a todos con ojos aterrados.

Octava parte
El sumario

Capítulo I

Marfa Ignatievna, la mujer de Grigori, a pesar de su sueño profundo, se despertó de repente, a causa, sin duda, de los terribles gritos que lanzaba Smerdiakof, el cual se revolvía en su lecho, en la vecina estancia. Aquellos gritos de epiléptico habían siempre asustado a Marfa Ignatievna. No obstante, se levantó y entró en la habitación del enfermo.

Estaba completamente oscuro; se oían los gemidos ahogados, los sollozos y los esfuerzos que hacía Smerdiakof; pero no se distinguía nada. Marfa se puso a gritar también, llamando a su marido, mas de repente, le pareció que Grigori no estaba allí en su cuarto. Palpó por encima de la cama y no encontró nada.

Marfa corrió hacia la escalera y gritó:

—¡Grigori, Grigori!

Por toda respuesta oyó una especie de gemido lejano. Aguzó el oído: oyó nuevos gemidos, y comprendió que venían de la parte del jardín.

—¡Dios mío! —exclamó—. Se diría que fuesen los mismos gritos de Lisaveta Smerdiatchaia.

Bajó corriendo la escalera y vio la puertecilla del jardín abierta.

—Debe ser allí —murmuró.

Y se dirigía hacia la citada puerta del jardín cuando oyó a Grigori llamarla con voz débil y dolorosa.

—¡Marfa, Marfa! —gritó la voz.

—¡Señor, protégenos! —murmuró Marfa y se dirigió hacia donde se oían los gemidos.

Grigori no estaba ya junto al muro, al pie del cual había caído. Había andado una veintena de pasos tambaleándose. Marfa, al verle cubierto de sangre, comenzó a gritar. Grigori murmuró débilmente, interrumpiéndose a cada palabra:

—¡Muerto!... ¡Ha matado a su padre!... ¡No grites! ¡Corre; llama, pide socorro!...

Marfa Ignatievna continuaba gritando. Repentinamente, viendo la ventana del cuarto del amo abierta e iluminada, corrió hacia ella y se puso a llamar a Fedor Pavlovitch. Miró hacia el interior, y vio a éste tendido en el suelo, completamente inmóvil. Su bata de color claro y su camisa blanca estaban empapadas de sangre. La bujía que ardía sobre la mesa iluminaba el rostro del muerto.

Marfa Ignatievna salió corriendo del jardín, abrió el portón y fue a llamar a la casa de María Kondratievna. Ésta y su hija dormían.

A los golpes que Marfa Ignatievna daba sobre la puerta, se despertaron las dos mujeres. Marfa les explicó atropelladamente lo que ocurría y les suplicó que acudiesen a socorrer a su marido. María y su hija hicieron levantarse a un criado y se dirigieron hacia el lugar del delito.

Por el camino, María Kondratievna recordó que, a eso de las nueve, había oído un grito agudo. Cuando llegaron al sitio donde estaba tendido Grigori, lo agarraron entre todos y lo llevaron a su dormitorio. Encendieron una vela y vieron que Smerdiakof seguía agitándose en su lecho, presa de la terrible crisis nerviosa y echando espumarajos por la boca. Después de lavarle a Grigori la cabeza con agua y vinagre, las dos mujeres y el criado fueron a la habitación del amo y vieron que la puerta había sido forzada. Las mujeres no se atrevieron a entrar y volvieron al pabellón en que habitaba Grigori; éste les suplicó que fuesen a avisar a la policía, y a las demás autoridades judiciales, y todos juntos se encaminaron hacia la casa del muerto en la cual empezaron inmediatamente a instruir el sumario.

Fedor Pavlovitch tenía la cabeza fracturada; pero... ¿Con qué arma había sido ejecutado aquel delito? Sin duda con la misma que había servido para herir a Grigori, y que había sido encontrada en uno de los senderos del jardín. El médico forense hizo la primera cura a Grigori, y éste declaró lo que había ocurrido.

En la estancia de Fedor Pavlovitch no se advertía ningún desorden; solamente detrás de las cortinas del lecho se hallaba un gran sobre con la inscripción siguiente: "Tres mil rublos para mi ángel Grushenka, si acaso accede a venir". El sobre estaba desgarrado y vacío. En el suelo se hallaba, asimismo, la cinta rosa con que había estado atado aquél.

Por otra parte, Piotr Ilich había ido antes voluntariamente al puesto de policía. Allí se enteró de lo sucedido y declaró todo lo que sabía. La hipótesis de que Dimitri Fedorovitch se habría de suicidar a la mañana siguiente llamó la atención del procurador. Precisaba, pues, correr sin pérdida de tiempo a Mokroié para arrestar al culpable antes que éste se hiciese justicia por su propia mano.

Cumplidas todas las formalidades para la formulación del sumario, las autoridades partieron para Mokroié. Únicamente se quedó en la casa el médico forense para hacer la autopsia al cadáver de Fedor, y para prestar auxilio a Smerdiakof, que se hallaba en grave estado.

—¡Es extraño! —murmuró el médico—, estas crisis de epilepsia no suelen ser nunca tan largas. ¡Hum! ¡Me parece que éste no alcanzará a ver la luz del día!

Capítulo II

Mitia miraba, a los asistentes, con ojos extraviados, sin comprender lo que le decían. De pronto, se levantó, extendió las manos hacia el cielo y exclamó:

—¡No soy culpable! ¡Yo no he derramado la sangre de mi padre! ¡Quería matarle, pero no lo he hecho!... ¡No he sido yo!

Apenas terminó de hablar, cuando se adelantó Grushenka, y cayendo a los pies del cabo de policía, exclamó, sollozando:

—¡Soy yo la culpable! ¡Soy yo la maldita! ¡Ha sido por mi causa por la que lo ha matado! ¡Soy yo quien lo ha empujado hacia tal extremo!... ¡Yo torturé al viejo, al que ha dejado de existir!... ¡La culpable de todo soy yo!

—¡Sí, tú eres, tú! —gritó el policía—. Tú, mujer disoluta.

Y levantó el brazo con gesto amenazador. El procurador le sujetó.

—¿Qué significa esto, Micha Makarovitch? —le dijo—. Está usted estorbando nuestra actuación...

—Precisa tomar severas medidas —dijo, a su vez, el juez—. La intromisión de ese hombre no se puede tolerar.

—¡Que nos juzguen juntos! —gritó Grushenka, siempre arrodillada—. ¡Que nos condenen a los dos! ¡Yo le seguiré hasta el patíbulo!...

—¡Grushenka, alma mía, sangre de mi sangre, santa mujer! —dijo Mitia arrodillándose ante ella, y estrechándola entre sus brazos—. ¡No le crean ustedes, es inocente, inocente en absoluto!

Separaron a Mitia de la joven y se la llevaron a un ángulo de la estancia. Mitia se desvaneció, y no volvió en sí hasta que estuvo sentado junto a una mesita, rodeado de todos los funcionarios de justicia. Frente a él, sobre el diván, estaba el juez de Instrucción, Nikolai Parfenovitch, el cual le invitaba constantemente, y con mucha cortesía, a beber un poco de agua. Pero Mitia, lejos de atender a lo que le decían, no hacía sino fijarse en los gruesos anillos que adornaban las manos del juez. Un poco más distante se hallaba un joven dispuesto a escribir.

—Beba usted agua —dijo amablemente y por décima vez el juez de Instrucción.

—¡Ya he bebido, señor, ya he bebido!... Vamos, vamos al asunto. Júzguenme, condénenme, decidan pronto mi suerte...

—¿De modo que usted asegura que es inocente de la muerte de su padre Fedor Pavlovitch?

—Sí, inocente. Soy culpable de haber vertido la sangre de otro, pero no la de mi padre. ¿Quién ha podido asesinarle? ¡No lo sé! ¡Es prodigioso! ¡Es absurdo! ¡Es imposible!

—Precisamente, eso es lo que pregunto yo. ¿Quién ha podido asesinarle? —dijo el juez.

El procurador, Hipólito Kirillovitch, lanzó una mirada significativa al juez y después dijo a Mitia:

—Su inquietud acerca del viejo Grigori no tiene razón de existir. Sepa usted que está vivo, a pesar del terrible golpe que le ha asestado usted, de lo que se le acusa, y usted mismo confiesa. El médico asegura que Grigori se curará.

—¡Ah, está vivo!... ¡Vivo!

El rostro de Mitia se iluminó de alegría.

—¡Oh, gracias, Dios mío! ¡Gracias mil por el inmenso favor que te dignas hacer a este pobre, a este miserable pecador! ¡Has oído mis plegarias, y por eso has hecho este milagro. ¡Sí, sí; porque he rogado durante toda la noche!

Mitia se persignó tres veces.

—Ese mismo Grigori ha declarado graves cosas en contra de usted...

Mitia no dejó concluir al procurador, y levantándose apresuradamente, dijo:

—¡Un instante, señor! ¡Por Baco! ¡Solamente un momento!... ¡Quiero hablarle!...

—¡Es imposible! —exclamó Nikolai Parfenovitch.

Los guardias se acercaron a Mitia, creyendo que éste iba a rebelarse, pero el joven se sentó tranquilamente sin hacer la menor resistencia.

—Lo siento —murmuró—; quería simplemente decirle que esa sangre que tanto me ha atormentado durante estas últimas horas, está lavada ya... Quería decirle, que no ha muerto aquél a quien yo golpeé; que no soy un asesino. ¡Señores, sépanlo ustedes! Es mi Prometida —añadió solemnemente, mirando a todos los allí reunidos—. ¡Oh, gracias; me han resucitado ustedes! ¡Me han devuelto la vida!... ¡Aquel viejo!... ¡Ah, pobre!... ¡Me llevaba en sus brazos cuando yo era pequeñito! ¡Él fue quien me atendió cuando todos me habían abandonado! ¡Él fue quien me sirvió de padre!...

—Entonces...

—¡Permítanme, señores, una palabra todavía! —interrumpió Mitia, apoyando los codos encima de la mesa y escondiendo el rostro entre las manos—. Déjenme respirar, déjenme reflexionar; todo esto es terrible... Ustedes me aturden... me confunden... me golpean... y sin embargo no soy un tambor. Soy un hombre, señores.

—Sería conveniente que bebiese usted un poco de agua...

Mitia levantó la cabeza y sonrió. Su mirar era claro, su rostro se había calmado; miraba al juez sin temor, como si se encontrase en una reunión entre amigos...

—Veo, Nikolai Parfenovitch —dijo con alegría—, que es usted un juez de Instrucción habilísimo. Además yo le ayudé a usted a cumplir su misión. ¡Ah, señores! Les repito que me han resucitado. No se ofendan ustedes si les hablo con tanta franqueza, tanto más que me encuentro un poco ebrio, o, por lo menos, alegre, debo confesarlo. Me parece, señor Parfenovitch, que tuve otra vez el honor de encontrarlo a usted en casa de mi pariente Miusov... Señores, no pretendo que seamos aquí todos iguales; comprendo perfectamente lo que pesa sobre mí, ya que Grigori me acusa, una terrible sospecha; lo comprendo perfectamente. Pero estoy dispuesto a que terminemos cuanto antes, puesto que no soy culpable, y no será preciso mucho tiempo para demostrarlo. ¿No es cierto?

—Entonces empezaremos por hacer constar que usted niega rotundamente su culpabilidad —dijo el juez—. Tome nota —añadió volviéndose hacia el escribano.

—¿Tomar nota? ¿Tomar nota de esto? Sea, consiento en ello, pero... no obstante, observen que... esperen, esperen; escriba usted esto —dijo Mitia atropelladamente—. "Es culpable de haber cometido desórdenes, de haber golpeado con violencia a un viejo. De esto es culpable..." —y añadió, como hablando consigo mismo—: Verdaderamente de esto no puedo negar que soy culpable; de lo que acabo de decir... y además también me siento culpable de... pero eso no hace falta escribirlo... es una cosa particular que no les interesa a ustedes... Lo que a ustedes les interesa, es buscar al asesino de mi anciano padre... y de eso yo no tengo culpa ninguna; yo no he intervenido en ese horrible delito. Se los probaré a ustedes; en seguida se convencerán de ello. Ustedes mismos se van a reír del error en que estaban.

—Tranquilícese usted, Dimitri Fedorovitch —dijo el juez, antes de continuar el interrogatorio—. Si consiente usted en responderme, desearía saber de su misma boca si es cierto que las relaciones entre usted y el difunto eran algo tirantes, que usted no le amaba, y que constantemente sostenían violentos altercados... Ahora mismo, apenas hace un cuarto de hora, ha dicho usted que había querido matarlo: "No lo he matado —han sido sus palabras—, pero he querido matarlo".

—¿Eso he dicho? Muy bien pudiera ser... Sí, por desgracia han sido varias las veces que he tenido esas intenciones.

—¿Tenía usted esa intención? ¿Quiere usted tener la amabilidad de explicarnos de qué provenía ese odio hacia su padre?

—Pero, ¿qué explicación quiere que le dé, señor? —dijo Mitia encogiéndose de hombros—. Yo no he ocultado mis sentimientos, toda la ciudad los conoce. No hace mucho que manifesté eso mismo en la celda del padre Zossima... Aquella misma noche le pegué violentamente a mi padre, y juré ante testigos que volvería para matarle... ¡Oh, sí! Eso he estado gritando durante un mes entero. Toda la ciudad puede atestiguarlo. Los hechos hablan... pero los sentimientos... eso ya es harina de otro costal. Además, señores, yo no creo que ustedes tengan derecho a interrogarme respecto a eso. A pesar de que sean ustedes los representantes de la autoridad, mis sentimientos íntimos no tienen nada que ver con ustedes... Pero... dirán ustedes: "¿Por qué no los ha ocultado usted? ¿Por qué se lo ha dicho a todo el mundo?..." Bueno, pues entonces no es preciso que andemos con misterios. Yo, señores, comprendo perfectamente que los hechos se acumulan contra mí, acusándome: he jurado matarlo, y he aquí que mi padre aparece muerto. ¿Quién puede ser el asesino sino yo? ¡Ah, señores, yo los perdono a ustedes, puesto que yo mismo me hallo sorprendido! ¿Quién puede haber dado el golpe, no es eso? Si no he sido yo, ¿quién ha sido, pues? ¿Quién? Señores, quiero saberlo. ¡Exijo que me digan ustedes cómo ha sido herido mi padre, dónde y con qué arma!

Y miró alternativamente, con calma, al juez y al procurador.

—Lo hemos encontrado tendido en tierra, en su habitación, con el cráneo hecho pedazos —dijo el procurador.

—¡Oh, qué terrible!

Mitia se estremeció, y, apoyando de nuevo los codos encima de la mesa, se cubrió los ojos con la mano derecha.

—Prosigamos —dijo Nikolai Parfenovitch—. ¿A qué obedecía ese odio tan profundo hacia su padre? Creo que ha declarado usted públicamente que provenía de celos.

—De celos, y de algo más todavía.

—¿Cuestión de dinero?

—Sí, también entraba el dinero en el asunto.

—Parece ser que su padre le debía tres mil rublos, provenientes de una propiedad que su madre le había dejado, y que se negaba a entregarle. ¿No es así?

—¿Cómo? ¿Tres mil? Más de seis, más de diez mil tal vez. Lo he dicho por todas partes; se lo he contado a todos. Pero estaba dispuesto a hacer las paces por tres mil rublos... los necesitaba a toda costa... así que, aquel paquete que estaba escondido debajo de una almohada... sabía yo que estaba allí... y sabía que él se lo había destinado a Grushenka; pero yo lo consideraba como mío: sí, señores, como mío indiscutiblemente.

El procurador cambió con el juez una mirada significativa.

—Volveremos sobre este punto —dijo el juez—. Entretanto permítame que anote estos detalles: que usted consideraba aquel dinero que estaba dentro de un sobre precintado, como suyo indiscutiblemente...

—¡Escriban, escriban, señores! Me doy perfecta cuenta de que eso constituye una nueva acusación contra mí —dijo sonriendo Dimitri—, pero no importa. Yo mismo me acuso de ello. Yo mismo... ¿Comprenden? Señores, yo creo que ustedes se engañan con respecto a mí; ustedes me creen un hombre totalmente distinto de lo que en realidad soy. Les hablo lealmente, noblemente, como un hombre que, a pesar de haber hecho una larga serie de bajezas, ha permanecido siempre honrado en el fondo... Una palabra... no sé cómo expresarme... bueno; diré que durante toda mi vida he sentido una especie de sed de honradez. Era mártir de ese ideal; lo buscaba con la linterna de Diógenes, y, sin embargo, no he hecho otra cosa que bajezas, como todos los demás... pero no, no; me engaño... sólo yo puedo hacer esas cosas, señores, me duele la cabeza... Su aspecto me daba horror... había en él algo de impúdico, de deshonesto... Mi padre lo contaminaba todo... era un bufón perpetuo... cínico, repugnante. Pero, ahora que está muerto, pienso de otro modo.

—¿Cómo de otro modo?

—No quiero decir eso, sino que ahora me arrepiento de haberlo detestado tanto.

—¿Tiene usted remordimientos?

—No... no diré remordimientos; no haga usted insinuaciones... Yo, que no soy bueno, ni mucho menos, no tenía derecho a odiarlo por su cinismo y su malicia... Esto escríbanlo también, si quieren.

A medida que hablaba, Mitia se iba entristeciendo.

De improviso, Grushenka, que se hallaba apartada, y entre dos guardias, se precipitó sobre Mitia de un modo tan inesperado que no pudieron impedirlo. Mitia la abrazó con todas sus fuerzas; pero los guardianes se arrojaron sobre ellos y tras grandes esfuerzos lograron separarlos.

—¿Qué les ha hecho esa mujer? —exclamó Mitia, con afán—. Ella es inocente.

El procurador y el juez procuraron tranquilizarlo. Al cabo de diez minutos entró Micha Makarovitch.

—La he dejado abajo —dijo al procurador—. ¿Me permiten ustedes, señores, que le diga a este desgraciado unas palabras delante de ustedes?

—Hágalo, Micha Makarovitch, no podemos oponernos a ello.

—Escuche, Dimitri Fedorovitch —dijo Micha.

Su fisonomía denotaba en aquel momento una piedad profunda, casi paternal.

—He dejado a Grushenka con la hija del patrón —le dijo—. Maximof está allí también con ella; ya le he asegurado que debe tranquilizarse; le he hecho comprender que usted debe justificarse, que ella no debe estar aquí, porque lejos de favorecerlo podría perjudicarlo. ¿Comprende usted? Ella es inteligente y buena, me ha besado las manos, y después me ha rogado le diga a usted que esté tranquilo. Amigo mío, precisa ahora que yo vaya a decirle que está usted, en efecto, tranquilo... Me arrepiento de haber estado brusco con ustedes. Sí, señores —añadió, volviéndose hacia los funcionarios— es un alma cristiana y buena; ella es inocente... ¿Puedo decirle que está usted tranquilo y sereno, Dimitri Fedorovitch?

El buen viejo se hallaba sumamente conmovido ante el espectáculo de aquel doble dolor. Lágrimas asomaban a sus ojos y corrían luego por sus mejillas llenas de arrugas. Mitia se acercó a él.

—¡Oh, señor! —dijo conmovido—. Permítame usted. Permítame. Usted es un ángel, Micha Makarovitch; un ángel. Gracias, en nombre de ella. Dígale usted que no sólo estoy tranquilo, sino que me siento feliz. Tenga usted la bondad de decírselo. Si quiere usted, hasta me echaré a reír... Esto estará terminado en seguida, y en cuanto esté libre, bajaré... Que me espere... Y ahora, señores, les abriré mi corazón, a fin de terminar pronto este negocio.

Los funcionarios no pudieron dominar la risa.

—Señores —prosiguió Mitia—, aquella mujer es la reina de mi corazón... Permítanme, permítanme que se los diga... Veo que trato aquí con almas nobles. Ella es la luz, la pureza de mi vida. ¡Oh, si supiesen!... ¿Oyeron ustedes aquellas palabras: "Te seguiré hasta el patíbulo"?, ¿qué le he dado yo, que no tengo nada? ¿Por qué me ama? ¿Merezco que me ame de ese modo? ¡A mí, un ser indigno y desvergonzado!... ¡Perdónenme todo esto que digo!... Ahora estoy consolado.

Y sus ojos se llenaron de lágrimas, producidas por el gozo que experimentaba su alma. El viejo cabo de policía sonreía. Los mismos jueces comprendían que la instrucción del sumario entraba en una nueva fase.

—Señores —exclamó Mitia— prosigamos. Estoy a sus órdenes.

Capítulo III

—No puede imaginarse cuánto facilita nuestra misión las excelentes disposiciones en que se halla usted —dijo Nikolai Parfenovitch, visiblemente satisfecho—. Esa confianza, indispensable en asuntos de esta importancia, es la mejor justificación de que puede servirse el acusado. Haremos, pues, todo lo que de nosotros dependa, como hace usted mismo... ¿Está de acuerdo, Hipólito Kirillovitch? —preguntó mirando al procurador.

—Naturalmente —respondió el aludido, pero con tono seco, bastante acentuado.

—¡Señores! —prosiguió Mitia—. Déjenme que les cuente rápidamente lo sucedido; pero les ruego que no me interroguen inútilmente.

—Está bien; pero antes de escucharle, permítame que haga constar el hecho siguiente: que ayer por la tarde tomó usted diez rublos prestados, de su amigo Piotr Ilich, dejándole, a cambio, dos pistolas.

—Sí, señores, así fue. ¿Qué más?

—Cuéntenos usted ahora, ordenadamente, cómo empleó usted todo el día de ayer.

—Eso debía usted habérmelo preguntado en seguida —dijo Mitia riendo—. ¿Quiere usted que le diga también lo que hice anteayer? Pues... Hace tres días, fui por la mañana a casa del comerciante Samsonnof para que me prestara tres mil rublos, con sólida garantía. Necesitaba urgentemente aquella suma.

—Permítame usted... —dijo cortésmente el procurador—. ¿Por qué tenía usted tan urgente necesidad de aquel dinero?

—¡Señores, señores, cuántos detalles! ¿Dónde?... ¿Cómo?... ¿Por qué?... Si empezamos así, pronto van ustedes a tener materia para llenar tres volúmenes.

Mitia hablaba con la sencillez del que está dispuesto a decir la verdad.

—Señores —repuso—, no se incomoden ustedes por este mi modo brusco de proceder, y crean que los considero como se merecen, y que les guardo todos los respetos que les son debidos. No estoy borracho, sé que a sus ojos soy culpable, y que no hay igualdad, entre ustedes y yo. Su deber es estudiar, indagar, averiguar; pero convengan conmigo en que son ustedes capaces de volver loco al mismo Dios con sus preguntas: "¿Qué ha hecho usted? ¿Qué ha dicho? ¿Dónde ha ido? ¿Cómo? ¿Cuándo?" Yo puedo contestar lo que se me antoje... ustedes tomarán nota y... bueno; ¿qué probará todo eso? ¡Nada! Así, pues, les ruego que no se atengan estrictamente al modo clásico de proceder, porque, de esta forma, resulta que, a veces, de un hecho como éste, por ejemplo: ¿Qué ha comido usted?, deducen ustedes una conclusión grave, y pretenden, embrollando al acusado con preguntas semejantes, hacer que éste confiese su crimen... ¡He ahí toda su astucia! Ese método, empléenlo ustedes con los *mujiks*... Yo conozco algo más del mundo... ¡Ah! ¡Ah! No se incomoden ustedes conmigo. A Mitia Karamazov se le puede perdonar un poco de insolencia; es su carácter... ¡Ja, ja, ja!

El juez se echó a reír. El procurador permanecía grave, y seguía con atención todos los cambios de fisonomía de Mitia.

Capítulo IV

Mitia reanudó su declaración, un poco irritado, pero estaba evidentemente resuelto a no omitir ningún particular. Explicó el modo cómo escaló la cerca, cómo se acercó a la ventana, y lo que experimentó en aquel momento. Después analizó con precisión, con lucidez, los sentimientos que le habían invadido en aquel instante en que deseaba tan ardientemente saber si Grushenka se encontraba o no en casa de Fedor Pavlovitch.

Cosa notable: el procurador y el juez miraban ahora a Mitia con adusto semblante; lo escuchaban con severidad, y lo interrogaban lo menos posible. Mitia no podía leer nada en aquellos rostros impenetrables. "¿Se habrán ofendido? —se preguntaba—. ¡Pues que se vayan al diablo!"

Cuando llegó a decir que había hecho en la ventana la señal convenida para la llegada de Grushenka, pareció que el juez y el procurador no dieron importancia a la palabra señal, como si no hubiesen comprendido lo que ella significaba. Mitia notó este detalle.

Después de haber descrito la rabia repentina que lo había invadido en el momento en que vio a su padre asomar la cabeza por la ventana, añadió que fue entonces cuando echó mano al cuchillo, y al decir esto se detuvo inopinadamente, como si lo hiciese adrede. Mitia se puso a mirar hacia la pared, notando perfectamente que las miradas penetrantes de sus jueces estaban fijas en él.

—Y bien —dijo Nikolai Parfenovitch—; echó usted mano al cuchillo y... ¿Qué sucedió?

—Pues... entonces herí... ustedes creerán que fue entonces cuando asesiné a mi padre... cuando le hice pedazos el cráneo... ¿No es cierto? ¿No es así como sucedió el hecho, según ustedes?

Sus ojos relampagueaban, y toda su cólera, calmada un poco antes, se despertó nuevamente en él con una violencia irresistible.

—¡Según nosotros! —aprobó Nikolai Parfenovitch —pero, ¿y según usted?

Mitia bajó la vista y permaneció largo tiempo sin hablar.

—Según yo, señores... según yo, he aquí cómo sucedieron las cosas —repuso dulcemente—. Mi madre debía rogar por mí en el Cielo, en aquel momento. Debió ser un genio benéfico, un espíritu celeste el que me besó en la frente. No sé lo que sería, pero no hay duda de que el diablo fue vencido. Huí de junto a la ventana, y me dirigí corriendo hacia la cerca... Entonces fue cuando mi padre me vio, y horrorizado de espanto, se retiró vivamente de la ventana... Yo lo vi en el momento en que huía... Y había trepado ya sobre la empalizada que circunda el jardín, cuando Grigori me agarró por una pierna...

Mitia levantó la cabeza y miró a sus jueces. Éstos lo escuchaban con calma. Una oleada de rabia inundó de nuevo el alma de Mitia.

—Señores, ustedes se ríen de mí —dijo.

—¿De dónde saca usted eso? —preguntó Nikolai Parfenovitch.

—Ustedes no creen ni una palabra de lo que les estoy diciendo. Sé perfectamente que he llegado al punto capital: el viejo está allí, tendido en tierra, con la cabeza hecha pedazos; yo refiero trágicamente que he querido asesinarle, que eché mano al cuchillo y he aquí que escapo a correr... Es una tragedia digna de versificarse. ¡Vaya usted a creer en la buena fe de un burlón semejante!

Y se agitó con tal violencia, que hizo crujir la silla.

—¿Notó usted —dijo el procurador, como si no se hubiese dado cuenta de la animación de Mitia—, notó usted, al huir, si la puerta del jardín estaba abierta?

—No, no estaba abierta.

—¿De veras?

—De veras. Estaba cerrada. ¿Quién habría podido abrirla? ¡Ah!... La puerta... Esperen... ¿Vieron ustedes la puerta abierta?

—Sí —dijo el procurador.

—Sí —añadió el juez—. ¿Quién ha podido abrirla sino usted mismo? La puerta estaba abierta, y el asesino de su padre entró indudablemente por allí.

—Eso es evidente —añadió el procurador, recalcando bien las palabras—. Esto está perfectamente claro. El asesinato ha sido ejecutado dentro de la habitación, y no a través de la ventana: esto es incontestable. Del examen que hemos hecho del lugar del delito y de la posición del cuerpo del difunto, resulta que el que cometió el infame atentado estaba dentro de la habitación. De eso no cabe duda.

Mitia permanecía atónito.

—¡Pero es imposible, señores!... Yo... no entré en la habitación... Les repito que la puerta del jardín estuvo cerrada durante todo el tiempo que yo permanecí dentro de él, junto a la ventana, y no fue sino a través de ésta como yo vi a mi padre. Me acuerdo perfectamente. Además, la señal con que yo llamé a la ventana sólo la conocíamos el difunto, Smerdiakof y yo, y sin oír esa señal mi padre no hubiese abierto la puerta de su estancia.

—¿Qué señal? —preguntó el procurador con febril curiosidad, perdiendo su sangre fría, y como si pretendiese sacar de aquel hecho, que para él parecía desconocido, un resultado importante.

—¡Ah! ¿Pero no lo he dicho ya? —dijo Mitia guiñando un ojo y sonriendo irónicamente—. Y si yo me negase ahora a responder, ¿quién podría decírselo a ustedes? Smerdiakof, el difunto, Dios y yo somos los únicos que conocemos este misterio. Dios seguramente no responderá. No es un punto interesante para él; pero el diablo sabe todo lo que de este hecho se puede deducir. Consuélense, señores; yo descorreré el velo... Ustedes no me conocen bien: el acusado declarará en contra suya.

El procurador se tragó sin pestañear esta amarga píldora, y, sin poder evitarlo, empezó a moverse lleno de impaciencia.

Mitia refirió entonces las señales convenidas entre Fedor Pavlovitch y Smerdiakof.

—Ahora deduzcan ustedes, nuevamente, de eso lo que bien les parezca —concluyó, apartando los ojos con desprecio.

—De modo que sólo su difunto padre, usted y el doméstico Smerdiakof, eran los que conocían esa señal, ¿no es así? —insistió el juez.

—Sí. ¡Y Dios!... Anote usted eso: ¡Y Dios! Podrá serles útil.

—Entonces, puesto que usted afirma ser inocente, ¿no habrá sido Smerdiakof quien habrá dado la señal para que su padre abriera la puerta a quien... hubiese dado el golpe fatal?

Mitia lanzó al procurador una mirada tan sumamente ultrajante, que Hipólito Kirillovitch cerró involuntariamente los ojos.

—Veo que tiende usted un nuevo lazo a la zorra después de tener su cola sujeta ya entre la puerta. Comprendo su estratagema, señor procurador. Usted cree que yo me voy a levantar gritando a pulmón abierto: ¡Sí, sí: ha sido Smerdiakof!... ¡Confiese usted que ha pensado eso, confiéselo, si quiere que continúe hablando!

El procurador no contestó nada, y esperó en silencio.

—Pues se ha engañado usted; no gritaré que ha sido Smerdiakof —dijo Mitia tranquilamente.

—¿Ni siquiera lo sospecha usted?

—¿Y ustedes lo sospechan?

—Nosotros sospechamos también de él.

Mitia bajó la vista.

—Hablemos seriamente —dijo—. Escuchen ustedes. Desde el principio, desde que entré con ustedes en esta habitación, me vino este pensamiento: "Ha sido Smerdiakof". Diciendo que era inocente, pensaba que pudiera haber sido él; pero luego me dije: "No, no es posible: él no es capaz".

—¿Y no sospecha usted de ninguna otra persona? —dijo gravemente Nikolai Parfenovitch.

—No, no sé... ¡Dios, el diablo acaso!... No sé de quién sospechar... Pero... ¡Smerdiakof, no! —dijo resueltamente Mitia.

—¿Por qué afirma usted tan insistentemente que no ha sido él?

—Por convicción. Es un sentimiento mío. Smerdiakof es un muchacho de temperamento bajo y vil... Peor todavía, es un conjunto de vilezas; representa toda la vileza del mundo andando sobre dos pies. Nació de una gallina. Cada vez que debía hablarme, temblaba de pavor, imaginándose que yo iba a matarlo, siendo así que yo nunca pensé siquiera en levantar una mano sobre él. Caía a mis pies llorando, besaba mis botas, suplicándome que no le hiciese daño, y hasta llegué a ofrecerle algunos regalos. Es un insectillo epiléptico, de una inteligencia bastante mediocre; un chiquillo de ocho años podría pegarle sin temor. No, no ha sido Smerdiakof; éste no ama ni siquiera el dinero, pues siempre ha rehusado aceptar mis regalos... Además, ¿por qué había de matar a mi padre? ¿No saben ustedes que, según se dice, es también hijo natural de Fedor Pavlovitch?

—Conocemos esa leyenda. Pero ¿no es usted también hijo de Fedor Pavlovitch?... Y sin embargo usted ha dicho que quería matarlo.

—¡Otra piedrecilla que me arrojan ustedes! ¡Qué innoble modo de proceder! ¡No lograrán ustedes asustarme! ¡Ah, señores! ¿No es indigno de ustedes el decirme esto después de haberles confiado yo mismo mi secreto pensamiento? No sólo he querido, sino que he podido matarlo, y he declarado hace poco, que un día estuve a punto de acabar con él... Pero no lo maté; mi ángel custodio me ha salvado. ¿Por qué no lo comprenden ustedes bien? ¡Es innoble! ¡Es indigno! ¡Yo no lo he matado! ¿Comprende usted, señor procurador? ¡No lo he matado!

Mitia se sofocaba hablando.

—¿Y qué les ha dicho a ustedes Smerdiakof? —repuso después de un momento de silencio—. ¿Puedo preguntárselo a ustedes?

—Puede preguntar usted todo lo que guste —dijo el procurador, seria y fríamente —mientras se refiera al delito que estamos tratando, y le repito que es deber nuestro el responder a todas sus preguntas. Hemos encontrado a Smerdiakof tendido en su lecho, sin conocimiento, presa de una fuerte crisis epiléptica, la décima, tal vez, que ha tenido en estos dos días. El médico que lo asiste cree que el enfermo no pasará de esta noche.

—¡Entonces ha sido el diablo el que ha matado a mi padre!

—Después volveremos de nuevo sobre este asunto —dijo Nikolai Parfenovitch—. ¿Quiere usted continuar declarando?

Mitia pidió algunos momentos de descanso, los cuales le fueron concedidos cortésmente.

Después de un largo silencio reanudó su relato; pero se veía claramente que éste le era ya penoso; estaba cansado, ofendido, turbado hasta el fondo del alma. El procurador, como si lo hiciese deliberadamente, se puso a irritarle con preguntas fútiles. Apenas hubo concluido Mitia de explicar cómo, mientras estaba a horcajadas sobre la cerca, había asestado un golpe con el cuchillo en la cabeza a Grigori y había bajado de nuevo al jardín para examinar al herido, el procurador lo interrumpió rogándole que explicase minuciosamente cómo se había sentado en la empalizada.

—¿Cómo? ¡Pues... a caballo, con una pierna en un lado y la otra en el otro! —respondió Mitia, sumamente asombrado.

—¿Y el cuchillo?

—Lo tenía en la mano.

—¿No lo tenía usted en el bolsillo? ¿Está usted seguro? Debió hacer un gran movimiento...

—Es probable. ¿Por qué?

—Sería mejor que se colocase usted en la silla, en la misma forma que estaba usted en la valla, para hacernos comprender bien en qué forma hirió usted.

—¿Se ríe usted de mí? ¿Se burla usted? —preguntó Mitia, mirando con ojos alterados a Hipólito Kirillovitch, el cual permanecía impasible.

Después se puso a horcajadas en el asiento, hizo un gesto convulsivo, y dijo:

—¡Así fue como lo herí! ¡Así fue como lo ataqué! ¿Le basta a usted con eso?

—¡Muchas gracias!... Tendrá usted ahora la amabilidad de decirme por qué bajó usted nuevamente al jardín. ¿Con qué objeto?

—¡Qué diablos!... Bajé para ver al herido... ¡Y si no fue a eso, no sé a lo que iba a bajar!

—¿A pesar de su turbación y en plena fuga?

—Sí, a pesar de mi turbación y en plena fuga.

—¿Pretendía usted socorrerlo?

—¿Cómo? Sí, tal vez... Tal vez quise... no me acuerdo bien.

—¿No sabía usted lo que hacía?

—Usted dispense; lo sabía perfectamente; todavía me acuerdo, punto por punto, de todo lo sucedido. Bajé para ver lo que había pasado... Yo mismo atajé su sangre con mi pañuelo.

—Sí, ya hemos visto ese pañuelo del que habla usted. ¿Esperaba usted hacer volver en sí al herido?

—No lo sé... Quería sencillamente saber si vivía aún.

—¡Ah! Quería usted saber... Bueno, ¿qué más?

—No sé más: me marché sin saber si estaba muerto o vivo.

—Muy bien; muchas gracias. Tenga usted la amabilidad de continuar su relato.

El procurador estaba satisfecho de sí mismo. "Ya es mío —pensaba— ya lo he hecho caer en la trampa".

Mitia se disponía a proseguir, cuando Nikolai Parfenovitch intervino diciendo:

—Y, ¿cómo se atrevió usted a ir a casa de Piotr Ilich, con el rostro y las manos manchados de sangre?

—Yo no sabía nada de eso.

—¡Es inverosímil!

Mitia siguió respondiendo con una precisión insólita, pero con seco acento, a todo lo que le preguntaban.

—Bien —dijo después—, estaba decidido a suicidarme. ¿Qué otra cosa podía hacer? El antiguo amante de Grushenka volvía a reparar el daño que le había hecho; detrás de mí no quedaba sino sangre e ignominia... La sangre de Grigori: ¿por qué vivir más? Fui a rescatar mis pistolas, para poder alojarme una bala en el cerebro.

—¡Y se vino usted aquí a organizar una fiesta extraordinaria!

—¡Sí, una fiesta extraordinaria!... ¡Qué diablo!... ¡Señores, acabemos de una vez!... Estaba decidido a suicidarme a las cinco de la mañana... Hasta había escrito una carta... Todavía la tengo en el bolsillo... La escribí en casa de Ilich... Aquí está; léanla ustedes.

Y echó la carta, plegada en cuatro partes, encima de la mesa.

Los jueces la leyeron con curiosidad, y, ocioso es decirlo, la unieron al sumario.

—Según parece, ni siquiera tuvo usted la precaución de lavarse las manos antes de entrar en casa de Piotr Ilich. ¿No temía usted que alguien sospechase?

—Y, ¿qué me importaba que sospechasen o no si había decidido suicidarme a las cinco de la mañana? Si no hubiese muerto mi padre, ustedes no habrían sabido nada, y no hubieran venido aquí. ¡Ha sido el diablo el que se ha mezclado en todo esto! ¡Él ha sido quien ha matado a mi padre, y él quien los ha conducido aquí tan pronto! ¡Porque, la verdad es que han venido ustedes aprisa! ¡Es un prodigio!

—El señor Ilich nos ha dicho que, cuando entró usted en su casa, llevaba usted en la mano... en sus manos ensangrentadas... dinero... una gruesa suma... un paquete de billetes conteniendo varios miles de rublos. Esto lo ha visto también Micha, el criado de Piotr Ilich.

—Efectivamente, señores, es verdad.

—Una pregunta todavía —dijo dulcemente Nikolai Parfenovitch—. ¿Dónde tomó usted ese dinero, puesto que, según resulta de la instrucción del sumario, no volvió usted a su casa?

El procurador frunció el ceño. Este sistema de interrogar directamente le disgustaba.

—No, no volví a mi casa —dijo Mitia tranquilamente.

—En este caso, permítame usted que repita mi pregunta —insinuó el juez—. ¿De dónde sacó usted aquella importante cantidad, puesto que, según su propia confesión, a las cinco de la tarde?...

—Necesitaba diez rublos y empeñé mis pistolas en casa de Piotr Ilich. ¿No es eso? Pues bien, fui a casa de la señora Koklakof, para decirle que me diese tres mil rublos, los cuales me negó... Sí, señores, me encontraba en un grandísimo apuro, y, de improviso, me encontré con varios miles en la mano... ¡Ja, ja! Estoy seguro de que ahora tiemblan ustedes dos: "¿Qué sucederá si se niega a decir de dónde ha sacado ese dinero?" Pues bien, no se lo diré a ustedes, señores. ¡Lo han adivinado! ¡No lo sabrán ustedes! —dijo Mitia, pronunciando claramente todas las sílabas.

Hubo un silencio.

—Comprenda usted, Dimitri Fedorovitch Karamazov, que nos es indispensable saber... —dijo dulcemente Nikolai Parfenovitch.

—Lo comprendo, pero no se lo diré.

El procurador, a su vez, repitió al acusado que tenía el derecho de no responder, si lo juzgaba inútil, pero visto el daño que esto podría causarle, y visto, especialmente, lo importante de aquella pregunta...

—Y así sucesivamente, señores. ¡Basta! ¡Ya estoy hasta los pelos! —exclamó Mitia—. Comprendo muy bien esa pregunta: es el punto capital... Y sin embargo no responderé a ella.

—Pero, ¿qué interés podemos tener nosotros en eso? —dijo irritado Nikolai Parfenovitch—. Es usted mismo el que se hace daño con ello.

—Señores, desde que empezó el interrogatorio, sabía yo perfectamente que habíamos de atascarnos aquí. He declarado con franqueza, sencilla e ingenuamente; pero veo que toda esa confianza ha sido inútil; debía serlo, puesto que habíamos de llegar frente a ese muro que nos impide el paso; y aquí estamos, junto al muro maldito. Sin embargo, no les reprocho a ustedes nada; comprendo a maravillas que ustedes no pueden dar fe de mis afirmaciones.

Mitia calló. Estaba algo emocionado.

—No obstante, ¿juzga usted imposible, sin renunciar a su resolución de no tocar este punto capital, el hablarnos de otras circunstancias? Díganos, por ejemplo, los motivos que lo obligaron a usted a guardar silencio en momentos tan críticos.

Mitia sonrió tristemente.

—Soy mejor de lo que ustedes piensan, señores —contestó—; diré esos motivos, aunque, en verdad, no lo merecen ustedes. No respondo a esa pregunta, porque sería vergonzoso que lo hiciese. La dicha pregunta: "¿De dónde ha sacado usted este dinero?" implica para mí una vergüenza aún mayor que la del asesinato, peor que la del parricidio con la agravante del robo. He aquí por qué permanezco silencioso. ¡Cómo! ¿Anotan ustedes eso?

—Sí, tomamos nota de ello —replicó, algo perplejo, Nikolai Parfenovitch.

—Sin embargo, harían ustedes bien en no mencionar lo que he dicho a propósito de la "vergüenza"... Sólo he hablado de eso por complacencia... No obstante, escriban, si lo creen necesario —añadió Dimitri con disgusto—. No les temo, y guardo mi orgullo delante de ustedes.

—Y no querrá explicarnos, ¿qué clase de vergüenza es esa que ha mencionado usted? —preguntó Nikolai Parfenovitch, con cierta timidez. El rostro del procurador se contrajo, denotando extrema irritación.

—¡No, se ha acabado ya! ¡No se tomen ustedes la pena de insistir! ¡Ya me he envilecido demasiado! ¡Basta! ¡Basta ya!

Mitia pronunció estas palabras con voz resuelta. Nikolai Parfenovitch no insistió más, pero comprendió en la mirada de Hipólito Kirillovitch, que éste no había del todo renunciado a proseguir.

—¿No podría usted decirnos la cantidad que llevaba usted en las manos cuando entró en casa de Piotr Ilich, es decir, cuántos rublos?

—No puedo decir ni eso siquiera.

—Creo que habló usted a Ilich de tres mil rublos que le había dado la señora Koklakof.

—Tal vez haya dicho eso; pero no insistan; no sabrán ustedes la cantidad que llevaba.

—Sea, pasemos a otra cosa... ¿Tendrá usted la bondad de decirnos cómo vino usted aquí, y todo lo que aquí ha hecho?

Mitia vaciló, mas después accedió, y contó rápidamente que había renunciado a levantarse la tapa de los sesos a causa de "acontecimientos imprevistos".

Este punto apenas interesaba al juez.

—Volveremos sobre esto cuando declaren los testigos, los cuales lo harán en presencia de usted. Por el momento, le ruego que deposite usted encima de la mesa todo lo que lleve, y especialmente el dinero.

—¿El dinero? Muy bien, comprendo; ya me maravillaba de que no me lo hubiesen pedido antes. ¡Aquí está! Cuenten ustedes; creo que está todo.

Y sacando del bolsillo los billetes y monedas pequeñas que en ellos tenía, lo puso todo encima de la mesa. La cantidad total ascendía a ochocientos treinta y seis rublos con cuarenta kopeks.

—¿Está aquí todo? —preguntó el juez—. ¡Todo!

—Hace poco dijo usted que había dado trescientos rublos al tendero Plotnikof, diez al señor Ilich, veinte al cochero..., ¿y qué, más?

—Confrontaremos su declaración con las de los testigos. No se inquiete usted por el dinero; queda bajo la salvaguardia de la justicia, y le será devuelto si se comprueba que le pertenece. Ahora...

Nikolai Parfenovitch se levantó y declaró a Mitia que se veía obligado a registrarle.

—Bueno, bueno, señores, daré vuelta a todos mis bolsillos.

—Debe usted, también, quitarse la ropa.

—¡Cómo! ¡Cómo! ¿Debo desnudarme? ¡Carape! ¿No se puede evitar eso?

—¡Imposible! Dimitri Fedorovitch, es preciso que se desnude usted.

—Como ustedes gusten —dijo Mitia con fatigado acento—; pero supongo que no me harán ustedes quedar en cueros aquí delante de todos.

—Ciertamente, no. Colóquese usted detrás de esas cortinas —dijo el juez con solemnidad.

Capítulo V

Entonces ocurrió algo insólito. Mitia no creyó que hubieran osado tratarle en aquella forma, a él, Dimitri Karamazov. Le ordenaron que se desnudase completamente. Dimitri obedeció, por orgullo, con disgusto. Además del juez y del procurador, presenciaban la escena algunos *mujiks*.

—¿Debo quitarme también la camisa?—, preguntó Mitia secamente a Nikolai Parfenovitch.

El juez no respondió. Estaba sumamente interesado en el examen del traje.

—Le pregunto, por segunda vez, si debo quitarme la camisa —repitió Mitia.

—No se inquiete usted. Ya se lo diré cuando sea preciso —dijo Nikolai Parfenovitch con un tono que a Mitia le pareció imperioso.

Los jueces hablaron entre ellos mientras examinaban las ropas buscando el dinero.

—No parece sino que se las han de ver con un ladrón —murmuró Mitia, apretando los dientes.

Los funcionarios tomaron igualmente nota de las manchas de sangre que había en los vestidos.

—Permítame —exclamó, de pronto, Nikolai Parfenovitch, al ver que, a pesar de llevar Mitia la camisa remangada, se obsevaba todavía algunas manchas de sangre—. Perdóneme. ¿Es sangre, eso que se ve?

—Sí, señor, es sangre.

—¿De quién? ¿Por qué lleva usted la camisa remangada?

Mitia replicó que aquello se lo había aconsejado Piotr Ilich.

—Pues debe usted quitarse la camisa también; ella constituye una importante prueba convincente.

Mitia enrojeció de rabia.

—¡Entonces voy a quedarme desnudo!

—No se apure usted. Le daremos otra ropa. Tenga usted la amabilidad de quitarse los calzoncillos.

—¡Ustedes bromean! ¿Es ello necesario?

—No hemos venido aquí a bromear —dijo severamente Nikolai Parfenovitch.

—Pues... Si es necesario... Yo... —murmuró Mitia.

Y sentándose sobre el lecho, se quitó los calzoncillos, sintiéndose horriblemente humillado.

A Mitia le parecía que el verse desnudo delante de aquella gente constituía una especie de degradación.

"¡Me parece un sueño!", pensó.

Lo que más le avergonzaba, era que su ropa interior no estaba muy limpia. Además, tenía los pies algo contrahechos... ¡Y todas aquellas gentes le estaban viendo!...

—Supongo —dijo con una sonrisa irónica —que no querrán ustedes que me quite la piel.

—Claro que no.

—¿Voy a estar mucho tiempo así, desnudo?

—Mientras le traen a usted otra ropa; sírvase cubrirse con la colcha de la cama... Voy a dar las órdenes necesarias...

Salieron los jueces de la habitación llevándose las ropas de Mitia, el cual, custodiado por los *mujiks*, se quedó allí sentado, tiritando de frío.

"¡Cuánto tarda esa gente! —pensaba mientras le castañeteaban los dientes—. ¡Me tratan como si fuera un perro!"

La cólera de Mitia aumentó cuando vio que Nikolai Parfenovitch volvía con un *mujik* que traía otra ropa diferente de aquella que se había llevado.

—Aquí tiene usted otro traje —dijo el juez— es el señor Kalganof quien se lo ofrece a usted; la camisa está limpia. Por fortuna tenía todo esto dentro del baúl. En cuanto a sus calzoncillos, puede usted ponérselos nuevamente.

—No quiero ropa de otra persona —dijo Mitia con rabia—. Devuélvanme ustedes la mía.

—No se puede.

—¡Les digo que me den mi ropa! ¡Que vayan al diablo Kalganof y sus trajes!

Por fin, tras grandes esfuerzos, lograron hacerle comprender las razones que se oponían a su deseo.

Mitia, triste, se vistió en silencio.

—Heme aquí vestido como un bufón —dijo—. ¿Están ustedes contentos?

Le rogaron que volviera a entrar en el salón; Mitia lo hizo, con la cabeza inclinada sobre el pecho, pues para él constituía una verdadera humillación el verse con aquella ropa.

A una señal del juez se volvió a sentar en el puesto que antes ocupaba.

—Ahora me darán ustedes una tanda de latigazos, ¿verdad? Sólo les falta eso que hacer —dijo Mitia al procurador.

—Ahora pasaremos al interrogatorio de los testigos —dijo Nikolai Parfenovitch, por toda respuesta.

—Sí —replicó el procurador secamente.

—Hemos hecho, señor Dimitri Fedorovitch, todo lo que hemos podido, en interés de usted —repuso el juez—; pero, como usted se ha negado a manifestarnos el origen de la suma que tenía en su poder, nos hemos visto obligados a...

—¿De qué es ese anillo que lleva usted? —interrumpió de repente Mitia, indicando uno de los anillos que adornaban las manos de Nikolai Parfenovitch.

—¿Mi anillo?

—Sí, ese que tiene la piedra vetosa —insistió Mitia, como chiquillo obstinado.

—Es un topacio —respondió Nikolai Parfenovitch, sonriendo—. ¿Quiere usted examinarlo? Si desea hacerlo me lo quitaré.

—No es preciso. ¡Vaya al diantre su anillo!... Señores, me han destrozado ustedes el alma; pero..., ¿creen ustedes que si yo hubiera asesinado a mi padre lo negaría?... ¡Mentir yo! ¡No, Mitia Fedorovitch no es de esa clase de gente! ¡Si fuera culpable, les juro que no habría esperado la llegada de ustedes; no habría esperado que saliera el sol para suicidarme! Veinte años de mi vida no me darían tanta experiencia como la que me ha dado esta noche maldita. ¿Habría podido hablar como lo he hecho? ¿Habría podido mirarles a la cara si fuese un parricida? Fue la muerte de Grigori, porque yo creía que le había matado, lo que me hizo tomar la resolución de suicidarme. Y, sin embargo, no temía nada. No son sus castigos lo que yo temo. No tenía miedo; tenía vergüenza. ¡Y ustedes pretendían, ciegos burlones, que hurgan en los hechos como los topos en la tierra, que me cubriese yo de otra nueva vergüenza, revelándoles otra de mis villanías! No lo habría hecho aunque tal confesión hubiese podido desvanecer sus sospechas. ¡No, prefiero el presidio!... No soy yo quien ha matado a mi padre; eso lo ha hecho el mismo que ha abierto la puerta de su cuàrto: ese mismo ha sido, también, el que ha robado. ¿Quién es? Me pierdo en conjeturas, pero no ha sido Dimitri Karamazov, he aquí todo lo que puedo decirles. Y ahora, déjenme ustedes en paz... Mándenme ustedes a presidio, o al patíbulo, pero cesen de una vez de torturarme con sus preguntas. No quiero decir nada más; llamen ustedes a quien bien les parezca.

El procurador le examinaba con su fría mirada.

De improviso, le dijo con suma calma, como si se tratase de una cosa muy natural:

—Precisamente a ese respecto hemos recibido una declaración bastante curiosa del viejo Grigori, el cual afirma que la puerta de la habitación estaba ya abierta antes de que le hubiese visto a usted correr dentro de aquel sitio.

Mitia se alzó vivamente.

—¡Mentira! ¡Mentira! —gritó—. ¡Grigori no ha podido ver aquella puerta abierta, puesto que estaba cerrada! ¡Ese hombre ha mentido!

—Debo repetir a usted que la declaración de Grigori es bastante categórica.

—¡Es falso! ¡Es falso! ¡Es una calumnia o alucinación de un loco! ¡La herida le habrá hecho delirar, y se habrá imaginado eso que dice!

—Es que él notó eso antes de estar herido, en el momento en que bajaba al jardín.

—¡No es verdad, eso es imposible! Es por pura maldad por lo que ha inventado eso. Yo no he entrado por aquella puerta —dijo Mitia con voz anhelante.

El procurador se volvió hacia Nikolai Parfenovitch.

—Enséñele usted...

—¿Conoce usted este objeto? —dijo Nikolai Parfenovitch, enseñando a Mitia un sobre vacío y desgarrado.

Mitia lo contempló con estupor.

—Sí —murmuró—, éste es el sobre en que mi padre tenía guardados tres mil rublos... permítanme ustedes, debe haber en él una inscripción que dice: "Para mi ángel Grushenka"... Así es, ¿ven ustedes? Aquí lo dice: Tres mil, tres mil...

—Ciertamente eso dice, ya lo veo; pero el sobre está vacío. ¿Quién ha sido, pues, el que ha sacado el dinero?

Mitia permaneció algunos instantes como aturdido.

—¡Señores, ha sido Smerdiakof! —gritó con toda la fuerza de sus pulmones—. ¡Él ha sido quien ha matado! ¡Él ha sido quien ha robado! ¡Él sólo sabía dónde estaba escondido este sobre!... ¡Es él, no cabe duda!

—¿Y usted no sabía que este sobre se encontraba escondido debajo de la almohada?

—No, no lo he sabido nunca. Hoy veo el sobre por primera vez. Había oído hablar de él a Smerdiakof, él era quien sabía dónde lo tenía escondido el viejo, yo lo ignoraba...

—Y no obstante, usted dijo hace poco que el sobre se hallaba debajo de la almohada de la cama del difunto; lo cual demuestra que lo sabía usted.

—Y así lo hemos hecho constar —confirmó Nikolai Parfenovitch.

—¡Eso es un absurdo! Yo he hablado de ese famoso sobre, porque se lo oí mencionar a Smerdiakof. ¿Le han preguntado ustedes a él? ¿Qué dice? ¡Ahí está lo importante! Les repito que sólo Smerdiakof sabía dónde estaba el dinero. Él es quien me habló de ello. ¡Él es, él ha sido, indiscutiblemente, quien lo ha matado! ¡Está claro como la luz del día! Arréstenlo ustedes cuanto antes. Yo lo veo todo diáfanamente. Grigori estaba herido, sin conocimiento, yo me había marchado... Entonces es cuando él ha debido hacer la señal que tenía convenida con mi padre, y éste abriría la puerta, ya que, sin oír esta señal, el viejo no habría abierto la puerta por nada del mundo.

—Pero usted olvida —dijo el procurador, visiblemente satisfecho— que era inútil el hacer tal señal, puesto que la puerta estaba ya franqueada cuando usted estaba todavía en el jardín.

—¡La puerta! ¡La puerta!... —murmuraba Mitia.

Y después de mirar silenciosamente al procurador durante algunos momentos, se dejó caer en la silla.

Todos permanecieron silenciosos.

—Sí, la puerta... ¡Es fantástico!... ¡Dios se pone en contra mía! —repuso Mitia, con ojos extraviados.

—Vea —añadió el procurador—, júzguelo usted mismo, Dimitri Fedorovitch. De un lado, esa puerta abierta, por la cual puede usted haber salido, declaración abrumadora para usted; por otra parte, su silencio incomprensible, obstinado, respecto al origen del dinero que tenía en su poder mientras que tres horas antes había ido a empeñar sus pistolas por diez rublos; todos estos elementos de prueba reunidos, le

permitirán comprender a usted mismo a qué conclusión podemos llegar nosotros. No diga que somos cínicos y ciegos como topos, incapaces
de comprender los nobles sentimientos de su alma... Póngase usted en
nuestro lugar y...

Mitia experimentaba una emoción indescriptible; su rostro estaba
sumamente pálido.

—¡Está bien! —exclamó de repente les diré de dónde he sacado el
dinero... Les relataré esta nueva ignominia, para evitar que ustedes y yo
cometamos un mal mucho peor.

—¿Y cree usted, Dimitri Fedorovitch —se apresuró a decir el juez—,
que su sinceridad en este instante pueda disminuir grandemente el peso
de las acusaciones que agravan su situación? Además...

En aquel momento, el procurador tosió ligeramente, y dio un golpecito al juez por debajo de la mesa. Nikolai Parfenovitch se detuvo.

Bien es verdad que Mitia no le escuchaba ya.

Capítulo VI

El interrogatorio de los testigos dio comienzo.

El punto sobre el cual llamaba particularmente la atención de los
testigos el juez, era aquel que tendía a saber si Mitia había gastado, cuando vino de Mokroié, tres mil rublos, o bien mil quinientos. Inútil es decir
que todos los testigos desmentían las afirmaciones de Mitia. Durante
todo aquel tiempo Mitia permanecía silencioso, y su fisonomía revelaba
la más perfecta indiferencia.

Después de haber interrogado a Trifón el hostelero, al cochero
Andrey, a Kalganof y a algunos *mujiks*, se procedió al interrogatorio de
los polacos. El de la pipa, que declaró llamarse Mussialovitch, al hablar
de sus relaciones con Grushenka, demostró tanta vanidad, tanta pedantería, que Mitia dio un salto y le gritó:

—¡Miserable!

Mussialovitch exigió inmediatamente que constara en el sumario
aquella injuria.

—Sí, sí —volvió a gritar Mitia—. ¡Que conste! Que conste con letras
muy grandes que ese hombre es un miserable. ¡Un miserable!

Nikolai Parfenovitch procuró calmar a Mitia, y cesó de interrogar al
polaco acerca de sus relaciones con Grushenka. Lo que más interesó a
los jueces de aquella declaración, fue la suma de tres mil rublos que
Mitia había propuesto al de la pipa para que éste renunciase a Grushenka,
ofreciéndole setecientos al instante y el resto al día siguiente. Al preguntar el procurador a Mitia, de dónde pensaba sacar aquellos dos mil

trescientos rublos, el joven respondió negando primeramente el hecho, pero se repuso y dijo que pudo decir aquello en un momento de exaltación, pero que pensaba mantener su palabra mediante un acta extendida ante notario, esto es: pensaba renunciar a sus bienes de Tchermachnia como ya se lo había propuesto a Samsonnof y a la señora Koklakof.

—¿Y usted cree que se hubieran contentado con dicha renuncia? —preguntó el procurador con irónica sonrisa.

—Ciertamente, ya que habría ganado no dos mil rublos sino cuatro mil, o acaso seis mil. No habría tenido que hacer sino poner en movimiento a todos los polacos amigos suyos, y a los judíos, y entre todos le habrían sacado al viejo sumas considerables.

Se escribieron minuciosamente todos estos detalles, pero se omitió el hacer constar que los polacos habían demostrado ser en el juego unos excelentes ventajistas, cosa de la cual les había acusado ya Trifón el posadero.

Después le llegó el turno a Maximof. Nikolai Parfenovitch le preguntó directamente cuánto dinero creía que pudiese tener Dimitri Fedorovitch.

—Veinte mil rublos —respondió Maximof con tono resuelto.

—¿Ha visto usted antes alguna vez veinte mil rublos reunidos? —preguntó Nikolai Parfenovitch sonriendo.

—¿Quién, yo? ¡Ya lo creo!... Es decir, veinte mil no, pero sí siete mil cuando mi mujer arrendó mi pequeña hacienda. Es verdad que no me los enseñó sino de lejos. Era un paquete grueso de billetes de a cien rublos...

Por fin se procedió al interrogatorio de Grushenka. Micha Makarovitch la acompañaba sosteniéndola por un brazo. La joven estaba tranquila, aunque algo pálida. Se sentó en la silla que le indicó Nikolai Parfenovitch; parecía tener frío y se envolvía en su magnífico chal negro. Su presencia produjo buena impresión entre los jueces.

Al entrar miró furtivamente a Mitia; éste le contestó con otra mirada inquieta, pero se tranquilizó en seguida.

Después de las preguntas de rigor, Nikolai Parfenovitch le suplicó que explicase cuáles habían sido sus relaciones con el teniente retirado Dimitri Fedorovitch Karamazov.

—Es amigo mío.

La joven explicó con franqueza que en ciertos momentos le había agradado, pero que hasta aquel día no le había amado, y que le había seducido solamente por malicia, como había hecho con su padre, Fedor Pavlovitch.

—Además —añadió—, hace un mes que no me ocupaba ya de él, esperaba a otro hombre... pero creo inútil el hablar a ustedes de esto, es un asunto particular.

El juez pasó seguidamente a hacer aquella pregunta que tanto le interesaba:

—¿Cuánto dinero tenía Dimitri Fedorovitch?

Grushenka respondió que ella no había contado los billetes, pero que había oído decir con frecuencia a Dimitri que tenía tres mil rublos.

—¿Y no le ha oído usted decir nunca, ni siquiera una vez, que durante su primer viaje a Mokroié, había gastado no tres mil rublos, sino una suma menor, y que tenía escondido lo demás? —preguntó el procurador.

—No, nunca.

—¿No ha dicho nunca delante de usted —preguntó de improviso Nikolai Parfenovitch— que tenía intenciones de matar a su padre?

—Sí —dijo Grushenka suspirando—, lo he oído...

—¿Una o varias veces?

—Varias; pero siempre durante sus accesos de cólera.

—¿Y cree usted que lo decía con intención de llevarlo a efecto?

—¡No, nunca! —respondió la joven con firmeza.

—Señores, un instante —exclamó Mitia de pronto—. ¿Me permiten ustedes que diga en presencia suya una palabra a Grushenka?

—Pregunte usted lo que desee.

—Grushenka —dijo Mitia solemnemente—, cree en Dios y en mí... ¡Juro por mi alma y por tu amor, que yo no he derramado la sangre de mi padre!

Mitia se sentó de nuevo. Grushenka se levantó y se persignó.

—¡Que Dios sea alabado! —dijo ella con voz apasionada y penetrante.

Y dirigiéndose luego hacia Nikolai Parfenovitch, añadió:

—¡Crea usted lo que él le dice! Lo conozco bien: por obstinación es capaz de decir Dios sabe qué; pero no habla nunca en contra de su conciencia. Créanlo, repito: cuando él afirma, dice la verdad.

—Gracias, Grushenka, esas tus palabras han elevado mi espíritu, me devuelven el ánimo —dijo Mitia con voz vibrante.

Nikolai Parfenovitch dijo mirando a Grushenka:

—Está usted libre; si puedo servirla en algo, estoy a su disposición. Si quiere usted que le procure un carruaje y que la acompañe...

—Gracias —interrumpió Grushenka, saludando— partiré con el señor Maximof. Pero si usted lo permite esperaré lo que han decidido ustedes respecto a Dimitri Fedorovitch.

Y salió de la estancia.

El interrogatorio de los testigos había terminado.

Mitia se levantó y escondido detrás de las cortinas, se tendió sobre un baúl grande que había allí cubierto con un tapete, y pronto se adormeció.

Tuvo un sueño extraño, que no guardaba relación alguna con los sucesos del momento. Se veía viajando por las estepas en un país que había atravesado otras veces en compañía de su regimiento; un *mujik* le conducía a través de aquella planicie enfangada... Hacía frío; ello ocurría en los primeros días de noviembre, y la nieve caía a grandes copos que se fundían apenas caídos. El *mujik* azotaba a sus caballos con energía; aquel hombre llevaba una barba pelirroja; parecía tener unos cincuenta años, e iba vestido con un gabán gris. En el camino, a la entrada de un pueblecito, un grupo de mujeres, flacuchas, hambrientas, con el rostro bronceado, les salen al paso; entre aquellas mujeres, hay una huesuda, alta, que parece tener cuarenta años, aunque se adivine que debe ser bastante más joven; en sus brazos lleva un chiquillo que llora; probablemente sus pechos están secos, y el chiquillo llora siempre, siempre, agitando al aire sus descarnados brazos desnudos. "¿Por qué llora?", pregunta Mitia, pasando al galope de sus caballos.

—Es el "pequeñín" quien llora —responde el cochero—. Es el "pequeñín".

Mitia se maravilla de que el *mujik* haya dicho pequeñín en vez de niño. Aquello le place, le parece misericordioso.

—¿Pero por qué llora? —se obstina en preguntar Mitia—. ¿Por qué lleva los brazos desnudos? ¿Y por qué no se los cubren?

—Sí, tiene frío el pequeñín; pero es inútil que le cubran los brazos porque el frío traspasará también la ropa.

—¿Cómo es eso?

—Porque sólo tienen harapos para cubrirlo... Son gentes muy pobres; sus cabañas han sido destruidas; les falta el pan.

—¿Por qué tanta miseria? ¿Por qué es tan pobre el chiquitín? ¿Por qué es árida la estepa? ¿Por qué no cantan alegres canciones? ¿Por qué son tan negras aquellas personas y no dan de comer al "pequeñín"?

Mitia comprende bien que todas aquellas preguntas son ridículas, y, sin embargo, insiste, piensa que tiene razón para insistir y siente que lo invade una ternura inexplicable; que está a punto de llorar; que quisiera consolar al pequeñín y a su madre, la de los secos pechos; que querría consolarlos a todos en seguida, sin tardanza...

De pronto oye la voz de Grushenka que le dice:

—Estoy junto a ti, y no te abandonaré nunca más.

Su corazón se inunda de placer, y se lanza hacia una luz que brilla a lo lejos... Quiere vivir, caminar en aquel sendero, seguro de que acabará por llegar hasta aquella nueva luz, luz que lo atrae, que lo llama hacia ella.

—¿Cómo...? ¿Dónde?... —exclama abriendo los ojos.

Mitia se incorpora y una sonrisa serena resplandece en su semblante.

Nikolai Parfenovitch estaba allí, y rogó a Mitia que leyese y firmase cuanto había declarado.

Mitia, en aquel momento, se dio cuenta de que, durante su sueño, le habían puesto una almohada debajo de la cabeza.

"¡Qué atención! —pensó—. ¡No son tan malos como yo pensaba!"

Y acercándose a la mesa declaró que estaba dispuesto a firmar todo cuanto quisieran.

—¡Señores —dijo con voz extraña—, he tenido un sueño magnífico! ¡Qué hermoso, qué espléndido era aquello! ¡Qué luz tan refulgente!

Capítulo VII

Una vez firmada la declaración, Nikolai Parfenovitch se dirigió a Mitia para comunicarle que desde ese momento quedaba detenido, y que después sería llevado a la ciudad y metido en la cárcel. Mitia se encogió de hombros.

—Está bien, señores —respondió—; comprendo perfectamente que ustedes cumplen con su deber... Mas... esperen... ¡Ah, señores! Todos nosotros somos cautivos, y es por nuestra causa por lo que lloran las madres y los hijos que éstas llevan en sus brazos. Convengo en que yo soy el peor de todos; cada día de mi vida que pasaba me prometía corregirme, y sin embargo cada día se me veía hacer las mismas acciones infames. Ahora comprendo que, para los seres como yo, es preciso que exista una fuerza exterior que les domine, que les haga sufrir los rigores que su desalentado proceder merece... Yo no habría podido jamás llegar a corregirme por mi propia mano, a enmendarme, a dignificarme: ha sido, pues, preciso que se desate contra mí el misterioso fulgor... Acepto... Acepto el martirio de la acusación, de la vergüenza pública, sufriré y rescataré mis culpas con mis sufrimientos. ¿Creen ustedes que podré rescatarlas de ese modo? Escúchenme ustedes por última vez: yo no he derramado la sangre de mi padre. Acepto el castigo, no porque haya matado, sino porque quise matar, y porque tal vez habría llegado a hacerlo... Sin embargo, se lo advierto, lucharé hasta el fin, y luego, que sea lo que Dios quiera. Adiós, señores, no me guarden ustedes rencor por la violencia que he demostrado durante el interrogatorio: entonces no me daba cuenta de lo que hacía, no tenía conciencia de mis actos... Me dicen ustedes que desde este momento quedo detenido: está bien; pero antes, permítanme ustedes que, por última vez, Dimitri Karamazov, como hombre libre, les tienda todavía su mano. ¡Al decirles adiós, me despido del mundo entero!

Su voz temblaba; tendió la mano a Nikolai Parfenovitch, el cual, con un gesto nervioso, escondió la suya. Mitia observó aquello y, estremecido de pena, dejó caer el brazo.

—La instrucción no ha terminado todavía —dijo el juez algo confuso—. Continuará allá en la ciudad. Espero que el asunto cambie algo en favor de usted... Por lo que a mí personalmente respecta, Dimitri Fedorovitch, siempre le he considerado a usted más desgraciado que culpable. Todos los que estamos aquí, y espero que esto no sea desmentido por nadie, vemos en usted un hombre noble en el fondo, empujado, arrastrado por sus pasiones a cometer actos lamentables...

El juez pronunció estas últimas palabras con tono bastante solemne.

—Señores, ustedes son buenos, humanos —dijo Mitia emocionado—. ¿Quieren ustedes permitirme que la vea, y decirle adiós por última vez?

—Sin duda, pero... en presencia nuestra.

—Sea.

Condujeron a Grushenka. El adiós fue breve. Los dos jóvenes, con gran descontento de Nikolai Parfenovitch, hablaron poco. Grushenka se inclinó ante Mitia.

—¡Te he dicho que soy tuya, que te pertenezco para toda la vida, que te seguiré a todos los sitios a donde te envien! ¡Adiós, oh tú, hombre, que injustamente sufres!...

Sus labios temblaban, y sus ojos estaban llenos de lágrimas.

—Perdóname, Grushenka; mi amor te hace sufrir demasiado.

El joven quiso hablar todavía, pero no pudo, y girando repentinamente salió de la habitación. Algunas personas que no lo perdían de vista lo siguieron al instante.

Dos coches esperaban al pie de la escalinata. Junto a la puerta, había varios grupos de *mujiks* y mujeres del pueblo que esperaban para verlo pasar.

—¡Adiós a todos! ¡Perdónenme! —gritó Mitia a tiempo que el coche partía.

—¡Perdónate tú mismo! —le respondieron dos o tres voces.

Momentos después se perdía el carruaje a lo lejos del camino.

Novena parte
Iván

Capítulo I

Mitia llevaba ya dos meses arrestado. En ese tiempo, Aliosha había visitado varias veces a Grushenka. Ésta había caído gravemente enferma, tres días después del arresto, y estuvo en cama cinco semanas consecutivas. Los ocho primeros días estuvo sin conocimiento. A la sazón, había cambiado mucho; estaba más delgada, muy pálida, pero se había tornado más simpática que nunca, según afirmaba Aliosha. En sus ojos brillaba ahora cierta resolución inexplicable.

Sin embargo, no había perdido ninguna de sus gracias; sólo que, ahora, su aspecto orgulloso se había trocado en dulce y afable... si bien en sus profundos ojos negros brillaba de tanto en tanto un relámpago de odio al pensar en Katerina Ivanovna, de quien no se había olvidado ni siquiera durante su delirio.

Grushenka tenía celos de Katerina, si bien ésta, aun cuando se lo habrían permitido, no había visitado al prisionero ni una sola vez. Grushenka confiaba solamente en Aliosha, pero éste no sabía qué aconsejarle.

Un día, Grushenka volvía de la prisión, la cual visitaba con el correspondiente permiso, desde el momento en que se restableció. Aliosha, al cual esperaba con más impaciencia que de costumbre, se presentó en su casa. Encima de la mesa había un manojo de naipes, y sobre el diván, cubierto de cuero, se veía una especie de lecho en el que estaba medio acostado Maximof, enfermo y debilitado pero sonriente, llevaba puesta una bata y un gorro de algodón. El viejo habitaba en casa de Grushenka desde aquel día en que la acompañó de regreso de Mokroié; movida la compasión por la indigencia de aquel desgraciado, Grushenka le ofreció hospitalidad en su casa. A excepción de Maximof y Aliosha, la joven no veía a nadie más: el viejo Samsonnof había muerto ocho días después de haber sido arrestado Mitia.

—Por fin estás aquí —exclamó ella, arrojando sobre la mesa las cartas que tenía en la mano, y saliendo al encuentro de Aliosha—; este tonto de Maximof me asustaba diciéndome que no vendrías más. ¡Ah, cuánta necesidad tengo de ti! Siéntate... ¿quieres café?

—Con mucho gusto.

—¡Fenia, Fenia, trae café!... ¡Ya hace mucho tiempo que está hecho!... ¡Trae también unos cuantos pastelillos!... ¿Sabes, Aliosha? Hoy he tenido otra discusión acerca de los dichosos pastelillos; le he llevado unos cuantos a Mitia, ¿sabes?... ¿Qué dirás que ha hecho?... Pues los ha arrojado al suelo. Yo me he incomodado y le he dicho: "Está bien, se los daré a los centinelas; aliméntate de tu propia maldad..." Y me he marchado sin decirle nada más. ¡Sí, otra vez nos hemos peleado; cada vez que nos vemos hacemos lo propio!...

Grushenka hablaba con animación.

—Además, hoy le ha dado por otro lado.

—¿A propósito de qué?

—Figúrate que tiene celos de mi "antiguo amante". "¿Por qué le das dinero? —me dice—. Tú lo mantienes". Está celosísimo.

—Porque te ama; además, la fiebre le tortura.

—Mañana tendrá lugar el juicio. Hoy le visité precisamente para infundirle valor, porque es terrible pensar en lo que puede suceder mañana. Dices que la fiebre le consume. ¡Si supieras el estado en que yo me encuentro!... Otra cosa; ¡pues no tiene celos hasta de Maximof!

—Mi esposa también me martirizaba con sus celos —dijo este último.

—¿Y de qué podía tener celos tu esposa? —exclamó Grushenka, riendo a su pesar.

—De todo, especialmente de las sirvientas.

—Calla, Maximof; no es éste el momento a propósito para reír... y no mires tanto los pastelillos; no te daré ninguno, te harían daño... ¡Y pensar que también debo curar a éste! ¡Dijérase que mi casa es un hospital!

—Valgo tan poca cosa que no merezco su atención —dijo Maximof con afable acento—. Haría usted mejor prodigando su bondad con aquellos que lo necesitan más que yo.

—¡Ah, Maximof, todos necesitamos ayuda! Pero, ¿cómo sabes quién es el que la necesita más? ¡Ah!, ¿sabes, Aliosha? También el polaco ha caído enfermo. Hoy le mandaré pastelillos, adrede, ya que Mitia me ha reprochado el otro día que se los había mandado, sin ser cierto. Mira, aquí llega Fenia con una carta... adivino; apuesto lo que quieras a que es de los polacos; ya verás cómo en ella me piden dinero otra vez.

En efecto, el señor Mussialovitch, desde hacía algún tiempo, escribía a Grushenka enviándole recibitos, especie de pagarés firmados por él y Vrublevski, en donde se obligaban a restituir a Grushenka el dinero que ésta les prestara. Mussialovitch había empezado por pedirle dos mil rublos, y después de una serie de cartas que no fueron contestadas, concluyó por solicitarle un solo rublo, en un recibo con la firma de los dos polacos. Grushenka concluyó por ir a verlos, y habiéndoles encontrado en la más espantosa miseria, les entregó diez rublos. Desde aquella fecha, los polacos no cesaban de importunarla con cartas, pidiéndole dinero.

—He tenido la debilidad de contarle esto a Mitia —repuso Grushenka—. "Figúrate —le dije— que mi polaco se ha puesto a cantarme canciones con la guitarra, como antiguamente, pensando que me dejaré conmover". Mitia, al oír esto, se puso a insultarme... Por haber hecho eso, voy a mandarles pastelillos a los polacos... ¡Fenia! —añadió gritando—. Dale tres rublos a la muchacha que han mandado y una docena de pastelillos. Y tú, Aliosha, cuéntale esto a Mitia.

—¡Jamás! —dijo Aliosha sonriendo.

—¿Crees tú que eso le disgustará? ¡Bah!, finge estar celoso, pero en el fondo no le importa nada —dijo con amargura Grushenka.

—¿Que finge, dices?

—¡Qué inocente eres, a pesar de tu gran inteligencia! No me inquieta que Mitia tenga celos; es más, hasta diré que sus celos me son necesarios para ser feliz. Yo también soy celosa. Lo que me irrita es que él no me ama, que finge unos celos que no siente. ¿Crees que estoy ciega? Mitia ahora no hace sino hablarme de Katerina, y me dice que ha hecho venir de Moscú a un célebre médico para que le atienda y uno de los mejores abogados para defender su causa... Y si habla tanto de ella es por que la ama. Por eso, porque él es culpable, me acusa a mí...

Grushenka se interrumpió y rompió a llorar.

—¡Mitia no ama a Katerina! —dijo Aliosha con firmeza.

—Pronto lo sabré —replicó la joven con semblante alterado.

Después de un momento de silencio añadió:

—Ya hemos dicho bastantes tonterías. No ha sido para decirte esto para lo que te he llamado, Aliosha; sino... ¿Qué ocurrirá mañana? He aquí lo que me martiriza; me parece que soy yo sola la que sufro. ¿Piensas tú también en ello? ¿Piensas que mañana ha de tener lugar el juicio?... Yo... tengo la seguridad de que ha sido el criado el que ha cometido el crimen, y, sin embargo... ¡Ah, condenarán a Mitia, y nadie le defenderá! Tengo entendido que nadie ha molestado para nada a Smerdiakof, ¿verdad?

—Le han interrogado rigurosamente, y todos están conformes en que no ha sido él. Todavía no se ha repuesto de su enfermedad nerviosa; esto es, del último ataque que tuvo. ¡Está muy mal, muy mal!

—Tú deberías ir a casa del abogado a contarle particularmente este asunto... Creo que le han dado tres mil rublos.

—Sí, Iván, Katerina y yo hemos reunido esa cantidad poniendo cada uno una tercera parte. Además, ella es la que ha hecho venir al médico. El abogado se hubiera conformado con menos dinero, porque como este asunto se difundirá por toda Rusia, y como todos los diarios hablan de lo mismo, lo hubiera defendido con gusto más por la gloria que por el provecho. Ayer hablé yo con él.

—¿Y qué dijiste?

—Me escuchó sin decir una palabra; después me respondió que ya tenía formada su opinión; pero que, sin embargo, tomaría en consideración mis palabras.

—¿Cómo, en consideración? ¡Ah, ladrones; quieren perderlo!... ¿Y el doctor, para qué lo han hecho venir?

—Como perito. Querían hacer pasar a Mitia por loco, pero él no accede a ello.

—Y sin embargo, nada más verdadero que eso. En aquel momento Mitia estaba loco por causa mía. ¡Ay de mí! Si hubiese matado, no sería él culpable, sino yo; pero no ha sido él quien ha matado, y, sin embargo, todos aseguran lo contrario.

—Sí, no hay sino testigos de cargo.

—Y Grigori, Grigori pretende haber visto la puerta abierta. Yo he ido a hablar con él y me ha insultado.

—Su declaración es tal vez la más grave.

—En cuanto a la locura, es real; Mitia está demente aun en este mismo instante. Quería decírtelo hace mucho tiempo, Aliosha. ¿Qué piensas tú de ello? No comprendo nada de lo que dice. Ahora me habla siempre de un "pequeñín". "Es por él, por ese pequeñín, por lo que yo quiero ir a Siberia", me repite a cada instante. "Yo no he matado a mi padre, pero es preciso que vaya a la Siberia..." ¿Qué, quiere decir con todo eso? ¿Quién es ese pequeñín? ¡No comprendo una palabra! Sin embargo, cuando me hablaba de eso lo hacía con tal ternura, que, sin poderlo evitar, rompí a llorar. Entonces me besó en la frente, e hizo sobre mí el signo de la cruz.

—No comprendo lo que eso signifique... Tal vez Rakitine...

—No, no, no es Rakitine, es Iván quien le atormenta.

Grushenka se detuvo de pronto; Aliosha hizo un movimiento de sorpresa.

—¡Cómo! ¿Iván también lo ve? Yo no sabía, nada de eso.

—¿Ves, ves cómo soy yo? No debía decírtelo... Pero, en fin, ya que he comenzado, te diré toda la verdad. Sí, Iván ha ido a verle dos veces; la primera inmediatamente después que regresó de Moscú; y la segunda hace ocho días. Mitia me ha prohibido que te lo diga, porque Iván iba a verle a escondidas.

Esta noticia impresionó vivamente a Aliosha.

—Iván no me ha dicho nada de eso —dijo el joven—; si bien es verdad que casi no me ha hablado de nada; hasta parecía que le hubiese disgustado el verme. Además, hace ya tres semanas que no voy a su casa. ¡Hum! Si es cierto que ha ido a ver a Mitia hace ocho días, eso significa que ha cambiado de parecer.

—Sí, ha cambiado —dijo vivamente Grushenka— traman algo en secreto; el mismo Mitia me lo ha dicho. Y ese secreto es lo que ahora atormenta a Mitia, a él, que estaba antes siempre tan contento.

—¿Es verdad que te ha prohibido hablarme de Iván?

—Sí, a ti especialmente no debería decirte nada; Mitia tiene miedo de ti. ¡Oh, mi querido Aliosha! ve a verlo, trata de averiguar en qué consiste ese secreto y vuelve a decírmelo; para eso es para lo que te he llamado hoy.

—¿Crees tú que ese secreto puede interesarte?... Yo no lo creo, porque en ese caso te lo habría revelado él.

—Tal vez no se atreva a decírmelo.

—¿Qué piensas tú que pueda ser?

—Pienso que todo ha acabado para mí; que los tres están en contra mía, puesto que Katerina debe entrar también en el asunto. Pienso que Mitia quiere abandonarme: he ahí todo el secreto. Me ha dicho que Iván está enamorado de Katerina y que es por eso por lo que va tan a menudo a su casa. ¿Es eso verdad? Háblame sinceramente.

—No te mentiré. Iván ama a Katerina Ivanovna.

—Lo sospechaba. ¡Mitia es un embustero, un desvergonzado! ¡Ha inventado esa historia de los celos para poder acusarme después! ¡Es un imbécil! Ni siquiera sabe engañar; es demasiado franco... ¡Me las pagará! Espera... también Katerina oirá hablar de mí. Mañana, durante el juicio, hablaré y lo diré todo.

La joven volvió a deshacerse en llanto.

—Grushenka —dijo Aliosha gravemente—, puedo afirmarte que Mitia te ama más que a nadie en el mundo, créeme, lo sé; no iré a pedirle que me revele su secreto, pero si él me lo dice buenamente, le advertiré que he prometido hacértelo conocer. Me parece que dicho secreto, si existe, no debe tener nada que ver con Katerina Ivanovna. Estoy seguro de ello... Adiós, hasta otro rato.

Aliosha estrechó la mano de Grushenka; ésta lloraba siempre. El joven lamentaba profundamente tener que abandonarla en aquel estado, pero no podía permanecer más tiempo allí.

Capítulo II

Ya era tarde cuando Aliosha llamó a la puerta de la prisión. Caía la noche, pero él sabía que lo dejarían entrar, pues contaba con grandes simpatías entre los guardianes de la cárcel. Mitia recibía a los que le visitaban en el locutorio. Al entrar, Aliosha se encontró con Rakitine que se despedía de Mitia.

En aquellos últimos tiempos, Aliosha no gustaba de encontrarse con Rakitine, y no le hablaba casi nunca. Este último hizo una mueca de disgusto y volvió la vista hacia otro lado, como si estuviese ocupado en abotonarse una prenda; después se puso a buscar el paraguas.

—No vaya a ser que se me olvide algo —dijo Rakitine, por decir algo.

—Sobre todo no olvides de dejar lo que no te pertenezca —observó Mitia riendo.

Rakitine se sonrojó.

—Eso debes recomendárselo a los Karamazov, que son los que tienen esa costumbre —dijo enfadado.

—¡Vete a la porra! ¿Qué mosca te ha picado? ¿No comprendes que lo he dicho en broma?

Rakitine partió apresuradamente.

—¡Todos son iguales! —dijo Mitia a su hermano—. Ese mequetrefe estaba contento hace un rato, y he aquí que de pronto se enfada. Hasta me parece que ni siquiera te ha saludado. ¿Están ustedes reñidos?... ¿Por qué has venido tan tarde? Ya estaba impaciente por verte... mas no importa.

—¿Por qué viene Rakitine tan a menudo? ¿Son ustedes amigos íntimos?

—¿Rakitine y yo? No, no puedo decir tal cosa... Es un botarate, un sinvergüenza. No comprende cuando bromeo. ¡Todos son iguales. Pero es inteligente... ¡Ay, Alexey, estoy perdido!

Mitia se sentó en un banco, e indicó a su hermano que se sentara junto a él.

—Mañana tendrá lugar el juicio. ¿No tienes esperanza alguna, hermano mío?

—¿De qué, me hablas? ¡Ah, sí, del juicio! ¡Que vayan al diablo! Esto es una tontería. Hablemos de lo esencial. No creas que temo por mi cabeza, sino por lo que llevo dentro de ella. ¿Por qué me miras tan irónicamente?

—¿Qué es lo que quieres decir, Mitia?

—Me refiero a las ideas. ¡Ah, las ideas! ¡La ética! ¿Sabes tú lo que es la ética?

—¿La ética?

—Sí.

—Una ciencia... sólo que te confieso que no sabría decirte con precisión qué ciencia es ésa.

—Pues Rakitine lo sabe; es un chico bastante docto. Pero... ¡que se vayan al diantre! Dejemos ahora tranquila la ética. Te he dicho que estoy perdido, ¿comprendes?... ¡Ah, Aliosha! Te quiero más que a nadie... Cuando te veo, siento que mi corazón late con más fuerza... ¿Quién es Karl Bernard?

—¿Karl Bernard?

—No, Karl no, Claudio... un químico, me parece.

—Sí, es uno de tantos hombres de ciencia... No sé nada más acerca de él.

—Pues a mí me pasa lo mismo. Probablemente es un botarate, un miserable. ¡Todos son miserables!... Pero Rakitine se abrirá camino... es capaz de pasar por el ojo de una aguja... Es un Bernard... ¡Oh, cuántos Bernard hay en nuestros días!

—Pero, ¿qué, te pasa?

—Dice Rakitine que quiere escribir un artículo a propósito de mi asunto y cimentar sobre él su fama. Por eso viene a verme... un artículo, cuya tesis sería: "Mitia no podía dejar de matar: el ambiente en que vivía le empujaba a hacerlo", y así sucesivamente; después dice que intercalará un poco de socialismo en el asunto... ¡Pero, que se vaya al infierno! ¡Poco me importa! Rakitine no quiere a Iván, le odia... y ni siquiera tú le estimas... yo le soporto; encuentro que tiene cierto ingenio. Hace poco le decía: "Los Karamazov no son unos miserables, son unos filósofos como todos los verdaderos rusos. Tú, Rakitine, eres un sabio, pero no eres filósofo, eres un *smerde*". Se rió maliciosamente, y yo añadí: *"De opinionibus non est disputandum"*. Ya ves, hasta me siento clásico —añadió Mitia, soltando una carcajada.

—Pero, ¿por qué estás perdido, como decías hace poco?

—¿Por qué estoy perdido? ¡Hum!... ¡En realidad, considerando la cosa en conjunto, compadezco a Dios! ¡He ahí todo!

—¡Qué compadeces a Dios!

—Figúrate: todo esto está en los nervios, en la cabeza, en la mente... Allí hay fibras... y apenas ésas vibran... es decir, fíjate, yo miro... por decirlo así, cualquier cosa; de pronto, vibran las fibras y apenas se produce esta vibración se forma una imagen... al menos después de un momento... ¡Vaya, que el diablo se lleve este momento!... pero la imagen, esto es, el objeto... o mejor el... ¡ah, qué fastidio!, bueno, quiero decir que de ese modo se efectúa la reflexión, a la cual sigue un pensamiento... ya que son las fibras lo que vibra, y no el alma; la creación del hombre tiene semejanza con eso... ¡Cuántos disparates estoy diciendo! Pero no, no soy yo quien los digo; era Rakitine quien me explicaba eso ayer. Comprendo que la ciencia es una gran cosa, Aliosha. Pero eso no impide que yo compadezca a Dios.

—¡Eso es demasiado! —dijo Aliosha.

—¿Que yo compadezca a Dios? La química, hermano mío, la química... Rakitine no tiene sino ese punto vulnerable: que no ama a Dios... por otra parte, todos los que son como él, y no lo dicen, mienten. "Y bien —le pregunté yo—, ¿qué sería del hombre si no creyese en Dios y en la inmortalidad?" En ese caso le sería permitido todo, hasta las mayores atrocidades. ¿No lo sabías? —me respondió él riendo—. Al hombre inteligente le está permitido todo. El hombre listo sabe salvar toda clase de obstáculos. Y tú has matado, y te has dejado prender; por lo tanto, te pudrirás dentro de un calabozo, si no te cortan la cabeza. Ya ves, es Rakitine quien me ha hablado así, él, ese sinvergüenza. En otro tiempo hubiera arrojado a patadas a un hombre semejante... ahora le escucho. Por otra parte, ese botarate suele decir algunas cosas ingeniosas y, además, escribe bien.

Mitia empezó a pasear por la habitación, en actitud pensativa.

—Hermano mío —dijo Aliosha, después de un breve silencio—, no puedo detenerme mucho. Mañana será un día terrible para ti: Dios sólo sabe lo que ocurrirá. No obstante, sabiendo tú la gravedad de la situación en que te hallas colocado, en vez de hablar de eso, te pones a charlar de cosas insignificantes. Esto me maravilla.

—Pues que no te maraville. ¿Prefieres que hablemos del asesino, de ese perro ruin? Ya hemos hablado bastante de eso... que me dejen en paz. Bastante hemos hablado de Smerdiakof; Dios hará justicia, ya lo verás.

Y acercándose a Aliosha le abrazó conmovido.

—Rakitine no comprendía esto, pero tú lo comprenderás todo; por eso deseaba tanto verte. Hace ya mucho tiempo que deseaba decirte... muchas cosas, aquí, entre esos cuatro horribles muros. He esperado el último día para hacerlo; precisa que me confiese contigo. Hermano mío hace dos meses que ha nacido en mí un nuevo hombre, un alma nueva. Es decir... ya estaba en mí, pero ha sido preciso que me fulminara el rayo, para que se despertara. ¡Es terrible! Si no me matan, me condenarán a trabajos forzados. Y, sin embargo, ¿qué me importa eso a mí? Nada; lo único que me importa es que no vuelva a dormirse ese nuevo hombre que en mí se ha despertado... también allá en el lejano presidio, bajo el uniforme del presidiario, puede encontrarse un corazón de hombre. También allí se puede vivir, amar, sufrir... Se puede reanimar el corazón atrofiado de un preso; curarlo, salvar, en aquel lugar de infamia, un alma grande, purificada por la conciencia del dolor, hacer un héroe; los hay a centenares que sufren por culpa nuestra, ya que nosotros somos culpables de sus delitos... ¿Por qué en semejante momento vive en sueños la visión de aquel "pequeñín"? Era una profecía. Por él sufriré, ya que todos somos culpables de los males que afligen a la humanidad; todos son "pequeñines"; precisa, pues, que uno se sacrifique por todos. Yo no he matado a mi padre, y sin embargo acepto el castigo... La alegría renacerá en nuestro corazón por medio de nuestro propio dolor, y será una alegría sin la cual no puede el hombre vivir; la alegría que Dios nos da como un privilegio.

Mitia estaba pálido; sus labios temblaban; lágrimas caían de sus ojos; faltábale aliento.

—Sin embargo —prosiguió después— la vida es bella también aquí mismo, en la Tierra. No puedes imaginarte, Aliosha, cuánto amo ahora la vida, cuán grande es el deseo de vivir que se ha apoderado de mí desde que estoy encerrado entre estos muros... Y el sufrimiento, ¿qué es?... Pero ¡bah!, no lo temo aunque sea inextinguible. Me parece tener fuerzas suficientes para poder vencer a todos los sufrimientos y martirios que puedan existir, y poder luego exclamar: soy yo, yo quien sufro horriblemente bajo la mano de mis verdugos, y sin embargo vivo todavía... No veo el sol, pero sé que brilla... Aliosha, querubín mío, la filosofía me asesina... ¡Vaya al diablo! Nuestro hermano Iván...

—¿Cómo? ¿Iván? —interrumpió Aliosha.

Mitia no le oyó.

—Escucha —prosiguió—. Antes no me atormentaban estas dudas. Debían estar en estado de fermentación. Era para evitarlas por lo que yo me embriagaba; era para acallarlas, para aniquilarlas... Iván no es como Rakitine; oculta sus pensamientos; es una esfinge; siempre calla... ¡Dios! ¡Sólo la idea de Dios me hace sufrir! ¿Cuál es nuestro destino si Dios no existe? ¿Qué hacer si Rakitine tiene razón? Si la idea de Dios no es otra cosa que fruto de la imaginación del hombre, ¿cómo podría el hombre permanecer virtuoso? Rakitine dice que se puede amar a la humanidad sin necesidad de que Dios exista. ¡Qué imbécil! ¡Oh, la virtud! Y ahora me preguntó: ¿qué es la virtud? No te rías, si te digo que todos estos pensamientos me han impedido el poder dormir durante dos noches consecutivas. Iván no cree en Dios; él tiene una idea, una gran idea, tal vez, pero no la dice. Yo hubiera deseado beber el agua de su manantial, pero no ha sido posible: Iván no habla; sólo una vez me dijo...

—¿Qué te dijo?

—Yo le pregunté: "¿Crees tú, Iván, que al hombre le está permitido todo?" Nuestro hermano arrugó el entrecejo y me respondió: "Fedor Pavlovitch, nuestro padre, era un canalla, pero sabía pensar..." He aquí todo lo que me contestó. Y sin embargo, yo creo que Iván es mejor que Rakitine.

—Sí —dijo amargamente Aliosha—. ¿Cuándo le has visto?

—Más tarde hablaremos de eso. No te he hablado todavía de Iván porque quería hacerte saber... pero, bueno, eso te lo diré después del juicio... Es una cosa terrible... Dejemos ahora este asunto. Tú me decías hace poco: "¿Y mañana?" ¿Quieres creerme? Pues te aseguro que no he pensado en lo que podrá suceder.

—¿Has hablado con el abogado?

—Sí, se lo he dicho todo. Es un hábil canalla que ha venido de la capital; un cierto Bernard. No me ha creído; está convencido de que soy culpable. "Entonces —le pregunté yo—, ¿por qué ha venido usted a defenderme?..." ¡Ah, también ha venido un médico que quiere hacerme pasar por loco! Yo no permitiré semejante cosa; ha sido Katerina Ivanovna la que lo ha enviado, queriendo hacer *su deber* hasta el final... Y Grigori se obstina en mantener su declaración. ¡He ahí un imbécil honrado!... Pero, ¿y Grushenka, por qué sufre tanto? Hace poco estuvo aquí.

—Me lo ha dicho; la has apenado profundamente.

—Lo sé, que el diablo se lleve mi carácter; le he hecho una escena de celos, y no le he pedido perdón.

Mitia se puso a reír alegremente.

—Dios te libre, querido hermano, de pedir perdón a una mujer amada si acaso llegas a cometer algún error. Yo prefiero justificarme antes que pedir que me perdone. Cuando creo haber cometido algún error, trato de dar la explicación que me parece más acertada y, si me perdonan, bueno, y si no, también. Sin embargo, la adoro, Aliosha, pero ella no lo ve; mi amor no le es suficiente. Antes sufría yo, a causa de su carácter casquivano, de sus desdenes; pero ahora creo que mi alma se ha fundido en la suya, y esto me ha hecho ser un hombre completo. ¿Nos dejarán estar juntos? ¿Te ha hablado de mí? ¿Qué te ha dicho?

Aliosha le refirió la conversación que había tenido con Grushenka.

—Entonces no le disgusta que yo sea celoso, ¿verdad? He ahí el carácter de la mujer. Bueno, eso quiere decir que tendremos alguna que otra disputa; pero yo la amaré siempre. Ahora lo principal es saber esto. ¿Pueden casarse los presidiarios? He ahí el asunto capital. Lo que es absolutamente indudable es que yo no podré vivir sin ella... ¿De modo que ella cree que existe un secreto entre Iván, Katerina y yo? No, Aliosha, no hay tal secreto; y para que te convenzas, voy a contártelo todo.

Mitia miró en torno suyo, se acercó después a Aliosha, y se puso a hablarle en voz baja.

—Quiero que me des tu parecer: Iván es superior a nosotros, pero tú eres mejor que él... y quién sabe si no eres también superior a Iván. Es un caso de conciencia que no puedo decidir sin oír tu consejo. De todos modos, no me des todavía tu opinión hasta que haya pasado el juicio. Escucha: Iván me aconseja que huya; omito los detalles; todo está dispuesto, todo puede llevarse a cabo perfectamente. Iván me dice que los presidiarios no pueden casarse, y si yo he de vivir sin Grushenka, prefiero romperme la cabeza contra un muro. Pero, por otra parte, se opone la conciencia. La fuga supone sustraerse al castigo, alejarse de la vía de purificación que se presentaba ante mi vista. Añade Iván que en América, con buena voluntad, se puede hacer más bien que en Siberia... No me hables todavía, sé que tu opinión está ya formada, pero no quiero oírla hasta que se haya celebrado el juicio; lo que sí quiero que pienses, es que yo no puedo vivir sin Grushenka.

Aliosha estaba conmovido.

—Dime —preguntó—, ¿a quién se le ha ocurrido primero la idea de la fuga?

—A Iván; y no sólo me lo aconseja, sino que me lo ordena. Además, dice que me dará diez mil rublos para que pueda establecerme en América.

—¿Y te ha encargado que no me digas nada?

—Sí, de un modo particular. Tú no le digas que yo te he hecho saber esto. Iván teme que tú seas la voz de la conciencia, de mi conciencia despierta...

—¿Y no crees poder justificarte mañana?

Mitia movió la cabeza negativamente.

Aliosha se levantó dispuesto a partir.

Mitia extendió una mano.

—Abrázame antes de irte, Aliosha. Haz sobre mí el signo de la cruz para que yo pueda soportar con valor los sufrimientos que me esperan mañana...

Los dos hermanos se abrazaron.

—Iván me aconseja que huya, y, sin embargo, cree firmemente que soy yo quien ha matado al viejo.

—¿Se lo has preguntado?

—No. Quería hacerlo, pero no tuve valor; lo comprendí en su modo de mirarme... ¡Adiós, Aliosha, adiós!

Se abrazaron de nuevo. Aliosha estaba a punto de salir, cuando Mitia le detuvo, sujetándole por un brazo. Su palidez era espantosa, sus labios se contraían y su mirada se clavaba en los ojos de su hermano.

—Aliosha —exclamó Mitia con voz solemnísima— dime la verdad, como si te hallaras delante de Dios. ¿Crees tú que soy yo quien ha matado a nuestro padre? ¡La verdad, la verdad toda entera!

Aliosha pareció vacilar.

—Dime la verdad. Háblame con el corazón en la mano. ¿Crees tú que soy yo el asesino?

—No —respondió Aliosha, sumamente conmovido— no lo he pensado siquiera un momento.

Y al decir esto, levantó la mano como si tomase a Dios por testigo.

—Gracias —dijo Mitia suspirando—. Tus palabras me quitan del alma un horrible peso que la oprimía. ¿Querrás creer que no me atrevía a hacerte esta pregunta?... Ahora vete, que Dios te bendiga... Vete, y ama a Iván.

Aliosha salió con los ojos llenos de lágrimas. Una piedad infinita invadía su espíritu.

—"¡Ama a Iván!..."

Aliosha se dirigía precisamente a casa de este último. Mucho le inquietaba la situación de Mitia, pero no le inquietaba menos la de Iván, y en aquel momento más que nunca.

Capítulo III

Al llegar frente a la casa de Katerina, observó que las ventanas estaban iluminadas. Se detuvo un momento, y por fin se decidió a entrar. No había visto a Katerina hacía más de una semana. Además, pensaba que Iván, en vísperas de un día semejante, estaría indudablemente en casa de la joven. Al subir por la escalera, débilmente iluminada, vio que descendía un hombre, en el cual reconoció a su hermano.

—¡Ah, eres tú! —dijo secamente Iván—. ¿Vas a verla?

—Sí.

—No te lo aconsejo; está nerviosa, vas a molestarla.

—No —gritó una voz desde lo alto de la escalera—. —¿Ha estado usted con Mitia, Alexey Fedorovitch? ¿Le ha mandado él aquí? Suba usted, pues. Y usted también, Iván. Suban inmediatamente, yo lo quiero.

La voz de Katerina era tan imperiosa, que Iván, después de un instante de vacilación, se decidió a subir con Aliosha.

—Permítame que no me saque el gabán —dijo Iván entrando en el salón—. Sólo voy a estar unos momentos.

—Siéntese usted, Alexey Fedorovitch —dijo Katerina.

Aliosha la encontró más bella que nunca.

—¿Qué le ha encargado que me diga?

—Solamente esto —respondió Aliosha mirándola fijamente—: Mitia le ruega que se evite usted... la pena de contar lo que sucedió entre ustedes dos... el día del primer encuentro...

—La reverencia que yo le hice... el dinero que me dio... —dijo ella con amargura—. ¿Pero es por mí, o por él, por quién teme? Hable usted, pues, Alexey Fedorovitch.

—Por él, y por usted.

—Eso es, justamente —observó Katerina con malicia, sonrojándose—. Todavía no me conoce usted bien, Alexey. Es verdad que ni yo misma me conozco ya. Es posible que mañana, después de mi declaración, me maldiga usted.

—Sólo deseo que hable usted con entera lealtad —dijo Aliosha.

—La lealtad no es siempre femenina —replicó ella, rechinando los dientes—. Hace una hora pensaba todavía que me sería odioso ocuparme de ese miserable... y sin embargo, veo que todavía sigue siendo un hombre para mí. Pero, ¿es él el asesino? ¿Ha sido él quien ha matado? —preguntó, volviéndose de improviso hacia Iván—. Tú eres quien me ha convencido de que Dimitri es un parricida. Tú eres quien me lo ha asegurado.

Iván sonrió forzadamente; Aliosha se estremeció al oír aquel *tuteo*.

—¡Basta! —interrumpió Iván—. Me marcho. ¡Hasta mañana!

Y salió.

Katerina agarró a Aliosha por las manos.

—Sígalo usted. No lo abandone usted ni un instante. Está loco. ¿No sabe usted que se ha vuelto loco? El médico me lo ha asegurado... ¡Vaya usted! ¡Corra usted!

Aliosha se precipitó hacia la escalera, salió a la calle, y alcanzó a Iván antes de que éste hubiera andado cincuenta pasos.

—¿Qué quieres? —dijo Iván, volviéndose de repente—. ¿Te ha ordenado que me sigas? Te ha dicho que estaba loco, ¿verdad? Ya lo sé —añadió con ímpetu.

—Indudablemente se equivoca, pero no es menos cierto que estás enfermo: tu rostro está descompuesto, Iván.

Éste caminaba siempre; Aliosha le seguía.

—¿Sabes tú, Alexey Fedorovitch, cómo se hace para volverse uno loco? —repuso Iván con dulzura.

—No lo sé; debe haber diferentes especies de locura.

—¿Crees que pueda uno mismo darse cuenta de que se vuelve loco?

—No lo creo.

—Cambiemos de conversación —dijo de repente Iván—. Creo que Katerina rogará a la Virgen toda la noche, pidiéndole cómo deberá comportarse mañana —repuso, con malvado acento.

—¿Hablas de Katerina?

—Sí; todavía no sabe si debe salvar o perder a Mitia; a mí me ha tomado por una peonza, y cree que yo voy a estar dando vueltas tanto como a ella se le antoje.

—Katerina te ama, hermano mío.

—Es posible, pero yo no la amo.

—Entonces, ¿por qué le dices a veces... palabras de esperanza?

—No puedo hacer lo que sería necesario: cortar de una vez los términos medios y hablar claramente. Quiero esperar que hayan juzgado al asesino. Si me separase ahora de ella, Katerina, por vengarse, sería capaz de perder a aquel miserable; porque ella le odia y él lo sabe perfectamente. Todo en torno nuestro es mentira. Mientras ella espera, no perderá a aquella "fiera", sabiendo que yo deseo su salvación. ¡Oh, cuándo se pronunciará esa maldita sentencia!

Las palabras *asesino* y *fiera* ofendieron dolorosamente el corazón de Alexey.

—¿Y cómo podría Katerina perder a nuestro hermano Mitia? —preguntó Aliosha.

—¿No lo sabes todavía? Tiene en sus manos un documento auténtico, escrito por Mitia, el cual prueba claramente que es él quien ha matado a Fedor Pavlovitch, nuestro padre.

—¡Es imposible! —exclamó Aliosha.

—¿Cómo es imposible? ¡Lo he leído yo mismo!

—Repito que es imposible que exista un documento semejante —gritó Aliosha con ímpetu—. No puede existir, porque no ha sido Mitia el asesino. No, no ha sido él.

Iván Fedorovitch se detuvo.

—Entonces, ¿quién le ha matado? —preguntó Iván fríamente, aunque con voz algo alterada.

—¿Lo sabes tú? —dijo dulcemente y con tono penetrante Aliosha.

—¿Quién? ¡Ah, sí!... ¿Otra vez la fábula acerca de aquel idiota epiléptico Smerdiakof?

Aliosha temblaba.

—¿Sabes tú quién ha sido? —insistió Aliosha.

—¿Quién ha sido, pues? ¿Quién? —exclamó Iván, con rabia, sin poder contenerse.

—Yo sólo puedo decirte, una cosa —repuso quedamente Aliosha—. Y es que no has sido tú quien ha asesinado al viejo.

—¿Qué no he sido yo? ¿Qué quieres decir?

—Que no has sido tú, que no has sido tú —repitió con firmeza Aliosha.

Hubo un largo silencio.

—¿Deliras acaso? —dijo Iván—. Ya sé perfectamente que no he sido yo.

Iván miraba con fijeza a Aliosha. En aquel momento se hallaban los dos hermanos bajo la luz de un faro.

—No, Iván, no deliro. Sabes muy bien que tú mismo te acusabas de ser el asesino.

—¿Cuándo he dicho yo eso?... ¿Cuándo he dicho yo eso?... ¡Pero si yo estaba en Moscú! —murmuró Iván, turbado.

—Te lo has dicho a ti mismo, cuando estabas solo, durante estos dos meses horribles —añadió Aliosha dulcemente, y como si hablase en contra de su voluntad—. Te acusabas. Decías que el asesino no era otro sino tú. Pero te engañas, te engañas, no eres tú, Iván, ¿comprendes? No eres tú. Dios me manda decírtelo.

Durante un largo minuto se miraron los dos hermanos frente a frente. Ambos estaban palidísimos. De repente se estremeció Iván, y agarrando con fuerza a Aliosha por un brazo le dijo:

—¿Has estado en mi casa? ¿Estabas en mi casa cuando vino él? ¡Confiésalo!... ¿Le has visto? ¿Le has visto?

—¿De quién hablas? ¿De Mitia?

—No, no menciones el nombre de esa fiera —rugió Iván—. ¿Acaso no sabes que viene a verme? ¿No lo sabes? ¡Habla!

—Pero, ¿quién? No sé lo que quieres decir —aseguró Aliosha, aterrorizado.

—¡Sí, lo sabes! ¡Sí, lo sabes!... De otro modo, ¿cómo...? No; es imposible que no lo sepas...

Interrumpióse y permaneció como absorto en sus pensamientos. A sus labios asomaba una extraña sonrisa.

—Hermano mío —dijo Aliosha con temblorosa voz—, te lo digo, porque sé que tú me creerás: *no has sido tú,* ¿comprendes? Dios me envía a decírtelo, exponiéndome a que me odies por toda la vida.

Iván había recobrado ya su dominio sobre sí mismo.

—Alexey Fedorovitch —dijo fríamente—, no me gustan ni los profetas ni los epilépticos, ni mucho menos los enviados de Dios. Desde este momento quedan rotas nuestras relaciones para siempre. Te ruego que me dejes ahora mismo y te aconsejo que no vuelvas nunca más a mi casa.

Y se alejó con paso firme.

—¡Iván, hermano mío! —gritó Aliosha—. ¡Si me necesitas para algo, si algo ocurre, piensa en mí!

Iván no respondió y siguió andando resueltamente.

Aliosha permaneció algunos instantes junto al farol, hasta que Iván desapareció en la oscuridad, y después siguió él también su camino.

Ni Aliosha ni Iván habitaban ya en casa de su padre. El primero había alquilado una habitación amueblada y el último ocupaba una casita situada en uno de los barrios más apartados. Hacía dos meses que Iván se complacía en estar solo, atendido únicamente por una criada vieja y sorda.

Al llegar a la puerta de su casa, tomó el cordón de la campanilla y de repente lo soltó otra vez.

Sentía que la cólera lo dominaba. Dio media vuelta y se encaminó hacia una casita situada a dos verstas de la suya, y en la cual habitaba Smerdiakof.

Capítulo IV

Después de su regreso de Moscú era ésta la tercera visita que hacía Iván a Smerdiakof.

El joven se maravillaba de que Aliosha no quisiera ni siquiera sospechar de Mitia, y de que acusase tan rotundamente a Smerdiakof. Todos los detalles del interrogatorio, que le habían sido comunicados, y su conversación con Mitia, lo habían convencido de que era su hermano el culpable. Digamos de pasada que Iván no amaba a Dimitri. Apenas sentía por él alguna piedad mezclada con cierto desprecio.

Después de su primer coloquio con Mitia, Iván se dirigió al hospital en que se hallaba Smerdiakof. El doctor Herzenschtube y el médico del hospital, contestaron categóricamente a las preguntas de Iván, le respondieron que la epilepsia de Smerdiakof había sido comprobada, e incluso "si aquella epilepsia no podía haber sido fingida el día de la catástrofe". Ambos doctores le respondieron que se trataba de una crisis extraordinaria, que había durado varios días y puesto en peligro la vida del paciente: gracias a las medidas tomadas, podía asegurarse, ahora, que el enfermo viviría. De todos modos, su razón quedaría turbada, si no por siempre, al menos por algún tiempo. Al ver a Iván, Smerdiakof sonrió desconfiadamente, y hasta experimentó cierto terror: al menos así le pareció a Iván, pero esto duró poco. Smerdiakof se calmó, y durante el tiempo que duró la visita manifestó una serenidad sorprendente. Parecía estar verdaderamente enfermo de cuidado; estaba flaco y amarillento, hasta el punto de infundir pavor; su rostro se había llenado de arrugas y sus cabellos lacios y enmarañados caían sobre su frente. Solamente su ojo izquierdo, siempre cerrado, hacía recordar al antiguo Smerdiakof.

—¿Puedes hablar? —le preguntó Iván—. No te molestaré mucho.

—Usted no me molesta nunca —respondió Smerdiakof, con voz débil—. ¿Hace mucho que ha vuelto usted?

—Acabo de llegar.

Smerdiakof suspiró.

—¿Por qué suspiras? ¿No habías previsto *todo esto*?

—No era difícil de prever —dijo Smerdiakof, después de un momento de silencio—. Pero nunca hubiera podido imaginarme que el asunto llegase a desarrollarse en esa forma.

—¿Qué asunto? Habla francamente. ¿Cómo pudiste prever que habrías de tener un ataque?... Hasta me aseguraste que te daría en la cueva.

—¿Le ha dicho usted ya eso al juez? —preguntó tranquilamente Smerdiakof.

—No, no lo he dicho todavía, pero lo diré... Tienes que darme algunas explicaciones amigo mío, y sabes que no permitiré, que te burles de mí.

—¿Y por qué habría de burlarme de usted? Sólo en usted confío, tanto como en Dios —dijo Smerdiakof sin abandonar aquélla su calma singular.

—Ante todo sé que es imposible prever una crisis de epilepsia; me he informado bien; es inútil que trates de engañarme. ¿Cómo pudiste, pues, predecir el día, la hora y el lugar en que habría de acometerle el ataque? ¿Cómo podías saber tú anticipadamente que habías de tener una crisis de nervios, y que ésta te habría de dar estando en la bodega?

—Es que yo iba a la bodega muchas veces durante el día —respondió Smerdiakof lentamente—. Lo mismo me sucedió un año antes, cuando me caí desde el granero. Efectivamente, es imposible prever el día y la hora en que se va a tener un ataque de nervios, pero se pueden tener ciertos presentimientos.

—Es que tú fijaste, precisamente, el día y la hora.

—Para todo lo que concierna a mi enfermedad, pida usted informes al médico; no puedo decirle nada más acerca de esto.

—¿Pero cómo sabías que te daría el ataque en la bodega? Insisto sobre este punto.

—Siempre vuelve usted a lo mismo. Pues, porque aquellas escaleras me daban miedo; desconfiaba... temía que después que usted se fuese, no hubiese nadie para socorrerme... y apenas empecé a bajar los escalones pensé: "Ahora veremos lo que ocurrirá... ¿me caeré? ¿no me caeré?" Fue, sin duda, el mismo temor lo que me perjudicó; sentí un estremecimiento, y caí. ¿Se acuerda usted de aquella conversación que tuvimos el día antes de que usted partiese?... Yo se lo he contado todo al médico Herzenschtube y al juez de instrucción Nikolai Parfenovitch. El doctor Varvinsky aseguró que había sido la misma aprensión lo que había producido la crisis, y todo esto se escribió junto con mi declaración.

Smerdiakof, cansado por el esfuerzo que había hecho para hablar, respiró penosamente.

—¿Entonces tú has declarado ya todo eso? —preguntó Iván, sorprendido.

Iván, para hacer hablar a Smerdiakof, contaba con el miedo que éste debía tener a semejantes revelaciones, y he aquí que él mismo las había hecho ya.

—¿Qué puedo temer? —dijo Smerdiakof en voz alta—. ¿Que se sepa la verdad?...

—¿Has contado todos los pormenores de nuestra conversación?

—Todos los pormenores, no.

—¿Has dicho que me aseguraste a mí que sabes fingir perfectamente un ataque de nervios?

—No.

—Dime: ¿por qué querías que fuese yo a Tcheremachnia?

—Porque está más cerca de Moscú, que es a donde usted quería irse.

—¡Mientes! Fuiste tú quien me aconsejaste que partiera.

—Era por amistad, por afecto. Después de la mía, es su persona lo que más me interesa. Y si le dije que se marchase, fue para darle a entender que estaba a punto de suceder una desgracia, y que era preciso estar aquí para defender a su padre.

—¿Y por qué no me hablaste francamente?

—Tenía miedo de Dimitri Fedorovitch. Y luego, no habría creído jamás que éste fuese capaz de llegar hasta el asesinato: pensaba que se habría contentado con llevarse el dinero... ¿Quién pudiera haber creído otra cosa?

—Entonces, ¿cómo piensas que hubiera podido creerlo yo?

—No obstante, usted no me comprendió bien; yo le aconsejaba que no fuese a Moscú, dándole a entender que deseaba se hallase usted lo más cerca posible.

—Sí, sí, tú querías que yo hubiera previsto... pues no te equivocaste, preví que maquillabas algo infame... ¡Tú mientes ahora! ¡Mientes! —exclamó como si acudiese a su mente un recuerdo repentino—. ¿Te acuerdas de que en el momento de partir me dijiste ciertas palabras en las cuales se revelaba la alegría que te causaba mi marcha?

Smerdiakof suspiró.

—Mi alegría obedecía —respondió penosamente Smerdiakof— al saber que no se iba usted a Moscú, sino al otro sitio, que está mucho más cerca. Además, aquellas palabras más bien significaban un reproche, sino que usted no me comprendió.

—¿Y qué es lo que me reprochabas?

—Que abandonase usted a su padre en un momento semejante, sabiendo que podía sucederle algo malo, y que me dejase usted a mí allí solo, ya que Grigori estaba enfermo y por lo tanto, si Dimitri le robaba los tres mil rublos a Fedor, me acusarían de ser yo el ladrón.

—¿Y tú le has hablado al juez de las señas convenidas con mi padre para abrir la puerta?

—Sí, todo lo he dicho.

Iván Fedorovitch se asombró nuevamente.

—A Dimitri siempre lo he creído capaz de matar, pero de robar no —afirmó Iván—. Más pronto creo que seas tú el ladrón... Tú me aseguraste que sabes fingir las crisis nerviosas... ¿Por qué me dijiste eso?

—Por ingenuidad, por estupidez, o, mejor dicho, porque le hablaba a usted con verdadera franqueza. Además al manifestarle a usted mis temores a propósito de que Dimitri conocía las señales convenidas por Fedor Pavlovitch, me imaginaba que usted se quedaría, temiendo por la vida de su padre.

"Todo esto es bastante lógico —se decía Iván—. ¿Dónde está, pues, la perturbación cerebral de la que habla Herzenschtube?" Y añadió en voz alta:

—Me parece que empleas la astucia conmigo. Si es así, guárdate bien de hacerlo.

—No hay nada de eso; pensaba que usted lo habría adivinado todo —respondió Smerdiakof con sencillez.

—Si lo hubiese adivinado no habría partido.

—Creí que lo hacía usted por prudencia.

—¿Pensaste que fuese tan vil como tú?

—Pues bien, sí... creía que fuese usted... como yo.

—Mi hermano te acusa; dice que eres tú quien ha matado y robado.

—Así es, pero, ¿quién puede creer eso? Todo lo acusa a él. Grigori ha asegurado que, cuando vio a Dimitri, estaba ya abierta la puerta de la habitación del amo... Además, ¿cree usted, por estúpido que yo sea, que si hubiese pensado cometer ese crimen le iba a decir que sabía fingir la epilepsia? Pregúntele usted al juez si un malhechor puede ser tan idiota.

—Escucha —dijo Iván Fedorovitch levantándose—. En verdad, yo no sospecho nada de ti, sería ridículo acusarte; al contrario, puedo decirte que te agradezco el que me hayas tranquilizado acerca de la ligera sospecha que pude tener de ti. Me voy... volveré a verte otro día. Deseo que te cures pronto... ¿Necesitas algo?

—Nada, gracias. Marfa Ignatievna no me olvida.

—Adiós, pues. Quédate tranquilo. No diré que sabes fingir crisis de nervios y me permito aconsejarte que no lo digas tú tampoco —insinuó Iván, a pesar suyo.

—Comprendo... si usted no lo dice, yo tampoco referiré *toda* la conversación que sostuvimos aquella noche, junto a la puerta de la casa.

Iván Fedorovitch salió. No había andado diez pasos, cuando se detuvo bruscamente, en el corredor, dándose cuenta de la injuria que contenían las últimas palabras de Smerdiakof. Dio media vuelta, como si pretendiese volver sobre sus pasos; pero, luego, se encogió de hombros y prosiguió su camino.

Iván se complacía de que Smerdiakof no fuese el culpable. ¿Por qué? Ni él mismo quería explicárselo. Le disgustaba sondear sus propios sentimientos. Las acusaciones de los testigos lo convencieron, luego, de que era Dimitri el asesino. Sin embargo, comunicó al doctor Herzenschtube sus dudas acerca de la perturbación mental de Smerdiakof.

—Pues yo le digo —insistió el doctor— que está trastornado. ¿Sabe usted por dónde le ha dado ahora? Por aprender de memoria algunas palabras francesas.

Iván Fedorovitch concluyó por perder las pocas dudas que le quedaban. No obstante, la seguridad de Aliosha le atormentaba todavía.

Un día se encontraron los dos hermanos y tuvieron esta conversación:

—¿Te acuerdas —dijo Iván— de aquel día en que Dimitri pegó a nuestro padre?

—Sí.

—¿Te acuerdas, asimismo, de ciertas palabras que te dije en el patio?

—Sí —volvió a contestar Aliosha con entereza— me dijiste: "Doy entera libertad a mis deseos".

—Dime, pues —prosiguió Iván—; ¿creíste, entonces, que desease ya la muerte de nuestro padre?

—Sí —murmuró dulcemente Aliosha.

—No era difícil de adivinar. Pero, dije: "Deja que los reptiles se devoren unos a otros", ¿pensaste que quise dar a entender que deseaba que Dimitri matase a nuestro padre lo más pronto posible? ¿Y no creíste también que hasta yo mismo no me habría negado a ayudarlo?

Alexey palideció y miró silenciosamente a su hermano como si pretendiese leer en sus ojos.

—¡Habla! —exclamó Iván—. Quiero saber lo que pensaste.

Su respiración era fatigosa, y en su mirada brillaba un fulgor siniestro.

—¡También pensé eso! —murmuró Aliosha.

Y calló sin añadir ninguna circunstancia atenuante.

—¡Gracias! —dijo secamente Iván y partió.

Desde entonces notó Aliosha que Iván huía de él.

Fue después de esta conversación cuando Iván hizo la segunda visita a Smerdiakof.

Capítulo V

Smerdiakof había abandonado ya el hospital y vivía, como antes dijimos, en una casita en la cual ocupaba un departamento compuesto de dos habitaciones que daban al vestíbulo. María Kondratievna y su madre habitaban un departamento contiguo. No se sabía con precisión qué clase de relaciones tenía Smerdiakof con aquellas dos señoras, si bien muchos aseguraban que la joven María era su prometida. Iván llamó a la puerta; María abrió, y le indicó la habitación de Smerdiakof: un cuarto oscuro en el cual había gran cantidad de moscas. El calor era intenso.

En medio de la habitación había una mesa de madera blanca, cubierta con un tapete de colores. En la ventana se veían algunos tiestos con geranios y, en un ángulo, una imagen; encima de la mesa veíase una cafetera vacía, casi inservible y dos tazas.

Smerdiakof estaba sentado en un banco, junto a la mesa, y escribía en un cuaderno. Su rostro había mejorado algo, y estaba menos delgado que en el hospital.

Al entrar Iván, levantó Smerdiakof la cabeza y miró a su visitante a través de unos anteojos que llevaba puestos. Se los quitó, y se paró lentamente, sin ninguna clase de humildad, como si estuviese resuelto a mantenerse en la más estricta cortesía. Iván notó aquello en un abrir y cerrar de ojos, y especialmente la mirada malvada de Smerdiakof. Ésta parecía querer decir: "¿Qué viene usted a hacer, otra vez, a mi casa? ¿No hemos hablado ya bastante?"

—Hace calor aquí —dijo Iván, todavía en pie.

Y se desabrochó el gabán.

—Quíteselo usted —dijo Smerdiakof, con tono de condescendencia.

Iván Fedorovitch se quitó el gabán, tomó una silla, se acercó a la mesa y se sentó.

—Ante todo —dijo severamente—, ¿estamos solos? ¿No nos escucha nadie?

—Nadie.

—Hablemos, pues. ¿Qué querías decir cuando te dejé en el hospital, la última vez que te vi? Dijiste que si yo no hablo de tu arte para fingir la epilepsia, tú no referirás al juez *toda* la conversación que tuvimos junto a la puerta de la casa de mi padre. Esa *toda,* ¿qué significa? ¿Qué quieres decir? ¿Es una amenaza? ¿Quieres dar a entender que soy cómplice tuyo, y que debo tenerte miedo?

Iván parecía hablar con una franqueza calculada.

La maldad en la mirada de Smerdiakof se acentuó, y con voz fría respondió:

—Yo quería decir entonces que, previendo usted el asesinato de su padre, lo había dejado sin defensa. Por eso le prometí no decir esto al juez, a fin de que éste no sospechase acerca de sus malos sentimientos, o quizá alguna otra cosa peor.

Smerdiakof pronunció estas palabras con la más completa tranquilidad; era dueño de sí mismo: su acento tenía en aquel momento algo de insolente.

—¿Cómo? ¿Qué dices? ¿Estás loco?

—Estoy perfectamente cuerdo.

—Entonces, ¿quieres decir que yo *sabía* que iba a cometerse ese asesinato? —exclamó Iván Fedorovitch golpeando violentamente encima de la mesa—. ¿Y qué significa ese algo más? ¡Habla, miserable!

Smerdiakof callaba, y contemplaba a Iván ahora con una insolencia evidente.

—¡Habla, pues, renacuajo! ¿Qué significa ese algo más? —gritó Iván.

—Significa que, probablemente, usted deseaba la muerte de su padre.

Iván dio un salto y asestó a Smerdiakof un puñetazo, con todas sus fuerzas. Smerdiakof vaciló y se apoyó en el muro. De repente, sus ojos se llenaron de lágrimas.

—¡Es una vergüenza para usted, señor —dijo—, el pegar a un hombre enfermo!

Y cubriéndose el rostro con un pañuelo sucio, se puso a sollozar.

—¡Basta, acaba de llorar, cobarde! —dijo Iván, imperiosamente, sentándose de nuevo—. ¡No me exasperes!

Smerdiakof se quitó el pañuelo de la cara. Su aspecto en aquel momento era horrible; sus ojos expresaban un intenso rencor.

—¡Entonces, miserable, creías que yo me había puesto de acuerdo con Mitia para asesinar a nuestro padre!

—No conocía las intenciones de usted y fue precisamente para conocerlas que lo detuve junto a la puerta, cuando estaba usted a punto de entrar.

—¿Y qué es lo que querías conocer?

—En primer lugar, si deseaba usted que matasen a su padre.

Lo que exasperaba a Iván era el tono provocativo que usaba Smerdiakof.

—¡Eres tú quien lo ha matado! —dijo Iván.

—Usted sabe muy bien que no he sido yo, y me extraña mucho que un hombre tan inteligente como usted salga ahora con esa canción.

—Entonces, ¿por qué tenías aquel presentimiento?

—Ya se lo he dicho a usted, por miedo, desconfiaba de todo.

—Pues quince días antes hablabas de otra manera bien distinta.

—¿En el hospital?... Me ocurrió como cuando hablamos junto al portón: creí que me había usted comprendido, y que no daría usted lugar a esta explicación.

—Espera, espera, responde a mis preguntas. Responde, te digo. ¿Por qué entró tan innoble sospecha en tu corazón?

—Usted no podía ni quería asesinar a su padre; pero sí deseaba que lo asesinase otro.

—¡Con qué tranquilidad dices eso! ¿Y por qué había de quererlo yo?

—¿Cómo por qué? Muriendo su padre, recibían ustedes, cada uno de los hermanos, cuarenta mil rublos, o quizás aún más; mientras que si Fedor Pavlovitch se hubiese casado con Grushenka, no habrían ustedes recibido ni un kopek.

Iván hacía esfuerzos para contenerse.

—Está bien —acabó por decir—; ya ves, no te he arrancado la lengua... Entonces, según tú, yo habría encargado a mi hermano Dimitri la ejecución del asunto...

—Ciertamente; siendo él el asesino, perdía todo derecho a la dignidad civil y a la parte de herencia que pudiera corresponderle; y de este modo ya no eran solamente cuarenta mil rublos lo que le esperaban a usted, sino sesenta mil, esto es, la mitad de la fortuna de su padre.

—Está bien, soporto eso todavía. Pero escucha, miserable... mejor hubiera podido contar contigo que no con Dimitri para llevar a cabo el asesinato; es más, te juro que en aquel momento presentí una infamia de parte tuya.

—Y yo sabía perfectamente que usted contaba conmigo —dijo Smerdiakof, con inaudito cinismo—. Por eso, cuando, a pesar de haber sospechado tal cosa, vi que se marchaba, entendí que ello significaba: "Puedes matar a mi padre, yo no te lo impediré".

—¡Miserable! ¿Eso comprendiste?

—Juzgue usted mismo: estaba usted a punto de partir para Moscú, su padre deseaba que fuese a Tcheremachnia, y usted se negaba a hacerlo; en cambio, al pedírselo yo, accedió en seguida. Eso significaba que esperaba usted algo de mi parte.

—¡No, juro que no! —gritó Iván, rechinando los dientes.

—¿Cómo que no? Si no hubiese sido así, al oír lo que yo dije, me habría conducido a la delegación de policía; pero, en vez de hacer eso, partió usted como yo le aconsejaba, en lugar de quedarse cerca de su padre para defenderlo, si llegaba el caso. ¿Qué podía yo deducir?

Iván estaba inmóvil, con los codos apoyados en la rodilla.

—Sí —dijo con amarga sonrisa—, me arrepiento de no haberte hecho trizas entonces... De nada hubiera servido que te llevase a la policía, nadie me hubiese creído... pero sí debí haberte roto el cráneo allí mismo.

Smerdiakof sonreía gozoso.

—Pudo usted hacerlo, sí —dijo con tono satisfecho—; pero no se atrevió. Como dicen los franceses *"vous n'avez pas osé"*.

—¿Cómo es eso? ¿Estás aprendiendo francés? —preguntó Iván, indicando el cuaderno que Smerdiakof tenía encima de la mesa.

—¿Por qué no? Completo mi instrucción. Además, pienso visitar algunas capitales de Europa.

—Escucha, bandido —gruñó Iván—: no temo a tus acusaciones; puedes declarar en contra mía todo cuanto quieras. Si no te rompo la cabeza en este instante, es porque sospecho que hayas podido ser tú el autor del delito, y quiero confundirte delante de los jueces.

—Pues yo creo que obraría usted más sabiamente no haciendo nada de eso, ya que no podrá usted decir nada en contra mía y si algo dice, no encontrará usted la boca para acusarme, entonces yo lo diré *todo*. Es preciso que me defienda.

—¿Pero crees que yo te temo?

—Yo no sé si los jueces me creerán o no, pero estoy seguro de que la opinión pública se pondría de mi parte. Además, yo sé que usted es un hombre inteligente, incapaz de cometer semejante tontería.

Iván Fedorovitch se levantó frenético, tomó su gabán y, sin responder a Smerdiakof, ni mirarlo siquiera, se precipitó fuera de la casa.

Su cabeza ardía.

"En verdad —se decía—, ¿por qué fui a Tcheremachnia? ¿Por qué me marché? No puedo negar que presentía algo. Smerdiakof tiene razón. Sí, presentí y deseé el asesinato... Es preciso que yo mate a ese granuja. Si no tengo valor para matar a Smerdiakof no vale la pena que yo viva..."

Iván Fedorovitch se dirigió directamente a casa de Katerina Ivanovna, la cual se asustó al ver la mirada trastornada del joven. Éste le refirió, con todos sus detalles, la conversación que había tenido con Smerdiakof. Katerina trataba de calmarlo; pero Iván, cada vez más excitado, caminaba de un lado para otro de la habitación, pronunciando frases incoherentes.

—Si no ha sido Dimitri —dijo Iván deteniéndose—, y si, por el contrario, ha sido Smerdiakof, yo soy su cómplice. Soy yo quien lo ha empujado a cometer el delito... No hay duda; si ha sido él quien ha asestado el golpe, y no Dimitri, el verdadero asesino soy yo.

Al oír estas palabras Katerina, se levantó en silencio, sacó de un cajón una carta, y la puso en manos de Iván. Era la carta de la que éste había hablado a Aliosha como de una prueba material de la culpabilidad de Dimitri. Se trataba de un billetito que Mitia había escrito, estando casi embriagado, a Katerina Ivanovna la tarde de su encuentro con Aliosha, en el camino del Monasterio: carta incoherente, propia de un loco o de un borracho. Decía así:

"Katerina, mañana buscaré y te devolveré los tres mil rublos. Adiós, mujer violenta; adiós, amor mío... Acabemos ya... Mañana buscaré el dinero por todas partes, y si no logro encontrarlo, te doy mi palabra de honor de que iré a casa de mi padre, le romperé el alma, y tomaré el dinero que tiene debajo de la almohada, en cuanto Iván se haya marchado. Iré a presidio, pero te devolveré tus tres mil rublos. Adiós, te saludo respetuosamente... ¡Soy un miserable! ¡Perdóname!... O si no, no me perdones. No perdonándome tú, podremos ambos soportar más fácilmente el porvenir. Prefiero el presidio a tu amor, ya que amo a otra mujer, a la que tú conoces tal vez demasiado... Asesinaré al hombre que me ha despojado, y los dejaré a todos; me iré a Siberia para no ver más a ninguno de ustedes, ni siquiera a *ella,* ya que no eres tú la única que me hace sufrir... ¡Adiós!

"Beso tus pies. ¡Adiós!

"Katerina, ruega a Dios para que alguien me preste dinero: en ese caso no derramaré sangre... pero si me lo niegan, entonces, mataré...

"Tu esclavo y tu enemigo

D. Karamazov".

Cuando acabó Iván de leer este documento, pareció quedar completamente convencido.

"¡Es Dimitri quien ha matado, y no Smerdiakof! —pensó—; por tanto, si no es Smerdiakof el asesino, tampoco lo soy yo".

Esta carta, a su manera de ver, era una prueba indiscutible.

A la mañana siguiente recordó con cierto desprecio las cínicas bromas de Smerdiakof, pero por fin decidió no volver a ocuparse de semejante personaje.

Así pasó un mes, durante el cual oyó decir a Varvinsky que Smerdiakof moriría loco. Iván se sentía enfermo y consultó al célebre médico que Katerina Ivanovna había hecho venir de Moscú. Hacia aquella misma época, sus relaciones con Katerina habían llegado a ser sumamente tirantes: eran como dos enemigos enamorados el uno del otro. Por otra parte, Katerina no podía ocultar el disgusto que le causaba que hubiese sido Mitia quien matara a su padre, razón por la cual Iván también detestaba cada vez más a su hermano Dimitri. Y sin embargo, le propuso un plan de evasión, y se comprometió a sufragar él los gastos que pudiese ocasionar, y dar a Mitia unos cuantos miles de rublos. Tal vez la frase de Smerdiakof: "que Iván deseaba que Mitia cometiese el delito, a fin de que lo despojasen de la parte que le correspondía en la herencia" no era ajena a esta determinación de Iván.

—Además —se decía constantemente Iván—, en el fondo del alma siento que yo soy tan culpable como él.

La frase que Katerina dijo delante de Aliosha: "tú eres quien me ha convencido de que Dimitri es un parricida" decidió a Iván a hacer una tercera visita a Smerdiakof. A pesar de que había sido ella misma, quien enseñándole aquel documento, había probado la culpabilidad de Mitia. Mas he aquí que Katerina había asegurado haber estado en casa de Smerdiakof. Esto significaba que la joven no estaba convencida. ¿Qué le diría Smerdiakof?

"Es probable que esta vez acabe con él", pensaba Iván, dirigiéndose hacia la casa del antiguo doméstico.

Capítulo VI

Al abrirle la puerta, María Kondratievna rogó a Iván que no entretuviese mucho a Smerdiakof, porque éste estaba bastante fatigado. Iván entró en la estancia que seguía estando excesivamente calurosa. Iván advirtió algunos cambios en la habitación; uno de los bancos había sido sustituido por un gran diván cubierto de cuero; Smerdiakof, vestido con su bata deteriorada, se hallaba sentado en el diván.

Al ver al visitante cambió con él una mirada larga y silenciosa. Evidentemente, lo esperaba.

El antiguo criado había cambiado bastante; estaba más delgado y más amarillo que nunca, y sus ojos se hundían profundamente.

—Veo que estás verdaderamente enfermo —dijo Iván—, no me detendré mucho tiempo.

Y se sentó en una silla, cerca de la mesa.

—Vengo a hacerte una pregunta —añadió Iván—, y te juro que no me marcharé sin la respuesta. ¿Ha venido a esta casa la señorita Katerina?

Smerdiakof seguía guardando silencio; después hizo un gesto y volvió la cabeza hacia otro lado.

—¿Qué te pasa? —preguntó Iván.

—¡Nada!

—¿Cómo nada?

—Pues bien, sí, ha venido. ¿Qué le importa a usted eso? ¡Déjeme usted en paz!

—No, no te dejaré en paz. ¡Habla! ¿Cuándo ha venido?

—No lo sé, no piense más en eso —respondió Smerdiakof, con un gesto desdeñoso.

Y volviéndose de pronto hacia Iván le lanzó una mirada llena de odio.

—Creo que usted está también enfermo... También usted ha cambiado mucho.

—Deja eso ahora, y responde a mi pregunta.

—¿Por qué están amarillentos sus ojos?... ¿Será el remordimiento?

Y se puso a hacer guiños.

—Escúchame, te he dicho que no me marcharé sin la respuesta —exclamó Iván, irritado.

—Pero, ¿qué es lo que quiere usted de mí? ¿Por qué me martiriza?

—Responde, y me marcho en seguida.

—No tengo nada que responderle.

—Pues yo te obligaré a hablar.

—Pero, ¿por qué le da eso tanto que pensar?

En la voz de Smerdiakof había ahora más disgusto que desprecio.

—¿Porque va a celebrarse el juicio mañana? —añadió—. Pues bien, esté usted sin cuidado. Usted no debe temer nada. Vuélvase usted a su casa tranquilo, y duerma en paz.

—No te comprendo... ¿Qué podría yo temer mañana? —preguntó sorprendido Iván.

De pronto sintió que lo invadía un gran pavor. Smerdiakof lo miró con aire de reto.

—¿Que no me comprende usted?... ¿No habíamos quedado en que era usted muy listo? ¿A qué viene ahora esta comedia?

Iván lo miraba sin hablar. Aquel tono inesperado, altanero, del antiguo criado, sorprendía al que fue su amo.

—Le digo que usted no tiene nada que temer. No declararé en su contra, no existen pruebas. Vea, vea cómo le tiemblan las manos... ¿Por qué razón? Váyase, váyase, *usted no es el asesino*.

Iván se estremeció, y se acordó de Aliosha.

—Ya sé que no soy yo —murmuró.

—¿Lo sabe usted?...

Iván tembló... Avanzó luego hacia Smerdiakof y lo agarró por un hombro.

—¡Habla, pues, reptil! ¡Dilo todo!

Smerdiakof no manifestó ningún temor, y se concretó solamente a mirar a Iván con una gran expresión de odio.

—Pues bien —murmuró el ex criado—. ¡Ya que quiere usted saberlo, le diré que ha sido usted el asesino!

Iván se dejó caer en su asiento, y sonrió contra su voluntad.

—Esa es la misma canción de la última vez.

—Sí, es la canción de siempre: canción que usted conocía antes de haberla oído cantar.

—Lo único que conozco es que estás loco.

—¡Qué obstinación! ¿A qué fingir, estando solos como estamos? ¿Por qué teme usted tanto el acusarme, si nadie lo ha de oír?... ¡Sí, señor, sí; yo repito que es usted el que lo ha matado!... ¡Usted es el principal asesino! ¡Usted *ha inspirado, y yo he ejecutado!*

—¡Tú has ejecutado!... ¡Luego eres tú quien ha matado!

En el cerebro de Iván se produjo algo así como un terremoto; le pareció que su cabeza se deshacía, y un escalofrío recorrió todo su cuerpo.

Ahora fue Smerdiakof quien miró a Iván con estupor; la sinceridad del terror que Iván sentía, llamó la atención de aquél.

—Entonces, ¿usted no sabía nada? —dijo Smerdiakof, desconfiado.

Iván permaneció largo tiempo contemplando en silencio a Smerdiakof.

—¿Sabes —le dijo— que tengo miedo de que seas un fantasma?

—Aquí no hay ningún fantasma, sino solamente usted y yo, y otro más todavía.

—¿Quién, quién es ese otro? —exclamó Iván, asustado, mirando en torno suyo.

—¡Ese otro es Dios! Dios está aquí, junto a nosotros, pero no lo busque usted porque no lo encontrará.

—¡Tú mientes! ¡No eres tú quien lo ha matado! —gritó Iván furioso—. ¡O estás loco, o te divierte el exasperarme!

Smerdiakof miró a Iván sin manifestar temor alguno. El ex criado desconfiaba siempre, creía que Iván lo sabía todo, y que fingía ignorancia, para hacer recaer sobre él todo el peso de la culpa.

—Espere usted un poco —dijo con voz débil.

Y levantando el pie izquierdo, empezó a remangarse los pantalones como si buscase algo dentro de ellos.

Iván lo seguía con la mirada; repentinamente se estremeció de espanto.

—¡Insensato! —gritó.

Se levantó de un salto, retrocedió rápidamente y pegó la espalda contra la pared en la que quedó como clavado, mirando a Smerdiakof con ojos aterrados. Éste, siempre imperturbable continuaba registrando su media. Por fin, encontró lo que buscaba; Iván le vio sacar un paquete que Smerdiakof colocó encima de la mesa.

—¡Aquí está! —dijo el ex criado.

—¿Qué es eso?

—Fíjese usted bien.

Iván se acercó a la mesa, tomó el paquete, empezó a deshacerlo y después lo dejó caer como si se hubiese quemado los dedos.

—Le tiemblan las manos —observó Smerdiakof—. ¿Tiene usted convulsiones?

Y al acabar de decir esto, se puso él mismo a extender encima de la mesa los tres mil rublos que contenía el paquete.

—Está todo; no tiene usted necesidad de contarlos. ¡Tómelos usted! —añadió, empujando los billetes hacia Iván.

Éste se dejó caer sobre la silla, pálido como un difunto.

—¡Me das miedo! —dijo con extraña sonrisa.

—Entonces, ¿es verdad que no sabía usted nada?

—No, no lo sabía: creía que había sido Dimitri. ¡Ah, Dimitri! ¡Dimitri!

Y se tomó la cabeza con las manos.

—Escucha... ¿no estaba contigo mi hermano?

—No, yo estaba sólo con usted; con usted sólo... ¡Dimitri Fedorovitch es inocente!

—¡Está bien!... ¡Está bien!... Hablaremos más tarde de eso... Pero, ¿por qué tiemblo de ese modo?... No puedo pronunciar una palabra.

—¡Qué extraño! ¡Usted que tenía tanto coraje! ¡Usted, partidario del "todo le es permitido al hombre", temblar de ese modo! —dijo Smerdiakof, con verdadero asombro—. ¿Quiere usted un poco de limonada? Llamaré para que la traigan. La limonada refresca... Pero antes es preciso hacer desaparecer esto...

Y señalando el paquete de billetes, se levantó, tomó un libro, y lo puso encima del dinero; este libro se titulaba: *Discurso de nuestro Santo Padre Isaac Sirine.*

—¡No quiero limonada!, siéntate y dímelo todo.

—Haría usted bien en quitarse el gabán, de lo contrario, va usted a tener frío cuando salga.

Iván se quitó la indicada prenda, y la arrojó sobre un banco sin moverse de su asiento.

—¡Habla, te lo suplico! ¡Habla!

Iván parecía ahora más calmado; tenía la seguridad de que esta vez le diría Smerdiakof todo.

—Quiere usted saber cómo sucedió el hecho, ¿no es así? —dijo Smerdiakof, suspirando—. Pues... del modo más natural del mundo. Las palabras que pronunció usted...

—Ya hablaremos de eso después —interrumpió tranquilamente Iván, como si hubiese entrado en pleno dominio de sí mismo—. ¡Cuéntame, ordenadamente, y con toda clase de detalles, todo cuanto hiciste, te lo ruego!

—A poco de partir usted, me caí estando en la bodega... Allí tuve el ataque.

—¿De veras, o fingido?

—¡Fingido, qué duda cabe! Bajé tranquilamente, me tendí en el suelo, y en seguida empecé a gritar, hasta que vinieron a recogerme.

—Espera un momento... ¿Fingías también estando en el hospital?

—No; a la mañana siguiente, antes de que me llevasen al hospital, tuve un verdadero ataque, el más fuerte desde que sufro de este mal. Estuve dos días sin conocimiento.

—¡Está bien! ¡Continúa!

—Entonces me acostaron en mi lecho; Marfa Ignatievna y Grigori se hallaban en una estancia vecina. Durante la noche gemía yo dulcemente, esperando a cada instante la llegada de Dimitri Fedorovitch.

—¡Cómo! ¿Lo esperabas? ¿Creías que iría a hacerte mal?

—Esperaba que viniese a la casa; estaba seguro de que vendría precisamente aquella noche, y como yo no podía servirle ya de intermediario, tenía la seguridad de que escalaría la cerca, para cerciorarse por sí mismo de lo que ocurría dentro de la casa.

—¿Y si no hubiese ido Mitia?

—Entonces no habría sucedido nada.

—¡Sigue! Sigue, sin apresurarte; no olvides ningún detalle.

—Yo esperaba, repito, que viniese aquella noche a matar a Fedor Pavlovitch... Estaba seguro de que lo haría porque yo lo tenía bien preparado para ello... Hacía tres días que yo venía trabajándolo en ese sentido.

—Espera... Si lo hubiera matado, habría tomado también el dinero: esto debías suponértelo. Así, pues, ¿qué interés podías tener tú en que lo matase o no?

—No, el dinero no lo habría encontrado. Fui yo quien le dije que estaba debajo del colchón, pero no era cierto. Como Fedor Pavlovitch no se fiaba de nadie sino de mí, yo le había aconsejado que escondiese el dinero detrás de las imágenes, ya que nadie habría pensado que pudiese hallarse allí, especialmente, en un momento apresurado. Fedor Pavlovitch había seguido mi consejo. Así, pues, si Dimitri lo hubiese asesinado, o se habría marchado al oír el más ligero rumor, como hacen siempre los asesinos, o bien habría sido sorprendido y arrestado. Por lo tanto, durante aquella misma noche, podría haber ido yo a tomar el dinero, y haber culpado de todo a Dimitri Fedorovitch. Entonces no me habría atrevido a tomar el dinero; pero yo tenía la seguridad de que, si Dimitri atacaba al viejo, en el caso de que no lo matase, lo habría dejado muy malherido, y, por consiguiente, sin conocimiento. En todo caso yo habría culpado siempre del robo a Dimitri.

—No comprendo bien. ¿Quieres decir que Dimitri es el asesino y tú el ladrón?

—No; podría engañarlo todavía, pero no quiero mentir: de todos modos, no por eso deja usted de ser menos culpable... Usted sabía, ciertamente, que iba a cometerse un homicidio; su modo de proceder de aquella noche daba a entender que usted lo deseaba. He aquí por qué quiero demostrarle ahora que el principal, el único asesino es usted, y no yo, a pesar de ser yo quien dio el golpe. Yo me he concretado a hacer el papel de verdugo... Maté porque me lo ordenaron.

—Pero... ¿por qué soy yo el asesino? ¿Porque me fui a Tchermachnia? Espera... Dime: ¿por qué tenías necesidad de mi consentimiento? ¿Por qué tomaste mi partida por tal consentimiento? ¿Cómo me explicarás eso?

—Sabía que me lo diría usted: sabía anticipadamente que no se mostraría usted muy exigente, a propósito de los citados tres mil rublos... si por casualidad hubiesen recaído sobre mí las sospechas, o si me hubiesen acusado a mí de complicidad, usted me habría defendido... y habiendo heredado, gracias a mí, habría usted podido recompensarme por aquella acción mía, y estarme reconocido toda la vida, puesto que, si Fedor Pavlovitch se hubiese casado con Grushenka, usted no habría recibido ni un simple kopek.

—Eso quiere decir —dijo Iván apretando los dientes —que tenías la intención de torturarme durante toda la vida. ¿Y qué habrías hecho, si te hubiese denunciado a la policía en vez de partir?

—¿Y qué podía usted haber dicho? ¿Que le había aconsejado que partiera para Tchermachnia? ¡Qué bobería! Además, si se hubiese usted quedado, no habría sucedido nada; habría yo pensado que usted no quería y hubiera desistido de hacer lo que tenía pensado. Pero, como usted se marchó, me dio a entender con ello que no tenía usted intención de denunciarme y que se pensaba hacer de la vista gorda a propósito de estos tres mil rublos. Por otra parte, usted no habría podido molestarme, ya que habría sido el primero que se lo hubiese dicho todo a la justicia: no que yo había robado y matado, sino que usted me había aconsejado que matase y robase y que yo no lo había aceptado. Créame; usted no habría podido decir nada contra mí, y yo habría descubierto su deseo de ver muerto a su padre, y todos me habrían creído; puede usted tenerlo por seguro.

—Entonces, ¿tú crees que yo deseaba la muerte de mi padre?

—¡Qué duda cabe!

Smerdiakof se hallaba bastante debilitado, pero una fuerza interna le estimulaba. El ex criado parecía tener un proyecto secreto que Iván presentía.

—Continúa.

—¿Continuar?... ¡Sea!... Decía que estando yo tendido en el lecho, oí un grito del amo. Grigori salió de su habitación; de repente, oigo que también grita él, y después... silencio perfecto. Silencio y oscuridad. Yo permanecí inmóvil, esperando; mi corazón latía con fuerza, sentí que la paciencia se me acababa. Me levanté y salí. La ventana del cuarto del amo estaba abierta; me pongo a escuchar; preguntándome si Fedor estaba vivo o muerto, y oigo que el amo exclamaba: "¡Ah, oh!", y que se agitaba de un lado para otro. Entonces me acerqué a la ventana y dije: "Soy yo". "Ha venido y ha vuelto a marcharse —respondió el amo—; ha matado a Grigori". "¿Dónde?" "Allá en el jardín". "Espere usted" —dije yo—. Me acerqué hasta la pared, y vi a Grigori tendido en la tierra, bañado en sangre. "Dimitri Fedorovitch ha estado aquí", me dije inmediatamente, y me decidí a dar el golpe. Aunque Grigori está vivo, pensé, no hay nada que temer, puesto que está sin conocimiento y no podrá ver nada. Lo único que podía ocurrir era que Marfa se despertase. En aquel momento, la sangre se agolpó a mi cabeza; la respiración me faltaba. Volví junto a la ventana del patrón, y le dije: "Grushenka ha venido; está aquí, y desea entrar". Fedor se estremeció. "¿Dónde está, dónde?", preguntó con desconfianza. "Allí, al otro lado de la puerta. Abra usted, pues". El amo no me creía, tenía miedo de abrir, mas de repente corrió hacia la puerta y la abrió. Yo salté por la ventana, dentro de la habitación. Fedor me miró, y me preguntó: "¿Dónde, dónde está ella?" Si sospecha de mí —pensé yo —esto acabará muy mal. "¿Dónde está? Dímelo pronto, ¿dónde está?" "Los gritos deben haberla asustado —respondí yo—, tal vez haya dado la vuelta y se haya marchado al jardín... ¡Sí, allí está!... ¡Mírela! ¡Ahora se esconde tras de aquel árbol! ¡Allí está! ¡Asómese a la ventana!" El viejo corrió frenético hacia ésta, y sacó por ella la cabeza; entonces yo, aprovechando aquel momento, tomé un pisapapeles que estaba encima de la mesa, y le asesté un terrible golpe en la cabeza. Fedor Pavlovitch cayó redondo en tierra, sin exhalar ni un gemido. Inmediatamente le asesté otros dos golpes más, hasta que le fracturé por completo el cráneo. Examiné detenidamente mi ropa, y vi que no me había manchado de sangre. Limpié cuidadosamente el pisapapeles, y lo puse en su sitio; tomé el dinero que estaba detrás de las imágenes, rompí el sobre, me guardé los billetes, y arrojé aquél al suelo. Salí temblando, y después de envolver los billetes en un pedazo de papel, que ya había preparado de antemano, los escondí junto a un hueco que había junto a un árbol, y lo tapé con tierra. Allí estuvo el paquete durante quince días y no lo recogí hasta que salí del hospital... Después de esconder el paquete, volví a mi habitación y me acosté de nuevo. "Si Grigori está muerto, tanto peor para él; pero, si vive, podrá atestiguar que Dimitri Fedorovitch ha estado aquí, y que, por consiguiente, ha sido él quien ha matado y robado". Entonces me puse a gemir con más fuerza que nunca, a fin de que Marfa se despertase. Por último, observé que ésta se acercaba; primero vino a mirar a mi cuarto, y después habiéndose dado cuenta de que Grigori no estaba en el suyo, bajó al jardín y oyó gritar a su marido. Entonces yo me tranquilicé...

—¿Y la puerta? —preguntó Iván—. Sí mi padre no la abrió antes de que te acercases tú, ¿cómo pudo ser que Grigori la viera antes abierta?

Iván hablaba con voz tranquila. Si alguien los hubiera observado en aquel momento desde la entrada de la habitación, habría creído que estaban hablando de cosas sin importancia.

—Es una ilusión de Grigori —dijo Smerdiakof sonriendo—. Grigori es un hombre muy testarudo. Habrá creído ver la puerta abierta, y será imposible hacerle abandonar esta idea. Es una fortuna para nosotros, porque, después de esa declaración, nadie puede dudar de que el culpable es Dimitri Fedorovitch.

—Escucha —dijo Iván Fedorovitch nuevamente turbado—, escucha... tenía todavía que preguntarte muchas cosas, pero las he olvidado... ¡Ah, sí! Dime solamente una. ¿Por qué rompiste el sobre y lo arrojaste al suelo?

—Si el delito hubiese sido cometido por un hombre que hubiese sabido anticipadamente la suma que el sobre contenía, en aquel momento no se habría detenido a romperlo; pero ocurre que Dimitri Fedorovitch había oído hablar solamente del paquete, el cual no había visto nunca, y por tanto no podía saber la cantidad que pudiese encerrar; así, pues, nada más natural que romper el sobre para enterarse de lo que contenía y dejarle caer al suelo, sin sospechar que eso pudiera constituir una prueba en contra suya. Dimitri Fedorovitch no es un ladrón ordinario. En tal caso, él no habría precisamente robado, sino que se habría apropiado de una suma que le pertenecía. Esto es lo que he dado a entender al procurador, pero como una alusión, de tal forma que él mismo ha llegado a creerlo así, pues observé que mi explicación le satisfacía...

—¿Y pensaste todo eso en el momento del crimen, o lo tenías ya premeditado? —preguntó Iván, estupefacto, mirando a Smerdiakof con terror.

—¡Vamos, hombre! ¿Cree usted que se pueden hacer tantas reflexiones en un momento tan crítico como aquél? Todo ello fue calculado con la debida anticipación...

—¡Vaya!... ¡Vaya! Precisa que seas el mismo diablo. ¡Eres mucho más listo de lo que te creía!

Iván se levantó, dio unos pasos agitados por el aposento y volvió a sentarse.

De pronto lanzó una especie de rugido, y exclamó:

—¡Escucha, miserable, indigna criatura! Ya habrás comprendido que si yo no te he ahogado todavía, ha sido porque quiero que respondas mañana ante los jueces... ¡Dios me es testigo —añadió alzando la mano— de que tal vez he sido yo culpable, de que acaso tuviese yo el secreto deseo de que mi padre muriese; pero te juro que no era tan culpable como tú crees!... ¡No importa, mañana declararé contra mí mismo! ¡Estoy resuelto a decirlo todo, todo! Lo que puedas decir en contra mía, repito que poco me importa: no te temo, yo mismo confirmaré lo que tú digas. Pero tú también habrás de confesar la verdad... y lo confesarás.

Iván pronunció estas palabras con energía y solemnidad. En su mirada se advertía la resolución que había tomado: se veía que estaba dispuesto a hacer lo que decía.

—Observo que está usted enfermo, muy enfermo —dijo Smerdiakof, seriamente, y con aire de lástima.

—Iremos juntos los dos, juntos —repitió Iván— y si tú no vienes conmigo, no importa, confesaré por ti y por mí.

Smerdiakof se quedó pensativo.

—¡Eso no será! ¡Usted no dirá nada! —dijo categóricamente.

—Tú no me comprendes...

—Sería absolutamente inútil, porque yo negaré haber dicho nunca semejante cosa; diré que está usted enfermo, cosa que es evidente, y que me acusa usted a mí, por lástima de su hermano, al que pretende salvar; diré también que me ha odiado siempre profundamente; cosa que será facilísimo probar... Además, nadie lo creerá.

—Escucha: tú me has enseñado este dinero para convencerme...

Smerdiakof apartó el libro y dejó el dinero al descubierto.

—¡Quédeselo usted! —dijo suspirando.

—Ciertamente, me lo quedo. Pero, ¿por qué me lo das si mataste por tenerlo? —preguntó Iván con inquietud.

—Ya no lo necesito —dijo con voz temblorosa Smerdiakof—. Al principio creí que, con ese dinero, habría podido comenzar una nueva vida en Moscú, o mejor dicho, en el extranjero. Esa era mi idea, pensando que todo le es permitido al hombre. Usted ha sido quien me ha enseñado esto... esto y otras muchas cosas: Si Dios no existe, no hay virtud, puesto que ésta sería inútil. Todo esto me parecía bastante natural y creíble.

—No, no necesitabas habérmelo oído decir a mí: eso lo has pensado tú siempre —dijo Iván con una sonrisa irónica.

—No, ha sido usted quien me lo ha enseñado.

—Entonces... puesto que ahora me devuelves el dinero, debes creer en Dios, ¿verdad?

—No, no creo —respondió Smerdiakof, con voz apenas perceptible.

—¿Por qué, pues, me lo devuelves?

—¡Basta! ¡Adiós!...

Smerdiakof hizo un gesto desesperado.

—¿No decía usted que todo es permitido? ¿Por qué se inquieta usted, pues?... ¡Dice usted que quiere declarar contra mí!... ¡No, no lo hará usted! —dijo el ex criado con acento convencido.

—¡Ya lo verás!

—¡Es imposible! ¡Tiene usted demasiado talento! Usted ama el dinero, lo sé; y también los honores, puesto que es orgulloso. Ama a las mujeres, la independencia. No querrá destruir de una vez su porvenir y mancharse con una vergüenza semejante. De todos los hijos de Fedor Pavlovitch, usted es el que más se le parece: tiene su mismo espíritu.

—¡Decididamente, no eres tonto! —dijo Iván con estupor.

La sangre se agolpaba a su cabeza.

—¡Y yo que te creía estúpido!

—Era por orgullo por lo que usted decía eso. Tome usted, pues, el dinero.

Iván tomó el paquete de billetes y se lo guardó en el bolsillo.

—Mañana se lo mostraré a los jueces —dijo.

—Nadie le creerá; usted tiene dinero a su disposición, y todos dirán que ha tomado esos tres mil rublos de su escritorio, con ánimo de causarme perjuicio.

Iván se levantó.

—Te repito que no te he ahogado yo, porque tengo necesidad de ti mañana; no olvides esto.

—¡Pues bien, máteme, máteme usted ahora! —dijo Smerdiakof con voz extraña—. ¡A que no se atreve usted! —añadió con amarga sonrisa—. ¡Lo ve usted, cómo no se atreve!

—¡Hasta mañana! —dijo Iván dirigiéndose hacia la puerta.

—Espere usted. Enséñeme el dinero otra vez.

Iván sacó el dinero del bolsillo y se lo mostró; Smerdiakof lo contempló durante breves segundos.

—Ya puede usted marcharse —gritó el ex criado de repente.

—¿Qué te sucede? —preguntó Iván a punto de partir.

—¡Nada! ¡Adiós!

—¡Hasta mañana!

Iván salió. Ya se sentía contento. Una firmeza inconmovible le invadía: la situación era clara, su decisión estaba tomada. En el momento de entrar en su casa, se detuvo de repente.

—¿No sería mejor ir ahora a casa del procurador a declarárselo todo? —se preguntó; y añadió, como respondiéndose a sí mismo—: No, mañana lo diré todo de una vez.

Y abrió la puerta.

Apenas hubo entrado, sintió que su alegría se desvanecía. Una fría sensación oprimió su pecho. Un recuerdo desgarrador nubló su mente.

El joven se sentó en un diván. La vieja doméstica le trajo el té, pero Iván no lo bebió y le dijo que podía marcharse hasta el siguiente día.

Iván se sentía fatigado. Se adormecía, se levantaba y caminaba por la habitación. De improviso se puso a mirar en torno suyo como si buscase alguna cosa. Por último, fijó su vista en un punto y sonrió, y se puso rojo de cólera. Luego permaneció largo tiempo inmóvil, con los codos sobre las rodillas, y con la cabeza apoyada en sus manos, mirando hacia el mismo punto de la habitación, sobre el diván que estaba contra la pared, enfrente de él. Algo había en aquel sitio que le irritaba y le inquietaba.

Capítulo VII

Yo no soy médico, y, sin embargo, comprendo que ha llegado el momento de dar algunas explicaciones acerca de la enfermedad de Iván Fedorovitch. Digamos antes, que éste se encontraba en vísperas de ser acometido por un acceso de fiebre cerebral. Iván creyó que, con un esfuerzo de voluntad, habría podido contener la crisis hasta más allá del límite ordinario. Él sabía que estaba enfermo, pero no quería dejarse vencer por la enfermedad en aquel momento fatal en que debía encontrarse allí, hablar decididamente y justificarse ante sus propios ojos... No obstante, fue a consultar al médico que Katerina Ivanovna había hecho venir de Moscú, pero si lo hizo fue porque ella lo obligó. El médico, después de haberle examinado, le había dicho que, en efecto, tenía una perturbación cerebral, y no se extrañó cuando Iván le habló de ciertas alucinaciones.

—No me sorprende —dijo el médico—; es preciso que se ponga usted en cura sin más tardar, de lo contrario empeorará usted notablemente.

Pero Iván no siguió este sabio consejo.

"Todavía me encuentro con fuerzas —pensó él—. Cuando me sienta flaquear, entonces me pondré en cura".

Iván tenía, pues, conciencia de su delirio, y miraba, como hemos dicho, cierto objeto que se encontraba frente a él sobre el sofá. Iván vio, o creyó ver, un hombre vestido con cierta elegancia, aunque humildemente: uno de esos tipos que quieren y no pueden. Aquel hombre había vivido, visto el mundo, había tenido en otros tiempos buenas relaciones y tal vez las había conservado hasta aquel mismo momento; pero, poco a poco, la necesidad le había ido agobiando, hasta el punto de que ahora no era sino algo así como un parásito bien educado. Esta especie de sujetos suelen ser, por regla general, o solterones o viudos: sus hijos, si es que los tienen, están lejos, en cualquier parte, tal vez completando su educación en casa de alguna tía suya... La fisonomía de este inesperado huésped era, no diremos simpática, pero sí de aspecto bonachón, y denotaba un carácter dispuesto a todo. En el dedo medio de la mano derecha llevaba un anillo de oro macizo con un topacio falso.

Iván Fedorovitch permanecía silencioso, dispuesto a no entablar la conversación. El huésped esperaba, como si hubiese abandonado la habitación en que vive de prestado y hubiese acudido a la hora del té, para hacer compañía al dueño de la casa, pero permanece callado al verle absorto en sus reflexiones. De pronto, su rostro se torna preocupado.

—Escucha —dice a Iván Fedorovitch—. Perdóname, no te lo digo sino para recordártelo: tú fuiste a casa de Smerdiakof para enterarte de si había estado allí Katerina Ivanovna, y te has marchado sin saber nada acerca de ella. Probablemente te olvidaste, ¿verdad?

—¡Ah, sí! —respondió Iván turbado—; sí, en efecto, me olvidé. Mas no importa; lo dejaremos eso para mañana. En cuanto a ti —añadió colérico—, ¿por qué me hablas de eso? Precisamente estaba pensando en ello: no eres tú, pues, quien me lo ha recordado.

—Bueno, no creas que sea yo quien te lo ha recordado —dijo el visitante con afable sonrisa—; no se puede creer a la fuerza. Santo Tomás creyó porque quiso creer, y no precisamente porque viese a Jesucristo resucitado.

—Escucha —dijo Iván levantándose—, me parece que deliro. Puedes mentir hasta que te canses, poco me importa. Lo que siento es vergüenza... Quiero andar por la habitación... Acaso volviéndote la espalda cese de verte, tal vez tapándome los oídos deje de oírte; pero adivino siempre lo que quieres decirme, ya que tú, soy yo, *soy yo quien habla, y no tú.* La última vez, no me acuerdo bien si es que dormía, o si te veía realmente. Me pondré en la frente una toalla empapada de agua fría; así tal vez te disipes.

Iván se dirigió a tomar una toalla, la empapó en agua, rodeó con ella su frente, y se puso a caminar a lo largo de la habitación.

—¿Te gusta tutearme? —dijo el huésped.

—¡Imbécil! ¿Crees que puedo hablarte de usted? ¡Estoy de buen humor!... únicamente, me duele un poco la cabeza... ¡Pero no filosofemos tanto como la última vez, te lo ruego! Si no puedes, o no quieres marcharte, a lo menos dime mentiras alegres, chismes, frivolidades, ya que dada tu calidad de parásito debes conocer muchas... Mas no te temo; me siento aún fuerte, no me dejaré conducir a la casa de los locos.

—¡Es gracioso! ¡Me llamas parásito! Pues bien, sí, ésa es mi condición. En verdad, ¿qué soy, sino un parásito?... A propósito, oyéndote, me maravillo; me admiro de que empieces a considerarme como un ser real, y no como una fantasía de tu imaginación, como hiciste la última vez.

—No, no te he tomado nunca por un ser real —exclamó Iván con rabia—. Tú eres una ficción, un fantasma. Tú eres mi misma enfermedad, pero yo no sé cómo deshacerme de ti, y pienso que será forzoso haberte de tolerar durante algún tiempo. Tú eres mi misma alucinación, la personificación de los más viles de mis sentimientos y de mis ideas. Respecto a esto, te aseguro que me interesarías, si pudiese perder algún tiempo contigo.

—Perdona, pero hace poco, cuando le preguntaste a Aliosha si no lo había comprendido, si no lo había visto, era de mí de quien le hablabas. Por consiguiente, creíste en mi realidad, siquiera por un instante —dijo el huésped con dulce sonrisa.

—Es una debilidad... pero no te he considerado nunca un ser verdadero.

—Y, ¿por qué estuviste tan duro con Aliosha? Tu hermano es un muchacho gracioso y bueno...

—¿Por qué osas hablar de mi hermano, alma de esclavo? —dijo Iván riendo.

—Me injurias al reírte; aunque, a decir verdad, confieso que hoy estás conmigo más amable que la última vez. Comprendo el porqué... Esa noble resolución...

—¡Calla, no me hables de eso! —exclamó Iván furioso.

—¡Comprendo! ¡Comprendo!... ¡Es noble! ¡Es bello! Mañana defenderás a tu hermano; te sacrificarás. ¡Eso es muy digno y muy caballeroso!

—¡Calla o te abofeteo!

—Por un lado, me gustaría que me pegases, ya que esto demostraría que crees en mi realidad. Sin embargo, cesemos de bromear; puedes injuriarme, si quieres, pero será mejor que te muestres cortés conmigo.

—Es que, injuriándole, me injurio a mí mismo —dijo Iván con maligna sonrisa—. Me hablas de mis propios pensamientos, por lo tanto, no puedes decirme nada nuevo. Únicamente, observo que escoges de mis pensamientos los más estúpidos. Por eso te insulto porque eres tonto y vulgar. ¡Déjame! ¡No puedo soportarte!

—Amigo mío, no cesaré de portarme como un caballero contigo, y quiero ser considerado como tal —dijo el huésped en un resto de amor propio—. Yo soy pobre... no diré honestísimo, pero... Admitamos que soy un ángel caído. ¡Por Dios santo! No puedo llegar a ser un ángel. Cuando me presento ante ustedes en la Tierra, mi vida reviste apariencia de realidad, lo cual no me desagrada, en verdad. Las cosas fantásticas me hacen sufrir tanto como a ti, puesto que amo el realismo terrestre. Entre ustedes, todo son definiciones y formas geométricas; mientras que entre nosotros, no hay sino ecuaciones e incógnitas. Me place la superación... Mi anhelo ahora es el poder encarnar nuevamente en cualquier persona devota que vaya a la iglesia y encienda un cirio delante de una imagen. Entonces, sólo entonces, tendrían fin mis sufrimientos... Debo decirte también, que amo mucho la humanidad... ¡Figúrate, que hasta ha habido ocasiones en que he dado diez rublos de limosna a mis hermanos desvalidos!... ¿No me escuchas?... ¡Qué distraído estás hoy!... Sé que ayer fuiste a consultar al médico ¿Qué te dijo? ¿Cómo te encuentras?

—¡Imbécil!

—¡Qué gracioso eres! No creo que sea por amistad por lo que te he preguntado esto. Puedes, o no, responderme; como te plazca... ¡Bah!... He aquí que ahora me vuelven los dolores reumáticos.

—¡Imbécil!

—¡Siempre lo mismo! Hace ya un año que sufro de estos dolores.

—Dijiste hace poco que eras un ángel caído...

—Sí.

—Lo cual significa que eres el diablo. ¿Y puede un diablo sufrir dolores reumáticos?

—¿Por qué no? Si estoy encarnado en un cuerpo, es preciso que sufra las consecuencias. *Satam sum el nihil humani a me alienum puto.*

—¡Cómo! ¿Cómo? *Satam sum et nihil humani...* ¡El diablo no sufre!...

—Finalmente, estoy dispuesto a darte gusto.

—Ese no es asunto mío —dijo Iván perplejo—. Semejante pensamiento no ha estado jamás en mi mente...

—Es una verdad, ¿no es cierto? Voy a ser honrado una vez, y te explicaré eso. Escucha. Durante los sueños, o en las perturbaciones que provienen de un malestar físico cualquiera, el hombre suele tener a veces visiones tan bellas, combinaciones tan reales y complicadas, atraviesa por tantos acontecimientos, o, mejor dicho, por tantas intrigas tan bien encadenadas, con detalles tan imprevistos y fenómenos tan importantes, hasta en sus más minuciosos particulares, que, te lo juro, el mismo León Tolstoi no podría imaginar nada parecido; y tales sueños visitan con frecuencia a personas que no son, precisamente, escritores: a ministros del Señor, por ejemplo... Uno de ellos me ha confesado que sus mejores ideas se le ocurrían durante el sueño. Eso es lo que te ocurre a ti; te estoy diciendo cosas que no te han pasado jamás por la mente, lo cual demuestra que hago algo más que hablarte de tu propio pensamiento.

—¡Mientes! Tu objeto es hacerme creer que existes, y he aquí que ahora pretendes ser una pesadilla... ¡Mientes!

—Amigo mío, yo tengo un método particular que te explicaré al instante. Espera un poco... ¿En qué punto estaba? ¡Ah, sí, ya recuerdo!... Estos dolores los pesqué allá arriba, no aquí en la Tierra.

—¿Dónde, allá? Mas espera, ¿piensas permanecer todavía mucho tiempo aquí? —exclamó Iván exasperado.

Y cesando de caminar, se sentó en el diván y se tomó la cabeza entre las manos. Al palpar la toalla que llevaba sobre la frente, se la arrancó con despecho y la arrojó al suelo.

—Tus nervios están alterados —dijo el huésped con benevolencia—; te enojas conmigo porque me han acometido estos dolores... Y sin embargo, nada más natural... Deja que me lamente. Es mi único consuelo. Me tratas de imbécil constantemente... y, no obstante, mi destino no es divertido. Por un inexplicable error de la suerte, me veo obligado a *negar*, mas no por eso soy menos bueno por naturaleza. Y sin embargo, es preciso negar; sin negación no hay crítica posible, y no habiendo crítica, ¿cómo harían ustedes sus revistas? Por otra parte, eso a mí no me importa; no soy yo quien ha inventado la crítica; no debo, pues, responder de ella; sin embargo, es preciso que yo critique. He aquí el origen de la vida. Nosotros comprendemos muy bien esta comedia. Yo no hago sino pedir constantemente *la nada*... "No —me responden— es necesario que vivas, ya que, sin ti, nada existiría: nada sería posible en la Tierra, si todo ocurriese en ella lógica y sabiamente. Sin ti, no habría acción: por tanto, es preciso que el hombre elija". He aquí por qué, muy a pesar mío, cumplo mi mandato: suscito los acontecimientos; me desacredito por ser obediente. Y las personas, aun las más inteligentes, toman en serio esta comedia: y tomar en serio la comedia de la vida, es una tragedia íntima que hace sufrir; pero, en cambio, hace vivir realmente, no idealmente, puesto que el sufrimiento es la vida. Sin conocer el dolor, ¿cómo se podría gozar? La vida sería entonces una interminable ceremonia... No obstante, yo sufro y, sin embargo, no vivo, soy la X de la ecuación... la incógnita. Soy el espectro de la vida: no tengo origen, no tengo fin, y hasta he olvidado mi nombre. ¿Te ríes? ¡No, no te ríes, te enfadas de nuevo! ¡Te irritas siempre!... ¡Ah, yo, por mi parte, sólo sé decirte, que habría dado toda esta vida terrestre, todos los grados, todos los honores, a cambio de hallarme encarnado en una vieja devota, y poder hacer arder cirios en la iglesia!

—Entonces, ¿tú tampoco crees en Dios? —dijo Iván con irónica sonrisa.

—¡Cómo! ¿Me hablas en serio?

—¿Existe Dios, o no existe? —gritó Iván, con loca obstinación.

—¡Ah! Entonces, ¿lo dices en serio? Pues bien, querido amigo, te juro que no sé nada. He aquí todo lo que puedo decirte, si he de hablarte con sinceridad.

—Tampoco existes tú; tú eres mi propia personalidad, y no otra cosa.

—Lo único que puedo decirte, ateniéndome a tu propia filosofía, es esto: *yo pienso, luego existo;* de eso estoy completamente seguro. En cuanto a lo demás, a todo lo que me rodea, Dios y Satanás, eso no está probado. Si todo ello tiene una existencia personal o si no es una emanación de mí mismo, un desarrollo sucesivo de mi yo que existe temporal y personalmente... ¡Pero me detengo, ya que veo que te dispones a pegarme!

—¡Si al menos me contases algo real!...

—Pues bien, he aquí precisamente una anécdota a propósito del punto que nos ocupa. Más que anécdota es leyenda. Tú me reprochas mi escepticismo. Sin embargo, todo ello es debido a las ciencias de ustedes. Mientras no se conocían sino los simples átomos, los cinco sentidos, y los cuatro elementos, el mundo caminaba naturalmente todavía. Ya en la antigüedad, se hablaba de átomos; pero vinieron ustedes y descubrieron la molécula química, el protoplasma, y Dios sabe qué otras cosas más. Entonces empezamos nosotros a humillarnos. ¡Qué incomprensible caos! Pues bien, esta leyenda de nuestra época medieval —de la nuestra, no de la de ustedes— no tiene por creyentes sino a unos cuantos grandes mercaderes, mercaderes nuestros, no de ustedes, ya que todo lo que existe entre ustedes, existe entre nosotros también... Te revelo este misterio por amistad, aunque nos está vedado el hacerlo. Esta leyenda habla también del paraíso. Hela aquí: ustedes han tenido un cierto filósofo que lo negaba todo: las leyes naturales, la conciencia, la fe, y especialmente la vida futura; cuando murió, creyó que permanecería eternamente en las tinieblas de la nada, y he aquí que se vio entrar enseguida en la vida futura. Al principio se irrita, se sorprende. "Esto —dijo— existe contra mis convicciones..." Por decir esto fue condenado... Perdóname, te cuento solamente lo que a mí me han dicho... Decía que fue condenado a hacer un viaje de un cuatrillón de kilómetros por las tinieblas —pues has de saber que ahora tenemos también nuestros kilómetros—, y cuando dicho filósofo hubiese terminado su carrera, le serían abiertas las puertas del paraíso y todo le sería perdonado...

—¿Cuáles son las torturas del otro mundo, además de esos inmensos viajes a través de las tinieblas? —preguntó Iván con extraña animación.

—¿Qué torturas? ¡Ah, no me hables de eso! Al principio se podían soportar; pero ahora se ha inaugurado el sistema de torturas morales: "los remordimientos de la conciencia" y otras bagatelas por el estilo. Ha sido el progreso de las costumbres de ustedes lo que ha impuesto esa moda. ¿Y en provecho de quién? De aquellos que no tienen conciencia. En cambio, las personas honradas sufren mucho más. El fuego antiguo, hoy pasado de moda, era bastante mejor... Pues bien; nuestro condenado al viaje del cuatrillón de kilómetros, mira un momento delante de él, y después se tiende atravesado en el camino que ha de recorrer: "Rehuso —dice él—, rehuso por principio..." Toda el alma de un ateo ruso, del ateo mejor educado, únela al alma del profeta Jonás que permaneció tres días y tres noches en el vientre de una ballena, y obtendrás el filósofo del que te hablo, tendido a través del camino.

—¿Y sobre qué se tiende?

—Es probable que haya algo donde tenderse... ¿Te ríes de mí acaso?

—¡Bravo! —gritó Iván.

Éste escuchaba con visible curiosidad.

—Y bien —repuso luego—, ¿concluyó por levantarse?

—Permaneció allí durante miles de años; después se levantó y echó a andar.

—¡Qué animal!

Iván comenzó a reír nerviosamente, y después se puso a reflexionar.

—Permanecer acostado eternamente o recorrer un cuatrillón de kilómetros, ¿no viene a ser lo mismo? ¡Pero eso constituye un billón de años de camino!

—¡Y más todavía! Si tuviese papel y lápiz haría el cálculo... Pero ya hace mucho tiempo que recorrió su camino, y aquí es donde comienza la anécdota.

—¡Cómo! ¡Un billón de años! ¡Pero si no han transcurrido todavía desde la creación del mundo!

—¡Siempre el mismo! ¡Siempre haces razonamientos terrenales! ¿No sabes que la Tierra ha podido sufrir ella misma un billón de transformaciones? ¿No sabes que se ha descompuesto mil veces de sus elementos primitivos y que de nuevo volvieron a cubrirla las aguas? Después pasó al estado de cometa, luego fue Sol, después Tierra. Una serie infinita de transformaciones, siguiendo leyes invariables... y de todo ello resulta...

—¡Bueno, bueno! ¿Qué es lo que ocurrió después?

—Pues ocurrió que, apenas le abrieron las puertas del paraíso, entró; pero no había permanecido allí dos segundos, reloj en mano —si bien a mí me parece que su reloj se había descompuesto en sus primitivos elementos, durante el viaje—, cuando exclamó que por aquellos dos segundos sería capaz de hacer otro viaje, no de un cuatrillón de kilómetros, sino de un cuatrillón de cuatrillones. Y cantó: ¡*Hosanna!* Te repito que esto es una leyenda; piensa de ella lo que quieras; por ella verás las ideas que corren entre nosotros.

—¡Ya te tengo! —exclamó Iván con alegría infantil, como si recordase repentinamente algo—. Soy yo mismo quien he inventado esa historia del cuatrillón de kilómetros. Tenía ya entonces diecisiete años. Se la conté a un condiscípulo mío... y la encontró bastante original. Ya me había olvidado de ella, pero ahora la recuerdo perfectamente; por tanto, no eres tú quien me la ha contado... Decididamente, tú no eres sino un sueño.

—Ese fuego que empleas para negarme, me prueba que, a pesar de todo, crees en mí —dijo el huésped con alegría.

—Nada de eso. No creo en ti ni la centésima parte de un ardite.

—¿Ni una milésima? Las dosis homeopáticas son a menudo las más fuertes. Confiesa que crees en mí siquiera una diezmilésima.

—¡No! —gritó Iván—; confieso que querría creer en ti, pero...

—He aquí una confesión. Mas yo soy bueno; te ayudaré. Soy yo quien te tengo a ti; te he contado adrede tu anécdota para que no creyeses en mí.

—¡Mientes! Tu objeto evidente es el de convencerme de tu realidad.

—Precisamente, pero la duda y la inquietud, el duelo entre la afirmación y la negación, constituyen para un hombre consciente como tú un tormento aterrador. Yo sé que tú crees un poco en mí, y que si te he contado eso, ha sido para aumentar tu escepticismo. Ese es mi nuevo sistema. Cuando estés convencido de que no soy un ser real, procurarás asegurarme que no existo verdaderamente, que soy un sueño, y entonces será cuando habré logrado el objeto. Por otra parte, este propósito mío es noble. Quiero sembrar en ti un pequeño grano, una semilla diminuta de fe: de ella nacerá un árbol inmenso, a cuya sombra te acogerás, ya que, en el fondo, llevas nobles sentimientos ocultos.

—¡Entonces, miserable, ha sido por mi salvación por lo que has hecho todo esto!, ¿verdad?

—Es preciso hacer el bien siquiera sea una sola vez. ¿Por qué te enfadas tanto?

—¡Déjame! ¡Eres una pesadilla insoportable! —dijo Iván suspirando, sintiéndose, no obstante, vencido por la insistencia de su visión—. Me aburres soberanamente, y no sé qué daría por perderte de vista —añadió luego.

—Modera tus exigencias, te lo ruego; no exijas de mí "lo mejor y más hermoso" y verás cómo seremos buenos amigos —dijo el huésped con tono persuasivo En el fondo estás enfadado porque no me he presentado a ti acompañado de una luz roja "en medio de relámpagos y truenos", con alas de fuego. Te molesto porque he hecho mi aparición con suma modestia. Y eso te ha ofendido, primero en tus sentimientos estéticos, y luego en tu orgullo. ¿Cómo —te has dicho— osa acercarse un diablo tan vulgar a un hombre tan grande? Tú tienes todavía las pretensiones románticas de Bielinski. Cuando me preparaba a venir aquí, pensé tomar la apariencia de un consejero de Estado retirado, condecorado con múltiples cruces, pero he renunciado a hacerlo; te habrías enfadado más todavía, y tal vez me hubieras pegado. Mefistófeles, al acercarse a Fausto, anunció que sólo haría daño; y, sin embargo, no hizo sino bien. Yo soy todo lo contrario. Acaso sea el único hombre en el mundo que ame la verdad y quiera sinceramente el bien de todos. Yo estaba presente cuando el Verbo se hizo crucificar y subió al Cielo llevándose consigo el alma del buen ladrón: yo oí las exclamaciones alegres de los querubines que cantaban ¡*Hosanna!* y los himnos de los serafines, aquellos himnos que hacían temblar el universo entero: pues bien, te juro por lo más sagrado que yo también hubiera querido unir mi voz a la de aquel coro celeste y gritar yo también: ¡*Hosanna!* Este grito estaba ya a punto de salir de mi garganta... Tú sabes bien que yo soy bastante sentimental, bastante accesible a las emociones estéticas. Pero el sentido común—¡oh, la más desastrosa de mis virtudes!— me lo impidió y dejé pasar la hora propicia "ya que —pensé yo— ¿qué sucedería si yo también gritase ¡*Hosanna!*? Desaparecería en el mundo la controversia; todos pensarían igual; no habría libre albedrío..." Sé bien que al fin de cuentas acabaré por adivinar este enigma: recorreré mi cuatrillón y me reconciliaré con Dios. Pero hasta entonces, mantendré mi protesta, y, con el corazón oprimido, cumpliré mi destino. No, hasta que no me explique bien el enigma habrá para mí dos verdades: una... la de ellos... la cual ignoro yo; y la otra, la mía. Resta saber cuál de las dos será la mejor... ¿Te duermes?

—¡Ya lo creo! —replicó, rabioso, Iván—. Me estás contando, como si fuesen novedades, todas las estupideces que bullen en mi mente desde hace mucho tiempo.

—¡Qué lástima! Todavía no he logrado convencerte. ¡Y yo que creía seducirte presentándote aquel coro celestial!... Sin embargo, confiesa que aquel ¡*Hosanna! de* los ángeles no estaba del todo mal... ¿Por qué persistes en odiar?

—¿Odiar? No he tenido nunca semejante baja pasión. ¿Cómo es posible que mi alma haya podido producir una imagen de siervo como la tuya?

—Amigo mío, conozco un gracioso joven, un pensador, un amante de la literatura y del arte, que es autor de un poema de bastante mérito, titulado: *El gran inquisidor...*

—¡Te prohíbo hablar de *El gran inquisidor!* —exclamó Iván rojo de vergüenza.

—¿Y del *Cataclismo geológico*, te acuerdas? ¡He ahí un poema!

—¡Calla o te mato!

—¡Matarme!... Espera; es preciso que te diga todo lo que pienso. Si he venido aquí ha sido para darme ese gusto. "Allá —decías el año pasado, cuando te disponías a venir aquí— vive gente nueva, que quiere destruir todo lo existente, y volver a la antropofagia. ¡Qué estúpidos! ¡Y no han venido a pedirme consejo! Según mi opinión, no es preciso destruir nada, si se exceptúa la idea de Dios en la mente del hombre: con eso es con lo que hay que empezar. Una vez que toda la humanidad haya llegado a negar a Dios, y creo que la época del ateísmo universal vendrá por fin, como vino en su tiempo la época geológica, entonces de por sí mismo, sin antropofagia, desaparecerán los antiguos moralistas. Los hombres se reunirán para pedirle a la vida todo aquello que ésta pueda dar, pero sólo y absolutamente a esta vida presente y terrestre. La mente humana se agrandará, se elevará hasta un orgullo satánico, y será entonces cuando reine el Dios Humanidad. Venciendo continuamente a la Naturaleza, por medio de la ciencia y de la voluntad, el hombre experimentará entonces un placer tan intenso, equivalente a todos los goces celestiales que puedan imaginarse. Cada uno sabrá que es mortal, que no debe contar con ninguna clase de resurrección, y aceptará la muerte con orgullo, tranquilamente, como un dios. Su mismo orgullo le impedirá al hombre rebelarse contra la dura ley que limita tan pronto la duración de la vida, y amará a sus hermanos sin exigir un premio ulterior. El amor buscará su satisfacción en esta vida pasajera, y el sentimiento mismo de la brevedad de ésta, compensará en intensidad los goces supuestos en las esperanzas ilimitadas de un amor de ultratumba... Y así sucesivamente..." ¡Es gracioso!

Iván se tapaba los oídos con ambas manos, mirando al suelo y temblando todo su cuerpo.

La voz continuó:

—La cuestión estriba en esto, se decía mi joven pensador. ¿Será posible que pueda llegar esta época algún día? Si ella viene, todo está resuelto: la humanidad habrá alcanzado su definitiva organización. Pero como, vista la estupidez innata en la especie humana, puede ocurrir muy bien que nada de esto suceda antes de miles de años, puede permitírseles a aquellos que tienen conciencia de estas verdades, el ordenar su vida con arreglo a estos nuevos principios: y en este sentido, *todo le es permitido al hombre*. Más aún: si no hubiese de llegar nunca esta época, puesto que Dios y la inmortalidad no existen, debe permitirse al hombre que regule sus acciones conforme a los nuevos principios que le proclaman hombre-dios, y vivir como tal. Podría, por tanto, sin temor alguno, salvar todos los obstáculos de la moral antigua que reducía al hombre al estado de esclavo. Para Dios no hay leyes; Dios en todas partes está en su sitio. *Todo le es permitido.* Todas las leyes se resumen en esta frase...

El huésped se maravillaba de su propia elocuencia. Alzaba cada vez más la voz, y miraba con ironía al dueño de la casa. Pero no pudo concluir. Iván tomó de repente una taza de té que había encima de la mesa y arrojó el líquido al rostro del orador.

—¡Ah, mentecato! —exclamó éste levantándose vivamente y enjugándose con un pañuelo las gotas de té que habían caído sobre sus ropas— te has acordado del tintero de Lutero... ¡Y pretendes considerarme como un sueño! ¿Crees acaso que puedan arrojarse objetos a la cabeza de un fantasma? ¡Ya sabía yo que fingías taparte los oídos! ¡Sabía bien que me escuchabas!...

En aquel momento golpearon a los vidrios con persistencia.

Iván se levantó del asiento.

—¿Has oído? ¡Abre, pues! —exclamó el orador—. Es tu hermano Aliosha, que viene a traerte la más inesperada noticia.

—¡Calla, hipócrita! Sabía antes que tú que era mi hermano Aliosha. Lo había presentido y, ciertamente, viene a traerme una "noticia" —exclamó Iván, en el paroxismo de la desesperación.

—¡Abre, pues! ¡Ábrele! Hace un tiempo horroroso ahí fuera, está nevando, y Dios sabe el tiempo que hace que tu hermano espera.

Seguían golpeando en los vidrios. Iván quería correr hacia la ventana, pero algo paralizaba sus movimientos; y a pesar de los esfuerzos que hacía para romper aquella resistencia no alcanzaba a moverse de su sitio... Por fin se levantó del asiento y miró con asombro en torno suyo; las dos bujías se habían casi consumido.

La taza cuyo contenido había arrojado al rostro del huésped estaba sobre la mesa. En el diván no había nadie sentado. Volvieron a golpear en la ventana, pero no tan fuerte como lo habían hecho anteriormente, y hasta, si se quiere, con cierta discreción.

—¡No, no era un sueño! ¡Juro que no era un sueño! ¡Todo ello ha sucedido!

Iván corrió hacia la ventana.

—¡Aliosha, te he prohibido venir! —gritó con rabia—. ¿Qué es lo que deseas?

—¡Hace una hora que Smerdiakof se ha ahorcado! —respondió Aliosha.

—¡Voy en seguida! —dijo Iván.

Y dando vuelta se dirigió hacia la puerta y la abrió.

Capítulo VIII

Aliosha le dijo a Iván que, una hora antes, había ido María Kondratievna a decirle que Smerdiakof se había suicidado. Ella lo había encontrado ahorcado, colgado de un garfio que había en la pared, y antes de ir a dar parte del hecho a la autoridad había ido a avisarle a él. Añadió Aliosha que acompañó a María a la morada de Smerdiakof y lo encontró colgado todavía. Encima de la mesa del cuarto había una carta con las siguientes palabras: "Muero por mi propia voluntad; que no se acuse a nadie de mi muerte". Aliosha, dejó aquel papel sobre la mesa, y se fue a dar aviso a la policía.

—Y de allí —prosiguió, mirando fijamente a Iván, cuyo rostro llamó su atención—, he venido aquí, a tu casa.

Iván se quedó perplejo, y escuchaba inmóvil.

—Hermano mío —repuso Aliosha—, me parece que estás bastante enfermo; me miras como si no comprendieses nada de lo que te estoy diciendo.

—Has hecho bien en venir —dijo Iván pensativo y como si no hubiese oído la exclamación de Aliosha—. Sabía que se había ahorcado.

—¿Por quién lo sabías?

—No sé por quién, pero lo sabía... ¡Sí, ha sido él quien me lo ha dicho, precisamente hace poco!...

Iván estaba en el centro de la habitación, abstraído siempre, mirando al suelo.

—¿Él? ¿Quién es ese él? —preguntó Aliosha, mirando a su alrededor.

—¿Qué quién es él? Pues... él. Ahora mismo se ha marchado.

Iván levantó la cabeza y sonrió dulcemente.

—Y es a ti a quien teme —prosiguió luego—, a ti querubín... Así es como te llama Dimitri... Querubín. Tú eres más que eso, creo yo: eres el

grito formidable de los serafines... ¡Qué digo! Eres toda una constelación de serafines... Y quién sabe si esta constelación no es sino una
molécula química...

—Hermano mío, siéntate —dijo Aliosha asustado —siéntate en el
diván, te lo ruego; estás delirando... Apóyate sobre el cojín... Así, ¿quieres que te ponga un paño húmedo en la cabeza? Te hará mucho bien.

—Sí, empapa en agua la toalla y dámela; está ahí encima de la silla,
o en el suelo; la he arrojado yo hace un rato.

—No la veo, no está; mas no te inquietes por eso, yo la buscaré.

Y dirigiéndose hacia el sitio en que estaba el lavabo, tomó Aliosha,
de junto a dicho mueble, una toalla limpia y perfectamente seca.

Iván contempló dicha toalla con extraña mirada.

—Espera —dijo, levantándose—. Hace una hora tomé yo esta misma toalla, y, mojada, me la puse en la cabeza y después la tiré al suelo...
¿Cómo, pues, puede estar ahora seca? ¿No será otra ésta que has tomado?... ¡Pero no, no; no hay más toalla que ésta aquí en la habitación!

—¿Dices que te has puesto esta toalla en la cabeza?

—¡Sí, hombre, hace una hora, cuando paseaba por el cuarto!... ¿Y
por qué están las velas casi consumidas? ¿Qué hora es?

—Va a dar la medianoche.

—¡No, no, no! —gritó Iván—. ¡No era un sueño! ¡Él ha estado aquí
en este diván! Cuando llamaste tú a la ventana, acababa yo de arrojarle
una taza de té a la cara... Ésta misma... Espera un poco... Es que ya me ha
ocurrido varias veces que... verás, Aliosha, es que ahora tengo unos sueños... Pero no, no son sueños, son cosas reales. Ando, hablo, veo... y sin
embargo duermo... Te digo que él estaba aquí sentado en este mismo
diván. Por cierto que hoy estaba terriblemente estúpido, Aliosha, terriblemente estúpido.

Y, echándose a reír, se puso a pasear por la habitación.

—Pero, ¿de quién hablas, hermano mío? —preguntó Aliosha.

—¡Del diablo! Viene a mi casa: ya ha venido tres veces... y me exaspera, me reprocha el haberla yo tomado con él porque no es sino un
diablo vulgar, en vez del Satanás tradicional, el de las alas de fuego que
anuncia su llegada por medio de truenos y relámpagos, pero el mío no
es más que un impostor, un diablo de ínfima categoría. Si se desnudase,
se le vería, ciertamente, una cola larga, lisa, como la de los perros dane-
ses... ¡Aliosha, tú tienes frío, te has cubierto de nieve! ¿Quieres té?
Calentaremos la tetera... *Hace un tiempo horroroso*...

Aliosha empapó en agua la toalla, y, consiguiendo que Iván se sentara de nuevo en el sofá, le envolvió con aquélla la cabeza, y se sentó
junto a él.

—Mañana... Tengo miedo de Katerina. Es a ella a quien temo más que a nadie. Ella cree que yo quiero perder a Dimitri, por celos, por su causa: sí, ella cree esto. ¡Pues bien, no, mañana no habrá una horca sino una cruz!... ¡No, no me ahorcaré! Yo no podré suicidarme nunca. ¿Por qué será eso, Aliosha? ¿Por cobardía? ¿Por vileza? No, yo no soy vil; es por amor a la vida... ¿Eh? ¿Que cómo sabía que Smerdiakof se había ahorcado?... ¿No te digo que él ha estado aquí?

—¿Estás seguro de que haya entrado aquí alguien? —preguntó Aliosha.

—Sí, ha estado sentado en este sofá. Al venir tú se ha marchado. Tú eres quien lo ha hecho partir... ¡Ah, Aliosha: amo tu semblante!... ¿Lo sabes?... Es él, y yo soy yo, Aliosha, soy yo mismo. Todo lo que hay en mí de vil, de bajo, de humillante, es él. Y no obstante soy romántico; él mismo me lo ha dicho. ¡Pero eso es una calumnia!... ¡Si vieras qué astuto es! ¡Qué bien sabe hacer perder la paciencia! Me enfada diciéndome que creo en él: así me ha obligado a escucharlo. Me ha engañado como a un chiquillo. Por otra parte, me ha dicho muchas cosas, muchas verdades que yo no me había atrevido a decirme nunca. Y, por cierto, Aliosha —añadió confidencialmente—, quisiera que fuese realmente él y no yo.

—Veo que te ha mareado —dijo Aliosha con lástima.

—Sí, me ha exasperado, y con bastante habilidad por cierto... ¡La conciencia! ¿Qué es la conciencia? —me decía él—. Soy yo quien la he inventado. ¿Por qué, pues, tener remordimiento? Por costumbre, por esa costumbre humana que data de siete mil años. Desechemos esa costumbre y seremos dioses todos... Te repito que es él quien me decía todo esto.

—Olvida eso, hermano mío; olvídalo, que él se lleve consigo todo lo malo que había en ti y que no vuelva más.

—¡Es un malvado, Aliosha! ¡Se ríe de mí! ¡Es un insolente, Aliosha! —dijo Iván temblando de rabia—. Me ha calumniado, me ha calumniado en mi propia cara. ¡Oh! ¡Llevarás a cabo una gran acción! —me dijo—. Declararás que eres tú el verdadero asesino; que aquel criado no mató a tu padre sino por instigación tuya!...

—Iván, no eres tú quien ha matado; eso no es cierto.

—Pues él lo ha dicho, y lo sabe bien. "Harás una noble acción, y sin embargo no crees en la virtud. ¡Sin creer en la virtud vas a ser virtuoso! He ahí lo que te exaspera". Eso me dijo, y te repito que sabe bien lo que dice.

—¡No, no ha sido él quien lo ha dicho; has sido tú mismo, Iván! Tienes fiebre y deliras.

—¡No, no; insisto en que sabe muy bien lo que dice! Verás, fíjate en lo que me aseguró después; escucha: "Sólo por orgullo irás a decir: soy yo quien ha matado. ¿Por qué tienen ustedes miedo de mí? ¡Ustedes mienten! ¡Yo desprecio vuestro modo de juzgar y me río de vuestro miedo!" Eso me dijo, añadiendo luego: "¿Sabes lo que quieres? ¡Tú quieres ser...! Es un asesino, dirán, un gran culpable, pero ¡qué noble corazón tiene! ¡Por salvar a su hermano se ha acusado él...!" Pero eso es falso, Aliosha, yo no quiero la admiración de esa gentuza. ¡Te juro que él mentía! ¡Por decir eso fue por lo que le arrojé el líquido al rostro!...

—¡Cálmate, Iván, cesa ya...!

—No, es un verdugo inteligente. ¡Y qué cruel! ¡Sé bien por lo que viene! "¡Sea —decía él—, declararás eso por orgullo, pero conservarás la esperanza de que manden a Smerdiakof a presidio, de que absuelvan a Mitia y te condenen a ti sólo moralmente!" Mas he aquí que Smerdiakof ha muerto. ¿Quién, pues, se avendrá ahora a creerme? Y, sin embargo, estoy resuelto a decirlo... ¡Ah, Aliosha, esto es horrible!

—Cálmate, Iván. ¿Cómo puedes creer que nadie haya podido hablarte de la muerte de Smerdiakof antes de venir yo, si nadie lo sabía aún?

—Pues él ha sido quien me lo ha dicho —repitió Iván con acento perentorio—. "Pero, ¿sabes tú mismo por qué vas? No, no lo sabes, y darías mucho por saberlo. Y, a propósito, ¿estás verdaderamente decidido a declarar todo eso? ¿Te atreverás a presentarte? ¿Y por qué no has de atreverte?... Adivina tú mismo..." Cuando me decía esto, entraste tú, y él se marchó. Me ha llamado ruin, y hasta el mismo Smerdiakof... ¡Es preciso matarlo!... Katerina me desprecia, me he dado cuenta de ello hace un mes. Y tú también me desprecias, Aliosha. De aquí en adelante te detestaré. Odio a ese animal feroz, al otro, ¿sabes?... ¡Que muera en presidio!... ¡Mañana iré a escupirles a todos a la cara!

Iván se levantó violentamente se arrancó la toalla que llevaba puesta en la cabeza, y se puso a correr por la habitación. Aliosha no se atrevió a buscar al médico por no dejarlo solo. Iván iba perdiendo la razón poco a poco. No cesaba de proferir frases incoherentes. De pronto vaciló; Aliosha lo sujetó, lo condujo al lecho y le hizo acostarse. El enfermo cayó en un profundo sueño. Aliosha permaneció durante dos horas junto a la cabecera, y por último se tendió en el diván, después de haber orado por sus dos hermanos. El joven empezaba a comprender la enfermedad de Iván. "Demasiado orgullo, demasiada conciencia". Dios y la verdad, a los cuales trataba de rechazar Iván, invadían su rebelde corazón. "Sí —pensó Aliosha—, puesto que Smerdiakof ha muerto ya, nadie creerá a Iván. Y sin embargo, irá a declarar lo que se ha propuesto".

—Dios vencerá —dijo para sí con dulce sonrisa—. O Iván se elevará hasta la luz de la verdad, o bien... perecerá en el odio, vengándose de sí mismo y de los demás... por haberse acogido a una fe de la cual no estaba plenamente convencido.

Décima parte
Un error judicial

Capítulo I

Al día siguiente, a las diez de la mañana, se abrió la sesión del Tribunal y empezó el juicio de Dimitri Fedorovitch Karamazov; este proceso había llamado grandemente la atención de todo el país.

Las mujeres estaban todas de parte de Mitia y deseaban su absolución; en cambio, la mayor parte de los hombres le eran contrarios.

A la derecha de los jueces estaba el jurado popular, compuesto de doce individuos, entre los cuales se veían algunos *mujiks*. La gente se preguntaba cómo unas personas tan sencillas, especialmente aquellos mujiks, podrían llegar a comprender un asunto psicológico tan complicado. No obstante, su presencia imponía respeto. El presidente ordenó que introdujeran al acusado. Reinó un gran silencio. Mitia produjo una impresión desfavorable. Iba vestido con elegancia, enguantadas las manos, y con reluciente camisa blanca. Entró erguido, andando a grandes pasos, y se sentó con una calma imperturbable. Seguidamente entró su defensor, el célebre Fetiukovitch. Un sordo rumor recorrió toda la sala. El rostro del defensor hubiera sido agradable sin aquellos ojos faltos de expresión. La fisonomía de aquel hombre recordaba la de un pájaro. Se dio lectura a la lista de los testigos. La noticia de la muerte de Smerdiakof causó gran sensación.

—¡Ah, perro!... ¡No le correspondía otra muerte! —exclamó Mitia.

Su defensor se precipitó sobre él para hacerlo callar; y el presidente le amenazó con severas medidas si volvía a interrumpir. Este pequeño incidente no era de tal naturaleza que pudiera conciliarle la benevolencia del público.

Leída el acta de acusación, se procedió al interrogatorio del reo.

—Acusado, ¿reconoce usted su culpa?

Mitia se levantó.

—Me reconozco culpable de embriaguez, de disipación, y de violencia de carácter. Quería enmendarme en el momento mismo en que el destino me ha herido. En cuanto a la muerte del viejo que fue mi padre y mi enemigo, no tengo culpa ninguna. Tampoco soy yo quien lo haya robado, no... ¡jamás! No habría podido robar. Dimitri Karamazov es un botarate desordenado, pero no un ladrón.

Y después de pronunciar estas palabras con impetuoso acento se sentó, bastante nervioso.

El presidente le observó que debía contestar lo más brevemente posible.

En seguida se procedió a tomar juramento a los testigos. Los dos hermanos de Mitia naturalmente estaban presentes y se les dispensó de semejante formalidad. Después de la exhortación del Pope y del presidente a que dijesen la verdad pura, la sagrada verdad, salieron los testigos para ser luego llamados de uno en uno.

Capítulo II

Primeramente declararon los testigos de cargo, y cada uno volvió a ratificarse en su acusación. Después de oír estas declaraciones resultaba tan evidente la culpabilidad del acusado, que todos se dieron cuenta en seguida de que aquel juicio se celebraba únicamente por pura formalidad y de que Mitia era realmente culpable.

El primero en ser interrogado fue Grigori.

Cuando éste respondió a lo que le dijo el Procurador, se puso a interrogarlo el defensor, el cual le preguntó acerca de aquel paquete, en que había —dijo— tres mil rublos escondidos y destinados a una "cierta persona".

—¿Vio usted ese paquete, usted en quien su amo tenía, desde hacía mucho tiempo, gran confianza?

Grigori respondió que no lo había visto nunca, y que sólo había oído hablar de ese dinero después de ocurrido el suceso.

El defensor hizo, con cierta persistencia que fue observada por todos, la misma pregunta a los demás testigos, los cuales respondieron, igualmente, que ellos no habían visto el paquete pero que habían oído hablar de él.

—¿Puede usted decirnos —repuso Fetiukovitch— en que consistía aquel bálsamo, aquel licor que usted bebía a guisa de remedio?

Grigori miró al defensor con estúpido semblante, y luego, tras de un momento de silencio, murmuró:

—Se compone de salvia.

—¿Nada más?

—Y de llantén, pimienta y vodka.

Un murmullo de sonrisas invadió la sala.

—Precisamente, vodka también, ¿verdad? Primeramente le frotaron a usted en la espalda con aquel líquido, y después de una plegaria, de la cual conoce su esposa la fórmula secreta, se bebió usted el resto del contenido de la botella, ¿no es cierto?

—¡Sí!

—¿Había mucho líquido?

—Lo suficiente para llenar un vaso grande, o acaso un vaso y medio.

Grigori parecía desconfiar.

—Después de beberse una persona un vaso y medio de vodka, no digo yo que se pueda ver abierta una puerta, sino también las mismas puertas del paraíso. ¿No opina usted así?

Grigori permaneció silencioso, una nueva sonrisa recorrió toda la asamblea. El presidente hizo un movimiento.

—¿No podría usted decirme —repuso Fetiukovitch— si estaba a punto de caer cuando vio usted la puerta del jardín abierta?

—No, estaba bien firme, sobre mis piernas.

—Eso no prueba que no estuviera a punto de caer.

Hubo nuevas risas.

—Si en aquel momento le hubiese preguntado en que año estamos, ¿cree usted que habría podido responderme?

Grigori miraba intimidado al defensor.

—¿Sabe usted —prosiguió éste, sin dejar de mirar fijamente al testigo— en qué año estamos ahora mismo?

Por extraño que parezca, Grigori no supo responder.

—Por lo menos sabrá usted decirme cuántos dedos tiene en la mano.

—Soy un hombre humilde —dijo de pronto Grigori con firme acento— y sé soportar las burlas.

Fetiukovitch se desconcertó un tanto. El presidente le invitó a que hiciese preguntas más pertinentes, que guardasen más íntima relación con el proceso.

—A eso me atengo estrictamente —respondió con frialdad el defensor.

Y procedió a interrogar a Rakitine con igual habilidad.

Es preciso hacer notar que, en tres días, Fetiukovitch se había puesto al corriente del carácter de cada uno de los testigos.

Rakitine, que había hecho un estudio sobre el ambiente en que se habían movido los Karamazov, se vio obligado, como los demás, a responder a la pregunta: "¿Ha visto usted el paquete con los tres mil rublos?", que él no lo había visto personalmente.

—Permítame que le pregunte —continuó el defensor con amable sonrisa— si ha conocido usted mucho a la señorita Grushenka.

—Yo no soy responsable de lo que hagan las personas a quienes conozco... Soy un joven... —dijo Rakitine sonrojándose.

—¡Oh, comprendo, comprendo perfectamente! —dijo el defensor fingiendo arrepentirse de su indiscreta pregunta—. Usted ha podido muy bien interesarse, como muchos otros, por una joven hermosa que recibía en su casa a la flor y nata de la juventud de esta ciudad; mi intención era solamente pedirle a usted una aclaración. Usted sabe que, hace dos meses, la señorita Grushenka deseaba vivamente entrar en relación con el más joven de los Karamazov, Alejandro Fedorovitch, y le prometió a usted veinticinco rublos si lo llevaba usted a su casa vestido con el hábito de novicio que entonces usaba. Efectivamente, usted condujo a Alexey a casa de esa señorita y recibió usted la cantidad ofrecida. Quería saber si el hecho es cierto.

—Fue una broma... No veo qué interés pueda tener eso para usted... Tomé aquel dinero por broma, repito, para devolverlo en seguida.

—Por consiguiente, eso quiere decir que usted lo tomó, pero, ¿lo ha devuelto usted ya?

—No —respondió Rakitine—, pero lo devolveré.

El presidente intervino de nuevo, y el defensor declaró que no tenía nada más que preguntar a Rakitine.

Como puede notarse, la táctica del abogado defensor consistía en desacreditar a los testigos, poniéndolos en ridículo.

La reputación del pensador Rakitine había quedado un poco maltrecha.

El presidente preguntó a Mitia si tenía algo que decir. El acusado exclamó:

—A mi casa, digo a mi celda, ha venido ese miserable Rakitine a pedirme dinero constantemente.

Se hizo callar a Mitia, pero la fama de Rakitine quedaba decididamente por el suelo.

Le llegó el turno a Trifón el hostelero. Éste afirmó haber visto con sus propios ojos, hasta el último kopek los tres mil rublos en manos de Mitia.

—Perdone usted —preguntó el defensor—, ¿le ha devuelto usted al señor Dimitri Fedorovitch los cien rublos que perdió en su casa cuando fue a ella por primera vez?

Trifón negó al principio haber encontrado aquel billete, pero como varios *mujiks* afirmaron que aquello no era cierto, el hostelero concluyó por declarar que lo había encontrado y se lo había devuelto a Mitia.

Después entraron los polacos, con la cabeza muy erguida, y declararon, sin que nadie se lo preguntara, que habían servido al emperador, y que Mitia les había propuesto comprarles su honor por tres mil rublos. Pero el defensor reclamó de nuevo la presencia de Trifón, y le obligó a decir, mal de su agrado, que había sorprendido a los polacos en flagrante delito de fraude, lo cual fue confirmado por Kalganof.

Fetiukovitch estuvo habilísimo, y consiguió que los jueces y el público se convencieran de la informalidad de semejantes testigos a cuyas declaraciones no podía prestarse fe ninguna. Todos los jurisconsultos y funcionarios que se encontraban en la sala admiraron su modo de proceder; mas, no obstante, se preguntaban de qué podría servirle tanta habilidad desde el momento en que la culpabilidad del acusado resultaba evidente. Pero la firmeza del "gran mago", como algunos lo llamaban, sorprendía aún a todos, y esperaban: no en vano había venido ex profeso de San Petersburgo un hombre semejante.

Capítulo III

Se llamó a los testigos de descargo. El primero en aparecer fue Aliosha. Éste les era sumamente simpático tanto a los amigos como a los enemigos del acusado. Aliosha describió el carácter de su hermano Mitia, asegurando ser éste un hombre que se dejaba dominar por las pasiones, pero que, sin embargo, era noble, orgulloso, generoso, y capaz de sacrificarse él mismo. Admitió también que su pasión por Grushenka y su rivalidad con su padre le habían hecho difícil la vida. Pero negó formalmente la culpabilidad.

—¿Le dijo su hermano que tenía intención de matar a su padre? —preguntó el Procurador—. Responda usted a esta pregunta, si le parece oportuno.

—Directamente, no me lo dijo.

—¿Indirectamente, entonces?

—Me habló un día del odio que le tenía a nuestro padre; parecía temer que... llevado a un extremo... si se dejaba dominar por la cólera... podría haberle matado.

—¿Y usted lo creyó?

—No puedo afirmarlo; estaba convencido de que no habría nunca llegado a ese extremo, pues sus buenos sentimientos le habrían impedido llegar a ese momento fatal; que es lo que en efecto ha sucedido, ya que no ha sido él quien ha matado a mi padre —dijo Aliosha con voz fuerte que resonó por toda la sala.

El procurador se agitó como un caballo de batalla.

—Tenga usted por seguro, que no pongo en duda su sinceridad, pero creo, sí, que debe haber en sus palabras cierta natural parcialidad, dada la posición en que se encuentra su desgraciado hermano. Pero no he de ocultarle que su opinión es sola, aislada. Usted es el único que opina de ese modo; su declaración está en pugna con todas las demás que constan en el sumario. Insisto, pues, en preguntarle sobre qué datos funda la convicción de la inocencia de su hermano y de la culpabilidad de otra persona, según ha indicado usted en el curso de la instrucción.

—Durante el sumario no he respondido sino a las preguntas que se me han hecho —respondió tranquilamente Aliosha—, no he sido yo quien ha empezado acusando a Smerdiakof.

—Sin embargo, lo ha insinuado usted.

—Sí, ateniéndome a las afirmaciones de mi hermano Dimitri, creo firmemente en la inocencia de éste, y, si no ha sido él quien ha matado, entonces...

—Ha sido Smerdiakof... ¿Y por qué, precisamente, él? ¿Asegura usted eso porque está convencido de la inocencia de su hermano?

—De esto no puedo dudar; sé que Dimitri no me ha mentido a mí nunca; he leído la verdad en sus ojos.

—¿Solamente en sus ojos? ¿Son ésas las únicas pruebas que tiene?

—No tengo otras.

—¿No tiene usted más pruebas de la culpabilidad de Smerdiakof, fuera de las palabras de su hermano y de la expresión de sus ojos?

—¡No!

El procurador calló.

La declaración de Aliosha produjo malísima impresión.

Fetiukovitch tomó la palabra. Preguntó a Aliosha en qué preciso momento el acusado le había hablado de su odio hacia su padre.

Aliosha se estremeció como si un recuerdo imprevisto volviese a su mente, y contó la escena ocurrida entre él y su hermano en el camino que conducía al Monasterio, insistiendo sobre el gesto de Mitia al golpearse en el pecho, gesto que Aliosha no había comprendido entonces, y que no podía referirse, de lo cual estaba convencido ahora, sino al amuleto en el cual estaban escondidos los mil quinientos rublos.

—¡Precisamente! —gritó Mitia desde su asiento— ¡Así es, Aliosha, así es! Sobre eso era sobre lo que yo golpeaba.

Fetiukovitch le suplicó que se callase, y volvió a interrogar con insistencia a Aliosha.

—¡Así es, justamente así! —exclamó Aliosha, bastante animado—; mi hermano me dijo en aquel momento que todavía habría podido lavarse, esto es, evitarse la mitad de su vergüenza, pero que era tan dueño de sí en aquellos instantes, que no haría nada de eso...

—¿Y se acuerda usted claramente del punto del pecho sobre el cual se golpeaba su hermano? —preguntó con avidez Fetiukovitch.

—Me acuerdo perfectamente. Por cierto que entonces me pregunté: "¿Por qué se golpea tan en alto? El corazón está más bajo..." Precisamente a causa de ese detalle se me quedó éste impreso en la memoria.

El procurador intervino, para preguntar si el acusado, al golpear su pecho con el puño cerrado hubiese querido indicar alguna cosa, o bien si se golpeaba al azar.

—No, no era precisamente con el puño cerrado con lo que se golpeaba —respondió Aliosha—, sino que señalaba con el dedo aquí, bastante en alto. ¡Cómo he podido olvidar esto hasta ahora!

El presidente preguntó a Mitia si quería añadir algo a aquella declaración. Mitia confirmó todo cuanto su hermano había dicho.

La declaración de Aliosha había terminado, y tenía esto de característico: que establecía un hecho a favor de Mitia, un hecho insignificante, en sí mismo, es cierto; pero que probaba la existencia de los mil quinientos rublos, y por consecuencia, la verdad de lo que Mitia había asegurado. Aliosha estaba loco de contento.

—¡Cómo he podido olvidarlo! ¿Cómo no me he acordado de esto antes? —decía el joven, volviendo al puesto que le había sido asignado.

Pasaron al interrogatorio de Katerina Ivanovna. Al entrar ésta en la sala hubo un movimiento general. Las señoras echaron mano a los impertinentes, y los hombres murmuraban.

Mitia palideció intensamente.

Katerina, vestida de negro, se acercó modestamente, casi tímidamente, diremos al Tribunal. Su rostro no denotaba ninguna emoción; pero el fuego de sus ojos revelaba una firme resolución. Estaba maravillosamente hermosa.

El presidente la interrogaba con sumo cuidado, como si tuviese miedo de tocar "cierta cuerda".

Desde sus primeras palabras declaró que había sido prometida del acusado hasta el momento en que éste la había abandonado. Cuando le preguntaron acerca de los tres mil rublos que ella había confiado a Mitia para que éste los mandase a Moscú, respondió con firmeza:

—Mi verdadera intención era que no enviase inmediatamente aquella suma a mi familia. Sabía que tenía urgente necesidad de dinero... en aquel momento... Le di tres mil rublos para que él los mandase a Moscú, cuando lo hubiese tenido a bien, en el espacio de un mes. Él estaba equivocado, no hizo bien en afligirse tanto a propósito de esta deuda. Tenía la seguridad de que me habría devuelto el dinero apenas lo hubiese él recibido de su padre; confiaba en su honradez... en su honradez incontestable... en cuanto a dinero se refiere, Mitia debía recibir tres mil rublos de Fedor Pavlovitch. Yo sabía que estaba en malísimas relaciones con su padre; sabía que éste lo había perjudicado mucho en sus intereses. Sin embargo, no me acuerdo de haberle nunca oído pronunciar en presencia mía amenaza alguna contra su padre. Si hubiese venido a confiarme a mí sus penas, habría tenido yo el placer de calmarlo acerca de esos malhadados tres mil rublos que tanto le han hecho sufrir. Pero él no volvió... y yo misma me hallaba en cierta situación... que, la verdad, no me permitía invitarlo a que viniese... Además, no me creía con derecho a mostrarme exigente con él, respecto a esa deuda —dijo Katerina de pronto con acento de profunda resolución—. Yo misma había recibido un día de sus propias manos una suma más considerable, la cual acepté sin saber el tiempo que podría transcurrir hasta que hubiese podido devolvérsela.

En el acento de Katerina había en aquel instante algo de provocativo.

—¡No —repuso—, no me olvidaré nunca de aquel momento!

Y narró todo aquel episodio, tal como Mitia se lo había confiado a Aliosha, omitiendo, sin embargo, el decir que Mitia había querido que fuese la propia Katerina Ivanovna quien fuese a su casa en persona a pedirle el dinero.

Todos los miembros del Tribunal escuchaban con gran atención. El Procurador no se atrevió a hacer ninguna pregunta acerca de aquel asunto.

Fetiukovitch hizo a Katerina un profundo saludo.

—¿Es posible —dijo— que un hombre tan noble, que un hombre que dio en un rasgo de generosidad sus últimos cinco mil rublos, sin ninguna clase de garantías, fuese el mismo que hubiera asesinado a su padre para robarle tres mil rublos?

La simpatía comenzaba a manifestarse en favor de Mitia. Pero éste que, repetidas veces durante la declaración de Katerina, se había levantado y cubierto el rostro con las manos, exclamó, cuando hubo ella concluido:

—Katia, ¿por qué quieres perderme?

Y rompiendo a llorar añadió después:

—¡Ahora sí que no tengo salvación!

Katerina palideció y se sentó en el sitio que le indicaron con la cabeza baja, y temblando como en un acceso de fiebre.

Le llegó el turno a Grushenka.

También ésta iba vestida de negro, y con un magnífico chal sobre los hombros. Se acercó lentamente al Tribunal mirando con fijeza al presidente.

La joven aseguró no haber visto nunca el paquete de billetes, pero que le había oído hablar de él, al "bandido".

—¡Esa es una burda historia! —dijo Grushenka—. ¡Yo no habría ido a casa de Fedor Pavlovitch por todo el oro del mundo!

—¿A quién trata usted de bandido? —preguntó el procurador.

—¿A quién? ¡Bah! Al criado Smerdiakof, que ha matado a su patrón y se ha ahorcado ayer.

Preguntáronle en qué fundaba una afirmación tan categórica.

—Me lo ha dicho Dimitri Fedorovitch —respondió ella—, y pueden ustedes creerlo, sin vacilar un instante. Ha sido aquella señora quien lo ha perdido; ella es la causa de todos los males —añadió con odio reconcentrado.

—¿De quién habla usted? —preguntó el procurador.

—De aquella señorita, de la señorita Katerina Ivanovna, que me hizo ir a su casa para ver si lograba conquistarme...

El presidente la interrumpió, rogándole que contuviese sus sentimientos, y se atuviese solamente a lo que se le preguntaba.

—Pero usted —dijo el procurador—, cuando Dimitri fue arrestado en Mokroié, exclamó: "¡Soy yo la culpable!..." ¿No quería eso significar que lo creía usted parricida?

—No me acuerdo de lo que creía en aquel momento. Pero en cuanto él me declaró que no era culpable, no he dudado ya un instante de su palabra.

Capítulo IV

Introdujeron a Iván. Éste había sido llamado antes que Aliosha, pero un ujier vino a informar al presidente de que el testigo llamado sufría en aquel momento una repentina indisposición que lo privaba de presentarse al Tribunal, pero que lo haría apenas se restableciera. Su entrada en la sala, apenas fue advertida. La curiosidad del público se había concentrado en el interrogatorio de las dos rivales.

Iván se acercó al Tribunal con extraña lentitud con la frente baja, como perdido en sus pensamientos. Iba correctamente vestido, pero su rostro revelaba las huellas del mal que le aquejaba. Había en aquel semblante una palidez sepulcral; era el rostro de un hombre moribundo; sus ojos estaban velados. Levantó la cabeza y recorrió la sala con una mirada trastornada.

Aliosha se levantó y dejó escapar un "¡Ah!", pero nadie lo advirtió.

El presidente recordó a Iván que era testigo voluntario; que no había jurado, y que, por consiguiente, podía callar o decir lo que a bien tuviera.

Iván escuchaba, con distraída mirada. De repente sus facciones se contrajeron, y apenas hubo concluido de hablar el presidente, lanzó una estridente carcajada.

—Y bien, ¿qué más quieren ustedes? —preguntó en voz alta.

Se hizo un profundo silencio. El presidente se agitó en su asiento.

—Usted... probablemente... debe encontrarse todavía indispuesto —dijo, buscando con la mirada al ujier.

—Tranquilícese usted —dijo Iván con tono sereno y respetuoso—. Me encuentro perfectamente bien, y puedo referirle a usted algo bastante curioso.

—¿Tiene usted que hacer alguna manifestación particular? —preguntó el presidente con acento incrédulo.

Iván inclinó la cabeza y permaneció silencioso durante algunos segundos; después se irguió nuevamente, y respondió:

—¡No..., no tengo que decir nada de particular!

Lo interrogaron. El joven respondía apenas, lacónicamente, con una especie de disgusto, pero sin incoherencia. Dijo que no sabía nada acerca de los asuntos económicos que constituían la sustancia de las divergencias entre Fedor Pavlovitch y su hermano Dimitri.

—¡Siempre lo mismo! —interrumpió de improviso con voz fatigada—; nada tengo que decir a los jueces.

—Veo que está usted indispuesto —repuso el presidente.

Éste consultó al procurador y al defensor, para decirles si tenían que hacer alguna pregunta al testigo. En aquel instante, dijo Iván, interrumpiéndose a cada palabra:

—Permítame usted que me retire. No me encuentro bien.

Y sin esperar el permiso, dio media vuelta y se dirigió hacia la puerta de salida. Pero, después de haber dado algunos pasos, se detuvo, sonrió, y volvió de nuevo a su sitio.

—He aquí —dijo, sacando del bolsillo un paquete de billetes de Banco—, he aquí el dinero: es el mismo que había dentro de aquel sobre —y al decir esto indicó con el dedo uno de los objetos que estaban encima de la mesa del Tribunal—. Éste es el dinero por el cual han matado a mi padre. ¿Dónde debo dejarlo? Señor ujier, le ruego que se lo entregue a Su Excelencia.

El ujier tomó el paquete y lo puso en manos del presidente.

—¿Cómo es posible que este dinero, si es el mismo, según usted asegura, pueda encontrarse en sus manos? —dijo el presidente sorprendido.

—Lo he recibido de manos de Smerdiakof, del asesino, ayer mismo. Yo estuve en su casa antes de que él se ahorcase. Él fue quien mató a Fedor Pavlovitch, y yo quien lo instigó para que lo hiciese. ¿Quién no desea la muerte de su padre?

—¿Está usted en su sano juicio?

—Absolutamente... Soy dueño de mí mismo, razono con claridad, conservo toda mi presencia de espíritu; espíritu vil, como el de ustedes, como el de todos estos señores. Todos ellos han matado a su padre, y ahora fingen aterrarse... —dijo con disgusto y rechinando los dientes—. ¡Embusteros! ¡Todos desean la muerte de su padre!... Un reptil devora a otro reptil... Si no hubiese parricidas, no habría espectáculos emocionantes. ¡Ah, que espectáculo! *Panem et circenses!* ¡Y yo, además...! ¿Tienen ustedes un poco de agua? ¡Denme un poco de agua, por el amor de Dios! —dijo, sujetándose la cabeza con ambas manos.

El ujier se acercó apresuradamente a él.

Aliosha se adelantó y gritó:

—¡Está enfermo! ¡No le crean ustedes! ¡Padece de fiebre cerebral!

Katerina Ivanovna se levantó a su vez, pálida de espanto, sin dejar de mirar a Iván. Mitia la contemplaba con sonrisa demasiado dulce.

—Tranquilícense ustedes... No estoy loco; no soy un loco, sino un asesino —repuso Iván—, y a un asesino no se le puede exigir que sea elocuente —añadió riendo.

El procurador, visiblemente agitado, se inclinó hacia el presidente. Los jueces murmuraban entre ellos; Fetiukovitch aguzó el oído; el público estaba ansioso, anhelante.

—Su lenguaje es incomprensible, y hace usted apreciaciones impertinentes en absoluto, impropias de este lugar. Procure usted moderarse, y hable, si es que tiene que decirnos algo. ¿Cómo puede usted confirmar esa declaración? Se ve claramente que está usted enfermo y que la fiebre lo hace delirar.

—Nadie puede confirmar lo que he dicho, porque el único que podía hacerlo, esto es, aquel perro de Smerdiakof, no volverá del otro mundo para hacerlo... Aunque bien podría mandar su declaración dentro de un sobre. Ustedes hablan siempre de eso: de sobres. ¿No hay ya bastante con uno?... No tengo testigos para que confirmen lo que he dicho... Es decir... acaso tenga uno...

—¿Uno? ¿Quién?

—El de la larga cola, lisa como la de un perro danés. Excelencia... Este es un punto que no ha estado previsto. ¡El diablo no existe! No hagan ustedes caso: Es un diablillo vulgar —añadió Iván confidencialmente, cesando de reír—. Debe estar por ahí en cualquier parte, tal vez debajo de la mesa. ¿Dónde puede hallarse sino ahí? Escúchenme: yo le he dicho a él, que no quería callar, y me respondió hablándome de cataclismos geológicos. ¡Ya ven ustedes qué estupideces! ¡Dejen ustedes en libertad a la bestia feroz!... Ella ha cantado ya su himno de inocencia... Yo, por dos segundos de placer, recorrería un cuatrillón de cuatrillones de kilómetros. Ustedes no saben... ¡Ah, qué tontos son ustedes! ¡Déjenlo libre a él y amárrenme a mí en su lugar!

Iván se interrumpió y miró por toda la sala con ojos absortos. Todos estaban conmovidos. Aliosha intentó correr hacia su hermano, pero el ujier lo sujetó por los brazos.

—¿Qué pasa, qué pasa todavía? —exclamó Iván mirando fijamente al ujier.

Y, arrojándose repentinamente sobre él, lo agarró y lo arrojó al suelo. Los soldados que hacían la guardia cerca del Tribunal, se precipitaron sobre Iván y lo sujetaron. El joven se puso a gritar con todas sus fuerzas, y fue preciso sacarlo de allí lo cual hicieron sin conseguir que se callase. Una gran agitación reinaba en la sala, y no se había todavía calmado el público, cuando a aquella escena sucedió otra. Katerina Ivanovna había sido presa de un ataque de nervios. La joven lloraba y sollozaba con violencia, sin quererse marchar de allí, suplicando a grandes gritos que le permitiesen quedarse. De improviso, gritó, mirando al presidente:

—Todavía debo añadir algo... Aquí tengo una carta... una carta... Léanla ustedes; es una carta de esa fiera, de ese que está ahí... De ese hombre que se sienta en el banquillo de los acusados.

Y al decir esto indicaba a Mitia.

—¡Ha sido él quien ha matado a su padre! Él mismo me lo ha escrito. El otro está enfermo... Hace tres días que su cerebro está algo trastornado...

El ujier tomó la carta y se la llevó al presidente. Katerina Ivanovna se dejó caer sobre el asiento, y escondiendo el rostro entre las manos, siguió sollozando en silencio, sofocando sus gemidos por temor de que la hiciesen salir.

Aquella carta era la que Mitia había escrito a Katerina, estando medio embriagado, y la cual había considerado Iván como prueba material de la culpabilidad de su hermano. Así opinaron también los jueces. Sin la presencia de aquella carta, Mitia, seguramente, no habría sido condenado.

El presidente preguntó a Katerina si se había repuesto de su ataque de nervios.

—Sí, señor —respondió ella vivamente—. Estoy perfectamente dispuesta a responder a lo que me pregunten.

—Explique usted minuciosamente, cuándo y en qué circunstancias ha sido escrita esta carta.

—La recibí la víspera del asesinato. En el momento en que Mitia la escribía, me odiaba, me odiaba y me abandonaba por... aquella mujer... Me odiaba, además, porque me debía los citados tres mil rublos. He aquí la verdad a este respecto. Le ruego que me escuchen con atención: tres semanas antes de matar a su padre, vino Dimitri a mi casa una mañana. Yo sabía que él necesitaba dinero, y para qué lo necesitaba: era precisamente para conquistar a esa mujer. No ignoraba yo que él me traicionaba, y sin embargo le di ese dinero bajo pretexto de que lo enviase a Moscú a mi familia; y al dárselo lo miré fijamente, y le dije que podía mandarlo cuando quisiese, pues no corría mucha prisa. ¿Podía él dejar de comprender que aquello equivalía a decirle: "Necesitas dinero para traicionarme; helo aquí; soy yo quien te lo da: tómalo, si tienes valor"? ¿No es así? Yo quería avergonzarlo, pero él tomó el dinero, se lo llevó, y se lo gastó en una noche. Y sin embargo, él había perfectamente comprendido que yo lo sabía todo, se lo aseguro a ustedes. Él comprendió que aquello era una prueba que yo quería hacer...

—¡Es verdad! —exclamó Mitia—. Te había comprendido y, sin embargo, tomé tu dinero. ¡Desprécienme todos! ¡Lo merezco, porque soy un miserable.

—Acusado, una palabra más y le haré salir de la sala —dijo con severidad el presidente.

—Después, ese dinero ha sido para él un constante tormento —repuso Katia con precipitación—; quería devolvérmelo, pero lo necesitaba para su amante. He ahí por qué ha matado a su padre, y sin embargo, no me ha devuelto nada. Se ha gastado con ella el dinero robado, en el pueblecillo en que ha sido arrestado por la policía. La víspera del asesinato me escribió esa carta estando embriagado; él pensó sin duda que yo no se la enseñaría a nadie, ni aun en el caso de que cometiera el delito: de otro modo no me la habría escrito. Léanla, léanla atentamente, se lo ruego; verán ustedes cómo lo describe todo anticipadamente: lo que hará para matar a su padre y cómo hará para robarle el dinero. Fíjense ustedes especialmente en esa frase que dice: "Lo mataré apenas se haya marchado Iván".

El presidente preguntó a Mitia si reconocía aquella carta.

—¡Sí, sí! Pero no la habría escrito si no hubiese estado ebrio... Katerina y yo nos odiamos por muchas cosas... pero yo te juro, Katerina —añadió mirando a la joven—, que, a pesar de mi odio, yo te amaba; eres tú quien nunca me ha querido.

Y cayó sobre su asiento, retorciéndose las manos.

El procurador y el defensor se pusieron, a un tiempo, a preguntar a Katerina por qué había ocultado primeramente aquel documento y declarado en otro sentido.

—He mentido contra mi honor y mi conciencia; quería salvarle, precisamente, porque me odiaba y me despreciaba... ¡Siempre me ha despreciado! ¡Me ha despreciado desde aquel instante en que le saludé reverentemente para darle las gracias por su dinero! Lo comprendí en seguida, pero estuve mucho tiempo sin poder creerlo. ¡Cuántas veces leí en sus ojos: "Hasta tú has venido a mi casa a pedirme dinero"! Él no comprendió nunca el motivo por el cual fui yo a su casa; no es capaz de comprender nada noble, porque juzga a los demás por sus propios sentimientos. Quería casarse conmigo solamente por mi dinero. Intenté vencer su fiereza con un amor infinito: hasta quise soportar su traición; pero él no comprendió nada; no puede comprender nada, porque es un miserable...

El presidente y el procurador se esforzaban por calmarla; pero ella continuó describiendo con claridad cómo había ido comenzado a turbarse durante los últimos meses la mente de Iván Fedorovitch, con la idea fija de salvar a aquella fiera, al asesino, a su hermano.

—¡Cuánto ha sufrido! —exclamó Katerina—. Quería atenuar la culpa; había decidido confesar que él no amaba a su padre, y que había deseado su muerte. ¡Oh, es una conciencia maravillosa la de ese hombre! Todos los días venía a confiármelo a mí, que tengo el honor de decirlo, soy su única amiga. Una vez me dijo: "Si no ha sido mi hermano quien ha matado, si ha sido Smerdiakof, yo soy tan culpable como él, porque Smerdiakof sabía que yo no amaba a mi padre y tal vez pudo pensar que yo deseaba su muerte". Entonces fue cuando le enseñé esa carta, la cual le convenció de la culpabilidad de su hermano. Esto le consternó; no podía soportar el pensamiento de que Dimitri fuese un asesino. Hace ocho días que está enfermo a causa de eso, y eso únicamente es lo que le hace delirar. El médico que hice venir de Moscú le ha examinado anteayer, y me aseguró que era inminente un ataque cerebral. ¡Y todo por causa de ese miserable!... ¡La muerte de Smerdiakof ha acabado de enloquecerle!... ¡Y todo por causa de ese miserable!

Katerina sufrió una nueva crisis nerviosa. Fue necesario sacarla de allí. En aquel momento, Grushenka se lanzó hacia Dimitri con tal precipitación, que no tuvieron tiempo de sujetarla, y abrazándole gritó:

—¡Mitia, ella te ha perdido! Ahora la conocen ustedes bien —añadió, volviéndose con rabia hacia el Tribunal.

A una señal del presidente, la sujetaron y la sacaron de la sala. Grushenka se defendía y extendía sus brazos hacia Mitia. Éste lanzó un rugido, y quiso arrojarse sobre los guardias y ujieres, costando gran trabajo el poder contenerle.

El médico que había venido de Moscú, y al cual había mandado llamar el presidente para que atendiese a Iván, entró en la sala y declaró que el enfermo tenía un ataque de locura fulminante. La carta de Katerina Ivanovna fue agregada a los documentos que constaban en el proceso.

El presidente declaró suspendida la sesión, para reanudarla más tarde.

Capítulo V

La sesión se reanudó, comenzando a pronunciar el fiscal su informe. Hipólito Kirillovitch empezó a hablar extrañamente emocionado. Más tarde, dijo que consideraba aquella acusación suya como la más notable de su vida de jurisconsulto; y fue, en efecto, si así puede decirse, su canto del cisne, puesto que murió tísico ocho meses después, perfectamente convencido de la culpabilidad del acusado.

—Señores jurados —empezó diciendo—, este proceso ha conmovido a toda la Rusia. En realidad, no debemos sorprendernos de que sea así. ¡Estamos acostumbrados a esta clase de espectáculos! Pero, lo que debe horrorizarnos es nuestra apatía y no la fechoría de tal o cual individuo. Ahora bien: ¿por qué permanecemos indiferentes ante semejantes fenómenos que nos presagian un tétrico porvenir? ¿Es cinismo, es acaso agotamiento prematuro de la razón y de la imaginación de nuestra sociedad, tan joven todavía y ya tan senil? ¿Han desaparecido hasta ese punto, en Rusia, los fundamentos de la moral? ¿Se hallarán por completo aniquilados? No lo sé; pero veo que hay en esto, para todo ciudadano digno de merecer tal nombre, una causa de profundos sufrimientos. Nuestra prensa, cuya timidez es aún bien notoria, ha prestado ya grandes servicios a la sociedad, pues, sin ella, no podríamos conocer los horrores de nuestra voluntad desenfrenada ni la profundidad de nuestra decadencia moral. En efecto, ¿qué es lo que leemos en nuestros diarios? ¡Oh, atrocidades frente a las cuales palidece esta causa y podría pasar por vulgar! La mayor parte de las causas criminales atestiguan una funesta disposición general de la mente, una especie de naufragio nacional, una de aquellas plagas sociales tan difícil de curar. Aquí, un joven y distinguido oficial del ejército, perteneciente a la más alta sociedad, asesina sin piedad a un humilde prestamista al cual, en cierto modo, debía estarle agradecido. También asesina a la sirvienta de su bienhechor, para apoderarse de un pagaré que había él firmado anteriormente, cometiendo, de este modo, un robo al mismo tiempo... Allá, un héroe, un joven oficial, igualmente cargado de condecoraciones que atestiguan su valiente comportamiento en el campo de batalla, asesina como un vulgar rufián, en el camino real, a la madre de su general en jefe. Y bien: yo no me atrevo a decir que estos dos ejemplos sean casos aislados. Habrá quien se abstenga de poner en práctica su pensamiento, quien no mate, pero desea la muerte de alguno de sus semejantes, lo que viene a hacer que, implícitamente, tenga alma de asesino. Tal vez se dirá que yo calumnio a nuestra sociedad. Sea. ¡Bien sabe Dios que yo desearía equivocarme! Considérenme como loco, si quieren, pero recuerden de mis palabras: que sólo sea cierto la vigésima parte de lo que digo, y ya habrá suficiente para echarse a temblar. Vean lo frecuente que es el suicidio entre nuestros jóvenes... Se quitan la vida sin extravagancia, a lo Hamlet, sin preguntarse *lo que seguirá después*. Vean nuestra corrupción, nuestros pervertidos... Fedor Pavlovitch, a su lado, podría pasar por un muchacho inocente; y, sin embargo, todos nosotros le hemos conocido; vivía entre nosotros..., al lado nuestro. Sí, la psicología del delito en Rusia habrá de ocupar un día las mentes más elevadas de nuestro país, y acaso de toda Europa. Nosotros fingimos no indignarnos, no asustarnos con tales horribles delitos: en el fondo nos satisfacen como espectáculos que estimulan nuestra pereza, nuestra cínica ociosidad: a lo sumo, escondemos la cabeza debajo de la almohada para no ver al fantasma que pasa... Y, sin embargo, el día de la reflexión llega, tarde o temprano. Es necesario que conozcamos la sociedad en que vivimos. Un gran escritor nuestro, en el final de una de sus principales obras, representa a Rusia como un carruaje que rueda hacia una meta desconocida: "¡Ah, raudo vehículo —exclama—, alado carruaje, ¿a dónde vas?" Y, en un momento de entusiasmo y de orgullo, añade que, al paso de este carruaje impetuoso, todos los pueblos se apartan respetuosamente o no; pero, según mi humilde parecer, el gran escritor se ha dejado llevar de su imaginación exaltada, muy bella, sí, pero muy pueril, o, quién sabe si temió las censuras de su época; ya que a ese carruaje no se enganchan sino los propios héroes de Gogol, Sabakovitch, Pozdrof y Tchitchikof;

con tales caballos no irá muy lejos ese vehículo, sea cual fuere su coche-ro. Y, sin embargo, ésos son los caballos de la antigua raza...

El discurso de Hipólito Kirillovitch fue interrumpido aquí con gran-des aplausos.

Luego prosiguió:

—¿Qué es, pues, esta familia Karamazov, que ha conquistado de repente una gran notoriedad? Me parece que esta familia sintetiza a nuestra sociedad contemporánea, al menos en algunos de sus elemen-tos. Miren aquel viejo disoluto, aquel *padre de familia*, cuya carrera termina de un modo tan trágico; es un caballero que debutó haciendo de parási-to, para hacer, luego, un casamiento de conveniencia; es un bufón y, además, un usurero. Se enriquece envejeciendo, y, al enriquecerse, se torna arrogante, cínico, malvado, y prosigue siendo un pervertido. Exento de sentido moral, observen la educación que da a sus hijos. Se ríe de sus deberes de padre, y deja que los seres por él engendrados crezcan al lado de sus criados. Toda su moral se resume en estas palabras: "Des-pués de mí, el diluvio".

Aquí, el orador refiere las contiendas habidas entre Fedor Pavlovitch y su hijo Mitia.

—Y con el dinero del hijo —añade— quería luego comprar la aman-te de éste. No, no quiero dejar argumento alguno al insigne abogado que ha venido a defender a Dimitri Fedorovitch. Yo mismo diré toda la verdad. Comprendo la cólera que llegó a acumularse en el corazón de este joven... Pero, en fin, creo que ya he hablado bastante de ese desgra-ciado viejo... él ya ha expiado sus faltas. No obstante, recordemos, todavía, que era un padre *moderno*. Y ¿será calumniar a nuestra socie-dad si digo que era uno de nuestros numerosos padres modernos, aunque, acaso, con un poco más de cinismo?... Y, ahora, vean a los hijos de ese hombre: uno de ellos, el mayor, lo tenéis delante, sentado en el banquillo de los acusados; es hombre de clara y potente inteligencia, de profunda instrucción, pero no cree en nada, lo niega todo como hacía su padre. El que le sigue, un adolescente todavía, es piadoso y modesto; pero sus ojos están llenos de esa desesperación en que caen todos aque-llos que atribuyen la causa de nuestros males al progreso de la influencia occidental y no quieren ver ni oír nada más, no quieren amar sino las cosas de su propio país: como niños asustados de los fantasmas de sus sueños, se dejan caer sobre el seno exhausto, agotado, de su madre, y quisieran seguir durmiendo durante toda la noche, si de ese modo pu-dieran evitar las visiones espantosas.

El fiscal habló seguidamente de la influencia de las ideas de Iván sobre Smerdiakof, y especialmente de aquella frase: "Todo le es permi-tido al hombre", que el criado había repetido durante el curso de su declaración, deduciendo que, hasta los últimos acontecimientos, Smerdiakof había sido un idiota, pero que, bajo la influencia de Iván, el idiota se había vuelto loco.

—Del tercer hijo de esta familia moderna —siguió diciendo— conocéis todos su vida y sus obras. Iván Fedorovitch es un occidental, Alexey Federovitch un mujikolatra; el acusado representa a la Rusia natural..., no a toda la Rusia, Dios nos guarde de ello... Mas, sin embargo, ahí está, ahí tenéis en él a nuestra pequeña Rusia, en él se reconoce a nuestra pequeña madre... ¡Hay en nosotros una mezcla tan sorprendente de bueno y de malo! Amamos la civilización y a Schiller, y, al propio tiempo, vamos a alborotar a la taberna. Algunas veces nos entusiasmamos por el más noble de los ideales, pero no queremos sufrir por su causa. "Dadnos la felicidad y no nos pidáis nada a cambio. No somos avaros, pero que nos den mucho dinero, y verán con qué desprecio por el vil metal lo derrocharemos en una noche de orgía... Pero, si no nos dan dinero, demostraremos que sabemos procurárnoslo cuando queramos"...

El procurador resumió la infancia y juventud de Mitia, y después se detuvo a considerar las dos declaraciones contradictorias de Katerina Ivanovna, preguntándose en cuál de ellas precisaba creer.

—Ordinariamente —dijo—, tomando la mitad de cada una de las dos afirmaciones contrarias, suele darse con la verdad. En este caso no sucede otro tanto. ¿Por qué? Porque estamos en presencia de un Karamazov, de un temperamento elástico, capaz de reunir instintos contradictorios, capaz de ver al mismo tiempo en dos abismos: en uno, el abismo del ideal, en lo alto, y en el otro, el de la más innoble degradación, en el fondo. ¡Dos abismos en una misma mirada, señores! Y sin uno de estos dos abismos, no es posible la existencia... ¡Somos grandes, extensos, como nuestra madre, la Rusia!

Después estableció Hipólito Kirillovitch la imposibilidad de que Mitia conservase guardados los mil quinientos rublos, de los cuales se hubiera servido, en caso de haberlos poseído, para contrarrestar las ofertas de su padre, y poder conducir a Grushenka a cualquier lugar lejano; pues no era admisible que el mismo hombre que había tenido la debilidad de aceptar tres mil rublos en condiciones humillantes, hubiese tenido la fuerza de voluntad de conservar durante tanto tiempo una cantidad que le era tan necesaria.

—He aquí —siguió diciendo— cómo ha debido proceder el verdadero Karamazov: primeramente, con objeto de convidar a su amadísima Grushenka, tomaría de aquella suma un centenar de rublos, ya que no era absolutamente preciso conservar la mitad, justamente, de los tres mil. Mil cuatrocientos venían a ser lo mismo. "Soy un miserable —se diría—, pero no un ladrón, puesto que devolveré mil cuatrocientos rublos, cosa que un ladrón es incapaz de hacer". Y este mismo razonamiento le serviría hasta que llegó al último billete. "Un miserable, no un ladrón; he gastado veintinueve billetes de a ciento; pero devolveré el trigésimo... un ladrón no haría esto". Pero, al llegar al último billete, se diría para sí: "¡Bah!... ¡Verdaderamente, no vale la pena devolver esta miseria; para poca salud, mejor es morirse: que siga éste el mismo camino!"

Capítulo VI

—Los peritos médicos han pretendido demostrar que el acusado no goza de la plenitud de sus facultades mentales —prosiguió el fiscal—. Yo afirmo lo contrario. La única perturbación que le trastorna es la producida por los celos...

Hipólito Kirillovitch entró luego a analizar las torturas morales que había soportado Dimitri por causa de los celos. Habló de la rivalidad entre el padre y el hijo, por causa de aquel amor, ¡verdadero amor de Karamazov. Explicó cómo y de qué modo condujo Grushenka a la perdición al padre y al hijo, cosa que ella misma había dicho en Mokroié. Pintó a Dimitri abandonándose en la taberna a toda clase de excesos y refirió todos los pormenores que ya conocen nuestros lectores, y que concluyeron por determinar en Dimitri la firme resolución de asesinar a su padre.

—Confieso, señores jurados —afirmó—, que hasta hoy no había creído que el acusado hubiese obrado premeditadamente; estaba convencido de que no había entrevisto el delito sino como una posibilidad vaga y sin fecha fijada; pero el documento fatal que nos ha presentado hace poco la señorita Katerina Ivanovna ha disipado mis dudas. Ello constituye un plan preciso y bien meditado del asesinato. Esa carta tiene, efectivamente, ese significado. Ella fue escrita cuarenta y ocho horas antes del acontecimiento, y nos prueba que, dos días antes de ejecutarse el delito, estaba el acusado resuelto a llevarlo a cabo, para poder robar a su padre "en cuanto se marchase Iván". Todo fue calculado, previstas todas las circunstancias, y todo sucedió como lo había planeado el asesino. La premeditación y el cálculo son evidentes. El móvil del crimen ha sido el robo, como resulta de esa carta que el acusado no niega. Y, aunque esa carta hubiese sido escrita en estado de embriaguez, ¿qué probaría eso? En todo caso, probaría que, estando ebrio, se atrevió a decir una verdad que no hubiese osado proferir a sangre fría.

A la objeción que podría deducir la defensa del hecho es que el acusado hubiera declarado por todas partes, sin rebozo, su proyecto, respondió anticipadamente el fiscal, que Dimitri había cesado de hablar en ese sentido a partir del momento en que su determinación se hizo irrevocable.

El fiscal insistió después sobre el instrumento del delito, sobre aquel cuchillo que Dimitri había cogido sin propósito determinado. Luego trató de disipar la especie vertida por el acusado, sus hermanos y Grushenka, de que hubiese sido Smerdiakof el culpable, cosa en favor de la cual no podía alegarse la menor prueba. Aliosha y Grushenka no le acusaban sino apoyándose en las palabras de Dimitri y de Iván, encontrándose este último en un estado anormal. La muerte de Smerdiakof se explicaba fácilmente, ya que había sido *comprobada* su demencia. Luego, reuniendo Kirillovitch, en apretado haz, todas las pruebas, demostró que Smerdiakof no pudo ser el asesino, ya que su misma ingenuidad, la confesión que hizo acerca de su habilidad en fingir los ataques epilépticos, y su asentimiento respecto a que, efectivamente, conocía las señales convenidas entre Fedor y Grushenka, establecían claramente su inocencia. ¡Ni siquiera podía acusársele de complicidad!

—Pero —continuó diciendo Hipólito Kirillovitch supongamos que hubiera sido culpable; en este caso, al suicidarse Smerdiakof, declarando que se quitaba voluntariamente la vida, ¿no habría confesado su culpa, puesto que podía rescatarla con la pérdida de su existencia? Iván Fedorovitch dice que sólo ayer recibió la confesión de Smerdiakof, y para demostrarlo ha traído tres mil rublos... Ustedes, señores jurados, deben comprender perfectamente que esa prueba es de una debilidad tal que no resiste a la crítica... Iván Fedorovitch ha sacado de su bolsillo ese dinero. ¿Por qué no vino a ponerlo en nuestras manos ayer mismo, después de haber visto y oído a Smerdiakof? Ustedes saben el estado en que se halla Iván Fedorovitch.

Capítulo VII

Después de haber descrito los diversos estados psicológicos que habían impulsado al acusado a cometer el delito, demostró Hipólito Kirillovitch cómo nació en la mente de Dimitri la idea del suicidio, al ver, con la llegada del primer amante de Grushenka, que había resultado inútil el crimen cometido.

—Y corrió a desempeñar sus pistolas —dijo—, llevando consigo aquel dinero por el cual ha ensangrentado sus manos. ¡oh, ese dinero le era ahora más necesario que nunca! ¡Karamazov morirá, Karamazov se quitará la vida, todos los recordarán! ¡No en vano somos poetas! ¡No en vano hemos consumido nuestra vida como una vela, encendiéndola por ambos extremos!... ¡A buscarla a ella! ¡A buscarla a ella, y a celebrar en su compañía una fiesta, pero una fiesta tal, que no se haya visto otra parecida!... ¡Se acordarán durante mucho tiempo!... ¡En medio de los gritos salvajes, de las locas canciones de los zíngaros, en medio de las danzas, levantaremos nuestra copa y beberemos a la salud de nuestra queridísima! ¡Y allí, delante de ella, a sus pies, nos romperemos el cráneo, expiaremos todas nuestras faltas en un instante! ¡Ella, Grushenka, se acordará de Mitia Karamazov, sabrá que la amó, y tendrá piedad de él!... ¡Qué cuadro tan romántico! ¡He aquí el ímpetu salvaje, la trágica sensualidad de los Karamazov!... Pero hay algo más todavía, señores jurados, que llega al alma, que atormenta la mente de continuo y envenena el corazón hasta la muerte: ¡este *algo* es la conciencia, señores jurados, y el óxido que la corroe, su remordimiento!... ¡Las pistolas le impondrán silencio! ¡Es el único camino de salvación! ¡En cuanto al *más allá*, yo no sé si Karamazov, piensa como Hamlet en las cosas de ultratumba! ¡No, señores jurados; el Occidente posee un Hamlet, nosotros no tenemos todavía sino un Karamazov! En tal estado de ánimo llega el acusado a Mokroié. Pero allí se da cuenta de que Grushenka le ama: entonces se opera en él una crisis terrible, la más terrible, señores, de cuantas hasta entonces ha atravesado. ¡Ah, la naturaleza ultrajada y el corazón culpable tienen penas más terribles que las que impone la justicia humana; se puede hasta decir que la justicia humana le es necesaria al culpable, porque sólo ella puede librarle de la desesperación! ¡Oh, pueden ustedes imaginarse lo que sufriría Karamazov cuando supo que era amado, que desdeñaban al antiguo amante y le preferían a él, a él, a Mitia!... ¡Una vida nueva, la felicidad!... Y todo eso, ¿cuándo? ¡Cuando ha concluido todo para él, cuando para él nada es ya posible! Entonces se aferra a la vida; ustedes saben que Dimitri tiene el don de poder ver al mismo tiempo en dos abismos: piensa en engañar a la justicia, y esconde en cualquier parte la mitad del dinero, el cual, hasta ahora, no ha podido ser hallado... Se le detiene cuando estaba junto a su amante, tendida ésta sobre el lecho. Es arrestado cuando menos lo esperaba, y aquí está, delante de los jueces, delante de aquellos que deben disponer de su destino. Señores jurados, en el ejercicio de nuestras funciones hay momentos en que nosotros mismos tenemos miedo de la humanidad, especialmente cuando observamos en el culpable ese terror animal que le oprime, sin impedirle, no obstante, el luchar por salvarse; cuando se despierta en él el instinto de conservación y fija en sus jueces su mirada interrogadora, el momento no puede ser más doloroso. En estos casos, el acusado espía los movimientos, estudia la expresión de los semblantes; se pone en guardia contra un ataque inesperado, y, en un instante, forja en su desordenada mente millares de planes; pero teme traicionarse él mismo.. ¡Momentos humillantes para el alma humana! ¡Es algo horrible esa irracional avidez por salvarse; ella mueve la piedad, estremece al propio juez instructor! Karamazov nos dio ese espectáculo. Al principio se quedó como alelado, y en el terror del primer momento dejó escapar frases que le comprometían gravemente, tales como: "La sangre... he merecido..." Pero luego se contuvo en seguida. ¿Qué decir? ¿Qué responder? No tenía pensada ninguna excusa; no podía hacer otra cosa que negar, pero sin pruebas... Sólo supo decir: "No soy culpable... Soy inocente..." Es el primer muro tras el cual se esconde uno, con la esperanza de construir luego, dentro de dicho muro, otras obras de defensa. Trata de explicar sus primeras exclamaciones que tanto le comprometen, y, previendo nuestras preguntas, dice que se cree culpable de la muerte del criado Grigori. "De esa sangre soy culpable... ¿Mas quién ha matado a mi padre no habiéndole hecho yo?" ¿Comprendéis? ¡Nos lo pregunta a nosotros, a nosotros que debemos hacerle, precisamente, esa pregunta! ¿Comprendéis esa astucia de bestia, esa ingenuidad, esa impaciencia de Karamazov?... Primero se apresura a confesar que quería matar, y luego dice que él es inocente; que no ha sido él el asesino. Sin embargo, nos hace una concesión: nos dice que *ha querido matar*. "¡Vean cuán sincero soy —viene a decir—, deben creerme cuando les digo que no he llevado a cabo mi propósito!... ¡Oh, en esos momentos, los delincuentes son algunas veces bastante pueriles! El juez instructor le pregunta entonces: "¿No habrá sido Smerdiakof el asesino?" Y ocurrió lo que nosotros habíamos previsto; el acusado se irrita por haber sido tomado desprevenido, antes de que hubiese tenido tiempo de escoger el momento propicio para acusar a Smerdiakof. Pero su temperamento le empuja hacia otra extremidad, y entonces sostiene que Smerdiakof es incapaz de asesinar. Mas eso no es sino una astucia, pues no quiere privarse por completo de ese medio de defensa. Dentro de poco volverá a oponerse a Smerdiakof, más tarde, cuando lo juzgue oportuno: "¿Ven ustedes? —nos dirá—. Yo negaba que hubiese sido Smerdiakof, ¿recuerdan ustedes? Smerdiakof es el asesino". Entonces se enfada, se impacienta, y la cólera le sugiere las más inverosímiles explicaciones y disculpas, y así nos dice que vio a su padre asomado a la ventana y que se alejó de allí entonces, tranquilamente. En aquel momento, el acusado no conocía todavía toda la importancia de la declaración de Grigori... Entonces le registramos la ropa, y eso le puso fuera de sí; pero vuelve a reponerse al ver que sólo hallamos en sus bolsillos mil quinientos rublos en vez de tres mil, y es, entonces, cuando se le ocurre la idea del amuleto, cuando inventa aquella historia y se esfuerza en hacérnosla creer. Nosotros oponemos a eso el testimonio de Grigori el cual ha visto la puerta abierta, por donde ha salido el asesino. Dimitri no se imagina que aquel detalle hubiese sido advertido por Grigori... El efecto es colosal; Karamazov se levanta y grita: "Smerdiakof es el asesino; Smerdiakof es!" Ahora bien; Smerdiakof no habría podido matar antes que Grigori hubiera caído herido y Grigori había visto la puerta abierta antes de advertir la presencia allí de Karamazov. Al hacérsele esta observación se queda anonadado, y entonces, en un arranque de sinceridad, se decide a confesarlo todo, y nos habla de su amuleto. Nosotros le interrogamos sobre ciertos particulares, punto siempre débil en esta clase de invenciones. Le preguntamos dónde encontró los materiales para cubrir lo que él llama su amuleto. A esta pregunta, el presunto delincuente se enfada de nuevo y no sabe qué responder: según él, aquello no tiene importancia alguna. Y, sin embargo, si hubiese podido demostrar de dónde sacó aquel pedazo de tela, el hecho hubiese sido una prueba altamente favorable para él. Pero, a juicio suyo, ésas son minucias; él quiere que se le crea bajo su palabra de honor... ¡Ah, nosotros quisiéramos, desearíamos poder creerle! ¿Somos, acaso, chacales, ávidos de sangre humana? Presenten un solo hecho favorable al acusado y nos causará gran placer. Pero es preciso que sea un hecho real, palpable, evidente; la opinión de su hermano Alexey no es suficiente; no basta decir que Dimitri Karamazov se golpeó en el pecho, una noche, en la oscuridad, para convencernos de la existencia de ese amuleto. La verdad grita, se alza por encima de todo, y nosotros no podemos por menos de prestarle oídos; nosotros acusamos. A pesar de cuanto pueda deciros el célebre defensor del acusado, no obstante su gran elocuencia, que habréis de admirar, y que, ciertamente, influirá en vuestra sensibilidad, no olvidéis que estáis en el santuario de la justicia. Recordad que sois los servidores de la verdad, los defensores de nuestra santa Rusia y de la familia, ya que representáis aquí a toda la nación, y que no será solamente en esta sala donde resonarán los ecos de vuestro veredicto: Rusia entera os escucha, a vosotros que sois sus apóstoles y sus jueces; la sentencia que emitiréis, la entristecerá o le infundirá coraje. No defraudéis sus esperanzas; nuestro vehículo vuela al galope, tal vez hacia el abismo. Ya hace tiempo que muchos de los nuestros levantan los brazos queriendo impedir esa carrera loca y desenfrenada... ¡Si los demás pueblos se apartan a su paso, no es, probablemente, por deferencia, como pretenden los poetas; tal vez sea por miedo, acaso por disgusto! ¡Es una suerte que ellos se alejen; temed que lleguen a levantar en el camino un sólido muro ante ese fantasma, y que traten de contener el ímpetu desenfrenado de nuestros vicios, para preservar su sociedad y su civilización. ¡Ya nos han llegado de Europa voces inquietantes: no tentéis a nuestros enemigos! ¡No acumuléis los odios que van creciendo; no los aumentéis con la absolución de un parricida!...

El discurso de Hipólito Kirillovitch terminó con una exhortación patética y produjo un efecto extraordinario.

Capítulo VIII

Cuando se levantó el defensor, todos enmudecieron y fijaron en él sus ojos.

—Señores jurados —comenzó diciendo— yo soy aquí completamente desconocido; no podía, por tanto, tener una opinión preconizada antes de mi llegada. El carácter violento del acusado no podía haberme impresionado antes como ya les ha ocurrido a otras personas de esta ciudad. En verdad confieso que, en este caso, la opinión pública tiene motivos para estar alarmada... Sin embargo, mi defendido era recibido en todas partes, sin excluir la casa de mi digno contradictor, antes de ocurrir el hecho que tratamos de esclarecer... El señor fiscal podía tener formada, acerca de Dimitri Fedorovitch, una opinión que le ha hecho ser severo con él, si bien debe reconocerse que el desgraciado merecía esa severidad. El señor fiscal, en su admirable discurso, ha analizado escrupulosamente el carácter y las acciones del acusado, nos ha explicado la esencia del delito con una psicología tan profunda, que no se puede pensar que haya obrado premeditadamente contra mi defendido. Se ve el entusiasmo artístico de las novelas que se pueden inventar cuando no se poseen tan excelsos dones de imaginación psicológica. La psicología es, por sí misma, una ciencia maravillosa, pero es también, por decirlo así, un arma de dos filos. Por ejemplo, y escojo al azar este punto del informe, el acusado, de noche, en el jardín, huyendo, escala un muro y tumba al doméstico Grigori; inmediatamente después, salta a tierra, dentro del jardín, y, durante cinco largos minutos, se agita en torno de su víctima para darse cuenta de su estado; el acusador no quiere, por nada del mundo, creer en la sinceridad del acusado, quien afirma haberse sentido en aquel instante movido por un sentimiento de piedad. Sirvámonos, pues, a nuestra vez, de esa misma psicología, pero, naturalmente, por el otro filo, y veremos cuán inverosímil es la tesis del señor fiscal. Según él, Karamazov no bajó nuevamente al jardín sino para asegurarse de que el único testigo presencial que existía estaba realmente muerto. Y yo digo: ¿cómo es posible que un hombre tan dueño de sí en aquel momento, sea el mismo que ha cometido la imprudencia de dejar en la habitación de su padre el sobre desgarrado que contenía poco antes los tres mil rublos, y que constituía una prueba tan importante en contra suya? ¡Una de dos: o lo calculó todo, o no calculó nada! Además, si era tan cruel mi defendido, ¿no es lógico suponer que hubiera ultimado a su víctima en vez de dejarla con vida? ¿No le habría asestado nuevos golpes hasta quedar convencido de que había cesado de existir? Mas no, todo lo contrario: el supuesto delincuente se arrodilla ante el viejo herido, restaña la sangre que brota de su frente y arroja lejos de él el cuchillo con el cual fue atacado. Esto demuestra, hasta la evidencia, que estaba desesperado por la acción que acaba de cometer y puede asegurarse que, al lanzar el fatal instrumento, lo hizo maldiciéndose a sí mismo. Ahora bien: cuando se acaba de asesinar a su propio padre, no puede creerse que la persona capaz de cometer semejante horror sea accesible a la compasión que pueda inspirarle un criado al cual no le liga vínculo alguno: si la compasión

existió, fue porque en su corazón anidaban la piedad y los buenos sentimientos, y anidaban allí porque aquel corazón era puro. He aquí, pues,
señores, una psicología completamente distinta. Ved como, según el plano en que uno se coloque, según el punto de vista que uno adopte, puede
obtenerse lo que se desee.

El defensor analizó los hechos. Negó la existencia de los tres mil
rublos, que no resultaba probado por ninguno de los testigos que habían declarado: por consiguiente, el robo era imaginario.

—Solamente Smerdiakof —añadió— dijo haber visto esos tres mil
rublos; pero, aun suponiendo que no hubiese mentido, no se sabe en
qué época los vio. Smerdiakof afirmaba que el dinero se encontraba debajo del colchón; y sin embargo, el lecho estaba intacto como lo había
demostrado la diligencia efectuada en casa del difunto; el único hecho
evidente en contra del acusado es el descubrimiento del sobre destrozado; pero ninguno de nosotros sabemos si dentro de él se hallaba el dinero.
¿No habría podido ser el propio Fedor Pavlovitch quien, en su expec-
tante ansiedad, hubiese rasgado el sobre para asegurarse de que la suma
estaba allí, siempre intacta? Y, en ese caso, ¿no podría él mismo haber
arrojado el sobre en cualquier parte? En esto no hay nada que parezca
imposible; el pro y el contra pueden admitirse igualmente, con idénticas
probabilidades de verosimilitud. No es cuestión de imaginarse episo-
dios novelescos a gusto de cada cual; se trata de la vida o de la muerte,
del destino de un hombre. Se habla del dinero gastado tan pródigamen-
te por el acusado. ¿Y por qué obstinarse en creer que ese dinero sea del
padre? Es muy probable, dado el carácter del acusado, que sea cierta la
afirmación sostenida por él de que ese dinero lo llevaba encima desde
hacía largo tiempo. La novela forjada por la acusación supone otra clase
de personaje, supone un hombre débil, sin voluntad, que acepta, en circunstancias humillantes, dinero de una mujer, y lo gasta poco a poco.
Las cosas pueden muy bien haber ocurrido de otro modo. Hay testigos
que afirman haberle visto gastar por dos veces, la suma de tres mil rublos;
pero, ¿qué clase de testigos son ésos? ¡Ya habéis visto todos la confianza
que puede tenerse en ellos! Un pedazo de pan, en manos de otra persona, parece siempre más grande de lo que en realidad es... Ninguno de
esos testigos ha contado los billetes; todos los han evaluado aproximadamente. El testigo Maximof ha afirmado rotundamente que vio veinte
mil rublos en las manos del acusado... En cuanto a las declaraciones de
la señorita Ivanovna, tenemos dos versiones completamente distintas.
El señor fiscal ha respetado cierta historia; yo imito su delicadeza. Pero,
no obstante, me permito indicar que, si una persona tan pura, tan digna
como la señorita Katerina Ivanovna, se permite, ante un Tribunal, el
cambiar de repente su declaración, con el propósito evidente de perder
al acusado, es evidente también que ese cambio ha obedecido a una

resolución tomada de antemano. No se nos puede evitar que pensemos que ha sido el deseo de venganza lo que le ha hecho rebasar los límites de la verdad. Ha podido exagerar las condiciones humillantes en las cuales había ofrecido el dinero aceptado por el acusado. Por el contrario, aquel ofrecimiento debió hacerse de una manera aceptable, sobretodo para un hombre poco reflexivo como mi defendido, que esperaba además recibir muy pronto los tres mil rublos que su padre le debía... El acusador no quiere admitir la división que mi defendido ha hecho de esa suma, ni la historia del amuleto. El carácter de los Karamazov —ha dicho el señor fiscal— es incompatible con tales sentimientos. Y, sin embargo, el mismo acusador nos hablaba de los dos abismos que un Karamazov puede considerar a un tiempo... Pues bien: el fiscal tenía razón, un Karamazov puede dejarse arrastrar al mismo tiempo por la prodigalidad y la disipación, y dejarse influenciar por otra fuerza distinta: esta otra fuerza es el amor, es aquel nuevo amor que se inflamó en él como la pólvora. Y por ese amor es por lo que llega a necesitar dinero, y lo necesita más todavía para agasajar a la persona amada. Que ella le diga: "Soy tuya; no quiero saber nada de Fedor Pavlovitch..." y él se la llevará consigo, lejos de aquí. ¿Cómo podéis creer a Karamazov incapaz de comprender esto? ¿Qué hay, pues, de extraordinario, en que hubiese dividido esa suma, de la cual habría conservado una parte para poder alejarse con la mujer que amaba? Pero pasa el tiempo, Fedor Pavlovitch no le da al acusado el dinero que le debe, y éste piensa entonces: "Si mi padre no me da ese dinero, pasaré por ser un ladrón a los ojos de Katerina Ivanovna". Es un motivo más para conservar el dinero: "Soy un miserable, pero no un ladrón". ¿Por qué negarle al asesino este sentimiento de honor? El honor es evidente en él, tal vez mal comprendido, pero evidente, llevado hasta la pasión, así lo ha demostrado. En cuanto a la carta que la señorita Ivanovna nos ha mostrado y en la cual quiere ver la acusación todo un programa del asesinato, ella ha sido escrita en estado de ebriedad, y por lo tanto no significa nada. ¿Quién nos probará que la verdadera intención de Karamazov fue la de apoderarse del paquete de billetes de Banco, y que sólo con ese objeto iba a casa de su padre? ¿No sabemos todos que estaba desesperado y dominado por los celos?

Capítulo IX

—No olviden ustedes, señores jurados, que se trata de la vida de un hombre; y que se impone la prudencia. Hasta hoy, el acusador todavía dudaba de que pudiese existir la premeditación: su convicción data solamente de la presentación de esa carta. El señor fiscal nos ha hecho notar que los hechos han ocurrido tal y conforme los había anticipadamente descrito el acusado en esa carta. Pero yo os ruego observéis que el supuesto delincuente fue a casa de su padre solamente para ver si la señorita Grushenka estaba allí con él. Si la hubiese encontrado a ella en su casa, nada anormal hubiese acaecido. No fue en su propio domicilio, sino en el de ella donde el acusado cogió el cuchillo del que tanto se ha aprovechado la acusación para forjar la novela que ya conocéis. Y sin embargo, si no se hubiese hallado ese cuchillo al alcance de su mano, Karamazov hubiera partido sin arma alguna. ¿Qué prueba de premeditación se quiere entonces ver aquí? En cuanto a las intenciones del asesinato que el acusado pregonaba por todas partes, paréceme que ellas indican, precisamente, la ausencia de la premeditación: ya que, todos aquellos que meditan un crimen, se guardan muy bien de hablar de él, no por cálculo, sino por instinto. ¡Cuántas veces hemos oído a los borrachos amenazarse de muerte el uno al otro, al salir de la taberna y, sin embargo, no se matan! Esa carta funesta no es sino una amenaza de un hombre beodo... Esa carta es, dicho sea con perdón, sencillamente ridícula; ni más ni menos...

Pero el padre del acusado —siguió diciendo, después de breve pausa— ha sido asesinado y, aquella misma noche, se vio al último dentro del jardín de la casa de aquél, y por consiguiente, todo ha acontecido como lo había anunciado el presunto delincuente... "Se hallaba dentro del jardín; por lo tanto ha matado". Toda la acusación reside por esa frase. ¿Y si ese *por lo tanto* no tuviese razón de existir? ¡Oh! convengo en que el conjunto de circunstancias es desgarrador. Pero examinando los hechos en particular sin dejarnos impresionar por su conjunto, ¿por qué, pongo por caso, no quiere creer la acusación en la veracidad de mi defendido, cuando declara haber huido al ver aparecer a su padre?

El defensor establece largamente que era, efectivamente, bastante verosímil que el acusado hubiese partido en cuanto pudo comprobar que Grushenka no estaba allí.

—Pero, entonces, ¿quién ha matado? —preguntó—. Convengo —añade— que no han sido ni Grigori ni su esposa. Quedan, por lo tanto, Karamazov y Smerdiakof. El señor fiscal exclama, patéticamente, que el acusado indica a Smerdiakof solamente cuando no ve ya ningún camino libre. ¿Por qué entre los dos posibles asesinos prefiere el señor fiscal acusar a mi defendido antes que a Smerdiakof? Es verdad que a éste sólo le acusan mi defendido, sus dos hermanos y la señorita Grushenka. Mas hay todavía otro testigo, y éste es ese vago rumor, esa atmósfera de misterio que acompaña a este suceso; ya que no puede decirse que se halle suficientemente esclarecido. La duda es posible, señores... ¿Qué significa esa inexplicable crisis epiléptica que sobreviene en el preciso momento de la catástrofe? ¿Qué da a entender esa repentina declaración de Iván Fedorovitch, esa declaración aplastante para Smerdiakof?

Sé perfectamente que el testigo está enfermo; pero debéis convenir conmigo en que ese Smerdiakof resultaba un personaje enigmático.

El abogado defensor se extendió largamente estudiando el carácter de Smerdiakof y probó que no fue tan imbécil como el fiscal quería creer. Por el contrario, según él, fue un hombre malvado, vanidoso, vengativo y envidioso.

—Aquel hombre —dijo— sufría a causa de su vergonzoso origen y, ciertamente, aquella gruesa suma en billetes nuevos pudo muy bien haber tentado la codicia de aquella alma mezquina. ¿Por qué no puede admitirse que se levantara de la cama en el momento que Dimitri huía? Todo el mundo sabe que, después de una crisis, el epiléptico se ve acometido de un profundo sueño. Smerdiakof pudo haberse despertado al oír el grito de "¡Parricida!" lanzado por Grigori... Dicen que la esposa de éste oyó a Smerdiakof quejarse durante toda la noche; pero todos sabemos cuán fácil es imaginarse que no ha cerrado uno el ojo, cuando se ha despertado varias veces en la misma noche. ¿Por qué no confiesa Smerdiakof su delito preguntó el señor fiscal en la carta que escribió antes de suicidarse? ¿Cómo podría haber dejado que acusasen a un inocente de la muerte de Fedor Pavlovitch, él que tuvo la escrupulosidad de hacer constar que era él mismo quien se quitaba la vida, para evitar que pudiera culparse a nadie de ello? Permitidme. El escrúpulo es ya un arrepentimiento... Pero el suicida ha podido obrar impulsado por la desesperación, y no por el arrepentimiento. La desesperación es a veces malvada. El suicida, en el momento en que se hacía justicia a sí mismo, podía odiar más que nunca a aquéllos a quienes había envidiado durante toda su vida. ¡Estad alerta, señores jurados; estáis expuestos a cometer un error judicial! ¡Sí, ese conjunto de circunstancias es aplastante: aquellas manchas de sangre en las manos del acusado, aquella noche oscura en que resonaba el grito de parricida, aquel criado que se desploma herido lanzando ese grito, y todas esas declaraciones... sí, todo eso puede alterar una convicción, pero no la vuestra, señores jurados! ¡Recordad que sois los depositarios de un poder ilimitado, de un poder que, cuanto más grande es, hace más peligroso el ejercicio de vuestras funciones! A decir verdad, lo más horroroso para nosotros es el hecho de que se ha encontrado el cadáver de un padre que ha sido asesinado. Vosotros vacilaríais en condenar a un hombre, ante declaraciones poco concluyentes; pero el parricidio se os impone, teméis dejar impune un delito semejante y, a pesar de vuestra sinceridad, exageráis la importancia de los hechos.

El defensor hizo, entonces el retrato de Fedor Pavlovitch.

—Es terrible —siguió diciendo—, el pensar que un hijo pueda asesinar a su padre: supongamos, no obstante, que fuese ése el caso... Karamazov ha matado a su padre; pero veamos qué clase de padre era ése.

Y pasó a examinar las relaciones entre padre e hijo.

—El amor filial no justificado —dijo— es absurdo. El amor no se alimenta de la nada; sólo Dios es capaz de hacer algo de la nada. ¡Esta tribuna me ha sido concedida por la voluntad divina! Toda la Rusia me escucha, y yo me dirijo desde aquí no solamente a mis compatriotas, sino a todos los padres que en el Universo existen, y les digo: ¡Padres, no aflijáis a vuestros hijos! Sigamos, en primer lugar, el consejo de Jesucristo, y entonces es cuando podremos exigir el amor filial. Señores jurados, aquella terrible noche de la que tanto se ha hablado aquí hoy, la tenéis presente en vuestra imaginación: aquella noche durante la cual escala el hijo el muro de la casa de su padre, y se encuentra cara a cara con el enemigo que le ha dado la vida. Es cierto que, si no se hubiese tratado de su padre, si se hubiese tratado de un rival extraño, Karamazov hubiese huido luego de haberle dado probablemente un golpe cualquiera. Lo único que le importaba en aquel momento era el saber dónde se hallaba su amante... Pero un padre... ¡oh, un padre! La sola vista de su eterno persecutor, de su enemigo ya que lo que veía ante él no era otra cosa que un rival monstruoso, lo sumía en una desesperación de odio irresistible, en aquel instante no era ya dueño de sí, cedía a un exceso de demencia, estaba inconsciente para vengarse en nombre de las leyes naturales, y, no obstante, contrariando a éstas, nacía en él un alma de asesino... ¡Pues bien, señores jurados, a pesar de todo, yo afirmo *que el asesino no ha matado!*... Ha hecho un gesto de indignación y de asco, he ahí todo. Tal vez, si no hubiese tenido en la mano aquel funesto cuchillo, habría podido fracturarle el cráneo, pero no lo hubiese acuchillado. Y sin embargo, semejante asesinato no hubiese sido un parricidio. Se podría considerar de tal modo solamente prejuicio. Supongamos aún que haya sido cometido: ¿queréis castigar terriblemente al acusado? ¡Pues anonadadle, aplastadle con vuestra piedad! ¡Veréis entonces cómo se estremece su alma! ¡Oh, podéis creerme, en esa alma salvaje, señores, existe la nobleza! ¡Vuestra sentencia lo humillará; entonces se maldecirá a sí mismo, se ensanchará su espíritu, adorará la misericordia divina y venerará la justicia humana! ¡El arrepentimiento destrozará su alma y comprenderá el inmenso deber que su vida pasada le impone a su porvenir! No dirá, como decir podría si le condenaseis: "Somos todos iguales", sino que, por el contrario, dirá: "Soy culpable ante los hombres". ¡Oh, este acto de piedad será muy fácil para vosotros a falta de pruebas irrefutables! Y aunque tuvieseis esas pruebas indiscutibles, sería muy penoso para vosotros responder a la pregunta que se os hará: "Sí, es culpable". ¡Vale más absolver a diez culpables que castigar a un inocente! ¿No oís la gran voz del siglo pasado, de nuestra historia nacional? ¿Me toca a mí, el más humilde entre vosotros, el recordaros que la justicia rusa no tiene por único objeto el castigar? ¡Ah, también esa justicia sabe elevar y salvar a un hombre perdido! ¡Que reine en los demás pueblos la ley escrita, la letra de la ley! ¡Pero sirvamos nosotros al espíritu, a la esencia de las leyes: regeneremos a los caídos, y viva la Rusia entonces!... ¡No os asustéis los que veáis pasar por delante de vosotros el impetuoso vehículo ante el cual se apartan las otras naciones!... ¡Aquí no existe semejante vehículo; se trata tan sólo de una carroza majestuosa que camina solemne y tranquilamente hacia su objetivo! ¡No es solamente el destino de mi defendido el que se encuentra en vuestras manos; sino los destinos del genio ruso! ¡Salvad al uno y a los otros, proclamad el genio nacional, probad que esa tan grande y hermosa misión se halla en buenas y dignas manos!...

El discurso del defensor había sido frecuentemente interrumpido con grandes aplausos.

Después de rectificar el fiscal y de haber hecho el sumen el presidente, los jurados se retiraron a deliberar. Todos confiaban en que el acusado sería absuelto. Los jurados permanecieron ausentes durante una hora.

Sonó la campanilla presidencial.

En la sala reinaba un silencio triste.

A las preguntas del presidente, tanto a esta primera como a las demás: "Dimitri Fedorovitch Karamazov, ¿es culpable de haber asesinado premeditadamente a su padre y de haberle robado después?", respondió con voz clara y rotunda y en nombre de los demás, uno de los jurados:

—¡Sí, es culpable!

Dimitri Fedorovitch fue condenado a veinte años de trabajos forzados.

Epílogo

Capítulo I

Cinco días después del juicio, a eso de las ocho de la mañana, fue Aliosha a casa de Katerina, para hablarle de un asunto que a ambos convenía. Además, tenía que suplicarle algo de parte de Dimitri.

La joven estaba sentada en el mismo salón en que la vimos cuando recibió a Grushenka; Iván Fedorovitch estaba en una habitación próxima, siempre delirando.

Después de la escena ocurrida en la sala del Tribunal, Katerina hizo transportar a Iván a su casa, sin cuidarse para nada del juicio que este acto pudiera merecer a los demás.

Una de las tías de la joven se había marchado a Moscú, y la otra se había quedado, mas, si hubiesen partido las dos, la decisión de Katerina no habría cambiado; estaba resuelta a curar a Iván ella misma, con ayuda de los doctores Varvinsky y Herzenschtube.

En cuanto al célebre médico de Moscú, se había vuelto a marchar, asegurando que la enfermedad de Iván era incurable. Los otros doctores se esforzaban por tranquilizar a Katerina y a Aliosha, pero sin darles completas esperanzas. Aliosha visitaba al enfermo dos veces al día; pero aquella mañana iba para un asunto particular, bastante difícil de exponer. Katerina y Aliosha hablaban hacía ya un cuarto de hora. Ella estaba palidísima, bastante fatigada y agitada, y parecía presentir el objeto de la visita de Aliosha.

—No se inquiete usted —decía la joven—, de un modo o de otro es preciso que se salve. ¡Ah, pobre joven, héroe del honor y del deber!... No hablo de Dimitri, hablo del enfermo, el cual me ha explicado hace ya, mucho tiempo diversos planes de evasión. Ya tenía tomadas sus medidas... Creo haberle hablado a usted antes de esto. Debe hacerse cuando se llegue a la tercera etapa, cuando los condenados tomen la ruta que conduce a la Siberia. Iván hizo el viaje adrede, para conocer al jefe del destacamento de dicha tercera etapa; pero, lo que no se sabe nada todavía, es quién será el jefe que mande las fuerzas que acompañarán a los presos. Bien es verdad que esto no se ha sabido nunca anticipadamente. Mañana le enseñaré a usted los planos que me dio Iván Fedorovitch, la víspera del juicio; aquella noche que usted lo encontró cuando bajaba por la escalera. ¿Sabe usted a propósito de qué disputábamos aquella noche?

—No.

—Entonces, ¿no le dijo a usted nada? Se trataba precisamente de esos planes de evasión. Tres días antes, me había explicado ya los principales puntos de ese asunto; Iván quería que Dimitri, si llegaba a ser condenado, huyese al extranjero con aquella... mujer; y fue entonces cuando yo me irrité, sin que, en verdad, supiera yo misma por qué causa —exclamó Katerina, temblándole los labios de cólera—. Pero Iván Fedorovitch pensaba que yo tenía celos, y que, por consiguiente, estaba todavía enamorada de Dimitri. Era la causa de nuestras disputas. No quise darle explicaciones y soporté que un hombre semejante pudiese engañarse hasta el punto de creerme esclava de mi pasado amor... después de haberle asegurado que era a él solo a quien amaba, y no a Dimitri. Sin embargo, mi enojo no era sino el producto de la cólera y el desprecio que sentía por aquella *pareja*. También me había dado algunos días antes un sobre con algunos documentos, rogándome que lo abriese solamente en el caso de que se encontrase él físicamente imposibilitado de hacerlo. El pobre presentía, sin duda, su enfermedad. Me dijo que en aquel sobre estaban los planes de evasión, y que si él moría, o caía enfermo, debía yo, tomando su puesto, salvar a Mitia. Al mismo tiempo me dejó diez mil rublos. Este acto me impresionó vivamente. ¡Qué sublime abnegación! ¡Usted no puede comprender, Aliosha, toda la grandeza de esta acción! Estuve a punto de caer de rodillas delante de él; pero temí que tomase aquella demostración como un testimonio de mi alegría al pensar que Dimitri sería salvado, y en vez de arrastrarme ante él le hice una nueva escena. ¡Oh, qué terrible carácter el mío! ¡Ya verá usted cómo lo obligaré a que me abandone por otra mujer que lo haga más feliz... como hizo Dimitri...! Pero entonces, entonces me suicidaré. La cólera que me dominaba aquella noche me hizo pronunciar ciertas palabras que usted oyó, diciéndole que era *él solo* quien me había asegurado que Dimitri era el asesino. Esto no era cierto, pues él no me ha dicho jamás una cosa semejante; era yo quien acusaba a Dimitri. Es siempre mi misma violencia la causa de todo el mal. Iván quería demostrarme delante del Tribunal que era un alma noble, que yo podía amar a su hermano, que él no era capaz de perderlo por venganza, por celos... y por eso dijo allí lo que usted sabe... ¡Soy yo quien ha hecho todo el mal!...

Katerina no había hecho nunca semejante confesión a Aliosha.

Éste comprendió que la joven se encontraba en aquella intolerable situación en que el alma más orgullosa sucumbe bajo el peso de sus males, y sabía que los sufrimientos de la joven obedecían, además, a otra causa, si bien ella la ocultaba después de la condena de Mitia: Katerina sufría al pensar en su traición, acusando a Mitia, y presentía Aliosha que la conciencia recta que dirigía el alma violenta de aquella mujer, le prescribía que confesase aquella otra causa de sus sufrimientos y que se la confesase precisamente a él, el hermano de la víctima.

Aliosha temía que llegase este instante, y quería evitárselo a Katerina; pero su misión entonces se hacía más difícil. Por tanto llevó de nuevo la conversación a tratar de Mitia.

—No tema usted —repuso Katerina—; sus vacilaciones son sólo momentáneas, lo conozco bien. Tenga usted la seguridad de que acabará por consentir en evadirse, especialmente si se le deja tiempo para que reflexione. Iván estará ya curado, en ese tiempo, y dirigirá él mismo el asunto, de modo que yo no habré de tomar parte en él. No se negará, pierda usted cuidado. Dimitri sabe que no lo dejarán estar con ella en la cárcel y, por no abandonarla, será capaz de todo. Lo único que teme es que usted se oponga, bajo el punto de vista moral; pero puesto que su sanción es tan necesaria, debe usted permitirle que se escape —añadió con ironía.

Calló Katerina un momento, sonrió, y continuó después:

—¡Qué abominable soy! ¡Soy yo quien lo ha vuelto loco!... En cuanto al otro, el condenado, ¿es capaz de sufrir? ¡Sufrir él! ¡Jamás! Los seres como él están exentos de todo sufrimiento moral...

Una especie de disgusto y de odio vibraba en su voz.

"Sin embargo —se decía Aliosha—, ha sido ella quien lo ha perdido. Tal vez odia porque tiene conciencia de su culpa".

Las últimas palabras de Katerina implicaban una especie de provocación, pero Aliosha se hizo el desentendido.

—Por eso es por lo que lo he hecho venir hoy —dijo Katerina—, para que me prometa usted convencerlo. Mas tal vez juzgue usted que el evadirse sea una cosa poco honesta... poco... cristiana. ¿Eh? —añadió Katerina, acentuando su provocación.

—¡No!... ¡Nada de eso!... Se lo diré todo —murmuró Aliosha—. Yo, a mi vez —añadió de pronto—, he de decirle una cosa, y es que Mitia me ha rogado que vaya usted hoy a verlo.

Katerina se estremeció y retrocedió involuntariamente.

—¡Que vaya a verlo! ¿Es posible? —murmuró palideciendo.

—Es posible, y es necesario —dijo Aliosha con firmeza—. Mitia tiene ahora más necesidad que nunca de usted. Yo no le habría hablado de esto, no le habría ocasionado este nuevo sufrimiento, si no lo juzgase necesario. Mitia está enfermo, está como loco, y la llama a usted a voces. No es una reconciliación lo que pide; quiere verla aunque sólo sea mostrarse en el umbral de la puerta. Comprende cuán culpable ha sido con relación a usted. No le pedirá perdón: "No puede perdonarme", dice él mismo. Quiere solamente verla en el umbral de su celda.

—¡Oh! ¿Cómo es posible... que...? —murmuró Katerina—. Presentía hace tiempo que vendría usted a pedirme esto... Sabía bien que Mitia me llamaría... ¡Es imposible!

—Aunque sea imposible, usted lo hará; observe usted que es la primera vez que Mitia se arrepiente de todo el mal que le ha hecho, la primera vez, porque, hasta hoy, no ha podido ni siquiera comprender toda la profundidad de ese mal. Mitia asegura que si usted se niega a verlo, será por siempre desgraciado. ¿Comprende usted? Un condenado a veinte años de trabajos forzados suplica un momento de felicidad. ¿No se apiada usted? Piense que es inocente —dijo Aliosha con retadora mirada—. Sus manos están limpias de la sangre paterna; en nombre de los infinitos sufrimientos que le esperan, venga usted a verlo... Asómese usted al umbral de su celda... ¡Usted debe, *debe acceder!*

—Sí, debo... pero no puedo —murmuró Katerina sollozando—. Mitia me miraría... ¡Ah, no puedo!

—Sus ojos y los de Mitia deben encontrarse. Si usted se niega, ¿podrá usted tener valor para seguir viviendo?

—¡Prefiero sufrir durante toda la vida!

—Repito que debe usted venir. ¿Lo oye usted? *¡Debe* usted venir!

—Pero, ¿por qué, hoy mismo?... ¿Por qué ahora mismo?... No puedo abandonar al enfermo...

—Por un instante puede usted abandonarlo... Un solo instante. Si no viene usted, Dimitri enloquecerá de dolor esta misma noche. ¡Perdone usted!

—Soy yo quien pide perdón —dijo Katerina rompiendo a llorar amargamente.

—¡Vamos! —dijo Aliosha—. Iré yo primero a decirle que irá usted enseguida.

—¡No, por nada del mundo! ¡No le diga usted nada! —exclamó Katerina asustada—. Iré, pero no se lo diga usted, porque... tal vez no entraré, no lo sé todavía...

La joven respiraba penosamente, y no cesaba de sollozar. Aliosha se levantó...

—¿Y si me encontrase allí con... alguien? —preguntó Katerina con voz débil, palideciendo de nuevo.

—Por eso es por lo que debe usted venir ahora mismo... porque está él solo, puede usted creerlo. Yo me voy; allí la esperamos a usted los dos —dijo Aliosha con firmeza.

Y salió.

Capítulo II

Aliosha se dirigió apresuradamente hacia el hospital en que se encontraba ahora Mitia. Éste había tenido, al siguiente día de su condena, un ataque de fiebre nerviosa, y había sido enviado al hospital, donde, en los primeros momentos, le asignaron un lecho en la sala común de los condenados. Pero el doctor Varvinsky, a instancias de Aliosha, de la señora Koklakof, de la hija de ésta y de otras muchas personas, había conseguido que pusieran a Mitia en una celda aparte.

Cierto es que había un centinela a la puerta, y que la ventana tenía una espesa reja; por tanto, no había que temer que el preso pudiera escaparse.

También había accedido a que los parientes y amigos del enfermo fueran a visitarlo; permiso que solamente aprovecharon Aliosha y Grushenka. Rakitine había pretendido también una vez ir a pasar el rato pero Aliosha dio orden de que no lo dejaran entrar.

Aliosha encontró a su hermano sentado en el borde de la cama. Dimitri tenía un poco de fiebre; en la cabeza llevaba enrollada una toalla empapada con agua y vinagre. Al entrar Aliosha, le dirigió aquél una mirada incierta y un tanto aprensiva.

En general, después de su condena, se hallaba casi siempre absorto en sus pensamientos. Permanecía durante horas enteras sin hablar, pareciendo reflexionar sobre algo que lo entristecía, y se olvidaba de cuanto lo rodeaba; y si salía de aquella meditación, era para decir todo lo contrario de lo que quería decir.

De vez en cuando, tenía para su hermano miradas singulares de piedad, pero se sentía evidentemente menos tranquilo con él que con Grushenka. Tampoco hablaba mucho con ésta, pero, apenas la veía entrar, sonreía y su semblante parecía serenarse.

Aliosha se sentó en silencio cerca de él. Dimitri lo esperaba con impaciencia, y sin embargo no se atrevía a preguntarle nada. Le parecía imposible que Katerina consintiese en venir a verlo, y pensaba que, si ella no accedía a esto, la vida le sería en adelante intolerable. Aliosha adivinaba este sentimiento.

—Oye, Aliosha —dijo distraídamente—. Dicen que a Trifón le ha dado por destruir su casa: que arranca los ladrillos del suelo y los arroja por la galería, y que todo esto lo hace por buscar los mil quinientos rublos que, según el procurador general, he escondido yo en alguna parte de aquella casa. Esto me lo ha contado un empleado de aquí...

—Escucha —dijo Aliosha—, Katerina va a venir; no sé cuándo, pero vendrá...

Mitia se estremeció; quiso hablar, pero no pudo; esta noticia le conmovió profundamente. Deseaba con ansia conocer todos los pormenores del coloquio entre Katerina y Aliosha, pero no se atrevía a pedirlos. Una palabra cruel o desdeñosa de Katerina, habría sido para él, en aquel momento, una puñalada.

—Me ha dicho, entre otras cosas —repuso Aliosha— que precisaba tranquilizar tu conciencia a propósito de la evasión. Será ella quien dirigirá el asunto, si Iván no se encuentra bien en aquel momento.

—Ya me has hablado de eso —dijo Mitia.

—¡Y te ha faltado tiempo para repetírselo a Grushenka! —observó Aliosha.

—Sí —confesó Mitia. Y mirando con timidez a su hermano, añadió—: Por cierto que hoy no vendrá hasta la tarde. Ayer, cuando le dije que Katerina laboraba por mí, al principio no respondió nada, pero sus labios se contrajeron, y después murmuró: "¡Sea!" Ella comprende que es necesario, yo no le he preguntado, porque he temido creyese que... Por más que, me parece que debe haber comprendido ya que es a Iván, a quien Katerina ama, y no a mí... Digo que no vendrá esta mañana, porque le he encargado una comisión... Escucha, nuestro Iván es un hombre superior. Yo creo que se curará.

—Katerina no lo duda un instante.

—¿Lo dices de veras?

—Sí. Iván es de constitución robusta; yo también creo que se restablecerá —dijo Aliosha no sin cierta inquietud.

—Pues a mí me parece que Katerina tiene la convicción de que Iván morirá. ¡Cómo debe sufrir la pobre!

Hubo un silencio.

—¡Aliosha, yo amo apasionadamente a Grushenka! —dijo de pronto Mitia, con voz entrecortada por los sollozos.

—¡No le permitirán que te acompañe! —se apresuró a decir Aliosha.

—Eso es lo que quería preguntarte... Además, si me pegan durante el viaje, o estando allá, durante mi destierro, te participo que no lo soportaré: si ello llega a suceder, mataré al que me ponga la mano encima y me fusilarán. ¡Veinte años!... Aquí empiezan ya a tutearme, sí, los sirvientes me llaman ya de tú. Toda esta noche la he pasado reflexionando: pues bien, no; te repito que no estoy dispuesto a soportar ninguna injuria. ¡Ya ves, yo que estaba dispuesto a entonar himnos de amor universal, no puedo ni siquiera tolerar la familiaridad de los sirvientes del hospital! Sin embargo, por ella, por estar junto a Grushenka, lo soportaría todo, todo, excepto el látigo... pero no permitirán que me acompañe, ¿verdad?

Aliosha sonrió dulcemente.

—Escucha, hermano mío —dijo Aliosha—, voy a decirte de una vez para siempre mi opinión a ese respecto, y tú sabes que yo no miento nunca. Tú no estás preparado para llevar esa cruz, no mereces ese castigo. Si hubieses sido tú quien hubieras matado a nuestro padre, sería lamentable ver que procurabas sustraerte a la expiación; pero eres inocente, y por tanto, tu condena es injusta. Puesto que querías regenerarte por medio del sufrimiento, conserva siempre esa idea en tu mente, ese ideal de regeneración: esto bastará para purificarse. El hecho de sustraerte a ese horrible porvenir te obligará a someterte más estrechamente que nunca a las leyes del deber... Si debieran responder por ti otros, si con tu evasión se comprometiese a determinados soldados y oficiales, yo no permitiría que te escapases. Pero aseguran, y asimismo lo ha dicho el jefe de la tercera etapa, hablando con Iván, que con un poco de habilidad se puede llevar a cabo ese punto sin que haya peligro para nadie. Cierto que es poco honrado el corromper las conciencias, aun en estos casos, pero debo declarar sinceramente que, si fuera yo el que hubiera de dirigir este asunto, no hubiese vacilado un momento: se trata de salvar a un inocente, y eso lo justifica todo.

—En cambio soy yo quien no me lo perdonaré nunca —exclamó Mitia—. Me escaparé, ya está decidido: ¿qué otra cosa puedo hacer? Pero no me lo perdonaré, repito, y consagraré toda mi vida a expiar esa culpa. ¿No es así como hablan los jesuitas? He ahí lo que somos, yo, tú, mi hermano y todos... ¡jesuitas!

—¡Ni más ni menos! —dijo Aliosha alegremente.

—¡Te quiero, Aliosha! Tú siempre dices la verdad, aunque ella pueda perjudicarte. ¡Qué gracioso! ¡Sorprender a mi hermano Aliosha en flagrante delito de jesuitismo! Por haber dicho eso me dan ganas de abrazarte... sin embargo, debo decirte que no es por placer mío por lo que consiento en volver a la vida. Bien es verdad que América es otro presidio, equivalente al de la Siberia, y si la América y la Siberia son equivalentes, ¿a qué voy yo allá, Aliosha?... ¡Que el diablo cargue con la América! ¡Ya la odio!... Bueno; pero estaré con Grushenka... Te decía que odio a esa América... ¡Ah, los yanquis! ¡Podrán ser éstos tan grandes ingenieros, o tan gran otra cosa como tú quieras; pero el diablo me lleve si los puedo resistir! No son compatriotas míos... Yo amo a Rusia, Alexey, amo al Dios ruso, por botarate que sea... Pero, en fin, ¡qué le hemos de hacer!...

Su voz temblaba.

—Iremos allá Grushenka y yo; nos pondremos a trabajar en las regiones más apartadas, entre los osos... ¿Hay osos en América?... Bueno, en cualquier parte, lejos, muy lejos... Dicen que todavía existen los pieles rojas: iremos allá, al país de los últimos mohicanos, y aprenderemos su lengua. Estaremos tres años. Aprenderemos también a hablar inglés, como los propios ingleses, y cuando hayamos conseguido eso, abandonaremos América, y volveremos a Rusia, convertidos en súbditos americanos. No temas, no volveremos a esta ciudad; nos iremos lejos, al norte o al sur. Además, estaremos completamente cambiados, y si no fuere así, me desfiguraré el rostro de alguna manera, de modo que nadie me conozca. Y si llegasen a reconocerme, que me deporten. Esa vez no volveré a escaparme. Si, por el contrario, me dejasen en paz, trabajaré en un remoto lugar, haciéndome pasar siempre por americano. Ese es mi plan, el cual no pienso cambiar. ¿Lo apruebas?

—Sí —respondió Aliosha por no contradecirlo.

Después de un breve silencio, repuso Mitia:

—Aliosha, dímelo claramente. ¿Vendrá Katerina, o no? ¿Qué ha dicho?

—Vendrá, pero no sé si será hoy. Este paso le resulta muy penoso —dijo Aliosha dulcemente.

—¡Lo creo, lo creo! ¡Oh, me volveré loco! Y Grushenka no cesa de espiarme. Ella comprende... ¡Dios mío, ilumíname! ¿Qué es lo que solicito?...

—¡Ahí está! —exclamó Aliosha.

Se había abierto la puerta, y Katerina apareció en el umbral; los ojos de la joven buscaban con ansia a Mitia. Éste se levantó, sumamente pálido, pero, de pronto, asomó a sus labios una sonrisa tímida, suplicante; y como si lo empujase una fuerza irresistible, extendió los brazos hacia Katerina. La joven se acercó a él, lo hizo sentarse en el lecho, e inmediatamente se sentó ella cerca de él. La joven le estrechaba con fuerza las manos y temblaba. Repetidas veces quisieron los dos romper a hablar, pero se contenían y se miraban fijamente.

Así pasaron dos minutos.

—¿Me has perdonado? —pudo al fin murmurar Mitia.

—Tu corazón es generoso, y por eso es por lo que te he amado —respondió la joven—. No tienes necesidad de mi perdón. Eres tú quien debes perdonarme. Empero, que me perdones o no, ambos nos hemos ofendido mutuamente y por siempre. Por otra parte, era preciso...

La respiración le faltó.

—¿A qué he venido? ¡A humillarme a tus pies, a estrecharte las manos hasta hacerte sufrir, a decirte una vez más que tú eres mi Dios, que eres mi alegría, a decirte que te amo locamente! —exclamó Katerina, sollozando.

La joven aplicó los labios con avidez sobre la mano de Mitia y rompió a llorar. Aliosha permanecía inmóvil, perplejo; no había previsto aquella escena.

—¡El amor ha muerto, Mitia —repuso Katerina— pero el pasado me es dolorosamente grato; no lo olvides! No obstante, tú amas a otra, y yo amo a otro. No importa, de todos modos te amaré toda la vida... Y tú tampoco cesarás de amarme. ¡Oh, sí, ámame siempre! —suspiró con voz temblorosa y amenazadora a un tiempo.

—¡Sí, te amaré, te amaré siempre, siempre lo mismo!

Así hablaban, exaltados y con palabras incoherentes; tal vez se engañaban, pero eran sinceros.

—Katia —exclamó de pronto Mitia—, ¿crees que fui yo quien mató a mi padre? Bueno..., sé que ahora no lo crees, pero en el instante en que me acusabas, ¿lo creíste verdaderamente? ¿Lo creíste alguna vez?

—¡No lo creí nunca; te detestaba, quería persuadirme de que habías sido tú!... Pero en cuanto hice mi segunda declaración cesé de creerlo. He venido aquí para reparar mi falta, para pedirte perdón, puesto que por mí te han condenado...

—No hables de eso.

—¡Déjame! —murmuró la joven—. Volveré otra vez, pero ahora... ¡es demasiado!... ¡No puedo más!

Katerina se levantó; de pronto lanzó un agudo grito, y retrocedió.

Grushenka acababa de entrar; nadie la esperaba. Katerina se precipitó hacia la puerta, pero al llegar a ésta se detuvo frente a Grushenka, se puso pálida y, sollozando, dijo con voz apenas perceptible:

—¡Perdóneme usted!

La otra la miró cara a cara, y, después de un breve silencio, le dijo con rencoroso acento:

—Usted y yo no tenemos nada que echarnos en cara: somos tan mala la una como la otra; ¿podremos, pues, perdonarnos?... Sin embargo, sálvelo usted... ¡Sálvelo, y rogaré por usted toda mi vida!

—¡Cómo! ¡Te niegas a perdonar!—, exclamó Mitia.

—Esté usted tranquila, lo salvaré —se apresuró a decir Katia, y salió rápidamente.

—¿Ya has podido negarle tu perdón, cuando ella te lo pedía? —repitió Dimitri con amargura.

—No le regañes, Mitia, no tienes derecho a ello —observó Aliosha.

—Era su orgullo lo que hablaba, y no su corazón —dijo con disgusto Grushenka—. Cuando te haya salvado, entonces la perdonaré y...

La joven calló repentinamente, como si quisiese reprimir sus sentimientos.

Precisa declarar que la joven había entrado por casualidad, sin saber que estaba allí Katerina Ivanovna.

—¡Aliosha, síguela, alcánzala! —exclamó con violencia Mitia—. ¡Dile... lo que quieras... pero no la dejes marchar así!

—Volveré esta noche —respondió Aliosha estrechando la mano de su hermano.

El joven alcanzó a Katerina. Ésta caminaba muy de prisa; al oír los pasos de Aliosha, se volvió y le dijo:

—¡No, delante de esa mujer, me es imposible humillarme! Le he rogado que me perdone, porque quería expiar todas mis culpas, y ella se ha negado... Sin embargo... ¡qué extraño!, por esa negativa la amo más que antes. ¡Sí, la amo por su negativa!

Los ojos de Katerina Ivanovna brillaban de cólera.

—Mi hermano no había previsto esto —murmuró Aliosha—. Puedo decir a usted que estaba seguro de que no habría venido...

—No lo dudo. Separémonos ahora... ¡Adiós!

Capítulo III

Habían transcurrido dos semanas; la partida de los condenados estaba señalada para aquella misma mañana.

Iván seguía enfermo y, por consiguiente, no podía hacer nada por su hermano.

Katerina Ivanovna, inquieta, incierta siempre entre sus dos amores, por aquellos dos seres tan diferentes y tan parecidos, Iván y Dimitri, éste corazón y aquél mente, pero ambos sensuales, ambos verdaderos Karamazov, no sabía qué hacer. Pensar en abandonar a Iván, enfermo, cuando tanta necesidad tenía éste de sus cuidados, le parecía imposible. En cambio, por otra parte, veía que no podía abandonar a Mitia, dejarlo entrar, como había dicho Aliosha, en las tinieblas, sufrir su injusta condena, agonizar lentamente en Siberia... ¡No, no; esto era igualmente insoportable!

—¿Qué hacer, Alexey? —preguntaba la joven a Aliosha, a quien había mandado llamar dos horas antes de la partida del convoy—. Sólo en

usted tengo esperanza; me parece que usted encontrará el medio de salvarnos a todos; hable usted, diga, ¿qué debo hacer? ¿A cuál de los dos
debo abandonar? Ya que... ¡Dios mío!... Veo que es preciso escoger.

—Sí, precisa escoger —repitió Aliosha con voz extraña—. Sí, Katerina,
ha llegado el momento de decidirse; es preciso escoger.

—Comprendo todo lo que usted piensa, sé que usted mismo condena mis tergiversaciones. ¿A cuál de los dos amo? Si es a Iván, no puede
ser a Mitia, ¿no es cierto?

Aliosha sonrió.

—¿Por qué se ríe usted? —preguntó dulcemente la joven.

—¡Si es a Iván no puede ser a Dimitri!

—¿Entonces?...

—¿Quién sabe? Tal vez sea el espíritu de los Karamazov lo que usted ama...

—¡Oh, Aliosha, cese usted de hacerme sufrir! Dígame usted, ¿a cuál
de los dos debo amar?

No cabe duda que Katerina hablaba sinceramente. Aliosha se tornó
grave; tomó entre las suyas la mano de la joven, y respondió con voz
profunda:

—He pensado mucho en eso, durante la última noche. Si mi hermano Iván no debiera curarse, yo me negaría a darle un consejo. Pero ayer
he vuelto a ver al doctor Varvinsky, el cual asegura que Iván se curará,
si se continúa el tratamiento actual. "Para las enfermedades mentales
—me dijo— no hay mejor remedio que una mujer enamorada e inteligente. Si Katerina Ivanovna prosigue siendo la enfermera de Iván, éste
se restablecerá. No puedo asegurar cuánto tiempo durará la cura, pero
confío en ella". Estas son las palabras del doctor —prosiguió Aliosha—.
Por tanto, usted es necesaria aquí. Además, era preciso que Iván le de-
biese a usted la vida para que pudiera establecerse entre las dos almas
de ustedes la armonía absoluta que forma la felicidad. En cuanto a Mitia,
su destino lo separa de usted. Ama a otra mujer y es correspondido.
Dijo usted un día que, ocurriese lo que ocurriese, no cesaría usted de
velar por él. Vele usted, pues, Katerina, vele usted por el desgraciado,
vele por él, desde lejos, como lo hubiese hecho desde cerca. Puesto
que usted cree tener con él una gran deuda de agradecimiento, págue-
sela usted, ayudándolo a soportar la dura vida que le espera, sea cual
fuere el éxito de las circunstancias presentes. Respecto a la evasión, yo
puedo ocupar su puesto; creo que, a no ser por ciertos *tiquismiquis* ocurridos últimamente entre Iván y yo, hubiera sido a mí a quien hubiese
encargado la dirección de este asunto. Confíeme usted el dinero, explíqueme bien el plan; me parece que saldré victorioso, tenga usted
confianza en mí. Y estrechó fuertemente las manos de Katerina.

—¡Así es! ¡Así es, Aliosha, mi querido amigo! Desde ahora no lo llamaré de otro modo. Iván tenía razón; con frecuencia me decía que había en usted más fuerza de voluntad de la que cabe dentro de un hombre. Sí, parecía que toda la energía de su raza se ha concentrado en usted para conseguir nobles fines... ¡Cierto, confío en usted! Tenga. ¿Ve usted estos dos sobres? Tome usted éste; en él hay treinta mil rublos. En este otro están los planos. Todo está en ellos bien explicado, no tiene usted sino seguir sus indicaciones. ¿Sabe usted ya qué jefe mandará la escolta?

—Sí, un tal Konstantin Semenovitch.

—¿Qué clase de hombre es?

—Lo que he llegado a saber de él no es muy tranquilizador. Es un carácter violento, y por eso sólo es posible que sea incorruptible.

—¡Dios mío! ¿Qué hacer entonces?

—En tales casos, los soldados importan más que el jefe.

—Es verdad; no olvide usted que el comandante de la tercera etapa está de nuestra parte...

—Lo sé... Antes de partir desearía ver de nuevo a Iván.

—Venga usted, pero no le hable, y, si no lo ve a usted, no llame su atención; los doctores me han aconsejado repetidamente que lo visiten las menos personas posibles, a fin de que vea casi siempre las mismas caras.

Aliosha entró detrás de Katerina en la habitación en que Iván estaba acostado. El enfermo sonrió dulcemente a la joven. Un relámpago de inteligencia brilló en sus ojos, pero se apagó en seguida y en su rostro se dibujó una viva impresión de terror. Katerina lo miró en silencio durante algunos instantes, y después se volvió hacia Aliosha. Dos lágrimas rodaban por sus mejillas.

—¡Salgamos! —dijo en voz baja.

Aliosha contempló durante largo tiempo a su hermano.

—¡Curará! —dijo el joven, con voz dulce y firme a Katerina, cuando volvió al salón—. ¡Curará!

—¡No lo abandonaré, ni debo abandonarlo! —exclamó ella con exaltación—. ¡Iván no tiene sino a nosotros dos en este mundo, Aliosha!

—¡Adiós, Katia!

—¡Adiós, hermano mío, y adiós también a aquel que se marcha! ¡Llévele usted la última plegaria de la que tanto mal le ha hecho! ¡No quiero verlo ahora, pero dígale usted que volveremos a vernos.... más tarde, todos felices..., dígale usted que no cesaré nunca de amarlo... y sobre todo dígale que me perdone... que me perdone —repitió ella con violencia—; dígale, también, que yo *quiero* que se salve; que *quiero* que se vea libre con... la mujer que él ama, y que les deseo a los dos, a los dos, la felicidad!...

No pudo concluir; un sollozo interrumpió su voz. Tomó la mano de Aliosha, la llevó rápidamente a sus labios y se escapó de allí. Aliosha permaneció absorto algunos instantes, levantó luego dulcemente la cabeza y salió.

Capítulo IV

El joven corrió a la cárcel donde todo era movimiento a causa de la partida de los prisioneros.

Además de Mitia, conducían a Siberia otros dos condenados a veinte años de trabajos forzados. Aliosha obtuvo, sin dificultad, permiso para volver a ver a su hermano por última vez. Grushenka se hallaba junto a Mitia.

—¡Salud! —gritó éste apenas lo vio—. ¡Salud, mi querido hermano Aliosha, querubín, enviado de Dios!

Mitia se hallaba sumamente exaltado. Una alegría extraña iluminaba su rostro. Tomó a Aliosha en sus brazos y lo estrechó en ellos convulsivamente.

—¡Ahora amo a todos! —repuso Mitia—. ¡Amo a Grushenka, te amo a ti, Aliosha, a Iván y... hasta a ella también!

—Yo, igualmente, amo a Katerina Ivanovna —dijo Grushenka riendo a través de sus lágrimas—. Ya lo ve usted, Aliosha —añadió encogiéndose de hombros—. ¡Mitia ama a todo el mundo!

—Sí, Grushenka, amo a todos —dijo Mitia con voz grave—; no quiero odiar más a nadie... hasta me siento con fuerzas para amar a Konstantin Semenovitch —añadió con cómica seriedad.

Grushenka rompió a reír.

—Y es preciso que tú, Grushenka, ames también a todos.

—¿Incluso a Konstantin Semenovitch?

—Incluso a Katerina Ivanovna —replicó Dimitri con el mismo tono serio.

Grushenka se dio vuelta sin responder.

—¡Hermano mío —dijo Aliosha—, la he visto!...

—¿Vendrá?

—No, no puede venir; te manda sus más afectuosos saludos, y me ha encargado que te diga que volverá a verte... un día... más tarde, cuando todos seamos felices. Te ruega que la perdones y la bendigas.

Mitia levantó las manos; una especie de aureola de luz lo transfiguraba. Aliosha sonrió débilmente.

—Prométeme que harás todo cuanto yo te ordene —dijo el joven con singular solemnidad.

—¡Te lo prometo, en absoluto! —respondió Mitia sin tomarse tiempo para reflexionar—. Haré cuanto quieras, haz el menor gesto y verás cómo...

En los labios de Aliosha se dibujó otra ligera sonrisa. Después añadió con calma:

—Grushenka y yo te seguiremos a poca distancia. Procura dormir y adquirir fuerzas durante las dos primeras jornadas. La tercera noche es cuando debes estar en guardia; yo te llevaré un traje, el cual te pondrás inmediatamente. Grushenka estará allí, huirás con ella, y ella es quien te conducirá después. Todo lo tendrás dispuesto. El carruaje, los billetes para el ferrocarril... Ya tengo los pasaportes...

—¡Es maravilloso! —exclamó Mitia, entusiasmadísimo—. ¡Y todo ello sin comprometer a nadie! ¡Ah, hermano mío, no puedes figurarte lo que me place que seas tú el encargado de salvarme!... ¡Siempre he dicho que eras un ángel! ¿Recuerdas que un día quise confesarme contigo porque eras un ángel?...

Los dos hermanos se abrazaron.

—¡Se acercan! —repuso Dimitri—. ¡La hora ha llegado, amigos! ¡Karamazov está a punto de partir! Pero no es un adiós real... ¡Grushenka —exclamó bruscamente—, todo esto era necesario para conseguirte, para merecerte!...

Se abrió la puerta, el carcelero anunció que venían a buscar al penado.

—Konstantin Semenovitch espera ya a caballo, y jura que les hará andar a todos a fuerza de latigazos... Es un hombre muy violento, Dimitri Fedorovitch...

—¡No hagas caso, Aliosha, ese hombre está borracho —dijo Dimitri encogiéndose de hombros. Luego, prosiguió—. ¡Adiós, Aliosha, adiós, Grushenka!...

En el patio de la prisión se oían voces de hombres, una especialmente que dominaba a todas, una voz ronca y violenta, que unas veces parecía un rugido, y otras un relincho. Dimitri bajó; estaba palidísimo, y sus ojos brillaban algo afiebrados. Seguidamente se acercó a los otros dos sentenciados. Semenovitch le saludó con una blasfemia, los soldados rodearon a los presos, y el pequeño destacamento salió del patio. Cuatro vehículos les esperaban.

En el momento en que éstos partían, se escuchó la voz de Aliosha que decía:

—¡Resignación, hermano mío!

Capítulo V

Todo sucedió, poco más o menos, como Iván lo había previsto. Los centinelas y soldados rusos no son incorruptibles. Además, el rostro fascinador de Aliosha, la irresistible confianza que inspiraba, facilitaron su cometido.

Aliosha y Grushenka alcanzaron al convoy en la tercera etapa. Era de noche; los prisioneros, juntos con el piquete que los escoltaba, debían seguir el viaje a las cuatro de la mañana siguiente. Aliosha y la joven, convenientemente disfrazados, se unieron a los campesinos que se habían agrupado en el lugar en que se detuvieron los cuatro vehículos. Dimitri reconoció a su hermano, y cambió con él una rápida mirada.

Aliosha, con tono tranquilo y maneras sumamente desenvueltas, se acercó a Konstantin Semenovitch y le invitó a ir "a calentar el cuerpo con un vaso de buen vodka".

—¡Buena falta hace! —contestó el oficial—. ¡Un vaso de vodka siempre viene bien en estas latitudes! Prokorovitch —añadió, dirigiéndose a un sargento— ¡mucho ojo con los tres lobos! ¡Tú me respondes por ellos!

Acompañó estas palabras con un gesto significativo, y volviéndose hacia Aliosha:

—¡Eche usted a andar, amigo; le sigo! —exclamó.

Aliosha le condujo a la cabaña de un *mujik*, con el que se había puesto de acuerdo de antemano proveyéndole de algunas botellas de excelente vodka.

—Hermano —dijo al *mujik*, entrando en la cabaña con su acompañante—; sírvenos unas copas de vodka, pero en seguida, pues tenemos prisa.

El *mujik* se apresuró a poner sobre la mesa tres vasos en los que escanció el licor pedido, pero sin llenarlos por completo.

—¡Imbécil! —exclamó el oficial, y, arrancándole la botella de las manos, acabó de llenar su vaso hasta los bordes y lo apuró de un trago, mientras Aliosha, con rápido gesto, vaciaba el suyo debajo de la mesa. Después, el mismo Aliosha tomó la botella y llenó nuevamente los tres vasos. Bondaref se dignó sonreír.

—¿De modo, capitán —dijo Aliosha—, que conduce usted a esa pobre gente lejos de aquí?

—¿Cómo pobre gente? —gruñó Bondaref, dando un puñetazo encima de la mesa—. ¡Son tres asesinos!

—¡Tres asesinos! —repitió admirado Aliosha.

—Especialmente el último arrestado; los otros dos no tienen sobre su conciencia sino un par de homicidios cada uno; pero el tercero, un tal Karamazov, ha matado a sus dos hermanos y a las esposas de éstos.

—¡También a sus esposas! —volvió a repetir Aliosha.

—¡Con atroces tormentos!... ¡Oh, basta verle la cara para adivinar en seguida que se trata de un hombre capaz de todo! Por eso lo vigilo estrechamente y se lo he confiado a Volodia y a Ossia, dos veteranos que están hechos a todo y que no se dejan engañar fácilmente.

Bebió un sorbo de vodka e hizo un chasquido con la lengua.

—No obstante —repuso— no quisiera verlos frente a esta botella. Dos o tres vasos y un puñado de rublos, ¡hum!... ¡Ah!, pero, ¿de dónde sacan ustedes, en este desierto, un vodka tan delicioso? —dijo, lanzando sobre los dos *mujiks* una mirada sospechosa—. ¿Contrabando, acaso?...

—¡Por Dios, señor! —exclamó el *mujik* espantado.

—¡Ah, ya! —repuso Aliosha riendo—. ¡No es fácil engañarle a usted, capitán!... Tenemos en la ciudad un pariente que es destilador y que nos proporciona, a precio de fábrica, la mejor vodka que va al mercado, he ahí nuestro secreto. ¡Vaya otro trago, capitán!... Conque van ustedes lejos, ¿eh?

—¡A Siberia, por Baco!

Se levantó vacilante y dio vuelta alrededor de la mesa para alcanzar a Aliosha que estaba sentado.

Aliosha evitó el abrazo del beodo alargándole otro vaso lleno de líquido.

—¡Por Baco, tienes razón! —dijo Bondaref, blandiendo el vaso, de cuyo contenido vertió cerca de una tercera parte en su uniforme—. ¡Viva la Rusia, los galones y el vodka! ¿Quién es ese que va a ofrecerme unas cuantas botellas para que deje escapar a mis prisioneros? ¿Eres tú? Dámelas pronto para que pueda hacerte amarrar... Es él quien lo ha dicho —añadió, indicando a Aliosha y sin dejar de reír.

Apuró el líquido y cayó sobre el asiento; estaba completamente borracho. Apoyado contra la mesa, con los ojos semicerrados y sonriendo estúpidamente, todo indicaba en él la idioteza producida por el abuso de las bebidas alcohólicas. Aliosha volvió a llenar los tres vasos, comprobó con satisfacción que su compañero, el verdadero *mujik*, comenzaba también a sentirse ebrio, puso una botella llena encima de la mesa, se escondió otras dos en los bolsillos y, saliendo de la choza, se dirigió hacia la parada de los carruajes. A un centenar de pasos de dicho punto estaba el grupo de mujeres del pueblo entre las que se hallaba Grushenka. Al pasar, Aliosha le hizo seña de que se acercase a la parada.

En el umbral de la casa en la cual reposaban los soldados y los prisioneros, vio a un hombre de unos cincuenta años, de cabellos grises, cuyas facciones, si no denotaban inteligencia, por lo menos revelaban cierta astucia y mucha experiencia. Aliosha adivinó en seguida que se hallaba frente al jefe de la tercera etapa, Guerassim Mikhailovitch Jekhlof, con el cual, según sabemos, se había entendido ya Iván para la evasión de Mitia.

Aliosha le saludó, Jekhlof devolvió el saludo.

—¿Guerassim Mikhailovitch? —preguntó Aliosha.

El oficial se estremeció y miró fijamente al *mujik*.

—Soy hermano de Iván Fedorovitch.

Jekhlof observó todavía un instante al joven, pareció vacilar, y por último le hizo seña de que le siguiese dentro de la casa.

Aliosha penetró en una gran sala mal alumbrada, en la cual dormitaban junto a una estufa los tres prisioneros y media docena de soldados. Jekhlof atravesó la sala sin detenerse. Todos los soldados levantaron la cabeza para seguir con la vista al *mujik*, pero los dos hermanos tuvieron tiempo para reconocerse, y una mirada de felicidad inundó el rostro de Mitia.

Jekhlof hizo subir a Aliosha al piso superior.

Los dos se sentaron.

—No perdamos tiempo —dijo Jekhlof—. Usted quiere hacer que se fugue su hermano Dimitri Fedorovitch, ¿no es cierto?

Aliosha asintió con la cabeza.

—Por lo que a mí respecta, ya sabe usted cuáles son mis condiciones.

—Cuatro mil rublos.

—Cinco.

—Sea, cinco —aprobó Aliosha sonriendo—. Helos aquí a cambio de su palabra de honor.

—Cuente usted con ella —respondió Jekhlof, examinando los billetes de a ciento—. Pero no depende todo de mí. Creo que el jefe del destacamento es intratable.

Aliosha movió la cabeza.

—Konstantin Semenovitch ronca en una choza lejana.

—¿Borracho?

—¡Borracho!

—¡Bravo! Pero aún falta algo. Su hermano ha sido especialmente confiado a dos veteranos difíciles de engañar.

—Vladimir y Ossip.

—¿Sabe usted ya sus nombres? Sí, Vladimir y Ossip. Yo saldré y le dejaré a usted aquí solo... Comprenda usted que es preciso que yo pueda demostrar que no me encontraba aquí en el momento de la evasión... No pierda usted tiempo; aquí tiene la llave de las esposas y de la puerta de la calle. Le doy ésta para que, si llegasen a sorprenderle a usted, se la encuentren encima... De ese modo mi responsabilidad queda a salvo... En cuanto a la llave de los grillos nadie sabe que yo la poseo...

"El objeto principal es lograr que los soldados dejen subir aquí al prisionero... Con unos cuantos rublos lo conseguiréis. Probablemente no querrán acceder, pero probadlo, sólo con ellos puede usted entenderse... Advertiré al centinela que deje salir a un *mujik*".

Guerassim Mikhailovitch salió. Aliosha le oyó cerrar la puerta de la calle y, pocos minutos después, descendió también él.

Los soldados se habían dormido. No se sentía más rumor que el roncar de los que dormían y el paso uniforme del centinela que guardaba la puerta. La habitación estaba casi a oscuras; una lámpara ardía en un ángulo dando más humo que luz.

Mitia hizo sonar suavemente sus cadenas para llamar la atención de Aliosha, el cual se aproximó a él sin hacer ruido.

—¿Qué busca usted? —preguntó de repente una voz ronca.

Aliosha vio a la izquierda de su hermano un soldado, en el cual no se había fijado antes; era uno de los dos veteranos que le habían sido indicados.

—¿Vladimir Grigorievitch? —interrogó Aliosha.

—Duerme. ¿Qué le desea usted?

—¿Ossip Porfirovitch?

—¡Yo soy!

—Debo decirle dos palabras —añadió Aliosha haciendo sonar en su bolsillo algunas monedas de oro.

El veterano puso atención.

Se levantó y siguió a Aliosha a un ángulo de la estancia.

—Permítame usted —repuso Aliosha poniendo en las manos de Ossip cuatro billetes de a ciento—. Sólo un momento...

—Pero... ¿Qué hace usted? —dijo el soldado inclinándose para mirar lo que le habían dado.

—Permítame usted —repitió Aliosha, añadiendo algunas monedas de oro a la dádiva anterior— le ruego que suba usted un momento con su prisionero al piso superior...

—¡Hum!... ¡Es imposible! —objetó Ossip, con la mano siempre abierta, sin guardarse ni restituir el dinero recibido.

"Subir... ¡Hum!... Es preciso que despierte a Vladimir..."

—No vale la pena... Suba usted con nosotros, en seguida volveremos a bajar.

Ossip vacilaba, pero Mitia, que se había levantado, se acercó, caminando lentamente, para sofocar el ruido de las cadenas.

—¿Vamos, verdad?

—¡Pronto, entonces!...

Subieron todos.

—Dimitri Fedorovitch —murmuró Aliosha—, un amigo de usted que pasó ayer por aquí, me encargó le diera a usted esta botella de vodka que le servirá para poder reponer las fatigas del viaje.

—¡Cuánto lo agradezco! —respondió Mitia haciendo un guiño—. Bonito color —añadió levantando la botella a la altura de la luz—. Gracias, *mujik*, beberá usted un vaso conmigo. De ese modo le agradeceré la molestia que se ha tomado usted. Ossip, ¿no se podrá encontrar un vaso por aquí?

—Sospecho que sí...

Y abriendo una alacena, dio en seguida con algunos vasos. Tomó dos, los puso sobre la mesa, y después de vacilar un momento se decidió a poner un tercero.

—Con su permiso —dijo, alargándole uno a Dimitri.

Éste se lo llenó.

—¡Excelente! —dijo el soldado, después de haber bebido.

Y se sentó.

—Podéis hablar con entera libertad —añadió, sin quitar la vista de la botella.

Aliosha y Dimitri se retiraron a un ángulo de la habitación, y se pusieron de espaldas al viejo.

Éste los siguió con la vista, y cuando estuvo seguro de que no le veían, tomó la botella, se la llevó a los labios y echó un largo trago.

—Dentro de poco roncará —dijo Mitia.

—Entonces te pondrás mi traje —respondió Aliosha.

—¿Y los grillos?

Aliosha le enseñó la llave; Dimitri sonrió gozoso.

—Tal vez podremos... abrirlos en seguida —murmuró.

Aliosha volvió disimuladamente la cabeza. Ossip había tomado otra vez la botella, la cual dejó caer sobre la mesa, con los ojos ya casi cerrados.

—Sí —dijo Aliosha—, ya podemos abrirlos.

Y llevó a efecto sus palabras.

Mitia dejó escapar un suspiro de satisfacción y miró a su hermano de un modo singular. En aquella mirada había una expresión de agradecimiento, casi dolorosa, a fuerza de ser profunda. Aliosha sonrió.

—¡Hermano mío —dijo—, ya estás libre!

Mitia lo tomó en sus brazos y lo estrechó fuertemente contra su pecho.

—Ahora —prosiguió Aliosha—, quítate tu ropa y ponte la mía. Grushenka te espera. A doscientos pasos de aquí se halla un carruaje... Muy bien, estás aquí convertido en *mujik*... ¡Pronto, no perdamos tiempo! ¡Anda, y que el Señor te acompañe!... Grushenka te espera —repitió viendo que Mitia vacilaba todavía.

—Pero, ¿por qué no salimos juntos?

—¡Adiós, hermano mío!...

Mitia se detuvo un momento todavía, a contemplar el rostro de su hermano. En el semblante de Aliosha se dibujaba una sonrisa verdaderamente angelical; una sonrisa que denotaba abnegación, resignación, desprecio por los sufrimientos, entusiasmo fría y conscientemente exaltado. Por fin, Mitia se acordó de Grushenka y de aquella preciosa libertad que un instante de tardanza podía comprometer, y saliendo de la habitación, descendió, sofocando el rumor de sus pasos, y por último oyó Aliosha que su hermano había cerrado la puerta exterior. Aliosha se arrodilló y oró silenciosamente durante largo rato. En la estancia no se oía otra cosa que los sonoros ronquidos de los guardias embriagados. Poco después se levantó Aliosha. Su rostro irradiaba una alegría sobrenatural. Acabó de ponerse el traje que poco antes llevaba su hermano, se colocó como mejor pudo los grillos que aquél dejó, y en seguida, sin hacer ruido, se llegó hasta la cámara en la cual dormían los otros prisioneros, y se tendió en el sitio que poco antes había ocupado su hermano.

Capítulo VI

Casi en seguida se quedó dormido. Su mente estaba tranquila, y pura su conciencia.

Tuvo un sueño singular.

Aquel a quien llamó su padre, su maestro y su gran amigo, el monje Zossima, se le apareció. Se acercó a él, le puso las manos sobre la frente, le besó luego en el mismo sitio, pareciéndole al joven que aquel beso le daba bienestar como nunca antes había sentido.

—Muy bien, hijo mío —le dijo el viejo—, tu vida comienza hoy, y comienza bien. Tendrás muchos adversarios, pero hasta esos mismos te amarán. Sufrirás mucho, pero encontrarás la felicidad en tus mismos sufrimientos. Al decirte que abandonaras el monasterio y entraras en el mundo, sabía yo que Dios te había destinado a cumplir en él una gran misión. Tú me comprendiste; tú, alma inocente, alma feliz, comprendiste que te estaba destinada tu parte en el dolor humano, y que para obtenerla, debías tomar sobre ti los pecados de los demás. Sabía que tú solo podrías salvar a toda tu familia, y veo que no me equivoqué, pues efectivamente has salvado a todos; tú fuiste quien evitaste que Mitia cometiese el delito, y tú has sido quien ha dulcificado los remordimientos de Iván.

—Padre, ¿por qué os inclinasteis hasta el suelo delante de Mitia?

—No me preguntes: había previsto en él algo terrible, había leído todo su destino en su mirada. ¡Oh, aquella mirada me aterró! Sólo una o dos veces en la vida he observado en ciertos hombres aquella expresión: ella presagia el delito, y el presagio, ¡ay!, se ha verificado. Mitia llevaba en sí el delito. Tu rostro y tu trato fraternal han dulcificado mucho su corazón. Pero habrá de sufrir mucho en su vida, y esos sufrimientos del porvenir fue lo que yo saludé en él. Por lo demás, no te enorgullezcas, todo dimana de Dios. Él ha sido quien te ha dado la fuerza de tranquilidad que existe en ti. ¡Labora, labora! ¡Ama prácticamente a tus semejantes; toda la gloria y todo el mérito del hombre residen en la práctica de la caridad! El mundo se mofa, y lamenta groseramente la proverbial inutilidad de la *gente de sotana*... ¡Mas, ah, cuántos hombres honestos y sinceros se encuentran entre esa gente, cuántos seres humildes que no buscan sino el aislamiento, la paz y la oración! ¡Y es, precisamente, de esos sedientos de plegaria y de soledad de donde vendrá la salvación de la tierra rusa! ¡Ellos conservan la verdad, tal y como les fue transmitida por los primeros padres, los mártires y los apóstoles! Cuando haya lugar, a su debido tiempo, vendrán a repetírsela al mundo vacilante. Atiende bien: los laicos sólo poseen la ciencia, la cual no habla sino a la lógica de los sentidos; y rechazando con majestad y desprecio al mundo espiritual, fundados sobre su ciencia, han proclamado la libertad. ¿Pero qué ha llegado a ser la libertad en sus manos?... ¡La esclavitud y el suicidio!... El mundo le dice al pobre: "¿Tienes necesidades?... ¡Satisfácelas!... ¡Tus derechos son iguales a los de los ricos!"... Pero, el satisfacer las propias necesidades, es lo mismo que multiplicarlas, puesto que de un deseo satisfecho nace otro nuevo deseo. He ahí la libertad tal cual la entiende el rico. Ella engendra, en el rico, el aislamiento y el suicidio moral, y en el pobre la envidia y el delito. "¿Son tus derechos iguales a los de los ricos?... ¿Y tus medios?" Y los recuerdos se sacian y mueren de plétora, sin haber encontrado en el refinamiento del lujo ninguna felicidad: y los pobres, a los ojos de los cuales estos refinamientos, por el hecho mismo de que los desconocen, pasan por ser una realidad de perfecta beatitud, los pobres que sólo ven el lujo en sueños, procuran soñar por medio del vino, y mueren alcoholizados... Llegará un día en que, en lugar de vino, beberán sangre... Alexey, ¿te atreverías tú a llamar gente libre a esos pobres y a estos ricos? Conocí a un demagogo que, él mismo, me contaba que, viéndose en la cárcel privado de fumar, sufría tanto con aquella privación, que estuvo a punto de renegar, por un puñado de tabaco, de las doctrinas por las cuales había sacrificado su libertad. Y, sin embargo, era uno de esos hombres que dicen: "¡Yo me sacrifico por la humanidad!..." ¡Sí, sí, un sacrificio rápido, heroísmo de una hora, a lo sumo! ¡Esa clase de héroes son incapaces de sufrir largo tiempo, porque son esclavos de sus sentidos!... Para ellos la libertad ha llegado a ser una esclavitud peor que la antigua, puesto que el esclavo romano era por lo menos libre cuando podía escapar a la mirada de su amo; en cambio nadie puede sustraerse a su propia mirada. En vez de servir a la unidad humana, los demagogos han creado el fraccionamiento de clases, en pobres y ricos, y el heroísmo individual. ¡Cuán diferente esa misión de la de los monjes! Se mofan de los ayunos y oraciones de éstos, y, sin embargo, en eso es en lo que consiste la verdadera libertad. Yo refreno mis deseos, humillo mi independencia, mortifico mi carne, y de ese modo alcanzo la libertad del pensamiento y el gozo espiritual. ¿Quién más que este hombre libre y feliz será capaz de aportar el gran pensamiento y de servirle? Compara al rico con este hombre libertado de la tiranía de las cosas y de las costumbres. Le reprochan al monje su aislamiento. "¡Tú tratas de salvarte —dicen— ahí entre las cuatro paredes de tu monasterio, y olvidas los mutuos deberes de la humanidad!..." No, el aislamiento no existe entre nosotros, sino entre los ricos, egoístas y corrompidos, y entre los pobres, viciosos y desgraciados. ¡Oh, Alexey!, ¿es posible que sea un sueño el que el hombre pueda, al fin, hallar la alegría en la paz de una ciencia sin negación, y en el amor, y que se aleje de una vez de la crueldad sensual, de la vanidad y de la disipación? ¡Yo tengo como seguro que ese tiempo se avecina; creo que llevaremos a efecto esa obra con la ayuda de Jesucristo; cuántas cosas han ocurrido en la humanidad, las cuales, diez años antes, parecían imposibles! Les llegó la hora y ellas se han verificado. A mi vez les pregunto a los burlones: "Y vosotros, ¿cuándo fundaréis ese reino de la justicia del que tanto habláis?" Hace tiempo que estáis, ¡oh maestros!, manos a la obra, y sólo habéis conseguido agravar el estado social... ¡Verdaderamente, si después de estos resultados creéis todavía poseer la verdad, es preciso que meditéis más que nosotros!... ¡Alexey, espero mucho de ti! No olvides que nadie tiene derecho a juzgar. El propio juez que está a punto de pronunciar una sentencia, es tal vez más culpable que el reo cuyos destinos tiene en su mano. ¿Quién sabe? Si el juez fuese justo, acaso el reo no hubiese delinquido... Como lo haces hoy, toma siempre que puedas, sobre ti, los pecados y delitos de aquellos a quienes estuvieres tentado de condenar; sufre en lugar de ellos y déjalos partir sin hacerles reproche alguno. Por lo demás, desecha todo temor; saldrás victoriosamente de esta prueba, y tal vez los hombres te aclamarán por esta tu acción que reprueba su sentencia, ya que todos ellos son niños, y este rasgo de heroísmo, del cual ni tú mismo te has dado cuenta cuando humilde y sencillamente colocabas en tus pies las cadenas de tu hermano, les seducirá; mirándose en ese espejo se quedarán deslumbrados... y esa alucinación puede mucho contra los hombres, los cuales se rinden siempre ante lo portentoso...

El monje se inclinó sobre Aliosha, le hizo lentamente el signo de la cruz sobre la cabeza, los labios y el pecho, y desapareció.

Aliosha abrió los ojos; una sonrisa de dulzura infinita iluminaba su semblante.

En la sala en que estaba se oían roncos rumores. Empezaba a alborear. Aliosha distinguió en torno de él algunos rostros groseros y brutales que le miraban con torvos ojos. La habitación estaba llena de gente del pueblo, y de soldados que se agitaban nerviosos, dándose cuenta de lo que había sucedido y de la culpa que en ello les correspondía...

Aliosha sonreía.

Capítulo VII

Inútil es decir que el joven fue conducido a pequeñas jornadas a nuestra ciudad, y que su proceso se instruyó sin tardanza.

El asunto era claro, la infracción evidente, tanto que el culpable había escapado con grandes dificultades a la justa cólera de Konstantin Semenovitch.

A no haber intervenido Mikhailovitch, aquél hubiese hecho por su propia mano la justicia que, según su parecer, merecía "aquel miserable" que, al ultrajar a su persona, había ultrajado todas las leyes e instituciones de la santa Rusia.

Aliosha, como ya hemos dicho, fue conducido de nuevo a la ciudad. El proceso no fue largo, y tuvo un desenlace tan inesperado, que ninguno de aquellos que asistieron a la escena final de este extraño drama debe haberlo olvidado.

Katerina Ivanovna, que había comprendido el motivo real del sacrificio de Aliosha, temía que el joven, por su espíritu de exagerado misticismo, se dejase condenar sin tratar de salvarse.

Ella le suplicó que le permitiera llamar al mejor abogado que hubiera en Rusia para que le defendiera.

—No, Katerina, no llame usted a nadie; no es preciso. Hermana mía, yo no sé si usted me comprenderá bien: hay una justicia humana y una justicia divina. Cuando la primera se engaña, suele ser, a veces, reformada por la segunda, la cual no desdeña de servirse, para su gran obra, de pequeños instrumentos como yo. He tomado el puesto de mi hermano, el cual había sido condenado injustamente; pero, al hacer esto, yo mismo he cometido una injusticia, ya que las sentencias de nuestros jueces son venerables, hasta en sus errores. Por otra parte, no he podido, como yo esperaba, salvar a Mitia sin comprometer a sus guardianes. Además, y finalmente, si no era Mitia culpable del hecho, lo era de pensamiento; por tanto, si llegan a condenarme, expiaré su pensamiento y mi acción.

—¡Pero es una locura! ¡Usted es demasiado necesario a nuestro pobre país; no tiene usted el derecho de sacrificarse tan ligeramente!

Aliosha se encogió de hombros con impaciencia.

—Para ser útil —dijo— es preciso ser irreprensible. Mas descuide usted; ya verá cómo sé defenderme yo solo; sé perfectamente lo que debo decir.

Esta escena tenía lugar en la celda de la prisión en que había sido encerrado Aliosha. En aquel momento se abrió la puerta y entró la señora Koklakof.

La buena señora se precipitó sobre Aliosha, lanzando gritos y gemidos.

El joven se desprendió de sus brazos.

—¡Ah, Dios mío! —exclamó la señora Koklakof—. ¿Pero es usted, Alexey Fedorovitch? ¿Es a usted mismo, a usted a quien veo en este sitio de delito y de corrupción?... ¡Sé todo lo que ha hecho usted!... ¡Es noble, es sublime, digno de usted!... ¡Si formase yo parte del jurado, además de absolverle, le recompensaría!... Mas ya que usted los salva a todos, sea usted completamente generoso, salve usted a mi hija, rece usted una plegaria, dígale usted a Dios solamente una palabra... ¿A lo menos se ha marchado a las minas de oro?

—¿Quién, mamá, Dios? —dijo la voz penetrante de Liza, de la cual no habían podido introducir la butaca en la celda, y que, por lo tanto, permanecía en el oscuro corredor.

—¿Está Liza ahí? —exclamó alegremente Aliosha.

—Sí, me he visto obligada a traerla. Yo le dije que no podría entrar en su celda de usted, pero ella ha insistido... Usted ya sabe cómo se las gasta esta chica —continuó volviéndose hacia el corredor—. Pues bien; sí, su mal ha empeorado en este último tiempo... sobre todo desde que ha sabido que está usted en peligro... ¡Ah, esto es lo más terrible de todo!... Si verdaderamente no bromeaba usted aquel día que le hablaba de matrimonio, creo que su salvación está en eso. ¡Cásese con ella, Alexey Fedorovitch, se la doy a usted junto con mi bendición!...

La señora Koklakof hizo un gran gesto patético, y se quedó desconcertada al oír una nueva carcajada de Liza, una carcajada, la más fresca, más franca y, si se quiere, la más impertinente del mundo.

—En verdad —repuso la señora—, no he venido a hablarle de eso precisamente... Liza se ríe siempre... Bueno; ella irá como Dios quiera... Era, pues, de usted, Alexey Fedorovitch, de lo que quería hablarle.

—No, no —respondió Aliosha sonriendo dulcemente—; hablemos de Liza, y, se lo ruego, déjeme usted que me acerque a la puerta, a fin de que pueda verla.

—Así me gusta —exclamó Liza con voz siempre alegre, pero bañado el rostro de lágrimas.

Aliosha se aproximó a la puerta, y en la sombra del corredor vio a la joven.

—¡Buenos días, Liza, buenos días, mi querida amiga!

—"Mi querida". ¡Y se atreve a decirme: ¡"mi querida"!

—¿Y por qué no, Liza? ¿Ha olvidado usted que la amo?

—Si me amase usted no habría hecho lo que ha hecho. ¡No, yo no existo para usted, usted no me ama, no me ha amado nunca!

—¡Liza..., no es justo lo que usted dice! Ya le advertí que en los asuntos graves no consultaría sino a mi conciencia.

—Sí, es verdad, es verdad... Soy una loca... Pero le amo, Alexey. ¡Qué será de usted, de mí y de todos, Dios mío!

—¡Tranquilícese usted, Liza! "Yo pasaré victoriosamente por esta prueba"...

Llegó la hora de presentarse ante el Tribunal.

Pocos eran los testigos a quienes se había de interrogar: el hecho era evidente, palpable; fue más bien por un sentimiento de piedad que por escrúpulos de conciencia por lo que los jueces prolongaron durante tres días la vista de la causa. Ese proceso fue en un todo diferente a aquel de Mitia.

Aliosha era tan querido como detestado era Dimitri.

Todos deseaban, solicitaban su absolución.

La requisitoria del fiscal se vio en seguida que se inclinaba hacia la benevolencia.

El mismo acusador insistió acerca de la juventud extrema del acusado, de los sentimientos de misticismo que habían podido inducirle a violar las leyes civiles para mejorar, tal vez, otras leyes morales, superiores, que, acaso, él solo conocía.

Después de haber, sin embargo, solicitado la aplicación de las leyes penales, concluyó diciendo:

—Es un Karamazov, señores, el que nuevamente comparece ante ustedes; un Karamazov que no escapa a la violencia hereditaria de su familia; pero, nótenlo ustedes, esta violencia es una fuerza que le impulsa hacia el bien.

"Alexey Fedorovitch ha obrado, de ello estoy persuadido, conforme a una convicción profunda y no trata de eximirse de la responsabilidad de sus actos.

"Resulta de la deposición de Guerassim Mikhailovitch, que en el momento en que Dimitri Fedorovitch se evadió, nada absolutamente impedía a su hermano seguirlo. Si, por lo tanto, no se puede atribuir a locura, es preciso confesar que un sentimiento de honradez es el que ha conducido al acusado ante sus jueces: ya han oído ustedes con qué respeto y con qué acento de sinceridad se ha conducido y expresado. Ahora bien, según el informe pericial, el acusado se halla en pleno goce de sus facultades mentales; luego hay que descartar la locura.

"No nos hallamos, pues, en presencia de un culpable vulgar; más aún, me atrevo a decir que no es siquiera culpable.

"La infracción existe, esto es incontestable; pero los sentimientos que estamos habituados a observar en los verdaderos criminales, esos sentimientos de desprecio hacia los jueces, de hostilidad a las leyes y de empeño en extraviar a la justicia, nadie puede notarlos en Alexey Fedorovitch.

"No corresponde a este ministerio la tarea de cerrar los ojos a la justicia; sin embargo, no puedo por menos, señores, que exhortar a la benevolencia; me considero obligado a hacerlo, puesto que el acusado se halla en presencia del Tribunal sin defensor, por haber renunciado a que le patrocinara una de las legítimas lumbreras de nuestro foro. No ha querido deslumbrar a sus jueces con los artificios de la elocuencia, y sería injusto, señores, que empleásemos esos mismos artificios contra el que no ha querido protegerse con ellos".

El fiscal se sentó; su discurso fue saludado con una triple salva de aplausos, que el presidente no pudo reprimir.

Cuando el presidente hizo al procesado la pregunta de rúbrica: "Acusado, ¿tiene algo que decir en su defensa?" Con gran sorpresa de todos, Aliosha se levantó.

Se hizo un silencio absoluto.

La juventud del acusado, su belleza, su actitud modesta y fiera a un tiempo, le conciliaba el afecto y la admiración generales.

Las mujeres, pensando que le condenarían a trabajos forzados perpetuamente, lloraban.

—No es una defensa lo que pretendo hacer —murmuró Aliosha—. Salvo algunas exageraciones por parte del oficial Konstantin Semenovitch, los hechos han sido expuestos en toda su verdad. Nada digo. He devuelto la libertad a mi hermano, porque éste había sido víctima de un error judicial, del cual, dicho sea de paso, no acuso a nadie. Las circunstancias que concurrieron en la muerte de mi padre debían desviar la acción de la justicia. El pasado de mi hermano Dimitri, sus relaciones violentas con mi padre y la partida de mi hermano Iván, todo esto acusaba a aquel a quien ustedes condenaron, y que, sin embargo, señores, era inocente. ¡Sí, Dimitri Fedorovitch es inocente! No pretendo demostrarlo, ni pretendo que me crean ustedes; es ya demasiado tarde; y, si entonces no me creyeron, tampoco me creerían ahora; pero mi convicción era absoluta, y, como ha dicho con tanta benevolencia el señor fiscal, ha sido esa convicción la que ha guiado mis actos. No niego nada, pero de nada me arrepiento tampoco. Me abandono a su juicio. Si me condenan ustedes, obrarán justamente, ya que si me he entregado a ustedes, pues es bien cierto que podría haber huido junto con mi hermano, ha sido solamente para darles el medio de que puedan castigarme como es de derecho. Inocente por inocente, ¿qué les importa uno u otro? Al tomar yo el puesto y la personalidad de mi hermano, yo soy para ustedes, señores, Dimitri Karamazov. Sin embargo, no ocultaré el decirles que harían una buena obra absolviéndome, porque, lo repito, Dimitri Karamazov no merecía castigo alguno. Si pudo tener el deseo de matar a su padre, fue un deseo secreto, y ustedes no tienen el derecho de penetrar en los misteriosos recintos de la mente de los hombres. Dios sí. Para éste la intención equivale a la acción; pero ustedes no pueden castigar sino el hecho consumado, y aquél no fue llevado a cabo, no me cansaré de repetirlo, por mi hermano Dimitri. Pero yo, que sé que aquella idea fatal cruzó un momento por la imaginación de mi hermano, me he entregado a ustedes, para que, si llegarais a castigarme, quedase lavada aquella culpa. Estimo, sin embargo, que su justicia debía estar ya satisfecha, puesto que todos han sufrido su correspondiente castigo: mi hermano Dimitri con la humillación de una condena injusta; mi hermano Iván, con la enfermedad que ha trastornado su cerebro, y yo con el sufrimiento moral de verlos padecer a todos. Nada más tengo que decir, señores, si no es que acepto anticipadamente, con toda humildad y respeto, su juicio.

Aliosha guardó silencio: era tal la emoción que dominaba en la sala, que siguió reinando un silencio de muerte, interrumpido apenas por alguno que otro sollozo. La sesión se suspendió por diez minutos.

Capítulo VIII

De pronto, en medio de aquel silencio, un insólito rumor llamó la atención general.

En una de las puertas, pálida, con los cabellos en desorden, y vacilante, se hallaba una joven, a la cual abrían paso los que allí se encontraban, con una especie de temor supersticioso.

—¡Liza! —exclamó Katerina Ivanovna, y corrió hacia la joven.

Pero Liza, silenciosa, la rechazó con un gesto, y siguió andando con la mirada fija en el Tribunal, ante el cual se detuvo.

El público, los jurados, los jueces todos se levantan; el presidente hizo una seña al ujier para que corriera a la joven. Ya era tiempo; Liza empezaba a vacilar.

Repentinamente se volvió hacia Aliosha, el cual la contemplaba con ojos llenos de lágrimas de placer, con un gesto pueril y gracioso; la joven le mandó un beso, y luego, volviéndose de nuevo hacia los jueces, exclamó con voz singularmente penetrante:

—¡Es un justo!... ¡Él me ha salvado!

Y se desmayó.

Esta curación milagrosa, si bien se explique fisiológicamente con la reacción nerviosa de una vivísima emoción, maravilló a la asamblea. Todos conocían la enfermedad de Liza, y ninguno vaciló en atribuir a Aliosha aquella inesperada curación.

El efecto fue prodigioso. Todos se agitaban, todos hablaban; el presidente no se cuidaba siquiera de reclamar orden y silencio.

Los jueces compartían la emoción general. Sólo Aliosha permanecía sereno. El joven sonreía contemplando los rostros de todos aquellos que lo miraban con tanta simpatía; sus ojos se llenaban de lágrimas, de aquellas lágrimas tranquilas, mejores que la alegría, superiores a la felicidad.

En fin, cosa sin ejemplo en nuestros anales judiciales; el presidente preguntó a los jurados si querían retirarse a la sala de deliberaciones. Pero todos, sin consultarse, respondieron que no era necesario; sin levantarse la sesión, a renglón seguido, fue absuelto Aliosha.

Katerina se lo llevó a su casa junto con Liza.

En casa de Katerina encontraron a la señora Koklakof, la cual, no sabiendo dónde hubiese ido su hija, la buscaba, y al verla llegar, andando por sus propios pies, pensó morir de gozo.

Aquel mismo día se ultimaron los detalles para el matrimonio de los dos jóvenes. La señora Koklakof, en esta ocasión, estuvo menos exuberante de palabras de lo que solía estar generalmente.

En cuanto a Katerina, siguió considerando a Aliosha con una admiración religiosa. Y éste, sonriendo siempre, miraba de tanto en tanto hacia el espacio, en lontananza, como si hubiese contemplado anticipadamente sus destinos.

Iván seguía loco.

El jugador

Capítulo I

Por fin he regresado al cabo de quince días de ausencia. Tres hace ya que nuestra gente está en Roulettenburg. Yo pensaba que me estarían aguardando con impaciencia, pero me equivoqué. El general tenía un aire muy despreocupado, me habló con altanería y me mandó a ver a su hermana. Era evidente que habían conseguido dinero en alguna parte. Tuve incluso la impresión de que al general le daba cierta vergüenza mirarme. Marya Filippovna estaba atareadísima y me habló un poco por encima del hombro, pero tomó el dinero, lo contó y escuchó todo mi informe. Esperaban a comer a Mezentzov, al francesito y a no sé qué inglés. Como de costumbre, en cuanto había dinero invitaban a comer, al estilo de Moscú. Polina Aleksandrovna me preguntó al verme por qué había tardado tanto; y sin esperar respuesta salió para no sé dónde. Por supuesto, lo hizo adrede. Menester es, sin embargo, que nos expliquemos. Hay mucho que contar.

Me asignaron una habitación pequeña en el cuarto piso del hotel. Saben que formo parte del *séquito del general*. Todo hace pensar que se las han arreglado para darse a conocer. Al general le tienen aquí todos por un acaudalado magnate ruso. Aun antes de la comida me mandó, entre otros encargos, a cambiar dos billetes de mil francos. Los cambié en la caja del hotel. Ahora, durante ocho días por lo menos, nos tendrán por millonarios. Yo quería sacar de paseo a Misha y Nadya, pero me avisaron desde la escalera que fuera a ver al general, quien había tenido a bien enterarse de adónde iba a llevarlos. No cabe duda de que este hombre no puede fijar sus ojos directamente en los míos; él bien quisiera, pero le contesto siempre con una mirada tan sostenida, es decir, tan irrespetuosa que parece azorarse. En tono altisonante, amontonando una frase sobre otra y acabando por hacerse un lío, me dio a entender que llevara a los niños de paseo al parque, más allá del casino, pero terminó por perder los estribos y añadió mordazmente: "Porque bien pudiera ocurrir que los llevara usted al casino, a la ruleta. Perdone —añadió—, pero sé que es usted bastante frívolo y que quizá se sienta inclinado a jugar. En todo caso, aunque no soy mentor suyo ni deseo serlo, tengo al menos derecho a esperar que usted, por así decirlo, no me comprometa..."

—Pero si no tengo dinero —respondí con calma—. Para perderlo hay que tenerlo.

—Lo tendrá enseguida —respondió el general ruborizándose un tanto. Revolvió en su escritorio, consultó un cuaderno y de ello resultó que me correspondían unos ciento veinte rublos.

—Al liquidar —añadió— hay que convertir los rublos en táleros. Aquí tiene cien táleros en números redondos. Lo que falta no caerá en el olvido.

Tomé el dinero en silencio.

—Por favor, no se enoje por lo que le digo. Es usted tan quisquilloso... Si le he hecho una observación ha sido por ponerle sobre aviso, por así decirlo; a lo que por supuesto tengo algún derecho...

Cuando volvía a casa con los niños antes de la hora de comer, vi pasar toda una cabalgata. Nuestra gente iba a visitar unas ruinas. ¡Dos calesas soberbias y magníficos caballos!

Mademoiselle Blanche iba en una de ellas con Marya Filippovna y Polina; el francesito, el inglés y nuestro general iban a caballo. Los transeúntes se paraban a mirar. Todo ello era de muy buen efecto, sólo que a expensas del general. Calculé que con los cuatro mil francos que yo había traído y con los que ellos, por lo visto, habían conseguido reunir, tenían ahora siete u ocho mil, cantidad demasiado pequeña para *mademoiselle* Blanche.

Mademoiselle Blanche, a la que acompaña su madre, reside también en el hotel. Por aquí anda también nuestro francesito. La servidumbre le llama *monsieur le comte* y a *mademoiselle* Blanche *madame la comtesse*. Es posible que, en efecto, sean *comte* y *comtesse*.

Yo bien sabía que *monsieur le comte* no me reconocería cuando nos encontráramos a la mesa. Al general, por supuesto, no se le ocurriría presentarnos o, por lo menos, presentarme a mí, puesto que *monsieur le comte* ha estado en Rusia y sabe lo poquita cosa que es lo que ellos llaman un *outchitel*, esto es, un tutor. Sin embargo, me conoce muy bien. Confieso que me presenté en la comida sin haber sido invitado; el general, por lo visto, se olvidó de dar instrucciones, porque de otro modo me hubiera mandado de seguro a comer a la mesa redonda. Cuando llegué, pues, el general me miró con extrañeza. La buena de Marya Filippovna me señaló un puesto a la mesa, pero el encuentro con mister Astley salvó la situación y acabé formando parte del grupo, al menos en apariencia.

Tropecé por primera vez con este inglés excéntrico en Prusia, en un vagón en que estábamos sentados uno frente a otro cuando yo iba al alcance de nuestra gente; más tarde volví a encontrarle cuando viajaba por Francia y por último en Suiza dos veces en quince días; y he aquí que inesperadamente topaba con él de nuevo en Roulettenburg. Nunca en mi vida he conocido a un hombre más tímido, tímido hasta lo increíble; y él sin duda lo sabe porque no tiene un pelo de tonto. Pero es hombre muy agradable y flemático. Le saqué conversación cuando nos encontramos por primera vez en Prusia. Me dijo que había estado ese verano en el Cabo Norte y que tenía gran deseo de asistir a la feria de Nizni Nóvgorod. Ignoro cómo trabó conocimiento con el general. Se me antoja que está locamente enamorado de Polina. Cuando ella entró se le encendió a él el rostro con todos los colores del ocaso. Mostró alegría cuando me senté junto a él a la mesa y, al parecer, me considera ya como amigo entrañable.

A la mesa el francesito presumía más que de costumbre y se mostraba desenvuelto y autoritario con todos. Recuerdo que ya en Moscú soltaba pompas de jabón. Habló por los codos de finanzas y de política rusa. De vez en cuando el general se atrevía a objetar algo, pero discretamente, para no verse privado por entero de su autoridad.

Yo estaba de humor extraño y, por supuesto, antes de mediada la comida me hice la pregunta usual y sempiterna: "¿Por qué pierdo el tiempo con este general y no le he dado ya esquinazo?" De cuando en cuando lanzaba una mirada a Polina Aleksandrovna, quien ni se daba cuenta de mi presencia. Ello ocasionó el que yo me desbocara y echara por alto toda cortesía.

La cosa empezó con que, sin motivo aparente, me entrometí de rondón en la conversación ajena. Lo que yo quería sobre todo era reñir con el francesito. Me volví hacia el general y en voz alta y precisa, interrumpiéndole por lo visto, dije que ese verano les era absolutamente imposible a los rusos sentarse a comer a una mesa redonda de hotel. El general me miró con asombro.

—Si uno tiene amor propio —proseguí— no puede evitar los altercados y tiene que aguantar las afrentas más soeces. En París, en el Rin, incluso en Suiza, se sientan a la mesa redonda tantos polaquillos y sus simpatizantes franceses que un ruso no halla modo de intervenir en la conversación.

Dije esto en francés. El general me miró perplejo, sin saber si debía mostrarse ofendido o sólo maravillado de mi desplante.

—Bien se ve que alguien le ha dado a usted una lección —dijo el francesito con descuido y desdén.

—En París, para empezar, cambié insultos con un polaco —respondí— y luego con un oficial francés que se puso de parte del polaco. Pero después algunos de los franceses se pusieron a su vez de parte mía, cuando les conté cómo quise escupir en el café de un *monsignore.*

—¿Escupir? —preguntó el general con fatua perplejidad y mirando en torno suyo. El francesito me escudriñó con mirada incrédula.

—Así como suena —contesté—. Como durante un par de días creí que tendría que hacer una rápida visita a Roma por causa de nuestro negocio, fui a la oficina de la legación del Padre Santo en París para que visaran el pasaporte. Allí me salió al encuentro un clérigo pequeño, cincuentón, seco y con cara de pocos amigos. Me escuchó cortésmente, pero con aire avinagrado, y me dijo que esperase. Aunque tenía prisa, me senté, claro está, a esperar, saqué *L'Opinion Nationale* y me puse a leer una sarta terrible de insultos contra Rusia. Mientras tanto oí que alguien en la habitación vecina iba a ver a *Monsignore* y vi al clérigo hacerle una reverencia. Le repetí la petición anterior y, con aire aún más agrio, me dijo otra vez que esperara. Poco después entró otro desconocido, en visita de negocios; un austriaco, por lo visto, que también fue atendido y conducido al piso de arriba. Yo ya no pude contener mi enojo: me levanté, me acerqué al clérigo y le dije con retintín que puesto que *Monsignore* recibía, bien podía atender también a mi asunto. Al oír esto el clérigo dio un paso atrás, sobrecogido de insólito espanto. Sencillamente no podía comprender que un ruso de medio pelo, una nulidad, osara equipararse a los invitados de *Monsignore.* En el tono más insolente, como si se deleitara en insultarme, me miró de pies a cabeza y gritó: "¿Pero cree que *Monsignore* va a dejar de tomar su café por usted?" Yo también grité, pero más fuerte todavía: "¡Pues sepa usted que escupo en el café de su *Monsignore!* ¡Si ahora mismo no arregla usted lo de mi pasaporte, yo mismo voy a verle!"

"¡Cómo! ¿Ahora que está el cardenal con él?", exclamó el clérigo, apartándose de mí espantado, lanzándose a la puerta y poniendo los brazos en cruz, como dando a entender que moriría antes que dejarme pasar.

Yo le contesté entonces que soy un hereje y un bárbaro, *que je suis hérétique et barbare,* y que a mí me importan un comino todos esos arzobispos, cardenales, monseñores, etc., etc.; en fin, mostré que no cejaba en mi propósito. El clérigo me miró con infinita ojeriza, me arrancó el pasaporte de las manos y lo llevó al piso de arriba. Un minuto después estaba visado. "Aquí está. ¿Tiene usted a bien examinarlo?" —saqué el pasaporte y enseñé el visado romano.

—Usted, sin embargo... —empezó a decir el general.

—Lo que le salvó a usted fue declararse bárbaro y hereje —comentó el francesito sonriendo con ironía—. *Cela n'était pas si bête.*

—¿Pero es posible que se mire así a nuestros compatriotas? Se plantan aquí sin atreverse a decir esta boca es mía y dispuestos, por lo visto, a negar que son rusos. A mí, por lo menos, en mi hotel de París empezaron a tratarme con mucha mayor atención cuando les conté lo de mi pelotera con el clérigo. Un caballero polaco, gordo él, mi adversario más decidido a la mesa redonda, quedó relegado a segundo plano. Hasta los franceses se reportaron cuando dije que dos años antes había visto a un individuo sobre el que había disparado un soldado francés en 1812 sólo para descargar su fusil. Ese hombre era entonces un niño de diez años cuya familia no había logrado escapar de Mosni.

—¡No puede ser! —exclamó el francesito—. ¡Un soldado francés no dispararía nunca contra un niño!

—Y, sin embargo, así fue —repuse—. Esto me lo contó un respetable capitán de reserva y yo mismo vi en su mejilla la cicatriz que dejó la bala.

El francés empezó a hablar larga y rápidamente. El general quiso apoyarle, pero yo le aconsejé que leyera, por ejemplo, ciertos trozos de las *Notas* del general Perovski, que estuvo prisionero de los franceses en 1812. Finalmente, Marya Filippovna habló de algo para dar otro rumbo a la conversación. El general estaba muy descontento conmigo, porque el francés y yo casi habíamos empezado a gritar. Pero a *mister* Astley, por lo visto, le agradó mucho mi disputa con el francés. Se levantó de la mesa y me invitó a tomar con él un vaso de vino. A la caída de la tarde, como era menester, logré hablar con Polina Aleksandrovna un cuarto de hora. Nuestra conversación tuvo lugar durante el paseo. Todos fuimos al parque del Casino. Polina se sentó en un banco frente a la fuente y dejó a Nadyenka que jugara con otros niños sin alejarse mucho. Yo también solté a Misha junto a la fuente y por fin quedamos solos.

Para empezar tratamos, por supuesto, de negocios. Polina, sin más, se encolerizó cuando le entregué sólo setecientos *gulden*. Había estado segura de que, empeñando sus brillantes, le habría traído de París por lo menos dos mil, si no más.

—Necesito dinero —dijo—, y tengo que agenciármelo sea como sea. De lo contrario estoy perdida.

Yo empecé a preguntarle qué había sucedido durante mi ausencia.

—Nada de particular, salvo dos noticias que llegaron de Petersburgo: primero, que la abuela estaba muy mal, y dos días después que, por lo visto, estaba agonizando. Esta noticia es de Timofei Petrovich —agregó Polina—, que es hombre de crédito. Estamos esperando la última noticia, la definitiva.

—¿Así es que aquí todos están a la expectativa? —pregunté.

—Por supuesto, todos y todo; desde hace medio año no se espera más que esto.

—¿Usted también? —inquirí.

—¡Pero si yo no tengo ningún parentesco con ella! Yo soy sólo hijastra del general. Ahora bien, sé que seguramente me recordará en su testamento.

—Tengo la impresión de que heredará usted mucho —dije con énfasis.

—Sí, me tenía afecto. ¿Pero por qué tiene usted esa impresión?

—Dígame —respondí yo con una pregunta—, ¿no está nuestro marqués enterado de todos los secretos de la familia?

—¿Y a usted qué le interesa? —preguntó Polina mirándome seca y severamente.

— ¡Anda, porque si no me equivoco, el general ya ha conseguido que le preste dinero!

—Sus sospechas están bien fundadas.

—¡Claro! ¿Le daría dinero si no supiera lo de la abuela? ¿Notó usted a la mesa que mencionó a la abuela tres veces y la llamó "la abuelita", la *baboulinka*? ¡Qué relaciones tan íntimas y amistosas!

—Sí, tiene usted razón. Tan pronto como sepa que en el testamento se me deja algo, pide mi mano. ¿No es esto lo que quería usted saber?

—¿Sólo que pide su mano? Yo creía que ya la había pedido hacía tiempo.

—¡Usted sabe muy bien que no! —dijo Polina, irritada—. ¿Dónde conoció usted a ese inglés? —añadió tras un minuto de silencio.

—Ya sabía yo que me preguntaría usted por él.

Le relaté mis encuentros anteriores con *mister* Astley durante el viaje.

—Es hombre tímido y enamoradizo y, por supuesto, ya está enamorado de usted.

—Sí, está enamorado de mí —repuso Polina.

—Y, claro, es diez veces más rico que el francés. ¿Pero es que el francés tiene de veras algo? ¿No es eso motivo de duda?

—No, no lo es. Tiene un *château* o algo por el estilo. Ayer, sin ir más lejos, me hablaba el general de ello, y muy positivamente. Bueno, ¿qué? ¿Está usted satisfecho?

—Yo que usted me casaría sin más con el inglés.

—¿Por qué? —preguntó Polina.

—El francés es mejor mozo, pero es un granuja, y el inglés, además de ser honrado, es diez veces más rico —dije con brusquedad.

—Sí, pero el francés es marqués y más listo —respondió ella con la mayor tranquilidad.

—¿De veras?

—Como lo oye.

A Polina le desagradaban mucho mis preguntas, y comprendí que quería enfurecerme con el tono y la brutalidad de sus respuestas. Así se lo dije al momento.

—De veras que me divierte verle tan rabioso. Tiene que pagarme de algún modo el que le permita hacer preguntas y conjeturas parecidas.

—Es que yo, en efecto, me considero con derecho a hacer a usted toda clase de preguntas —respondí con calma—, precisamente porque estoy dispuesto a pagar por ellas lo que se pida, y porque estimo que mi vida no vale un comino ahora.

Polina rompió a reír.

—La última vez, en el Schlangenberg, dijo usted que a la primera palabra mía estaba dispuesto a tirarse de cabeza desde allí, desde una altura, según parece, de mil pies. Alguna vez pronunciaré esa palabra, aunque sólo sea para ver cómo paga usted lo que se pida, y puede estar seguro de que seré inflexible. Me es usted odioso, justamente porque le he permitido tantas cosas, y más odioso aún porque le necesito. Pero mientras le necesite, tendré que ponerle a buen recaudo.

Se dispuso a levantarse. Hablaba con irritación. Últimamente, cada vez que hablaba conmigo, terminaba el coloquio en una nota de enojo y furia, de verdadera furia.

—Permítame preguntarle: ¿qué clase de persona es *mademoiselle* Blanche? —dije, deseando que no se fuera sin una explicación.

—Usted mismo sabe qué clase de persona es *mademoiselle* Blanche. No hay por qué añadir nada a lo que se sabe hace tiempo. *Mademoiselle* Blanche será probablemente esposa del general, es decir, si se confirman los rumores sobre la muerte de la abuela, porque *mademoiselle* Blanche, lo mismo que su madre y que su primo el marqués, saben muy bien que estamos arruinados.

—¿Y el general está perdidamente enamorado?

—No se trata de eso ahora. Escuche y tenga presente lo que le digo: tome estos setecientos florines y vaya a jugar; gáneme cuanto pueda a la ruleta; necesito ahora dinero de la forma que sea.

Dicho esto, llamó a Nadyenka y se encaminó al casino, donde se reunió con el resto de nuestro grupo. Yo, pensativo y perplejo, tomé por la primera vereda que vi a la izquierda. La orden de jugar a la ruleta me produjo el efecto de un mazazo en la cabeza. Cosa rara, tenía bastante de qué preocuparme y, sin embargo, aquí estaba ahora, metido a analizar mis sentimientos hacia Polina. Cierto era que me había sentido mejor durante estos quince días de ausencia que ahora, en el día de mi regreso, aunque todavía en el camino desatinaba como un loco, respingaba como un azogado, y a veces hasta en sueños la veía. Una vez (esto pasó en Suiza), me dormí en el vagón y, por lo visto, empecé a hablar con Polina en voz alta, lo que motivó la risa de mis compañeros de viaje. Y ahora, una vez más, me hice la pregunta: ¿la quiero?

Y una vez más no supe qué contestar; o, mejor dicho, una vez más, por centésima vez, me contesté que la odiaba. Sí, me era odiosa. Había momentos (cabalmente cada vez que terminábamos una conversación) en que hubiera dado media vida por estrangularla. Juro que si hubiera sido posible hundirle un cuchillo bien afilado en el seno, creo que lo hubiera hecho con placer. Y, no obstante, juro por lo más sagrado que si en el Schlangenberg, en esa cumbre tan a la moda, me hubiera dicho efectivamente: "¡Tírese!", me hubiera tirado en el acto, y hasta con gusto. Yo lo sabía. De una manera u otra había que resolver aquello. Ella, por su parte, lo comprendía perfectamente, y sólo el pensar que yo me daba cuenta justa y cabal de su inaccesibilidad para mí, de la imposibi-lidad de convertir mis fantasías en realidades, sólo el pensarlo, estaba seguro, le producía extraordinario deleite; de lo contrario, ¿cómo po-dría, tan discreta e inteligente como es, permitirse tales intimidades y revelaciones conmigo? Se me antoja que hasta entonces me había mira-do como aquella emperatriz de la antigüedad que se desnudaba en presencia de un esclavo suyo, considerando que no era hombre. Sí, mu-chas veces me consideraba como sí no fuese hombre...

Pero, en fin, había recibido su encargo: ganar a la ruleta de la manera que fuese. No tenía tiempo para pensar con qué fin y con cuánta rapidez era menester ganar y qué nuevas combinaciones surgían en aquella ca-beza siempre entregada al cálculo. Además, en los últimos quince días habían entrado en juego nuevos factores, de los cuales aún no tenía idea. Era preciso averiguar todo ello, adentrarse en muchas cuestiones y cuanto antes mejor. Pero de momento no había tiempo. Tenía que ir a la ruleta.

Capítulo II

Confieso que el mandato me era desagradable, porque aunque había resuelto jugar no había previsto que empezaría jugando por cuenta aje-na. Hasta me sacó un tanto de quicio, y entré en las salas de juego con ánimo muy desabrido. No me gustó lo que vi allí a la primera ojeada. No puedo aguantar el servilismo que delatan las crónicas de todo el mundo, y sobre todo las de nuestros periódicos rusos, en las que cada primavera los que las escriben hablan de dos cosas: primero, del ex-traordinario esplendor y lujo de las salas de juego en las "ciudades de la ruleta" del Rin; y, segundo, de los montones de oro que, según dicen, se ven en las mesas. Porque en definitiva, no se les paga por ello, y sencilla-mente lo dicen por puro servilismo. No hay esplendor alguno en estas salas cochambrosas, y en cuanto a oro, no sólo no hay montones de él en las mesas, sino que apenas se ve. Cierto es que alguna vez durante la temporada aparece de pronto un tipo raro, un inglés o algún asiático, un turco, como sucedió este verano, y pierde o gana sumas muy considerables; los demás, sin embargo, siguen jugándose unos míseros *gulden*, y la cantidad que aparece en la mesa es por lo general bastante modesta.

Cuando entré en la sala de juego (por primera vez en mi vida) dejé pasar un rato sin probar fortuna. Además, la muchedumbre era agobiante. Sin embargo, aunque hubiera estado solo, creo que en esa ocasión me hubiera marchado sin jugar. Confieso que me latía fuertemente el corazón y que no las tenía todas conmigo; muy probablemente sabía, y había decidido tiempo atrás, que de Roulettenburg no saldría como había llegado; que algo radical y definitivo iba a ocurrir en mi vida. Así tenía que ser y así sería. Por ridícula que parezca mi gran confianza en los beneficios de la ruleta, más ridícula aún es la opinión corriente de que es absurdo y estúpido esperar nada del juego. ¿Y por qué el juego habrá de ser peor que cualquier otro medio de procurarse dinero, por ejemplo, el comercio? Una cosa es cierta: que de cada ciento gana uno. Pero eso ¿a mí qué me importa?

En todo caso, decidí desde el primer momento observarlo todo con cuidado y no intentar nada serio, en aquella ocasión. Si algo había de ocurrir esa noche, sería de improviso, y nada del otro jueves; y de ese modo me dispuse a apostar. Tenía, por añadidura, que aprender el juego mismo, ya que a pesar de las mil descripciones de la ruleta que había leído con tanta avidez, la verdad es que no sabría nada de su funcionamiento hasta que no lo viera con mis propios ojos.

En primer lugar, todo me parecía muy sucio, algo así como moralmente sucio e indecente. No me refiero, ni mucho menos, a esas caras ávidas e intranquilas que a decenas, hasta a centenares, se agolpan alrededor de las mesas de juego. Francamente, no veo nada sucio en el deseo de ganar lo más posible y cuanto antes: siempre me ha parecido absurda la opinión de un moralista acaudalado y bien nutrido, quien, oyendo decir a alguien, por vía de justificación, que "al fin y al cabo estaba apostando cantidades pequeñas", contestó: "Tanto peor, pues el afán de lucro también será mezquino". ¡Como si ese afán no fuera el mismo cuando se gana poco que cuando se gana mucho! Es cuestión de proporción. Lo que para Rothschild es poco, para mí es la riqueza; y si de lo que se trata es de ingresos o ganancias, entonces no es sólo en la ruleta, sino en cualquier transacción, donde uno le saca a otro lo que puede. Que las ganancias y las pérdidas sean en general algo repulsivo es otra cuestión que no voy a resolver aquí. Puesto que yo mismo sentía agudamente el afán de lucro, toda esa codicia y toda esa porquería codiciosa me resultaban, cuando entré en la sala, convenientes y, por así decirlo, familiares. Nada más agradable que cuando puede uno dejarse de cumplidos en su trato con otro y cada cual se comporta abiertamente, y con desenfado. ¿Y de qué sirve engañarse a sí mismo? ¡Qué menester tan trivial y poco provechoso! Repelente en particular, a primera vista, en toda esa chusma de la ruleta era el respeto con que miraba lo que se estaba haciendo, la seriedad, mejor dicho, la deferencia con que se agolpaba en torno a las mesas. He aquí por qué en estos casos se distingue con esmero entre los juegos que se dicen de *mauvais genre* (mal género) y los permitidos a las personas decentes.

Hay dos clases de juego: uno para caballeros y otro plebeyo, mercenario, propio de la plebe. Aquí la distinción se observa rigurosamente; ¡y qué vil, en realidad, es esa distinción! Un caballero, por ejemplo, puede hacer una apuesta de cinco o diez luises, rara vez más; o puede apostar hasta mil francos, si es muy rico, pero sólo por jugar, sólo por divertirse, en realidad sólo para observar el proceso de la ganancia o la pérdida; pero de ningún modo puede mostrar interés en la ganancia misma. Si gana, puede, por ejemplo, soltar una carcajada, hacer un comentario a cualquiera de los concurrentes, incluso apuntar de nuevo o doblar su apuesta, pero sólo por curiosidad, para estudiar y calcular las probabilidades, pero no por el deseo plebeyo de ganar.

En suma, un caballero no debe ver en todas estas mesas de juego, ruletas y *trente et quarante,* sino un entretenimiento organizado exclusivamente para su satisfacción. Los vaivenes de la suerte, en que se apoya y se justifica la banca, no debe siquiera sospecharlos. No estaría mal que se figurara, por ejemplo, que todos los demás jugadores, toda esa chusma que tiembla ante un *gulden,* son en realidad tan ricos y caballerosos como él y que juegan sólo para divertirse y pasar el tiempo. Este desconocimiento completo de la realidad, esta ingenua visión de lo que es la gente, son, por supuesto, típicos de la más refinada aristocracia. Vi que muchas mamás empujaban adelante a sus hijas, jovencitas inocentes y elegantes de quince o dieciséis años, y les daban unas monedas de oro para enseñarlas a jugar. La señorita ganaba o perdía sonriendo y se marchaba tan satisfecha.

Nuestro general se acercó a la mesa con aire grave e imponente. Un lacayo corrió a ofrecerle una silla, pero él ni siquiera le vio. Con mucha lentitud sacó el portamonedas; retiró de él, con mucha lentitud, trescientos francos en oro, los apuntó al negro y ganó. No recogió lo ganado y lo dejó en la mesa. Salió el negro otra vez y tampoco recogió lo ganado. Y cuando la tercera vez salió el rojo, perdió de un golpe mil doscientos francos. Se retiró sonriendo y sin perder la dignidad. Yo estaba seguro de que por dentro iba consumido de rabia y que si la apuesta hubiera sido dos o tres veces mayor, hubiera perdido la serenidad y dado suelta a su turbación.

Por otra parte, un francés, en mi presencia, ganó y perdió hasta treinta mil francos, alegre y tranquilamente. El caballero auténtico, aunque pierda cuanto tiene, no debe alterarse. El dinero está tan abajo de la dignidad de un caballero que casi no vale la pena pensar en él. Sería muy aristocrático, por supuesto, no darse cuenta de la cochambre de toda esa chusma y esa escena. A veces, sin embargo, no es menos aristocrático y refinado el darse cuenta, es decir, observar con cuidado, examinar con impertinentes, como si dijéramos, a toda esa chusma; pero sólo viendo en esa cochambre y en toda esa muchedumbre una forma especial de pasatiempo, un espectáculo organizado para divertir a los caballeros. Uno puede abrirse paso entre el gentío y mirar alrededor, pero con el pleno convencimiento de que, en rigor, uno es sólo observador y de ningún modo parte del grupo. Pero, por otro lado, no se debe observar con demasiada atención, pues ello sería actitud impropia de un caballero, ya que al fin y al cabo el espectáculo no merece ser observado larga y atentamente; y sabido es que pocos espectáculos son dignos de la cuidadosa atención de un caballero. Sin embargo, a mí me parecía que todo esto merecía la atención más solícita, especialmente cuando venía aquí no sólo para observar, sino para formar parte, sincera y conscientemente, de esa chusma. En cuanto a mis convicciones morales más íntimas, es claro que no encuentran acomodo en el presente razonamiento. En fin, ¡qué le vamos a hacer! Hablo sólo para desahogar mi conciencia. Pero una cosa sí haré notar: que últimamente me ha sido —no sé por qué— profundamente repulsivo ajustar mi conducta y mis pensamientos a cualquier género de patrón moral. Era otro patrón el que me guiaba...

Es verdad que la chusma juega muy sucio. No ando lejos de pensar que a la mesa de juego misma se dan casos del más vulgar latrocinio. Para los crupieres, sentados a los extremos de la mesa, observar y liquidar las apuestas es un trabajo muy duro. ¡Ésa es otra chusma! Franceses en su mayor parte. Por otro lado, yo observaba y estudiaba no para describir la ruleta, sino para "hacerme al juego", para saber cómo conducirme en el futuro. Noté, por ejemplo, que nada es más frecuente que ver salir de detrás de la mesa una mano que se apropia de lo que uno ha ganado. Se produce un altercado, a menudo se oye una gritería, ¡y vaya usted a buscar testigos para probar que la apuesta es suya!

Al principio todo me parecía un galimatías sin sentido. Sólo adiviné y distinguí no sé cómo que las apuestas eran al número, a pares y nones y al color. Del dinero de Polina Aleksandrovna decidí arriesgar esa noche cien *gulden*. La idea de entrar a jugar y no por propia incumbencia me tenía un poco fuera de quicio. Era una sensación sumamente desagradable y quería sacudírmela de encima cuanto antes. Se me antojaba que empezando con Polina daba al traste con mi propia suerte. ¿No es verdad que es imposible acercarse a una mesa de juego sin sentirse en seguida contagiado por la superstición? Empecé sacando cinco federicos de oro, esto es, cincuenta gulden, y poniéndolos a los pares. Giró la rueda, salió el quince y perdí. Con una sensación de ahogo, sólo para liberarme de algún modo y marcharme, puse otros cinco federicos al rojo. Salió el rojo. Puse los diez federicos, salió otra vez el rojo. Lo puse todo al rojo, y volvió a salir el rojo. Cuando recibí cuarenta federicos puse veinte en los doce números medios sin tener idea de lo que podría resultar. Me pagaron el triple. Así, pues, mis diez federicos de oro se habían trocado de pronto en ochenta. La extraña e insólita sensación que ello me produjo se me hizo tan insoportable que decidí irme. Me parecía que de ningún modo jugaría así si estuviera jugando por mi propia cuenta. Sin embargo, puse los ochenta federicos una vez más a los pares. Esta vez salió el cuatro; me entregaron otros ochenta federicos, y cogiendo el montón de ciento sesenta federicos de oro salí a buscar a Polina Aleksandrovna.

Todos se habían ido de paseo al parque y no conseguí verla hasta después de la cena. En esta ocasión no estaba presente el francés, y el general se despachó a sus anchas: entre otras cosas juzgó necesario advertirme una vez más que no le agradaría verme junto a una mesa de juego. Pensaba que le pondría en un gran compromiso si perdía demasiado; "pero aunque ganara usted mucho, quedaría yo también en un compromiso —añadió con intención—. Por supuesto que no tengo derecho a dirigir sus actos, pero usted mismo estará de acuerdo en que... " Ahí se quedó, como era costumbre suya, sin acabar la frase. Yo respondí secamente que tenía muy poco dinero y, por lo tanto, no podía perder cantidades demasiado llamativas aun si llegaba a jugar. Cuando subía a mi habitación logré entregar a Polina sus ganancias y le anuncié que no volvería a jugar más por cuenta de ella.

—¿Y eso por qué? —preguntó alarmada.

—Porque quiero jugar por mi propia cuenta —respondí mirándola asombrado— y esto me lo impide.

—¿Conque sigue usted convencido de que la ruleta es su única vía de salvación? —preguntó irónicamente. Yo volví a contestar muy seriamente que sí; en cuanto a mi convencimiento de que ganaría sin duda alguna.... bueno, quizá fuera absurdo, de acuerdo, pero que me dejaran en paz.

Polina Aleksandrovna insistió en que fuera a medias con ella en las ganancias de hoy, y me ofreció ochenta federicos de oro, proponiendo que en el futuro continuásemos el juego sobre esa base. Yo rechacé la oferta, de plano y sin ambages, y declaré que no podía jugar por cuenta de otros, no porque no quisiera hacerlo, sino porque probablemente perdería.

—Y, sin embargo, yo también, por estúpido que parezca, cifro mis esperanzas casi únicamente en la ruleta —dijo pensativa—. Por consiguiente, tiene usted que seguir jugando conmigo a medias, y, por supuesto, lo hará.

Con esto se apartó de mí sin escuchar mis ulteriores objeciones.

Capítulo III

Polina, sin embargo, ayer no me habló del juego en todo el día, más aún, evitó en general hablar conmigo. Su previa manera de tratarme no se alteró; esa completa despreocupación en su actitud cuando nos encontrábamos, con un matiz de odio y desprecio. Por lo común no procura ocultar su aversión hacia mí; esto lo veo yo mismo. No obstante, tampoco me oculta que le soy necesario y que me reserva para algo. Entre nosotros han surgido unas relaciones harto raras, en gran medida incomprensibles para mí, dado el orgullo y la arrogancia con que se comporta con todos. Ella sabe, por ejemplo, que yo la amo hasta la locura, me permite incluso que le hable de mi pasión (aunque, por supuesto, nada expresa mejor su desprecio que esa licencia que me da para hablarle de mi amor sin trabas ni circunloquios: "Quiero decir que hago tan poco caso a tus sentimientos que me es absolutamente indiferente que me hables de ellos, sean los que sean". De sus propios asuntos me hablaba mucho ya antes, pero nunca con entera franqueza. Además, en sus desdenes para conmigo hay cierto refinamiento: sabe, por ejemplo, que conozco alguna circunstancia de su vida o alguna cosa que la trae muy inquieta; incluso ella misma me contará algo de sus asuntos si necesita servirse de mí para algún fin particular, ni más ni menos como si fuese su esclavo o recadero; pero me contará sólo aquello que necesita saber un hombre que va a servir de recadero), y aunque la pauta entera de los acontecimientos me sigue siendo desconocida, aunque Polina misma ve que sufro y me inquieto por causa de sus propios sufrimientos e inquietudes, jamás se dignará a tranquilizarme por completo con una franqueza amistosa, y eso que, confiándome a menudo encargos no sólo engorrosos, sino hasta arriesgados, debería, en mi opinión, ser franca conmigo. Pero ¿por qué habría de ocuparse de mis sentimientos, de que también yo estoy inquieto y de que quizá sus inquietudes y desgracias me preocupan y torturan tres veces más que a ella misma?

Desde hacía unas tres semanas conocía yo su intención de jugar a la ruleta. Hasta me había anunciado que tendría que jugar por cuenta suya, porque sería indecoroso que ella misma jugara. Por el tono de sus palabras saqué pronto la conclusión de que obraba a impulsos de una grave preocupación y no simplemente por el deseo de lucro. ¿Qué significaba para ella el dinero en sí mismo? Ahí había un propósito, alguna circunstancia que yo quizá pudiera adivinar, pero que hasta este momento ignoro. Claro que la humillación y esclavitud en que me tiene podrían darme (a menudo me dan) la posibilidad de hacerle preguntas duras y groseras. Dado que no soy para ella sino un esclavo, un ser demasiado insignificante, no tiene motivo para ofenderse de mi ruda curiosidad. Pero es el caso que, aunque ella me permite hacerle preguntas, no las contesta. Hay veces que ni siquiera se da cuenta de ellas. ¡Así están las cosas entre nosotros!

Ayer se habló mucho del telegrama que se mandó hace cuatro días a Petersburgo y que no ha tenido respuesta. El general, por lo visto, está pensativo e inquieto. Se trata, ni que decir, de la abuela. También el francés está agitado. Ayer, sin ir más lejos, estuvieron hablando largo rato después de la comida. El tono que emplea el francés con todos nosotros es sumamente altivo y desenvuelto. Aquí se da lo del refrán: "les das la mano y se toman el pie". Hasta con Polina se muestra desembarazado hasta la grosería; pero, por otro lado, participa con gusto en los paseos por el parque y en las cabalgatas y excursiones al campo. Desde hace bastante tiempo conozco algunas de las circunstancias que ligan al francés y al general. En Rusia proyectaron abrir juntos una fábrica, pero no sé si el proyecto se malogró o si sigue todavía en pie. Además, conozco por casualidad parte de un secreto de familia: el francés, efectivamente, había sacado de apuros al general el año pasado, dándole treinta mil rublos para que completara cierta cantidad que faltaba en los fondos públicos antes de presentar la dimisión de su cargo. Y, por supuesto, el general está en sus garras; pero ahora, cabalmente ahora, quien desempeña el papel principal en este asunto es *mademoiselle* Blanche, y en esto estoy seguro de no equivocarme.

¿Quién es *mademoiselle* Blanche? Aquí, entre nosotros, se dice que es una francesa de noble alcurnia y fortuna colosal, a quien acompaña su madre. También se sabe que tiene algún parentesco, aunque muy remoto, con nuestro marqués: prima segunda o algo por el estilo. Se dice que hasta mi viaje a París, el francés y *mademoiselle* Blanche se trataban con bastante más ceremonia, como si quisieran dar ejemplo de finura y delicadeza. Ahora, sin embargo, su relación, amistad y parentesco parecen menos delicados y más íntimos. Quizá estiman que nuestros asuntos van por tan mal camino que no tienen por qué mostrarse demasiado corteses con nosotros o guardar las apariencias. Yo ya noté anteayer cómo *mister* Astley miraba a *mademoiselle* Blanche y a la madre de ésta.

Tuve la impresión de que las conocía. Me pareció también que nuestro francés había tropezado previamente con *mister* Astley; pero éste es tan tímido, reservado y taciturno que es casi seguro que no lavará en público los trapos sucios de nadie. Por lo pronto, el francés apenas le saluda y casi no le mira, lo que quiere decir, por lo tanto, que no le teme. Esto se comprende. ¿Pero por qué *mademoiselle* Blanche tampoco le mira? Tanto más cuanto el marqués reveló anoche el secreto de pronto, no recuerdo con qué motivo, dijo en conversación general que *mister* Astley es colosalmente rico y que lo sabe de buena fuente. ¡Buena ocasión era ésa para que *mademoiselle* Blanche mirara a *mister* Astley! De todos modos, el general estaba intranquilo. Bien se comprende lo que puede significar para él el telegrama con la noticia de la muerte de su tía.

Aunque estaba casi seguro de que Polina evitaría, como de costumbre, conversar conmigo, yo también me mostré frío e indiferente, pensando que ella acabaría por acercárseme. En consecuencia, ayer y hoy he concentrado principalmente mi atención en *mademoiselle* Blanche. ¡Pobre general, ya está perdido por completo! Enamorarse a los cincuenta y cinco años y con pasión tan fuerte es, por supuesto, una desgracia. Agréguese a ello su viudez, sus hijos, la ruina casi total de su hacienda, sus deudas, y, para acabar, la mujer de quien le ha tocado en suerte enamorarse. *Mademoiselle* Blanche es bella, pero no sé si se me comprenderá si digo que tiene uno de esos semblantes de los que cabe asustarse. Yo al menos les tengo miedo a esas mujeres. Tendrá unos veinticinco años. Es alta y ancha de hombros, terminados en ángulos rectos. El cuello y el pecho son espléndidos. Es trigueña de piel, tiene el pelo negro como el azabache y en tal abundancia que hay bastante para dos *coiffures.* El blanco de sus ojos tira un poco a amarillo, la mirada es insolente, los dientes son de blancura deslumbrante, los labios los lleva siempre pintados, huele a almizcle. Viste con ostentación, en ropa de alto precio, con *chic,* pero con gusto exquisito. Sus manos y pies son una maravilla. Su voz es un contralto algo ronco. De vez en cuando ríe a carcajadas y muestra todos los dientes, pero por lo común su expresión es taciturna y descarada, al menos en presencia de Polina y de Marya Filippovna.

A propósito, una noticia inesperada: Marya Filippovna regresa a Rusia. Sospecho que *mademoiselle* Blanche carece de instrucción; quizá incluso no sea inteligente, pero por otra parte es suspicaz y astuta. Se me antoja que en su vida no han faltado las aventuras. Para decirlo todo, puede ser que el marqués no sea pariente suyo y que la madre no tenga de tal más que el nombre. Pero hay prueba de que en Berlín, adonde fuimos con ellos, ella y su madre tenían amistades bastante decorosas. En cuanto al marqués, aunque sigo dudando de que sea marqués, es evidente que pertenece a la buena sociedad, según ésta se entiende, por ejemplo, en Moscú o en cualquier parte de Alemania. No sé qué será en Francia; se dice que tiene un *château.* He pensado que en estos quince días han pasado muchas cosas y, sin embargo, todavía no sé a ciencia cierta si entre *mademoiselle* Blanche y el general se ha dicho algo decisivo.

En resumen, todo depende ahora de nuestra situación económica, es decir, de si el general puede mostrarles bastante dinero. Si, por ejemplo, llegara la noticia de que la abuela no ha muerto, estoy seguro de que *mademoiselle* Blanche desaparecería al instante. A mí mismo me sorprende y me divierte lo chismoso que he llegado a ser. ¡Oh, cómo me repugna todo esto! ¡Con qué placer mandaría de paseo a todos y todo! Pero, ¿puedo apartarme de Polina? ¿Puedo renunciar a husmear en torno a ella? El espionaje es sin duda una bajeza, pero ¿a mí qué me importa?

Interesante también me ha parecido *mister* Astley ayer y hoy. Sí, tengo la seguridad de que está enamorado de Polina. Es curioso y divertido lo que puede expresar a veces la mirada tímida y mórbidamente casta de un hombre enamorado, sobre todo cuando ese hombre preferiría que se lo tragara la tierra a decir o sugerir nada con la lengua o los ojos. *Mister* Astley se encuentra con nosotros a menudo en los paseos. Se quita el sombrero y pasa de largo, devorado sin duda por el deseo de unirse a nuestro grupo. Si le invitan, se rehúsa al instante. En los lugares de descanso, en el casino, junto al quiosco de la música o junto a la fuente, se instala siempre no lejos de nuestro asiento; y dondequiera que estemos —en el parque, en el bosque, o en lo alto del Schlangenberg— basta levantar los ojos y mirar en torno nuestro para ver indefectiblemente —en la vereda más cercana o tras un arbusto— a *mister* Astley en su escondite. Sospecho que busca ocasión para hablar conmigo a solas. Esta mañana nos encontramos y cambiamos un par de palabras. A veces habla de manera sumamente entrecortada. Sin darme los "buenos días" me dijo:

—¡Ah, *mademoiselle* Blanche! ¡He visto a muchas mujeres como *mademoiselle* Blanche!

Guardó silencio, mirándome con intención. No sé lo que quiso decir con ello, porque cuando le pregunté "¿y eso qué significa?", sonrió astutamente, sacudió la cabeza y añadió: "En fin, así es la vida. ¿Le gustan mucho las flores a *mademoiselle* Polina?"

—No sé; no tengo idea.

—¿Cómo? ¿Que no lo sabe? —gritó presa del mayor asombro.

—No lo sé. No me he fijado —repetí riendo.

—Hmm. Eso me da que pensar. —Inclinó la cabeza y prosiguió su camino. Pero tenía aspecto satisfecho. Estuvimos hablando en un francés de lo más abominable.

Capítulo IV

Hoy ha sido un día chusco, feo, absurdo. Son las once de la noche, y estoy sentado en mi cuchitril haciendo inventario de lo acaecido. Comencé la mañana yendo a jugar a la ruleta por cuenta de Polina Aleksandrovna. Tomé sus ciento sesenta federicos de oro, pero bajo dos condiciones: la primera, que no jugaría a medias con ella, es decir, que si ganaba no aceptaría nada; y la segunda, que esa noche Polina me explicaría por qué le era tan urgente ganar y exactamente cuánto dinero necesitaba. Yo, en todo caso, no puedo suponer que sea sólo por dinero. Es evidente que lo necesita, y lo más pronto posible, para algún fin especial. Prometió explicármelo y me dirigí al casino. En las salas de juego la muchedumbre era terrible. ¡Qué insolentes y codiciosos eran todos! Me abrí camino hasta el centro y me coloqué junto al crupier; luego empecé cautelosamente a "probar el juego" en posturas de dos o tres monedas. Mientras tanto observaba y tomaba nota mental de lo que veía; me pareció que la "combinación" no significa gran cosa y no tiene, ni con mucho, la importancia que le dan algunos jugadores. Se sientan con papeles llenos de garabatos, apuntan los aciertos, hacen cuentas, deducen las probabilidades, calculan, por fin realizan sus apuestas y... pierden igual que nosotros, simples mortales, que jugamos sin "combinación". Sin embargo, saqué una conclusión que me parece exacta: aunque no hay, en efecto, sistema, existe no obstante, una especie de pauta en las probabilidades, lo que, por supuesto, es muy extraño. Ocurre, por ejemplo, que después de los doce números medios salen los doce últimos; dos veces —digamos— la bola cae en estos doce últimos y vuelve a los doce primeros. Una vez que ha caído en los doce primeros, vuelve otra vez a los doce medios, cae en ellos tres o cuatro veces seguidas y pasa de nuevo a los doce últimos; y de ahí, después de salir un par de veces, pasa de nuevo a los doce primeros, cae en ellos una vez y vuelve a desplazarse para caer tres veces en los números medios; y así sucesivamente durante la hora y media o dos horas. Uno, tres y dos; uno, tres y dos. Es muy divertido. Otro día, u otra mañana, ocurre, por ejemplo, que el rojo va seguido del negro y viceversa en giros consecutivos de la rueda sin orden ni concierto, hasta el punto de que no se dan más de dos o tres golpes seguidos en el rojo o en el negro. Otro día u otra noche no sale más que el rojo, llegando, por ejemplo, hasta más de veintidós veces seguidas, y así continúa infaliblemente durante un día entero. Mucho de esto me lo explicó *mister* Astley, quien pasó toda la mañana junto a las mesas de juego, aunque no hizo una sola apuesta. En cuanto a mí, perdí hasta el último kopek —y muy deprisa—. Para empezar puse veinte federicos de oro a los pares y gané, puse cinco y volví a ganar, y así dos o tres veces más. Creo que tuve entre manos unos cuatrocientos federicos de oro en unos cinco minutos. Debiera haberme retirado entonces, pero en mí surgió una extraña sensación, una especie de reto a la suerte, un afán de mojarle la oreja, de sacarle la lengua. Apunté con la puesta más grande permitida, cuatro mil *gulden,* y perdí. Luego, enardecido, saqué todo lo que me quedaba, lo apunté al mismo número y volví a perder. Me aparté de la mesa como atontado. Ni siquiera entendía lo que me había pasado y no expliqué mis pérdidas a Polina Aleksandrovna hasta poco antes de la comida. Mientras tanto estuve vagando por el parque.

Durante la comida estuve tan animado como lo había estado tres días antes. El francés y *mademoiselle* Blanche comían una vez más con nosotros. Por lo visto, *mademoiselle* Blanche había estado aquella mañana en el casino y había presenciado mis hazañas. En esta ocasión habló conmigo más atentamente que de costumbre. El francés se fue derecho al grano y me preguntó sin más si el dinero que había perdido era mío. Me pareció que sospechaba de Polina. En una palabra, ahí había gato encerrado. Contesté al momento con una mentira, diciendo que el dinero era mío.

El general quedó muy asombrado. ¿De dónde había sacado yo tanto dinero? Expliqué que había empezado con diez federicos de oro, y que seis o siete aciertos seguidos, doblando las apuestas, me habían proporcionado cinco o seis mil *gulden;* y que después lo había perdido todo en dos golpes.

Todo esto, por supuesto, era verosímil. Mientras lo explicaba miraba a Polina, pero no pude leer nada en su rostro. Sin embargo, me había dejado mentir y no me había corregido; de ello saqué la conclusión de que tenía que mentir y encubrir el hecho de haber jugado por cuenta de ella. En todo caso, pensé para mis adentros, está obligada a darme una explicación, y poco antes había prometido revelarme algo.

Yo pensaba que el general me haría alguna observación, pero guardó silencio; noté, sin embargo, por su cara, que estaba agitado e intranquilo.

Acaso, dados sus apuros económicos, le era penoso escuchar cómo un majadero manirroto como yo había ganado y perdido en un cuarto de hora ese respetable montón de oro.

Sospecho que anoche tuvo con el francés una acalorada disputa, porque estuvieron hablando largo y tendido a puerta cerrada. El francés se fue por lo visto irritado, y esta mañana temprano vino de nuevo a ver al general, probablemente para proseguir la conversación de ayer.

Al oír hablar de mis pérdidas, el francés me hizo observar con mordacidad, más aún, con malicia, que era menester ser más prudente.

No sé por qué agregó que, aunque los rusos juegan mucho, no son ni siquiera, a su parecer, diestros en el juego.

—En mi opinión, la ruleta ha sido inventada sólo para los rusos —observé yo, y cuando el francés sonrió desdeñosamente al oír mi dictamen, dije que yo llevaba razón porque, cuando hablo de los rusos como jugadores, lo hago para insultarlos y no para alabarlos, y, por lo tanto, es posible creerme.

—¿En qué funda usted su opinión? —preguntó el francés.

—En el hecho de que la facultad de adquirir constituye, a través de la historia, uno de los principales puntos del catecismo de las virtudes occidentales. Ahora bien, el ruso no sólo es incapaz de adquirir capital, sino que lo derrocha sin sentido, indecorosamente. Lo que no quita que el dinero también nos sea necesario a los rusos —añadí—; por consiguiente, nos atraen y cautivan aquellos métodos, como, por ejemplo, la ruleta, con los cuales puede uno enriquecerse de repente, en dos horas, sin esfuerzo. Esto es para nosotros una gran tentación; y como jugamos sin sentido, sin esfuerzo, pues perdemos.

—Eso es hasta cierto punto verdad —subrayó el francés con fatuidad.

—No, eso no es verdad, y debería darle vergüenza hablar así de su patria —apuntó el general en tono severo y petulante.

—Perdón —le respondí—; en realidad no se sabe todavía qué es más repugnante: la perversión rusa o el método alemán de acumular dinero por medio del trabajo honrado.

—¡Qué idea tan indecorosa! —exclamó el general.

—¡Qué idea tan rusa! —exclamó el francés.

Yo me reí. Tenía unas ganas locas de hacerles rabiar.

—Yo prefiero con mucho vivir en tiendas de lona como un kirguíz a inclinarme ante el ídolo alemán.

—¿Qué ídolo? —gritó el general, que ya empezaba a sulfurarse en serio.

—El método alemán de acumular riqueza. No llevo aquí mucho tiempo, pero lo que hasta ahora vengo observando y comprobando subleva mi sangre tártara. ¡Juro por lo más sagrado que no quiero tales virtudes! Ayer hice un recorrido de unas diez verstas. Pues bien, todo coincide exactamente con lo que dicen esos librillos alemanes con estampas que enseñan moralidad. Aquí, en cada casa, hay un *Vater*, terriblemente virtuoso y extremadamente honrado. Tan honrado es que da miedo acercarse a él. Yo no puedo aguantar a las personas honradas a quienes no puede uno acercarse sin miedo. Cada uno de esos *Vater* tiene su familia, y durante las veladas toda ella lee en voz alta libros de sana doctrina. Sobre la casita murmuran los olmos y los castaños. Puesta de sol, cigüeña en el tejado, y todo es sumamente poético y conmovedor..

—No se enfade, general. Permítame contar algo todavía más conmovedor. Yo recuerdo que mi padre, que en paz descanse, también bajo los tilos, en el jardín, solía leernos a mi madre y a mí durante las veladas libros parecidos... Así pues, puedo juzgar con tino. Ahora bien, cada familia de aquí se halla en completa esclavitud y sumisión con respecto al *Vater*. Todos trabajan como bueyes y todos ahorran como judíos. Supongamos que el *Vater* ha acaparado ya tantos o cuantos *gulden* y que piensa traspasar al hijo mayor el oficio o la parcela de tierra; a ese fin, no se da una dote a la hija y ésta se queda para vestir santos; a ese fin, se vende al hijo menor como siervo o soldado y el dinero obtenido se agrega al capital doméstico. Así sucede aquí; me he enterado. Todo ello se hace por pura honradez, por la más rigurosa honradez, hasta el punto de que el hijo menor cree que ha sido vendido por pura honradez;

vamos, que es ideal cuando la propia víctima se alegra de que la lleven al matadero. Bueno, ¿qué queda? Pues que incluso para el hijo mayor las cosas no van mejor: allí cerca tiene a su Amalia, a la que ama tiernamente; pero no puede casarse porque aún no ha reunido bastantes *gulden*. Así pues, los dos esperan honesta y sinceramente y van al sacrificio con la sonrisa en los labios. A Amalia se le hunden las mejillas, enflaquece. Por fin, al cabo de veinte años aumenta la prosperidad; se han ido acumulando los *gulden* honesta y virtuosamente. El *Vater* bendice a su hijo mayor, que ha llegado a la cuarentena, y a Amalia, que con treinta y cinco años a cuestas tiene el pecho hundido y la nariz colorada... En tal ocasión echa unas lagrimitas, pronuncia una homilía y muere. El hijo mayor se convierte en virtuoso *Vater* y... vuelta a las andadas. De este modo, al cabo de cincuenta o sesenta años, el nieto del primer *Vater* junta, efectivamente, un capital considerable que lega a su hijo, éste al suyo, este otro al suyo, y al cabo de cinco o seis generaciones sale un barón Rothschild o una Hoppe y Compañía, o algo por el estilo. Bueno, señores, no dirán que no es un espectáculo majestuoso: trabajo continuo durante uno o dos siglos, paciencia, inteligencia, honradez, fuerza de voluntad, constancia, cálculo, ¡y una cigüeña en el tejado! ¿Qué más se puede pedir? No hay nada que supere a esto, y con ese criterio los alemanes empiezan a juzgar a todos los que son un poco diferentes de ellos, y a castigarlos sin más. Bueno, señores, así es la cosa. Yo, por mi parte, prefiero armar una juerga a la rusa o hacerme rico con la ruleta. No me interesa llegar a ser Hoppe y Compañía al cabo de cinco generaciones. Necesito el dinero para mí mismo y no me considero indispensable para nada ni subordinado al capital. Sé que he dicho un montón de tonterías, pero, en fin, ¿qué se le va a hacer? Ésas son mis convicciones.

—No sé si lleva usted mucha razón en lo que ha dicho —dijo pensativo el general—, pero lo que sí sé es que empieza a bufonear de modo inaguantable en cuanto se le da la menor oportunidad...

Según su costumbre, no acabó la frase. Si nuestro general se ponía a hablar de un tema algo más importante que la conversación cotidiana, nunca terminaba sus frases. El francés escuchaba distraídamente, con los ojos algo saltones. No había entendido casi nada de lo que yo había dicho. Polina miraba la escena con cierta indiferencia altiva. Parecía no haber oído mis palabras ni nada de lo que se había dicho a la mesa.

Capítulo V

Polina estaba más absorta en sus pensamientos que de ordinario, pero nada más nos levantamos de la mesa me mandó que fuera con ella de paseo. Recogimos a los niños y nos dirigimos a la fuente del parque.

Como me encontraba muy agitado, pregunté estúpida y groseramente por qué el marqués Des Grieux, nuestro francés, no sólo no la acompañaba ahora cuando iba a algún sitio, sino que ni hablaba con ella durante días enteros.

—Porque es un canalla —fue la extraña respuesta. Hasta ahora, nunca la había oído hablar en esos términos de Des Grieux. Guardé silencio, por temor a comprender su irritación.

—¿Ha notado que hoy no se llevaba bien con el general?

—¿Quiere usted saber de qué se trata? —respondió con tono seco y enojado—. Usted sabe que el general lo tiene todo hipotecado con el francés; toda su hacienda es de él, y si la abuela no muere, el francés entrará en posesión de todo lo hipotecado.

—¡Ah! ¿Conque es verdad que todo está hipotecado? Lo había oído decir, pero no lo sabía de cierto.

—Pues sí.

—Si es así, adiós a *mademoiselle* Blanche —dije yo—. En tal caso no será generala. ¿Sabe? Me parece que el general está tan enamorado que puede pegarse un tiro si *mademoiselle* Blanche le da esquinazo. Enamorarse así a sus años es peligroso.

—A mí también me parece que algo le ocurrirá —apuntó pensativa Polina Aleksandrovna.

—¡Y qué estupendo sería! —exclamé—. No hay manera más burda de demostrar que iba a casarse con él sólo por dinero. Aquí ni siquiera se han observado las buenas maneras; todo ha ocurrido sin ceremonia alguna. ¡Cosa más rara! Y en cuanto a la abuela, hay algo más grotesco e indecente que mandar telegrama tras telegrama preguntando: ¿ha muerto?, ¿ha muerto?¿Qué le parece, Polina Aleksandrovna?

—Todo eso es una tontería —respondió con repugnancia, interrumpiéndome—. Pero me asombra que esté usted de tan buen humor. ¿Por qué está contento? ¿No será por haber perdido mi dinero?

—¿Por qué me lo dio para que lo perdiera? Ya le dije que no puedo jugar por cuenta de otros y mucho menos por la de usted. Obedezco en todo aquello que usted me mande; pero el resultado no depende de mí. Ya le advertí que no resultaría nada positivo. Dígame, ¿le duele haber perdido tanto dinero? ¿Para qué necesita tanto?

—¿A qué vienen estas preguntas?

—¡Pero si usted misma prometió explicarme...! Mire, estoy plenamente seguro de que ganaré en cuanto empiece a jugar por mi cuenta (y tengo doce federicos de oro). Entonces pídame cuanto necesite.

Hizo un gesto de desdén.

—No se enfade conmigo —proseguí— por esa propuesta. Estoy tan convencido de que no soy nada para usted, es decir, de que no soy nada a sus ojos, que puede usted incluso tomar dinero de mí. No tiene usted por qué ofenderse de un regalo mío. Además, he perdido su dinero.

Me lanzó una rápida ojeada y, notando que yo hablaba en tono irritado y sarcástico, interrumpió de nuevo la conversación.

—No hay nada que pueda interesarle en mis circunstancias. Si quiere saberlo, es que tengo deudas. He pedido prestado y quisiera devolverlo. He tenido la idea extraña y temeraria de que aquí ganaría irremisiblemente al juego. No sé por qué he tenido esta idea, pero he creído en ella porque no me quedaba otra alternativa.

—O porque era absolutamente *necesario* ganar. Por lo mismo que el que se ahoga se agarra a una paja. Confiese que si no se ahogara, no creería que una paja es una rama de árbol.

Polina se mostró sorprendida.

—¡Cómo! —exclamó—. ¡Pero si usted también pone sus esperanzas en lo mismo! Hace quince días me dijo usted con muchos pormenores que estaba completamente convencido de que ganaría aquí a la ruleta, y trató de persuadirme de que no le tuviera por loco. ¿Hablaba usted en broma entonces? Recuerdo que hablaba usted con tal seriedad que era imposible creer que era broma.

—Es cierto —repliqué pensativo—. Todavía tengo la certeza absoluta de que ganaré. Confieso que me lleva usted ahora a hacerme una pregunta: ¿por qué la pérdida estúpida y vergonzosa de hoy no ha dejado en mí duda alguna? Sigo creyendo a pies juntillas que tan pronto como empiece a jugar por mi cuenta ganaré sin falta.

—¿Por qué está tan absolutamente convencido?

—Si puede creerlo, no lo sé. Sólo sé que me es *preciso* ganar, que ésta es también mi única salida. He aquí quizá por qué tengo que ganar irremisiblemente, o así me lo parece.

—Es decir, que también es *necesario* para usted, si está tan fanáticamente seguro.

—Apuesto a que duda de que soy capaz de sentir una necesidad seria.

—Me es igual —contestó Polina en voz baja e indiferente—. Bueno, si quiere, sí. Dudo que nada serio le traiga a usted de cabeza. Usted puede atribularse, pero no en serio. Es usted un hombre desordenado, inestable. ¿Para qué quiere el dinero? Entre las razones que adujo usted entonces, no encontré ninguna seria.

—A propósito —interrumpí—, decía usted que necesitaba pagar una deuda. ¡Bonita deuda será! ¿No es con el francés?

—¿Qué preguntas son éstas? Hoy está usted más impertinente que de costumbre. ¿No está borracho?

—Ya sabe que me permito hablar de todo y que pregunto a veces con la mayor franqueza. Repito que soy su esclavo y que no importa lo que dice un esclavo. Además, un esclavo no puede ofender.

—¡Tonterías! No puedo aguantar esa teoría suya sobre la "esclavitud".

—Fíjese en que no hablo de mi esclavitud porque me guste ser su esclavo. Hablo de ella como de un simple hecho que no depende de mí.

—Diga sin rodeos, ¿por qué necesita dinero?

—Y usted, ¿por qué quiere saberlo?

—Como guste —respondió con un movimiento orgulloso de la cabeza.

—No puede usted aguantar la teoría de la esclavitud, pero exige esclavitud: "¡Responder y no razonar!" Bueno, sea. ¿Por qué necesito dinero, pregunta usted? ¿Cómo que por qué? El dinero es todo.

—Comprendo, pero no hasta el punto de caer en tal locura por el deseo de tenerlo. Porque usted llega hasta el frenesí, hasta el fatalismo. En ello hay algo, algún motivo especial. Dígalo sin rodeos. ¡Se lo exijo!

Empezaba por lo visto a enfadarse y a mí me agradaba mucho que me preguntara con acaloramiento.

—Claro que hay un motivo —dije—, pero temo no saber cómo explicarlo. Sólo que con el dinero seré para usted otro hombre, y no un esclavo.

—¿Cómo? ¿Cómo conseguirá usted eso?

—¿Que cómo lo conseguiré? ¿Conque usted no concibe siquiera que yo pueda conseguir que no me mire como a un esclavo? Pues bien, eso es lo que no quiero, esa sorpresa, esa perplejidad.

—Usted decía que consideraba esa esclavitud como un placer. Así lo pensaba yo también.

—Así lo pensaba usted —exclamé con extraño deleite—. ¡Ah, qué deliciosa es esa ingenuidad suya! ¡Conque sí, sí, usted mira mi esclavitud como un placer! Hay placer, sí, cuando se llega al colmo de la humildad y la insignificancia —continué en mi delirio—. ¿Quién sabe? Quizá lo haya también en el *knut* cuando se hunde en la espalda y arranca tiras de carne... Pero quizá quiero probar otra clase de placer. Hoy, a la mesa, en presencia de usted, el general me predijo un sermón a cuenta de los setecientos rublos anuales que ahora puede que no me pague. El marqués Des Grieux me mira alzando las cejas, y ni me ve siquiera. Y yo, por mi parte, quizá tenga un deseo vehemente de tirar de la nariz al marqués Des Grieux en presencia de usted.

—Palabras propias de un mocosuelo. En toda situación es posible comportarse con dignidad. Si hay lucha, que sea noble y no humillante.

—Eso viene derechito de un manual de caligrafía. Usted supone sin más que no sé portarme con dignidad. Es decir, que podré ser un hombre digno, pero que no sé mantener mi dignidad. Comprendo que quizá sea verdad. Sí, todos los rusos son así y le diré por qué: porque los rusos están demasiado bien dotados, son demasiado versátiles, para encontrar de momento una forma de la buena crianza. Es cuestión de forma. La mayoría de nosotros, los rusos, estamos tan bien dotados que necesitamos genio para lograr una forma de la buena crianza. Ahora bien, lo que más a menudo falta es el genio, que no se da frecuentemente. Sólo entre los franceses y quizá entre algunos otros europeos, está tan bien definida la buena crianza que una persona puede tener un aspecto dignísimo y ser totalmente indigna. De ahí que la forma signifique tanto para ellos. El francés aguanta un insulto, un insulto auténtico y directo, sin pestañear, pero no tolerará un papirotazo en la nariz, porque ello es una violación de la forma recibida y consagrada de la buena crianza. De ahí la afición de nuestras mocitas rusas a los franceses, porque los modales de éstos son impecables. A mi modo de ver, sin embargo, no tienen buena crianza, sino sólo *"gallo", le coq gaulois*. Pero claro, yo no comprendo eso porque no soy mujer. Quizá los gallos tienen también buenos modales. Está visto que estoy divagando y que usted no me detiene. Interrúmpame más a menudo. Cuando hablo con usted quiero decirlo todo, todo, todo. Pierdo el sentido de lo que son los buenos modales; hasta convengo en que no sólo no tengo buenos modales, sino ni dignidad siquiera. Se lo explicaré. No me preocupo en lo más mínimo de las cualidades morales. Ahora en mí todo está como detenido. Usted misma sabe por qué. No tengo en la cabeza un solo pensamiento humano. Hace ya mucho que no sé lo que sucede en el mundo, ni en Rusia ni aquí. He pasado por Dresde y ni recuerdo cómo es dicha ciudad. Usted misma sabe lo que me ha sorbido el seso. Como no abrigo ninguna esperanza y soy un cero a los ojos de usted, hablo sin rodeos. Dondequiera que estoy sólo la veo a usted, y lo demás me importa un comino. No sé por qué ni cómo la quiero. ¿Sabe? Quizá no tiene usted nada de guapa. Figúrese que ni tengo idea de si es usted hermosa de cara. Su corazón, seguramente, no tiene nada de bondad y acaso sea usted innoble de espíritu.

—¿Es por eso por lo que quiere usted comprarme con dinero? —preguntó—. ¿Porque no cree en mi nobleza de espíritu?

—¿Cuándo he pensado en comprarla con dinero? —grité.

—Se le ha ido la lengua y ha perdido el hilo. Si no comprarme a mí misma, sí piensa comprar mi respeto con dinero.

—¡Que no, de ningún modo! Ya le he dicho que me cuesta trabajo explicarme. Usted me abruma. No se enfade con mi conversación. Usted comprende por qué no vale la pena enojarse conmigo: estoy sencillamente loco. Pero, por otra parte, me da lo mismo que se enfade usted. Allá arriba, en mi cuchitril, me basta sólo recordar e imaginar el rumor del vestido de usted y ya estoy para morderme las manos. ¿Y por qué se enfada conmigo? ¿Porque me llamo su esclavo? ¡Aprovéchese, aprovéchese de mi esclavitud, aprovéchese de ella! ¿Sabe que la mataré algún día? Y no la mataré por haber dejado de quererla, ni por celos; la mataré sencillamente porque siento ganas de comérmela. Usted se ríe...

—No me río, no, señor —dijo indignada—. Le ordeno que se calle.

Se detuvo, con el aliento entrecortado por la ira. ¡Por Dios vivo que no sé si era hermosa! Lo que si sé es que me gustaba mirarla cuando se encaraba conmigo así, por lo que a menudo me agradaba provocar su enojo. Quizá ella misma lo notaba y se enfadaba a propósito. Se lo dije.

— ¡Qué porquería! —exclamó con repugnancia.

—Me es igual —proseguí—. Sepa que hay peligro en que nos paseemos juntos; más de una vez he sentido el deseo irresistible de golpearla, de desfigurarla, de estrangularla. ¿Y cree usted que las cosas no llegarán a ese extremo? Usted me lleva hasta el arrebato. ¿Cree que temo el escándalo? ¿El enojo de usted? ¿Y a mí qué me importa su enojo? Yo la quiero sin esperanza y sé que después de esto la querré mil veces más. Si algún día la mato tendré que matarme yo también (ahora bien, retrasaré el matarme lo más posible para sentir el dolor intolerable de no tenerla). ¿Sabe usted una cosa increíble? Que con cada día que pasa la quiero a usted más, lo que es casi imposible. Y después de esto, ¿cómo puedo dejar de ser fatalista? Recuerde que anteayer, provocado por usted, le dije en el Schlangenberg que con sólo pronunciar usted una palabra me arrojaría al abismo. Si la hubiera pronunciado me habría lanzado. ¿No cree usted que lo hubiera hecho?

—¡Qué charla tan estúpida! —exclamó.

—Me da igual que sea estúpida o juiciosa —respondí—. Lo que sé es que en presencia de usted necesito hablar, hablar, hablar... y hablo. Ante usted pierdo por completo el amor propio y todo me da lo mismo.

—¿Y con qué razón le mandaría tirarse desde el Schlangenberg? Eso para mí no tendría ninguna utilidad.

—¡Magnífico! —exclamé—. A propósito, para aplastarme, ha usado usted esa magnífica expresión "ninguna utilidad". Para mí es usted transparente. ¿Dice que "ninguna utilidad"? La satisfacción es siempre útil; y el poder feroz sin cortapisas, aunque sea sólo sobre una mosca, es también una forma especial de placer. El ser humano es déspota por naturaleza y muy aficionado a ser verdugo. Usted lo es en alto grado.

Recuerdo que me miraba con atención reconcentrada. Mi rostro, por lo visto, expresaba en ese momento todos mis sentimientos absurdos e incoherentes. Recuerdo todavía que nuestra conversación de entonces fue en efecto, casi palabra por palabra, como aquí queda descrita. Mis ojos estaban inyectados de sangre. En las comisuras de mis labios espumajeaba la saliva. Y en lo tocante al Schlangenberg, juro por mi honor, aun en este instante, que si me hubiera mandado que me tirara ¡me hubiera tirado! Aunque ella sólo lo hubiera dicho en broma, por desprecio, escupiendo las palabras, ¡me hubiera tirado entonces!

—No, pero sí le creo —concedió, pero de la manera en que a veces ella se expresa, con tal desdén, con tal rencor, con tal altivez, que juro por Dios que podría haberla matado en ese momento. Ella cortejaba el peligro. Yo tampoco mentía al decírselo.

—¿No es usted cobarde? —me preguntó de pronto.

—No sé; quizá lo sea. No sé...; hace tiempo que no he pensado en ello.

—Si yo le dijera: "mate a esa persona", ¿la mataría usted?

—¿A quién?

—A quien yo quisiera.

—¿Al francés?

—No pregunte. Conteste. A quien yo le indicara. Quiero saber si hablaba usted en serio hace un momento. —Aguardaba la respuesta con tal seriedad e impaciencia que todo ello me pareció un tanto extraño.

—¡Pero acabemos, dígame qué es lo que pasa aquí! —exclamé—. ¿Es que me teme usted? Veo bien la confusión que reina aquí. Usted es hijastra de un hombre loco y arruinado, a quien ha envenenado la pasión por ese diablo de mujer, Blanche. Luego tenemos a ese francés con su misteriosa influencia sobre usted y he aquí que ahora me hace usted seriamente una pregunta... insólita. Por lo menos tengo que saber qué hay; de lo contrario me haré un lío y meteré la pata. ¿O es que le da a usted vergüenza de honrarme con su franqueza? ¿Pero es posible que tenga usted vergüenza de mí?

—No le hablo a usted en absoluto de eso. Le he hecho una pregunta y espero su respuesta.

—Claro que mataría a quien me mandara usted —exclamé—, pero ¿es posible que... es posible que usted mande tal cosa?

—¿Qué se cree? ¿Que le tendré lástima? Se lo mandaré y escurriré el bulto. ¿Aguantará eso? ¡Claro que no podrá aguantarlo! Puede que matara usted cumpliendo la orden, pero vendría a matarme a mí por haberme atrevido a dársela.

Tales palabras me dejaron casi atontado. Por supuesto, yo pensaba que me hacía la pregunta medio en broma, para provocarme, pero había hablado con demasiada seriedad. De todos modos, me asombró que se expresara así, que tuviera tales derechos sobre mi persona, que consintiera en ejercer tal ascendiente sobre mí y que dijera tan sin rodeos: "Ve a tu perdición, que yo permaneceré a un lado". En esas palabras había un cinismo y un desenfado excesivos. Porque, vamos a ver, ¿qué opinión tenía de mí? Esto rebasaba los límites de la esclavitud y la humillación. Opinar así de un hombre es ponerlo al nivel de quien opina. Y a pesar de lo absurdo e inverosímil de nuestra conversación, el corazón me temblaba.

De pronto soltó una carcajada. Estábamos sentados en el banco, junto a los niños, que seguían jugando, de cara al lugar donde se detenían los carruajes para que se apeara la gente en la avenida que había delante del casino.

—¿Ve usted a esa baronesa gorda? —preguntó—. Es la baronesa Burmerhelm. Llegó hace sólo tres días. Mire a su marido: ese prusiano seco y larguirucho con un bastón en la mano. ¿Recuerda cómo nos miraba anteayer? Vaya usted a su encuentro, acérquese a la baronesa, quítese el sombrero y dígale algo en francés.

—¿Para qué?

—Usted juró que se tiraría desde lo alto del Schlangenberg. Usted jura que está dispuesto a matar si se lo ordeno. En lugar de muertes y tragedias quiero sólo pasar un buen rato. Hala, vaya, no hay pero que valga. Quiero ver cómo le apalea a usted el barón.

—Usted me provoca. ¿Cree que no lo haré?

—Sí, le provoco. Vaya. Así lo quiero.

—Perdone, voy, aunque es un capricho absurdo. Sólo una cosa: ¿qué hacer para que el general no se lleve un disgusto o no se lo dé a usted? Palabra que no me preocupo por mí, sino por usted... y, bueno, por el general. ¿Y qué antojo es éste de ir a insultar a una mujer?

—Ya veo que se le va a usted la fuerza por la boca —dijo con desdén—. Hace un momento tenía usted los ojos inyectados de sangre, pero quizá sólo porque había bebido demasiado vino con la comida. ¿Cree que no me doy cuenta de que esto es estúpido y grosero y que el general se va a enfadar? Quiero sencillamente reírme; lo quiero y basta. ¿Y para qué insultar a una mujer? Para que cuanto antes le den a usted una paliza.

Giré sobre los talones y en silencio fui a cumplir su encargo. Sin duda era una acción estúpida, y por supuesto no sabía cómo evitarla, pero recuerdo que cuando me acercaba a la baronesa algo en mí mismo parecía azuzarme, algo así como la picardía de un colegial. Me sentía totalmente desquiciado, igual que si estuviera borracho.

Capítulo VI

Han pasado ya veinticuatro horas desde ese día estúpido, ¡y cuánto jaleo, escándalo y aspaviento! ¡Qué confusión, qué embrollo, qué necedad ha habido en esto, de todo lo cual he sido yo la causa! A veces, sin embargo, me parece cosa de risa, a mí por lo menos. No consigo explicarme lo que me sucedió: ¿estaba, en efecto, fuera de mí o simplemente me salí un momento del carril y me porté como un patán merecedor de que lo aten? A veces me parece que estoy ido de la cabeza, pero otras creo que soy un chicuelo no muy lejos todavía del banco de la escuela, y que lo que hago son sólo burdas chiquilladas de escolar.

Ha sido Polina, todo ello ha sido obra de Polina. Sin ella no hubiera habido esas travesuras. ¡Quién sabe! Acaso lo hice por desesperación (por muy necio que parezca suponerlo). No comprendo, no comprendo en qué consiste su atractivo. En cuanto a hermosa, lo es, debe de serlo, porque vuelve locos a otros hombres. Alta y bien plantada, sólo que muy delgada. Tengo la impresión de que puede hacerse un nudo con ella o plegarla en dos.

Su pie es largo y estrecho —una tortura, eso es, una tortura—. Su pelo tiene un ligero tinte rojizo. Los ojos, auténticamente felinos ¡y con qué orgullo y altivez sabe mirar con ellos! Hace cuatro meses, a raíz de mi llegada, estaba ella hablando una noche en la sala con Des Grieux. La conversación era acalorada. Y ella le miraba de tal modo... que más tarde, cuando fui a acostarme, saqué la conclusión de que acababa de darle una bofetada. Estaba de pie ante él y mirándole... Desde esa noche la quiero.

Pero volvamos al caso.

Por una vereda entré en la avenida, me detuve en medio de ella y esperé al barón y a la baronesa. Cuando estuvieron a cinco pasos de mí me quité el sombrero y me incliné.

Recuerdo que la baronesa llevaba un vestido de seda de mucho vuelo, gris oscuro, con volante de crinolina y cola. Era mujer pequeña y de corpulencia poco común, con una papada gruesa y colgante que impedía verle el cuello. Su rostro era de un rojo subido; los ojos eran pequeños, malignos e insolentes. Caminaba como si tuviera derecho a todos los honores. El marido era alto y seco. Como ocurre a menudo entre los alemanes, tenía la cara torcida y cubierta de un sinfín de pequeñas arrugas. Usaba lentes. Tendría unos cuarenta y cinco años. Las piernas casi le empezaban en el pecho mismo, señal de casta. Ufano como pavo real. Un tanto desmañado. Había algo de carnero en la expresión de su rostro que alguien podría tomar por sabiduría.

Todo esto cruzó ante mis ojos en tres segundos.

Mi inclinación de cabeza y mi sombrero en la mano atrajeron poco a poco la atención de la pareja. El barón contrajo ligeramente las cejas. La baronesa navegaba derecha hacia mí.

—*Madame la baronne* —articulé claramente en voz alta, acentuando cada palabra—, *j'ai l'honneur d'être votre esclave.*

Me incliné, me puse el sombrero y pasé junto al barón, volviendo mi rostro hacia él y sonriendo cortésmente.

Polina me había ordenado que me quitara el sombrero, pero la inclinación de cabeza y el resto de la faena eran de mi propia cosecha. El diablo sabe lo que me impulsó a hacerlo. Fue sencillamente un patinazo.

—*Hein!* —gritó o, mejor dicho, gruñó el barón, volviéndose hacia mí con mortificado asombro.

Yo también me volví y me detuve en respetuosa espera, sin dejar de mirarle y sonreír. Él, por lo visto, estaba perplejo y alzó desmesuradamente las cejas. Su rostro se iba ensombreciendo. La baronesa se volvió también hacia mí y me contempló con irritada sorpresa. Algunos de los transeúntes se pusieron a observarnos. Otros hasta se detuvieron.

—*Hein!* —gruñó de nuevo el barón, con redoblado gruñido y redoblada furia.

—*Ja wohl* —dije yo arrastrando las sílabas sin apartar mis ojos de los suyos.

—*Sind sie rasend?* —gritó enarbolando el bastón y empezando por lo visto a acobardarse. Quizá le desconcertaba mi indumentaria. Yo estaba vestido muy pulcramente, hasta con elegancia, como hombre de la mejor sociedad.

—*Ja wo-o-ohl!* —exclamé de pronto a voz en cuello, arrastrando la o a la manera de los berlineses, quienes a cada instante introducen en la conversación las palabras *ja wohl*, alargando más o menos la o para expresar diversos matices de pensamiento y emoción.

El barón y la baronesa, atemorizados, giraron sobre sus talones rápidamente y casi salieron huyendo. De los circunstantes, algunos hacían comentarios y otros me miraban estupefactos. Pero no lo recuerdo bien.

Yo di la vuelta y a mi paso acostumbrado me dirigí a Polina Aleksandrovna; pero aún no había cubierto cien pasos de la distancia que me separaba de su banco cuando vi que se levantaba y se encaminaba con los niños al hotel.

La alcancé en la escalinata.

—He llevado a cabo... la payasada —dije cuando estuve a su lado.

—Bueno, ¿y qué? Ahora arrégleselas como pueda —respondió sin mirarme y se dirigió a la escalera.

Toda esa tarde estuve paseando por el parque. Atravesándolo y atravesando después un bosque, llegué a un principado vecino. En una cabaña tomé unos huevos revueltos y vino. Por este idilio me cobraron nada menos que un tálero y medio.

Eran ya las once cuando regresé al hotel. En seguida vinieron a buscarme porque me llamaba el general.

Nuestra gente ocupa en el hotel dos apartamentos con un total de cuatro habitaciones. La primera es grande, un salón con piano. Junto a ella hay otra, amplia, que es el gabinete del general, y en el centro de ella me estaba esperando éste de pie, en actitud majestuosa. Des Grieux estaba tumbado en un diván.

—Permítame preguntarle, señor mío, qué ha hecho usted —dijo para empezar el general, volviéndose hacia mí.

—Desearía, general, que me dijera sin rodeos lo que tiene que decirme. ¿Usted probablemente quiere aludir a mi encuentro de hoy con cierto alemán?

—¿Con cierto alemán? Ese alemán es el barón Burmerhelm, un personaje importante, señor mío. Usted se ha portado groseramente con él y con la baronesa.

—No, señor, nada de eso.

—Los ha asustado usted.

—Repito que no, señor. Cuando estuve en Berlín me chocó oír constantemente tras cada palabra la expresión *ja wohl!* que allí pronuncian arrastrándola de una manera desagradable. Cuando tropecé con ellos en la avenida me acordé de pronto, no sé por qué, de ese *ja wohl!* y el recuerdo me irritó... Sin contar que la baronesa, tres veces ya, al encontrarse conmigo, tiene la costumbre de venir directamente hacia mí, como si yo fuera un gusano que se puede aplastar con el pie. Convenga en que yo también puedo tener amor propio. Me quité el sombrero y cortésmente (le aseguro que cortésmente) le dije: *Madame, j'ai l'honneur d'être votre esclave*. Cuando el barón se volvió y gritó *hein!*, de repente me dieron ganas de gritar *ja wohl*. Lo grité dos veces: la primera, de manera corriente, y la segunda, arrastrando la frase lo más posible. Eso es todo.

Confieso que quedé muy contento de esta explicación propia de un chiquillo. Deseaba ardientemente alargar esta historia de la manera más absurda posible.

—¿Se ríe usted de mí? —exclamó el general. Se volvió al francés y le dijo en francés que yo, sin duda, insistía en dar un escándalo. Des Grieux se rió desdeñosamente y se encogió de hombros.

—¡Oh, no lo crea! ¡No es así ni mucho menos! —exclamé—; mi proceder, por supuesto, no ha sido correcto, y lo reconozco con toda franqueza. Cabe incluso decir que ha sido una majadería, una travesura de colegial, pero nada más. Y sepa usted, general, que me arrepiento de todo corazón. Pero en ello hay una circunstancia que, a mi modo de ver, casi me exime del arrepentimiento. Recientemente, en estas últimas dos o tres semanas, no estoy bien: me siento enfermo, nervioso, irritado, antojadizo, y en más de una ocasión pierdo por completo el dominio sobre mí mismo. A decir verdad, algunas veces he sentido el deseo vehemente de abalanzarme sobre el marqués Des Grieux y... en fin, no hay por qué acabar la frase; podría ofenderse. En suma, son síntomas de una enfermedad. No sé si la baronesa Burmerhelm tomará en cuenta esta circunstancia cuando le presente mis excusas (porque tengo la intención de presentarle mis excusas). Sospecho que no, que últimamente se ha empezado a abusar de esta circunstancia en el campo jurídico. En las causas criminales, los abogados tratan a menudo de justificar a sus clientes alegando que en el momento de cometer el delito no se acordaban de nada, lo que bien pudiera ser una especie de enfermedad: "Asestó el golpe —dicen— y no recuerda nada". Y figúrese, general, que la medicina les da la razón, que efectivamente corrobora la existencia de tal enfermedad, de una ofuscación pasajera en que el individuo no recuerda casi nada, o recuerda la mitad o la cuarta parte de lo sucedido. Pero el barón y la baronesa son personas chapadas a la antigua, sin contar que son *junker* prusianos y terratenientes. Lo probable es que todavía ignoren ese progreso en el campo de la medicina legal y que, por lo tanto, no acepten mis explicaciones. ¿Qué piensa usted, general?

—¡Basta, caballero! —dijo el general en tono áspero y con indignación mal contenida—. ¡Basta ya! Voy a intentar de una vez para siempre librarme de sus chiquilladas. No presentará usted sus excusas a la baronesa y el barón. Toda relación con usted, aunque sea sólo para pedirles perdón, será humillante para ellos. El barón, al enterarse de que pertenece usted a mi casa, ha tenido una conversación conmigo en el casino, y confieso que faltó poco para que me pidiera una satisfacción. ¿Se da usted cuenta de la situación en que me ha puesto usted a mí, a mí, señor mío? Yo, yo mismo he tenido que pedir perdón al barón y darle mi palabra de que en seguida, hoy mismo, dejará usted de pertenecer a mi casa...

—Un momento, un momento, general, ¿conque ha sido él mismo quien ha exigido que yo deje de pertenecer a la casa de usted, para usar la frase de que usted se sirve?

—No, pero yo mismo me consideré obligado a darle esa satisfacción y, por supuesto, el barón quedó satisfecho. Nos vamos a separar, señor mío. A usted le corresponde percibir de mí estos cuatro federicos de oro y tres florines, según el cambio vigente. Aquí está el dinero y un papel con la cuenta; puede usted comprobar la suma. Adiós. De ahora en adelante somos extraños uno para el otro. Salvo inquietudes y molestias no le debo a usted nada más. Voy a llamar al hotelero para informarle que desde mañana no respondo de los gastos de usted en el hotel. Servidor de usted.

Tomé el dinero y el papel en que estaba apuntada la cuenta con lápiz, me incliné ante el general y le dije muy seriamente:

—General, el asunto no puede acabar así. Siento mucho que haya tenido usted un disgusto con el barón, pero, perdóneme, usted mismo tiene la culpa de ello. ¿Por qué se le ocurrió responder de mí ante el barón? ¿Qué quiere decir eso de que pertenezco a la casa de usted? Yo soy sencillamente un tutor en casa de usted, nada más. No soy hijo de usted, no estoy bajo su tutela y no puede usted ser responsable de mis acciones. Soy persona jurídicamente competente. Tengo veinticinco años, poseo el título de licenciado, soy de familia noble y enteramente extraño a usted. Sólo la profunda estima que profeso a su dignidad me impide exigirle ahora una satisfacción y pedirle, además, que explique por qué se tomó el derecho de contestar por mí al barón.

El general quedó tan estupefacto que puso los brazos en cruz, se volvió de repente al francés y apresuradamente le hizo saber que yo casi le había retado a un duelo. El francés lanzó una estrepitosa carcajada.

—Al barón, sin embargo, no pienso soltarle así como así —proseguí con toda sangre fría, sin hacer el menor caso de la risa de M. Des Grieux—; y ya que usted, general, al acceder hoy a escuchar las quejas del barón y tomar su partido, se ha convertido, por así decirlo, en partícipe de este asunto, tengo el honor de informarle que mañana por la mañana a más tardar exigiré del barón, en mi propio nombre, una explicación en debida forma de por qué, siendo yo la persona con quien tenía que tratar, me pasó por alto para tratar con otra, como si yo no fuera digno o no pudiera responder por mí mismo.

Sucedió lo que había previsto. El general, al oír esta nueva majadería, se acobardó horriblemente.

—¿Cómo? ¿Es posible que se empeñe todavía en prolongar este condenado asunto? –exclamó—. ¡Ay, Dios mío! ¿Pero qué hace usted conmigo? ¡No se atreva usted, no se atreva, señor mío, o le juro que...! También aquí hay autoridades y yo... yo... por mi posición social... y el barón también.... en una palabra, que lo detendrán a usted y que la policía le expulsará de aquí para que no alborote. ¡Téngalo presente! —Y si bien hablaba con voz entrecortada por la ira, estaba terriblemente acobardado.

—General —respondí con calma que le resultaba intolerable—, no es posible detener a nadie por alboroto hasta que el alboroto mismo se produzca. Todavía no he iniciado mis explicaciones con el barón y usted no sabe en absoluto de qué manera y sobre qué supuestos pienso proceder en este asunto. Sólo deseo esclarecer la suposición, que estimo injuriosa para mí, de que me encuentro bajo la tutela de una persona que tiene dominio sobre mi libertad de acción. No tiene usted, pues, por qué preocuparse o alarmarse.

—¡Por Dios santo, por Dios santo, Aleksei Ivanovich, abandone ese propósito insensato! —murmuró el general, cambiando súbitamente su tono airado en otro de súplica, e incluso tomándome de las manos—. ¡Imagínese lo que puede resultar de esto! ¡Más disgustos! ¡Usted mismo convendrá en que debo conducirme aquí de una manera especial, sobre todo ahora!... ¡Sobre todo ahora!... ¡Ay, usted no conoce, no conoce, todas mis circunstancias! Cuando nos vayamos de aquí estoy dispuesto a contratarle de nuevo. Hablaba sólo de ahora... en fin, ¡usted conoce los motivos! —gritó desesperado— ¡Aleksei Ivanovich, Aleksei Ivanovich!

Una vez más, desde la puerta, le dije con voz firme que no se preocupara, le prometí que todo se haría pulcra y decorosamente, y me apresuré a salir.

A veces los rusos que están en el extranjero se muestran demasiado pusilánimes, temen sobremanera el qué dirán, la manera cómo la gente los mira, y se preguntan si es decoroso hacer esto o aquello; en fin, viven como encorsetados, sobre todo cuando aspiran a distinguirse. Lo que más les agrada es cierta pauta preconcebida, establecida de una vez para siempre, que aplican servilmente en los hoteles, en los paseos, en las reuniones, cuando van de viaje... Ahora bien, al general se le escapó sin querer el comentario de que, además de eso, había otras circunstancias particulares, de que le era preciso "conducirse de manera algo especial". De ahí que se apocara tan de repente y cambiara de tono conmigo. Yo lo observé y tomé nota mental de ello. Y como, sin duda, por pura necedad, él podía apelar mañana a las autoridades, me era preciso tomar precauciones.

Por otra parte, yo en realidad no quería enfurecer al general; pero sí quería enfurecer a Polina. Ella me había tratado tan cruelmente, me había puesto en situación tan estúpida que quería obligarla a que me pidiera ella misma que cesara en mis actos. Mis travesuras podían llegar a comprometerla, sin contar que en mí iban surgiendo otras emociones y apetencias; porque si ante ella me veo reducido voluntariamente a la nada, eso no significa que sea un "gallina" ante otras personas, ni por supuesto que pueda el barón "darme de bastonazos". Lo que yo deseaba era reírme de todos ellos y salir victorioso en este asunto. ¡Que mirasen bien! Quizá ella se asustaría y me llamaría de nuevo. Y si no lo hacía, vería de todos modos que no soy un "gallina".

(Noticia sorprendente. Acaba de decirme la niñera, con quien he tropezado en la escalera, que Marya Filippovna ha salido sola, en el tren de esta noche, para Karlsbad con el fin de visitar a una prima suya. ¿Qué significa esto? La niñera dice que venía preparando el viaje desde hacía tiempo, pero ¿cómo es que nadie lo sabía? Aunque bien pudiera ser que yo fuese el único en no saberlo. La niñera me ha dicho, además, que anteayer Marya Filippovna tuvo una disputa con el general. Lo comprendo. El tema, sin duda, fue *mademoiselle* Blanche. Sí, algo decisivo va a ocurrir aquí).

Capítulo VII

Al día siguiente llamé al hotelero y le dije que preparase mi cuenta por separado. Mi habitación no era lo bastante cara para alarmarme y obligarme a abandonar el hotel. Contaba con diecisiete federicos de oro, y allí... allí estaba quizá la riqueza. Lo curioso era que todavía no había ganado, pero sentía, pensaba y obraba como hombre rico y no podía imaginarme de otro modo.

A pesar de lo temprano de la hora, me disponía a ir a ver a *mister* Astley en el Hotel d'Angleterre, cercano al nuestro, cuando inopinadamente se presentó Des Grieux. Esto no había sucedido nunca antes; más aún, mis relaciones con este caballero habían sido últimamente distantes y tirantes. Él no se recataba para mostrarme su desdén, mejor dicho, se esforzaba por mostrármelo; y yo, por mi parte, tenía mis razones para no manifestarle aprecio. En una palabra, le detestaba. Su llegada me llenó de asombró. Me percaté en el acto de que sucedía algo especial.

Entró muy amablemente y me dijo algo agradable acerca de mi habitación. Al verme con el sombrero en la mano, me preguntó si salía de paseo a una hora tan temprana. Al oír que iba a visitar a *mister* Astley para hablar de negocios, pensó un instante, caviló, y su rostro reflejó la más aguda preocupación.

Des Grieux era como todos los franceses, a saber, festivo y amable por interés y por necesidad, y fastidioso hasta más no poder cuando ser festivo y amable deja de ser necesario. Raras veces es el francés naturalmente amable; lo es siempre, como si dijéramos, por exigencia, por cálculo. Si, pongamos por caso, juzga indispensable ser fantasioso, original, extravagante, su fantasía resulta sumamente necia y artificial y reviste formas aceptadas y gastadas por el uso repetido. El francés natural es la encarnación del pragmatismo más angosto, mezquino y cotidiano, en una palabra, es el ser más fastidioso de la tierra. A mi juicio, sólo las gentes sin experiencia, y en particular las jovencitas rusas, se sienten cautivadas por los franceses. A toda persona como Dios manda le es familiar e inaguantable este convencionalismo, esta forma preestablecida de la cortesía de salón, de la desenvoltura y de la jovialidad.

—Vengo a hablarle de un asunto —empezó diciendo con excesiva soltura, aunque con amabilidad— y no le ocultaré que vengo como embajador, o mejor dicho, como mediador, del general. Como conozco el ruso muy mal, no comprendí casi nada anoche; pero el general me dio explicaciones detalladas, y confieso que...

—Escuche, *monsieur* Des Grieux —le interrumpí—. Usted ha aceptado en este asunto el oficio de mediador. Yo, claro, soy un *outchitel* y nunca he aspirado al honor de ser amigo íntimo de esta familia o de establecer relaciones particularmente estrechas con ella; por lo tanto, no conozco todas las circunstancias. Pero ilumíneme: ¿es que es usted ahora, con todo rigor, miembro de la familia? Porque como veo que toma usted una parte tan activa en todo, que es mediador en tantas cosas...

No le agradó mi pregunta. Le resultaba demasiado transparente, y no quería enredarse en discusiones.

—Me ligan al general, en parte, ciertos asuntos, y, en parte, también, algunas circunstancias *personales* —dijo con sequedad—. El general me envía a rogarle que desista de lo que proyectaba ayer. Lo que usted urdía era, sin duda, muy ingenioso; pero el general me ha pedido expresamente que indique a usted que no logrará su objeto. Por añadidura, el barón no le recibirá, y, en definitiva, cuenta con medios de librarse de toda futura importunidad por parte de usted. Convenga en que es así. Dígame, pues, de qué sirve persistir. El general promete que, con toda seguridad, le repondrá a usted en su puesto en la primera ocasión oportuna y que hasta esa fecha le abonará sus honorarios, *vos appointements*. Esto es bastante ventajoso, ¿no le parece?

Yo le repliqué con calma que se equivocaba un tanto; que bien podía ser que no me echasen de casa del barón; que, por el contrario, quizá me escuchasen; y le pedí que confesara que había venido probablemente para averiguar qué medidas pensaba tomar yo en este asunto.

—¡Por Dios santo! Puesto que el general está tan implicado, claro que le gustará saber qué hará usted y cómo lo hará. Eso es natural.

Yo me dispuse a darle explicaciones y él, arrellanándose cómodamente, se dispuso a escucharlas, ladeando la cabeza un poco hacia mí, con un evidente y manifiesto gesto de ironía en el rostro. De ordinario me miraba muy por encima del hombro. Yo hacía todo lo posible por fingir que ponderaba el caso con toda la seriedad que requería. Dije que puesto que el barón se había quejado de mí al general como si yo fuera un criado de éste, me había hecho perder mi colocación, en primer lugar, y, en segundo, me había tratado como persona incapaz de responder por sí misma y con quien ni siquiera valía la pena hablar. Por supuesto que me sentía ofendido, y con sobrado motivo; pero, en consideración de la diferencia de edad, del nivel social, etc., etc. (y aquí apenas podía contener la risa), no quería aventurarme a una chiquillada más, como sería exigir satisfacción directamente del barón o incluso sencillamente sugerir que me la diera. De todos modos, me juzgaba con derecho a ofrecerle mis excusas, a la baronesa en particular, tanto más cuanto que últimamente me sentía de veras indispuesto, desquiciado y, por así decirlo, antojadizo, etc., etc. No obstante, el barón, con su apelación de ayer al general, ofensiva para mí, y su empeño en que el general me privase de mi empleo, me había puesto en situación de no poderles ya ofrecer a él y a la baronesa mis excusas, puesto que él, y la baronesa, y todo el mundo pensarían de seguro que lo hacía por miedo, a fin de ser repuesto en mi cargo. De aquí que yo estimase necesario pedir ahora al barón que fuera él quien primero me ofreciera excusas, en los términos más moderados, diciendo, por ejemplo, que no había querido ofenderme en absoluto; y que cuando el barón lo dijera, yo por mi parte, como sin darle importancia, le presentaría cordial y sinceramente mis propias excusas. En suma —dije en conclusión—, sólo pedía que el barón me ofreciera una salida.

—¡Uf, qué escrupulosidad y qué finura! ¿Y por qué tiene usted que disculparse? Vamos, *monsieur*; reconozca, *monsieur*... que lo hace usted adrede para molestar al general... y quizá con otras miras personales... *mon cher monsieur, pardon, j'ai oublié votre nom, monsieur Alexis? n'est ce pas?*

—Pero, perdón, *mon cher marquis,* ¿a usted qué le va en ello?

—*Mais le général...*

—¿Y qué le va al general? Él dijo algo ayer de que tenía que conducirse de cierta manera... y que estaba inquieto.... pero yo no comprendí nada.

—Aquí hay... aquí hay efectivamente una circunstancia personal —dijo Des Grieux con tono suplicante en el que se notaba cada vez más la mortificación—. ¿Usted conoce a *mademoiselle* de Cominges?

—¿Quiere usted decir *mademoiselle* Blanche?

—Pues sí, *mademoiselle* Blanche de Cominges... *et madame sa mère...*; reconozca que el general... para decirlo de una vez, que el general está enamorado y que hasta es posible que se celebre la boda aquí. Imagínese que en tal ocasión hay escándalos, historias...

—No veo escándalos ni historias que tengan relación con la boda.

—Pero *le baron est si irascible, un caractère prussien, vous savez, enfin, il fera une querelle d'Allemand.*

—Pero a mí y no a ustedes, puesto que yo ya no pertenezco a la casa... (Yo trataba adrede de parecer lo más torpe posible). Pero, perdón, ¿ya está resuelto que *mademoiselle* Blanche se casa con el general? ¿A qué esperan? Quiero decir... ¿a qué viene ocultarlo, por lo menos de nosotros, la gente de la casa?

—A usted no puedo... es que todavía no está por completo...; sin embargo... usted sabe que esperan noticias de Rusia; el general necesita arreglar algunos asuntos...

—¡Ah, ah! ¡la *baboulinka!*

Des Grieux me miró con encono.

—En fin —interrumpió—, confío plenamente en su congénita amabilidad, en su inteligencia, en su tacto...; al fin y al cabo, lo haría usted por una familia en la que fue recibido como pariente, querido, respetado...

—¡Perdone, he sido despedido! Usted afirma ahora que fue por salvar las apariencias; pero reconozca que si le dicen a uno: "No quiero, por supuesto, tirarte de las orejas, pero para salvar las apariencias deja que te tire de ellas... " ¿No es lo mismo?

—Pues si es así, si ninguna súplica influye sobre usted —dijo con severidad y arrogancia—, permítame asegurarle que se tomarán ciertas medidas. Aquí hay autoridades que le expulsarán hoy mismo, *que diable! un blanc-bec comme vous* desafiar a un personaje como el barón. ¿Cree usted que le van a dejar en paz? Y, créame, aquí nadie le teme a usted. Si he venido a suplicarle ha sido por cuenta propia, porque ha molestado usted al general. ¿De veras cree usted, de veras, que el barón no mandará a un lacayo que le eche a usted a la calle?

—¡Pero si no soy yo quien irá! —respondí con insólita calma—. Se equivoca usted, *monsieur* Des Grieux. Todo esto se arreglará mucho más decorosamente de lo que usted piensa. Ahora mismo voy a ver a *mister* Astley para pedirle que sea mi segundo, mi *second*. Ese señor me tiene aprecio y probablemente no se rehusará. Él irá a ver al barón y el barón lo recibirá. Aunque yo soy sólo un *outchitel* y parezco hasta cierto punto un *subalterne,* y aunque en definitiva carezco de protección, mister Astley es sobrino de un lord, de un lord auténtico, todo el mundo lo sabe, lord Pibrock, y ese lord está aquí. Puede usted estar seguro de que el barón se mostrará cortés con *mister* Astley y le escuchará. Y si no le escucha, mister Astley lo considerará como un insulto personal (ya sabe usted lo tercos que son los ingleses) y enviará a un amigo suyo al barón —y por cierto tiene buenos amigos—. Calcule usted ahora que puede pasar algo distinto de lo que piensa.

El francés quedó claramente asustado; efectivamente, todo esto tenía visos de verdad; por consiguiente yo podía muy bien provocar un disgusto.

—Le imploro que deje todo —dijo con voz verdaderamente suplicante—. A usted le agradaría que ocurriera algo desagradable. No es una satisfacción lo que usted busca, sino una contrariedad. Ya he dicho que todo esto es divertido y aun ingenioso, que bien pudiera ser lo que usted busca. En fin —terminó diciendo al ver que me levantaba y cogía el sombrero—, he venido a entregarle estas dos palabras de cierta persona. Léalas, porque se me ha encargado que aguarde respuesta.

Dicho esto, sacó del bolsillo un papelito doblado y sellado con lacre y me lo alargó. Del puño de Polina, decía así:

"Me parece que se propone usted continuar este asunto. Está usted enfadado y empieza a hacer travesuras. Hay, sin embargo, circunstancias especiales que quizá le explique más tarde. Por favor, desista y deje el camino franco. ¡Cuántas bobadas hay en esto! Le necesito y usted prometió obedecerme. Recuerde Schlangenberg. Le pido que sea obediente y, si es preciso, se lo mando.

Su P.

P. D. Si está enojado conmigo por lo de ayer, perdóneme".

Cuando leí estos renglones me pareció que se me iba la cabeza. Mis labios perdieron su color y empecé a temblar. El maldito francés me miraba con aire de intensa circunspección y apartaba de mí los ojos como para no ver mi zozobra. Mejor hubiera sido que se hubiera reído de mí abiertamente.

—Bien —respondí—, diga a *mademoiselle* que no se preocupe. Permítame, no obstante, hacerle una pregunta —añadí con aspereza—, ¿por qué ha tardado tanto en darme esta nota? En lugar de decir tantas nimiedades, creo que debiera usted haber comenzado con esto... si, en efecto, vino con este encargo.

—Ah, yo quería... todo esto es tan insólito que usted perdonará mi natural impaciencia... Yo quería enterarme por mi cuenta, personalmente, de cuáles eran las intenciones de usted. Pero como no conozco el contenido de esa nota, pensé que no corría prisa en dársela.

—Comprendo. A usted sencillamente le mandaron que la entregara sólo como último recurso, y que no la entregara si lograba su propósito de palabra. ¿No es así? ¡Hable con franqueza, *monsieur* Des Grieux!

—*Peut-être* —dijo, tomando un aire muy comedido y dirigiéndome una mirada algo peculiar.

Cogí el sombrero; él hizo una inclinación de cabeza y salió. Tuve la impresión de que llevaba una sonrisa burlona en los labios. ¿Acaso cabía esperar otra cosa?

—Tú y yo, franchute, tenemos todavía cuentas que arreglar. Mediremos fuerzas —murmuré bajando la escalera. Aún no sabía qué era aquello que había causado tal mareo. El aire me refrescó un poco.

Un par de minutos después, cuando apenas había empezado a discurrir con claridad, surgieron luminosos en mi mente dos pensamientos: primero, que de unas naderías, de unas cuantas amenazas inverosímiles de escolar, lanzadas anoche al buen tuntún, había resultado un desasosiego *gene*ral, y segundo, ¿qué clase de influencia tenía este francés sobre Polina? Bastaba una palabra suya para que ella hiciera cuanto él necesitaba: me escribía una nota y hasta me suplicaba. Sus relaciones, por supuesto, habían sido siempre un enigma para mí, desde el principio mismo, desde que empecé a conocerlos. Sin embargo, en estos últimos días había notado en ella una evidente aversión, por no decir desprecio, hacia él; y él, por su parte, apenas se fijaba en ella, la trataba con la grosería más descarada. Yo lo había notado. Polina misma me había hablado de aversión; ahora se le escapaban revelaciones harto significativas. Es decir, que él sencillamente la tenía en su poder; que ella, por algún motivo, era su cautiva...

Capítulo VIII

En la *promenade,* como aquí la llaman, esto es, en la avenida de los castaños, tropecé con mi inglés.

—¡Oh, oh! —dijo al verme—, yo iba a verle a usted y usted venía a verme a mí. ¿Conque se ha separado usted de los suyos?

—Primero, dígame cómo lo sabe —pregunté asombrado—. ¿O es que ya lo sabe todo el mundo?

—¡Oh, no! Todos lo ignoran y no tienen por qué saberlo. Nadie habla de ello.

—Entonces ¿cómo lo sabe usted?

—Lo sé, es decir, que me he enterado por casualidad. Y ahora ¿adónde irá usted desde aquí? Le tengo aprecio y por eso iba a verle.

—Es usted un hombre excelente, *mister* Astley —respondí (pero, por otra parte, la cosa me chocó mucho: ¿de quién lo había sabido?)—. Y como todavía no he tomado café y usted, de seguro, lo ha tomado malo, vamos al café del Casino. Allí nos sentamos, fumamos, yo le cuento y usted me cuenta.

El café estaba a cien pasos. Nos trajeron café, nos sentamos y yo encendí un cigarrillo. *Mister* Astley no fumó y, fijando en mí los ojos, se dispuso a escuchar.

—No voy a ninguna parte —empecé diciendo—. Me quedo aquí.

—Estaba seguro de que se quedaría —dijo *mister* Astley en tono aprobatorio.

Al dirigirme a ver a *mister* Astley no tenía intención de decirle nada, mejor dicho, no quería decirle nada acerca de mi amor por Polina. Durante esos días apenas le había dicho una palabra de ello. Además, era muy reservado. Desde el primer momento advertí que Polina le había causado una profunda impresión, aunque jamás pronunciaba su nombre. Pero, cosa rara, ahora, de repente, no bien se hubo sentado y fijado en mí sus ojos color de estaño, sentí, no sé por qué, el deseo de contarle todo, es decir, todo mi amor, con todos sus matices. Estuve hablando media hora, lo que para mí fue sumamente agradable. Era la primera vez que hablaba de ello. Notando que se turbaba ante algunos de los pasajes más ardientes, acentué a propósito el ardor de mi narración. De una cosa me arrepiento: quizá hablé del francés más de lo necesario...

Mister Astley escuchó inmóvil, sentado frente a mí, sin decir palabra ni emitir sonido alguno y con sus ojos fijos en los míos; pero cuando comencé a hablar del francés, me interrumpió de pronto y me preguntó severamente si me juzgaba con derecho a aludir a un tema que nada tenía que ver conmigo. *Mister* Astley siempre hacía preguntas de una manera muy rara.

—Tiene usted razón. Me temo que no —respondí.

—¿De ese marqués y de *miss* Polina no puede usted decir nada concreto? ¿Sólo conjetura?

Una vez más me extrañó que un hombre tan apocado como *mister* Astley hiciera una pregunta tan categórica.

—No, nada concreto –contesté—; nada, por supuesto.

—En tal caso ha hecho usted mal no sólo en hablarme a mí de ello, sino hasta en pensarlo usted mismo.

—Bueno, bueno, lo reconozco; pero ahora no se trata de eso —interrumpí asombrado de mí mismo. Y entonces le conté toda la historia de ayer, con todos sus detalles, la ocurrencia de Polina, mi aventura con el barón, mi despido, la insólita pusilanimidad del general y, por último, le referí minuciosamente la visita de Des Grieux esa misma mañana, sin omitir ningún detalle. En conclusión le enseñé la nota.

—¿Qué saca de esto? —le pregunté—. He venido precisamente para averiguar lo que usted piensa. En lo que a mí toca, me parece que hubiera matado a ese franchute y quizá lo haga todavía.

—Yo también —dijo *mister* Astley—. En cuanto a *miss* Polina, usted sabe que entramos en tratos aun con gentes que nos son odiosas, si a ello nos obliga la necesidad. Ahí puede haber relaciones que ignoramos y que dependen de circunstancias ajenas al caso. Creo que puede estar usted tranquilo, en parte, claro. En cuanto a la conducta de ella ayer, no cabe duda de que es extraña, no porque quisiera librarse de usted exponiéndole al garrote del barón (quien, no sé por qué, no lo utilizó aunque lo tenía en la mano), sino porque semejante travesura en una *miss* tan... tan excelente no es decorosa. Claro que ella no podía suponer que usted pondría literalmente en práctica sus antojos...

—¿Sabe usted? —grité de repente, clavando la mirada en *mister* Astley—. Me parece que usted ya ha oído hablar de todo esto. ¿Y sabe quién se lo ha dicho? La misma *miss* Polina.

Mister Astley me miró extrañado.

—Le brillan a usted los ojos y en ellos veo la sospecha —dijo, y en seguida volvió a su calma anterior—, pero no tiene usted el menor derecho a revelar sus sospechas. No puedo reconocer ese derecho y me niego en redondo a contestar a su pregunta.

—¡Bueno, basta! ¡Por otra parte no es necesario! —exclamé extrañamente agitado y sin comprender por qué se me había ocurrido tal cosa. ¿Cuándo, dónde y cómo hubiera podido *mister* Astley ser elegido por Polina como confidente? Sin embargo, a veces en días recientes había perdido de vista a *mister* Astley, y Polina siempre había sido un enigma para mí, un enigma tal que ahora, por ejemplo, habiéndome lanzado a contar a mister Astley la historia de mi amor, vi de pronto con sorpresa mientras la contaba que de mis relaciones con ella apenas podía decir nada preciso y positivo. Al contrario, todo era ilusorio, extraño, infundado, sin la menor semejanza con cosa alguna.

—Bueno, bueno, estoy desconcertado; y ahora no puedo sacar en limpio mucho más —respondí, como si me faltara el aliento—. De todos modos, es usted una buena persona. Ahora a otra cosa, y le pido, no consejo, sino su opinión.

Callé un instante y proseguí.

—En opinión de usted, ¿por qué se asustó tanto el general? ¿Por qué todos ellos han hecho de mi estúpida picardía algo que les trae de cabeza? Tan de cabeza que hasta el propio Des Grieux ha creído necesario intervenir (y él interviene sólo en los casos más importantes), me ha visitado (¡hay que ver!), me ha requerido y suplicado, ¡a mí, él, Des Grieux, a mí! Por último, observe usted que ha venido a las nueve, y que la nota de *miss* Polina ya estaba en sus manos. ¿Cuándo, pues, fue escrita?, cabe preguntar. ¡Quizá despertaran a *miss* Polina para ello! Salvo deducir de esto que *miss* Polina es su esclava (¡porque hasta a mí me pide perdón!), salvo eso, ¿qué le va a ella, personalmente, en este asunto? ¿Por qué está tan interesada? ¿Por qué se asustaron tanto de un barón cualquiera? ¿Y qué tiene que ver con ello que el general se case con *mademoiselle* Blanche de Cominges? Ellos dicen que cabalmente por eso necesita conducirse de una manera especial, pero convenga en que esto es ya demasiado especial. ¿Qué piensa usted? Por lo que me dicen sus ojos estoy seguro de que de esto sabe usted más que yo.

Mister Astley sonrió y asintió con la cabeza.

—En efecto, de esto creo saber mucho más que usted —apuntó—. Aquí se trata sólo de *mademoiselle* Blanche, y estoy seguro de que es la pura verdad.

—¿Pero por qué *mademoiselle* Blanche? —grité impaciente (tuve de pronto la esperanza de que ahora se revelaría algo acerca de *mademoiselle* Polina).

—Se me antoja que en el momento presente *mademoiselle* Blanche tiene especial interés en evitar a toda costa un encuentro con el barón y la baronesa, tanto más cuanto que el encuentro sería desagradable, por no decir escandaloso.

—¿Qué me dice usted?

—El año antepasado, *mademoiselle* Blanche estuvo ya aquí, en Roulettenburg, durante la temporada. Yo también andaba por aquí. *Mademoiselle* Blanche no se llamaba todavía *mademoiselle* de Cominges y, por el mismo motivo, tampoco existía su madre, *madame veuve* Cominges. Al menos, no había mención de ella. Des Grieux... tampoco había Des Grieux. Tengo la profunda convicción de que no sólo no hay parentesco entre ellos, sino que ni siquiera se conocen de antiguo. Tampoco empezó hace mucho eso de marqués Des Grieux; de ello estoy seguro por una circunstancia. Cabe incluso suponer que empezó a llamarse Des Grieux hace poco. Conozco aquí a un individuo que le conocía bajo otro nombre.

—¿Pero no es cierto que tiene un respetable círculo de amistades?

—¡Puede ser! También puede tenerlo *mademoiselle* Blanche. Hace dos años, sin embargo, a resultas de una queja de esta misma baronesa, fue invitada por la policía local a abandonar la ciudad y así lo hizo.

—¿Cómo fue eso?

—Se presentó aquí primero con un italiano, un príncipe o algo así, que tenía un nombre histórico, Barberini o algo por el estilo. Iba cubierto de sortijas y brillantes, y por cierto de buena ley. Iban y venían en un espléndido carruaje. *Mademoiselle* Blanche jugaba con éxito a *trente et quarante*, pero después su suerte cambió radicalmente, si mal no recuerdo. Me acuerdo de que una noche perdió una cantidad muy elevada. Pero lo peor de todo fue que *un beau matin* su príncipe desapareció sin dejar rastro. Desaparecieron los caballos y el carruaje, desapareció todo. En el hotel debían una suma enorme. *Mademoiselle* Zelma (en lugar de Barberini empezó a llamarse de pronto *mademoiselle* Zelma) daba muestras de la más profunda desesperación. Chillaba y gemía por todo el hotel, y de rabia hizo jirones su vestido. Había entonces en el hotel un conde polaco (todos los viajeros polacos son condes), y *mademoiselle* Blanche, con aquello de rasgar su vestido y arañarse el rostro como una gata con sus manos bellas y perfumadas, produjo en él alguna impresión. Conversaron, y a la hora de la comida ella había recobrado la calma. A la noche se presentaron del brazo en el casino. *Mademoiselle* Zelma, según su costumbre, reía con estrépito y en sus ademanes se notaba mayor desenvoltura que antes. Entró sin más en esa clase de señoras que, al acercarse a la mesa de la ruleta, dan fuertes codazos a los jugadores para procurarse un sitio. Aquí, entre tales damas, se considera eso como especialmente *chic*. Usted lo habrá notado, sin duda.

—Sí.

—No vale la pena notarlo. Por desgracia para las personas decentes, estas damas no desaparecen, por lo menos las que todos los días cambian a la mesa billetes de mil francos. Pero cuando dejan de cambiar billetes se les pide al momento que se vayan. *Mademoiselle* Zelma seguía cambiando billetes; pero la fortuna le fue aún más adversa. Observe que muy a menudo estas señoras juegan con éxito; saben dominarse de manera asombrosa. Pero mi historia toca a su fin. Llegó un momento en que, al igual que el príncipe, desapareció el conde. *Mademoiselle* Zelma se presentó una noche a jugar sola, ocasión en que nadie se presentó a ofrecerle el brazo. En dos días perdió cuanto le quedaba. Cuando hubo arriesgado su último *louis d'or* y lo hubo perdido, miró a su alrededor y vio junto a sí al barón Burmerhelm, que la observaba atentamente y muy indignado. Pero *mademoiselle* Zelma no notó la indignación y, mirando al barón con la consabida sonrisa, le pidió que le pusiera diez *louis d'or* al rojo. Como consecuencia de esto y por queja de la baronesa, aquella noche fue invitada a no presentarse más en el casino. Si le extraña a usted que me sean conocidos estos detalles nimios y francamente indecorosos, sepa que, en versión definitiva, los oí de labios de *mister* Feeder, un pariente mío que esa misma noche condujo en su coche a *mademoiselle* Zelma de Roulettenburg a Spa. Ahora mire: *mademoiselle* Blanche quiere ser generala, seguramente para no recibir en adelante invitaciones como la que recibió hace dos años de la policía del casino. Ya no juega, pero es porque, según todos los indicios, tiene ahora un capital que da a usura a los jugadores locales. Esto es mucho más prudente. Yo hasta sospecho que el infeliz general le debe dinero. Quizá también se lo debe Des Grieux. Quizá ella y Des Grieux trabajan juntos. Comprenderá usted que, al menos hasta la boda, ella no quiera atraerse por ningún motivo la atención del barón y la baronesa. En una palabra, que en su situación nada sería menos provechoso que un escándalo. Usted está vinculado a ese grupo, y las acciones de usted podrían causar ese escándalo, tanto más cuanto ella se presenta a diario en público del brazo del general o acompañada de *miss* Polina. ¿Ahora lo entiende usted?

—No, no lo entiendo —exclamé golpeando la mesa con tal fuerza que el *garzón*, asustado, acudió corriendo.

—Diga, *mister* Astley —dije con arrebato—, si usted ya conocía toda esta historia y, por consiguiente, sabe al dedillo qué clase de persona es *mademoiselle* Blanche de Cominges, ¿cómo es que no me avisó usted, a mí al menos; luego al general y, sobre todo, a *miss* Polina, que se presentaba aquí en el casino, en público, del brazo de *mademoiselle* Blanche? ¿Cómo es posible?

—No tenía por qué avisarle a usted, ya que usted no podía hacer nada —replicó tranquilamente *mister* Astley—. Y, por otro lado, ¿avisarle de qué? Puede que el general sepa de *mademoiselle* Blanche todavía más que yo y, a fin de cuentas, se pasea con ella y con miss Polina. El general es un infeliz. Ayer vi que *mademoiselle* Blanche iba montada en un espléndido caballo junto con *mister* Des Grieux y ese pequeño príncipe ruso, mientras que el general iba tras ellos en un caballo de color castaño. Por la mañana decía que le dolían las piernas, pero se tenía muy bien en la silla. Pues bien, en ese momento me vino la idea de que ese hombre está completamente arruinado. Además, nada de eso tiene que ver conmigo, y sólo desde hace poco tengo el honor de conocer a *miss* Polina. Por otra parte (dijo *mister* Astley reportándose), ya le he advertido que no reconozco su derecho a hacer ciertas preguntas, a pesar de que le tengo a usted verdadero aprecio...

—Basta —dije levantándome—, ahora para mí está claro como el día que también *miss* Polina sabe todo lo referente a *mademoiselle* Blanche. Tenga usted la seguridad de que ninguna otra influencia la haría pasearse con *mademoiselle* Blanche y suplicarme en una nota que no toque al barón. Ésa cabalmente debe de ser la influencia ante la que todos se inclinan. ¡Y pensar que fue ella la que me azuzó contra el barón! ¡No hay demonio que lo entienda!

—Usted olvida, en primer lugar, que *mademoiselle* de Cominges es la prometida del general, y en segundo, que *miss* Polina, hijastra del general, tiene un hermano y una hermana de corta edad, hijos del general, a quienes este hombre chiflado tiene abandonados por completo y a quienes, según parece, ha despojado de sus bienes.

—¡Sí, sí, eso es! Apartarse de los niños significa abandonarlos por completo; quedarse significa proteger sus intereses y quizá también salvar un jirón de la hacienda. ¡Sí, sí, todo eso es cierto! ¡Y, sin embargo, sin embargo! ¡Ah, ahora entiendo por qué todos se interesan por la abuelita!

—¿Por quién?

—Por esa vieja bruja de Moscú que no se muere y acerca de la cual esperan un telegrama diciendo que se ha muerto.

—¡Ah, sí, claro! Todos los intereses convergen en ella. Todo depende de la herencia. Se anuncia la herencia y el general se casa; *miss* Polina queda libre, y Des Grieux...

—Y Des Grieux, ¿qué?

—Y a Des Grieux se le pagará su dinero; no es otra cosa lo que espera aquí.

—¿Sólo eso? ¿Cree usted que espera sólo eso?

—No tengo la menor idea—. *Mister* Astley guardó obstinado silencio.

—Pues yo sí, yo sí —repetí con ira—. Espera también la herencia porque Polina recibirá una dote y, en cuanto tenga el dinero, le echará los brazos al cuello. ¡Así son todas las mujeres! Aun las más orgullosas acaban por ser las esclavas más indignas. Polina sólo es capaz de amar con pasión y nada más. ¡Ahí tiene usted mi opinión de ella! Mírela usted, sobre todo cuando está sentada sola, pensativa... ¡es como si estuviera predestinada, sentenciada, maldita! Es capaz de echarse encima todos los horrores de la vida y la pasión.... es... es... ¿pero quién me llama? —exclamé de repente—. ¿Quién grita? He oído gritar en ruso "¡Aleksei Ivanovich!" Una voz de mujer. ¡Oiga, oiga!

Para entonces habíamos llegado ya a nuestro hotel. Hacía rato que, sin notarlo apenas, habíamos salido del café.

—He oído gritos de mujer, pero no sé a quién llamaban. Y en ruso. Ahora veo de dónde vienen —señaló *mister* Astley—. Es aquella mujer la que grita, la que está sentada en aquel sillón que los lacayos acaban de subir por la escalinata. Tras ella están subiendo maletas, lo que quiere decir que acaba de llegar el tren.

—¿Pero por qué me llama a mí? Ya está otra vez voceando. Mire, nos está haciendo señas.

—¡Aleksei Ivanovich! ¡Aleksei Ivanovich! ¡Ay, Dios, se habrá visto mastuerzo! —llegaban gritos de desesperación desde la escalinata del hotel.

Fuimos casi corriendo al pórtico. Y cuando llegué a la terraza se me cayeron los brazos de estupor y las piernas se me volvieron de piedra.

Capítulo IX

En el descansillo superior de la ancha escalinata del hotel, transportada peldaños arriba en un sillón, rodeada de criados, doncellas y el numeroso y servil personal del hotel, en presencia del *Oberkellner*, que había salido al encuentro de una destacada visitante que llegaba con tanta bulla y algarabía, acompañada de su propia servidumbre y de un sinfín de baúles y maletas, sentada como reina en su trono estaba... la *abuela*. Sí, ella misma, formidable y rica, con sus setenta y cinco años a cuestas: Antonida Vasilyevna Tarasevicheva, terrateniente y aristocrática moscovita, la *baboulinka*, acerca de la cual se expedían y recibían telegramas, moribunda pero no muerta, quien de repente aparecía en persona entre nosotros como caída del cielo. La traían, por fallo de las piernas, en un sillón, como siempre en estos últimos años, pero, también como siempre, marrullera, briosa, pagada de sí misma, muy tiesa en su asiento, vociferante, autoritaria y con todos regañona; en fin, exactamente como yo había tenido el honor de verla dos veces desde que entré como tutor en casa del general. Como es de suponer, me quedé ante ella paralizado de asombro. Me había visto a cien pasos de distancia cuando la llevaban en el sillón, me había reconocido con sus ojos de lince y llamado por mi nombre y apellido, detalle que, también según costumbre suya, recordaba de una vez para siempre. "¡Y a ésta –pensé— esperaban verla en un ataúd, enterrada y dejando tras de sí una herencia! ¡Pero si es ella la que nos enterrará a todos y a todo el hotel! Pero, santo Dios, ¿qué será de nuestra gente ahora?, ¿qué será ahora del general? ¡Va a poner el hotel patas arriba! "

—Bueno, amigo, ¿por qué estás plantado ahí con esos ojos saltones? —continuó gritándome la abuela—. ¿Es que no sabes dar la bienvenida? ¿No sabes saludar? ¿O es que el orgullo te lo impide? ¿Quizá no me has reconocido? ¿Oyes, Potapych? —dijo volviéndose a un viejo canoso, de calva sonrosada, vestido de frac y corbata blanca, su mayordomo, que la acompañaba cuando iba de viaje—; ¿oyes? ¡No me reconoce! Me han enterrado. Han estado mandando un telegrama tras otro: ¿ha muerto o no ha muerto? ¡Pero si lo sé todo! ¡Y yo, como ves, vivita y coleando!

—Por Dios, Antonida Vasilyevna, ¿por qué había yo de desearle nada malo? —respondí alegremente cuando me hube serenado—. Era sólo la sorpresa... ¿y cómo no maravillarse cuando tan inesperadamente...?

—¿Y qué hay de maravilla en ello? Me metí en el tren y vine. En el vagón va una muy cómoda, sin traqueteo ninguno. ¿Has estado de paseo?

—Sí, he dado una vuelta al casino.

—Esto es bonito —dijo la abuela mirando en torno suyo—; el aire es tibio y los árboles son hermosos. Me gusta. ¿Está la familia en casa? ¿El general?

—En casa, sí; a esta hora están todos de seguro en casa.

—¿Y qué? ¿Lo hacen aquí todo según el reloj y con toda ceremonia? Quieren dar el tono. ¡Me han dicho que tienen coche, *les seigneurs ruses!* Se gastan lo que tienen y luego se van al extranjero. ¿Praskovya está también con ellos?

—Sí, Polina Aleksandrovna está también.

—¿Y el franchute? En fin, yo misma los veré a todos. Aleksei Ivanovich, enseña el camino y vamos derechos allá. ¿Lo pasas bien aquí?

—Así, así, Antonida Vasilyevna.

—Tú, Potapych, dile a ese mentecato de *Kellner* que me preparen una habitación cómoda, bonita, baja, y lleva las cosas allí en seguida. ¿Pero por qué quiere toda esta gente llevarme? ¿Por qué se meten donde no los llaman? ¡Pero qué gente más servil! ¿Quién es ése que está contigo? —preguntó dirigiéndose de nuevo a mí.

—Éste es *mister* Astley —contesté.

—¿Y quién es *mister* Astley?

—Un viajero y un buen amigo mío; amigo también del general.

—Un inglés. Por eso me contempla fijamente y no abre los labios. A mí, sin embargo, me gustan los ingleses. Bueno, levantadme y arriba; derechos al cuarto del general. ¿Por dónde cae?

Cargaron con la abuela. Yo iba delante por la ancha escalera del hotel. Nuestra procesión era muy vistosa. Todos los que topaban con ella se paraban y nos miraban con ojos desorbitados. Nuestro hotel era considerado como el mejor, el más caro y el más aristocrático del balneario. En la escalera y en los pasillos se tropezaba de continuo con damas espléndidas e ingleses de digno aspecto. Muchos pedían informes abajo al *Oberkellner*, también hondamente impresionado. Éste, por supuesto, respondía que era una extranjera de alto copete, *une russe, une comtesse, grande dame,* que se instalaría en los mismos aposentos que una semana antes había ocupado *la grande duchesse* de N. El aspecto imperioso e imponente de la abuela, transportada en un sillón, era lo que causaba el mayor efecto. Cuando se encontraba con una nueva persona la medía con una mirada de curiosidad y en voz alta me hacía preguntas sobre ella. La abuela era de un natural vigoroso y, aunque no se levantaba del sillón, se presentía al mirarla que era de elevada estatura. Mantenía la espina tiesa como un huso y no se apoyaba en el respaldo del asiento. Llevaba alta la cabeza, que era grande y canosa, de fuertes y acusados rasgos. Había en su modo de mirar algo arrogante y provocativo, y estaba claro que tanto esa mirada como sus gestos eran perfectamente naturales. A pesar de sus setenta y cinco años tenía el rostro bastante fresco y hasta la dentadura en buen estado. Llevaba un vestido negro de seda y una cofia blanca.

—Me interesa extraordinariamente —murmuró *mister* Astley, que subía junto a mí.

"Ya sabe lo de los telegramas —pensaba yo—. Conoce también a Des Grieux, pero por lo visto no sabe todavía mucho de *mademoiselle* Blanche". Informé de esto a *mister* Astley.

¡Pecador de mí! En cuanto me repuse de mi sorpresa inicial me alegré sobremanera del golpe feroz que íbamos a asestar al general dentro de un instante. Era como un estimulante, y yo iba a la cabeza con singular alegría.

Nuestra gente estaba instalada en el tercer piso. Yo no anuncié nuestra llegada y ni siquiera llamé a la puerta, sino que sencillamente la abrí de par en par y por ella metieron a la abuela en triunfo. Todo el mundo, como de propósito, estaba allí, en el gabinete del general. Eran las doce y, al parecer, proyectaban una excursión: unos irían en coche, otros a caballo, toda la pandilla; y además habían invitado a algunos conocidos. Amén del general, de Polina con los niños y de la niñera, estaban en el gabinete Des Grieux, Mlle. Blanche, una vez más en traje de amazona, su madre *mile, veuve* Cominges, el pequeño príncipe y un erudito alemán, que estaba de viaje, a quien yo veía con ellos por primera vez.

Colocaron el sillón con la abuela en el centro del gabinete, a tres pasos del general. ¡Dios mío, nunca olvidaré la impresión que ello produjo! Cuando entramos, el general estaba contando algo, y Des Grieux le corregía. Es menester indicar que desde hacía dos o tres días, y no se sabe por qué motivo, Des Grieux y Mlle. Blanche hacían la rueda abiertamente al pequeño príncipe *à la barbe du pauvre général,* y que el grupo, aunque quizá con estudiado esfuerzo, tenía un aire de cordial familiaridad. A la vista de la abuela el general perdió el habla y se quedó en mitad de una frase con la boca abierta. Fijó en ella los ojos desencajados, como hipnotizado por la mirada de un basilisco. La abuela también le observó en silencio, inmóvil, ¡pero con qué mirada triunfal, provocativa y burlona! Así estuvieron mirándose diez segundos largos, ante el profundo silencio de todos los circunstantes. Des Grieux quedó al principio estupefacto, pero en su rostro empezó pronto a dibujarse una inquietud inusitada. Mlle. Blanche, con las cejas enarcadas y la boca abierta, observaba atolondrada a la abuela. El príncipe y el erudito, ambos presa de honda confusión, contemplaban la escena. El rostro de Polina reflejaba extraordinaria sorpresa y perplejidad, pero de súbito se quedó más blanco que la cera; un momento después la sangre volvió de golpe y coloreó las mejillas. ¡Sí, era una catástrofe para todos! Yo no hacía más que pasear los ojos desde la abuela hasta los concurrentes y viceversa. *Mister* Astley, según su costumbre, se mantenía aparte, tranquilo y digno.

—¡Bueno, aquí estoy! ¡En lugar de un telegrama! —exclamó por fin la abuela rompiendo el silencio—. ¿Qué, no me esperabais?

—Antonida Vasilyevna... tía... ¿pero cómo...? —balbuceó el infeliz general. Si la abuela no le hubiera hablado, en unos segundos más le habría dado quizá una apoplejía.

—¿Cómo que cómo? Me metí en el tren y vine. ¿Para qué sirve el ferrocarril? ¿Y vosotros pensabais que ya había estirado la pata y que os había dejado una fortuna? Ya sé que mandabas telegramas desde aquí; tu buen dinero te habrán costado, porque desde aquí no son baratos. Me eché las piernas al hombro y aquí estoy. ¿Es éste el francés? ¿*Monsieur* Des Grieux, por lo visto?

—*Oui, madame* —confirmó Des Grieux— *et croyez je suis si enchanté... votre santé... c'est un miracle... vous voir ici, une surprise charmante...*

—Sí, sí, *charmante.* Ya te conozco, farsante, ¡No me fío de ti ni tanto así! —y le enseñaba el dedo meñique—. Y ésta, ¿quién es? —dijo volviéndose y señalando a Mlle. Blanche. La llamativa francesa, en traje de amazona y con el látigo en la mano, evidentemente la impresionó—. ¿Es de aquí?

—Es *mademoiselle* Blanche de Cominges y ésta es su madre, *madame* de Cominges. Se hospedan en este hotel —dije yo.

—¿Está casada la hija? —preguntó la abuela sin pararse en barras.

—*Mademoiselle* de Cominges es soltera —respondí lo más respetuosamente posible y con toda intención en voz baja.

—¿Es alegre?

Yo no alcancé a entender la pregunta.

—¿No se aburre uno con ella? ¿Entiende el ruso? Porque cuando Des Grieux estuvo con nosotros en Moscú llegó a chapurrearlo un poco.

Le expliqué que Mlle. de Cominges no había estado nunca en Rusia.

—*Bonjour!* —dijo la abuela encarándose bruscamente con Mlle. Blanche.

—*Bonjour, madame!* —Mlle. Blanche, con elegancia y ceremonia, hizo una leve reverencia. Bajo la desusada modestia y cortesía se apresuró a manifestar, con toda la expresión de su rostro y figura, el asombro extraordinario que le causaba una pregunta tan extraña y un comportamiento semejante.

—¡Oh, ha bajado los ojos, es amanerada y artificiosa! Ya se ve qué clase de pájaro es: una actriz de ésas. Estoy abajo, en este hotel —dijo dirigiéndose de pronto al general—. Seré vecina tuya. ¿Estás contento o no?

—¡Oh, tía! Puede creer en mi sentimiento sincero... de satisfacción —dijo el general cogiendo al vuelo la pregunta. Ya había recobrado en parte su presencia de ánimo, y como cuando se ofrecía ocasión sabía hablar bien, con gravedad y cierta pretensión de persuadir, se preparó a declamar ahora también—. Hemos estado tan afectados y alarmados con las noticias sobre su estado de salud... Hemos recibido telegramas que daban tan poca esperanza, y de pronto...

—¡Pues mientes, mientes! —interrumpió al momento la abuela.

—¿Pero cómo es —interrumpió a su vez en seguida el general, levantando la voz y tratando de no reparar en ese "mientes"—, cómo es que, a pesar de todo, decidió usted emprender un viaje como éste? Reconozca que a sus años y dada su salud...; de todos modos ha sido tan inesperado que no es de extrañar nuestro asombro. Pero estoy tan contento...; y todos nosotros (y aquí inició una sonrisa afable y seductora) haremos todo lo posible para que su temporada aquí sea de lo más agradable...

—Bueno, basta; cháchara inútil; tonterías como de costumbre; yo sé bien cómo pasar el tiempo. Pero no te tengo inquina; no guardo rencor. Preguntas que cómo he venido. ¿Pero qué hay de extraordinario en esto? De la manera más sencilla. No veo por qué todos se sorprenden. Hola, Praskovya. ¿Tú qué haces aquí?

—Hola, abuela —dijo Polina acercándose a ella—. ¿Ha estado mucho tiempo en camino?

—Ésta ha hecho una pregunta inteligente, en vez de soltar tantos "¡oh!" y "¡ah!". Pues mira: me tenían en cama día tras día, y me daban medicinas y más medicinas; hasta mandé de paseo a los médicos y llamé al sacristán de Nikola, que le había curado a una campesina una enfermedad igual con polvos de heno. Pues a mí también me sentó bien. A los tres días tuve un sudor muy grande y me levanté. Luego tuvieron otra consulta mis médicos alemanes, se calaron los anteojos y dijeron en coro: "Si ahora va a un balneario extranjero y hace una cura de aguas, expulsaría esa obstrucción que tiene". ¿Y por qué no?, pensé yo. Esos tontos de los Zazhigin se escandalizaron: "¿Hasta dónde va a ir usted?", me preguntaban. Bueno, en un día lo dispuse todo, y el viernes de la semana pasada cogí a mi doncella, y a Potapych, y a Fiodor el lacayo (pero a Fiodor le mandé a casa desde Berlín porque vi que no lo necesitaba), y me vine solita... Tomé un vagón particular, y hay mozos en todas las estaciones que por veinte kopeks te llevan adonde quieras. ¡Vaya habitaciones que tenéis! —dijo en conclusión mirando alrededor—. ¿De dónde has sacado el dinero, amigo? Porque lo tienes todo hipotecado. ¿Cuántos cuartos le debes a este franchute, sin ir más lejos? ¡Si lo sé todo, lo sé todo!

—Yo, tía... —apuntó el general todo confuso—, me sorprende, tía... me parece que no necesito la fiscalización de nadie.... sin contar que mis gastos no exceden de mis medios, y nosotros aquí...

—¿Que no exceden de tus medios? ¿Y así lo dices? ¡Como guardián de los niños les habrás robado hasta el último kopek!

—Después de esto, después de tales palabras... —intervino el general con indignación— ya no sé qué...

—¡En efecto, no sabes! Seguramente no te apartas de la ruleta aquí. ¿Te lo has jugado todo?

El general quedó tan desconcertado que estuvo a punto de ahogarse en el torrente de sus agitados sentimientos.

—¿De la ruleta? ¿Yo? Con mi categoría... ¿yo? Tranquilícese, tía; quizá sigue usted indispuesta...

—¡No haces mas que mentir!, de seguro que no pueden arrancarte de ella; mientes con toda la boca. Pues yo, hoy mismo, voy a ver qué es eso de la ruleta. Tú, Praskovya, cuéntame lo que hay que ver por aquí; Aleksei Ivanovich me lo enseñará; y tú, Potapych, apunta todos los sitios adonde hay que ir. ¿Qué es lo que se visita aquí? —preguntó volviéndose a Polina.

—Aquí cerca están las ruinas de un castillo; luego hay el Schlossberg.

—¿Qué es ese Schlossberg? ¿Un bosque?

—No, no es un bosque; es una montaña, con una cúspide...

—¿Qué es eso de una cúspide?

—El punto más alto de la montaña, un lugar con una barandilla alrededor. Desde allí se descubre una vista sin igual.

—¿Y suben sillas a la montaña? No podrán subirlas, ¿verdad?

— ¡Oh, se pueden encontrar cargadores! —contesté yo.

En este momento entró Fedosya, la niñera, con los hijos del general, a saludar a la abuela.

—¡Bueno, nada de besos! No me gusta besar a los niños; están llenos de mocos. Y tú, Fedosya, ¿cómo lo pasas aquí?

—Bien, muy bien, Antonida Vasilyevna —replicó Fedosya—. ¿Y a usted cómo le ha ido, señora? ¡Aquí hemos estado tan preocupados por usted!

—Lo sé, tú eres un alma sencilla. ¿Y éstos qué son? ¿Más invitados? —dijo encarándose de nuevo con Polina—. ¿Quién es este tío menudillo de las gafas?

—El príncipe Nilski, abuela —susurró Polina.

—¿Conque ruso? ¡Y yo que pensaba que no me entendería! ¡Quizá no me haya oído! A *mister* Astley ya le he visto. ¡Ah, aquí está otra vez! —la abuela le vio—. ¡Muy buenas! —y se volvió de repente hacia él.

Mister Astley se inclinó en silencio.

—¿Qué me dice usted de bueno? Dígame algo. Tradúcele eso, Praskovya.

Polina lo tradujo.

—Que estoy mirándola con grandísimo gusto y que me alegro de que esté bien de salud —respondió *mister* Astley seriamente, pero con notable animación. Se tradujo a la abuela lo que había dicho y a ella evidentemente le agradó.

—¡Qué bien contestan siempre los ingleses! —subrayó—. A mí, no sé por qué, me han gustado siempre los ingleses; ¡no tienen comparación con los franchutes! Venga usted a verme —dijo de nuevo a *mister* Astley—. Trataré de no molestarle demasiado. Tradúcele eso y dile que estoy aquí abajo —le repitió a *mister* Astley señalando hacia abajo con el dedo.

Mister Astley quedó muy satisfecho de la invitación.

La abuela miró atenta y complacida a Polina de pies a cabeza.

—Yo te quiero mucho, Praskovya —le dijo de pronto—. Eres una buena chica, la mejor de todos, y con un genio que ¡vaya! Pero yo también tengo mi genio ¡Da la vuelta! ¿Es eso que llevas en el pelo moño postizo?

—No, abuela, es mi propio pelo.

—Bien, no me gustan las modas absurdas de ahora. Eres muy guapa. Si fuera un señorito me enamoraría de ti. ¿Por qué no te casas? Pero ya es hora de que me vaya. Me apetece dar un paseo después de tanto vagón... ¿Bueno, qué? ¿Sigues todavía enfadado? —preguntó mirando al general.

—¡Por favor, tía, no diga tal! —exclamó el general rebosante de contento—. Comprendo que a sus años...

—*Cette vieílle est tombée en enfance* —me dijo en voz baja Des Grieux.

—Quiero ver todo lo que hay por aquí. ¿Me prestas a Aleksei Ivanovich? —inquirió la abuela del general.

—Ah, como quiera, pero yo mismo... y Polina y *monsieur* Des Grieux... para todos nosotros será un placer acompañarla...

—*Mais, madame, cela sera un plaisir* —insinuó Des Grieux con sonrisa cautivante.

—Sí, sí, *plaisir*. Me haces reír, amigo. Pero lo que es dinero no te doy —añadió dirigiéndose inopinadamente al general—. Ahora, a mis habitaciones. Es preciso echarles un vistazo y después salir a ver todos esos sitios. ¡Hala, levantadme!

Levantaron de nuevo a la abuela, y todos, en grupo, fueron siguiendo el sillón por la escalera abajo. El general iba aturdido, como si le hubieran dado un garrotazo en la cabeza. Des Grieux iba cavilando alguna cosa. *Mademoiselle* Blanche hubiera preferido quedarse, pero por algún motivo decidió irse con los demás. Tras ella salió en seguida el príncipe, y arriba, en las habitaciones del general, quedaron sólo el alemán y *madame veuve* Cominges.

Capítulo X

En los balnearios —y al parecer en toda Europa— los gerentes y jefes de comedor de los hoteles se guían, al dar acomodo al huésped, no tanto por los requerimientos y preferencias de éste cuanto por la propia opinión personal que de él se forjan; y conviene subrayar que raras veces se equivocan. Ahora bien, no se sabe por qué, a la abuela le señalaron un alojamiento tan espléndido que se pasaron de atentos; cuatro habitaciones magníficamente amuebladas, con baño, dependencias para la servidumbre, cuarto particular para la camarera, etc., etc. Era verdad que estas habitaciones las había ocupado la semana anterior una *grande duchesse,* hecho que, ni que decir tiene, se comunicaba a los nuevos visitantes para ensalzar el alojamiento. Condujeron a la abuela, mejor dicho, la transportaron, por todas las habitaciones y ella las examinó detenida y rigurosamente. El jefe de comedor, hombre ya entrado en años, medio calvo, la acompañó respetuosamente en esta primera inspección.

Ignoro por quién tomaron a la abuela, pero, según parece, por persona sumamente encopetada y, lo que es más importante, riquísima. La inscribieron en el registro, sin más, como "madame la générale princesse de Tarassevitcheva", aunque jamás había sido princesa. Su propia servidumbre, su vagón particular, la multitud innecesaria de baúles, maletas, y aun arcas que llegaron con ella, todo ello sirvió de fundamento al prestigio; y el sillón, el timbre agudo de la voz de la abuela, sus preguntas excéntricas, hechas con gran desenvoltura y en tono que no admitía réplica, en suma, toda la figura de la abuela, tiesa, brusca, autoritaria, le granjearon el respeto general. Durante la inspección la abuela mandaba de cuando en cuando detener el sillón, señalaba algún objeto en el mobiliario y dirigía insólitas preguntas al jefe de comedor, que sonreía atentamente pero que ya empezaba a amilanarse. La abuela formulaba sus preguntas en francés, lengua que por cierto hablaba bastante mal, por lo que yo, generalmente, tenía que traducir. Las respuestas del jefe de comedor no le agradaban en su mayor parte y le parecían inadecuadas; aunque bien es verdad que las preguntas de la señora no venían a cuento y nadie sabía a santo de qué las hacía. Por ejemplo, se detuvo de improviso ante un cuadro, copia bastante mediocre de un conocido original de tema mitológico:

—¿De quién es el retrato?

El jefe respondió que probablemente de alguna condesa.

—¿Cómo es que no lo sabes? ¿Vives aquí y no lo sabes? ¿Por qué está aquí? ¿Por qué es bizca?

El jefe no pudo contestar satisfactoriamente a estas preguntas y hasta llegó a atolondrarse.

—¡Vaya mentecato! —comentó la abuela en ruso.

Pasaron adelante. La misma historia se repitió ante una estatuilla sajona que la abuela examinó detenidamente y que mandó luego retirar sin que se supiera el motivo. Una vez más asedió al jefe: ¿cuánto costaron las alfombras del dormitorio y dónde fueron tejidas? El jefe prometió informarse.

—¡Vaya un asno! —musitó la abuela y dirigió su atención a la cama.

—¡Qué cielo de cama tan suntuoso! Separad las cortinas.

Abrieron la cama.

—¡Más, más! ¡Abridlo todo! ¡Quitad las almohadas, las fundas; levantad el edredón!

Dieron la vuelta a todo. La abuela lo examinó con cuidado.

—Menos mal que no hay chinches. ¡Fuera toda la ropa de cama! Poned la mía y mis almohadas. ¡Todo esto es demasiado elegante! ¿De qué me sirve a mí, vieja que soy, un alojamiento como éste? Me aburriré sola. Aleksei Ivanovich, ven a verme a menudo, cuando hayas terminado de dar lección a los niños.

—Yo, desde ayer, ya no estoy al servicio del general —respondí—. Vivo en el hotel por mi cuenta.

—Y eso ¿por qué?

—El otro día llegó de Berlín un conocido barón alemán con su baronesa. Ayer, en el paseo, hablé con él en alemán sin ajustarme a la pronunciación berlinesa.

—Bueno, ¿y qué?

—Él lo consideró como una insolencia y se quejó con el general; y el general me despidió ayer.

—¿Es que tú le insultaste? ¿Al barón, quiero decir? Aunque si lo insultaste, no importa.

—Oh, no. Al contrario. Fue el barón el que me amenazó con su bastón.

—Y tú, baboso, ¿permitiste que se tratara así a tu tutor? —dijo, volviéndose de pronto al general—; ¡y como si eso no bastara le has despedido! ¡Veo que todos sois unos pazguatos, todos unos pazguatos!

—No te preocupes, tía —replicó el general con un dejo de altiva familiaridad—, que yo sé atender a mis propios asuntos. Además, Aleksei Ivanovich no ha hecho una relación muy fiel del caso.

—¿Y tú lo aguantaste sin más? —me preguntó a mí.

—Yo quería retar al barón a un duelo —respondí lo más modesta y sosegadamente posible—, pero el general se opuso.

—¿Por qué te opusiste? —preguntó de nuevo la abuela al general—. Y tú, amigo, márchate y ven cuando se te llame —ordenó dirigiéndose al jefe de comedor—. No tienes por qué estar aquí con la boca abierta. No puedo aguantar esa cara de Nuremberg. —El jefe se inclinó y salió sin haber entendido las finezas de la abuela.

—Perdón, tía, ¿acaso es permisible el duelo? —inquirió el general con ironía.

—¿Y por qué no habrá de serlo? Los hombres son todos unos gallos, por eso tienen que pelearse. Ya veo que sois todos unos pazguatos. No sabéis defender a vuestra propia patria. ¡Vamos, levantadme! Potapych, ten cuidado en que haya siempre dos cargadores disponibles; ajústalos y llega a un acuerdo con ellos. No hacen falta más que dos; sólo tienen que levantarme en las escaleras; en lo llano, en la calle, pueden empujarme; díselos así. Y págales de antemano porque así estarán más atentos. Tú siempre estarás junto a mí, y tú, Aleksei Ivanovich, señálame a ese barón en el paseo. A ver qué clase de von-barón es; aunque sea sólo para echarle un vistazo. Y esa ruleta, ¿dónde está?

Le expliqué que las ruletas estaban instaladas en el casino, en las salas de juego. Y siguieron las preguntas: ¿Había muchas? ¿Jugaba mucha gente? ¿Se jugaba todo el día? ¿Cómo estaban dispuestas? Yo respondí que lo mejor sería que lo viera todo con sus propios ojos, porque describirlo era demasiado difícil.

—Bueno, vamos derechos allá. ¡Tú ve delante, Aleksei Ivanovich!

—Pero ¿cómo, tía? ¿No va usted siquiera a descansar del viaje? —interrogó solícitamente el general—. Parecía un tanto inquieto; en realidad todos ellos reflejaban cierta confusión y empezaron a cambiar miradas entre sí. Seguramente les parecía algo delicado, acaso humillante, ir con la abuela directamente al casino, donde cabía esperar que cometiera alguna excentricidad, pero esta vez en público; lo que no impidió que todos se ofrecieran a acompañarla.

—¿Y qué falta me hace descansar? No estoy cansada; y además llevo sentada cinco días seguidos. Luego iremos a ver qué manantiales y aguas medicinales hay por aquí. Y dónde están. Y después... ¿cómo decías que se llamaba eso, Praskovya...? ¿Cúspide, no?

—Cúspide, abuela.

—Cúspide; bueno, pues cúspide. ¿Y qué más hay por aquí?

—Hay muchas cosas que ver, abuela —dijo Polina esforzándose por decir algo.

—¡Vamos, que no lo sabes! Marfa, tú también irás conmigo —dijo a su doncella.

—¿Pero por qué ella, tía? —interrumpió afanosamente el general—. Y, de todos modos, quizá sea imposible. Puede ser que ni a Potapych le dejen entrar en el casino.

—¡Qué tontería! ¡Dejarla en casa porque es criada! Es un ser humano como otro cualquiera. Hemos estado una semana viajando juntas, y ella también quiere ver algo. ¿Con quién habría de verlo sino conmigo? Sola no se atrevería a asomar la nariz a la calle.

—Pero abuela...

—¿Es que te da vergüenza ir conmigo? Nadie te lo exige; quédate en casa. ¡Pues anda con el general! Si a eso vamos, yo también soy generala. ¿Y por qué viene toda esa caterva tras de mí? Me basta con Aleksei Ivanovich para verlo todo.

Pero Des Grieux insistió vivamente en que todos la acompañarían y habló con frases muy amables del placer de ir con ella, etc., etc. Todos nos pusimos en marcha.

—*Elle est tombée en enfance* —repitió Des Grieux al general—, *seule elle fera des bêtises...* —No pude oír lo demás que dijo, pero al parecer tenía algo entre ceja y ceja y quizá su esperanza había vuelto a rebullir.

Hasta la sla de juego había un tercio de milla. Nuestra ruta seguía la avenida de los castaños hasta la glorieta, que cruzamos para entrar directamente al casino. El general se tranquilizó un tanto, porque nuestra comitiva, aunque bastante excéntrica, era digna y decorosa. Nada tenía de particular que apareciera por el balneario una persona de salud endeble imposibilitada de las piernas. Sin embargo, se veía que el general le tenía miedo al casino: ¿por qué razón iba a las salas de juego una persona tullida de las piernas y vieja por más señas? Polina y *mademoiselle* Blanche caminaban una a cada lado junto a la silla de ruedas. *Mademoiselle* Blanche reía, mostraba una alegría modesta y a veces hasta bromeaba amablemente con la abuela, hasta tal punto que ésta acabó por hablar de ella con elogio. Polina, al otro lado, se veía obligada a contestar a las numerosas y frecuentes preguntas de la anciana: "¿Quién es el que ha pasado? ¿Quién es la que iba en el coche? ¿Es grande la ciudad? ¿Es grande el jardín? ¿Qué clase de árboles son éstos? ¿Qué son esas montañas? ¿Hay águilas aquí? ¡Qué tejado tan ridículo!" *Mister* Astley caminaba junto a mí y me decía en voz baja que esperaba mucho de esa mañana. Potapych y Marfa marchaban inmediatamente detrás de la silla: él en su frac y corbata blanca, pero con gorra; ella —una cuarentona sonrosada pero que ya empezaba a encanecer— en chapelete, vestido de algodón estampado y botas de piel de cabra que crujían al andar. La abuela se volvía a ellos muy a menudo y les daba conversación. Des Grieux y el general iban algo rezagados y hablaban de algo con mucha animación. El general estaba muy alicaído; Des Grieux hablaba con aire enérgico. Quizá quería alentar al general y al parecer le estaba aconsejando. La abuela, sin embargo, había pronunciado poco antes la frase fatal: "lo que es dinero no te doy". Acaso esta noticia le parecía inverosímil a Des Grieux, pero el general conocía a su tía. Yo noté que Des Grieux y *mademoiselle* Blanche seguían haciéndose señas. Al príncipe y al viajero alemán los observé al extremo mismo de la avenida: se habían detenido y acabaron por separarse de nosotros. Llegamos al casino en triunfo. El conserje y los lacayos dieron prueba del mismo respeto que la servidumbre del hotel. Miraban, sin embargo, con curiosidad. La abuela ordenó, como primera providencia, que la llevaran por todas las salas, aprobando algunas cosas, mostrando completa indiferencia ante otras, y preguntando sobre todas. Llegaron por último a las salas de juego. El lacayo que estaba de centinela ante la puerta cerrada la abrió de par en par.

La aparición de la abuela ante la mesa de ruleta produjo gran impresión en el público. En torno a las mesas de ruleta y al otro extremo de la sala, donde se hallaba la mesa de *trente et quarante,* se apiñaban quizá un centenar y medio o dos centenares de jugadores en varias filas. Los que lograban llegar a la mesa misma solían agruparse apretadamente y no cedían sus lugares mientras no perdían, ya que no se permitía a los mirones permanecer allí ocupando inútilmente un puesto de juego. Aunque había sillas dispuestas alrededor de la mesa, eran pocos los jugadores que se sentaban, sobre todo cuando había gran afluencia de público, porque de pie les era posible estar más apretados, ahorrar sitio y hacer las apuestas con mayor comodidad. Las filas segunda y tercera se apretujaban contra la primera, observando y aguardando su turno; pero en su impaciencia alargaban a veces la mano por entre la primera fila para hacer sus apuestas. Hasta los de la tercera fila se las arreglaban de ese modo para hacerlas; de aquí que no pasaran diez minutos o siquiera cinco sin que en algún extremo de la mesa surgiera alguna bronca sobre una apuesta de dudoso origen. Pero la policía del casino se mostraba bastante eficaz. Resultaba, por supuesto, imposible evitar las apreturas; por el contrario, la afluencia de gente era, por lo ventajosa, motivo de satisfacción para los administradores; pero ocho crupieres sentados alrededor de la mesa no quitaban el ojo de las apuestas, llevaban las cuentas, y cuando surgían disputas las resolvían. En casos extremos llamaban a la policía y el asunto se concluía al momento. Los agentes andaban también desparramados por la sala en traje de paisano, mezclados con los espectadores para no ser reconocidos. Vigilaban en particular a los rateros y los caballeros de industria que abundan mucho en las cercanías de la ruleta por las excelentes oportunidades que se les ofrecen de ejercitar su oficio. Efectivamente, en cualquier otro sitio hay que desvalijar el bolsillo ajeno o forzar cerraduras, lo que si fracasa puede resultar muy molesto. Aquí, por el contrario, basta con acercarse a la mesa, ponerse a jugar, y de pronto, a la vista de todos y con desparpajo, echar mano de la ganancia ajena y metérsela en el bolsillo propio. Si surge una disputa el bribón jura por lo más sagrado que la apuesta es suya. Si la manipulación se hace con destreza y los testigos parecen dudar, el ratero logra muy a menudo apropiarse del dinero, por supuesto si la cantidad no es de mayor cuantía, porque de lo contrario es probable que haya sido notada por los crupieres o, incluso antes, por algún otro jugador. Pero si la cantidad no es grande el verdadero dueño a veces decide sencillamente no continuar la disputa y, temeroso de un escándalo, se marcha. Pero si se logra desenmascarar a un ladrón, se le saca de allí con escándalo.

Todo esto lo observaba la abuela desde lejos con apasionada curiosidad. Le agradó mucho que se llevaran a unos ladronzuelos. El *trente et quarante* no la sedujo mucho; lo que más la cautivó fue la ruleta y cómo rodaba la bolita. Expresó por fin el deseo de ver el juego más de cerca. No sé cómo, pero es el caso que los lacayos y otros individuos entremetidos (en su mayor parte polacos desafortunados que asediaban con sus servicios a los jugadores con suerte y a todos los extranjeros) pronto hallaron y despejaron un sitio para la abuela, no obstante la aglomeración, en el centro mismo de la mesa, junto al crupier principal, y allí trasladaron su silla. Una muchedumbre de visitantes que no jugaban, pero que estaban observando el juego a cierta distancia (en su mayoría ingleses y sus familias), se acercaron a la mesa para mirar a la abuela desde atrás de los jugadores. Hacia ella apuntaron los impertinentes de numerosas personas. Los crupieres comenzaron a acariciar esperanzas: en efecto, una jugadora tan excéntrica parecía prometer algo inusitado. Una anciana setentona, baldada de las piernas y deseosa de jugar no era cosa de todos los días. Yo también me acerqué a la mesa y me coloqué junto a la abuela. Potapych y Marfa se quedaron a un lado, bastante apartados entre la gente. El general, Polina, Des Grieux y *mademoiselle* Blanche también se situaron a un lado, entre los espectadores.

La abuela comenzó por observar a los jugadores. A media voz me hacía preguntas bruscas, inconexas: ¿quién es ése? Le agradaba en particular un joven que estaba a un extremo de la mesa jugando fuerte y que, según se murmuraba alrededor, había ganado ya hasta cuarenta mil francos, amontonados ante él en oro y billetes de banco. Estaba pálido, le brillaban los ojos y le temblaban las manos. Apostaba ahora sin contar el dinero, cuanto podía coger con la mano, y a pesar de ello seguía ganando y amontonando dinero a más y mejor. Los lacayos se movían solícitos a su alrededor, le arrimaron un sillón, despejaron un espacio en torno suyo para que estuviera más a sus anchas y no sufriera apretujones —todo ello con la esperanza de recibir una amplia gratificación—. Algunos jugadores con suerte daban a los lacayos generosas propinas, sin contar el dinero, gozosos, también cuanto con la mano podían sacar del bolsillo. Junto al joven estaba ya instalado un polaco muy servicial, que cortésmente, pero sin parar, le decía algo en voz baja, seguramente indicándole qué apuestas hacer, asesorándole y guiando el juego, también con la esperanza, por supuesto, de recibir más tarde una dádiva. Pero el jugador casi no le miraba, hacía sus apuestas al buen tuntún y ganaba siempre. Estaba claro que no se daba cuenta de lo que hacía.

La abuela le observó algunos minutos.

—Dile —me indicó de pronto agitada, tocándome con el codo—, dile que pare de jugar, que recoja su dinero cuanto antes y que se vaya. ¡Lo perderá, lo perderá todo en seguida! —me apremió casi sofocada de ansiedad—. ¿Dónde está Potapych? Mándale a Potapych. Y díselo, vamos, díselo —y me dio otra vez con el codo—; pero ¿dónde está Potapych? *Sortez, sortez* —empezó ella misma a gritarle al joven—. Yo me incliné y le dije en voz baja pero firme que aquí no se gritaba así, que ni siquiera estaba permitido hablar alto porque ello estorbaba los cálculos, y que nos echarían de allí en seguida.

— ¡Qué lástima! Ese chico está perdido, es decir, que él mismo quiere... no puedo mirarle, me revuelve las entrañas. ¡Qué pazguato! —y acto seguido la abuela dirigió su atención a otro sitio.

Allí a la izquierda, al otro lado del centro de la mesa entre los jugadores, se veía a una dama joven y junto a ella a una especie de enano. No sé quién era este enano si pariente suyo o si lo llevaba consigo para llamar la atención. Ya había notado antes a esa señora: se presentaba ante la mesa de juego todos los días a la una de la tarde y se iba a las dos en punto, así, pues, cada día jugaba sólo una hora. Ya la conocían y le acercaron un sillón. Sacó del bolso un poco de oro y algunos billetes de mil francos y empezó a hacer posturas con calma, con sangre fría, con cálculo, apuntando con lápiz cifras en un papel y tratando de descubrir el sistema según el cual se agrupaban los "golpes". Apostaba sumas considerables. Ganaba todos los días uno, dos o cuando más tres mil francos, y habiéndolos ganado se iba. La abuela estuvo observándola largo rato.

—¡Bueno, ésta no pierde! ¡Ya se ve que no pierde! ¿De qué pelaje es? ¿No lo sabes? ¿Quién es?

—Será una francesa de... bueno, de ésas —murmuré.

—¡Ah, se conoce al pájaro por su modo de volar! Se ve que tiene buenas garras. Explícame ahora lo que significa cada giro y cómo hay que hacer la apuesta.

Le expliqué a la abuela, dentro de lo posible, lo que significaban las numerosas combinaciones de posturas, *rouge e noir, pair et impair, manque et passe*, y, por último, los diferentes matices en el sistema de números. Ella escuchó con atención, fijó en la mente lo que le dije, hizo nuevas preguntas y se lo aprendió todo. Para cada sistema de posturas era posible mostrar al instante un ejemplo, de modo que podía aprender y recordar con facilidad y rapidez. La abuela quedó muy satisfecha.

—¿Y qué es eso del *zéro*? ¿Has oído hace un momento a ese crupier del pelo rizado, el principal, gritar *zéro*? ¿Y por qué recogió todo lo que había en la mesa? ¡Y qué montón ha cogido! ¿Qué significa eso?

—El *zéro*, abuela, significa que ha ganado la banca. Si la bola cae en *zéro*, todo cuanto hay en la mesa pertenece sin más a la banca. Es verdad que cabe apostar para no perder el dinero, pero la banca no paga nada.

—¡Pues anda! ¿Y a mí no me darían nada?

—No, abuela, si antes de ello hubiera apostado usted al *zéro* y saliera el *zéro*, le pagarían treinta y cinco veces la cantidad de la apuesta.

—¡Cómo! ¿Treinta y cinco veces? ¿Y sale a menudo? ¿Cómo es que los muy tontos no apuestan al *zéro*?

—Tienen treinta y seis posibilidades en contra, abuela.

—¡Qué tontería! ¡Potapych, Potapych! Espera, que yo también llevo dinero encima; aquí está! —Sacó del bolso un portamonedas bien repleto y de él extrajo un federico de oro—. ¡Hala, pon eso en seguida al *zéro*!

—Abuela, el *zéro* acaba de salir —dije yo—, por lo tanto tardará mucho en volver a salir. Perderá usted mucho dinero. Espere todavía un poco.

—¡Tontería! Ponlo.

—Está bien, pero quizás no salga hasta la noche; podría usted poner hasta mil y puede que no saliera. No sería la primera vez.

—¡Tontería, tontería! Quien teme al lobo no se mete en el bosque. ¿Qué? ¿Has perdido? Pon otro.

Perdieron el segundo federico de oro; pusieron un tercero. La abuela apenas podía estarse quieta en su silla; con ojos ardientes seguía los saltos de la bolita por los orificios de la rueda que giraba. Perdieron también el tercero. La abuela estaba fuera de sí, no podía parar en la silla, y hasta golpeó la mesa con el puño cuando el banquero anunció *"trente-six"* en lugar del ansiado *zéro*.

—¡Ahí lo tienes! —exclamó enfadada—, ¿pero no va a salir pronto ese maldito cerillo? ¡Que me muera si no me quedo aquí hasta que salga! La culpa la tiene ese condenado crupier del pelo rizado. Con él no va a salir nunca. ¡Aleksei Ivanovich, pon dos federicos a la vez! Porque si pones tan poco como estás poniendo y sale el *zéro*, no ganas nada.

—¡Abuela!

—Pon ese dinero, ponlo. No es tuyo.

Aposté dos federicos de oro. La bola volteó largo tiempo por la rueda y empezó por fin a rebotar sobre los orificios. La abuela se quedó inmóvil, me apretó la mano y, de pronto, ¡pum!

—*Zéro!* —anunció el banquero.

—¿Ves, ves? —prorrumpió la abuela al momento, volviéndose hacia mí con cara resplandeciente de satisfacción—. ¡Ya te lo dije, ya te lo dije! Ha sido Dios mismo el que me ha inspirado para poner dos federicos de oro. Vamos a ver, ¿cuánto me darán ahora? ¿Pero por qué no me lo dan? Potapych, Marfa, ¿pero dónde están? ¿Adónde ha ido nuestra gente? ¡Potapych, Potapych!

—Más tarde, abuela —le dije al oído—. Potapych está a la puerta porque no le permiten entrar aquí. Mire, abuela, le entregan el dinero; cójalo. —Le alargaron un pesado paquete envuelto en papel azul con cincuenta federicos de oro y le dieron unos veinte sueltos. Yo, sirviéndome del rastrillo, los amontoné ante la abuela.

—*Faites le jeu, messieurs! Faites le jeu, messieurs! Rien ne va plus?* —anunció el banquero invitando a hacer posturas y preparándose para hacer girar la ruleta.

—¡Dios mío, nos hemos retrasado! ¡Van a darle a la rueda! ¡Haz la apuesta, hazla! —me apremió la abuela—. ¡Hala, de prisa, no pierdas tiempo! —dijo fuera de sí, dándome fuertes codazos.

—¿A qué lo pongo, abuela?

—¡Al *zéro*, al *zéro*! ¡Otra vez al *zéro*! ¡Pon lo más posible! ¿Cuánto tenemos en total? ¿Setenta federicos de oro? No hay por qué guardarlos; pon veinte de una vez.

—¡Pero serénese, abuela! A veces no sale en doscientas veces seguidas. Le aseguro que todo el dinero se le irá en apuestas.

—¡Tontería, tontería! ¡Haz la apuesta! ¡Hay que ver cómo le das a la lengua! Sé lo que hago. —Su agitación llegaba hasta el frenesí.

—Abuela, según el reglamento no está permitido apostar al *zéro* más de doce federicos de oro a la vez. Eso es lo que he puesto.

—¿Cómo que no está permitido? ¿No me engañas? *¡Musié musié!* —dijo tocando con el codo al crupier que estaba a su izquierda y que se disponía a hacer girar la ruleta—. *Combien zéro? douze? douze?*

Yo aclaré la pregunta en francés.

—*Oui, madame* —corroboró cortésmente el *crupier*— puesto que según el reglamento ninguna puesta sencilla puede pasar de cuatro mil florines —agregó para mayor aclaración.

—Bien, no hay nada que hacer. Pon doce.

—*Le jeu est fait* —gritó el *crupier*. Giró la ruleta y salió el treinta. Habíamos perdido.

—¡Otra vez, otra vez! ¡Pon otra vez! —gritó la abuela. Yo ya no la contradije y, encogiéndome de hombros, puse otros doce federicos de oro. La rueda giró largo tiempo. La abuela temblaba, así como suena, siguiendo sus vueltas. "¿Pero de veras cree que ganará otra vez con el *zéro*? —pensaba yo mirándola perplejo. En su rostro brillaba la inquebrantable convicción de que ganaría, la positiva anticipación de que al instante gritarían: *zéro!*

—*Zéro!* —gritó el banquero.

—¡Ya ves! —exclamó la abuela con frenético júbilo, volviéndose a mí.

Yo también era jugador. Lo sentí en ese mismo instante. Me temblaban los brazos y las piernas, me martilleaba la cabeza. Se trataba, ni que decir tiene, de un caso infrecuente: en unas diez jugadas había salido el *zéro* tres veces; pero en ello tampoco había nada asombroso. Yo mismo había sido testigo dos días antes de que habían salido tres *zéros* seguidos, y uno de los jugadores, que asiduamente apuntaba las jugadas en un papel, observó en voz alta que el día antes el *zéro* había salido sólo una vez en veinticuatro horas.

A la abuela, como a cualquiera que ganaba una cantidad muy considerable, le liquidaron sus ganancias atenta y respetuosamente. Le tocaba cobrar cuatrocientos veinte federicos de oro, esto es, cuatro mil florines y veinte federicos de oro. Le entregaron los veinte federicos en oro y los cuatro mil florines en billetes de banco.

Esta vez, sin embargo, la abuela ya no llamaba a Potapych; no era eso lo que ocupaba su atención. Ni siquiera daba empujones ni temblaba visiblemente; temblaba por dentro, si así cabe decirlo. Toda ella estaba concentrada en algo, absorta en algo:

—¡Aleksei Ivanovich! ¿Ha dicho ese hombre que sólo pueden apostarse cuatro mil florines como máximo en una jugada? Bueno, entonces toma y pon estos cuatro mil al rojo —ordenó la abuela.

Era inútil tratar de disuadirla. Giró la rueda.

—*Rouge!* —anunció el banquero.

Ganó otra vez, lo que en una apuesta de cuatro mil florines venían a ser, por lo tanto, ocho mil.

—Dame cuatro —decretó la abuela— y pon de nuevo cuatro al rojo.

De nuevo aposté cuatro mil.

—*Rouge!* —volvió a proclamar el banquero.

—En total, doce mil. Dámelos. Mete el oro aquí en el bolso y guarda los billetes.

—Basta. A casa. Empujad la silla.

Capítulo XI

Empujaron la silla hasta la puerta que estaba al otro extremo de la sala. La abuela iba radiante. Toda nuestra gente se congregó en torno suyo para felicitarla. Su triunfo había eclipsado mucho de lo excéntrico de su conducta, y el general ya no temía que le comprometieran en público sus relaciones de parentesco con la extraña señora. Felicitó a la abuela con una sonrisa indulgente en la que había algo familiar y festivo, como cuando se entretiene a un niño. Por otra parte, era evidente que, como todos los demás espectadores, él también estaba pasmado. Alrededor, todos señalaban a la abuela y hablaban de ella. Muchos pasaban junto a ella para verla más de cerca. *Mister* Astley, desviado del grupo, daba explicaciones acerca de ella a dos ingleses conocidos suyos. Algunas damas de alto copete que habían presenciado el juego la observaban con la mayor perplejidad, como si fuera un bicho raro. Des Grieux se deshizo en sonrisas y enhorabuenas.

—*Quelle victoire!* —exclamó.

—*Mais, madame, c'était du feu!* —añadió Mlle. Blanche con sonrisa seductora.

—Pues sí, que me puse a ganar y he ganado doce mil florines. ¿Qué digo doce mil? ¿Y el oro? Con el oro llega casi hasta trece mil. ¿Cuánto es esto en dinero nuestro? ¿Seis mil, no es eso?

Yo indiqué que pasaba de siete mil y que al cambio actual quizá llegase a ocho.

—¡Como quien dice una broma! ¡Y vosotros aquí, pazguatos, sentados sin hacer nada! Potapych, Marfa, ¿habéis visto?

—Señora, ¿pero cómo ha hecho eso? ¡Ocho mil rublos! —exclamó Marfa retorciéndose de gusto.

—¡Ea, aquí tenéis cada uno de vosotros cinco monedas de oro!

Potapych y Marfa se precipitaron a besarle las manos.

—Y entregad a cada uno de los cargadores un federico de oro. Dáselos en oro, Aleksei Ivanovich. ¿Por qué se inclina este lacayo? ¿Y este otro? ¿Me están felicitando? Dadles también a cada uno un federico de oro.

—*Madame la princesse... un pauvre expatrié... malheur continuel... les princes russes sont si généreux* —murmuraba lisonjero en torno a la silla un individuo bigotudo que vestía una levita ajada y un chaleco de color chillón, y haciendo aspavientos con la gorra y con una sonrisa servil en los labios.

—Dale también un federico de oro. No, dale dos; bueno, basta, con eso nos lo quitamos de encima. ¡Levantadme y andando! Praskovya —dijo volviéndose a Polina Aleksandrovna—, mañana te compro un vestido, y a ésa... ¿cómo se llama? *¿Mademoiselle* Blanche, no es eso?, le compro otro. Tradúcele eso, Praskovya.

—*Merci, madame* —dijo Mlle. Blanche con una amable reverencia, torciendo la boca en una sonrisa irónica que cambió con Des Grieux y el general. Éste estaba abochornado y se puso muy contento cuando llegamos a la avenida.

—Fedosya..., lo que es Fedosya sé que va a quedar asombrada —dijo la abuela acordándose de la niñera del general, conocida suya—. También a ella hay que regalarle un vestido. ¡Eh, Aleksei Ivanovich, Aleksei Ivanovich, dale algo a ese mendigo!

Por el camino venía un pelagatos, encorvado de espalda, que nos miraba.

—¡Dale un *gulden;* dáselo!

Me llegué a él y se lo di. Él me miró con vivísima perplejidad, pero tomó el *gulden* en silencio. Olía a vino.

—¿Y tú, Aleksei Ivanovich, no has probado fortuna todavía?

—No, abuela.

—Pues vi que te ardían los ojos.

—Más tarde probaré sin falta, abuela.

—Y vete derecho al *zéro*. ¡Ya verás! ¿Cuánto dinero tienes?

—En total, sólo veinte federicos de oro, abuela.

—No es mucho. Si quieres, te presto cincuenta federicos. Tómalos de ese mismo rollo. ¡Y tú, amigo mío, no esperes que te dé dinero! —dijo dirigiéndose de pronto al general. Fue para éste un rudo golpe, pero guardó silencio. Des Grieux frunció las cejas.

—*Que diable, cest une terrible vieille!* —dijo entre dientes al general.

—¡Un pobre, un pobre, otro pobre! —gritó la abuela—. Aleksei Ivanovich, dale un *gulden* a éste también.

Esta vez se trataba de un viejo canoso, con una pata de palo, que vestía una especie de levita azul de ancho vuelo y que llevaba un largo bastón en la mano. Tenía aspecto de veterano del ejército. Pero cuando le alargué el *gulden,* dio un paso atrás y me miró amenazante.

— *Was ist's der Teufel!* —gritó, añadiendo luego a la frase una decena de juramentos.

—¡Idiota! —exclamó la abuela despidiéndole con un gesto de la mano—. Sigamos adelante. Tengo hambre. Ahora mismo a comer, luego me echo un rato y después volvemos allá.

—¿Quiere usted jugar otra vez, abuela? —grité.

—¿Pues qué pensabas? ¿Que porque vosotros estáis aquí mano sobre mano y alicaídos, yo debo pasar el tiempo mirándoos?

—*Mais, madame* —dijo Des Grieux acercándose—, *les chances peuvent tourner, une seule mauvaise chance et vous perdrez tout... surtout avec votre jeu... c'était terrible!*

— *Vous perdrez absolument* —murmuró Mlle. Blanche.

—¿Y eso qué les importa a ustedes? No será su dinero el que pierda, sino el mío. ¿Dónde está ese *mister* Astley? —me preguntó.

—Se quedó en el casino, abuela.

—Lo siento. Es un hombre tan bueno.

Una vez en el hotel la abuela, encontrando en la escalera al *Oberkellner,* lo llamó y empezó a hablar con vanidad de sus ganancias. Luego llamó a Fedosya, le regaló tres federicos de oro y le mandó que sirviera la comida. Durante ésta, Fedosya y Marfa se desvivieron por atender a la señora.

—La miré a usted, señora —dijo Marfa en un arranque—, y le dije a Potapych ¿qué es lo que quiere hacer nuestra señora? Y en la mesa, dinero y más dinero, ¡santos benditos! En mi vida he visto tanto dinero. Y alrededor todo era señorío, nada más que señorío. ¿Pero de dónde viene todo este señorío?, le pregunté a Potapych. Y pensé: ¡Que la mismísima Madre de Dios la proteja! Recé por usted, señora, y estaba temblando, toda temblando, con el corazón en la boca, así como lo digo. Dios mío —pensé— concédeselo, y ya ve usted que el Señor se lo concedió. Todavía sigo temblando, señora, sigo toda temblando.

—Aleksei Ivanovich, después de la comida, a eso de las cuatro, prepárate y volveremos allá. Pero adiós por ahora. Y no te olvides de mandarme un mediquillo, porque tengo que tomar las aguas. Y a lo mejor se te olvida.

Me alejé de la abuela como si estuviera ebrio. Procuraba imaginarme lo que sería ahora de nuestra gente y qué giro tomarían los acontecimientos. Veía claramente que ninguno de ellos (y, en particular, el general) se había repuesto todavía de la primera impresión. La aparición de la abuela en vez del telegrama esperado de un momento a otro anunciando su muerte (y, por lo tanto, la herencia) quebrantó el esquema de sus designios y acuerdos hasta el punto de que, con evidente atolondramiento y algo así como pasmo que los contagió a todos, presenciaron las ulteriores hazañas de la abuela en la ruleta. Mientras tanto, este segundo factor era casi tan importante como el primero, porque aunque la abuela había repetido dos veces que no daría dinero al general, ¿quién podía asegurar que así fuera? De todos modos no convenía perder aún la esperanza. No la había perdido Des Grieux, comprometido en todos los asuntos del general. Yo estaba seguro de que *mademoiselle* Blanche, que también andaba en ellos (¡cómo no! generala y con una herencia considerable), tampoco perdería la esperanza y usaría con la abuela de todos los hechizos de la coquetería, en contraste con las rígidas y desmañadas muestras de afecto de la altanera Polina.

Pero ahora, ahora que la abuela había realizado tales hazañas en la ruleta, ahora que la personalidad de la abuela se dibujaba tan nítida y típicamente (una vieja testaruda y mandona y *tombée en enfance);* ahora quizá todo estaba perdido, porque estaba contenta, como un niño, de "haber dado el golpe" y, como sucede en tales casos, acabaría por perder hasta las pestañas. ¡Dios mío —pensaba yo—, que el Señor me perdone!, seguramente cada federico de oro que la abuela acababa de apostar había sido una puñalada en el corazón del general, había hecho rabiar a Des Grieux y puesto a *mademoiselle* de Cominges al borde del frenesí, porque para ella era como quedarse con la miel en los labios. Un detalle más: a pesar de las ganancias y el regocijo, cuando la abuela repartía dinero entre todos y tomaba a cada transeúnte por un mendigo, seguía diciendo con desgaire al general: "¡A ti, sin embargo, no te doy nada!" Ello suponía que estaba encasillada en esa idea, que no cambiaría de actitud, que se había prometido a sí misma mantenerse firme. ¡Era peligroso, peligroso!

Yo llevaba la cabeza llena de cavilaciones de esta índole cuando desde la habitación de la abuela subía por la escalera principal a mi cuchitril, en el último piso. Todo ello me preocupaba hondamente. Aunque ya antes había podido vislumbrar los hilos principales, los más gruesos, que enlazaban a los actores, lo cierto era, sin embargo, que no conocía todas las trazas y secretos del juego. Polina nunca se había sincerado plenamente conmigo. Aunque era cierto que de cuando en cuando, como a regañadientes, me descubría su corazón, yo había notado que con frecuencia, mejor dicho, casi siempre después de tales confidencias, se burlaba de lo dicho, o lo tergiversaba y le daba a propósito un tono de embuste. ¡Ah, ocultaba muchas cosas! En todo caso, yo presentía que se acercaba el fin de esta situación misteriosa y tirante. Una conmoción más y todo quedaría concluido y al descubierto. En cuanto a mí, implicado también en todo ello, apenas me preocupaba de lo que podía pasar. Era raro mi estado de ánimo: en el bolsillo tenía en total veinte federicos de oro; me hallaba en tierra extraña, lejos de la propia, sin trabajo y sin medios de subsistencia, sin esperanza, sin posibilidades, y, sin embargo, no me sentía inquieto. Si no hubiera sido por Polina, me hubiera entregado sin más al interés cómico en el próximo desenlace y me hubiera reído a mandíbula batiente. Pero Polina me inquietaba; presentía que su suerte iba a decidirse, pero confieso que no era su suerte lo que me traía de cabeza. Yo quería penetrar en sus secretos. Yo deseaba que viniera a mí y me dijera: "Te quiero"; pero si eso no podía ser, si era una locura inconcebible, entonces... ¿qué cabía desear? ¿Acaso sabía yo mismo lo que quería? Me sentía despistado; sólo ambicionaba estar junto a ella, en su aureola, en su nimbo, siempre, toda la vida, eternamente. Fuera de eso no sabía nada. ¿Y acaso podía apartarme de ella?

En el tercer piso, en el corredor de ellos, sentí algo así como un empujón. Me volví y a veinte pasos o más de mí vi a Polina que salía de su habitación. Se diría que me había estado esperando y al momento me hizo seña de que me acercara.

—Polina Aleks...

—¡Más bajo! —me advirtió.

—Figúrese —murmuré—, acabo de sentir como un empellón en el costado. Miro a mi alrededor y ahí estaba usted. Es como si usted exhalara algo así como un fluido eléctrico.

—Tome esta carta —dijo Polina pensativa y ceñuda, probablemente sin haber oído lo que le había dicho— y en seguida entréguesela en propia mano a *mister* Astley. Cuanto antes, se lo ruego. No hace falta contestación. Él mismo...

No terminó la frase.

—¿A *mister* Astley? —pregunté con asombro. Pero Polina ya había cerrado la puerta.

—¡Ah!, conque cartitas tenemos —pregunté sorprendido—. Fui, por supuesto, corriendo a buscar a *mister* Astley, primero en su hotel, donde no lo hallé, luego en el Casino, donde recorrí todas las salas y, por último, camino ya de casa, irritado, desesperado, tropecé con él inopinadamente. Iba a caballo, formando parte de una cabalgata de ingleses de ambos sexos. Le hice una seña, se detuvo y le entregué la carta.

No tuvimos tiempo ni para mirarnos; pero sospecho que *mister* Astley, adrede, espoleó en seguida a su montura.

¿Me atormentaban los celos? En todo caso, me sentía deshecho de ánimo. Ni siquiera deseaba averiguar sobre qué se escribían. ¡Con que él era su confidente! "Amigo, lo que se dice amigo —pensaba yo—, está claro que lo es (pero ¿cuándo ha tenido tiempo para llegar a serlo?); ahora bien, ¿hay aquí amor? Claro que no" —me susurraba el sentido común. Pero el sentido común, por sí solo, no basta en tales circunstancias. De todos modos, también esto quedaba por aclarar. El asunto se complicaba de modo desagradable.

Apenas entré en el hotel cuando el conserje y el *Oberkellner*, que salía de su habitación, me hicieron saber que se preguntaba por mí, que se me andaba buscando y que se había mandado tres veces a averiguar dónde estaba; y me pidieron que me presentara cuanto antes en la habitación del general. Yo estaba de pésimo humor. En el gabinete del general se encontraban, además de éste, Des Grieux y *mademoiselle* Blanche, sola, sin la madre. Estaba claro que la madre era postiza, utilizada sólo para cubrir las apariencias; pero cuando era cosa de bregar con un *asunto* de verdad, entonces *mademoiselle* Blanche se las arreglaba sola. Sin contar que la madre apenas sabía nada de los negocios de su supuesta hija.

Los tres estaban discutiendo acaloradamente de algo, y hasta la puerta del gabinete estaba cerrada, lo cual nunca había ocurrido antes. Cuando me acerqué a la puerta oí voces destempladas —las palabras insolentes y mordaces de Des Grieux, los gritos descarados, abusivos y furiosos de Blanche y la voz quejumbrosa del general, quien, por lo visto, se estaba disculpando de algo—. Al entrar yo, los tres parecieron serenarse y dominarse. Des Grieux se alisó los cabellos y de su rostro airado sacó una sonrisa, esa sonrisa francesa repugnante, oficialmente cortés, que tanto detesto. El acongojado y decaído general tomó un aire digno, aunque un tanto maquinalmente. Sólo *mademoiselle* Blanche mantuvo inalterada su fisonomía, que chispeaba de cólera. Calló, fijando en mí su mirada con impaciente expectación. Debo apuntar que hasta entonces me había tratado con la más absoluta indiferencia, sin contestar siquiera a mis saludos, como si no se percatara de mi presencia.

—Aleksei Ivanovich —dijo el general en un tono de suave reconvención—, permita que le indique que es extraño, sumamente extraño, que..., en una palabra, su conducta conmigo y con mi familia..., en una palabra, sumamente extraño...

—*Eh! ce n'est pas ça!* —interrumpió Des Grieux irritado y desdeñosamente. (Estaba claro que era él quien llevaba la voz cantante)—. *Mon cher monsieur, notre cher général se trompe,* al adoptar ese tono —continuaré sus comentarios en ruso—, pero él quería decirle... es decir, advertirle, o, mejor dicho, rogarle encarecidamente que no le arruine (eso, que no le arruine). Uso a propósito esa expresión...

—¿Pero qué puedo hacer yo? ¿Qué puedo hacer? —interrumpí.

—Perdone, usted se propone ser el guía (¿o cómo llamarlo?) de esa vieja, *cette pauvre terrible vieille* —el propio Des Grieux perdía el hilo—, pero es que va a perder; perderá hasta la camisa. ¡Usted mismo vio cómo juega, usted mismo fue testigo de ello! Si empieza a perder no se apartará de la mesa, por terquedad, por porfía, y seguirá jugando y jugando, y en tales circunstancias nunca se recobra lo perdido, y entonces... entonces...

—¡Y entonces —corroboró el general—, entonces arruinará usted a toda la familia! A mí y a mi familia, que somos sus herederos, porque no tiene parientes más allegados. Le diré a usted con franqueza que mis asuntos van mal, rematadamente mal. Usted mismo sabe algo de ello... Si ella pierde una suma considerable o ¿quién sabe?, toda su hacienda (¡Dios no lo quiera!), ¿qué será entonces de ellos, de mis hijos? (el general volvió los ojos a Des Grieux), ¿qué será de mí? (Miró a *mademoiselle* Blanche que con desprecio le volvió la espalda). ¡Aleksei Ivanovich, sálvenos usted, sálvenos!

—Pero dígame, general, ¿cómo puedo yo, cómo puedo... ? ¿Qué papel hago yo en esto?

—¡Niéguese, niéguese a ir con ella! ¡Déjela!

—¡Encontrará a otro! —exclamé.

—*Ce n'est pas ça, ce n'est pas ça* —atajó de nuevo Des Grieux—, *que diable!* No, no la abandone, pero al menos amonéstela, trate de persuadirla, apártela del juego... y, como último recurso, no la deje perder demasiado, distráigala de algún modo.

—¿Y cómo voy a hacer eso? Si usted mismo se ocupase de eso, *monsieur* Des Grieux... —agregué con la mayor inocencia.

En ese momento noté una mirada rápida, ardiente e inquisitiva que *mademoiselle* Blanche dirigió a Des Grieux. Por la cara de éste pasó fugazmente algo peculiar, algo revelador que no pudo reprimir.

—¡Ahí está la cosa; que por ahora no me aceptará! —exclamó Des Grieux gesticulando con la mano—. Si por acaso... más tarde...

Des Grieux lanzó una mirada rápida y significativa a *mademoiselle* Blanche.

—*O mon cher monsieur Alexis, soyez si bon* —la propia *mademoiselle* Blanche dio un paso hacia mí sonriendo encantadoramente, me cogió ambas manos y me las apretó con fuerza. ¡Qué demonio! Ese rostro diabólico sabía transfigurarse en un segundo. ¡En ese momento tomó un aspecto tan suplicante, tan atrayente, se sonreía de manera tan candorosa y aun tan pícara! Al terminar la frase me hizo un guiño disimulado, a hurtadillas de los demás; se diría que quería rematarme allí mismo. Y no salió del todo mal, sólo que todo ello era grosero y, por añadidura, horrible.

Tras ella vino trotando el general, así como lo digo, trotando.

—Aleksei Ivanovich, perdóneme por haber empezado a decirle hace un momento lo que de ningún modo me proponía decirle... Le ruego, le imploro, se lo pido a la rusa, inclinándome ante usted... ¡Usted y sólo usted puede salvarnos! Mlle. Blanche y yo se lo rogamos... ¿Usted me comprende, no es verdad que me comprende? —imploró, señalándome con los ojos a *mademoiselle* Blanche. Daba lástima.

En ese instante se oyeron tres golpes leves y respetuosos en la puerta. Abrieron. Había llamado el camarero de servicio. Unos pasos detrás de él estaba Potapych. Venían de parte de la abuela, quien los había mandado a buscarme y llevarme a ella en seguida. Estaba "enfadada", aclaró Potapych.

—¡Pero si son sólo las tres y media!

—La señora no ha podido dormir; no hacía más que dar vueltas; y de pronto se levantó, pidió la silla y mandó a buscarle a usted. Ya está en el pórtico del hotel.

—*Quelle mégére!* —exclamó Des Grieux.

En efecto, encontré a la abuela en el pórtico, consumida de impaciencia porque yo no estaba allí. No había podido aguantar hasta las cuatro.

—¡Hala, levantadme! —dijo, y de nuevo nos pusimos en camino hacia la ruleta.

Capítulo XII

La abuela estaba de humor impaciente e irritable; era evidente que la ruleta le había causado honda impresión. Estaba inatenta para todo lo demás, y en general, muy distraída; durante el camino, por ejemplo, no hizo una sola pregunta como las que había hecho antes. Viendo un magnífico carruaje que pasó junto a nosotros como una exhalación apenas levantó la mano y preguntó: "¿Qué es eso? ¿De quién?", pero sin atender por lo visto a mi respuesta. Su ensimismamiento se veía interrumpido de continuo por gestos y estremecimientos abruptos e impacientes. Cuando ya cerca del casino le mostré desde lejos al barón y a la baronesa de Burmerhelm, los miró abstraída y dijo con completa indiferencia: "¡Ah!" Se volvió de pronto a Potapych y Marfa, que venían detrás, y les dijo secamente:

—Vamos a ver, ¿por qué me venís siguiendo? ¡No voy a traeros todas las veces! ¡Volved al hotel! Contigo me basta —añadió dirigiéndose a mí cuando los otros se apresuraron a despedirse y volvieron sobre sus pasos.

En el casino ya esperaban a la abuela. Al momento le hicieron sitio en el mismo lugar de antes, junto al crupier. Se me antoja que estos crupieres, siempre tan finos y tan empeñados en no parecer sino empleados ordinarios a quienes les da igual que la banca gane o pierda, no son en realidad indiferentes a que la banca pierda, y por supuesto reciben instrucciones para atraer jugadores y aumentar los beneficios oficiales; a este fin reciben sin duda premios y gratificaciones. Sea como fuere, miraban ya a la abuela como víctima. Acabó por suceder lo que veníamos temiendo.

He aquí cómo pasó la cosa.

La abuela se lanzó sin más sobre el *zéro* y me mandó apostar a él doce federicos de oro. Se hicieron una, dos, tres posturas... y el *zéro* no salió. " ¡Haz la apuesta, hazla! "—decía la abuela dándome codazos de impaciencia. Yo obedecí.

—¿Cuántas apuestas has hecho? —preguntó, rechinando los dientes de ansiedad.

—Doce, abuela. He apostado ciento cuarenta y cuatro federicos de oro. Le digo a usted que quizá hasta la noche...

—¡Cállate! —me interrumpió—. Apuesta al *zéro* y pon al mismo tiempo mil *gulden* al rojo. Aquí tienes el billete.

Salió el rojo, pero esta vez falló el *zéro*; le entregaron mil *gulden*.

—¿Ves, ves? —murmuró la abuela—. Nos han devuelto casi todo lo apostado. Apuesta de nuevo al *zéro*; apostaremos diez veces más a él y entonces lo dejamos.

Pero a la quinta vez la abuela acabó por cansarse.

—¡Manda ese *zéro* asqueroso a la porra! ¡Ahora pon esos cuatro mil *gulden al* rojo! —ordenó.

—¡Abuela, eso es mucho! ¿Y qué, si no sale el rojo? —le dije en tono de súplica; pero la abuela casi me molió a golpes. (En efecto, me daba tales codazos que parecía que se estaba peleando conmigo). No había nada que hacer. Aposté al rojo los cuatro mil *gulden* que ganamos esa mañana. Giró la rueda. La abuela, tranquila y orgullosa, se enderezó en su silla sin dudar de que ganaría irremisiblemente.

—*Zéro* —anunció el crupier.

Al principio la abuela no comprendió; pero cuando vio que el crupier recogía sus cuatro mil *gulden* junto con todo lo demás que había en la mesa, y se dio cuenta de que el *zéro*, que no había salido en tanto tiempo y al que habíamos apostado en vano casi doscientos federicos de oro, había salido como de propósito tan pronto como ella lo había insultado y abandonado, dio un suspiro y extendió los brazos con gesto que abarcaba toda la sala. En torno suyo rompieron a reír.

—¡Por vida de ... ! ¡Conque ha asomado ese maldito! —aulló la abuela—. ¡Pero se habrá visto qué condenado! ¡Tú tienes la culpa! ¡Tú! —y se echó sobre mí con saña, empujándome—. ¡Tú me lo quitaste de la cabeza!

—Abuela, yo le dije lo que dicta el sentido común. ¿Acaso puedo yo responder de las probabilidades?

—¡Ya te daré yo probabilidades! —murmuró en tono amenazador—. ¡Vete de aquí!

—Adiós, abuela —y me volví para marcharme.

—¡Aleksei Ivanovich, Aleksei Ivanovich, quédate! ¿Adónde vas? ¿Pero qué tienes? ¿Enfadado, eh? ¡Tonto! ¡Quédate, quédate, no te sulfures! La tonta soy yo. Pero dime, ¿qué hacemos ahora?

—Abuela, no me atrevo a aconsejarla porque me echará usted la culpa. Juegue sola. Usted decide qué apuesta hay que hacer y yo la hago.

— ¡Bueno, bueno! Pon otros cuatro mil *gulden* al rojo. Aquí tienes el monedero. Tómalos. —Sacó del bolso el monedero y me lo dio—. ¡Hala, tómalos! Ahí hay veinte mil rublos en dinero contante.

—Abuela —dije en voz baja—, una suma tan enorme...

—Que me muera si no gano todo lo perdido... ¡Apuesta! —Apostamos y perdimos.

—¡Apuesta, apuesta los ocho mil!

—¡No se puede, abuela, el máximo son cuatro mil!...

—¡Pues pon cuatro!

Esta vez ganamos. La abuela se animó. "¿Ves, ves? —dijo dándome con el codo—. ¡Pon cuatro otra vez!"

Apostamos y perdimos; luego perdimos dos veces más.

—Abuela, hemos perdido los doce mil —le indiqué.

—Ya veo que los hemos perdido —dijo ella con tono de furia tranquila, si así cabe decirlo—; lo veo, amigo, lo veo —murmuró mirando ante sí, inmóvil y como cavilando algo—. ¡Ay, que me muero si no ... ! ¡Pon otros cuatro mil *gulden!*

—No queda dinero, abuela. En la cartera hay unos certificados rusos del cinco por ciento y algunas libranzas, pero no hay dinero.

—¿Y en el bolso?

—Calderilla, abuela.

—¿Hay aquí agencias de cambio? Me dijeron que podría cambiar todo nuestro papel —preguntó la abuela sin pararse en barras.

— ¡Oh, todo el que usted quiera! Pero de lo que perdería usted en el cambio se asustaría un judío.

—¡Tontería! Voy a ganar todo lo perdido. Llévame. ¡Llama a esos gandules!

Aparté la silla, aparecieron los cargadores y salimos del casino. "¡De prisa, de prisa, de prisa!" —ordenó la abuela—. Enseña el camino, Aleksei Ivanovich, y llévame por el más corto... ¿Queda lejos?

—Está a dos pasos, abuela.

Pero en la glorieta, a la entrada de la avenida, salió a nuestro encuentro toda nuestra pandilla: el general, Des Grieux y Mlle. Blanche con su madre. Polina Aleksandrovna no estaba con ellos, ni tampoco *mister* Astley.

—¡Bueno, bueno, bueno! ¡No hay que detenerse! —gritó la abuela—. Pero ¿qué queréis? ¡No tengo tiempo que perder con vosotros ahora!

Yo iba detrás. Des Grieux se me acercó.

—Ha perdido todo lo que había ganado antes, y encima doce mil *gulden* de su propio dinero. Ahora vamos a cambiar unos certificados del cinco por ciento —le dije rápidamente por lo bajo.

Des Grieux dio una patada en el suelo y corrió a informar al general. Nosotros continuamos nuestro camino con la abuela.

—¡Deténgala, deténgala! —me susurró el general con frenesí.

—¡A ver quién es el guapo que la detiene! —le contesté también con un susurro.

—¡Tía! —dijo el general acercándose—, tía... casualmente ahora mismo... ahora mismo... —le temblaba la voz y se le quebraba— íbamos a alquilar caballos para ir de excursión al campo... Una vista espléndida... una cúspide... veníamos a invitarla a usted.

—¡Quítate allá con tu cúspide! —le dijo con enojo la abuela, indicándole con un gesto que se apartara.

—Allí hay árboles... tomaremos el té... —prosiguió el general, presa de la mayor desesperación.

—*Nous boirons du lait, sur l'herbe fraîche* —agregó Des Grieux con vivacidad brutal.

Du laît, de l'herbe fraiche —esto es lo que un burgués de París considera como lo más idílico; en esto consiste, como es sabido, su visión de *"la nature et la vérité"*.

—¡Y tú también, quítate allá con tu leche! ¡Bébetela tú mismo, que a mí me da dolor de vientre. ¿Y por qué me importunáis? —gritó la abuela—. He dicho que no tengo tiempo que perder.

—¡Hemos llegado, abuela! —dije—. Es aquí.

Llegamos a la casa donde estaba la agencia de cambio. Entré a cambiar y la abuela se quedó a la puerta. Des Grieux, el general y *mademoiselle* Blanche se mantuvieron apartados sin saber qué hacer. La abuela les miró con ira y ellos tomaron el camino del casino.

Me propusieron una tarifa de cambio tan atroz que no me decidí a aceptarla y salí a pedir instrucciones a la abuela.

—¡Qué ladrones! —exclamó levantando los brazos—. ¡En fin, no hay nada que hacer! ¡Cambia! —gritó con resolución—. Espera, dile al cambista que venga aquí.

—¿Uno cualquiera de los empleados, abuela?

—Cualquiera, da lo mismo. ¡Qué ladrones!

El empleado consintió en salir cuando supo que quien lo llamaba era una condesa anciana e impedida que no podía andar. La abuela, muy enojada, le reprochó largo rato y en voz alta por lo que consideraba una estafa y estuvo regateando con él en una mezcla de ruso, francés y alemán, a cuya traducción ayudaba yo. El empleado nos miraba gravemente, sacudiendo en silencio la cabeza. A la abuela la observaba con una curiosidad tan intensa que rayaba en descortesía. Por último, empezó a sonreírse.

—¡Bueno, andando! —exclamó la abuela—. ¡Ojalá se le atragante mi dinero! Que te lo cambie Aleksei Ivanovich; no hay tiempo que perder, y además habría que ir a otro sitio...

—El empleado dice que otros darán menos.

No recuerdo con exactitud la tarifa que fijaron, pero era horrible. Me dieron un total de doce mil florines en oro y billetes. Tomé el paquete y se lo llevé a la abuela.

—Bueno, bueno, no hay tiempo para contarlo —gesticuló con los brazos—, ¡de prisa, de prisa, de prisa! Nunca más volveré a apostar a ese condenado *zéro*; ni al rojo tampoco —dijo cuando llegábamos al casino.

Esta vez hice todo lo posible para que apostara cantidades más pequeñas, para persuadirla de que cuando cambiara la suerte habría tiempo de apostar una cantidad considerable. Pero estaba tan impaciente que, si bien accedió al principio, fue del todo imposible refrenarla a la hora de jugar. No bien empezó a ganar posturas de diez o veinte federicos de oro, se puso a darme con el codo:

—¡Bueno, ya ves, ya ves! Hemos ganado. Si en lugar de diez hubiéramos apostado cuatro mil, habríamos ganado cuatro mil. ¿Y ahora qué? ¡Tú tienes la culpa, tú solo!

Y aunque irritado por su manera de jugar, decidí por fin callarme y no darle más consejos.

De pronto se acercó Des Grieux. Los tres estaban allí al lado. Yo había notado que *mademoiselle* Blanche se hallaba un poco aparte con su madre y que coqueteaba con el príncipe. El general estaba claramente en desgracia, casi postergado. Blanche ni siquiera le miraba, aunque él revoloteaba en torno a ella a más y mejor. ¡Pobre general! Empalidecía, enrojecía, temblaba y hasta apartaba los ojos del juego de la abuela. Blanche y el principito se fueron por fin y el general salió corriendo tras ellos.

—*Madame, madame* —murmuró Des Grieux con voz melosa, casi pegándose al oído de la abuela—. *Madame,* esa apuesta no resultará... no, no, no es posible... —dijo chapurreando el ruso—, ¡no!

—Bueno, ¿cómo entonces? ¡Vamos, enséñeme! —contestó la abuela, volviéndose a él. De pronto Des Grieux se puso a parlotear rápidamente en francés, a dar consejos, a agitarse; dijo que era preciso anticipar las probabilidades, empezó a citar cifras... la abuela no entendía nada. Él se volvía continuamente a mí para que tradujera; apuntaba a la mesa y señalaba algo con el dedo; por último, cogió un lápiz y se dispuso a apuntar unos números en un papel. La abuela acabó por perder la paciencia.

—¡Vamos, fuera, fuera! ¡No dices más que tonterías! *"Madame, madame"* y ni él mismo entiende jota de esto. ¡Fuera!

—*Mais, madame* —murmuró Des Grieux, empezando de nuevo a empujar y apuntar con el dedo.

—Bien, haz una puesta como dice —me ordenó la abuela—. Vamos a ver: quizá salga en efecto.

Des Grieux quería disuadirla de hacer apuestas grandes. Sugería que se apostase a dos números, uno a uno o en grupos. Siguiendo sus indicaciones puse un federico de oro en cada uno de los doce primeros números impares, cinco federicos de oro en los números del doce al dieciocho y cuatro del dieciocho al veinticuatro. En total aposté dieciséis federicos de oro.

Giró la rueda. *"Zéro"* —gritó el banquero. Lo perdimos todo.

—¡Valiente majadero! —exclamó la abuela dirigiéndose a Des Grieux—. ¡Vaya franchute asqueroso! ¡Y el monstruo se las da de consejero! ¡Fuera, fuera! ¡No entiende jota y se mete donde no le llaman!

Des Grieux, terriblemente ofendido, se encogió de hombros, miró despreciativamente a la abuela y se fue. A él mismo le daba vergüenza de haberse entrometido, pero no había podido contenerse.

Al cabo de una hora, a pesar de nuestros esfuerzos, lo perdimos todo.

—¡A casa! —gritó la abuela.

No dijo palabra hasta llegar a la avenida. En ella, y cuando ya llegábamos al hotel, prorrumpió en exclamaciones:

—¡Qué imbécil! ¡Qué mentecata! ¡Eres una vieja, una vieja idiota!

No bien llegamos a sus habitaciones gritó: "¡Que me traigan té, y a prepararse en seguida, que nos vamos!"

—¿Adónde piensa ir la señora? —se aventuró a preguntar Marfa.

—¿Y a ti qué te importa? Cada mochuelo a su olivo. Potapych, prepáralo todo, todo el equipaje. ¡Nos volvemos a Moscú! He despilfarrado quince mil rublos.

—¡Quince mil, señora! ¡Dios mío! —exclamó Potapych, levantando los brazos con gesto conmovedor, tratando probablemente de ayudar en algo.

—¡Bueno, bueno, tonto! ¡Ya ha empezado a lloriquear! ¡Silencio! ¡Prepara las cosas! ¡La cuenta, pronto, hala!

—El próximo tren sale a las nueve y media, abuela —indiqué yo para poner fin a su arrebato.

—¿Y qué hora es ahora?

—Las siete y media.

—¡Qué fastidio! En fin, es igual. Aleksei Ivanovich, no me queda un kopek. Aquí tienes estos dos billetes. Ve corriendo al mismo sitio y cámbialos también. De lo contrario no habrá con qué pagar el viaje.

Salí a cambiarlos. Cuando volví al hotel media hora después encontré a toda la pandilla en la habitación de la abuela. La noticia de que ésta salía inmediatamente para Moscú pareció inquietarles aún más que la de las pérdidas de juego que había sufrido. Pongamos, sí, que su fortuna se salvaba con ese regreso, pero ¿qué iba a ser ahora del general? ¿Quién iba a pagar a Des Grieux? Por supuesto, *mademoiselle* Blanche no esperaría hasta que muriera la abuela y escurriría el bulto con el príncipe o con otro cualquiera. Se hallaban todos ante la anciana, consolándola y tratando de persuadirla. Tampoco esta vez estaba Polina presente. La abuela les increpaba con furia.

—¡Dejadme en paz, demonios! ¿A vosotros qué os importa? ¿Qué quiere conmigo ese barba de chivo? —gritó a Des Grieux—. ¿Y tú, pájara, qué necesitas? —dijo dirigiéndose a *mademoiselle* Blanche—. ¿A qué viene ese mariposeo?

—¡Diantre! —murmuró *mademoiselle* Blanche con los ojos brillantes de rabia; pero de pronto lanzó una carcajada y se marchó.

—*Elle vivra cent ans!* —le gritó al general desde la puerta.

—¡Ah!, ¿conque contabas con mi muerte? —aulló la abuela al general—. ¡Fuera de aquí! ¡Échalos a todos, Aleksei Ivanovich! ¿A ellos qué les importa? ¡Me he jugado lo mío, no lo vuestro!

El general se encogió de hombros, se inclinó y salió. Des Grieux se fue tras él.

—Llama a Praskovya —ordenó la abuela a Marfa.

Cinco minutos después Marfa volvió con Polina. Durante todo este tiempo Polina había permanecido en su cuarto con los niños y, al parecer, había resuelto no salir de él en todo el día. Su rostro estaba grave, triste y preocupado.

—Praskovya —comenzó diciendo la abuela—, ¿es cierto lo que he oído indirectamente, que ese imbécil de padrastro tuyo quiere casarse con esa gabacha frívola? ¿Es actriz, no? ¿O algo peor todavía? Dime, ¿es verdad?

—No sé nada de ello con certeza, abuela —respondió Polina—, pero, a juzgar por lo que dice la propia *mademoiselle* Blanche, que no estima necesario ocultar nada, saco la impresión...

—¡Basta! —interrumpió la abuela con energía—. Lo comprendo todo. Siempre he pensado que le sucedería algo así, y siempre le he tenido por hombre superficial y liviano. Está muy pagado de su generalato (al que le ascendieron de coronel cuando pasó al retiro) y no hace más que pavonearse. Yo, querida, lo sé todo; cómo enviasteis un telegrama tras otro a Moscú preguntando "si la vieja estiraría pronto la pata". Esperaban la herencia; porque a él, sin dinero, esa mujerzuela, ¿cómo se llama, de Cominges?, no le aceptaría ni como lacayo, mayormente cuando tiene dientes postizos. Dicen que ella tiene un montón de dinero que da a usura y que ha amasado una fortuna. A ti, Praskovya, no te culpo; no fuiste tú la que mandó los telegramas; y de lo pasado tampoco quiero acordarme. Sé que tienes un humorcillo ruin, ¡una avispa!, que picas hasta levantar verdugones, pero te tengo lástima porque quería a tu madre Katerina, que en paz descanse. Bueno, ¿te animas? Deja todo esto de aquí y vente conmigo. En realidad no tienes donde meterte; y ahora es indecoroso que estés con ellos. ¡Espera —interrumpió la abuela cuando Polina iba a contestar—, que no he acabado todavía! No te exigiré nada. Tengo casa en Moscú, como sabes, un palacio donde puedes ocupar un piso entero y no venir a verme durante semanas y semanas si no te gusta mi genio. ¿Qué, quieres o no?

—Permita que le pregunte primero si de veras quiere usted irse en seguida.

—¿Es que estoy bromeando, niña? He dicho que me voy y me voy. Hoy he despilfarrado quince mil rublos en vuestra condenada ruleta. Hace cinco años hice la promesa de reedificar en piedra, en las afueras de Moscú, una iglesia de madera, y en lugar de eso me he jugado el dinero aquí. Ahora niña, me voy a construir esa iglesia.

—¿Y las aguas, abuela? Porque, al fin y al cabo, vino usted a beberlas.

—¡Quítate allá con tus aguas! No me irrites, Praskovya. Lo haces adrede, ¿no es verdad? Dime, ¿te vienes o no?

—Le agradezco mucho, pero mucho, abuela —dijo Polina emocionada—, el refugio que me ofrece. En parte ha adivinado mi situación. Le estoy tan agradecida que, créame, iré a reunirme con usted y quizá pronto; pero ahora de momento hay motivos... importantes... y no puedo decidirme en este instante mismo. Si se quedara usted un par de semanas más...

—Lo que significa que no quieres.

—Lo que significa que no puedo. En todo caso, además, no puedo dejar a mi hermano y a mi hermana, y como... como... como efectivamente puede ocurrir que queden abandonados, pues...; si nos recoge usted a los pequeños y a mí, abuela, entonces sí, por supuesto, iré a reunirme con usted, ¡y créame que haré merecimientos para ello! —añadió con ardor—; pero sin los niños no puedo.

—Bueno, no gimotees (Polina no pensaba en gimotear y no lloraba nunca); ya encontraremos también sitio para esos polluelos: un gallinero grande. Además, ya es hora de que estén en la escuela. ¿De modo que no te vienes ahora? Bueno, mira, Praskovya, te deseo buena suerte, pues sé por qué no te vienes. Lo sé todo, Praskovya. Ese franchute no procurará tu bien.

Polina enrojeció. Yo por mi parte me sobresalté. (¡Todos lo saben! ¡Yo soy, pues, el único que no sabe nada!)

—Vaya, vaya, no frunzas el entrecejo. No te enfades. Ahora bien, ten cuidado de que no ocurra nada malo, ¿entiendes? Eres una chica lista; me daría lástima de ti. Bueno, basta. Más hubiera valido no haberos visto a ninguno de vosotros. ¡Anda, vete! ¡Adiós!

—Abuela, la acompañaré a usted —dijo Polina.

—No es preciso, déjame en paz; todos vosotros me fastidiáis.

Polina besó la mano a la abuela, pero ésta retiró la mano y besó a Polina en la mejilla.

Al pasar junto a mí, Polina me lanzó una rápida ojeada y en seguida apartó los ojos.

—Bueno, adiós a ti también, Aleksei Ivanovich. Sólo falta una hora para la salida del tren. Pienso que te habrás cansado de mi compañía. Vamos, toma estos cincuenta federicos de oro.

—Muy agradecido, abuela, pero me da vergüenza...

—¡Vamos, vamos! —gritó la abuela, pero en tono tan enérgico y amenazador que no me atreví a objetar y tomé el dinero.

—En Moscú, cuando andes sin colocación, ven a verme. Te recomendaré a alguien. ¡Ahora, fuera de aquí!

Fui a mi habitación y me eché en la cama. Creo que pasé media hora boca arriba, con las manos cruzadas bajo la cabeza. Se había producido ya la catástrofe y había en qué pensar. Decidí hablar en serio con Polina al día siguiente. ¡Ah, el franchute! ¡Así, pues, era verdad! ¿Pero qué podía haber en ello? ¿Polina y Des Grieux? ¡Dios, qué pareja!

Todo ello era sencillamente increíble. De pronto di un salto y salí como loco en busca de *mister* Astley para hacerle hablar fuera como fuera. Por supuesto que de todo ello sabía más que yo. ¿*Mister* Astley? ¡He ahí otro misterio para mí!

Pero de repente alguien llamó a mi puerta. Miré y era Potapych.

—Aleksei Ivanovich, la señora pide que vaya usted a verla.

—¿Qué pasa? ¿Se va, no? Faltan todavía veinte minutos para la salida del tren.

—Está intranquila; no puede estarse quieta. "¡De prisa, de prisa!", es decir, que viniera a buscarle a usted. Por Dios santo, no se retrase.

Bajé corriendo al momento. Sacaban ya a la abuela al pasillo. Tenía el bolso en la mano.

—Aleksei Ivanovich, ve tú delante, ¡andando!

—¿Adónde, abuela?

—¡Que me muera si no gano lo perdido! ¡Vamos, en marcha, y nada de preguntas! ¿Allí se juega hasta medianoche?

Me quedé estupefacto, pensé un momento, y en seguida tomé una decisión.

—Haga lo que le plazca, Antonida Vasilyevna, pero yo no voy.

—¿Y eso por qué? ¿Qué hay de nuevo ahora? ¿Qué mosca os ha picado?

—Haga lo que guste, pero después yo mismo me reprocharía, y no quiero hacerlo. No quiero ser ni testigo ni participante. ¡No me eche usted esa carga encima, Antonida Vasilyevna! Aquí tiene sus cincuenta federicos de oro. ¡Adiós! —y poniendo el paquete con el dinero en la mesita junto a la silla de la abuela, saludé y me fui.

—¡Valiente tontería! —exclamó la abuela tras mí—; pues no vayas, que quizá yo misma encuentre el camino. ¡Potapych, ven conmigo! ¡A ver, levantadme y andando!

No hallé a *mister* Astley y volví a casa. Más tarde, a la una de la madrugada, supe por Potapych cómo acabó el día de la abuela. Perdió todo lo que poco antes yo le había cambiado, es decir, diez mil rublos más en moneda rusa. En el casino se pegó a sus faldas el mismo polaquillo a quien antes había dado dos federicos de oro, y quien estuvo continuamente dirigiendo su juego. Al principio, hasta que se presentó el polaco, mandó hacer las posturas a Potapych, pero pronto lo despidió; y fue entonces cuando asomó el polaco. Para mayor desdicha, éste entendía el ruso e incluso chapurreaba una mezcla de tres idiomas, de modo que hasta cierto punto se entendían. La abuela no paraba de insultarle sin piedad, aunque él decía de continuo que "se ponía a los pies de la señora".

—Pero ¿cómo compararle con usted, Aleksei Ivanovich? —decía Potapych—. A usted la señora le trataba *exactamente como a un caballero,* mientras que ése —mire, lo vi con mis propios ojos, que me quede en el sitio si miento— estuvo robándole lo que estaba allí mismo en la mesa; ella misma le cogió con las manos en la masa dos veces. Le puso como un trapo, con todas las palabras habidas y por haber, y hasta le tiró del pelo una vez, así como lo oye usted, que no miento, y todo el mundo alrededor se echó a reír. Lo perdió todo, señor, todo lo que tenía, todo lo que usted había cambiado. Trajimos aquí a la señora, pidió de beber sólo un poco de agua, se santiguó, y a su camita. Estaba rendida, claro, y se durmió en un tris. ¡Que Dios le haya mandado sueños de ángel! ¡Ay, estas tierras extranjeras! —concluyó Potapych—. ¡Ya decía yo que traerían mala suerte! ¡Cómo me gustaría estar en nuestro Moscú cuanto antes! ¡Y como si no tuviéramos una casa en Moscú! Jardín, flores de las que aquí no hay, aromas, las manzanas madurándose, mucho sitio... ¡Pues nada: que teníamos que ir al extranjero! ¡Ay, ay, ay!

Capítulo XIII

Ha pasado ya casi un mes desde que toqué por última vez estos apuntes míos que comencé bajo el efecto de impresiones tan fuertes como confusas. La catástrofe, cuya inminencia presentía, se produjo efectivamente, pero cien veces más devastadora e inesperada de lo que había pensado. En todo ello había algo extraño, ruin y hasta trágico, por lo menos en lo que a mí atañía. Me ocurrieron algunos lances casi milagrosos, o así los he considerado desde entonces, aunque bien mirado y, sobre todo, a juzgar por el remolino de sucesos a que me vi arrastrado entonces, quizá ahora quepa decir solamente que no fueron del todo ordinarios. Para mí, sin embargo, lo más prodigioso fue mi propia actitud ante estas peripecias. ¡Hasta ahora no he logrado comprenderme a mí mismo! Todo ello pasó flotando como un sueño, incluso mi pasión, que fue pujante y sincera, pero... ¿qué ha sido ahora de ella? Es verdad que de vez en cuando cruza por mi mente la pregunta: "¿No estaba loco entonces? ¿No pasé todo ese tiempo en algún manicomio, donde quizá todavía estoy, hasta tal punto que todo eso *me pareció* que pasaba y aun ahora sólo *me parece* que pasó?"

He recogido mis cuartillas y he vuelto a leerlas (¿quién sabe si las escribí sólo para convencerme de que no estaba en una casa de orates?).

Ahora me hallo enteramente solo. Llega el otoño, amarillean las hojas. Estoy en este triste poblacho (¡oh, qué tristes son los poblachos alemanes!), y en lugar de pensar en lo que debo hacer en adelante, vivo influido por mis recientes sensaciones, por mis recuerdos aún frescos, por esa tolvanera aún no lejana que me arrebató en su giro y de la cual acabé por salir despedido. A veces se me antoja que todavía sigo dando vueltas en el torbellino, y que en cualquier momento la tormenta volverá a cruzar rauda, arrastrándome consigo, que perderé una vez más toda noción de orden, de medida, y que seguiré dando vueltas y vueltas y vueltas...

Pero pudiera echar raíces en algún sitio y dejar de dar vueltas si, dentro de lo posible, consigo explicarme cabalmente lo ocurrido este mes. Una vez más me atrae la pluma, amén de que a veces no tengo otra cosa que hacer durante las veladas. ¡Cosa rara! Para ocuparme en algo, saco prestadas de la mísera biblioteca de aquí las novelas de Paul de Kock (¡en traducción alemana!), que casi no puedo aguantar, pero las leo y me maravillo de mí mismo: es como si temiera destruir con un libro serio o con cualquier otra ocupación digna el encanto de lo que acaba de pasar. Se diría que este sueño repulsivo, con las impresiones que ha traído consigo, me es tan amable que no permito que nada nuevo lo roce por temor a que se disipe en humo. ¿Me es tan querido todo esto? Sí, sin duda lo es. Quizá lo recordaré todavía dentro de cuarenta años...

Así, pues, me pongo a escribir. Sin embargo, todo ello se puede contar ahora parcial y brevemente: no se puede, en absoluto, decir lo mismo de las impresiones...

En primer lugar, acabemos con la abuela. Al día siguiente perdió todo lo que le quedaba. No podía ser de otro modo: cuando una persona así se aventura una vez por ese camino es igual que si se deslizara en trineo desde lo alto de una montaña cubierta de nieve: va cada vez más de prisa. Estuvo jugando todo el día, hasta las ocho de la noche. Yo no presencié el juego y sólo sé lo que he oído contar a otros.

Potapych pasó con ella en el casino todo el día. Los polacos que dirigían el juego de la abuela se relevaron varias veces durante la jornada. Ella empezó mandando a paseo al polaco del día antes, al que había tirado del pelo, y tomó otro, pero éste resultó casi peor. Cuando despidió al segundo y volvió a tomar el primero —que no se había marchado sino que durante su ostracismo había seguido empujando tras la silla de ella y asomando a cada minuto la cabeza—, la abuela acabó por desesperarse del todo. El segundo polaco, a quien había despedido, tampoco quería irse por nada del mundo; uno se colocó a la derecha de la señora y otro a la izquierda. No paraban de reñir y se insultaban con motivo de las apuestas y el juego, llamándose mutuamente *laidak* y otras lindezas polacas por el estilo. Más tarde hicieron las paces, movían el dinero sin orden ni concierto y apostaban a la buena de Dios. Cuando se peleaban, cada uno hacía apuestas por su cuenta, uno, por ejemplo, al rojo y otro al negro. De esta manera acabaron por marear y sacar de quicio a la abuela, hasta que ésta, casi llorando, rogó al viejo crupier que la protegiera echándoles de allí. En seguida, efectivamente, los expulsaron a pesar de sus gritos y protestas; ambos gritaban en coro y perjuraban que la abuela les debía dinero, que los había engañado en algo y que los había tratado indigna y vergonzosamente. El infeliz Potapych, con lágrimas en los ojos, me lo contó todo esa misma noche, después de la pérdida del dinero, y se quejaba de que los polacos se llenaban los bolsillos de dinero; decía que él mismo había visto cómo lo robaban descaradamente y se lo embolsaban a cada instante. Uno de ellos, por ejemplo, le sacaba a la abuela cinco federicos de oro por sus servicios y los ponía junto por junto con las apuestas de la abuela. La abuela ganaba y él exclamaba que era su propia apuesta la que había ganado y que la de ella había perdido. Cuando los expulsaron, Potapych se adelantó y dijo que llevaban los bolsillos llenos de oro. Inmediatamente la abuela pidió al crupier que tomara las medidas pertinentes, y aunque los dos polacos se pusieron a alborotar como gallos apresados, se presentó la policía y en un dos por tres vaciaron sus bolsillos en provecho de la abuela. Ésta, hasta que lo perdió todo, gozó durante ese día de indudable prestigio entre los crupieres y los empleados del casino. Poco a poco su fama se extendió por toda la ciudad. Todos los visitantes del balneario, de todas las naciones, la gente ordinaria lo mismo que la de más campanillas, se apiñaban para ver a *une vieille comtesse russe, tombée en enfance*, que había perdido ya "algunos millones".

La abuela, sin embargo, no sacó mucho provecho de que la rescataran de los dos polaquillos. A reemplazarlos en su servicio surgió un tercer polaco, que hablaba el ruso muy correctamente. Iba vestido como un *gentleman* aunque parecía un lacayo, con enormes bigotes y mucha arrogancia. También él besó "los pies de la señora" y "se puso a los pies de la señora", pero con los circunstantes se mostró altivo y se condujo despóticamente, en suma, que desde el primer momento se instaló no como sirviente, sino como amo de la abuela. A cada instante, con cada jugada, se volvía a ella y juraba con terribles juramentos que era un *"pan* honorable" y que no tomaría un solo kopek del dinero de la abuela. Repetía estos juramentos tan a menudo que ella acabó por asustarse. Pero como al principio el *pan* pareció, en efecto, mejorar el juego de ella y empezó a ganar, la abuela misma ya no quiso deshacerse de él. Una hora más tarde los otros dos polaquillos expulsados del casino aparecieron de nuevo tras la silla de la abuela, ofreciendo una vez más sus servicios, aunque sólo fuera para hacer mandados. Potapych juraba que el "honorable *pan*" cambiaba guiños con ellos y, por añadidura, les alargaba algo. Como la abuela no había comido y casi no se había movido de la silla, uno de los polacos quiso, en efecto, serle útil: corrió al comedor del casino, que estaba allí al lado, y le trajo primero una taza de caldo y después té. En realidad, los dos no hacían más que ir y venir. Al final de la jornada, cuando ya todo el mundo veía que la abuela iba a perder hasta el último billete, había detrás de su silla hasta seis polacos, nunca antes vistos u oídos. Cuando la abuela ya perdía sus últimas monedas, no sólo dejaron de escucharla, sino que ni la tomaban en cuenta, se deslizaban junto a ella para llegar a la mesa, cogían ellos mismos el dinero, tomaban decisiones, hacían apuestas, discutían y gritaban, charlaban con el "honorable *pan*" como con un compinche, y el honorable *pan* casi dejó de acordarse de la existencia de la abuela. Hasta cuando ésta, después de perderlo todo, volvía a las ocho de la noche al hotel, había aún tres o cuatro polacos que no se resignaban a dejarla, corriendo en torno a la silla y a ambos lados de ella, gritando a voz alta y perjurando en un rápido guirigay que la abuela les había engañado y debía resarcirles de algún modo. Así llegaron hasta el mismo hotel, de donde por fin los echaron a empujones.

Según cálculo de Potapych, en ese solo día había perdido su señora hasta noventa mil rublos, sin contar lo que había perdido la víspera. Todos sus billetes —todas las obligaciones de la deuda interior al cinco por ciento, todas las acciones que llevaba encima—, todo ello lo había ido cambiando sucesivamente. Yo me maravillaba de que hubiera podido aguantar esas siete u ocho horas, sentada en su silla y casi sin apartarse de la mesa, pero Potapych me dijo que en tres ocasiones empezó a ganar de veras sumas considerables, y que, deslumbrada de nuevo por la esperanza, no pudo abandonar el juego. Pero bien saben los jugadores que puede uno estar sentado jugando a las cartas casi veinticuatro horas sin mirar a su derecha o a su izquierda.

En ese mismo día, mientras tanto, ocurrieron también en nuestro hotel incidentes muy decisivos. Antes de las once de la mañana, cuando la abuela estaba todavía en casa, nuestra gente, esto es, el general y Des Grieux, habían acordado dar el último paso. Habiéndose enterado de que la abuela ya no pensaba en marcharse, sino que, por el contrario, volvía al casino, todos ellos (salvo Polina) fueron en cónclave a verla para hablar con ella de manera definitiva y sin rodeos. El general, trepidante y con el alma en un hilo, habida cuenta de las consecuencias tan terribles para él, llegó a sobrepasarse: al cabo de media hora de ruegos y súplicas y hasta de hacer confesión general, es decir, de admitir sus deudas y hasta su pasión por *mademoiselle* Blanche (no daba en absoluto pie con bola), el general adoptó de pronto un tono amenazador y hasta se puso a chillar a la abuela y a dar patadas en el suelo. Decía a gritos que deshonraba su nombre, que había escandalizado a toda la ciudad y por último... por último: "¡Deshonra usted el nombre ruso, señora

—exclamaba— y para casos así está la policía!" La abuela lo arrojó por fin de su lado con un bastón (con un bastón de verdad). El general y Des Grieux tuvieron una o dos consultas más esa mañana sobre si efectivamente era posible recurrir de algún modo a la policía. He aquí, decían, que una infeliz, aunque respetable anciana, víctima de la senilidad, se había jugado todo su dinero, etc., etc. En suma, ¿no se podía encontrar un medio de vigilarla o contenerla?... Pero Des Grieux se limitaba a encogerse de hombros y se reía en las barbas del general, que despotricaba abiertamente corriendo de un extremo al otro del gabinete. Des Grieux acabó por encogerse de hombros y se marchó. Por la noche se supo que había abandonado definitivamente el hotel, después de haber tenido una conversación grave y secreta con *mademoiselle* Blanche. En cuanto a esta última, por su parte, tomó medidas definitivas a partir de esa misma mañana. Despidió sin más al general y ni siquiera le permitió que se presentara ante ella. Cuando el general corrió a buscarla en el casino y la encontró del brazo del príncipe, ni ella ni *madame veuve* Cominges le reconocieron. El príncipe tampoco le saludó. Todo ese día *mademoiselle* Blanche estuvo trabajando al príncipe para que éste acabara por declararse (sin ambages). Pero, ¡ay!, se equivocó cruelmente en sus cálculos. Esta pequeña catástrofe sucedió también esa noche. De pronto se descubrió que el príncipe era más pobre que Job y que, por añadidura, contaba con pedirle dinero a ella, previa firma de un pagaré, y probar fortuna a la ruleta. Blanche, indignada, le mandó a paseo y se encerró en su habitación.

En la mañana de ese mismo día fui a ver a *mister* Astley, o, mejor dicho, pasé toda la mañana buscando a *mister* Astley sin poder dar con él. No estaba en casa, ni en el casino, ni en el parque. No comió en su hotel ese día. Eran más de las cuatro de la tarde cuando tropecé con él; volvía de la estación del ferrocarril al Hotel d'Angleterre. Iba de prisa y estaba muy preocupado, aunque era difícil distinguir en su rostro expresión alguna. Me alargó cordialmente la mano con su exclamación habitual: "¡Ah!", pero no detuvo el paso y continuó su camino apresuradamente. Emparejé con él, pero se las arregló de tal modo para contestarme que no tuve tiempo de preguntarle nada. Además, por no sé qué razón, me daba muchísima vergüenza hablar de Polina. Él tampoco dijo una palabra de ella. Le conté lo de la abuela, me escuchó atenta y gravemente y se encogió de hombros.

—Lo perderá todo —dije.

—Oh, sí —respondió—, porque fue a jugar cuando yo salía y después me enteré que lo había perdido todo. Si tengo tiempo iré al casino a echar un vistazo porque se trata de un caso curioso...

—¿A dónde ha ido usted? —grité, asombrado de no haber preguntado antes.

—He estado en Francfort.

—¿Viaje de negocios?

—Sí, de negocios.

Ahora bien, ¿qué más tenía que preguntarle? Sin embargo, seguía caminando junto a él, pero de improviso torció hacia el "Hotel des Quatre Saisons", que estaba en el camino, me hizo una inclinación de cabeza y desapareció. Cuando regresaba a casa me di cuenta de que aun si hubiera hablado con él dos horas no habría sacado absolutamente nada en limpio porque... ¡no tenía nada que preguntarle! ¡Sí, así era yo, por supuesto! No sabía formular mis preguntas.

Todo ese día lo pasó Polina paseando por el parque con los niños y la niñera o recluida en casa. Hacía ya tiempo que evitaba encontrarse con el general y casi no hablaba con él de nada, por lo menos de nada serio. Yo ya había notado esto mucho antes. Pero conociendo la situación en que ahora estaba el general pensé que éste no podría dar esquinazo a Polina, es decir, que era imposible que no hubiese una importante conversación entre ellos sobre asuntos de familia. Sin embargo, cuando al volver al hotel después de hablar con *mister* Astley, tropecé con Polina y los niños, el rostro de ella reflejaba la más plácida tranquilidad, como si sólo ella hubiera salido indemne de todas las broncas familiares. A mi saludo contestó con una inclinación de cabeza. Volví a casa presa de malignos sentimientos.

Yo, naturalmente, había evitado hablar con ella y no la había visto (apenas) desde mi aventura con los Burmerhelm. Cierto es que a veces me había mostrado petulante y bufonesco, pero a medida que pasaba el tiempo sentía rebullir en mí verdadera indignación. Aunque no me tuviera ni pizca de cariño, me parecía que no debía pisotear así mis sentimientos ni recibir con tanto despego mis confesiones. Ella bien sabía que la amaba de verdad, y me toleraba y consentía que le hablara de mi amor. Cierto es que ello había surgido entre nosotros de modo extraño. Desde hacía ya bastante tiempo, cosa de dos meses a decir verdad, había comenzado yo a notar que quería hacerme su amigo, su confidente, y que hasta cierto punto lo había intentado; pero dicho propósito, no sé por qué motivo, no cuajó entonces; y en su lugar habían surgido las extrañas relaciones que ahora teníamos, lo que me llevó a hablar con ella como ahora lo hacía. Pero si le repugnaba mi amor, ¿por qué no me prohibía sencillamente que hablase de él?

No me lo prohibía; hasta ella misma me incitaba alguna vez a hablar y... claro, lo hacía en broma. Sé de cierto —lo he notado bien— que, después de haberme escuchado hasta el fin y llevado al terreno de las confidencias, desconcertarme con alguna expresión de suprema indiferencia y desdén. Y, no obstante, sabía que no podía vivir sin ella. Habían pasado ya tres días desde el incidente con el barón y yo ya no podía soportar nuestra *separación*. Cuando poco antes la encontré en el casino, me empezó a martillar el corazón de tal modo que perdí el color. ¡Pero es que ella tampoco podía vivir sin mí! Me necesitaba, pero ¿es posible que sólo como bufón o hazmerreír?

Tenía un secreto, ello era evidente. Su conversación con la abuela fue para mí una dolorosa punzada en el corazón. Mil veces la había instado a ser sincera conmigo y sabía que estaba de veras dispuesto a dar la vida por ella; y, sin embargo, siempre me tenía a raya, casi con desprecio, y en lugar del sacrificio de mi vida que le ofrecía me exigía una travesura como la de tres días antes con el barón. ¿No era esto una ignominia? ¿Era posible que todo el mundo fuese para ella ese francés? ¿Y *mister* Astley? Pero al llegar a este punto, el asunto se volvía absolutamente incomprensible, y mientras tanto... ¡ay, Dios, qué sufrimiento el mío!

Cuando llegué a casa, en un momento de furia tomé la pluma y le escribí estos renglones:

"Polina Aleksandrovna, veo claro que ha llegado el desenlace, que, por supuesto, la afectará a usted también. Repito por última vez: ¿necesita usted mi vida o no? Si la necesita, para lo que sea, disponga de ella. Mientras tanto esperaré en mi habitación, al menos la mayor parte del tiempo, y no iré a ninguna parte. Si es necesario, escríbame o llámeme".

Sellé la nota y la envié con el camarero de servicio, con orden de que la entregara en propia mano. No esperaba respuesta, pero al cabo de tres minutos volvió el camarero con el recado de que se me mandaban "saludos".

Eran más de las seis cuando me avisaron que fuera a ver al general. Éste se hallaba en su gabinete, vestido como para ir a alguna parte. En el sofá se veían su sombrero y su bastón. Al entrar me pareció que estaba en medio de la habitación, con las piernas abiertas y la cabeza caída, hablando consigo mismo en voz alta; mas no bien me vio se arrojó sobre mí casi gritando, al punto de que involuntariamente di un paso atrás y casi eché a correr; pero me cogió de ambas manos y me llevó a tirones hacia el sofá. En él se sentó, hizo que yo me sentara en otro frente a él ya sin soltarme las manos, temblorosos los labios y con las pestañas brillantes de lágrimas, me dijo con voz suplicante:

—¡Aleksei Ivanovich, sálveme, sálveme, tenga piedad!

Durante algún tiempo no logré comprender nada. Él no hacía más que hablar, hablar y hablar, repitiendo sin cesar: "¡Tenga piedad, tenga piedad!" Acabé por sospechar que lo que de mí esperaba era algo así como un consejo; o, mejor aún, que, abandonado de todos, en su angustia y zozobra se había acordado de mí y me había llamado sólo para hablar, hablar, hablar.

Desvariaba, o por lo menos estaba muy aturdido. Juntaba las manos y parecía dispuesto a arrodillarse ante mí para que (¿lo adivinan ustedes?) fuera en seguida a ver a *mademoiselle* Blanche y le pidiera, le implorara, que volviese y se casara con él.

—Perdón, general —exclamé—, ¡pero si es posible que *mademoiselle* Blanche no se haya fijado en mí todavía! ¿Qué es lo que yo puedo hacer?

Era, sin embargo, inútil objetar; no entendía lo que se le decía. Empezó a hablar también de la abuela, pero de manera muy inconexa. Seguía aferrado a la idea de llamar a là policía.

—Entre nosotros, entre nosotros —comenzó, hirviendo súbitamente de indignación—, en una palabra, entre nosotros, en un país con todos los adelantos, donde hay autoridades, hubieran puesto inmediatamente bajo tutela a viejas como ésa. Sí, señor mío, sí —continuó, adoptando de pronto un tono de reconvención, saltando de su sitio y dando vueltas por la habitación—, usted todavía no sabía esto, señor mío —dijo dirigiéndose a un imaginario señor suyo en el rincón—; pues ahora lo sabe usted..., sí señor..., en nuestro país a tales viejas se las mete en cintura, en cintura, en cintura, sí, señor... ¡Oh, qué demonio!

Y se lanzó de nuevo al sofá; pero un minuto después, casi sollozando y sin aliento, se apresuró a decirme que *mademoiselle* Blanche no se casaba con él porque en lugar de un telegrama había llegado la abuela y ahora estaba claro que no heredaría. Él creía que yo no sabía aún nada de esto. Empecé a hablar de Des Grieux; hizo un gesto con la mano: "Se ha ido. Todo lo mío lo tengo hipotecado con él: ¡me he quedado en cueros! Ese dinero que trajo usted... ese dinero... no sé cuánto era, parece que quedan setecientos francos, y... bueno, eso es todo, y en cuanto al futuro... no sé, no sé".

—¿Cómo va a pagar usted el hotel? —pregunté alarmado—; ¿y después qué hará usted?

Me miraba pensativo, pero parecía no comprender y quizá ni siquiera me había oído. Probé a hablar de Polina Aleksandrovna, de los niños, me respondió con premura: "¡Sí, sí! ", pero en seguida volvió a hablar del príncipe, a decir que Blanche se iría con él y entonces... y entonces... ¿qué voy a hacer, Aleksei Ivanovich? —preguntó, volviéndose de pronto a mí—. ¡Juro a Dios que no lo sé! ¿Qué voy a hacer? Dígame, ¿ha visto usted ingratitud semejante? ¿No es verdad que es ingratitud? —Por último, se disolvió en un torrente de lágrimas.

Nada cabía hacer con un hombre así. Dejarle solo era también peligroso; podía ocurrirle algo. De todos modos, logré librarme de él, pero advertí a la niñera que fuera a verle a menudo y hablé además con el camarero de servicio, chico despierto, quien me prometió vigilar también por su parte.

Apenas dejé al general cuando vino a verme Potapych con una llamada de la abuela. Eran las ocho, y ésta acababa de regresar del casino después de haberlo perdido todo. Fui a verla. La anciana estaba en su silla, completamente agotada y, a juzgar por las trazas, enferma. Marfa le daba una taza de té y la obligaba a bebérselo casi a la fuerza. La voz y el tono de la abuela habían cambiado notablemente.

—Dios te guarde, amigo Aleksei Ivanovich —dijo con lentitud e inclinando gravemente la cabeza—. Lamento volver a molestarte; perdona a una mujer vieja. Lo he dejado allí todo, amigo mío, casi cien mil rublos. Hiciste bien en no ir conmigo ayer. Ahora no tengo dinero, ni un ochavo. No quiero quedarme aquí un minuto más y me marcho a las nueve y media. He mandado un recado a ese inglés tuyo, Astley, ¿no es eso? y quiero pedirle prestados tres mil francos por una semana. Convéncele, pues, de que no tiene nada que temer y de que no me lo rehúse. Todavía, amigo, soy bastante rica. Tengo tres fincas rurales y dos urbanas; sin contar el dinero, pues no me lo traje todo. Digo esto para que no tenga recelo alguno... ¡Ah, aquí viene! Bien se ve que es un hombre bueno.

Mister Astley vino así que recibió la primera llamada de la abuela. No mostró recelo alguno y no habló mucho. Al momento le contó tres mil francos bajo pagaré que la abuela firmó. Acabado el asunto, saludó y se marchó de prisa.

—Y tú vete también ahora, Aleksei Ivanovich. Falta hora y pico y quiero acostarme, que me duelen los huesos. No seas duro conmigo, con esta vieja imbécil. En adelante no acusaré a la gente joven de liviandad, y hasta me parecería pecado acusar a ese infeliz general vuestro. Pero, con todo, no le daré dinero a pesar de sus deseos, porque en mi opinión es un necio; sólo que yo, vieja imbécil, no tengo más seso que él. Verdad es que Dios pide cuentas y castiga la soberbia incluso en la vejez. Bueno, adiós. Marfusha, levántame.

Yo, sin embargo, quería despedir a la abuela. Además, estaba un poco a la expectativa, aguardando que de un momento a otro sucediese algo. No podía parar en mi habitación. Salí al pasillo, y hasta erré un momento por la avenida. Mi carta a Polina era clara y terminante y la presente catástrofe, por supuesto, definitiva. En el hotel oí hablar de la marcha de Des Grieux. A fin de cuentas, si me rechazaba como amigo quizá no me rechazase como criado, pues me necesitaba aunque sólo fuera para hacer mandados. Le sería útil, ¡cómo no!

A la hora de la salida del tren corrí a la estación y acomodé a la abuela. Todos tomaron asiento en un compartimiento reservado. "Gracias, amigo, por tu afecto desinteresado —me dijo al despedirse— y repite a Praskovya lo que le dije ayer: que la esperaré".

Fui a casa. Al pasar junto a las habitaciones del general tropecé con la niñera y pregunté por él. "Va bien, señor" —me respondió abatida—.

No obstante, decidí entrar un momento, pero me detuve a la puerta del gabinete presa del mayor asombro. *Mademoiselle* Blanche y el general, a cual mejor, estaban riendo a carcajadas. La *veuve* Cominges se hallaba también allí, sentada en el sofá. El general, por lo visto, estaba loco de alegría, cotorreaba toda clase de sandeces y se deshacía en una risa larga y nerviosa que le encogía el rostro en una incontable multitud de arrugas, entre las que desaparecían los ojos. Más tarde supe por la propia *mademoiselle* Blanche que, después de mandar a paseo al príncipe y habiéndose enterado del llanto del general, decidió consolar a éste y entró a verle un momento. El pobre general no sabía que ya en ese momento estaba echada su suerte, y que Blanche había empezado a hacer las maletas para irse volando a París en el primer tren del día siguiente.

En el umbral del gabinete del general cambié de parecer y me escurrí sin ser visto. Subí a mi cuarto, abrí la puerta y en la semioscuridad noté de pronto una figura sentada en una silla, en el rincón, junto a la ventana. No se levantó cuando yo entré. Me acerqué, miré... y se me cortó el aliento: era Polina.

Capítulo XIV

Lancé un grito.

—¿Qué pasa?, ¿qué pasa? —me preguntó en tono raro. Estaba pálida y su aspecto era sombrío.

—¿Cómo que qué pasa? ¿Usted? ¿Aquí en mi cuarto?

—Si vengo, vengo toda. Ésa es mi costumbre. Lo verá usted pronto. Encienda una bujía.

Encendí la bujía. Se levantó, se acercó a la mesa y me puso delante una carta abierta.

—Lea —me ordenó.

—Ésta... ¡ésta es la letra de Des Grieux! —exclamé tomando la carta. Me temblaban las manos y los renglones me bailaban ante los ojos. He olvidado los términos exactos de la carta, pero aquí va, si no palabra por palabra, al menos pensamiento por pensamiento.

"*Mademoiselle* —escribía Des Grieux—: Circunstancias desagradables me obligan a marcharme inmediatamente. Usted misma ha notado, sin duda, que he evitado adrede tener con usted una explicación definitiva mientras no se aclarasen esas circunstancias. La llegada de su anciana pariente *(de la vieille dame) y su* absurda conducta aquí han puesto fin a mis dudas. El embrollo en que se hallan mis propios asuntos me impide alimentar en el futuro las dulces esperanzas con que me permitió usted embriagarme durante algún tiempo. Lamento el pasado, pero espero que en mi comportamiento no haya usted encontrado nada indigno de un caballero y un hombre de bien *(gentíl-homme et honnête homme)*. Habiendo perdido casi todo mi dinero en préstamos a su padrastro, me encuentro en la extrema necesidad de utilizar con provecho lo que me queda. Ya he hecho saber a mis amigos de Petersburgo que procedan sin demora a la venta de los bienes hipotecados a mi favor. Sabiendo, sin embargo, que el irresponsable de su tío ha malversado el propio dinero de usted, he decidido perdonarle cincuenta mil francos y a este fin le devuelvo la parte de hipoteca sobre sus bienes correspondiente a esta suma; así, pues, tiene usted ahora la posibilidad de recuperar lo que ha perdido, reclamándoselo por vía judicial. Espero, *mademoiselle,* que, tal como están ahora las cosas, este acto mío le resulte altamente beneficioso. Con él espero asimismo cumplir plenamente con el deber de un hombre honrado y un caballero. Créame que el recuerdo de usted quedará para siempre grabado en mi corazón".

—¿Bueno, y qué? Esto está perfectamente claro —dije volviéndome a Polina—. ¿Esperaba usted otra cosa? —añadí indignado.

—No esperaba nada —respondió con sosiego aparente, pero con una punta de temblor en la voz—. Hace ya tiempo que tomé una determinación. Leía sus pensamientos y supe lo que pensaba. Él pensaba que yo procuraría... que insistiría... (se detuvo, y sin terminar la frase se mordió el labio y guardó silencio). He redoblado el desprecio que sentía por él —prosiguió de nuevo—, y aguardaba a ver lo que haría. Si hubiese llegado un telegrama sobre la herencia, le habría tirado a la cara el dinero que le debía ese idiota (el padrastro) y le habría echado con cajas destempladas. Me era odioso desde hacía mucho, muchísimo tiempo. ¡Ah, no era el mismo hombre de antes, mil veces no, y ahora, ahora ... ! ¡Oh, con qué gusto le tiraría ahora a su cara infame esos cincuenta mil francos! ¡Cómo le escupiría y le restregaría la cara con el salivazo!

—Pero el documento ese de la hipoteca por valor de cincuenta mil francos que ha devuelto lo tendrá el general. Tómelo y devuélvaselo a Des Grieux.

—¡Oh, no es eso, no es eso!

—¡Sí, es verdad, es verdad que no es eso! Y ahora, ¿de qué es capaz el general? ¿Y la abuela?

—¿Por qué la abuela? —preguntó Polina con irritación—. No puedo ir a ella... y no voy a pedirle perdón a nadie —agregó exasperada.

—¿Qué hacer? —exclamé—. ¿Cómo... sí, cómo puede usted querer a Des Grieux? ¡Oh, canalla, canalla! ¡Si usted lo desea, lo mato en duelo! ¿Dónde está ahora?

—Ha ido a Francfort y estará allí tres días.

—¡Basta una palabra de usted y mañana mismo voy allí en el primer tren! —dije con entusiasmo un tanto pueril.

Ella se rió.

—¿Y qué? Puede que diga que se le devuelvan primero los cincuenta mil francos. ¿Y para qué batirse con él?... ¡Qué tontería!

—Bien, pero ¿dónde, dónde agenciarse esos cincuenta mil francos? —repetí rechinando los dientes, como si hubiera sido posible recoger el dinero del suelo—. Oiga, ¿y *mister* Astley? —pregunté dirigiéndome a ella con el chispazo de una idea peregrina.

Le centellearon los ojos.

—¿Pero qué? ¿Es que tú mismo quieres que me aparte de ti para ver a ese inglés? —preguntó, fijando sus ojos en los míos con mirada penetrante y sonriendo amargamente. Por primera vez en la vida me tuteaba.

Se diría que en ese momento tenía trastornada la cabeza por la emoción que sentía. De pronto se sentó en el sofá como si estuviera agotada.

Fue como si un relámpago me hubiera alcanzado. No daba crédito a mis ojos ni a mis oídos. ¿Pero qué? Estaba claro que me amaba. ¡Había venido a mí y no a *mister* Astley! Ella, ella sola, una muchacha, había venido a mi cuarto, en un hotel, comprometiéndose con ello ante los ojos de todo el mundo...; y yo, de pie ante ella, no comprendía todavía.

Una idea delirante me cruzó por la mente.

—¡Polina, dame sólo una hora! ¡Espera aquí sólo una hora... que volveré! ¡Es... es indispensable! ¡Ya verás! ¡Quédate aquí, quédate aquí!

Y salí corriendo de la habitación sin responder a su mirada inquisitiva y asombrada. Gritó algo tras de mí, pero no me volví.

Sí, a veces la idea más delirante, la que parece más imposible, se le clava a uno en la cabeza con tal fuerza que acaba por juzgarla realizable... Más aún, si esa idea va unida a un deseo fuerte y apasionado acaba uno por considerarla a veces como algo fatal, necesario, predestinado, como algo que es imposible que no sea, que no ocurra. Quizá haya en ello más: una cierta combinación de presentimientos, un cierto esfuerzo inhabitual de la voluntad, un autoenvenenamiento de la propia fantasía, o quizá otra cosa... no sé. Pero esa noche (que en mi vida olvidaré) me sucedió una maravillosa aventura. Aunque puede ser justificada por la aritmética, lo cierto es que para mí sigue siendo todavía milagrosa. ¿Y por qué?, ¿por qué se arraigó en mí tan honda y fuertemente esa convicción y sigue arraigada hasta el día de hoy? Cierto es que ya he reflexionado sobre esto —repito—, no como una eventualidad (y, por lo tanto, que puede no ocurrir entre otros), sino como algo que tenía que producirse irremediablemente.

Eran las diez y cuarto. Entré en el casino con una firme esperanza y con una agitación como nunca había sentido hasta entonces. En las salas de juego había todavía bastante público, aunque sólo la mitad del que había habido por la mañana.

Entre las diez y las once se encuentran junto a las mesas de juego los jugadores auténticos, los desesperados, los individuos para quienes el balneario existe sólo por la ruleta, que han venido sólo por ella, los que apenas se dan cuenta de lo que sucede en torno suyo ni por nada se interesan durante toda la temporada sino por jugar de la mañana a la noche y quizá jugarían de buena gana toda la noche, hasta el amanecer si fuera posible. Siempre se dispersan con enojo cuando se cierra la sala de ruleta a medianoche. Y cuando el crupier más antiguo, antes del cierre anuncia: *Les trois derniers coups, messieurs!*, están a veces dispuestos a arriesgar en esas tres últimas jugadas todo lo que tienen en los bolsillos —y, en realidad— lo pierden en la mayoría de los casos. Yo me acerqué a la misma mesa en la que la abuela había estado sentada poco antes. No había mucha gente, de modo que muy pronto encontré lugar, de pie, junto a ella. Directamente frente a mí, sobre el paño verde, estaba trazada la palabra *Passe*. Este *passe* es una serie de números desde el 19 hasta el 36. La primera serie, del 1 al 18, se llama *Manque*. ¿Pero a mí qué me importaba nada de eso? No hice cálculos, ni siquiera me informé en qué número había caído la última suerte, y no lo pregunté cuando empecé a jugar, como lo hubiera hecho cualquier jugador prudente. Saqué mis veinte federicos de oro y los apunté al *passe* que estaba frente a mí.

—*Vingt-deux!* —gritó el crupier.

Gané y volví a apostarlo todo: lo anterior y lo ganado.

—*Trente et un!* —anunció el crupier—. ¡Había ganado otra vez!

Tenía, pues, en total ochenta federicos de oro. Puse los ochenta a los doce números medios (triple ganancia pero dos probabilidades en contra), giró la rueda y salió el veinticuatro. Me entregaron tres paquetes de cincuenta federicos cada uno y diez monedas de oro, junto con lo anterior ascendía a doscientos federicos de oro. Estaba como febril y empujé todo el montón de dinero al rojo y de repente recobré la conciencia. Y sólo una vez en toda esa velada, durante toda esa partida, me sentí poseído de terror, helado de frío, sacudido por un temblor de brazos y piernas. Presentí con espanto y comprendí al momento lo que para mí significaría perder ahora. Toda mi vida dependía de esa apuesta.

—¡*Rouge!* —gritó el crupier—, y volví a respirar. Ardientes estremecimientos me recorrían el cuerpo. Me pagaron en billetes de banco: en total cuatro mil florines y ochenta federicos de oro (aun en ese estado podía hacer bien mis cuentas).

Recuerdo que luego volví a apostar dos mil florines a los doce números medios y perdí; aposté el oro que tenía además de los ochenta federicos de oro y perdí. Me puse furioso: cogí los últimos dos mil florines que me quedaban y los aposté a los doce primeros números al buen tuntún, a lo que cayera, sin pensar. Hubo, sin embargo, un momento de expectación parecido quizá a la impresión que le produjo a *madame* Blanchard en París cuando desde un globo bajó volando a la tierra precipitándose contra el suelo.

—*Quatre!* —gritó el banquero. Con la apuesta anterior resultaba de nuevo un total de seis mil florines. Yo tenía ya aire de vencedor; ahora nada, lo que se dice nada, me infundía temor, y coloqué cuatro mil florines al negro. Tras de mí, otros nueve individuos apostaron también al negro. Los crupieres se miraban y cuchicheaban entre sí. En torno, la gente hablaba y esperaba.

Salió el negro. Ya no recuerdo ni el número ni el orden de mis apuestas. Sólo recuerdo, como en sueños, que por lo visto gané dieciséis mil florines; seguidamente perdí doce mil de ellos en tres apuestas desafortunadas. Luego puse los últimos cuatro mil a *passe* (pero ya para entonces no sentía casi nada; estaba sólo a la expectativa, se diría que mecánicamente, vacío de pensamientos) y volví a ganar, y después de ello gané cuatro veces seguidas. Me acuerdo sólo de que recogía el dinero a montones, y también que los doce números medios a que apunté salían más a menudo que los demás. Aparecían con bastante regularidad, tres o cuatro veces seguidas, luego desaparecían un par de veces para volver de nuevo tres o cuatro veces consecutivas. Esta insólita regularidad se presenta a veces en rachas, y he aquí por qué desbarran los jugadores experimentados que hacen cálculos lápiz en mano. ¡Y qué crueles son a veces en este terreno las burlas de la suerte!

Pienso que no había transcurrido más de media hora desde mi llegada. De pronto el crupier me hizo saber que había ganado treinta mil florines, y que como la banca no respondía de mayor cantidad en una sola sesión se suspendería la ruleta hasta el día siguiente. Eché mano de todo mi oro, me lo metí en el bolsillo, recogí los billetes y pasé seguidamente a otra sala, donde había otra mesa de ruleta; tras mí, agolpada, se vino toda la gente. Al instante me despejaron un lugar y empecé de nuevo a apostar sin orden ni concierto. ¡No sé qué fue lo que me salvó!

Pero de vez en cuando empezaba a hurgarme un conato de cautela en el cerebro. Me aferraba a ciertos números y combinaciones, pero pronto los dejaba y volvía a apuntar inconscientemente. Estaba, por lo visto, muy distraído, y recuerdo que los crupieres corrigieron mi juego más de una vez. Cometí errores groseros. Tenía las sienes bañadas en sudor y me temblaban las manos. También vinieron trotando los polacos con su oferta de servicios, pero yo no escuchaba a nadie. La suerte no me volvió la espalda. De pronto se oyó a mi alrededor un rumor sordo y risas. "¡Bravo, bravo!", gritaban todos, y algunos incluso aplaudieron. Recogí allí también treinta mil florines y la banca fue clausurada hasta el día siguiente.

—¡Váyase, váyase! —me susurró la voz de alguien a mi derecha. Era la de un judío de Francfort que había estado a mi lado todo ese tiempo y que, al parecer, me había ayudado de vez en cuando en mi juego.

—¡Váyase, por amor de Dios! —murmuró a mi izquierda otra voz. Vi en una rápida ojeada que era una señora al filo de la treintena, vestida muy modesta y decorosamente, de rostro fatigado, de palidez enfermiza, pero que aun ahora mostraba rastros de su peregrina belleza anterior. En ese momento estaba yo atiborrándome el bolsillo de billetes, arrugándolos al hacerlo, y recogía el oro que quedaba en la mesa. Al levantar el último paquete de cincuenta federicos de oro logré ponerlo en la mano de la pálida señora sin que nadie lo notara. Sentí entonces grandísimo deseo de hacer eso, y recuerdo que sus dedos finos y delicados me apretaron fuertemente la mano en señal de viva gratitud. Todo ello sucedió en un instante.

Una vez embolsado todo el dinero me dirigí apresuradamente a la mesa de *trente et quarente*. En torno a ella estaba sentado un público aristocrático. Esto no es ruleta; son cartas. La banca responde de hasta 100,000 táleros de una vez. La apuesta máxima es también aquí de cuatro mil florines. Yo no sabía nada de este juego y casi no conocía las apuestas, salvo el rojo y el negro, que también existen en él. A ellos me adherí. Todo el casino se agolpó en torno. No recuerdo si pensé una sola vez en Polina durante ese tiempo. Lo que sentía era un deleite irresistible de atrapar billetes de banco, de ver crecer el montón de ellos que ante mí tenía.

En realidad, era como si la suerte me empujase. En esta ocasión se produjo, como de propósito, una circunstancia que, sin embargo, se repite con alguna frecuencia en el juego. Cae, por ejemplo, la suerte en el rojo y sigue cayendo en él diez, hasta quince veces seguidas. Anteayer oí decir que el rojo había salido veintidós veces consecutivas la semana pasada, lo que no se recuerda que haya sucedido en la ruleta y de lo cual todo el mundo hablaba con asombro. Como era de esperar, todos abandonaron al momento el rojo y al cabo de diez veces, por ejemplo, casi nadie se atrevía a apostar a él. Pero ninguno de los jugadores experimentados tampoco apuesta entonces al negro. El jugador experto sabe lo que significa esta "suerte veleidosa", a saber, que después de salir el rojo dieciséis veces, la decimoséptima saldría necesariamente el negro. A tal conclusión se lanzan casi todos los novatos, quienes doblan o triplican las posturas y pierden sumas enormes.

Ahora bien, no sé por qué extraño capricho, cuando noté que el rojo había salido siete veces seguidas, continué apostando a él. Estoy convencido de que en ello terció un tanto el amor propio: quería asombrar a los mirones con mi arrojo insensato y ¡oh, extraño sentimiento!, recuerdo con toda claridad que, efectivamente, sin provocación alguna de mi orgullo, me sentí de repente arrebatado por una terrible apetencia de riesgo. Quizá después de experimentar tantas sensaciones, mi espíritu no estaba todavía saciado, sino sólo irritado por ellas, y exigía todavía más sensaciones, cada vez más fuertes, hasta el agotamiento final. Y, de veras que no miento: si las reglas del juego me hubieran permitido apostar cincuenta mil florines de una vez, los hubiera apostado seguramente. En torno mío gritaban que esto era insensato, que el rojo había salido por decimocuarta vez.

—*Monsieur a gagné déjà cent mille florins* —dijo una voz junto a mí.

De pronto volví en mí. ¿Cómo? ¡Había ganado esa noche cien mil florines! ¿Qué más necesitaba? Me arrojé sobre los billetes, los metí a puñados en los bolsillos, sin contarlos, recogí todo el oro, todos los fajos de billetes, y salí corriendo del casino. En torno mío la gente reía al verme atravesar las salas con los bolsillos abultados y al ver los trompicones que me hacía dar el peso del oro. Creo que pesaba bastante más de veinte libras. Varias manos se alargaron hacia mí. Yo repartía cuanto podía coger, a puñados. Dos judíos me detuvieron a la salida.

—¡Es usted audaz! ¡Muy audaz! —me dijeron—, pero márchese sin falta mañana por la mañana, lo más temprano posible; de lo contrario lo perderá todo, pero todo...

No les hice caso. La avenida estaba oscura, tanto que me era imposible distinguir mis propias manos. Había media versta hasta el hotel. Nunca he tenido miedo a los ladrones ni a los atracadores, ni siquiera cuando era pequeño. Tampoco pensaba ahora en ellos. A decir verdad, no recuerdo en qué iba pensando durante el camino; tenía la cabeza vacía de pensamientos. Sólo sentía un enorme deleite: éxito, victoria, poderío, no sé cómo expresarlo. Pasó ante mí también la imagen de Polina. Recordé y me di plena cuenta de que iba a su encuentro, de que pronto estaría con ella, de que le contaría, le mostraría... pero apenas recordaba ya lo que me había dicho poco antes, ni por qué yo había salido; todas esas sensaciones recientes, de hora y media antes, me parecían ahora algo sucedido tiempo atrás, algo superado, viejo, algo que ya no recordaríamos, porque ahora todo empezaría de nuevo. Cuando ya llegaba casi al final de la avenida me sentí de pronto sobrecogido de espanto: "¿Y si ahora me mataran y robaran?" Con cada paso mi temor se redoblaba. Iba corriendo. Pero al final de la avenida surgió de pronto nuestro hotel, rutilante de luces innumerables. ¡Gracias a Dios, estaba en casa!

Subí corriendo a mi piso y abrí de golpe la puerta. Polina estaba allí, sentada en el sofá y cruzada de brazos ante una bujía encendida. Me miró con asombro y, por supuesto, mi aspecto debía de ser bastante extraño en ese momento. Me planté frente a ella y empecé a arrojar sobre la mesa todo mi montón de dinero.

Capítulo XV

Recuerdo que me miró cara a cara, de un modo extraño, pero sin moverse de su sitio para cambiar de postura.

—He ganado 200,000 francos —exclamé, arrojando el último envoltorio. Un montón de billetes y paquetes de monedas de oro cubría toda la mesa. Yo no podía apartar los ojos de ella. Durante algunos minutos olvidé por completo a Polina. Empezaba a poner orden en todo el cúmulo de billetes de banco juntándolos en fajos, o reunía el oro aparte en un montón especial, o lo dejaba allí todo y me ponía a pasear rápidamente por la habitación; a ratos reflexionaba, luego volvía a acercarme impulsivamente a la mesa y empezaba a contar de nuevo el dinero. De pronto, como si hubiera recobrado el juicio, me abalancé a la puerta y la cerré con dos vueltas de llave. Luego me detuve, sumido en mis reflexiones, delante de mi pequeña maleta.

—¿No convendría quizá meterlo en la maleta hasta mañana? —pregunté volviéndome a Polina, de quien me acordé de pronto. Ella seguía inmóvil en su asiento, en el mismo sitio, pero me observaba fijamente. Había algo raro en la expresión de su rostro, y esa expresión no me gustaba. No me equivoco si digo que en él se retrataba el aborrecimiento.

Me acerqué de prisa a ella.

—Polina, aquí tiene veinticinco mil florines, o sea, cincuenta mil francos; más todavía. Tómelos y tíreselos mañana a la cara.

No me contestó.

—Si quiere usted, yo mismo se los llevo mañana temprano. ¿Qué dice?

De pronto se echó a reír y estuvo riendo largo rato. Yo la miraba asombrado y apenado. Esa risa era muy semejante a aquella otra frecuente y sarcástica con que siempre recibía mis declaraciones más apasionadas. Cesó de reír por fin y arrugó el entrecejo. Me miraba con severidad, ceñudamente.

—No tomaré su dinero —dijo con desprecio.

—¿Cómo? ¿Qué pasa? —grité—. Polina, ¿por qué no?

—No tomo dinero de balde.

—Se lo ofrezco como amigo. Le ofrezco a usted mi vida.

Me dirigió una mirada larga y escrutadora como si quisiera atravesarme con ella.

—Usted paga mucho —dijo con una sonrisa irónica—. La amante de Des Grieux no vale cincuenta mil francos.

—Polina, ¿cómo es posible que hable usted así conmigo? —exclamé en tono de reproche—. ¿Soy yo acaso Des Grieux?

—¡Le detesto a usted! ¡Sí... sí... ! No le quiero a usted más que a Des Grieux —exclamó con ojos relampagueantes.

Y en ese instante se cubrió la cara con las manos y tuvo un ataque de histeria. Yo corrí a su lado.

Comprendí que le había sucedido algo en mi ausencia. Parecía no estar enteramente en su juicio.

—¡Cómprame! ¿Quieres? ¿Quieres? ¿Por cincuenta mil francos como Des Grieux? —exclamaba con voz entrecortada por sollozos convulsivos. Yo la cogí en mis brazos, le besé las manos, y caí de rodillas ante ella.

Se le pasó el acceso de histeria. Me puso ambas manos en los hombros y me miró con fijeza. Quería por lo visto leer algo en mi rostro. Me escuchaba, pero al parecer sin oír lo que le decía. Algo como ansiedad y preocupación se reflejaba en su semblante. Me causaba sobresalto, porque se me antojaba que de veras iba a perder el juicio. De pronto empezó a atraerme suavemente hacia sí, y una sonrisa confiada afloró a su cara; pero una vez más, inesperadamente, me apartó de sí y se puso a escudriñarme con mirada sombría.

De repente se abalanzó a abrazarme.

—¿Conque me quieres? ¿Me quieres? —decía—. ¡Conque querías batirte con el barón por mí! —Y soltó una carcajada, como si de improviso se hubiera acordado de algo a la vez ridículo y simpático. Lloraba y reía a la vez. Pero yo ¿qué podía hacer? Yo mismo estaba como con fiebre. Recuerdo que empezó a contarme algo, pero yo apenas pude entender nada. Aquello era una especie de delirio, de garrulidad, como si quisiera contarme cosas lo más de prisa posible, un delirio entrecortado por la risa más alegre, que acabó por atemorizarme.

—¡No, no, tú eres bueno, tú eres bueno! —repetía—. ¡Tú eres mi amigo fiel! —y volvía a ponerme las manos en los hombros, me miraba y seguía repitiendo: "Tú me quieres... me quieres... ¿me querrás?" Yo no apartaba los ojos de ella; nunca antes había visto en ella estos arrebatos de ternura y amor. Por supuesto, era un delirio, y sin embargo... Notando mi mirada apasionada, empezó de pronto a sonreír con picardía. Inopinadamente se puso a hablar de *mister* Astley.

Bueno, habló de *mister* Astley sin interrupción (sobre todo cuando trató de contarme algo de esa velada), pero no pude enterarme de lo que quería decir exactamente. Parecía incluso que se reía de él. Repetía sin cesar que la estaba esperando... ¿sabía yo que de seguro estaba ahora mismo debajo de la ventana? "¡Sí, sí, debajo de la ventana; anda, abre, mira, mira, que está ahí, ahí!" Me empujaba hacia la ventana, pero no bien hacía yo un movimiento, se derretía de risa y yo permanecía junto a ella y ella se lanzaba a abrazarme.

—¿Nos vamos? Porque nos vamos mañana, ¿no? —idea que se le metió de repente en la cabeza—. Bueno (y se puso a pensar). Bueno, pues alcanzamos a la abuela, ¿qué te parece? Creo que la alcanzaremos en Berlín. ¿Qué crees que dirá cuando nos vea? ¿Y *mister* Astley? Bueno, ése no se tirará desde lo alto del Schlangenberg, ¿no crees? (Soltó una carcajada). Oye, ¿sabes adónde va el verano que viene? Quiere ir al Polo Norte a hacer investigaciones científicas y me invita a acompañarle, ¡ja, ja, ja! Dice que nosotros los rusos no podemos hacer nada sin los europeos y que no somos capaces de nada... ¡Pero él también es bueno! ¿Sabes que disculpa al general? Dice que si Blanche, que si la pasión..., pero no sé, no sé —repitió de pronto como perdiendo el hilo—. ¡Son pobres! ¡Qué lástima me da de ellos! Y la abuela... Pero oye, oye, ¿tú no habrías matado a Des Grieux? ¿De veras, de veras pensabas matarlo? ¡Tonto! ¿De veras podías creer que te dejaría batirte con él? Y tampoco matarás al barón —añadió, riendo—. ¡Ay, qué divertido estuviste entonces con el barón! Os estaba mirando a los dos desde el banco. ¡Y de qué mala gana fuiste cuando te mandé! ¡Cómo me reí, cómo me reí entonces! —añadió entre carcajadas.

Y vuelta de nuevo a besarme y abrazarme, vuelta de nuevo a apretar su rostro contra el mío con pasión y ternura. Yo no pensaba en nada ni nada oía. La cabeza me daba vueltas...

Creo que eran las siete de la mañana, poco más o menos, cuando desperté. El sol alumbraba la habitación. Polina estaba sentada junto a mí y miraba en torno suyo de modo extraño, como si estuviera saliendo de un letargo y ordenando sus recuerdos. También ella acababa de despertar y miraba atentamente la mesa y el dinero. A mí me pesaba y dolía la cabeza. Quise coger a Polina de la mano, pero ella me rechazó y de un salto se levantó del sofá. El día naciente se anunciaba sombrío; había llovido antes del alba. Se acercó a la ventana, la abrió, asomó la cabeza y el pecho y, apoyándose en los brazos, con los codos pegados a las jambas, pasó tres minutos sin volverse hacia mí ni escuchar lo que le decía. Me pregunté con espanto qué pasaría ahora y cómo acabaría esto. De pronto se apartó de la ventana, se acercó a la mesa y, mirándome con una expresión de odio infinito con los labios temblorosos de furia, me dijo:

—¡Bien, ahora dame mis cincuenta mil francos!

—Polina, ¿otra vez?, ¿otra vez? —empecé a decir.

—¿O es que lo has pensado mejor? ¡Ja, ja, ja! ¿Quizá ahora te arrepientes?

En la mesa había veinticinco mil florines contados ya la noche antes. Los tomé y se los di.

—¿Con que ahora son míos? ¿No es eso, no es eso? —me preguntó aviesamente con el dinero en las manos.

—¡Siempre fueron tuyos! —dije yo.

—¡Pues ahí tienes tus cincuenta mil francos! —levantó el brazo y me los tiró. El paquete me dio un golpe cruel en la cara y el dinero se desparramó por el suelo. Hecho esto, Polina salió corriendo del cuarto.

Sé, claro, que en ese momento no estaba en su juicio, aunque no comprendo esa perturbación temporal. Cierto es que aun hoy día, un mes después, sigue enferma. ¿Pero cuál fue la causa de ese estado suyo y, sobre todo, de esa salida? ¿El amor propio lastimado? ¿La desesperación por haber decidido venir a verme? ¿Acaso di muestra de jactarme de mi buena fortuna, de que, al igual que Des Grieux, quería desembarazarme de ella regalándole cincuenta mil francos? Pero no fue así; lo sé por mi propia conciencia. Pienso que su propia vanidad tuvo parte de la culpa; su vanidad la incitó a no creerme, a injuriarme, aunque quizá sólo tuviera una idea vaga de ello. En tal caso, por supuesto, yo pagué por Des Grieux y resulté responsable, aunque quizá no en demasía. Es verdad que era sólo un delirio; también es verdad que yo sabía que se hallaba en estado delirante, y... no lo tomé en cuenta.

Acaso no me lo pueda perdonar ahora. Sí, ahora, ¿pero entonces? ¿Es que su enfermedad y delirio eran tan graves que había olvidado por completo lo que hacía cuando vino a verme con la carta de Des Grieux? ¡Claro que sabía lo que hacía!

Rapidamente metí los billetes y el montón de oro en la cama, lo cubrí todo y salí diez minutos después de Polina. Estaba seguro de que se había ido corriendo a casa, y yo quería acercarme sin ser notado y preguntar a la niñera en el vestíbulo por la salud de su señorita. ¡Cuál no sería mi asombro cuando me enteré por la niñera, a quien encontré en la escalera, que Polina no había vuelto todavía a casa y que precisamente ella iba a buscarla a mi habitación!

—Hace un momento —le dije—, hace sólo un momento que se separó de mí; hace diez minutos. ¿Dónde podrá haberse metido?

La niñera me miró con reproche.

Y mientras tanto salió a relucir todo el lance, que ya circulaba por el hotel. En la conserjería y entre las gentes del *Oberkellner* se murmuraba que la *Fráulein* había salido corriendo del hotel, bajo la lluvia, con dirección al Hotel d'Angleterre. Por sus palabras y alusiones me percaté de que ya todo el mundo sabía que había pasado la noche en mi cuarto. Por otra parte, hablaban ya de toda la familia del general: se supo que éste había perdido el juicio la víspera y había estado llorando por todo el hotel. Decían, además, que la abuela era su madre, que había venido *ex profeso* de Rusia para impedir que su hijo se casase con Mlle. de Cominges y que si éste desobedecía, le privaría de la herencia; y como efectivamente había desobedecido, la condesa, ante los propios ojos de su hijo, había perdido todo su dinero a la ruleta para que no heredase nada. *"Diesen Russen!"* —repetía el *Oberkellner* meneando la cabeza con indignación. Otros reían. El *Oberkellner* preparó la cuenta. Se sabía ya lo de mis ganancias. Karl, el camarero de mi piso, fue el primero en darme la enhorabuena. Pero yo no tenía humor para atenderlo. Salí disparado para el Hotel d'Angleterre.

Era todavía temprano y *mister* Astley no recibía a nadie, pero cuando supo que era yo, salió al pasillo y se me puso delante, mirándome fijamente con sus ojos color de estaño y esperando a ver lo que yo decía. Le pregunté al instante por Polina.

—Está enferma —respondió *mister* Astley, quien seguía mirándome con fijeza y sin apartar de mí los ojos.

—¿De modo que está con usted?

—¡Oh, sí! Está conmigo.

—¿Así es que usted... que usted tiene la intención de retenerla consigo?

— Oh, sí! Tengo esa intención.

—*Mister* Astley, eso provocaría un escándalo; eso no puede ser. Además, está enferma de verdad. ¿No lo ha notado usted?

—¡Oh, sí! Lo he notado, y ya he dicho que está enferma. Si no lo estuviese no habría pasado la noche con usted.

—¿Conque usted también sabe eso?

—Lo sé. Ella iba a venir aquí anoche y yo iba a llevarla a casa de una pariente mía, pero como estaba enferma se equivocó y fue a casa de usted.

—¡Hay que ver! Bueno, le felicito, *mister* Astley. A propósito, me hace usted pensar en algo. ¿No pasó usted la noche bajo nuestra ventana? *Miss* Polina me estuvo pidiendo toda la noche que la abriera y que mirase a ver si estaba usted bajo ella, y se reía a carcajadas.

—¿De veras? No, no estuve debajo de la ventana; pero sí estuve esperando en el pasillo y dando vueltas.

—Pues es preciso ponerla en tratamiento, *mister* Astley.

— Oh, sí! Ya he llamado al médico; y si muere, le haré a usted responsable de su muerte.

Me quedé perplejo.

—Vamos, *mister* Astley, ¿qué es lo que quiere usted?

—¿Es cierto que ganó usted ayer 200,000 táleros?

—Sólo 100,000 florines.

—Vaya, hombre. Se irá usted, pues, esta mañana a París.

—¿Por qué?

—Todos los rusos que tienen dinero van a París —explicó *mister* Astley con la voz y el tono que emplearía si lo hubiera leído en un libro.

—¿Qué haría yo en París ahora, en verano? La quiero, *mister* Astley, usted mismo lo sabe.

—¿De veras? Estoy convencido de que no. Además, si se queda usted aquí lo perderá probablemente todo y no tendrá con qué ir a París. Bueno, adiós. Estoy completamente seguro de que irá usted a París hoy.

—Pues bien, adiós, pero no iré a París. Piense, *mister* Astley, en lo que ahora será de nosotros. En una palabra, el general... y ahora esta aventura con miss Polina; porque lo sabrá toda la ciudad.

—Sí, toda la ciudad. Creo, sin embargo, que el general no piensa en eso y que le trae sin cuidado. Además, *miss* Polina tiene el perfecto derecho de vivir donde le plazca. En cuanto a esa familia, cabe decir que en rigor ya no existe.

Me fui, riéndome del extraño convencimiento que tenía este inglés de que me iría a París. "Con todo, quiere matarme de un tiro en duelo —pensaba— si *mademoiselle* Polina muere, ¡vaya complicación! " Juro que sentía lástima de Polina, pero, cosa rara, desde el momento en que la víspera me acerqué a la mesa de juego y empecé a amontonar fajos de billetes, mi amor pareció desplazarse a un segundo término. Esto lo digo ahora, pero entonces no me daba cuenta cabal de ello. ¿Soy efectivamente un jugador? ¿Es que efectivamente... amaba a Polina de modo tan extraño? No, la sigo amando en este instante, bien lo sabe Dios. Cuando me separé de *mister* Astley y fui a casa, sufría de verdad y me culpaba a mí mismo. Pero... entonces me sucedió un acontecimiento extraño y ridículo.

Iba de prisa a ver al general cuando no lejos de sus habitaciones se abrió una puerta y alguien me llamó. Era *madame veuve* Cominges, y me llamaba por orden de *mademoiselle* Blanche. Entré en la habitación de ésta.

Su alojamiento era exiguo, compuesto de dos habitaciones. Oí la risa y los gritos de *mademoiselle* Blanche en la alcoba. Se levantaba de la cama.

—*Ah, c'est lui! Viens donc, bête!* Es cierto que *tu as gagné une montagne d'or et d'argent? J'aimerais mieux l'or.*

—La he ganado —dije riendo.

—¿Cuánto?

—Cien mil florines.

—*Bibi, comme tu es bête.* Sí, anda, acércate, que no oigo nada. *Nous ferons bombance, n'est—cepas?*

Me acerqué a ella. Se retorcía bajo la colcha de raso color de rosa, de debajo de la cual surgían unos hombros maravillosos, morenos y robustos, de los que quizá sólo se ven en sueños, medio cubiertos por un camisón de batista guarnecido de encajes blanquísimos que iban muy bien con su cutis oscuro.

—*Mon fils, as-tu du coeur?* —gritó al verme y soltó una carcajada. Se reía siempre con mucho alborozo y a veces con sinceridad

—*Tout autre...* —empecé a decir parafraseando a Corneille.

—Pues mira, *vois-tu* —parloteó de pronto—, en primer lugar, búscame las medias y ayúdame a calzarme; y, en segundo lugar, si *tu n'es pas trop béte, je te prends à Paris.* ¿Sabes? Me voy ahora mismo.

—¿Ahora mismo?

—Dentro de media hora.

En efecto, estaba hecho el equipaje. Todas las maletas y los efectos estaban listos. Se había servido el café hacía ya rato.

—*Eh, bien!* ¿quieres? *Tu verras Paris. Dis donc, qu'est-ce que c'est qu'un outchitel? Tu étais bien bête, quand tu étais outchitel!* ¿Dónde están mis medias? ¡Pónmelas, anda!

Levantó un pie verdaderamente admirable, moreno, pequeño, perfecto de forma, como lo son por lo común esos piececitos que lucen tan bien en botines. Yo, riendo, me puse a estirarle la media de seda. *Mademoiselle* Blanche mientras tanto parloteaba sentada en la cama.

—*Eh bien, que feras-tu si je te prends avec?* Para empezar *je veux cinquante mille francs.* Me los darás en Francfort. *Nous allons à Paris.* Allí viviremos juntos *et je te ferai voir des étoiles en plein jour.* Verás mujeres como no las has visto nunca. Escucha...

—Espera, si te doy cincuenta mil francos, ¿qué es lo que me queda a mí?

—*Et cent cinquante mille francs,* ¿lo has olvidado?, y, además, estoy dispuesta a vivir contigo un mes, dos meses, *que sais-je?* No cabe duda de que en dos meses nos gastaremos esos ciento cincuenta mil francos. Ya ves que *je suis bonne enfant* y que te lo digo de antemano, *mais tu verras des étoiles.*

—¿Cómo? ¿Gastarlo todo en dos meses?

—¿Y qué? ¿Te asusta eso? *Ah, vil esclave!* ¿Pero no sabes que un mes de esa vida vale más que toda tu existencia? Un mes... *et après le déluge! Mais tu ne peux comprendre, va!* ¡Vete, vete de aquí, que no lo vales! *Aïe, que fais-tu?*

En ese momento estaba yo poniéndole la otra media, pero no pude contenerme y le besé el pie. Ella lo retiró y con la punta de él comenzó a darme en la cara. Acabó por echarme de la habitación.

—*Eh bien, mon outchitel, je t'attends, si tu veux,* ¡dentro de un cuarto de hora me voy! —gritó tras mí.

Cuando volvía a mi cuarto me sentía como mareado. Pero, al fin y al cabo, no tengo yo la culpa de que *mademoiselle* Polina me tirara todo el dinero a la cara ni de que ayer, por añadidura, prefiriera a *mister* Astley que a mí. Algunos de los billetes estaban aún desparramados por el suelo. Los recogí. En ese momento se abrió la puerta y apareció el *Oberkellner* (que antes ni siquiera quería mirarme) con la invitación de que, si me parecía bien, me mudara abajo, a un aposento soberbio, ocupado hasta poco antes por el conde V.

Yo, de pie, reflexioné.

—¡La cuenta! —exclamé—. Me voy al instante, en diez minutos. "Pues si ha de ser París, a París" —pensé para mis adentros. Es evidente que ello está escrito.

Un cuarto de hora después estábamos, en efecto, los tres sentados en un compartimiento reservado: *mademoiselle* Blanche, *madame veuve* Cominges y yo. *Mademoiselle* Blanche me miraba riéndose, casi al borde de la histeria. *Veuve* Cominges la secundaba; yo diré que estaba alegre. Mi vida se había partido en dos, pero ya estaba acostumbrado desde el día antes a arriesgarlo todo a una carta. Quizá, y efectivamente es cierto, ese dinero era demasiado para mí y me había trastornado. *Peut-être, je ne demandais pas mieux.* Me parecía que por algún tiempo —pero sólo por algún tiempo— había cambiado la decoración. "Ahora bien, dentro de un mes estaré aquí, y entonces... y entonces nos veremos las caras, *mister* Astley". No, por lo que recuerdo ahora ya entonces me sentía terriblemente triste, aunque rivalizaba con la tonta de Blanche a ver quién soltaba las mayores carcajadas.

—¿Pero qué tienes? ¡Qué bobo eres! ¡Oh, qué bobo! —exclamaba Blanche, interrumpiendo su risa y riñéndome en serio—. Pues sí, pues sí, sí, nos gastaremos tus doscientos mil francos, pero... *mais tu seras heureux, comme un petit roi;* yo misma te haré el nudo de la corbata y te presentaré a Hortense. Y cuando nos gastemos todo nuestro dinero vuelves aquí y una vez más harás saltar la banca. ¿Qué te dijeron los judíos? Lo importante es la audacia, y tú la tienes, y más de una vez me llevarás dinero a París. *Quant à moi, je veux cinquante mille francs de rente et alors...*

—¿Y el general? —le pregunté.

—El general, como bien sabes, viene ahora a verme todos los días con un ramo de flores. Esta vez le he mandado a que me busque flores muy raras. Cuando vuelva el pobre, ya habrá volado el pájaro. Nos seguirá a toda prisa, ya verás. ¡Ja, ja, ja! ¡Qué contenta estaré con él! En París me será útil. *Mister* Astley pagará aquí por él...

Y he aquí cómo fui entonces a París.

Capítulo XVI

¿Qué diré de París? Todo ello, por supuesto, fue una locura y estupidez. En total permanecí en aquella ciudad algo más de tres semanas y en ese tiempo se volatilizaron por completo mis cien mil francos. Hablo sólo de cien mil; los otros cien mil se los di a *mademoiselle* Blanche en dinero contante y sonante: cincuenta mil en Francfort, y al cabo de tres días en París le entregué cincuenta mil más, en un pagaré, por el cual me sacó también dinero al cabo de ocho días, *"et les cent mille francs que nous restent tu les mangeras avec moi, mon outchitel"*. Me llamaba siempre *"outchitel"*, esto es, tutor. Es difícil imaginarse nada en este mundo más mezquino, más avaro más ruin que la clase de criaturas a que pertenecía *mademoiselle* Blanche. Pero esto en cuanto a su propio dinero. En lo tocante a mis cien mil francos, me dijo más tarde, sin rodeos que los necesitaba para su instalación inicial en París: "puesto que ahora me establezco como Dios manda y durante mucho tiempo nadie me quitará del sitio; al menos así lo tengo proyectado" —añadió—. Yo, sin embargo, casi no vi esos cien mil francos. Era ella la que siempre guardaba el dinero, y en mi monedero, en el que ella misma inspeccionaba todos los días, nunca había más de cien francos y casi siempre menos.

—¿Pero para qué necesitas dinero? —me preguntaba de vez en cuando con la mayor sinceridad; y yo no discutía con ella. Ahora bien, con ese dinero iba amueblando y decorando su apartamento bastante bien, y cuando más tarde me condujo al nuevo domicilio me decía enseñándome las habitaciones: "Mira lo que con cálculo y gusto se puede hacer aun con los medios más míseros". Esa miseria ascendía, sin embargo, a cincuenta mil francos, ni más ni menos. Con los cincuenta mil restantes se procuró un carruaje y caballos, amén de lo cual dimos dos bailes, mejor dicho, dos veladas a las que asistieron Hortense y Lisette y Cléopátre, mujeres notables por muchos conceptos y hasta bastante guapas. En esas dos veladas me vi obligado a desempeñar el estúpido papel de anfitrión, recibir y entretener a comerciantes ricos e imbéciles, insoportables por su ignorancia y descaro; a varios tenientes del ejército, a escritorzuelos miserables y a insectos del periodismo, que llegaban vestidos de frac muy a la moda, con guantes pajizos, y dando muestras de un orgullo y una arrogancia inconcebibles aun entre nosotros, en Petersburgo, lo que ya es decir. Se les ocurrió incluso reírse de mí, pero yo me emborraché de champaña y fui a tumbarme en un cuarto trasero. Todo esto me resultaba repugnante en alto grado. *"C'est un outchitel* —decía de mí *mademoiselle* Blanche—. *Il a gagné deux cent mille francs* y no sabría gastárselos sin mí. Más tarde volverá a ser tutor. ¿No sabe aquí nadie dónde colocarlo? Hay que hacer algo por él".

Recurrí muy a menudo al champaña porque con frecuencia me sentía horriblemente triste y aburrido. Vivía en un ambiente de lo más burgués, de lo más mercenario, en el que se calculaba y se llevaba cuenta de cada *sou*. Blanche no me quería mucho en los primeros quince días, cosa que noté; es verdad que me vistió con elegancia y que todos los días me hacía el nudo de la corbata, pero en su fuero interno me despreciaba cordialmente, lo cual me tenía sin cuidado. Aburrido y melancólico, empecé a frecuentar el "Château des Fleurs", donde todas las noches, con regularidad, me embriagaba y aprendía el cancán (que allí se baila con la mayor desvergüenza) y, en consecuencia, llegué a adquirir cierta fama en tal quehacer. Por fin Blanche llegó a calar mi verdadera índole; no sé por qué se había figurado que durante nuestra convivencia yo iría tras ella con papel y lápiz, apuntando todo lo que había gastado, lo que había robado y lo que aún había de gastar y robar; y, por supuesto, estaba segura de que por cada diez francos se armaría entre nosotros una trifulca. Para cada una de las embestidas mías que había imaginado de antemano tenía preparada una réplica: pero viendo que yo no embestía empezó a objetar por su cuenta. Algunas veces se arrancaba con ardor, pero al notar que yo guardaba silencio —porque lo corriente era que estuviera tumbado en el sofá mirando inmóvil el techo— acabó por sorprenderse. Al principio pensaba que yo era simplemente un mentecato, "un *outchitel*", y se limitaba a poner fin a sus explicaciones, pensando probablemente para sí: "Pero si es tonto; no hay por qué explicarle nada, puesto que ni se entera". Entonces se iba, pero volvía diez minutos después (esto ocurría en ocasiones en que estaba haciendo los gastos más exorbitantes, gastos muy por encima de nuestros medios: por ejemplo, se deshizo de los caballos que tenía y compró otro tronco en dieciséis mil francos).

—Bueno, ¿conque no te enfadas, Bibí? —dijo acercándose a mí.

—¡Noooo! Me fastidias —contesté apartándola de mí con el brazo—. Esto le pareció tan curioso que al momento se sentó junto a mí.

—Mira, si he decidido pagar tanto es porque los vendían de barata. Se pueden revender en veinte mil francos.

—Sin duda, sin duda. Los caballos son soberbios. Ahora tienes un magnífico tronco. Te va bien. Bueno, basta.

—¿Entonces no estás enfadado?

—¿Por qué había de estarlo? Haces bien en adquirir las cosas que estimas indispensables. Todo te será de utilidad más tarde. Yo veo que, efectivamente, necesitas establecerte bien; de otro modo no llegarás a millonaria. Nuestros cien mil francos son nada más que el principio, una gota de agua en el mar.

Lo menos que Blanche esperaba de mí eran tales razonamientos en vez de gritos y reproches; para ella fue como caer del cielo.

—Pero tú... ¡hay que ver cómo eres! *Mais tu as l'esprit pour comprendre! Sais-tu, mon garçon,* aunque sólo eres un *outchitel,* deberías haber nacido príncipe. ¿Conque no lamentas que el dinero se nos acabe pronto?

—Cuanto antes, mejor.

—*Mais... sais—tu... mais dis donc,* ¿es que eres rico? *Mais, sais-tu,* desprecias el dinero demasiado. *Qu'est—ce que tu feras après, dis donc?*

—*Aprés*, voy a Homburg y vuelvo a ganar cien mil francos.

—*Oui, oui! c'est ça, c'est magnifique!* Y yo sé que los ganarás y que los traerás aquí. *Dis donc,* vas a hacer que te quiera. *Eh bien,* por ser como eres te voy a querer todo este tiempo y no te seré infiel ni una sola vez. Ya ves, no te he querido hasta ahora *parce queje croyais que tu n'es qu'un outchitel (quelque chose comme un laquais, n'est-ce pas?),* pero a pesar de ello te he sido fiel, *parce queje suís bonnefille.*

—¡Anda, que mientes! ¿Es que crees que no te vi la última vez con Albert, con ese oficialito moreno?

—Oh, oh, *mais tu es...*

—Vamos, mientes, mientes, pero ¿piensas que me enfado? Me importa un comino; *il faut que jeunesse se passe.* No debes despedirlo si fue mi predecesor y tú le quieres. Ahora bien, no le des dinero, ¿me oyes?

—¿Conque no te enfadas por eso tampoco? *Mais tu es un vrai philosophe, sais-tu? Un vrai philosophe!* —exclamó con entusiasmo—. *Eh, bien, je t'aimerai, je t'aimerai, tu verras, tu seras content!*

Y, en efecto, desde ese momento se mostró conmigo muy apegada, se portó hasta con afecto, y así pasaron nuestros últimos diez días. No vi las "estrellas" prometidas; pero desde ciertos puntos de vista cumplió de veras su palabra. Por añadidura, me presentó a Hortense que era, a su modo, una mujer admirable y a quien en nuestro círculo llamaban *Thérése philosophe...*

Pero no hay por qué extenderse en estos detalles; todo esto podría constituir un relato especial, con un colorido que no quiero intercalar en esta historia. Lo que quiero subrayar es que deseaba con toda el alma que aquello acabara lo antes posible. Pero con nuestros cien mil francos hubo bastante, como ya he dicho, casi para un mes, lo que de veras me maravillaba. De esta suma, ochenta mil francos por lo menos los invirtió Blanche en comprarse cosas: vivimos sólo de veinte mil francos y, sin embargo, fue bastante. Blanche, que en los últimos días era ya casi sincera conmigo (por lo menos no me mentía en algunas cosas), confesó que al menos no recaerían sobre mí las deudas que se veía obligada a contraer. "No te he dado a firmar cuentas y pagarés porque me ha dado lástima de ti; pero otra lo hubiera hecho sin duda y te hubiera llevado a la cárcel. ¡Ya ves, ya ves, cómo te he querido y lo buena que soy! ¡Sólo que esa endiablada boda me costará un ojo de la cara!"

Y, efectivamente, tuvimos una boda. Se celebró al final mismo de nuestro mes, y es preciso admitir que en ella se fueron los últimos residuos de mis cien mil francos. Con ello se terminó el asunto, es decir, con ello se terminó nuestro mes y pasé formalmente a la condición de jubilado.

Ello ocurrió del modo siguiente: ocho días después de instalarnos en París se presentó el general. Vino directamente a ver a Blanche y desde la primera visita casi se alojó con nosotros. Tenía, es cierto, su propio domicilio, no sé dónde. Blanche le recibió gozosamente, con carcajadas y risas, y hasta se precipitó a abrazarlo; la cosa llegó al punto de que ella misma era la que no le soltaba y él hubo de seguirla a todas partes: al bulevar, a los paseos en coche, al teatro y a visitar a los amigos. Para estos fines el general era todavía útil, pues tenía un porte bastante impresionante y decoroso, con su estatura relativamente elevada, sus patillas y bigote teñido (había servido en los coraceros) y su rostro agradable aunque algo adiposo. Sus modales eran impecables y vestía el frac con soltura. En París empezó a lucir sus condecoraciones. Con alguien así no sólo era posible, sino hasta *recomendable,* si se permite la expresión, circular por el bulevar. Por tales motivos el bueno e inútil general estaba que no cabía en sí de gozo, porque no contaba con ello cuando vino a vernos a su llegada a París. Entonces se presentó casi temblando de miedo, creyendo que Blanche prorrumpiría en gritos y mandaría que lo echaran; y en vista del rumbo diferente que habían tomado las cosas, estaba rebosante de entusiasmo y pasó todo ese mes en un estado de absurda exaltación, estado en que seguía cuando yo le dejé.

Me enteré en detalle de que después de nuestra repentina partida de Roulettenburg, había sufrido esa misma mañana algo así como un ataque. Cayó al suelo sin conocimiento y durante toda la semana siguiente estuvo como loco, hablando sin cesar. Le pusieron en tratamiento, pero de repente lo dejó todo, se metió en el tren y se vino a París. Naturalmente que el recibimiento que le hizo Blanche fue la mejor medicina para él, pero, a pesar de su estado alegre y exaltado, persistieron durante largo tiempo los síntomas de la enfermedad. Le era imposible razonar o incluso mantener una conversación si era un poco seria; en tal caso se limitaba a mover la cabeza y a decir "¡hum!" a cada palabra, con lo que salía del paso. Reía a menudo con risa nerviosa, enfermiza, que tenía algo de carcajada; a veces también permanecía sentado horas enteras, tétrico como la noche, frunciendo sus pobladas cejas. Por añadidura, era ya poco lo que recordaba; llegó a ser escandalosamente distraído y adquirió la costumbre de hablar consigo mismo. Blanche era la única que podía animarle; y, en realidad, los momentos de depresión y taciturnidad, cuando se acurrucaba en un rincón, significaban sólo que no había visto a Blanche en algún tiempo, que ésta había ido a algún sitio sin llevarle consigo o que se había ido sin hacerle alguna caricia. Por otra parte, ni él mismo hubiera podido decir qué quería y ni siquiera se daba cuenta de que estaba triste y decaído. Después de permanecer sentado una hora o dos (noté esto un par de veces cuando Blanche estuvo fuera todo el día, probablemente con Albert), empezaba de pronto a mirar a su alrededor, a agitarse, a aguzar la mirada, a hacer memoria, como si quisiera encontrar alguna cosa; pero al no ver a nadie y al no recordar siquiera lo que quería preguntar, volvía a caer en la distracción hasta que se presentaba Blanche, alegre, vivaracha, emperifollada, con su risa sonora, quien iba corriendo a él, se ponía a zarandearlo y hasta lo besaba, galardón, sin embargo, que raras veces le otorgaba. En una ocasión el general llegó a tal punto en su regocijo que hasta se echó a llorar, de lo cual quedé maravillado.

Tan pronto como el general apareció en París, Blanche se puso a abogar su causa ante mí. Recurrió incluso a la elocuencia; me recordaba que le había engañado por mí, que había sido casi prometida suya, que le había dado su palabra; que por ella había él abandonado a su familia y, por último, que yo había servido en casa de él y debía recordarlo; y que ¿cómo no me daba vergüenza...? Yo me limitaba a callar mientras ella hablaba como una cotorra. Por fin, solté una risotada, con lo que terminó aquello; esto es, primero me tomó por un imbécil, pero al final quedó con la impresión de que era un hombre bueno y acomodaticio. En resumen, que tuve la suerte de acabar mereciendo el absoluto beneplácito de esta digna señorita (Blanche, por otra parte, era en efecto una chica excelente, claro que en su género; yo no la aprecié como tal al principio). "Eres bueno y listo —me decía hacia el final— y... y... ¡sólo lamento que seas tan pazguato! ¡Nunca harás fortuna!"

"Un vrai Russe, un calmouk!" Algunas veces me mandaba sacar al general de paseo por las calles, ni más ni menos que como un lacayo sacaría de paseo a una galguita. Yo, por lo demás, lo llevaba al teatro, al Bal-Mabille y a los restaurantes. A este fin Blanche facilitaba el dinero, aunque el general tenía el suyo propio y gustaba de tirar de cartera en presencia de la gente. En cierta ocasión tuve casi que recurrir a la fuerza para impedir que comprase un broche en setecientos francos, del que se prendó en el Palais Royal y que a toda costa quería regalar a Blanche. ¿Pero qué representaba para ella un broche de setecientos francos? Al general no le quedaban más que mil francos y nunca pude enterarme de cómo se los había procurado. Supongo que procedían de *mister* Astley, puesto que éste había pagado lo que el general debía en el hotel. En cuanto a cómo me consideraba durante todo este tiempo, creo que ni siquiera sospechaba mis relaciones con Blanche. Aunque había oído vagamente que yo había ganado una fortuna, probablemente suponía que en casa de Blanche yo era algo así como secretario particular o quizá sólo criado. Al menos me hablaba siempre con altivez, en tono autoritario, igual que antes, y de vez en cuando hasta me echaba un regaño. En

cierta ocasión, mientras tomabamos café, nos divirtió mucho a Blanche y a mí. No era hombre susceptible al agravio, que digamos; pero de pronto se ofendió conmigo; ¿por qué?, hasta este momento sigo sin enterarme. Por supuesto que él mismo lo ignoraba.

En resumen, que se puso a despotricar sin ton ni son, *à bâtons rompus*, gritaba que yo era un pilluelo, que iba a darme una lección... que me haría comprender... etcétera, etcétera. Nadie pudo entender nada. Blanche se partía de risa, hasta que por fin lograron tranquilizarle no sé cómo y lo sacaron a dar un paseo. Muchas veces noté, sin embargo, que se ponía triste, que sentía lástima de algo o de alguien, incluso cuando Blanche estaba presente. En tal estado se puso a hablar conmigo un par de veces, aunque sin explicarse claramente, trajo a colación sus años de servicio, a su difunta esposa, sus propiedades, su hacienda. Se le ocurría una frase y se entusiasmaba con ella, y la repetía cien veces al día, aunque no correspondiera ni por asomo a sus sentimientos ni a sus ideas. Intenté hablar con él de sus hijos, pero dio esquinazo al tema con el consabido trabalenguas y pasó en seguida a otro: "¡Sí, sí! Los niños, los niños, tiene usted razón, los niños". Sólo una vez se mostró conmovido, cuando iba con nosotros al teatro: "¡Son unos niños infelices!" Y luego, durante la velada repitió varias veces las palabras "niños infelices". Una vez, cuando empecé a hablar de Polina, montó en cólera: "¡Es una desagradecida! —gritó—; ¡es mala y desagradecida! ¡Ha deshonrado a la familia! ¡Si aquí hubiera leyes, ya la habría hecho entrar en razón! ¡Sí, señor, sí!" De Des Grieux ni siquiera podía escuchar el nombre. "Me ha arruinado —decía—, me ha robado, me ha perdido! ¡Ha sido mi pesadilla durante dos años enteros! ¡Se me ha aparecido en sueños durante meses y meses! Es... es... es... ¡Oh, no vuelva usted a hablarme de él!"

Vi que traían algo entre manos, pero guardé silencio como de costumbre. Fue Blanche la primera en explicármelo, justamente ocho días antes de separarnos. *"Il a du chance* —chachareó—; la *babouchka* está ahora enferma de veras y se muere sin remedio. *Mister* Astley ha telegrafiado; no puedes negar que a pesar de todo es su heredero. Y aunque no lo sea, no es ningún estorbo para mí. En primer lugar, tiene su pensión, y en segundo lugar, vivirá en el cuarto de al lado y estará más contento que unas pascuas. Yo seré "mádame la générale". Entraré en la buena sociedad (Blanche soñaba con esto continuamente), luego llegaré a ser, una terrateniente rusa, *j'aurai un château, des moujiks, et puis j'aùrai toujours mon million!"*

—Bueno, pero si empieza a tener celos, preguntará... sabe Dios qué cosas, ¿entiendes?

—¡Oh, no, no! ¡No se atrevería! He tomado mis medidas, no te preocupes. Ya le he hecho firmar algunos pagarés en nombre de Albert. Al menor paso en falso será castigado en el acto. ¡No se atreverá!

—Bueno, cásate con él...

La boda se celebró sin especial festejo, en familia y discretamente. Entre los invitados figuraban Albert y algunos de los íntimos. Hortense, Cléopátre y las demás quedaron excluidas sin contemplaciones. El novio se interesó enormemente en su situación. La propia Blanche le anudó la corbata y le puso pomada en el pelo. Con su frac y chaleco blanco ofrecía un aspecto *trés comme ilfaut*.

—*Il est pourtant trés comme il faut* —me explicó la misma Blanche, saliendo de la habitación del general, como sorprendida de que éste fuera en efecto *trés comme il faut*—. Yo, que participé en todo ello como espectador indolente, me enteré de tan pocos detalles que he olvidado mucho de lo que sucedió. Sólo recuerdo que el apellido de Blanche resultó no ser "de Cominges" —y, claro, su madre no era la *veuve* Cominges—, sino "du Placet". No sé por qué ambas se habían hecho pasar por de Cominges hasta entonces. Pero el general también quedó contento de ello, y hasta prefería *du Placet* a *de Cominges*. La mañana de la boda, ya enteramente vestido, se estuvo paseando de un extremo a otro de la sala, repitiendo en voz baja con seriedad e importancia nada comunes, "¡*Mademoiselle* Blanche du Placet! ¡Blanche du Placet! ¡Du Placet!" Y en su rostro brillaba cierta fatuidad. En la iglesia, en la alcaldía y en casa, donde se sirvió un refrigerio, se mostró no sólo alegre y satisfecho, sino hasta orgulloso. Algo les había ocurrido a los dos, porque también Blanche revelaba una particular dignidad.

—Es menester que ahora me conduzca de manera enteramente distinta —me dijo con seriedad poco común—, pero hay una cosa muy desagradable en la que no había pensado: imagínate que todavía no he podido aprender mi nuevo apellido: Zagorianski, Zagozianski, *madame la générale de* Sago-Sago, *ces diables de noms russes, en fin madame la générale à quatorze consonnes! Comme c'est agréable, n'est-ce pas?*

Por fin nos separamos, y Blanche, la tonta de Blanche, hasta derramó unas lagrimitas al despedirse de mí: "*Tu étais bon enfant* —dijo gimoteando—. *Je te croyais bête et tu en avais l'air;* pero eso te sienta bien". Y al darme el último apretón de manos exclamó de pronto: *Attends!*, fue corriendo a su gabinete y volvió al cabo de un minuto para entregarme dos billetes de mil francos. ¡Nunca lo hubiera creído! "Esto te vendrá bien; quizá como *outchitel* seas muy listo, pero como hombre eres terriblemente tonto. Por nada del mundo te daré más de dos mil, porque los perderías al juego. ¡Bueno, adiós! *Nous serons toujours bons amis*, y si ganas otra vez ven a verme sin falta, *et tu seras heureux!*"

A mí me quedaban todavía quinientos francos, sin contar un magnífico reloj que valdría mil, un par de gemelos de brillantes y alguna otra cosa, con lo que podría ir tirando bastante tiempo todavía sin preocuparme de nada. Vine a instalarme a propósito en esta pequeña ciudad para hacer inventario de mí mismo, pero sobre todo para esperar a *mister* Astley. He sabido que probablemente pasará por aquí en viaje de negocios y se detendrá. Me enteraré de todo... y después... después me iré derecho a Homburg. No iré a Roulettenburg; quizá el año que viene. En efecto, dicen que es de mal agüero probar suerte dos veces seguidas en la misma mesa de juego; y en Homburg se juega en serio.

Capítulo XVII

Ya hace un año y ocho meses que no he echado un vistazo a estas notas, y sólo ahora, desalentado y melancólico, con la intención de distraerme, las he vuelto a leer por casualidad. Me quedé entonces en el punto en que salía para Homburg. ¡Dios mío! ¡Con qué ligereza de corazón, hablando relativamente, escribí entonces esas últimas frases! ¡Mejor dicho, no con qué ligereza, sino con qué presunción, con qué firmes esperanzas! ¿Tenía acaso alguna duda de mí mismo? ¡Y he aquí que ha pasado algo más de año y medio y, a mi modo de ver, estoy mucho peor que un mendigo! ¿Qué digo mendigo? ¡Nada de eso! Sencillamente estoy perdido. Pero no hay nada con qué compararlo y no tengo por qué darme a mí mismo lecciones de moral. Nada sería más estúpido que moralizar ahora. ¡Oh, hombres satisfechos de sí mismos! ¡Con qué orgullosa satisfacción se disponen esos charlatanes a recitar sus propias máximas! Si supieran cómo yo mismo comprendo lo abominable de mi situación actual, no se atreverían a darme lecciones. Porque vamos a ver, ¿qué pueden decirme que yo no sepa? ¿Y acaso se trata de eso? De lo que se trata es de que basta un giro de la rueda para que todo cambie, y de que estos moralistas —estoy seguro de ello— serán entonces los primeros en venir a felicitarme con bromas amistosas. Y no me volverán la espalda, como lo hacen ahora. ¡Que se vayan a freír espárragos! ¿Qué soy yo ahora? Un cero a la izquierda. ¿Qué puedo ser mañana? Mañana puedo resucitar de entre los muertos y empezar a vivir de nuevo. Aún puedo, mientras viva, rescatar al hombre que va dentro de mí.

En efecto, fui entonces a Homburg, pero... más tarde estuve otra vez en Roulettenburg, estuve también en Spa, estuve incluso en Baden, adonde fui como ayuda de cámara del Consejero Hinze, un bribón que fue mi amo aquí. Sí, también serví de lacayo ¡nada menos que cinco meses! Eso fue recién salido de la cárcel (porque estuve en la cárcel en Roulettenburg por una deuda contraída aquí. Un desconocido me sacó de ella. ¿Quién sería? ¿*Mister* Astley? ¿Polina? No sé, pero la deuda fue pagada, doscientos táleros en total, y fui puesto en libertad). ¿En dónde iba a meterme? Y entré al servicio de ese Hinze. Es un hombre joven y voluble, amante de la ociosidad, y yo sé hablar y escribir tres idiomas.

Al principio entré a trabajar con él en calidad de secretario o algo por el estilo, con treinta *gulden* al mes, pero acabé como verdadero lacayo, porque llegó el momento en que sus medios no le permitieron tener un secretario y me rebajó el salario. Como yo no tenía adonde ir, me quedé, y de esa manera, por decisión propia, me convertí en lacayo. En su servicio no comí ni bebí lo suficiente, con lo que en cinco meses ahorré setenta *gulden*. Una noche, en Baden, le dije que quería dejar su servicio, y esa misma noche me fui a la ruleta. ¡Oh, cómo me martilleaba el corazón! No, no era el dinero lo que me atraía. Lo único que entonces deseaba era que todos estos Hinze, todos estos *Oberkellner*, todas estas magníficas damas de Baden hablasen de mí, contasen mi historia, se asombrasen de mí, me colmaran de alabanzas y rindieran pleitesía a mis nuevas ganancias. Todo esto son quimeras y afanes pueriles, pero... ¿quién sabe?, quizá tropezaría con Polina y le contaría —y ella vería— que estoy por encima de todos estos necios reveses del destino. ¡Oh, no era el dinero lo que me tentaba! Seguro estoy de que lo hubiera despilfarrado una vez más en alguna Blanche y de que una vez más me hubiera paseado en coche por París durante tres semanas, con un tronco de mis propios caballos valorados en dieciséis mil francos; porque la verdad es que no soy avaro; antes bien, creo que soy un manirroto. Y sin embargo, ¡con qué temblor, con qué desfallecimiento del corazón escucho el grito del crupier: *trente et un, rouge, impaire et passe*, o bien: *quatre, noir, pair et manque*! Con qué avidez miro la mesa de juego, cubierta de luises, federicos y táleros, las columnas de oro, el rastrillo del crupier que desmorona en montoncillos, como brasas candentes, esas columnas o los altos rimeros de monedas de plata en torno a la ruleta. Todavía, cuando me acerco a la sala de juego, aunque haya dos habitaciones de por medio, casi siento un calambre al oír el tintín de las monedas desparramadas.

¡Ah!, esa noche en que llegué a la mesa de juego con mis setenta *gulden* fue también notable. Empecé con diez *gulden*, una vez más *enpasse*. Perdí. Me quedaban sesenta *gulden* en plata; reflexioné y me decidí por el zéro. Comencé a apuntar al zéro cinco *gulden* por puesta, y a la tercera salió de pronto el zéro; casi desfallecí de gozo cuando me entregaron ciento setenta y cinco *gulden*. No había sentido tal alegría ni siquiera aquella vez que gané cien mil *gulden*; seguidamente aposté cien *gulden* al rojo, y salió; los doscientos al rojo, y salió; los cuatrocientos al negro, y salió; los ochocientos al *manque*, y salió; contando lo anterior hacía un total de mil setecientos *gulden*, ¡y en menos de cinco minutos! Sí, en tales momentos se olvidan todos los fracasos anteriores. Porque conseguí esto arriesgando más que la vida; me atreví a arriesgar... y me pude contar de nuevo entre los hombres.

Tomé habitación en un hotel, me encerré en ella y estuve contando mi dinero hasta la tres de la madrugada. A la mañana siguiente, cuando me desperté, ya no era lacayo. Decidí irme a Homburg ese mismo día;

allí no había servido como lacayo ni había estado en la cárcel. Media hora antes de la salida del tren fui a hacer dos apuestas, sólo dos, y perdí centenar y medio de florines. A pesar de ello me trasladé a Homburg y hace ya un mes que estoy aquí...

Vivo, ni que decir tiene, en perpetua zozobra; juego cantidades muy pequeñas y estoy a la espera de algo, hago cálculos, paso días enteros junto a la mesa de juego observándolo, hasta lo veo en sueños; y de todo esto deduzco que voy como insensibilizándome, como hundiéndome en agua estancada. Llego a esta conclusión por la impresión que me ha producido tropezar con *mister* Astley. No nos habíamos visto desde entonces y nos encontramos por casualidad. He aquí cómo sucedió eso. Fui a los jardines y calculé que estaba casi sin dinero pero que aún tenía cincuenta *gulden,* amén de que tres días antes había pagado en su totalidad la cuenta del hotel en que tengo alquilado un cuchitril. Por lo tanto, me queda la posibilidad de acudir a la ruleta, pero sólo una vez; si gano algo, podré continuar el juego; si pierdo, tendré que meterme a lacayo otra vez, a menos que se presenten en seguida algunos rusos que necesiten un tutor. Pensando así, iba yo dando mi paseo diario por el parque y por el bosque en el principado vecino. A veces me paseaba así hasta cuatro horas y volvía a Homburg cansado y hambriento. Apenas hube pasado de los jardines al parque cuando de repente vi a *mister* Astley sentado en un banco. Él fue el primero en verme y me llamó a voces. Me senté junto a él. Al notar en él cierta gravedad moderé al momento mi regocijo, pero aun así me alegré muchísimo de verle.

—¡Conque está usted aquí! Ya pensaba yo que iba a tropezar con usted —me dijo—. No se moleste en contarme nada: lo sé todo, todo. Me es conocida toda la vida de usted durante los últimos veinte meses.

—¡Bah, conque espía usted a los viejos amigos! —respondí—. Le honra a usted el hecho de que no se olvida... Pero, espere, me hace usted pensar en algo: ¿no fue usted quien me sacó de la cárcel de Roulettenburg donde estaba preso por una deuda de doscientos *gulden?* Fue un desconocido quien me rescató.

—¡No, oh, no! Yo no le saqué de la cárcel de Roulettenburg donde estaba usted por una deuda de doscientos *gulden,* pero sí sabía que estaba usted en la cárcel por una deuda de doscientos *gulden.*

—¿Quiere decir eso, sin embargo, que sabe usted quién me sacó?

—¡Oh no! No puedo decir que sepa quién le sacó.

—Cosa rara. No soy conocido de ninguno de nuestros rusos, y quizá aquí los rusos no rescatan a nadie. Allí en Rusia es otra cosa: los ortodoxos rescatan a los ortodoxos. Pensé que algún inglés estrambótico podría haberlo hecho por excentricidad.

Mister Astley me escuchó con cierto asombro. Por lo visto esperaba encontrarme triste y abatido.

—Me alegra mucho, de todos modos, ver que conserva plenamente su independencia espiritual y hasta su jovialidad —dijo con tono algo desagradable.

—Es decir, que está usted rabiando por dentro porque no me ve deprimido y humillado —dije yo, riendo.

No comprendió al instante, pero cuando comprendió se sonrió.

—Me gustan sus observaciones. Reconozco en esas palabras a mi antiguo amigo, listo y entusiasta. Los rusos son los únicos que pueden reconciliar en sí mismos tantas contradicciones a la vez. Es cierto; a uno le gusta ver humillado a su mejor amigo; y en gran medida la amistad se funda en la humillación. Ésta es una vieja verdad conocida de todo hombre inteligente. Pero le aseguro a usted que esta vez me alegra de veras que no haya perdido el coraje. Diga, ¿no tiene intención de abandonar el juego?

—¡Maldito sea el juego! Lo abandonaré en cuanto...

—¿En cuanto se desquite? Ya me lo figuraba; no siga... ya lo sé; lo ha dicho usted sin querer, por consiguiente ha dicho la verdad. Diga, fuera del juego, ¿no se ocupa usted en nada?

—No, en nada.

Empezó a hacerme preguntas. Yo no sabía nada, apenas había echado un vistazo a los periódicos, y durante todo ese tiempo ni siquiera había abierto un libro.

—Se ha anquilosado usted —observó—; no sólo ha renunciado a la vida, a sus intereses personales y sociales, a sus deberes como ciudadano y como hombre, a sus amigos (porque los tenía usted a pesar de todo...), no sólo ha renunciado usted a todo propósito que no sea ganar en el juego, sino que ha renunciado incluso a sus recuerdos. Lo conocí a usted en un momento ardiente y pujante de su vida, pero estoy seguro de que ha olvidado todas sus mejores impresiones de entonces. Sus ilusiones, sus ambiciones de ahora, aun las más apremiantes, no van más allá del *pair et impair, rouge, noir*, los doce números medios, etcétera, etcétera. Estoy seguro.

—Basta, *mister* Astley, por favor, por favor, no haga memoria —exclamé con enojo vecino al rencor—. Sepa que no he olvidado absolutamente nada, sino que por el momento he excluido todo eso de mi mente, incluso los recuerdos, hasta que mejore mi situación de modo radical. Entonces... ¡entonces ya verá usted cómo resucito de entre los muertos!

—Estará usted aquí todavía dentro de diez años —dijo—. Le apuesto que se lo recordaré a usted en este mismo banco, si vivo todavía.

—Bueno, basta —interrumpí con impaciencia—, y para demostrarle que no me he olvidado tanto del pasado, permita que le pregunte: ¿dónde está *miss* Polina? Si no fue usted quien me sacó de la cárcel sería proba-blemente ella. No he tenido ninguna noticia de ella desde aquel tiempo.

—¡No, oh no! No creo que fuera ella quien le sacara. Está ahora en Suiza, y me haría usted un gran favor si dejara de preguntarme por *miss* Polina —dijo sin rodeos y hasta con enfado.

—Eso quiere decir que le ha herido también a usted mucho —dije riendo involuntariamente.

—*Miss* Polina es la mejor de todas las criaturas más dignas de respe-to, pero le repito que me hará un gran favor si deja de preguntarme por ella. Usted no la conoció nunca, y considero insultante a mi sentido moral oír su nombre en labios de usted.

—¡Conque ahí estamos! Pero se equivoca usted. ¿De qué cree usted que hablaríamos, usted y yo, si no de eso? Porque en eso consisten todos nuestros recuerdos. Pero no se preocupe, que no me hace falta conocer ninguno de sus asuntos íntimos o confidenciales... Me interesan sólo, por así decirlo, las condiciones externas de *miss* Polina, sólo su situación aparente en la actualidad. Eso puede decirse en dos palabras.

—Bueno, para que todo quede concluido con esas dos palabras: miss Polina estuvo enferma largo tiempo; lo está todavía. Durante algún tiem-po estuvo viviendo con mi madre y mi hermana en el norte de Inglaterra. Hace medio año su abuela —usted se acuerda, aquella mujer tan loca— murió y le dejó, a ella personalmente, bienes por valor de siete mil li-bras. En la actualidad *miss* Polina viaja en compañía de la familia de mi hermana, que ahora está casada. Su hermano y su hermana menores también llevaron su parte en el testamento de la abuela y están en colegios de Londres. El general, su padrastro, murió de apoplejía en París hace un mes. *Mademoiselle* Blanche se portó bien con él, aunque consiguió apoderarse de todo lo que le dejó la abuela... me parece que eso es todo.

—¿Y Des Grieux? ¿No está viajando también por Suiza?

—No, Des Grieux no está viajando por Suiza, y no sé dónde está; por lo demás, le prevengo por última vez que desista de tales alusiones y conexiones innobles de nombres, o tendrá usted que vérselas conmigo.

—¿Cómo? ¿A pesar de nuestras relaciones amistosas de antes?

—Sí, a pesar de nuestras relaciones amistosas de antes.

—Le pido mil perdones, *mister* Astley, pero permítame decirle que nada injurioso o innoble hay en ello, porque de nada culpo a miss Polina. Amén de que un francés y una señorita rusa, hablando en términos ge-nerales, forman una conexión, *mister* Astley, que ni a usted ni a mí nos es dado calibrar ni entender por completo.

—Si no menciona usted el nombre de Des Grieux en relación con otro nombre, le pido que me explique qué quiere usted dar a entender con la expresión "un francés y una señorita rusa". ¿Qué conexión es ésa? ¿Por qué precisamente un francés y necesariamente una señorita rusa? —Ya veo que se interesa usted. Pero es largo de contar *mister* Astley. Habría mucho que saber de antemano. Por lo demás, es una cuestión importante, aunque parezca ridícula a primera vista. El francés, *mister* Astley, es una forma bella, perfecta. Usted, como británico, puede no estar conforme con este aserto; yo, como ruso, tampoco lo estoy, aunque quizá por envidia; pero nuestras damas pueden opinar de manera muy distinta. Usted puede juzgar a Racine artificial, amanerado y relamido; es probable que ni siquiera aguante su lectura. También yo lo encuentro artificial, amanerado y relamido, hasta ridículo desde cierto punto de vista; pero es delicioso, *mister* Astley, y, lo que es aún más importante, es un gran poeta, querámoslo o no usted y yo. La forma nacional del francés, es decir, del parisiense, adquirió su finura cuando nosotros éramos osos todavía. La revolución fue heredera de la aristocracia. Hoy día el francés más vulgar tiene maneras, expresiones y hasta ideas del mayor refinamiento, sin que haya contribuido a ello ni con su iniciativa, ni con su espíritu, ni con su corazón; todo ello lo tiene por herencia. En sí mismos, los franceses pueden ser fatuos e infames hasta más no poder. Bueno, *mister* Astley, le hago saber ahora que no hay criatura en este mundo más crédula y sincera que una mocita rusa que sea buena, juiciosa y no demasiado afectada. Des Grieux, presentándose en un papel cualquiera, presentándose enmascarado, puede conquistar su corazón con una facilidad extraordinaria; posee una forma refinada, *mister* Astley, y la señorita creerá que esa forma es la índole real del caballero, la forma natural de su ser y su sentir, y no la tomará por un disfraz que ha adquirido por herencia. Por muy desagradable que a usted le parezca, debo confesarle que la mayoría de los ingleses son poco elegantes y toscos; los rusos, por su parte, saben reconocer con bastante tino la belleza y son sensibles a ella. Pero para reconocer la belleza espiritual y la originalidad de la persona se requiere mucha más independencia, mucha más libertad de la que tienen nuestras mujeres, sobre todo las jovencitas, y en todo caso más experiencia. *Miss* Polina, pues, necesitaba mucho, muchísimo tiempo para darle a usted la preferencia sobre el canalla de Des Grieux. Le estimará a usted, le dará su amistad, le abrirá su corazón, pero en él seguirá reinando ese odioso canalla, ese Des Grieux mezquino, ruin y mercenario. Y esto será incluso consecuencia, por así decirlo, de la terquedad y el orgullo, ya que este mismo Des Grieux se presentó tiempo atrás ante ella con la aureola de un marqués elegante, de un liberal desilusionado, que se había arruinado por lo visto tratando de ayudar a la familia de ella y al mentecato del general. Todas estas bribonadas salieron a la luz más tarde; pero no importa que hayan salido. Devuélvale usted ahora al Des Grieux de antes —eso es lo que necesita—. Y cuanto más detesta al Des Grieux de ahora, tanto más echa de menos al de antes, aunque el de antes existía sólo en su imaginación. ¿Es usted fabricante de azúcar, *mister* Astley?

—Sí, soy socio de la conocida fábrica de azúcar "Lowell and Company".

—Bueno, pues ya ve, *mister* Astley. De un lado un fabricante de azúcar, y de otro el Apolo de Belvedere. Estas dos cosas me parece que no tienen relación entre sí. Yo ni siquiera soy fabricante de azúcar; no soy más que un insignificante jugador de ruleta y hasta he servido de lacayo, lo que seguramente conoce *miss* Polina porque al parecer tiene una policía excelente.

—Está usted furioso y por eso dice esas tonterías —comentó *mister* Astley con calma y en tono pensativo—. Además, lo que dice no tiene nada de original.

—De acuerdo; pero lo terrible del caso, noble amigo mío, es que todas éstas acusaciones mías, por trilladas, chabacanas y grotescas que sean, son verdad. En fin, ni usted ni yo hemos podido conseguir su amor.

—Eso es una tontería repugnante, porque... porque... sepa usted —dijo *mister* Astley con voz trémula y un relámpago en los ojos—, sepa usted, hombre innoble e indigno, hombre mezquino y desgraciado, que he venido a Homburg por encargo de ella para verle a usted, para hablarle detenida y seriamente, y para dar a ella cuenta de todo, de los sentimientos de usted, de sus pensamientos, de sus esperanzas y... ¡de sus recuerdos!

—¿De veras? ¿De veras? —grité, y se me saltaron las lágrimas. No pude contenerlas, al parecer por primera vez en mi vida.

—Sí, desgraciado; ella le quería a usted, y puedo revelárselo ahora porque es usted un hombre perdido. Más aún, puedo asegurarle que todavía le quiere... pero, en fin, da lo mismo, porque usted se quedará aquí. Sí, se ha destruido usted. Usted tenía ciertas aptitudes, un carácter vivaz y era hombre bastante bueno; hasta hubiera podido ser útil a su país, que tan necesitado anda de gente inteligente, pero... permanecerá usted aquí y con ello acabará su vida. No le echo la culpa. En mi opinión, así son todos los rusos o así tienden a serlo. Si no es la ruleta, es otra cosa por el estilo. Las excepciones son raras. No es usted el primero que no comprende lo que es el trabajo (y no hablo del pueblo ruso). La ruleta es un juego predominantemente ruso. Hasta ahora ha sido usted honrado y ha preferido ser lacayo a robar..., pero me aterra pensar en lo que puede pasar en el futuro. ¡Bueno, basta, adiós! Supongo que necesita usted dinero. Aquí tiene diez louis *d'or,* no le doy más porque de todos modos se los jugará usted. ¡Tómelos y adiós! ¡Tómelos, vamos!

—No, *mister* Astley, después de todo lo que se ha dicho...

—¡Tó-me-los! —gritó—. Estoy convencido de que es usted todavía un hombre honrado y se los doy como un amigo puede dárselos a un amigo de verdad. Si pudiera estar seguro de que al instante dejaría de jugar, de que se iría de Homburg y volvería a su país, estaría dispuesto a darle a usted inmediatamente mil libras para que empezara una nueva carrera. Pero no le doy mil libras y sí sólo diez *louis d'or* porque a decir verdad mil libras o diez *louis d'or* vienen a ser para usted, en su situación presente, exactamente lo mismo: se las jugaría usted. Tome el dinero y adiós.

—Lo tomaré si me permite un abrazo de despedida.

—¡Oh, con gusto!

Nos abrazamos sinceramente y *mister* Astley se marchó.

¡No, no tiene razón! Si bien yo me mostré áspero y estúpido con respecto a Polina y Des Grieux, él se mostró áspero y estúpido con respecto a los rusos. De mí mismo no digo nada. Sin embargo.... sin embargo, no se trata de eso ahora. ¡Todo eso son palabras, palabras y palabras, y lo que hace falta son hechos! ¡Ahora lo importante es Suiza! Mañana... ¡oh, si fuera posible irse de aquí mañana! Regenerarse, resucitar. Hay que demostrarles... Que Polina sepa que todavía puedo ser un hombre. Basta sólo con... ahora, claro, es tarde, pero mañana... ¡Oh tengo un presentimiento, y no puede ser de otro modo! Tengo ahora quince luises y empecé con quince *gulden*. Si comenzara con cautela... ¡pero de veras, de verás que soy un chicuelo! ¿De veras que no me doy cuenta de que estoy perdido? Pero... ¿por qué no puedo volver a la vida? Sí, basta sólo con ser prudente y perseverante, aunque sólo sea una vez en la vida... y eso es todo. Basta sólo con mantenerse firme una sola vez en la vida y en una hora puedo cambiar todo mi destino. Firmeza de carácter, eso es lo importante. Recordar lo que me ocurrió hace siete meses en Roulettenburg, antes de mis pérdidas definitivas en el juego. ¡Ah, ése fue un ejemplo notable de firmeza: lo perdí todo entonces, todo... salí del casino, me registré los bolsillos, y en el del chaleco me quedaba todavía un *gulden:* "¡Ah, al menos me queda con qué comer! ", pensé, pero cien pasos más adelante cambié de parecer y volví al casino. Aposté ese *gulden* a *manque* (esa vez fue a *manque*) y, es cierto, hay algo especial en esa sensación, cuando está uno solo, en el extranjero, lejos de su patria, de sus amigos, sin saber si va a comer ese día, y apuesta su último *gulden,* así como suena, el último de todos. Gané y al cabo de veinte minutos salí del casino con ciento setenta *gulden* en el bolsillo. ¡Así sucedió, sí! ¡Eso es lo que a veces puede significar el último *gulden*! ¿Y qué hubiera sido de mí si me hubiera acobardado entonces, si no me hubiera atrevido a tomar una decisión?

¡Mañana, mañana acabará todo!

Noches blancas

Novela sentimental
(Recuerdos de un soñador)

¿O fue creado para estar siquiera
un momento en las cercanías
de tu corazón?

I. Turgeniev

Noche primera

Era una noche maravillosa, una de esas noches, amable lector, que quizá sólo existen en nuestros años mozos. El cielo estaba tan estrellado, tan luminoso, que mirándolo no podía uno menos de preguntarse: ¿pero es posible que bajo un cielo como éste pueda vivir tanta gente irritable y caprichosa? Ésta, amable lector, es también una pregunta de los años mozos, muy de los años mozos, pero Dios quiera que te la hagas a menudo. Hablando de gente irritable y por varios motivos caprichosa, debo recordar mi buena conducta durante todo ese día. Ya desde la mañana me atormentaba una extraña melancolía. Me pareció de pronto que a mí, hombre solitario, me abandonaba todo el mundo, que todos me rehuían. Claro que tienes derecho a preguntar: ¿y quiénes son esos "todos"? Porque hace ya ocho años que vivo en Petersburgo y no he podido trabar conocimiento con nadie. ¿Pero qué falta me hace conocer a gente alguna? Porque aun sin ella, a mí todo Petersburgo me es conocido. He aquí por qué me pareció que todos me abandonaban cuando Petersburgo entero se levantó y salió acto seguido para el campo. Fue horrible quedarme solo. Durante tres días enteros recorrí la ciudad dominado por una profunda angustia, sin darme clara cuenta de lo que me pasaba. Fui a la perspectiva Nevski, fui a los jardines, caminé por los muelles; pues bien, no vi ni una sola de las personas que solía encontrar durante el año en tal o cual lugar, a esta o aquella hora. Esas personas, por supuesto, no me conocen a mí, pero yo sí las conozco a ellas. Las conozco a fondo, casi me he aprendido de memoria sus fisonomías, me alegro cuando las veo alegres y me entristezco cuando las veo tristes. Estuve a punto de trabar amistad con un anciano a quien encontraba todos los días a la misma hora en la Fontanka. ¡Qué rostro tan impresionante, tan pensativo, el suyo! Caminaba murmurando continuamente y accionando con la mano izquierda, mientras que en la derecha blandía un bastón nudoso con puño de oro. Él también se percató de mí y me miraba con vivo interés. Estoy seguro de que se ponía triste si por ventura yo no pasaba a esa hora precisa por ese lugar de la Fontanka. He ahí por qué algunas veces estuvimos a punto de saludarnos, sobre todo cuando estábamos de buen humor. No hace mucho, cuando nos encontramos al cabo de tres días de no vernos, casi nos llevamos la mano al sombrero, pero afortunadamente nos dimos cuenta a tiempo, bajamos el brazo y pasamos uno junto a otro con un gesto de simpatía. También las casas me son conocidas. Cuando voy por la calle parece que cada una de ellas me sale al encuentro, me mira con todas sus ventanas y casi me dice: "¡Hola! ¿Qué tal? Yo, gracias a Dios, voy bien, y en mayo me añaden un piso". O bien: "¿Cómo va esa salud? A mí mañana me ponen en reparaciones". O bien: "Estuve a punto de arder y me llevé un buen susto". Y así por el estilo. Entre ellas tengo mis preferidas, mis amigas íntimas. Una de ellas tiene la intención de ponerse en tratamiento este verano con un arquitecto. Iré a propósito a verla todos los días para que no la curen al buen tuntún. ¡Dios la proteja!

Nunca olvidaré lo que me pasó con una casita preciosa pintada de rosa claro. Era una casita adorable, de piedra, y me miraba de un modo tan afable y observaba con tanto orgullo a sus desgarbadas vecinas que mi corazón se henchía de gozo cuando pasaba ante ella. Pero de repente, la semana pasada, cuando bajaba por la calle y eché una mirada a mi amiga, oí un grito de dolor: "¡Me van a pintar de amarillo!" ¡Malvados, bárbaros! No han perdonado nada, ni siquiera las columnas o las cornisas; y mi amiga se ha puesto amarilla como un canario. A mí casi me dio un ataque de ictericia con ese motivo. Y ésta es la hora en que no he tenido fuerzas para ir a ver a mi pobre amiga desecada, teñida del color nacional del Imperio Celeste.

Así, pues, lector, ya ves de qué manera conozco todo Petersburgo.

Ya he dicho que durante tres días enteros me tuvo atormentado la inquietud hasta que por fin averigüé su causa. En la calle no me sentía bien —éste ya no está aquí, ni este otro; y ¿adónde habrá ido aquel otro?—, ni tampoco en casa. Durante dos noches seguidas hice un esfuerzo: ¿qué echo de menos en mi rincón?, ¿por qué me es tan molesto permanecer en él? Miraba perplejo las paredes verdes y mugrientas, el techo cubierto de telarañas que con gran éxito cultivaba Matryona; volvía a examinar todo mi mobiliario, a inspeccionar cada silla, pensando si no estaría ahí la clave de mi malestar (porque basta que una sola de mis sillas no esté en el mismo sitio que ayer para que ya no me sienta bien), miré por la ventana, y todo en vano..., no hallé alivio. Decidí incluso llamar a Matryona y reprenderla paternalmente por lo de las telarañas y, en general, por la falta de limpieza, pero ella se limitó a mirarme con asombro y me volvió la espalda sin decir palabra; así, pues, las telarañas siguen todavía felizmente en su sitio. Por fin esta mañana logre averiguar de qué se trataba. Pues nada, que todo el mundo estaba saliendo de estampida para el campo. Pido perdón por la frase vulgar, pero es que ahora no estoy para expresarme en estilo elevado... porque, así como suena, todo lo que encierra Petersburgo se iba a pie o en vehículo al campo. Todo caballero de digno y próspero aspecto que tomaba un coche de alquiler se convertía al punto en mis ojos en un honrado padre de familia que, después de las consabidas labores de su cargo, se dirigía desembarazado de equipaje al seno de su familia en una casa de campo.

Cada transeúnte tomaba ahora un aire singular, como si quisiera decir a sus congéneres: "Nosotros, señores, estamos aquí sólo de paso. Dentro de un par de horas nos vamos al campo". Se abría una ventana, se oía primero el teclear de unos dedos finos y blancos como el azúcar, y asomaba la cabeza de una muchacha bonita que llamaba al vendedor ambulante de flores; al punto me figuraba yo que estas flores se compraban, no para disfrutar de ellas y de la primavera en el aire cargado de una habitación ciudadana, sino porque todos se iban pronto al campo y querían llevarse las flores consigo. Pero hay más, y es que había adquirido ya tal destreza en este nuevo e insólito género de descubrimientos que podía, sin equivocarme, guiado sólo por el aspecto físico, determinar en qué tipo de casa de campo vivía cada cual. Los que las tenían en las islas Kamenny y Aptekarski o en el camino de Peterhof, se distinguían por la estudiada elegancia de sus modales, por su atildada indumentaria veraniega y por los soberbios carruajes en que venían a la ciudad. Los que las tenían en Pargolov, o aún más lejos, impresionaban desde el primer momento por su prestancia y prudencia. Los de la isla Krestovski destacaban por su continente invariablemente alegre. Sucedía que tropezaba a veces con una larga hilera de carreteros que con las riendas en la mano caminaban perezosamente junto a sus carromatos, cargados de verdaderas montañas de muebles de toda laya; mesas, sillas, divanes turcos y no turcos, y otros enseres domésticos; y encima de todo ello, en la cumbre misma de la montaña, iba a menudo sentada una macilenta cocinera, protectora de la hacienda de sus señores como si fuera oro en paño. O veía pasar, cargadas hasta los topes de utensilios domésticos, barcas que se deslizaban por el Neva o la Fontanka hasta a río Chorny o las islas. Los carros y las barcas se multiplicaban por diez o por ciento a mis ojos. Parecía que todo se levantaba y se iba, que todo se trasladaba al campo en caravanas enteras, que Petersburgo amenazaba con quedarse desierto —y llegué al punto de tener vergüenza, de sentirme ofendido y triste—. Yo no tenía adónde ir, ni por qué ir al campo, pero estaba dispuesto a irme con cualquier carromato, con cualquier caballero de aspecto respetable que alquilara un coche de punto. Nadie, sin embargo, absolutamente nadie me invitaba. Era como si se hubieran olvidado de mí, como si efectivamente fuera un extraño para todos.

Anduve mucho, largo tiempo, hasta que, como me ocurre a menudo, perdí la noción de dónde estaba, y cuando volví en mi acuerdo me hallé a las puertas de la ciudad. De pronto me sentí contento, rebasé el puesto de peaje y me adentré por los sembradíos y praderas sin reparar en el cansancio, sintiendo sólo con todo mi cuerpo que se me quitaba un peso del alma. Los transeúntes me miraban con tanta afabilidad que se diría que les faltaba poco para saludarme. No sé por qué todos estaban alegres, y todos, sin excepción, iban fumando cigarros. También yo estaba alegre, alegre como hasta entonces nunca lo había estado. Era como si de pronto me encontrase en Italia —tanto me afectaba la naturaleza, a mí, hombre de ciudad, medio enfermo, que casi comenzaba a asfixiarme entre los muros urbanos.

Hay algo inefablemente conmovedor en nuestra naturaleza petersburguesa cuando, a la llegada de la primavera, despliega de pronto toda su pujanza, todas las fuerzas de que el cielo la ha dotado, cuando gallardea, se engalana y se tiñe con los mil matices de las flores. Me recuerda a una de esas muchachas endebles y enfermizas a las que a veces se mira con lástima, a veces con una especie de afecto compasivo, y a veces, sencillamente, no se fija uno en ellas, pero que de pronto, en un abrir y cerrar de ojos, sin que se sepa cómo, se convierten en beldades singulares y prodigiosas. Y uno, asombrado, cautivado, se pregunta sin más: ¿qué impulso ha hecho brillar con tal fuego esos ojos tristes y pensativos?, ¿qué ha hecho volver la sangre a esas mejillas pálidas y sumidas?, ¿qué ha regado de pasión los rasgos de ese tierno rostro?, ¿de qué palpita ese pecho?, ¿qué ha traído de súbito vida, vigor y belleza al rostro de la pobre muchacha?, ¿qué la ha hecho iluminarse con tal sonrisa, animarse con esa risa cegadora y chispeante? Mira uno en torno suyo buscando a alguien, sospechando algo. Pero pasa ese momento y quizás al día siguiente encuentra uno la misma mirada vaga y pensativa de antes, el mismo rostro pálido, la misma humildad y timidez en los movimientos; y más aún: remordimiento, rastros de cierta torva melancolía y aun irritación ante el momentáneo enardecimiento. Y le apena a uno que esa instantánea belleza se haya marchitado de manera tan rápida e irrevocable, que haya brillado tan engañosa e ineficazmente ante uno; le apena el que ni siquiera hubiese suficiente tiempo para enamorarse de ella...

Mi noche, sin embargo, fue mejor que el día. He aquí lo que pasó:

Regresé a la ciudad muy tarde y ya daban las diez cuando llegué cerca de casa. Mi camino me llevaba por el muelle del canal, en el que a esa hora no encontré alma viviente, aunque verdad es que vivo en uno de los barrios más apartados de la ciudad. Iba cantando porque cuando me siento feliz siempre tarareo algo entre dientes, como cualquier hombre feliz que carece de amigos o de buenos conocidos y que, cuando llega un momento alegre, no tiene con quien compartir su alegría. De repente me sucedió la aventura más inesperada.

A unos pasos de mí, de codos en la barandilla del muelle, estaba una mujer que parecía observar con gran atención el agua turbia del canal. Vestía un chal negro muy coqueto y llevaba un bonito sombrero amarillo. "Es, sin duda, joven y morena", pensé. Por lo visto no había oído mis pasos y ni siquiera se movió cuando, conteniendo el aliento y con el corazón a galope, pasé junto a ella. "Es extraño —me dije—, algo la tiene muy abstraída". De pronto me quedé clavado en el sitio. Creí haber oído un sollozo ahogado. Sí, no me había equivocado, porque momentos después oí otros sollozos. ¡Dios mío! Se me encogió el corazón. Soy muy tímido con las mujeres, pero en esta ocasión giré sobre los talones, me acerqué a ella y le hubiera dicho "¡Señorita!" de no saber que esta exclamación ha sido pronunciada ya un millar de veces en novelas rusas que versan sobre la alta sociedad. Eso fue lo único que me contuvo. Pero mientras buscaba otra palabra la muchacha recobró su compostura, miró en torno suyo, bajó los ojos y se deslizó junto a mí a lo largo del muelle. Al momento me puse a seguirla, pero ella, adivinándolo, se apartó del muelle, cruzó la calle y siguió caminando por la acera. Yo no me atreví a cruzar la calle. El corazón me latía como el de un pajarillo que se tiene cogido en la mano. Inopinadamente la casualidad vino en mi ayuda.

Por la acera, no lejos de mi desconocida, apareció de pronto un caballero vestido de frac, impresionante por los años, aunque no lo fuera por su manera de andar. Caminaba haciendo eses y apoyándose con tiento en la pared. La muchacha iba como una flecha, rauda y tímida, como van por lo común las mocitas que no quieren que se las acompañe a casa de noche, y, por supuesto, el caballero tambaleante no hubiera podido alcanzarla si mi suerte no le hubiera sugerido recurrir a una estratagema. Sin decir palabra, el caballero se arrancó de repente y se puso a galopar en persecución de mi desconocida. Ella volaba, pero no obstante el caballero de los trompicones iba alcanzándola, la alcanzó por fin, la muchacha lanzó un grito... y yo doy gracias al destino por el excelente bastón de nudos que mi mano derecha empuñaba en tal ocasión. En un abrir y cerrar de ojos me planté en la acera opuesta, el caballero importuno comprendió al instante de qué se trataba, tomó en consideración el argumento irresistible que yo blandía, calló, se desvió, y sólo cuando se halló bastante lejos protestó contra mí en términos bastante enérgicos, pero sus palabras apenas se percibían desde donde estábamos.

—Deme usted la mano —le dije a mi desconocida—. Ese sujeto ya no se atreverá a acercarse.

Ella, en silencio, me alargó la mano, que aún temblaba de agitación y espanto. ¡Oh, caballero oportuno, cómo te di las gracias en ese momento! La miré fugazmente. Era bonita y morena. Había acertado. En sus pestañas negras brillaban aún lágrimas de miedo reciente o de tristeza anterior. No sé. Pero a los labios afloraba ya una sonrisa. Ella también me miró de soslayo, se ruborizó ligeramente y bajó los ojos.

—¿Por qué me rechazó usted antes? Si yo hubiera estado allí no habría pasado esto.

—No le conocía. Pensé que también usted...

—¿Pero es que me conoce usted ahora?

—Un poco. Por ejemplo, ¿por qué tiembla usted?

—¡Ah, ha acertado a la primera mirada! —respondí entusiasmado de saberla inteligente, lo que, unido a la belleza, no es humo de pajas—. Sí, a la primera mirada ha adivinado usted qué clase de persona soy. Es verdad, soy tímido con las mujeres. Estoy agitado, no lo niego; ni más ni menos que usted misma lo estaba hace un minuto cuando la asustó ese señor. Ahora el que tiene miedo soy yo. Parece un sueño, pero ni aun en sueños hubiera creído que hablaría con una mujer.

—¿Cómo? ¿Es posible?

—Sí. Si me tiembla la mano es porque hasta ahora no había apretado nunca otra tan pequeña y bonita como la suya. He perdido la costumbre de estar con las mujeres; mejor dicho, nunca la he tenido, soy un solitario. Ni siquiera sé hablar con ellas. Ni ahora tampoco. ¿No le he soltado a usted alguna majadería? Dígamelo con franqueza. Le advierto que no me ofendo.

—No, nada. Todo lo contrario. Y si me pide usted que sea franca le diré que a las mujeres les gusta esa clase de timidez. Y si quiere saber algo más, también a mí me gusta, y no le diré que se vaya hasta que lleguemos a casa.

—Lo que hará usted conmigo —dije jadeante de entusiasmo— es que dejaré de ser tímido y entonces ¡adiós a todos mis métodos!

—¿Métodos? ¿Qué clase de métodos? ¿Y para qué sirven? Eso ya no me suena bien.

—Perdón. No será así. Se me fue la lengua. Pero ¿cómo quiere que en un momento como éste no tenga el deseo...?

—¿De agradar, no es eso?

—Pues sí. Por amor de Dios, sea usted buena. Juzgue de quién soy. Tengo ya veintiséis años y nunca he conocido a nadie. ¿Cómo puedo hablar bien, con facilidad y buen sentido? Mejor irán las cosas cuando todo quede explicado, con claridad y franqueza. No sé callar cuando habla el corazón dentro de mí. Bueno, da lo mismo. ¿Puede usted creer

que nunca he hablado con una mujer, nunca jamás?, ¿qué no he conocido a ninguna? Ahora bien, todos los días sueño que por fin voy a
encontrar a alguien. ¡Si supiera usted cuántas veces he estado enamorado de esa manera!

—Pero ¿cómo? ¿Con quién?

—Con nadie, con un ideal, con la mujer con que se sueña. En mis
sueños compongo novelas enteras. Ah, usted no me conoce. Es verdad
que he conocido a dos o tres mujeres; otra cosa sería inconcebible, pero
¿qué mujeres? Una especie de patronas... Pero voy a hacerla reír, voy a
decirle que algunas veces he pensado entablar conversación en la calle
con alguna mujer de la buena sociedad. Así, sin cumplidos. Claro está
que cuando se halle sola. Hablar, por supuesto, con timidez, respeto y
apasionamiento; decirle que me muero solo, que no me rechace, que no
hallo otro medio de conocer a mujer alguna, insinuarle incluso que es
obligación de las mujeres el no rechazar la tímida súplica de un hombre
tan infeliz como yo; y que, al fin y al cabo, lo que pido es sólo que me
diga con simpatía un par de palabras amistosas, que no me mande a
paseo desde el primer instante, que me crea bajo palabra, que escuche lo
que le digo, que se ría de mí si le da gusto, que me dé esperanzas, que
me diga dos palabras, tan sólo dos palabras, aunque no nos volvamos a
ver jamás. Pero usted se ríe... Por lo demás, hablo sólo para hacerla reír...

—No se enfade. Me río porque es usted su propio enemigo. Si pro-
bara usted, quizá lograra todo eso aun en la calle misma. Cuanto más
sencillo, mejor. No hay mujer buena, a menos que sea tonta o esté enfadada en ese momento por cualquier motivo, que pensara despedirle a
usted sin esas dos palabras que implora con tanta timidez. Por otro lado,
¿quién soy yo para hablar? Lo más probable es que le tuviera a usted
por loco. Juzgo por mí misma. ¡Bien sé yo cómo viven las gentes en el
mundo!

—Se lo agradezco —exclamé—. ¡No sabe usted lo que acaba de hacer por mí!

—Bien. Ahora dígame cómo conoció usted que soy de las mujeres
con quienes... bueno, a quienes usted considera dignas de... atención y
amistad. En otras palabras, no una patrona, como decía usted. ¿Por qué
decidió acercarse a mí?

—¿Por qué? ¿Por qué? Pues porque estaba usted sola, porque ese
caballero era demasiado atrevido y porque es de noche. No dirá usted
que no es obligación...

—No, no, antes de eso. Allí, al otro lado de la calle. Usted quería
acercárseme, ¿verdad?

—¿Allí, al otro lado? De veras que no sé qué decir. Temo que... Hoy,
sabe usted, me he sentido feliz. He estado andando y cantando. Salí a

las afueras. Nunca hasta ahora he tenido momentos tan felices. Usted... me parecía quizá... Bueno, perdone que se lo recuerde: me parecía que lloraba usted y me era intolerable oírlo. Se me oprimía el corazón. ¡Ay, Dios mío! ¿Cree usted que podía oírla sin afligirme? ¿Es que fue pecado sentir compasión fraternal por usted? Perdone que diga compasión... En suma, ¿acaso podía ofenderla cuando se me ocurrió acercarme a usted?

—Bueno, basta; no diga más —repuso la joven, bajando los ojos y apretándome la mano—. Yo misma tengo la culpa por haber hablado de eso. Pero estoy contenta de no haberme equivocado con usted. Bueno, ya hemos llegado. Tengo que meterme por esta callejuela. Son dos pasos nada más. Adiós, le agradezco...

—¿Pero es de veras posible que no volvamos a vernos? ¿Es posible que las cosas queden así?

—Mire —dijo riendo la muchacha—. Al principio sólo quería usted dos palabras, y ahora... Pero, en fin, no le prometo nada. Puede que nos encontremos.

—Mañana vengo aquí —dije—. ¡Ah! perdone, ya estoy exigiendo...

—Sí, es usted impaciente. Exige casi...

—Escuche —la interrumpí—. Perdone que se lo diga otra vez, pero no puedo dejar de venir aquí mañana. Soy un soñador. Hay en mí tan poca vida real, los momentos como éste, como el de ahora, son para mí tan raros que me es imposible no repetirlos en mis sueños. Voy a soñar con usted toda la noche, toda la semana, todo el año. Mañana vendré aquí sin falta, aquí mismo, a este mismo sitio, a esta misma hora, y seré feliz recordando el día de hoy. Este sitio ya me es querido. Tengo otros dos o tres sitios como éste en Petersburgo. Una vez hasta lloré recordando algo, igual que usted. Quién sabe, quizá usted también hace diez minutos lloraba recordando alguna cosa. Pero perdón, estoy desbarrando de nuevo. Puede que usted, alguna vez, fuera especialmente feliz en este lugar.

—Bueno —dijo la muchacha—. Quizá yo también venga aquí mañana. A las diez también. Veo que ya no puedo impedirle... pero, mire, es que necesito venir aquí. No piense usted que le doy una cita. Le aseguro que tengo que estar aquí por asuntos míos. Ahora bien, se lo digo sin titubeos: no me importaría que también viniera usted. En primer lugar porque pudieran ocurrir incidentes desagradables como el de hoy; pero dejemos eso... En suma, sencillamente me gustaría verle... para decirle dos palabras. Ahora, vamos a ver, ¿no me condena usted? ¿No piensa que le estoy dando una cita sin más ni más? No se la daría si...; pero, bueno, eso es un secreto mío. Antes de todo una condición.

—¡Una condición! Hable, dígalo todo de antemano. Estoy de acuerdo con todo, dispuesto a todo —exclamé exaltado—. Respondo de mí, seré atento, respetuoso... Usted me conoce.

—Precisamente porque le conozco le invito para mañana —dijo la joven riendo—. Le conozco muy bien. Pero, mire, venga con una condición: en primer lugar (sea usted bueno y haga lo que le pido; ya ve que hablo con franqueza) no se enamore de mí. Eso no puede ser, se lo aseguro. Estoy dispuesta a ser amiga suya. Aquí tiene mi mano. Pero lo de enamorarse no puede ser. Se lo ruego.

—Le juro —grité yo, tomándole la mano...

—Basta, no jure, porque es usted capaz de estallar como la pólvora. No piense mal de mí porque le hablo así. Si usted supiera... Yo tampoco tengo a nadie con quien poder cambiar una palabra o a quien pedir consejo. Claro que la calle no es sitio indicado para encontrar consejeros. Usted es la excepción. Le conozco a usted como si fuésemos amigos desde hace veinte años. ¿De veras que no cambiará usted?

—Usted lo verá. Lo que no sé, sin embargo, es cómo voy a sobrevivir las próximas veinticuatro horas.

—Duerma usted a pierna suelta. Buenas noches. Recuerde que ya he confiado en usted. Hace un momento lanzó usted una exclamación tan hermosa que justifica cualquier sentimiento, incluso el de simpatía fraternal. ¿Sabe? Lo dijo usted de un modo tan bello que al instante pensé que podía fiarme de usted.

—¿Pero en qué asunto? ¿Para qué?

—Hasta mañana. Mientras tanto hay que guardar el secreto. Tanto mejor para usted, porque a cierta distancia parece una novela. Quizá mañana se lo diga, o quizá no. Ya hablaremos, nos conoceremos mejor...

—Yo mañana le voy a contar a usted todo lo mío. Pero ¿qué es esto? Parece como si me ocurriera un milagro. ¿Dónde estoy, Dios mío? ¿No está usted contenta de no haberse enfadado conmigo, como lo hubiera hecho otra mujer? ¿De no haberme rechazado desde el primer momento? En dos minutos me ha hecho usted feliz para siempre. Sí, feliz. Quién sabe, quizá me ha reconciliado usted conmigo mismo, quizá ha resuelto mis dudas... Quizá hay también para mí minutos así... Pero ya le contaré todo mañana, ya se enterará usted de todo.

—Bueno, acepto. Usted empezará.

—De acuerdo.

—Hasta la vista.

—Hasta la vista.

Nos separamos. Pasé la noche andando, sin decidirme a volver a casa. ¡Me sentía tan feliz! ¡Hasta mañana!

Noche segunda

—Bueno, ya veo que ha sobrevivido usted —me dijo riendo y estrechándome ambas manos.

—Ya llevo aquí dos horas. ¡No puede usted figurarse qué día he pasado!

—Me lo figuro, sí. Pero al grano. ¿Sabe usted para qué he venido? Pues no para decir tonterías como ayer. Mire, es preciso que en adelante seamos más sensatos. Ayer estuve pensando mucho en todo esto.

—¿Pero en qué ser más sensatos? ¿En qué? Por mí estoy dispuesto, pero la verdad es que en mi vida me han ocurrido cosas tan sensatas como ahora.

—¿De veras? Para empezar le ruego que no me apriete las manos tanto. En segundo lugar le advierto que hoy ya he pensado mucho en usted.

—Bien, ¿y con qué conclusión?

—¿Con qué conclusión? Pues con la conclusión de que tenemos que empezar por el principio, porque hoy estoy persuadida de que aún no le conozco bien. Ayer me porté como una niña, como una chicuela. Por supuesto, mi buen corazón tiene la culpa de todo. Me estuve dando importancia, como sucede siempre que empezamos a examinar nuestra vida. Y para corregir esa falta me he propuesto enterarme detalladamente de todo lo que toca a usted. Ahora bien, como no tengo a nadie que me pueda dar informes, usted mismo habrá de contármelo todo, revelarme todo el secreto. A ver, ¿qué clase de hombre es usted? ¡Hala, empiece, cuénteme toda la historia!

—¡Historia! —exclamé sobrecogido—. ¡Historia! ¿Pero quién le ha dicho que tengo historia? Yo no tengo historia...

—Puesto que ha vivido usted, ¿cómo no va a tener historia? —me interrumpió riendo.

—No ha habido historia de ninguna clase, ninguna. He vivido, como quien dice, conmigo mismo, es decir, enteramente solo, solo, completamente solo. ¿Entiende usted lo que es estar solo?

—¿Cómo solo? ¿Es que no ve nunca a nadie?

—¡Ah, no! Ver, sí veo; pero solo, a pesar de ello.

—¿Entonces qué? ¿Es que no habla con nadie?

—En sentido estricto, con nadie.

—Entonces, explíquese. ¿Qué clase de hombre es usted? Déjeme adivinarlo. Usted, como yo, probablemente tiene una abuela. La mía está ciega. Nunca me deja ir a ninguna parte, de modo que casi se me ha olvidado hablar. Y cuando un par de años atrás hice ciertas travesuras, y ella vio que no podía hacer carrera de mí, me llamó y prendió mi vestido al suyo con un imperdible. Desde entonces así nos pasamos sentadas días enteros. Ella hace calceta aunque está ciega; y yo, sentada a su lado, coso o le leo algún libro. De esta manera tan rara, prendida a otra persona con un alfiler, llevo ya dos años.

—¡Qué desgracia, Dios santo! No, yo no tengo una abuela como ésa.

—Si no la tiene, ¿por qué se queda usted en casa?

—Escuche. ¿Quiere saber qué clase de persona soy?

—Pues sí.

—¿En el sentido riguroso de la palabra?

—En el sentido más riguroso de la palabra.

—Pues bien, soy... un tipo.

—Un tipo. ¿Un tipo? ¿Qué clase de tipo? —gritó la muchacha, riendo a borbotones, como si no lo hubiera hecho en todo un año—. Es usted divertidísimo. Mire, aquí hay un banco. Sentémonos. Por aquí no pasa nadie. Nadie nos oye y... empiece su historia. Porque, no pretenda lo contrario, usted tiene una historia y trata sólo de escurrir el bulto. En primer lugar, ¿qué es un tipo?

—¿Un tipo? Un tipo es un original, un hombre ridículo —contesté con una carcajada que empalmaba con su risa infantil—. Es un bicho raro. Oiga, ¿sabe usted lo que es un soñador?

—¿Un soñador? ¿Cómo no voy a saberlo? Yo misma soy una soñadora. Hay veces, cuando estoy sentada junto a la abuela, que no sé por qué motivo no se me ocurre nada. Pero me pongo a soñar y a ensimismarme hasta que..., en fin, que me caso con un príncipe chino. A veces eso de soñar está bien... Por otra parte, quizá no. Sobre todo si ya hay bastantes cosas en qué pensar —agregó la joven hablando ahora con relativa seriedad.

—¡Magnífico! Si alguna vez decide casarse con un emperador chino, entenderá lo que digo. Bueno, oiga... Pero, perdón, todavía no sé cómo se llama usted.

—Por fin. ¡Pues sí que se ha acordado usted temprano!

—¡Ay, Dios mío! No se me ha ocurrido siquiera. Como lo he estado pasando tan bien...

—Me llamo... Nastenka.

—Nastenka. ¿Nada más?

—¿Nada más? ¿Le parece poco, hombre insaciable?

—¿Poco? Todo lo contrario. Mucho, mucho, muchísimo. Nastenka, es usted una chica estupenda si desde el primer momento ha sido Nastenka para mí.

—Precisamente. Ya ve.

—Bueno, Nastenka, escuche y verá qué historia más ridícula me sale.

Me senté junto a ella, tomé una postura pedantescamente seria y empecé como si leyera un texto escrito:

—Hay en Petersburgo, Nastenka, si no lo sabe usted, bastantes rincones curiosos. Se diría que a esos lugares no se asoma el mismo Sol que brilla para todos los petersburgueses, sino que es otro el que se asoma, otro diferente, que parece encargado de propósito para esos sitios y que brilla para ellos con una luz especial. En esos rincones, querida Nastenka, se vive una vida muy peculiar, nada semejante a la que bulle en torno nuestro, una vida que cabe concebir en lejanas y misteriosas tierras, pero no aquí, entre nosotros, en este tiempo nuestro tan excesivamente serio. En esa otra vida hay una mezcla de algo puramente fantástico, ardientemente ideal, y de algo (¡ay, Nastenka!) terriblemente ordinario y prosaico, por no decir increíblemente chabacano.

—¡Uf! ¡Qué prólogo, Dios mío! ¿Qué es lo que oigo?

—Lo que oye usted, Nastenka (me parece que no me cansaré ya nunca de llamarla Nastenka), lo que oye usted es que en esos rincones viven unas gentes extrañas: los soñadores. El soñador —si se quiere una definición más precisa— no es un hombre ¿sabe usted?, sino una criatura de género neutro. Por lo común se instala en algún rincón inaccesible, como si se escondiera del mundo cotidiano. Una vez en él, se adhiere a su cobijo como lo hace el caracol, o, al menos, se parece mucho al interesante animal, que es a la vez animal y domicilio, llamado tortuga. ¿Por qué piensa usted que se aficiona tanto a sus cuatro paredes, indefectiblemente pintadas de verde, cubiertas de hollín, tristes y llenas de un humo inaguantable? ¿Por qué este ridículo señor, cuando viene a visitarle uno de sus raros conocidos (pues lo que pasa al cabo es que se le agotan los amigos), por qué este ridículo señor le recibe tan turbado, tan alterado de rostro y en tal confusión que se diría que acaba de cometer un delito entre sus cuatro paredes, que ha fabricado billetes falsos, o que ha compuesto algunos versecillos para mandar a alguna revista bajo carta anónima en la que declara que el verdadero autor de ellos ha muerto ya y que un amigo suyo considera deber sagrado darlos a la estampa? Diga, Nastenka, ¿por qué no cuaja la conversación entre estos dos interlocutores? ¿Por qué ni la risa ni siquiera una frasecilla vivaz brotan de los labios del perplejo visitante, quien en otras ocasiones ama la risa, las frasecillas vivaces los comentarios sobre el bello sexo y otros temas festivos? ¿Por qué también ese amigo, probablemente reciente, en su primera visita (porque en tales casos no habrá una segunda, ya que ese amigo no volverá), por qué también el amigo se queda azorado, lelo, a pesar de toda su agudeza (si efectivamente la tiene), mirando el torcido gesto del dueño, quien por su parte ha tenido ya tiempo suficiente para embrollarse por completo tras los esfuerzos tan titánicos como inútiles que ha hecho por avivar la conversación, por mostrar su propio conocimiento de las cosas mundanales, por hablar a su vez del bello sexo y aun por agradar humildemente a ese pobre hombre que allí nada tiene que hacer y que ha venido por equivocación a visitarle? ¿Por qué, en fin, el visitante toma de pronto su sombrero y sale disparado, habiendo recordado de pronto un asunto urgentísimo que por supuesto no existe, una vez que ha librado la mano del cálido apretón de la del dueño, quien trata en vano de mostrar su contrición y recobrar el terreno perdido? ¿Por qué el visitante, traspasada la puerta de salida, suelta la carcajada y jura no volver a visitar a ese sujeto estrafalario, aunque ese sujeto estrafalario es en realidad un chico excelente? ¿Por qué, con todo, el visitante no puede resistir la tentación de comparar, siquiera forzadamente, la cara de su amigo durante la entrevista con la de un gato infeliz que han maltratado, vapuleándolo y aterrorizándolo a mansalva, unos niños quienes, habiéndolo capturado insidiosamente, lo han dejado hecho una lástima? ¿Gato que logra por fin meterse debajo de una silla, en la oscuridad, donde se ve obligado a pasar una hora entera, erizado todo él, dando resoplidos, lavándose las heridas recibidas, y que durante largo tiempo, mirará con desvío la naturaleza y la vida, incluso los restos de comida que de la mesa del amo le guarda, compasiva, una ama de llaves...?

—Oiga —interrumpió Nastenka, que me había escuchado todo ese tiempo absorta, con los ojos y la boca abiertos—. Oiga, yo no sé por qué ha ocurrido todo eso ni por qué me hace usted esas preguntas ridículas. Lo que sí sé de cierto es que sin duda todas esas aventuras le han ocurrido a usted, tal como las cuenta.

—Ni que decir tiene —contesté yo con cara muy seria.

—Bueno, si es así, siga —prosiguió Nastenka—, porque me interesa mucho saber cómo termina la cosa.

—¿Usted quiere saber, Nastenka, qué hacía en su rincón nuestro héroe, o, mejor dicho, qué hacía yo, porque el héroe de todo ello soy yo, mi propia y modesta persona? ¿Usted quiere saber por qué me alarmó y turbó tanto la visita inesperada de un amigo? ¿Usted quiere saber por qué me solivianté y me ruboricé tanto cuando se abrió la puerta de mi cuarto? ¿Por qué no sabía recibir visitas y por qué quedé aplastado tan vergonzosamente bajo el peso de mi propia hospitalidad?

—Sí, sí —respondió Nastenka—. De eso se trata. Oiga, usted cuenta muy bien las cosas, pero ¿no es posible hablar un poco menos bien? Porque usted habla como si estuviera leyendo un libro.

—Nastenka —objeté con voz imponente y severa, haciendo esfuerzos para no reír—, mi querida Nastenka, sé que cuento las cosas muy bien, pero, lo siento, no puedo contarlas de otro modo. En este momento, querida Nastenka, me parezco al espíritu del rey Salomón, que estuvo mil años dentro de una hucha, bajo siete sellos. Y por fin han levantado los siete sellos. Ahora, querida Nastenka, cuando nos encontramos de nuevo tras larga separación (porque hace ya mucho tiempo que la conozco, Nastenka, porque hace ya mucho tiempo que busco a alguien, lo que es señal de que la buscaba precisamente a usted y de que estaba escrito que nos encontrásemos ahora), se me han abierto mil esclusas en la cabeza y tengo que derramarme en un río de palabras, porque si no lo hago me ahogo. Por eso le ruego, Nastenka, que no me interrumpa, que escuche atenta y humildemente. De lo contrario, guardaré silencio.

—De ninguna manera. Hable. Ya no digo más esta boca es mía.

—Prosigo. Hay en mi día, Nastenka, amiga mía, una hora que aprecio extraordinariamente. Es la hora en que han terminado los negocios, el trabajo, las obligaciones, y la gente regresa apresuradamente a casa para comer y descansar. En el camino piensa en cosas agradables que hacer durante la velada, la noche y todo el tiempo libre de que dispone. A esa hora también nuestro héroe (y permítame, Nastenka, que hable en tercera persona, porque en primera me resultaría sumamente vergonzoso decirlo), repito, a esa hora también nuestro héroe, que como todo hijo de vecino tiene sus ocupaciones, vuelve a casa con los demás. En su rostro pálido y surcado de arrugas se dibuja un extraño sentimiento de satisfacción. Mira con interés el crepúsculo vespertino que se apaga lentamente en el cielo frío de Petersburgo. Cuando digo que mira, miento. No mira, sino que contempla distraídamente, como si estuviera fatigado o preocupado de algo más interesante en ese momento. De modo que quizá sólo fugazmente, casi sin querer, puede ocuparse de lo que le rodea. Está satisfecho porque se ha desembarazado hasta el día siguiente de asuntos enojosos, y está alegre como un colegial a quien permiten que deje el banco de la escuela para entregarse a sus travesuras y juegos favoritos. Obsérvele de soslayo, Nastenka, y al punto verá que esa sensación de gozo ha influido ya de manera positiva en sus débiles nervios y en su fantasía morbosamente irritada. Mire, está pensando en algo... ¿En la comida quizá? ¿En cómo va a pasar la velada? ¿En qué fija los ojos? ¿En ese caballero de aspecto importante que saluda tan pintorescamente a la dama que pasa junto a él en un espléndido carruaje tirado por veloces caballos? No, Nastenka. Ahora no le importan nada esas menudencias. Ahora se siente rico de su propia vida. De pronto, por un motivo ignorado, se sabe rico. Y no en vano el sol poniente le lanza un alegre rayo de despedida y despierta en su tibio corazón todo un enjambre de impresiones. Ahora apenas se da cuenta del camino en el que poco antes le hubiera llamado la atención la minucia más insignificante. Ahora la "diosa Fantasía" (si ha leído usted a Zhukovski, querida Nastenka) ha bordado con caprichosa mano su tela de oro y ha mandado, para que las desplieguen ante él, alfombras de vida inaudita, milagrosa.

¿Quién sabe si no le ha transportado con su mano mágica de la acera de excelente granito por la que vuelve a casa al séptimo cielo de cristal? Trata usted de detenerle ahora, de preguntarle dónde se encuentra ahora, por qué calles va. Lo probable es que no recuerde ni por dónde va ni dónde está en ese momento, y enrojeciendo de irritación soltará sin duda alguna mentira para salir del paso. Por eso se sorprende, está a punto de lanzar un grito y mira atemorizado a su alrededor cuando una anciana venerable le detiene cortésmente en la acera para pedirle direcciones por haberse equivocado de camino. Sigue adelante con el entrecejo fruncido de enojo, sin percatarse apenas de que más de un transeúnte se sonríe al verle y se vuelve a mirarle cuando pasa, ni de que una muchachita, que le cede tímidamente la acera, rompe a reír estrepitosamente, hecha toda ojos, al ver su ancha sonrisa contemplativa y los aspavientos que hace. Y, sin embargo, esa misma fantasía ha arrebatado también en su vuelo juguetón a la anciana, a los transeúntes curiosos, a la chica de la risa y a los marineros que al anochecer se sientan a comer en las barcazas con las que forman un dique en la Fontanka (supongamos que nuestro héroe pasa por allí a esa hora). Ha prendido traviesamente en su lienzo a todo y a todos, como moscas en una telaraña. Y con esa riqueza recién adquirida el tipo estrafalario entra en su acogedora madriguera, se sienta a cenar, termina de cenar y al cabo de un rato se despabila sólo cuando la pensativa y siempre triste Matryona, la criada que le sirve, levanta los manteles y le da la pipa. Se despabila y recuerda con asombro que ya ha cenado, sin darse la menor cuenta de cómo ha ocurrido la cosa. La habitación está a oscuras. La aridez y la tristeza se adueñan del alma de nuestro héroe. El castillo de sus ilusiones se ha venido sin estrépito, sin dejar rastro, se ha esfumado como un sueño; y él ni siquiera se percata de que ha estado soñando. Pero en su pecho siente todavía una vaga sensación que lo agita ligeramente. Un nuevo deseo le cosquillea tentadoramente la fantasía, la estimula e imperceptiblemente suscita todo un conjunto de nuevas quimeras. El silencio reina en la pequeña habitación. La soledad y la indolencia acarician la fantasía, hasta se enciende poco a poco, empieza a bullir como el agua en la cafetera de la vieja Matryona, que tranquilamente sigue con sus faenas en la cocina, preparando su detestable café. La fantasía empieza a desbordarse entre alguna que otra llamarada. Y he aquí que el libro cogido al azar, espontáneamente, se le cae de la mano a mi soñador, que no ha llegado ni a la tercera página. Su fantasía despierta de nuevo, está en su punto. De pronto, un mundo nuevo, una vida nueva y fascinante, resplandece ante él con brillantes perspectivas. Nuevo sueño, nueva felicidad. Nueva dosis de veneno sutil y voluptuoso. ¿Qué le importa a él nuestra vida real? ¡A sus ojos hechizados, usted, Nastenka, y yo llevamos una existencia tan apagada, tan lenta y desvaída, estamos todos, en su opinión, tan descontentos con nuestra suerte, nos aburrimos tanto en nuestra vida! En efecto, fíjese bien y verá cómo a primera vista todo es frío, lúgubre y, por así decirlo, enojoso entre nosotros. "¡Pobre gente!" piensa mi soñador; y no es extraño que así lo piense. Observe esas visiones mágicas que de manera tan encantadora, tan sugestiva y fluida componen ante sus ojos ese cuadro animado y subyugante, en cuyo primer plano la figura principal es, por supuesto, él mismo, nuestro soñador, su propia persona querida. Fíjese en las diversas aventuras, en la infinita procesión de sueños ardientes.

Quizá pregunta usted con qué sueña. ¿Para qué preguntarlo? Sueña con todo, con la misión del poeta, desconocido primero e inmortalizado después, con que es amigo de Hoffmann, con la noche de San Bartolomé, con Diana Vernon, la heroína de *Rob Roy*, con actos de heroísmo en ocasión de la toma de Kazan por Iván el Terrible, con Clara Mowbray y Effie Deans, otras heroínas de Walter Scott, con el sínodo de prelados y Huss ante ellos, con la rebelión de los muertos en Roberto el Diablo (¿se acuerda de la música? ¡Huele a cementerio!), con la batalla de Berezina, con la lectura de poemas en casa de la condesa V.D., con Danton, con Cleopatra *e i suoi amanti*, con *La casita en Kolomma* de Pushkin, con su propio rincón, junto a un ser querido que le escucha como usted me escucha ahora, ángel mío, con la boca y los ojos abiertos en una noche de invierno. No, Nastenka, ¿qué le importa a él, hombre voluptuoso, esta vida a la que usted y yo nos aferramos tanto? A juicio suyo es una vida pobre, miserable, aunque no prevé que también para él acaso sonará alguna vez la hora fatal en que por un día de esta vida miserable daría todos sus años de fantasía, y no los daría a cambio de la alegría o la felicidad, ni tendría preferencias en esa hora de tristeza, arrepentimiento y dolor puro y simple. Pero hasta tanto que llegue ese momento amenazador nuestro héroe no desea nada, porque está por encima del deseo, porque está saciado, porque es artista de su propia vida y se forja cada hora según su propia voluntad. ¡Es tan fácil, tan natural, crear ese mundo legendario, fantástico! Se diría, en efecto, que no es una ilusión.

A decir verdad, en algunos momentos, está dispuesto a creer que esa vida no es una excitación de los sentidos, ni un espejismo, ni un engaño de la fantasía, sino algo real, auténtico, palpable. Dígame, Nastenka, ¿por qué en tales momentos se corta el aliento? ¿Por qué arte de magia, por qué incógnito arbitrio se le acelera el pulso al soñador, se le saltan las lágrimas, le arden las mejillas humedecidas y se siente penetrado por un inmenso deleite? ¿Por qué pasan en un segundo noches enteras de insomnio, en gozo y felicidad inagotables? ¿Y por qué, cuando la aurora toca las ventanas con sus dedos rosados y el alba ilumina el cuarto sombrío con su luz incierta y fantástica, como sucede aquí en Petersburgo, nuestro soñador, fatigado, extenuado, se deja caer en el lecho, presa de un sopor causado por la exaltación enfermiza y aberrante de su espíritu, y con un dolor de corazón en que se mezclan la angustia y la dulzura? Sí, Nastenka, nuestro héroe se engaña y cree a pesar suyo que una pasión genuina, verdadera, le agita el alma; cree a pesar suyo que hay algo vivo, palpable, en sus sueños incorpóreos. ¡Y qué engaño! El amor ha prendido en su pecho con su gozo infinito, con sus agudos tormentos. Basta mirarle para convencerse. ¿Querrá usted creer al mirarle, querida Nastenka, que nunca ha conocido de verdad a la que tanto ama en sus sueños desenfrenados? ¿Es posible que tan sólo la haya visto en sus quimeras seductoras, que esta pasión no sea sino un sueño? ¿Es posible que, en realidad, él y ella no hayan caminado juntos por la vida tantos años, cogidos de la mano, solos, después de renunciar a todo y a todos y de fundir cada uno su mundo, su vida, con la vida del compañero? ¿Es posible que en la última hora antes de la separación no se apoyara ella en el pecho de él, sufriendo, sollozando, sorda a la tempestad que bramaba bajo el cielo ardiente, e indiferente al viento que barría las lágrimas de sus negras pestañas? ¿Es posible que todo esto no fuera más que un sueño? ¿Lo mismo que ese jardín melancólico, abandonado, selvático, con veredas cubiertas de musgo, solitario, sombrío, donde tan a menudo paseaban juntos, acariciando esperanzas, padeciendo melancolías, y amándose, amándose tan larga y tiernamente? ¿Y esa extraña casa linajuda en la que ella vivió tanto tiempo sola y triste, con un marido viejo y lúgubre, siempre taciturno y bilioso, que les causaba temor, como si fueran niños tímidos que, tristes y esquivos, disimulaban el amor que se tenían? ¡Cuánto sufrían! ¡Cuánto temían! ¡Cuán puro e inocente era su amor! Y, por supuesto, Nastenka, ¡qué perversa era la gente! ¿Y es posible, Dios mío, que él no la encontrara más tarde lejos de su país, bajo un cielo extraño, meridional y cálido, en una ciudad maravillosa y eterna, en el esplendor de un baile, en medio del estruendo de la música, en un *palazzo* (ha de ser un *palazzo*) visible apenas bajo un mar de luces, en un balcón revestido de mirto y rosas, donde ella, reconociéndole, al punto se quitó el antifaz y murmuró: "¿Soy libre?" Y trémula se lanzó a sus brazos. Y con exclamaciones de éxtasis, fuertemente abrazados, al punto olvidaron su tristeza, su separación, todos sus sufrimientos, la casa lúgubre, el viejo, el jardín tenebroso allí en la patria lejana y el banco en el que, con un último beso apasionado, ella se arrancó de los brazos de él, entumecidos por un dolor desesperado... Convenga usted, Nastenka, en que queda uno turbado, desconcertado, avergonzado, como chicuelo que esconde en el bolsillo la manzana robada en el huerto vecino, cuando un sujeto alto y fuerte, jaranero y bromista, su amigo anónimo, abre la puerta y grita como si tal cosa: "Amigo, en este momento vuelvo de Pavlovsk". ¡Dios mío! Ha muerto el viejo conde, empieza una felicidad inefable... y, nada, ¡que acaba de llegar alguien de Pavlovsk!

Me callé patéticamente después de mis apasionadas exclamaciones. Recuerdo que tenía unas ganas enormes de reír a carcajadas, aunque la risa fuese forzada, porque notaba que un diablillo se removía dentro de mí, que empezaba a agarrarme la garganta, a temblarme la barbilla y que los ojos se me iban humedeciendo. Esperaba a que Nastenka, que me había estado escuchando, abriera sus ojos inteligentes y rompiera a reír con su risa infantil, irresistiblemente alegre. Ya me arrepentía de haberme excedido, de haber contado vanamente lo que desde tiempo atrás bullía en mi corazón, lo que podía relatar como si estuviese leyendo algo escrito, porque hacía ya tiempo que había pronunciado sentencia contra mí mismo y ahora no había resistido la tentación de leerla, sin esperar, por supuesto, que se me comprendiera. Pero, con sorpresa mía, Nastenka siguió callada y luego me estrechó la mano y me dijo con tímida simpatía:

—¿Es posible que haya vivido usted toda su vida como dice?

—Toda mi vida, Nastenka —contesté—. Toda ella, y al parecer así la acabaré.

—No, imposible —replicó intranquila—. Eso no. Puede que yo también pase la vida entera junto a mi abuela. Oiga, ¿sabe que vivir de esa manera no es nada bonito?

—Lo sé, Nastenka, lo sé —exclamé sin poder contener mi emoción—. Ahora más que nunca sé que he malgastado mis años mejores. Ahora lo sé, y ese conocimiento me causa pena, porque Dios mismo ha sido quien me ha enviado a usted, a mi ángel bueno, para que me lo diga y me lo demuestre. Ahora que estoy sentado junto a usted y que hablo con usted me aterra pensar en el futuro, porque el futuro es otra vez la soledad, esta vida rutinaria e inútil. ¿Y ya con qué voy a soñar, cuando he sido tan feliz despierto? ¡Bendita sea usted, niña querida, por no haberme rechazado desde el primer momento, por haberme dado la posibilidad de decir que he vivido al menos dos noches en mi vida!

—¡Oh, no, no! —exclamó Nastenka con lágrimas en los ojos—. No, eso ya no pasará. No vamos a separarnos así. ¿Qué es eso de dos noches?

—¡Ay, Nastenka, Nastenka! ¿Sabe usted por cuánto tiempo me ha reconciliado conmigo mismo? ¿Sabe usted que en adelante no pensaré tan mal de mí como he pensado otras veces? ¿Sabe usted que ya no me causará tristeza haber delinquido y pecado en mi vida, porque esa vida ha sido un delito, un pecado? ¡Por Dios santo, no crea que exagero, no lo crea, Nastenka, porque ha habido momentos en mi vida de mucha, de muchísima tristeza! En tales momentos he pensado que ya nunca sería capaz de vivir una vida auténtica, porque se me antojaba que había perdido el tino, el sentido de lo genuino, de lo real, y acababa por maldecir de mí mismo, ya que tras mis noches fantásticas empezaba a tener momentos de horrible resaca. Oye uno entre tanto cómo en torno suyo circula ruidosamente la muchedumbre en un torbellino de vida, ve y oye cómo vive la gente, cómo vive despierta, se da cuenta de que para ella la vida no es una cosa de encargo, que no se desvanece como un sueño, como una ilusión, sino que se renueva eternamente, vida eternamente joven en la que ninguna hora se parece a otra; mientras que la fantasía es asustadiza, triste y monótona hasta la trivialidad, esclava de la sombra, de la idea, esclava de la primera nube que de pronto cubre al sol y siembra la congoja en el corazón de Petersburgo, que tanto aprecia su sol. ¿Y para qué sirve la fantasía cuando uno está triste? Acaba uno por cansarse y siente que esa *inagotable* fantasía se termina con el esfuerzo constante por avivarla. Porque, al fin y al cabo, va uno siendo maduro y dejando atrás sus ideales de antes; éstos se quiebran, se desmoronan, y si no hay otra vida, la única posibilidad es hacérsela con esos pedazos. Mientras tanto, el alma pide y quiere otra cosa. En vano escarba el soñador en sus viejos sueños, como si fueran ceniza en la que busca algún rescoldo para reavivar la fantasía, para recalentar con nuevo fuego su enfriado corazón y resucitar en él una vez más lo que antes había amado tanto, lo que conmovía el alma, lo que enardecía la sangre, lo que arrancaba lágrimas de los ojos y cautivaba con espléndido hechizo. ¿Sabe usted, Nastenka, a qué punto he llegado? ¿Sabe usted que me siento obligado a celebrar el cumpleaños de mis sensaciones, el cumpleaños de lo que antes me fue tan querido, de lo que en realidad no ha existido nunca? Porque ese cumpleaños es el de cada uno de esos sueños inútiles e incorpóreos, y esos sueños ya no existen y no hay por qué sobrevivirlos. También los sueños se sobreviven. ¿Sabe usted que ahora me complazco en recordar y visitar en fechas determinadas los lugares donde a mi modo he sido feliz? ¿Que me gusta elaborar el presente según la pauta del pasado irreversible? ¿Que a menudo corro sin motivo como una sombra, triste, afligido, por las calles y callejuelas de Petersburgo? ¡Y qué recuerdos! Recuerdo por ejemplo, que hace un año, justamente a esta hora, pasé por esta acera tan solo y tan triste como lo estoy en este instante. Y recuerdo que también entonces mis sueños eran deprimentes. Sin embargo aunque el pasado no fue mejor, piensa uno que quizá no fuera tan agobiante, que vivía uno más tranquilo, que no tenía este fúnebre pensamiento que ahora me sobrecoge, que no sentía este desagradable y sombrío cosquilleo de la conciencia que ahora no me deja en paz a sol ni a sombra. Y uno se pregunta: ¿dónde, pues están tus sueños? Sacude la cabeza y dice: ¡qué de prisa pasa el tiempo! Vuelve a preguntarse: ¿qué has hecho con tus años?, ¿dónde has sepultado los mejores días de tu vida?, ¿has vivido o no? ¡Mira, se dice uno, mira cómo todo se congela en el mundo! Pasarán más años y tras ellos llegará la lúgubre soledad, llegará báculo en mano la trémula vejez, y en pos de ella la tristeza y la angustia. Tu mundo fantástico perderá su colorido, se marchitarán y morirán tus sueños y caerán como las hojas secas de los árboles. ¡Ay, Nastenka será triste quedarse solo, enteramente solo, sin tener siquiera nada que lamentar, nada, absolutamente nada! Porque todo eso que se ha perdido, todo eso no ha sido nada, un cero redondo y güero, no ha sido más que un sueño.

—Basta, no me haga llorar más— dijo Nastenka secándose una lágrima que resbalaba por su mejilla—. Todo eso se ha acabado. En adelante estaremos juntos y no nos separaremos nunca pase lo que pase. Escuche, yo soy una muchacha sencilla y sé poco, aunque mi abuela me puso maestro. Pero de veras que le comprendo a usted, porque todo lo que acaba de contarme me ha pasado a mí también desde que mi abuela me prendió con un alfiler a su vestido. Yo, por supuesto, no podría contarlo tan bien como usted porque no tengo estudios —añadió con timidez, manifestando todavía admiración por mi discurso patético y mi estilo grandilocuente—, pero me alegro de que usted se haya retratado por completo. Ahora le conozco, le conozco a fondo, lo sé todo. ¿Y sabe usted? Yo, por mi parte, quiero contarle mi propia historia, toda ella, sin callar nada, y después me dará usted un consejo. Usted es un hombre muy listo. ¿Promete darme ese consejo?

—Nastenka —respondí—, aunque antes nunca he sido consejero, y mucho menos consejero inteligente, lo que usted me propone me parece muy sensato. Cada uno de nosotros dará al otro buenos consejos. Ahora, dígame, Nastenka bonita, ¿qué clase de consejo necesita? Dígamelo sin rodeos. En este instante estoy tan alegre, tan feliz, me siento tan atrevido, tan listo, que tendré la respuesta pronta.

—No, no —me interrumpió riendo—. No me hace falta sólo un consejo inteligente, sino un consejo cordial, fraterno, como si me quisiera usted de toda su vida.

—¡Conforme, Nastenka, conforme! —exclamé excitado—. Aunque la quisiera desde hace veinte años, no la querría tanto como en este momento.

—Deme su mano —dijo Nastenka.

—Aquí está — contesté alargándosela.

—Pues comencemos la historia.

Historia de Nastenka

—Ya conoce usted la mitad de la historia, es decir, ya sabe que tengo una abuela anciana...

—Si la segunda mitad es tan breve como ésta... —me aventuré a interrumpir riendo.

—Calle y escuche. Ante todo una condición: no me interrumpa, porque pierdo el hilo. Escuche callado. Tengo una abuela anciana. Fui a vivir con ella cuando yo era todavía muy niña porque murieron mis padres. Mi abuela, según parece, era antes rica, porque todavía habla de haber conocido días mejores. Ella misma me enseñó el francés y más tarde me puso maestro. Cuando cumplí quince años (ahora tengo diecisiete) terminaron mis estudios. Hice por entonces algunas travesuras, pero no le diré a usted de qué género; sólo diré que fueron de poca monta. Pero la abuela me llamó una mañana y me dijo que como era ciega no podía vigilarme. Cogió, pues, un imperdible y prendió mi vestido al suyo, diciendo que así pasaríamos lo que nos quedara de vida si yo no sentaba cabeza. En suma, que al principio era imposible apartarse de ella. Trabajar, leer, estudiar, todo lo hacía junto a la abuela. Una vez intenté un truco y convencí a Fyokla de que se sentara en mi puesto. Fyokla es nuestra asistenta y está sorda. Fyokla se sentó en mi sitio. En ese momento mi abuela estaba dormida en su sillón y yo fui a ver a una amiga que no vivía lejos. Pero el truco salió mal. La abuela se despertó cuando yo estaba fuera y preguntó por algo, pensando que yo seguía tan campante en mi puesto. Fyokla, que vio que la abuela preguntaba algo pero que no oía lo que era, empezó a pensar en qué debía hacer. Lo que hizo fue abrir el imperdible y echar a correr...

En ese punto Nastenka se detuvo y soltó una carcajada. Yo hice coro. Al instante dejó de reír.

—Oiga, no se ría de mi abuela. Yo me río porque es cosa de risa... Bueno, ¿qué va a hacer una cuando la abuela es así? Pero aun así la quiero un poco. Pues bien, aquella vez me dio una pasada de las buenas. Tuve que volver a sentarme en mi sitio sin decir palabra y ya fue imposible moverse de él. ¡Ah, sí! Se me olvidaba decirle que teníamos —mejor dicho, que la abuela tenía— casa propia, una casita pequeña, de madera, con tres ventanas en total, y casi tan vieja como la abuela. En lo alto tenía un desván. A ese desván vino a vivir un inquilino nuevo...

—Es decir que había habido un inquilino viejo —observé yo de paso.

—Pues claro que lo había habido —respondió Nastenka—. Y sabía callar mejor que usted. En serio, apenas decía esta boca es mía. Era un viejecito seco, mudo, ciego, cojo, a quien al cabo le resultó imposible vivir en este mundo y se murió. Con ello se hizo necesario tomar un inquilino nuevo, porque sin inquilino no podíamos vivir, ya que lo que él nos daba de alquiler y la pensión de la abuela eran nuestros únicos recursos. Por contraste, el nuevo inquilino resultó ser un joven forastero que estaba de paso. Como no regateó, la abuela lo aceptó. Luego me preguntó: "Nastenka, ¿es nuestro inquilino joven o viejo?" Yo no quise mentir y dije: "No es ni joven ni viejo". "¿Y es de buen aspecto?" —preguntó—. Una vez más no quise mentir y contesté: "Sí, es de buen aspecto, abuela". Y la abuela exclamó: "¡Ay, qué castigo! Te lo digo, nieta, para que no trates de verle. ¡Ay, qué tiempos éstos! ¡Pues anda, un inquilino tan insignificante y tiene, sin embargo, buen aspecto! ¡Eso no pasaba en mis tiempos!"

La abuela todo lo relacionaba con sus tiempos. En sus tiempos era más joven, en sus tiempos el sol calentaba más, en sus tiempos la crema no se agriaba tan pronto... ¡todo era mejor en sus tiempos! Yo, sentada y callada, pensaba para mis adentros: ¿Por qué me da la abuela estos consejos y me pregunta si el inquilino es joven y guapo? Pero sólo lo pensaba, mientras seguía en mi sitio haciendo calceta y contando puntos. Luego me olvidé de ello.

Y he aquí que una mañana vino a vernos el inquilino para recordarnos que habíamos prometido empapelarle el cuarto. Hablando de una cosa y otra, la abuela, que era aficionada a la cháchara, me dijo: "Ve a mi alcoba, Nastenka, y tráeme las cuentas". Yo me levanté de un salto, ruborizada no sé por qué, y olvidé que estaba prendida con el imperdible. No hubo manera de desprenderme a hurtadillas para que no lo viera el inquilino. Di un tirón tan fuerte que arrastré el sillón de la abuela. Cuando comprendí que el inquilino se había enterado de lo que me ocurría me puse aún más colorada, me quedé clavada en el sitio y rompí a llorar. Sentí tanta vergüenza y amargura en ese momento que hubiera deseado morirme. La abuela gritó: "¿Qué haces ahí parada?", y yo llora que te llora. Cuando vio el inquilino lo avergonzada que estaba, saludó y se fue.

Después de aquello, tan pronto como oía ruido en el zaguán me quedaba muerta. Pensaba que venía el inquilino, y cada vez que esto sucedía desprendía el imperdible a la chita callando. Pero no era él. No venía. Pasaron quince días, al cabo de los cuales el inquilino mandó a decir por Fyokla que tenía muchos libros franceses, libros buenos, que estaban a nuestra disposición. ¿No quería la abuela que yo se los leyera para matar el aburrimiento? La abuela aceptó agradecida, pero preguntó si los libros eran morales, porque, me dijo: "Si son inmorales, Nastenka, de ninguna manera deben leerse, porque aprenderías cosas malas".

—¿Qué aprendería, abuela? ¿Qué es lo que cuentan?

—¡Ah! —respondió—. Cuentan cómo los mozos seducen a las muchachas de buenas costumbres; y cómo con el pretexto de que quieren casarse con ellas las sacan de la casa paterna; y cómo luego abandonan a las pobres chicas a su suerte y ellas quedan deshonradas. Yo he leído muchos de esos libros —dijo la abuela—, y todo está descrito tan bien que me pasaba la noche leyéndolos. ¡Así que mucho ojo, Nastenka, no los leas! ¿Qué clase de libros ha mandado? —preguntó.

—Novelas de Walter Scott, abuela.

—¡Novelas de Walter Scott! Vaya, vaya, ¿no habrá ahí algún engaño? Mira bien a ver si no ha metido en ellos algún billete amoroso.

—No, abuela, no hay ningún billete.

—Mira bajo la cubierta. A veces los muy pillos los meten bajo la
cubierta.

—No hay nada tampoco bajo la cubierta, abuela.

—Bueno, entonces está bien.

Así, pues, empezamos a leer a Walter Scott y en cosa de un mes
leímos casi la mitad. El inquilino siguió mandándonos libros. Mandó las
obras de Pushkin, y llegó el momento en que yo no podía vivir sin libros
y ya dejé de pensar en casarme con un príncipe chino.

Así andaban las cosas cuando un día tropecé por casualidad con el
inquilino en la escalera. La abuela me había mandado por algo. Él se
detuvo, yo me ruboricé y él también, pero se echó a reír, me saludó,
preguntó por la salud de la abuela y dijo: "¿Qué, han leído los libros?"
Yo contesté que sí. "¿Y cuáles —volvió a preguntar— les han gustado
más?" Yo respondí: "*Ivanhoe* y Pushkin son los que más nos han gustado". Con eso terminó la conversación por entonces.

Ocho días después volví a tropezar con él en la escalera. Esta vez la
abuela no me había mandado por nada, sino que yo había salido por mi
cuenta. Ya habían dado las dos y el inquilino volvía a casa a esa hora.
"Buenas tardes", me dijo, y yo le contesté: "Buenas tardes".

—¿Y qué? —me preguntó—. ¿No se aburre usted de estar sentada
todo el día junto a su abuela?

Cuando oí la pregunta, no sé por qué me puse colorada. Sentí vergüenza y pena de que ya hubieran empezado otros a hablar del asunto.
Estuve por no contestar y marcharme, pero me faltaron las fuerzas.

—Mire —dijo—, es usted una chica buena. Perdone que le hable así,
pero le aseguro que me intereso por su suerte más que su abuela. ¿No
tiene usted amigas que visitar?

Yo dije que no, que sólo una, Mashenka, pero que se había ido a
Pskov.

—Dígame —prosiguió—, ¿quiere ir al teatro conmigo?

—¿Al teatro? Pero ¿y la abuela?

—La abuela no tiene por qué enterarse.

—No —dije—, no quiero engañar a la abuela. Adiós.

—Bueno, adiós— repitió él. Y no dijo más.

Pero después de la comida vino a vernos. Se sentó, habló largo rato
con la abuela, le preguntó si salía alguna vez, si tenía amistades, y de
repente dijo: "Hoy he sacado un palco para la ópera. Ponen *El Barbero de*

Sevilla. Unos amigos iban a ir conmigo, pero después mudaron de propósito y me he quedado con el billete y sin compañía".

—¡*El Barbero de Sevilla*! —exclamó la abuela—. ¿Es ése el mismo *Barbero* que ponían en mis tiempos?

—Sí, el mismo —dijo, dirigiéndome una mirada. Yo lo comprendí todo, me puse encarnada y el corazón me empezó a dar saltos de anticipación.

—¡Cómo no voy a conocerlo! —dijo la abuela—. ¡Si en mis tiempos yo misma hice el papel de Rosina en un teatro de aficionados!

—¿No quiere usted ir hoy? —preguntó el inquilino—. Si no, sería perder el billete.

—Pues sí, podríamos ir —respondió la abuela—. ¿Por qué no? Además, mi Nastenka no ha estado nunca en el teatro.

¡Qué alegría, Dios mío! En un dos por tres nos preparamos, nos vestimos y salimos. La abuela, aunque no podía ver nada, quería oír música, pero es que además es buena. Deseaba que me distrajera un poco, y nosotras solas no nos hubiéramos atrevido a hacerlo. No le contaré la impresión que me causó *El Barbero de Sevilla*. Sólo le diré que durante la velada nuestro inquilino me estuvo mirando con tanto interés, hablaba tan bien, que pronto me di cuenta de que aquella tarde había querido ponerme a prueba proponiéndome que fuéramos solos. ¡Qué alegría! Me acosté tan orgullosa, tan contenta, y el corazón me latía tan fuertemente que tuve un poco de fiebre y toda la noche me la pasé delirando con *El Barbero de Sevilla*.

Pensé que después de esto el inquilino vendría a vernos más a menudo, pero no fue así. Dejó de hacerlo casi por completo, o a lo más una vez al mes y sólo para invitarnos al teatro. Fuimos un par de veces más, pero no quedé contenta. Comprendí que me tenía lástima por la manera en que me trataba la abuela, y nada más. Con el tiempo llegué a sentir que ya no podía permanecer sentada, ni leer, ni trabajar. Me echaba a reír sin motivo aparente. Algunas veces molestaba a la abuela a propósito; otras, sencillamente lloraba. Adelgacé y casi me enfermé. Terminó la temporada de ópera y el inquilino dejó por completo de visitarnos. Cuando nos encontrábamos —en la escalera de marras, por supuesto—, me saludaba en silencio y tan gravemente que parecía no querer hablar. Al llegar él al portal yo todavía seguía a la mitad de la escalera, roja como una cereza, porque toda la sangre se me iba a la cabeza cuando tropezaba con él.

Y ahora viene el fin. Hace un año justo, en el mes de mayo, el inquilino vino a vernos y dijo a la abuela que ya había terminado de gestionar el asunto que le había traído a Petersburgo y que tenía que volver a Moscú por un año. Al oírlo me puse pálida y caí en la silla como muerta.

La abuela no lo notó, y él, después de anunciar que dejaba libre el cuarto, se despidió y se fue.

¿Qué iba yo a hacer? Después de pensarlo mucho y de sufrir lo indecible, tomé una resolución. Él se iba al día siguiente, y yo decidí acabar con todo esa misma noche después de que se acostara la abuela. Así fue. Hice un bulto con los vestidos que tenía y la ropa interior que necesitaba y, con él en la mano, más muerta que viva, subí al desván de nuestro inquilino. Calculo que tardé una hora en subir la escalera. Cuando se abrió la puerta, lanzó un grito al verme. Creyó que era una aparición y corrió a traerme agua porque apenas podía tenerme de pie. El corazón me golpeaba con fuerza, me dolía la cabeza y me sentía mareada. Cuando me repuse un poco, lo primero que hice fue sentarme en la cama con el bulto a mi lado, cubrirme la cara con las manos y romper a llorar desconsoladamente. Él, por lo visto, se percató de todo al instante. Estaba de pie ante mí, pálido, y me miraba con unos ojos tan tristes que se me partió el alma.

—Escuche —me dijo—, escuche, Nastenka. No puedo hacer nada, soy pobre, no tengo nada por ahora, ni siquiera un empleo decente. ¿Cómo viviríamos si me casara con usted?

Hablamos largo y tendido y yo acabé por perder el recato. Dije que no podía vivir con la abuela, que me escaparía de casa, que no aguantaba que se me tuviera sujeta con un imperdible, y que si quería, me iba con él a Moscú, porque sin él no podía vivir. La vergüenza, el amor, el orgullo, todo hablaba en mí al mismo tiempo, y a punto estuve de caer en la cama presa de convulsiones. ¡Tanto temía que me rechazara!

Él, después de estar sentado en silencio algunos minutos, se levantó, se acercó a mí y me tomó una mano.

—Escuche, mi querida Nastenka —empezó con lágrimas en la voz—. Escuche. Le juro que si alguna vez estoy en condiciones de casarme, sólo me casaré con usted. Le aseguro que sólo usted puede ahora hacerme feliz. Escuche, voy a Moscú y pasaré allí un año justo. Espero arreglar mis asuntos. Cuando vuelva, si no ha dejado de quererme, le juro que nos casaremos. Ahora no es posible, no puedo, no tengo derecho a hacer promesa alguna. Repito que si no es dentro de un año, será de todos modos algún día, por supuesto si no ha preferido usted a otro, porque comprometerla a que me dé su palabra es algo que ni puedo ni me atrevo a hacer.

Eso me dijo, y al día siguiente se fue. Acordamos no decir palabra de esto a la abuela. Así lo quiso él. Y ahora mi historia está casi tocando a su fin. Ha pasado un año justo. Él ha llegado, lleva aquí tres días enteros y... y...

—¿Y qué? —grité yo, impaciente por oír el final.

—Y hasta ahora no se ha presentado —respondió Nastenka sacando fuerzas de flaqueza—. No ha dado señales de vida.

En ese punto se detuvo, quedó callada un momento, bajó la cabeza y, de pronto, tapándose la cara con las manos, empezó a sollozar de manera tal que me laceró el alma.

Yo ni remotamente esperaba ese desenlace.

—¡Nastenka! —imploré con voz tímida—. ¡Nastenka, no llore, por amor de Dios! ¿Cómo lo sabe usted? Quizá no esté aquí todavía...

—¡Sí está, sí está! —insistió Nastenka—. Está aquí, lo sé. Esa noche, la víspera de su marcha, fijamos una condición. Cuando nos dijimos todo lo que le he contado a usted y llegamos a un acuerdo, vinimos a pasearnos aquí justamente a este muelle. Eran las diez. Nos sentamos en este banco. Yo había dejado de llorar y le escuchaba con deleite. Dijo que en cuanto regresara vendría a vernos, y que si yo todavía le quería por marido se lo contaríamos todo a la abuela. Ya ha llegado, lo sé, pero no ha venido.

Y se echó a llorar de nuevo.

—¡Dios mío! ¿Pero no hay manera de ayudarla? —grité, saltando del banco con verdadera desesperación—. Diga, Nastenka, ¿no podría ir yo a verle?

—¿Cree usted que podría? —dijo alzando de súbito la cabeza.

—No, claro que no —afirmé conteniéndome a tiempo—. Pero, mire, escríbale una carta.

—No, de ninguna manera. Eso no puede ser —contestó ella con voz resuelta, pero bajando la cabeza y sin mirarme.

—¿Cómo que no puede ser? ¿Cómo que no? —insistí yo aferrándome a mi idea—. Sepa usted, Nastenka, que no se trata de una carta cualquiera. Porque hay cartas y cartas. Hay que hacer lo que digo, Nastenka. ¡Confíe en mí, por favor! No es un mal consejo. Todo esto se puede arreglar. Al fin y al cabo, ha dado usted ya el primer paso, con que ahora...

—No puede ser, no. Parecería que quiero comprometerle.

—¡Ah, mi buena Nastenka! —la interrumpí sin ocultar una sonrisa—. Le digo a usted que no. Usted, después de todo, está en su derecho, porque él ya le ha hecho una promesa. Y, por lo que entiendo, es hombre delicado, se ha portado bien —añadía entusiasmado cada vez más con la lógica de mis argumentos y aseveraciones—. ¿Que cómo se ha portado? Se ha ligado a usted con una promesa. Dijo que si se casaba sería únicamente con usted. Y a usted la dejó en absoluta libertad para rechazarle sin más. En tal situación puede usted dar el primer paso, tiene usted derecho a ello, le lleva usted ventaja, aunque sea sólo, digamos, para devolverle la palabra dada.

—Diga, ¿cómo escribiría usted?

—¿El qué?

—La carta esa.

—Pues diría: "Muy señor mío..."

—¿Es de todo punto necesario decir "muy señor mío"?

—De todo punto. Pero, ahora que pienso, quizá no lo sea... Creo que...

—Bueno, bueno, siga.

—"Muy señor mío: Perdone que..." Pero no, no hace falta ninguna excusa. El hecho mismo lo justifica todo. Diga simplemente: "Le escribo. Perdone mi impaciencia, pero durante un año entero he vivido feliz con la esperanza de su regreso. ¿Tengo yo la culpa de no poder soportar ahora un día de duda? Ahora que ha llegado, quizá haya cambiado usted de intención. Si es así, esta carta le dirá que ni me quejo ni le condeno. No puedo condenarle por no haber logrado hacerme dueña de su corazón. Así lo habrá querido el destino. Es usted un hombre honrado. No se sonría ni se enoje al ver estos renglones impacientes. Recuerde que los escribe una pobre muchacha, que está sola en el mundo, que no tiene quien la instruya y aconseje y que nunca ha sabido sujetar su corazón. Perdone si la duda ha encontrado cobijo en mi alma, siquiera sólo un momento. Usted no sería capaz de ofender, ni siquiera con el pensamiento, a ésta que tanto le ha querido y le quiere".

—¡Sí, sí! ¡Eso mismo es lo que se me ha ocurrido! —exclamó Nastenka con ojos radiantes de gozo—. Ha despejado usted mis dudas. Es usted un enviado de Dios. ¡Se lo agradezco tanto!

—¿Por qué? ¿Porque soy un enviado de Dios? —pregunté, mirando con arrebato su rostro alegre.

—Sí, por eso al menos.

—¡Ay, Nastenka! ¡Demos gracias a que algunas personas viven con nosotros! Yo doy gracias a usted por haberla encontrado y porque la recordaré el resto de mi vida.

—Bien, basta. Ahora escuche. En la ocasión de que le hablo acordamos que, no bien llegara, me mandaría recado con una carta que depositaría en cierto lugar, en casa de unos conocidos míos, gente buena y sencilla, que no sabe nada del asunto. Y que si no le era posible escribirme, porque en una carta no se puede decir todo, que vendría aquí el mismo día de su llegada, a este lugar en que nos dimos cita, a las diez en punto. Sé que ha llegado ya, y hoy, al cabo de tres días, ni ha habido carta ni ha venido. Por la mañana no puedo separarme de la abuela. Entregue usted mismo la carta mañana a esa buena gente que le digo. Ellos se la remitirán. Y si hay contestación, usted mismo puede traérmela a las diez de la noche.

—¡Pero la carta, la carta! Lo primero es escribir la carta. De ese modo, quizá para pasado mañana esté todo resuelto.

—La carta... —respondió Nastenka turbándose un poco—, la carta... pues...

No acabó la frase. Primero volvió la cara, que se tiñó de rosa, y de repente sentí en mi mano la carta, escrita por lo visto hacía tiempo, toda preparada y sellada. ¡Qué recuerdo tan familiar, tan simpático y gracioso he retenido de ello!

—R, o-Ro-s, i-si-n, a-na —empecé yo.

—¡Rosina! —entonamos los dos, yo casi abrazándola de alborozo, ella ruborizándose aún más y riendo a través de sus lágrimas que, como perlas, temblaban en sus negras pestañas.

—Bueno, basta. Ahora, adiós —dijo con precipitación—. Aquí está la carta y éstas son las señas a donde hay que llevarla. Adiós, hasta la vista, hasta mañana.

Me apretó con fuerza las dos manos, me hizo un saludo con la cabeza y entró disparada en su callejuela. Yo permanecí algún tiempo donde estaba, siguiéndola con los ojos.

"Hasta mañana, hasta mañana", palabras que se me quedaron clavadas en la memoria cuando se perdió de vista.

Noche tercera

Hoy ha sido un día triste, lluvioso, sin un rayo de luz, como será mi vejez. Me acosan unos pensamientos tan extraños y unas sensaciones tan lúgubres, se agolpan en mi cabeza unas preguntas tan confusas, que no me siento ni con fuerzas ni con deseos de contestarlas. No seré yo quien ha de resolver todo esto.

Hoy no nos hemos visto. Ayer, cuando nos despedimos, empezaba a encapotarse el cielo y se estaba levantando niebla. Yo dije que hoy haría mal tiempo. Ella no contestó, porque no quería ir a contrapelo de sus esperanzas. Para ella el día sería claro y sereno, ni una sola nubecilla empañaría su felicidad.

—Si llueve no nos veremos —dijo—. No vendré.

Yo pensaba que ella no haría caso de la lluvia de hoy, pero no vino.

Ayer fue nuestra tercera entrevista, nuestra tercera noche blanca...

¡Pero hay que ver cómo la alegría y la felicidad hermosean al hombre! ¡Cómo hierve de amor el corazón! Es como si uno quisiera fundir su propio corazón con el corazón de otro, como si quisiera que todo se regocijara, que todo riera. ¡Y qué contagiosa es esa alegría! ¡Ayer había en sus palabras tanto deleite y en su corazón tanta bondad para conmigo! ¡Qué tierna se mostraba, cómo me mimaba, cómo lisonjeaba y confortaba mi corazón! ¡Cuánta coquetería nacía de su felicidad! Y yo... lo creía todo a pies juntillas, pensaba que ella...

Pero, Dios mío, ¿cómo podía pensarlo? ¿Cómo podía ser tan ciego, cuando ya otro se había adueñado de todo, cuando ya nada era mío? ¿Cuando, al fin y al cabo, esa ternura de ella, esa solicitud, ese amor..., sí, ese amor hacia mí, no eran sino la alegría ante la próxima entrevista con el otro, el deseo de ligarme también a su felicidad? Cuando él no vino y nuestra espera resultó inútil, se le anubló el rostro, quedó cohibida y acobardada. Sus palabras y gestos parecían menos frívolos, menos juguetones y alegres. Y, cosa rara, redoblaba su atención para conmigo, como si deseara instintivamente comunicarme lo que quería, lo que temía si la cosa no salía bien. Mi Nastenka se intimidó tanto, se asustó tanto, que por lo visto comprendió al fin que yo la amaba y buscaba cobijo en mi pobre amor. Es que cuando somos desgraciados sentimos más agudamente la desgracia ajena. El sentimiento no se dispersa, sino que se reconcentra.

Llegué a la cita con el corazón rebosante e impaciente por verla. No podía prever lo que siento ahora, ni el giro que iba a tomar el asunto. Ella estaba radiante de felicidad. Esperaba una respuesta y la respuesta era él mismo. Él vendría corriendo en respuesta a su llamamiento. Ella había llegado una hora antes que yo. Al principio no hacía sino reír, respondiendo con carcajadas a cada una de mis palabras. Estuve a punto de hablar, pero me contuve.

—¿Sabe por qué estoy tan contenta? ¿Tan contenta de verle? —preguntó—. ¿Por qué le quiero tanto hoy?

—¿Por qué? —pregunté yo a mi vez con el corazón trémulo.

—Pues le quiero porque no se ha enamorado de mí. Otro, en su lugar, hubiera empezado a importunarme, a asediarme, a quejarse, a dolerse. ¡Usted es tan bueno!

Me apretó la mano con tanta fuerza que casi me hizo gritar. Ella se echó a reír.

—¡Dios mío, qué buen amigo es usted! —prosiguió, seria, al cabo de un minuto—. ¡Que sí, que Dios me lo ha enviado a usted! Porque ¿qué sería de mí si no estuviera usted conmigo ahora? ¡Qué desinteresado es usted! ¡Qué bien me quiere! Cuando me case, seguiremos muy unidos, más que si fuéramos hermanos. Voy a quererle a usted casi tanto como a él.

En ese instante sentí una horrible tristeza y, sin embargo, algo así como un brote de risa empezó a cosquillearme el alma.

—Está usted arrebatada —dije—: Tiene usted miedo. Piensa que no va a venir.

—Bueno —contestó—. Si no estuviera tan feliz creo que su incredulidad y sus reproches me harían llorar. Por otro lado me ha devuelto usted el buen juicio y me ha dado mucho que pensar; pero lo pensaré más tarde; ahora le confieso que tiene usted razón. Sí, estoy un poco fuera de mí. Estoy a la expectativa y las cosas más insignificantes me afectan. Pero, basta, dejémonos de sentimientos...

En ese momento se oyeron pasos y de la oscuridad surgió un transeúnte que vino hacia nosotros. Los dos sentimos un escalofrío y ella casi lanzó un grito. Yo le solté la mano e hice ademán de alejarme. Pero nos habíamos equivocado; no era él.

—¿Qué teme? ¿Por qué me ha soltado la mano? —preguntó dándomela otra vez—. ¿Qué pasa? Vamos a encontrarle juntos. Quiero que él vea cuánto nos queremos.

"¡Ay, Nastenka, Nastenka —pensé—, cuánto has dicho con esa palabra! Un amor como éste, Nastenka, en ciertos momentos enfría el corazón y apesadumbra el alma. Tu mano está fría; la mía arde como el fuego. ¡Qué ciega estás, Nastenka! ¡Qué insoportable a veces es la persona feliz! Pero no puedo enfadarme contigo..."

Por fin sentí que mi corazón rebosaba:

—Oiga, Nastenka —exclamé—. ¿Sabe lo que he hecho en el día de hoy?

—Bueno, ¿qué ha hecho? ¡A ver, de prisa! ¿Por qué no lo ha dicho hasta este instante?

—En primer lugar, Nastenka, cuando hice todos sus mandados, entregué la carta, estuve a ver a esas buenas gentes... fui a casa y me acosté...

—¿Nada más? —me interrumpió riendo.

—Sí, casi nada más —respondí haciendo un esfuerzo porque en los ojos me escocían unas lágrimas estúpidas—. Me desperté como una hora antes de nuestra cita, y me parecía que no había dormido. No sé lo que me pasaba. Se me antojaba que había salido para contarle a usted todo esto y que iba por la calle como si se me hubiese parado el tiempo, como si hasta el fin de mi vida debiera tener sólo una sensación, un sentimiento, como si un minuto debiera convertirse en una eternidad entera, y como si la vida se hubiera detenido en su curso... Cuando desperté creí que volvía a recordar un motivo musical de gran dulzura, largo tiempo conocido, oído antes en algún sitio. Se me figuraba que ese motivo había querido brotar de mi alma durante toda mi vida y que sólo ahora...

—¡Dios mío! ¿Qué significa eso? No entiendo palabra.

—¡Ay, Nastenka! Quería comunicarle a usted de algún modo esa extraña impresión... —indiqué con voz lastimera en la que, aunque muy remota, latía aún la esperanza.

—¡Basta, basta, no siga! —dijo, y en un momento la pícara lo comprendió todo. De súbito se volvió locuaz, alegre y retozona. Me cogía del brazo, reía, quería que yo también riera, y recibía cada confusa palabra mía con larga y sonora carcajada. Yo empecé a sulfurarme y ella entonces se puso a coquetear.

—¿Sabe? —dijo—. Me duele un poco que no se enamore usted de mí. Después de esto, ¿qué voy a pensar de usted? Pero, de todos modos, señor inflexible, no puedo menos de alabarme por lo ingenua que soy. Yo le cuento a usted todo, todito, por grande que sea la tontería que se me viene a la cabeza.

—Escuche. Parece que están dando las once —dije cuando se oyeron las campanadas de una lejana torre de la ciudad. Ella calló en el acto, dejó de reír y se puso a contar.

—Sí, las once —acabó por decir con voz tímida e indecisa.

Yo me arrepentí al punto de haberla asustado, de haberle hecho contar la hora, y me maldije por mi arrebato de malicia. Sentí lástima de ella y no sabía cómo expiar mi conducta. Me puse a consolarla, a buscar razones que explicaran la ausencia de él, a ofrecer argumentos y pruebas. Nadie era tan fácil de engañar como ella entonces, porque en momentos así todos escuchamos con alegría cualquier palabra de consuelo y nos contentamos con una sombra de justificación.

—Pero esto es ridículo —dije yo, animándome cada vez más y muy satisfecho de la insólita claridad de mis pruebas—, pero si no podía haber venido. Usted, Nastenka, me ha cautivado y confundido hasta el punto de que he perdido la noción del tiempo... Piense usted que apenas ha habido tiempo para que reciba la carta. Supongamos que no ha podido venir; supongamos que piensa contestar; en tal caso la carta no llegará hasta mañana. Yo mañana voy a recogerla tan pronto como amanezca y en seguida le diré a usted lo que hay. Piense, por último, en un sinfín de posibilidades, por ejemplo, que no estaba en casa cuando llegó la carta, y que quizá no la haya leído todavía. Todo ello es posible.

—Sí, sí —contestó Nastenka—, no había pensado en ello. Claro que todo es posible —prosiguió con tono de asentimiento, pero en el que, como una disonancia enojosa, se percibía otra idea lejana—. Mire lo que debe hacer. Usted va mañana lo más temprano posible y si recibe algo me lo dice en seguida. ¿Pero sabe usted dónde vivo? —y empezó a repetirme sus señas.

Luego, sin transición, se puso tan tierna y tímida conmigo... Parecía escuchar con atención lo que le decía, pero cuando me volví hacia ella para hacerle una pregunta, guardó silencio, quedó confusa y volvió la cabeza. Le miré los ojos. Efectivamente, estaba llorando.

—Pero, ¿es posible? ¡Qué niña es usted! ¡Pero qué niñería!... Vamos, basta.

Trató de sonreír y se calmó, pero aún le temblaba la barbilla y le palpitaba el pecho.

—Estoy pensando en usted —me dijo tras un momento de silencio—. Es usted tan bueno que una tendría que ser de piedra para no notarlo. ¿Sabe lo que ahora se me ha ocurrido? Pues compararles a ustedes dos. ¿Por qué él y no usted? Él no es tan bueno como usted, aunque le quiero más que a usted.

Yo no contesté. Ella, por lo visto, esperaba que dijera algo.

—Claro que quizá no le comprendo a él bien todavía, que no le conozco bien. Parecía, ¿sabe usted?, como si siempre le tuviera miedo, por su seriedad, por lo orgulloso que parecía. Por supuesto que era sólo por fuera. En el corazón tiene más ternura que yo. Recuerdo cómo me miraba cuando, como ya le he dicho, fui a buscarle con el hatillo de ropa. Pero aun así, le tengo, no sé por qué, demasiado respeto y esto crea cierta desigualdad entre nosotros.

—No, Nastenka —respondí—, eso quiere decir que usted le quiere más que a nadie en el mundo, mucho más de lo que usted se quiere a sí misma.

—Bueno, supongamos que sea así —dijo la inocente Nastenka—. ¿Sabe usted lo que se me ocurre? Pero ahora no quiero hablar por mí sola, sino en general. Esto ya lo pensé hace tiempo. Escuche, ¿por qué no nos tratamos unos a otros como hermanos? ¿Por qué hasta el hombre más bueno disimula y calla en presencia de otro? ¿Por qué no decir sin rodeos lo que tiene uno en el corazón, inmediatamente, cuando sabe uno que su palabra no se la llevará el viento? ¿Por qué parecer más adusto de lo que uno es en realidad? Es como si cada cual temiera violentar los propios sentimientos si los expresa libremente.

—¡Ah, Nastenka, dice usted verdad! Eso resulta de varios motivos —interrumpí yo, que en ese instante reprimía mis propios sentimientos más que nunca.

—No, no —respondió ella con profunda emoción—. Usted, por ejemplo, no es como los otros. Francamente, no sé cómo decirle lo que siento, pero creo que usted, por ejemplo..., aunque ahora..., me parece que usted sacrifica algo por mí —agregó con timidez, lanzándome una ojeada fugaz—. Perdone que le hable así. Soy una muchacha sencilla, he visto poco mundo y la verdad, no sé cómo expresarme a veces —añadió con voz que algún oculto sentimiento hacía temblar, y procurando sonreír al mismo tiempo—. Pero sólo quería decirle que soy agradecida y que comprendo todo esto... ¡Que Dios se lo pague haciéndole feliz! Lo que me contó usted de su soñador no tiene pizca de verdad; quiero decir, que no tiene ninguna relación con usted. Usted se repondrá. Usted es muy diferente de como se pinta a sí mismo. Si alguna vez se enamora

¡que Dios le haga feliz con ella! A ella no le deseo nada porque será feliz con usted. Lo sé porque soy mujer y debe usted creer lo que digo...

Calló y me apretó la mano con fuerza. A mí la agitación me impidió decir nada. Pasaron algunos instantes.

—Bueno, está visto que no viene hoy —dijo por último alzando la cabeza—. Es tarde...

—Vendrá mañana —dije con voz firme y confiada.

—Sí —añadió ella alegrándose—. Ahora veo que no vendrá hasta mañana. ¡Hasta la vista, pues, hasta mañana! Si llueve quizá no venga. Pero vendré pasado mañana, vendré pase lo que pase. Esté usted aquí sin falta. Quiero verle y le contaré todo.

Seguidamente, cuando nos despedimos, me dio la mano y dijo mirándome serenamente a los ojos:

—En adelante estaremos siempre juntos, ¿verdad?

¡Oh, Nastenka, Nastenka, si supieras qué solo estoy ahora!

Cuando dieron las nueve se me hizo intolerable quedarme en el cuarto. Me vestí y salí a pesar del mal tiempo. Fui al lugar de la cita y me senté en nuestro banco. Hasta entré en su callejuela, pero me dio vergüenza y giré sobre los talones, sin mirar sus ventanas y sin dar más que dos pasos hacia su casa. Llegué a la mía dominado por la tristeza más grande que he sentido en mi vida. ¡Qué tiempo tan crudo y sombrío! Si al menos fuera bueno, me hubiera estado paseando allí toda la noche...

Bueno, hasta mañana. Mañana me lo contará todo.

Pero no ha habido carta hoy. Aunque bien mirado, sin embargo, quizá había de ser así. Estarán ya juntos...

Noche cuarta

¡Dios mío, cómo ha terminado todo esto! ¡Qué fin ha tenido!

Llegué a las nueve. Ella ya estaba allí. La observé desde lejos. Estaba, como aquella primera vez, apoyada en la barandilla del muelle y no me oyó acercarme.

—¡Nastenka! —exclamé haciendo un esfuerzo por contener mi emoción.

Ella al punto se volvió hacia mí.

—¡Bueno —dijo— de prisa!

La miré perplejo.

—Pero, ¿donde está la carta? ¿Ha traído usted la carta? —repitió asiéndose a la barandilla.

—No, no tengo carta —dije al fin—. ¿Pero es que él no ha venido?

Ella se puso mortalmente pálida y me miró, inmóvil, largo rato. Yo había destruido su última esperanza.

—¡Sea lo que Dios quiera! —dijo al cabo con voz entrecortada—. ¡Qué Dios le perdone si me abandona así!

Bajó los ojos y luego quiso mirarme pero no pudo. Durante algunos minutos probó a dominar su emoción, pero de pronto me volvió la espalda, puso los codos en la barandilla del muelle y se deshizo en lágrimas.

—Basta, basta —empecé a decir, pero, mirándola, no tuve fuerzas para continuar. Al fin y al cabo, ¿qué podía decir?

—¡Pero qué inhumano y cruel es esto! —empezó de nuevo—. ¡Ni tan siquiera un renglón! Si al menos dijera que no me necesita, que no quiere nada conmigo... ¡Pero eso de no ponerme unas líneas en tres días seguidos! ¡Qué fácil le es agraviar a otros, ofender así a una pobre chica indefensa, cuya única culpa ha sido quererle! ¡Ay, lo que he sufrido estos tres días! ¡Dios mío, Dios mío! Cuando recuerdo que soy yo la que fue a verle por primera vez, que me humillé ante él, que lloré, que mendigué una migaja de amor siquiera... ¡Y después de eso...! ¡Oiga —dijo volviéndose hacia mí, centelleantes sus ojos negros—; eso no puede ser, eso no puede ser así, eso no es natural! Uno de nosotros dos, usted o yo, se habrá equivocado. No habrá recibido la carta. Quizá ésta es la hora en que aún no sabe nada. ¿Cómo es posible? Juzgue usted mismo, dígame, por amor de Dios, explíqueme, porque yo no puedo entenderlo. ¿Cómo es posible portarse tan bárbara y groseramente como él se ha portado conmigo? ¡Ni siquiera una palabra! ¡Hasta a la persona más insignificante del mundo se le trata con más compasión! ¿Es posible que haya oído algo? ¿Es posible que alguien le haya dicho cosas de mí? —gritó volviéndose, inquisitiva, hacia mí—. ¿Qué piensa usted?

—Mire, Nastenka, mañana voy a verle de parte de usted.

—¿Y qué?

—Le pregunto todo y le cuento todo.

—¿Y qué? ¿Y qué?

—Usted escribe una carta. No diga que no, Nastenka, no diga que no. Le obligaré a respetar el comportamiento de usted, se enterará de todo, y si...

—No, amigo mío, no —interrumpió—. Ya basta. No recibirá de mí una palabra, ni una sola palabra, ni una línea. Ya basta. Ya no le conozco, ya no le quiero, le olvidaré...

No terminó la frase.

—Cálmese, cálmese. Siéntese aquí, Nastenka —dije haciéndola sentarse en el banco.

—¡Pero si estoy tranquila! Basta, así es la vida. Y estas lágrimas ya se secarán. ¿Es que cree usted que me voy a matar? ¿Que me voy a tirar al agua?

Mi corazón rebosaba de emoción. Quise hablar, pero no pude.

—Diga —prosiguió, cogiéndome de la mano—, ¿usted no se portaría así, ¿verdad? ¿No abandonaría a quien hubiera venido a usted por su propia voluntad? ¿Usted no le echaría en cara, con burlas crueles, el tener un corazón débil y crédulo? ¿Usted la protegería? ¿Usted pensaría que era una muchacha sola, que no sabía mirar por sí misma ni cuidarse del amor que sentiría por usted... que ella no tenía la culpa... que, en fin, no tenía la culpa de... que no había hecho nada malo? ¡Ay, Dios mío, Dios mío!

—¡Nastenka! —exclamé por fin sin poder dominar mi agitación—. Nastenka, usted me está atormentando, usted me destroza el corazón, usted me mata. ¡Nastenka, no puedo callar! ¡Tengo que hablar, decir todo lo que me oprime aquí, en el corazón!

Al decir esto me levanté del banco. Ella me cogió de la mano y me miró con asombro.

—¿Qué le pasa? —preguntó por fin.

—Escuche —dije con decisión—. Escúcheme, Nastenka. Todo lo que voy a decirle es absurdo, todo es quimérico y estúpido. Sé que nada de ello puede realizarse, pero no puedo seguir más tiempo callado. ¡En nombre de lo que usted sufre ahora, le ruego de antemano que me perdone!

—Pero, ¿esto qué es? —preguntó cesando de llorar y mirándome con fijeza, mientras en sus ojos sorprendidos brillaba una extraña curiosidad—. ¿Qué le pasa?

—Esto es quimérico, lo sé, pero la quiero a usted, Nastenka. Eso es lo que pasa. Ahora ya lo sabe usted todo —agregué remachando lo dicho con el brazo—. Ahora verá usted si puede hablar conmigo como hablaba hace un momento y si puede escuchar al cabo lo que voy a decirle...

—Bueno, ¿y qué? —me cortó Nastenka—. ¿Qué hay de nuevo en eso? Ya sabía que me quería usted, aunque creía que me quería así, sencillamente, sin segunda intención... ¡Ay, Dios mío!

—Al principio, sí, sencillamente, pero ahora..., ahora soy exactamente como usted cuando fue a verle a él con el hatillo de ropa. Pero todavía peor, Nastenka porque entonces él no quería a nadie, mientras que ahora usted quiere a otro.

—¿Qué dice usted? No le entiendo a usted en absoluto. Pero dígame, ¿con qué fin, es decir, no con qué fin, sino por qué se pone usted así
tan de repente? ¡Cielo santo, estoy diciendo tonterías...! Pero usted...

Nastenka quedó desconcertada del todo. Se le encendieron las mejillas y bajó los ojos.

—¿Qué hacer, Nastenka, qué hacer? Soy culpable, he abusado de...
Pero no, ¡qué va! No, Nastenka. Conozco esto, lo siento, porque me dice
el corazón que tengo razón y que de ninguna manera puedo agraviarla
o injuriarla. Era amigo de usted y sigo siéndolo. No ha cambiado en
nada. Mire cómo se me saltan las lágrimas, Nastenka. ¡Que se me salten,
pues! No molestan a nadie. Ya se secarán...

—¡Pero siéntese, siéntese! —dijo obligándome a sentarme en el banco—. ¡Ay, Dios mío!

—No, Nastenka, no quiero sentarme!, yo ya no puedo seguir aquí
más tiempo; usted no me verá ya más. Voy a decirlo todo y me voy. Sólo
quiero decir que usted no hubiera sabido nunca que la quiero. Yo hubiera guardado el secreto y no la hubiera martirizado aquí y en este momento
con mi egoísmo. Pero es que no he podido aguantar más; usted misma
empezó a hablar de esto, usted misma ha tenido la culpa, toda la culpa,
y no yo. Usted no puede alejarme de su lado...

—¡Pero claro que no, no señor, yo no le alejo de mi lado! —dijo
Nastenka, ocultando, la pobre, su confusión como mejor pudo.

—¿No me aleja usted? Pues entonces yo mismo me voy. Me voy,
sólo que antes le contaré a usted todo, porque cuando usted hablaba
hace un momento no podía quedarme quieto en mi asiento; cuando usted lloraba, cuando usted sufría porque... (voy a decirlo tal como es,
Nastenka), porque es usted desdeñada, porque su amor no es correspondido, ¡yo sentía, por mi parte, tanto amor por usted, tanto amor!
Y me daba tanta pena no poder ayudarla con ese amor... que se me partía el alma y... ¡y no pude callar y tuve que hablar, Nastenka, tuve que
hablar!...

—¡Sí, sí! ¡Hábleme, hábleme así! —dijo Nastenka con un gesto delicado—. Quizá le parezca extraño que se lo diga, pero... ¡hable! ¡Ya le
diré más tarde! ¡Ya le contaré todo!

—¡Me tiene usted lástima, Nastenka, sólo lástima, amiga mía! A lo
hecho, pecho. Agua pasada... ¿no es verdad? Bueno, ahora lo sabe usted
todo. Algo es algo. ¡Muy bien! ¡Todo está ahora bien! Ahora escuche.
Cuando estaba usted ahí sentada llorando, yo pensé para mis adentros
(¡ay, déjeme decir lo que pensé!) pensé que (claro que esto, Nastenka, es
imposible)... pensé que usted... pensé que usted, no sé cómo..., bueno,
por algún extraño motivo ya había dejado de quererle. Entonces —y yo
ya pensaba esto, Nastenka, ayer y anteayer—, entonces yo hubiera

hecho de modo... hubiera hecho sin duda de modo que usted me hubiera ido tomando cariño, porque usted misma dijo, usted misma afirmó, Nastenka, que ya casi me quería. Ahora, ¿qué más? Bueno, esto es casi todo lo que quería decir: sólo queda por decir lo que pasaría si usted me tomara cariño, nada más. Escuche, amiga mía (porque de todos modos es usted mi amiga), yo, por supuesto, soy un hombre sencillo, pobre, muy poca cosa, pero no importa (estoy tan confuso, Nastenka, que no doy pie con bola); sólo sé que la querría de tal manera... de tal manera la querría, que si usted siguiera queriéndole a él, si siguiera queriendo a ese hombre para mí desconocido, vería usted que mi amor no sería para usted una carga. Usted sólo notaría... sólo sentiría a cada instante que junto a usted latía un corazón honrado, honrado, un corazón ardiente, que para usted... ¡Ay, Nastenka, Nastenka! ¿Qué ha hecho usted conmigo?

—No llore, no quiero que llore —dijo Nastenka levantándose rápidamente del banco—. Vamos, levántese, venga conmigo. No llore más, no llore —siguió diciendo mientras me enjugaba las lágrimas con su pañuelo—. Bueno, vamos; puede que le diga algo... Sí, si ahora él me abandona, si me olvida, aunque yo todavía le quiero (no me propongo engañarle a usted)... Pero escuche y contésteme. Si yo, por ejemplo, le tomara cariño a usted, es decir, si yo... ¡Ay, amigo mío, amigo mío! ¡Cómo me doy plena cuenta ahora de que le ofendí cuando me reí de su amor, cuando le elogiaba por no haberse enamorado de mí...! ¡Ay Dios! ¿Pero cómo no preví esto? ¿Cómo no lo preví? ¿Cómo pude ser tan tonta?, pero, en fin, estoy decidida. Voy a contarle todo...

—Mire, Nastenka, ¿sabe lo que voy a hacer? Me alejo de usted. Sí, eso, me voy de su lado. No hago más que martirizarla. Ahora le remuerde la conciencia porque se rió usted de mí, y no quiero... eso, no quiero que, junto a la pena que siente..., yo, por supuesto, tengo la culpa, Nastenka, pero... ¡adiós!

—Deténgase y escúcheme. ¿Es que no puede esperar?

—¿Esperar qué?

—Yo le quiero a él, pero esto pasará, esto tiene que pasar. Es imposible que no pase, está pasando ya, lo siento... ¿Quién sabe? Quizá termine hoy mismo, porque le odio, porque se ha reído de mí, mientras que usted ha llorado aquí conmigo, porque usted no me hubiera repudiado como él lo ha hecho, porque usted me quiere y él no, porque, en suma, yo le quiero a usted... ¡Sí, le quiero! Le quiero como usted me quiere a mí; y, a decir verdad, yo misma se lo he dicho antes, usted mismo lo oyó. Le quiero porque es usted mejor que él, porque es usted más noble que él, porque, porque él...

La emoción de la pobre muchacha era tan fuerte que no terminó la frase; puso la cabeza en mi hombro, luego en mi pecho y rompió a llorar amargamente. Traté de consolarla, de convencerla, pero no cesaba en su llanto; sólo me apretaba la mano y decía entre sollozos: "¡Espere, espere, que acabo en seguida! Quiero decirle... no piense usted que estas lágrimas... esto no es más que debilidad; espere a que pase..." Por fin se serenó, se enjugó las lágrimas y proseguimos nuestro paseo. Yo hubiera querido hablar, pero ella siguió diciéndome que esperara. Guardamos silencio... Al fin, sacó fuerzas de flaqueza y rompió a hablar...

—Mire —empezó a decir con voz débil y trémula, pero en la que de pronto empezó a vibrar algo que entró en mi corazón y lo llenó de dulce alegría—, no me crea usted liviana e inconstante. No piense que soy capaz de cambiar y olvidar tan ligera y rápidamente... Le he querido a él un año entero y juro por lo más sagrado que nunca, nunca le he faltado, ni con el pensamiento siquiera. Él ha desdeñado esto y se ha reído de mí ¡qué se le va a hacer! Me ha agraviado y me ha lastimado el corazón. No... no le quiero, porque sólo puedo querer lo que es generoso, lo que es comprensivo, lo que es noble —porque yo soy así y él es indigno de mí— bueno, ¿qué se le va a hacer? Mejor es que haya obrado así ahora y no que más tarde me hubiera enterado con algún desengaño de cómo es... Bien, ¡pelillos a la mar! Pero ¿quién sabe, mi buen amigo? —prosiguió, apretándome la mano—. ¿Quién sabe si quizá todo el amor mío no fue más que un engaño de los sentidos, de la fantasía? ¿Quién sabe si no empezó como una travesura, como una chiquillada, por hallarme bajo la vigilancia de la abuela? Quizá debiera amar a otro, y no a él, no a un hombre como él, sino a otro que me tuviera lástima y... Pero dejemos esto, dejémoslo —interpuso Nastenka, a quien ahogaba la agitación—, sólo quería decirle... quería decirle que sí, a pesar de que le quiero a él (no, que le quería), si, a pesar de eso, dice usted todavía..., si siente usted que su cariño es tan grande que puede con el tiempo reemplazar al anterior en mi corazón... si de veras se compadece usted de mí, si no quiere dejarme sola en mi desgracia, sin consuelo, sin esperanza, si promete amarme siempre como ahora me ama, en ese caso le juro que la gratitud... que mi cariño acabará siendo digno del suyo... ¿me tomará usted de la mano ahora?

—Nastenka —grité ahogado por los sollozos—. ¡Nastenka, oh, Nastenka!

—¡Bueno, basta, basta! ¡Bueno, basta ya de veras! —dijo, haciendo un esfuerzo para calmarse—. Ahora ya está todo dicho, ¿verdad? ¿No es así? Usted es feliz y yo soy feliz. No se hable más del asunto. Espere, no me apure... ¡Hable de otra cosa, por amor de Dios!...

—¡Sí, Nastenka, sí! Con eso basta, ahora soy feliz... Bueno, Nastenka, bueno, hablemos de otra cosa. ¡A ver, a ver, de otra cosa! Sí, estoy dispuesto...

No sabíamos de qué hablar, reíamos, llorábamos, decíamos mil palabras sin ton ni son. Marchábamos por la acera y de repente volvíamos sobre nuestros pasos y cruzábamos la calle. Luego nos parábamos y volvíamos al muelle. Parecíamos chiquillos...

—Ahora vivo solo, Nastenka —decía yo—, pero mañana... Ya sabe usted, Nastenka, que, por supuesto, soy pobre. En total, no tengo más que 1,200 rublos, pero eso no importa...

—Claro que no. Además la abuela tiene una pensión y no será una carga. Tenemos que llevarnos a la abuela.

—Desde luego hay que llevarse a la abuela... Ahora bien, también está Matryona...

—¡Ah, sí, y nosotras tenemos a Fyokla!

—Matryona es buena, pero tiene un defecto. Carece de imaginación, Nastenka, carece por completo de imaginación. Pero eso no tiene importancia.

—Ninguna. Pueden vivir juntas. Entonces se muda usted a nuestra casa.

—¿Cómo? ¿A casa de ustedes? Muy bien, estoy dispuesto.

—Sí, como inquilino. Ya le he dicho que tenemos un desván en lo alto de la casa y que está vacío. Teníamos una inquilina, una vieja de familia noble, pero se nos fue, y sé que la abuela busca ahora a un joven. Yo le pregunto: "¿Por qué un joven?" Y ella dice: "Porque ya soy vieja; pero no vayas a creerte, Nastenka, que te estoy buscando marido". Yo sospechaba que era para eso...

—¡Ay, Nastenka!

Y los dos rompimos a reír.

—Bien, basta ya. ¿Y usted dónde vive? Ya se me ha olvidado.

—Ahí, junto a uno de los puentes, en casa de Barannikov.

—¿Esa casa tan grande?

—Sí, esa casa tan grande.

—Ah, sí, ya sé, es una casa hermosa. Bueno, pues ya sabe que mañana la deja y se viene con nosotras cuanto antes...

—Pues mañana, Nastenka, mañana. Estoy algo retrasado con el pago del alquiler, pero no importa... Voy a recibir mi paga pronto y...

—Y ¿sabe?, quizá yo dé lecciones. Yo misma me instruiré y daré lecciones...

—¡Magnífico! Y yo recibiré pronto una gratificación, Nastenka...

—De modo que mañana será usted un inquilino...

—Sí, e iremos a oír *El Barbero de Sevilla,* porque lo van a poner pronto otra vez.

—Sí que iremos —dijo riendo Nastenka—. No. Mejor será que vayamos a oír otra cosa en lugar de *El Barbero.*

—Bueno, muy bien, otra cosa. Claro que será mejor. No había pensado...

Hablando así, íbamos y veníamos como aturdidos, como caminantes en la niebla, como si no supiéramos qué nos pasaba. A veces nos parábamos y charlábamos largo rato en un mismo lugar; a veces reanudábamos nuestras idas y venidas y llegábamos hasta Dios sabe dónde, y allí vuelta a reír y vuelta a llorar... De pronto, Nastenka decidió volver a casa. Yo no me atreví a retenerla y quise acompañarla hasta la puerta misma. Nos pusimos en camino y al cabo de un cuarto de hora nos hallamos de nuevo en nuestro banco del muelle. Allí suspiró y alguna lagrimilla volvió a bañarle los ojos. Yo quedé cohibido y perdí un tanto mi ardor... Pero ella, allí mismo, me apretó la mano y me arrastró de nuevo a caminar, a charlar, a contar cosas...

—Ya es hora de que vaya a casa, ya es hora. Pienso que debe ser muy tarde —dijo por fin Nastenka—, ¡basta ya de chiquilladas!

—Sí, Nastenka, pero lo que es dormir, no dormiré ahora. Yo no me voy a casa.

—Yo parece que tampoco voy a dormir. Pero acompáñeme usted.

—Por supuesto.

—Esta vez, sin embargo, es preciso que lleguemos hasta mi casa.

—Claro. Por supuesto.

—¿Palabra de honor?... Porque alguna vez habrá que volver a casa.

—Palabra de honor —contesté riendo.

—Bueno, andando.

—Andando.

—Mire el cielo, Nastenka, mírelo. Mañana va a hacer buen día. ¡Qué cielo tan azul! ¡Qué luna! ¡Mire cómo la va a cubrir esa nube amarilla, mire, mire! No, ha pasado junto a ella. ¡Mire, mire!

Pero Nastenka no miraba la nube, sino que, clavada en el sitio, guardaba silencio. Un instante después comenzó a apretarse contra mí con una punta de timidez. Su mano temblaba en la mía. La miré... Ella se apoyó contra mí con más fuerza aún.

En ese momento paso junto a nosotros un joven. Se detuvo de repente, nos miró de hito en hito y luego dio unos pasos más. Mi corazón tembló.

—Nastenka —dije yo a media voz—. ¿Quién es, Nastenka?

—Es él —respondió con un murmullo, apretándose aún más estremecida contra mí.

Yo apenas podía tenerme de pie.

—¡Nastenka! ¡Nastenka! ¡Eres tú! —exclamó una voz tras nosotros y en ese momento el joven dio unos pasos hacia donde estábamos.

¡Dios mío, qué grito dio ella! ¡Cómo temblaba! ¡Cómo se libró forcejeando de mis brazos y voló a su encuentro! Yo me quedé mirándolos con el corazón deshecho. Pero apenas le dio ella la mano, apenas se hubo lanzado a sus brazos, cuando de pronto se volvió de nuevo hacia mí, corrió a mi lado como una ráfaga de viento, como un relámpago, y antes de que yo me diera cuenta, me rodeó el cuello con los brazos y me besó con fuerza, ardientemente. Luego, sin decirme una palabra, corrió otra vez a él, le cogió de la mano y le arrastró tras sí.

Yo me quedé largo rato donde estaba, siguiéndoles con la mirada. Por fin se perdieron de vista.

La mañana

Mis noches terminaron con una mañana. El día estaba feo. Llovía, y la lluvia golpeaba tristemente en mis cristales. Mi cuarto estaba oscuro y el patio sombrío. La cabeza me dolía y me daba vueltas. La fiebre se iba adueñando de mi cuerpo.

—Carta para ti, señorito. El cartero la ha traído por correo interior —dijo Matryona inclinada sobre mí.

—¿Una carta? ¿De quien? —grité saltando de la silla.

—No tengo idea, señorito. Mira bien. Puede que esté escrito ahí.

Rompí el sello. Era de ella.

"Perdone, perdóneme —me decía Nastenka—, de rodillas se lo pido, perdóneme. Le he engañado a usted y me he engañado a mí misma. Ha sido un sueño, una ilusión... ¡No puede imaginarse cómo le he echado de menos hoy! ¡Perdóneme, perdóneme!

"No me culpe, porque en nada he cambiado con respecto a usted. Le dije que le amaría y ya le amo, y aún le amo más de la cuenta. ¡Ay, Dios mío! ¡Si fuera posible amarles a ustedes dos a la vez! ¡Ay, si fuera usted él!"

"¡Ay, si él fuera usted!" —me cruzó por la mente. ¿Recordé tus propias palabras, Nastenka?

"¡Dios sabe lo que yo haría por usted ahora! Sé que está usted apesadumbrado y triste. Le he agraviado, pero ya sabe usted que quien ama no recuerda largo tiempo el agravio. Y usted me ama.

"Le agradezco, sí, le agradezco a usted ese amor. Porque ha quedado impreso en mi memoria como un dulce sueño, un sueño de esos que uno recuerda largo rato después de despertar; siempre me acordaré del momento en que usted me abrió su corazón tan fraternalmente, en que tomó en prenda el mío, destrozado, para protegerlo, abrigarlo, curarlo... Si me perdona, mi recuerdo de usted llegará a ser un sentimiento de gratitud que nunca se borrará de mi alma... Guardaré ese recuerdo, le seré fiel, no le haré traición, no traicionaré mi propio corazón; es demasiado constante. Ayer se volvió al momento hacia aquél a quien ha pertenecido siempre.

"Nos encontraremos, usted vendrá a vernos, no nos abandonará, será siempre mi amigo, mi hermano. Y cuando me vea me dará la mano... ¿verdad? Me la dará usted en señal de que me ha perdonado, ¿verdad? ¿Me querrá usted *como antes?*

"Quiérame, sí, no me abandone, porque yo le quiero tanto en este momento... porque soy digna de su amor, porque lo mereceré... ¡mi muy querido amigo! La semana entrante nos casamos. Ha vuelto enamorado, nunca me olvidó. No se enfade usted porque hablo de él. Quisiera ir con él a verle a usted; usted le cobrará afecto, ¿verdad?

"Perdónenos, y recuerde y quiera a su

Nastenka".

Leí varias veces la carta con lágrimas en los ojos. Por fin se me escapó de las manos y me cubrí la cara.

—¡Mira, mira, señorito! —exclamó Matryona.

—¿Qué pasa, vieja?

—Que he quitado todas las telarañas del techo. Ahora, cásate, invita a mucha gente, antes de que el techo se ensucie otra vez...

Miré a Matryona... Era todavía una vieja joven y vigorosa. Pero no sé por qué, de repente se me figuró apagada de vista, arrugada de piel, encorvada, decrépita. No sé por qué me pareció de pronto que mi cuarto envejecía al par que Matryona. Las paredes y los suelos perdían su lustre; todo se ajaba; las telarañas agrandaban su dominio. No sé por qué, cuando miré por la ventana, me pareció que la casa de enfrente también se deslustraba y se maltrataba, que el estuco de sus columnas se desconchaba, se desprendía, que las cornisas se ennegrecían y agrietaban, y que las paredes se cubrían de manchas de un amarillo oscuro y chillón...

Quizá fuera un rayo de Sol que, tras surgir de detrás de una nube preñada de lluvia, volvió a ocultarse de repente y lo oscureció todo a mis ojos. O quizá la perspectiva entera de mi futuro se dibujó ante mí tan sombría, tan melancólica, que me vi como soy efectivamente ahora, quince años después, como un hombre envejecido, que sigue viviendo en este mismo cuarto, tan solo como antes, con la misma Matryona, que no se ha despabilado nada en todos estos años.

¿Pero suponer que escribo esto para recordar mi agravio, Nastenka? ¿Para empañar tu felicidad clara y serena? ¿Para provocar con mis amargas quejas la angustia en tu corazón, para envenenarlo con secretos remordimientos y hacerlo latir con pena en el momento de tu felicidad? ¿Para estrujar una sola de esas tiernas flores con que adornaste tus negros rizos cuando te acercaste con él al altar...? ¡Ah, nunca, nunca! ¡Que brille tu cielo, que sea clara y serena tu sonrisa, que Dios te bendiga por el minuto de bienaventuranza y felicidad que diste a otro corazón solitario y agradecido!

¡Dios mío! ¡Sólo un momento de bienaventuranza! Pero, ¿acaso eso es poco para toda una vida humana?

El gran
inquisidor

Han pasado ya quince siglos desde que Cristo dijo: "No tardaré en volver. El día y la hora, nadie, ni el propio Hijo, las sabe". Tales fueron sus palabras al desaparecer, y la humanidad le espera siempre con la misma fe, o acaso con fe más ardiente aún que hace quince siglos. Pero el Diablo no duerme; la duda comienza a corromper a la humanidad, a deslizarse en la tradición de los milagros. En el Norte de Germania ha nacido una herejía terrible, que, precisamente, niega los milagros. Los fieles, sin embargo, creen con más fe en ellos. Se espera a Cristo, se quiere sufrir y morir como Él... Y he aquí que la humanidad ha rogado tanto por espacio de tantos siglos, ha gritado tanto "¡Señor, dignaos, aparecérosnos!", que Él ha querido, en su misericordia inagotable, bajar a la tierra.

Y he aquí que ha querido mostrarse, al menos un instante, a la multitud desgraciada, al pueblo sumido en el pecado, pero que le ama con amor de niño. El lugar de la acción es Sevilla; la época, la de la Inquisición, la de los cotidianos soberbios autos de fe, de terribles heresiarcas, *ad majorem Dei gloriam.*

No se trata de la venida prometida para la consumación de los siglos, de la aparición súbita de Cristo en todo el brillo de su gloria y su divinidad, "como un relámpago que brilla del Ocaso al Oriente". No, hoy sólo ha querido hacerles a sus hijos una visita, y ha escogido el lugar y la hora en que llamean las hogueras. Ha vuelto a tomar la forma humana que revistió, hace quince siglos, por espacio de treinta años.

Aparece entre las cenizas de las hogueras, donde la víspera, el cardenal gran inquisidor, en presencia del rey, los magnates, los caballeros, los altos dignatarios de la Iglesia, las más encantadoras damas de la corte, el pueblo en masa, quemó a cien herejes. Cristo avanza hacia la multitud, callado, modesto, sin tratar de llamar la atención, pero todos le reconocen.

El pueblo, impelido por un irresistible impulso, se agolpa a su paso y le sigue. Él, lento, con una sonrisa de piedad en los labios, continúa avanzando. El amor abrasa su alma; de sus ojos fluyen la luz, la ciencia, la fuerza, en rayos ardientes, que inflaman de amor a los hombres. Él les tiende los brazos, les bendice. De Él, de sus ropas, emana una virtud curativa. Un viejo, ciego de nacimiento, sale a su encuentro y grita: "¡Señor, cúrame para que pueda verte!" Una escama se desprende de sus ojos, y ve. El pueblo derrama lágrimas de alegría y besa la tierra que Él pisa. Los niños tiran flores a sus pies y cantan Hosanna, y el pueblo exclama: "¡Es Él! ¡Tiene que ser Él! ¡No puede ser otro que Él!"

Cristo se detiene en el atrio de la catedral. Se oyen lamentos; unos jóvenes llevan en hombros a un pequeño ataúd blanco, abierto, en el que reposa, sobre flores, el cuerpo de una niña de diecisiete años, hija de un personaje de la ciudad.

—¡Él resucitará a tu hija! —le grita el pueblo a la desconsolada madre.

El sacerdote que ha salido a recibir el ataúd mira, con asombro, al desconocido y frunce el ceño.

Pero la madre profiere:

—¡Si eres Tú, resucita a mi hija!

Y se posterna ante Él. Se detiene el cortejo, los jóvenes dejan el ataúd sobre las losas. Él lo contempla, compasivo, y de nuevo pronuncia el *Talipha kumi* (Levántate, muchacha).

La muerta se incorpora, abre los ojos, se sonríe, mira sorprendida en torno suyo, sin soltar el ramo de rosas blancas que su madre había colocado entre sus manos. El pueblo, lleno de estupor, clama, llora.

En el mismo momento en que se detiene el cortejo, aparece en la plaza el cardenal gran inquisidor. Es un viejo de noventa años, alto, erguido, de una ascética delgadez. En sus ojos hundidos fulgura una llama que los años no han apagado. Ahora no luce los aparatosos ropajes de la víspera; el magnífico traje con que asistió a la cremación de los enemigos de la Iglesia ha sido reemplazado por un tosco hábito de fraile.

Sus siniestros colaboradores y los esbirros del Santo Oficio le siguen a respetuosa distancia. El cortejo fúnebre detenido, la muchedumbre agolpada ante la catedral le inquietan, y espía desde lejos. Lo ve todo: el ataúd a los pies del desconocido, la resurrección de la muerta... Sus espesas cejas blancas se fruncen, se aviva, fatídico, el brillo de sus ojos.

—¡Prendedle! —les ordena a sus esbirros, señalando a Cristo.

Y es tal su poder, tal la temerosa sumisión del pueblo ante él, que la multitud se aparta, al punto, silenciosa, y los esbirros prenden a Cristo y se lo llevan. Como un solo hombre, el pueblo se inclina al paso del anciano y recibe su bendición. Los esbirros conducen al preso a la cárcel del Santo Oficio y le encierran en una angosta y oscura celda. Muere el día, y una noche de luna, una noche española, cálida y olorosa a limoneros y laureles, le sucede. De pronto, en las tinieblas se abre la férrea puerta del calabozo y penetra el gran inquisidor en persona solo, alumbrándose con una linterna. La puerta se cierra tras él. El anciano se detiene a pocos pasos del umbral y, sin hablar palabra, contempla, durante cerca de dos minutos, al preso. Luego, avanza lentamente, deja la linterna sobre la mesa y pregunta:

—¿Eres Tú, en efecto?

Pero, sin esperar la respuesta prosigue

—No hables, calla. ¿Qué podías decirme? Demasiado lo sé. No tienes derecho a añadir ni una sola palabra a lo que ya dijiste. ¿Por qué has venido a molestarnos?… Bien sabes que tu venida es inoportuna. Mas yo te aseguro que mañana mismo… No quiero saber si eres Él o sólo su apariencia; sea quien seas, mañana te condenaré; perecerás en la hoguera como el peor de los herejes. Verás cómo ese mismo pueblo que esta tarde te besaba los pies, se apresura, a una señal mía, a echar leña al fuego. Quizá nada de esto te sorprenda… —Y el anciano, mudo y pensativo sigue mirando al preso, acechando la expresión de su rostro, serena y suave.

—El Espíritu terrible e inteligente —añade, tras una larga pausa—, el Espíritu de la negación y de la nada, te habló en el desierto, y las Escrituras atestiguan que te "tentó". No puede concebirse nada más profundo que lo que se te dijo en aquellas tres preguntas o, para emplear el lenguaje de las Escrituras, en aquellas tres "tentaciones". ¡Si ha habido algún milagro auténtico, evidente, ha sido el de las tres tentaciones! ¡El hecho de que tales preguntas hayan podido brotar de unos labios, es ya, por sí solo, un milagro! Supongamos que hubieran sido borradas del libro, que hubiera que inventarlas, que forjárselas de nuevo. Supongamos que, con ese objeto, se reuniesen todos los sabios de la Tierra, los hombres de Estado, los príncipes de la Iglesia, los filósofos, los poetas, y que se les dijese: "Inventad tres preguntas que no sólo correspondan a la grandeza del momento, sino que contengan, en su triple interrogación, toda la historia de la humanidad futura", ¿crees que esa asamblea de todas las grandes inteligencias terrestres podría forjarse algo tan alto, tan formidable como las tres preguntas del inteligente y poderoso Espíritu? Esas tres preguntas, por sí solas, demuestran que quien te habló aquel día no era un espíritu humano, contingente, sino el Espíritu Eterno, Absoluto. Toda la historia ulterior de la humanidad está predicha y condensada en ellas; son las tres formas en que se concretan todas las contradicciones de la historia de nuestra especie. Esto, entonces, aún no era evidente, el porvenir era aún desconocido; pero han pasado quince siglos y vemos que todo estaba previsto en la Triple Interrogación, que es nuestra historia. ¿Quién tenía razón? ¿Tú o quien te interrogó?…

—Si no el texto, el sentido de la primera pregunta es el siguiente: "Quieres presentarte al mundo con las manos vacías, anunciándoles a los hombres una libertad que su tontería y su maldad naturales no lo permiten comprender, una libertad espantosa, ¡pues para el hombre y para la sociedad no ha habido nunca nada tan espantoso como la libertad!, cuando, si convirtieses en panes todas esas piedras peladas esparcidas ante tu vista, verías a la humanidad correr, en pos de ti, como un rebaño, agradecida, sumisa, temerosa tan sólo de que tu mano depusiera su ademán taumatúrgico y los panes se tornasen piedras". Pero tú no quisiste privar al hombre de su libertad y repeliste la tentación; te horrorizaba la idea de comprar con panes la obediencia de la humanidad, y contestaste que "no sólo de pan vive el hombre", sin saber que el espíritu de la tierra, reclamando el pan de la tierra, había de alzarse contra ti, combatirte y vencerte, y que todos le seguirían, gritando: "¡Nos ha dado el fuego del cielo!"

"Pasarán siglos y la humanidad proclamará, por boca de sus sabios, que no hay crímenes y, por consiguiente, no hay pecado; que sólo hay hambrientos. 'Dales pan si quieres que sean virtuosos'. Esa será la divisa de los que se alzarán contra ti, el lema que inscribirán en su bandera; y tu templo será derribado y, en su lugar, se erigirá una nueva Torre de Babel, no más firme que la primera, el esfuerzo de cuya erección y mil años de sufrimientos podías haberles ahorrado a los hombres. Pues volverán a nosotros, al cabo de mil años de trabajo y dolor, y nos buscarán en los subterráneos, en las catacumbas donde estaremos escondidos —huyendo aún de la persecución, del martirio—, para gritarnos: '¡Pan! ¡Los que nos habían prometido el fuego del cielo no nos lo han dado!' Y nosotros acabaremos su Babel, dándoles pan, lo único de que tendrán necesidad. Y se los daremos en tu nombre. Sabemos mentir. Sin nosotros, se morirían de hambre. Su ciencia no les mantendría. Mientras gocen de libertad les faltará el pan; pero acabarán por poner su libertad a nuestros pies, clamando: '¡Cadenas y pan!' Comprenderán que la libertad no es compatible con una justa repartición del pan terrestre entre todos los hombres, dado que nunca —¡nunca!— sabrán repartírselo. Se convencerán también de que son indignos de la libertad; débiles, viciosos, necios, indómitos. Tú les prometiste el pan del cielo. ¿Crees que puede ofrecerse ese pan, en vez del de la tierra, siendo la raza humana lo vil, lo incorregiblemente vil que es? Con tu pan del cielo podrás atraer y seducir a miles de almas, a docenas de miles, pero ¿y los millones y las decenas de millones no bastante fuertes para preferir el pan del cielo al pan de la tierra? ¿Acaso eres tan sólo el Dios de los grandes? Los demás, esos granos de arena del mar; los demás, que son débiles, pero que te aman, ¿no son a tus ojos sino viles instrumentos en manos de los grandes?... Nosotros amamos a esos pobres seres, que acabarán, a pesar de su condición viciosa y rebelde, por dejarse dominar. Nos admirarán, seremos sus dioses, una vez sobre nuestros hombros la carga de su libertad, una vez que hayamos aceptado el cetro que —¡tanto será el miedo que la libertad acabará por inspirarles!— nos ofrecerán. Y reinaremos en tu nombre, sin dejarte acercar a nosotros. Esta impostura, esta necesaria mentira, constituirá nuestra cruz".

—Como ves, la primera de las tres preguntas encerraba el secreto del mundo. ¡Y tú la desdeñaste! Ponías la libertad por encima de todo, cuando, si hubieras consentido en tornar panes las piedras del desierto, hubieras satisfecho el eterno y unánime deseo de la humanidad; le hubieras dado un amo. El más vivo afán del hombre libre es encontrar un ser ante quien inclinarse. Pero quiere inclinarse ante una fuerza incontestable, que pueda reunir a todos los hombres en una comunión de respeto; quiere que el objeto de su culto lo sea de un culto universal; quiere una religión común. Y esa necesidad de la comunidad en la adoración es, desde el principio de los siglos, el mayor tormento individual y colectivo del género humano. Por realizar esa quimera, los hombres se exterminan. Cada pueblo se ha creado un dios y le ha dicho a su vecino: "¡Adora a mi dios o te mato!" Y así ocurrirá hasta el fin del mundo; los dioses podrán desaparecer de la Tierra, mas la humanidad hará de nuevo por los ídolos lo que ha hecho por los dioses. Tú no ignorabas ese secreto fundamental de la naturaleza humana y, no obstante, rechazaste la única bandera que te hubiera asegurado la sumisión de todos los hombres: la bandera del pan terrestre; la rechazaste en nombre del pan celestial y de la libertad, y en nombre de la libertad seguiste obrando hasta tu muerte. No hay, te repito, un afán más vivo en el hombre que encontrar en quien delegar la libertad de que nace dotada tan miserable criatura. Sin embargo, para obtener la ofrenda de la libertad de los hombres, hay que darles la paz de la conciencia. El hombre se hubiera inclinado ante ti si le hubieras dado pan, porque el pan es una cosa incontestable; pero si, al mismo tiempo, otro se hubiera adueñado de la conciencia humana, el hombre hubiera dejado tu pan para seguirle. En eso, tenías razón; el secreto de la existencia humana consiste en la razón, en el motivo de la vida. Si el hombre no acierta a explicarse por qué debe vivir preferirá morir a continuar esta existencia sin objeto conocido, aunque disponga de una inmensa provisión de pan. Pero ¿de qué te sirvió el conocer esa verdad? En vez de coartar la libertad humana, le quitaste diques, olvidando, sin duda, que a la libertad de elegir entre el bien y el mal el hombre prefiere la paz, aunque sea la de la muerte.

"Nada tan caro para el hombre como el libre albedrío, y nada, también, que le haga sufrir tanto. Y, en vez de formar tu doctrina de principios sólidos que pudieran pacificar definitivamente la conciencia humana, la formaste de cuanto hay de extraordinario, vago, conjetural, de cuanto traspasa los límites de las fuerzas del hombre, a quien, ¡tú que diste la vida por él!, se diría que no amabas. Al quitarle diques a su libertad, introdujiste en el alma humana nuevos elementos de dolor. Querías ser amado con un libre amor, libremente seguido. Abolida la dura ley antigua, el hombre debía, sin trabas, sin más guía que tu ejemplo, elegir entre el bien y el mal. ¿No comprendías que acabaría por desacatar incluso tu ejemplo y tu verdad, abrumado bajo la terrible carga de la libre elección, y que gritaría: 'Si Él hubiera poseído la verdad, no hubiera dejado a sus hijos sumidos en una perplejidad tan horrible, envueltos en tales tinieblas?' Tú mismo preparaste tu ruina: no culpes a nadie. Si hubieras escuchado lo que se te proponía... Hay sobre la Tierra tres únicas fuerzas capaces de someter para siempre la conciencia de esos seres débiles e indómitos —haciéndoles felices—: el milagro, el misterio y la autoridad. Y tú no quisiste valerte de ninguna. El Espíritu terrible te llevó a la almena del templo y te dijo: '¿Quieres saber si eres el Hijo de Dios? Déjate caer abajo, porque escrito está que los ángeles han de tomarte en sus manos'. Tú rechazaste la proposición, no te dejaste caer. Demostraste con ello el sublime orgullo de un dios; ¡pero los hombres, esos seres débiles, impotentes, no son dioses! Sabías que, sólo con intentar precipitarte, hubieras perdido la fe en tu Padre, y el gran Tentador hubiera visto, regocijadísimo, estrellarse tu cuerpo en la tierra que habías venido a salvar. Mas, dime, ¿hay muchos seres semejantes a ti? ¿Pudiste pensar un solo instante que los hombres serían capaces de comprender tu resistencia a aquella tentación? La naturaleza humana no es bastante fuerte para prescindir del milagro y contentarse con la libre elección del corazón, en esos instantes terribles en que las preguntas vitales exigen una respuesta. Sabías que tu heroico silencio sería perpetuado en los libros y resonaría en lo más remoto de los tiempos, en los más apartados rincones del mundo. Y esperabas que el hombre te imitaría y prescindiría de los milagros, como un dios, siendo así que, en su necesidad de milagros, los inventa y se inclina ante los prodigios de los magos y los encantamientos de los hechiceros, aunque sea hereje o ateo".

—Cuando te dijeron, por mofa: "¡Baja de la cruz y creeremos en ti!", no bajaste. Entonces, tampoco quisiste someter al hombre con el milagro, porque lo que deseabas de él era una creencia libre, no violentada por el prestigio de lo maravilloso; un amor espontáneo, no los transportes serviles de un esclavo aterrorizado. En esta ocasión, como en todas, obraste inspirándote en una idea del hombre demasiado elevada: ¡es esclavo, aunque haya sido creado rebelde! Han pasado quince siglos: ve y juzga. ¿A quién has elevado hasta ti? El hombre, créeme, es más débil y más vil de lo que tú pensabas. ¿Puede, acaso, hacer lo que tú hiciste? Le estimas demasiado y sientes por él muy poca piedad; le has exigido demasiado, tú que le amas más que a ti mismo. Debías estimarle menos y exigirle menos. Es débil y cobarde. El que hoy se subleve en todas partes contra nuestra autoridad y se enorgullezca de ello, no significa nada. Sus amenazas son hijas de una vanidad de escolar. Los hombres son siempre unos chiquillos: se sublevan contra el profesor y le echan del aula; pero la revuelta tendrá un término y les costará cara a los revoltosos. No importa que derriben templos y ensangrienten la tierra: tarde o temprano, comprenderán la inutilidad de una rebelión que no son capaces de sostener. Verterán estúpidas lágrimas; pero, al cabo, comprenderán que el que les ha creado rebeldes les ha hecho objeto de una burla y lo gritarán, desesperados. Y esta blasfemia acrecerá su miseria, pues la naturaleza humana, demasiado mezquina para soportar la blasfemia, se encarga ella misma de castigarla.

—La inquietud, la duda, la desgracia: he aquí el lote de los hombres por quienes diste tu sangre. Tu profeta dice que, en su visión simbólica, vio a todos los partícipes de la primera resurrección y que eran doce mil por cada generación. Su número no es corto, si se considera que supone una naturaleza más que humana el llevar tu cruz, el vivir largos años en el desierto, alimentándose de raíces y langostas; y puedes, en verdad, enorgullecerte de esos hijos de la libertad, del libre amor, estar satisfechos del voluntario y magnífico sacrificio de sí mismos, hecho en tu nombre. Pero no olvides que se trata sólo de algunos miles y, más que de hombres, de dioses. ¿Y el resto de la humanidad? ¿Qué culpa tienen los demás, los débiles humanos, de no poseer la fuerza sobrenatural de los fuertes? ¿Qué culpa tiene el alma plebe de no poder soportar el peso de algunos dones terribles? ¿Acaso viniste tan sólo por los elegidos? Si es así, lo importante no es la libertad ni el amor, sino el misterio, el impenetrable misterio. Y nosotros tenemos derecho a predicarles a los hombres que deben someterse a él sin razonar, aun contra los dictados de su conciencia. Y eso es lo que hemos hecho. Hemos corregido tu obra; la hemos basado en el "milagro", el "misterio" y la "autoridad". Y los hombres se han congratulado de verse de nuevo conducidos como un rebaño y libres, por fin, del don funesto que tantos sufrimientos les ha causado. Di, ¿hemos hecho bien? ¿Se nos puede acusar de no amar a la humanidad? ¿No somos nosotros los únicos que tenemos conciencia de su flaqueza; nosotros que, en atención a su fragilidad, la hemos autorizado hasta para pecar, con tal de que nos pida permiso? ¿Por qué callas? ¿Por qué te limitas a mirarme con tus dulces y penetrantes ojos? ¡No te amo y no quiero tu amor; prefiero tu cólera! ¿Y para qué ocultarte nada? Sé a quién le hablo. Conoces lo que voy a decirte, lo leo en tus ojos... Quizá quieras oír precisamente de mi boca nuestro secreto. Oye, pues: no estamos contigo, estamos con Él... ; nuestro secreto es ése. Hace mucho tiempo —¡ocho siglos!— que no estamos contigo, sino con Él. Hace ocho siglos que recibimos de Él el don que tú, cuando te tentó por tercera vez mostrándote todos los reinos de la tierra, rechazaste indignado; nosotros aceptamos y, dueños de Roma y la espada de César, nos declaramos los amos del mundo. Sin embargo, nuestra conquista no ha acabado aún, está todavía en su etapa inicial, falta mucho para verla concluida; la tierra ha de sufrir aún durante mucho tiempo; pero nosotros conseguiremos nuestro objeto, seremos el César y, entonces, nos preocuparemos de la felicidad universal. Tú también pudiste haber tomado la espada de César; ¿por qué rechazaste tal don? Aceptándole, hubieras satisfecho todos los anhelos de los hombres sobre la Tierra, les hubieras dado un amo, un depositario de su conciencia y, a la vez, un ser en torno a quien unirse, formando un inmenso hormiguero, ya que la necesidad de la unión universal es otro de los tres supremos tormentos de la humanidad, que siempre ha tendido a la unidad mundial. Cuanto más grandes y gloriosos, más sienten los pueblos ese anhelo. Los grandes conquistadores, los Tamerlan, los Gengis Kan que recorren la tierra como un huracán devastador, obedecen, de un modo inconsciente, a esa necesidad. Tomando la púrpura de César, hubieras fundado el imperio universal, que hubiera sido la paz del mundo. Pues, ¿quién debe reinar sobre los hombres sino el que es dueño de sus conciencias y tiene su pan en las manos?

—Tomamos la espada de César y, al hacerlo, rompimos contigo y nos unimos a Él. Aún habrá siglos de libertinaje intelectual, de pedantería y de antropofagia —los hombres, luego de erigir, sin nosotros, su Torre de Babel, se entregarán a la antropofagia—; pero la bestia acabará por arrastrarse hasta nuestros pies, los lamerá y los regará con lágrimas de sangre. Y nosotros nos sentaremos sobre la bestia y levantaremos una copa en la que se leerá la palabra "Misterio". Y entonces, sólo entonces, empezará para los hombres el reinado de la paz y de la dicha. Tú temes de tus elegidos, pero son una minoría: nosotros les daremos el reino y la calma a todos. Y aun de esa minoría, aun de entre esos "fuertes" llamados a ser de los elegidos, ¡cuántos han acabado y acabarán por cansarse de esperar, cuántos han empleado y emplearán contra ti las fuerzas de su espíritu y el ardor de su corazón en uso de la libertad de que te son deudores! Nosotros les daremos a todos la felicidad, concluiremos con las revueltas y matanzas originadas por la libertad. Les convenceremos de que no serán verdaderamente libres, sino cuando nos hayan confiado su libertad. ¿Mentiremos? ¡No! Y bien sabrán ellos que no les engañamos, cansados de las dudas y de los terrores que la libertad lleva consigo. La independencia, el libre pensamiento y la ciencia llegarán a sumirles en tales tinieblas, a espantarlos con tales prodigios, a cansarlos con tales exigencias, que los menos suaves y dóciles se suicidarán; otros, también indóciles, pero débiles y violentos, se asesinarán, y otros —los más—, rebaño de cobardes y de miserables, gritarán a nuestros pies: "¡Sí, tenéis razón! Sólo vosotros poseéis su secreto y volvemos a vosotros! ¡Salvadnos de nosotros mismos!"

—No se les ocultará que el pan —obtenido con su propio trabajo, sin milagro alguno— que reciben de nosotros se los tomamos antes nosotros a ellos para repartírselos, y que no convertimos las piedras en panes. Pero, en verdad, más que el pan en sí, lo que les llenará es que nosotros se lo demos. Pues verán que, si no convertimos las piedras en panes, tampoco los panes se convierten, vuelto el hombre a nosotros, en piedras. ¡Comprenderán, al fin, el valor de la sumisión! Y mientras no lo comprendan, padecerán. ¿Quién, dime, quién ha puesto más de su parte para que dejen de padecer? ¿Quién ha dividido el rebaño y le ha dispersado por extraviados andurriales? Las ovejas se reunirán de nuevo, el rebaño volverá a la obediencia y ya nada le dividirá ni lo dispersará. Nosotros, entonces, les daremos a los hombres una felicidad en armonía con su débil naturaleza, una felicidad compuesta de pan y humildad. Sí, les predicaremos la humildad, y no, como Tú, el orgullo. Les probaremos que son débiles niños, pero que la felicidad de los niños tiene particulares encantos. Se tornarán tímidos, no nos perderán nunca de vista y se estrecharán contra nosotros como polluelos que buscan el abrigo del ala materna. Nos temerán y nos admirarán. Les enorgullecerá el pensar la energía y el genio que habremos necesitado para domar a tanto rebelde. Les asustará nuestra cólera, y sus ojos, como los de los niños y los de las mujeres, serán fuentes de lágrimas. ¡Pero con qué facilidad, a un gesto nuestro, pasarán del llanto a la risa, a la suave alegría de los niños! Les obligaremos, ¿qué duda cabe?, a trabajar; pero les organizaremos, para sus horas de ocio, una vida semejante a los juegos de los niños, mezcla de canciones, coros inocentes y danzas. Hasta les permitiremos pecar —¡su naturaleza es tan flaca!—. Y, como les permitiremos pecar, nos amarán con un amor sencillo, infantil. Les diremos que todo pecado cometido con nuestro permiso será perdonado, y lo haremos por amor, pues, de sus pecados, el castigo será para nosotros y el placer para ellos. Y nos adorarán como a bienhechores. Nos lo dirán todo y, según su grado de obediencia, les permitiremos o les prohibiremos vivir con sus mujeres o sus amantes y les consentiremos o no les consentiremos tener hijos. Y nos obedecerán, muy contentos. Nos someterán a los más penosos secretos de su conciencia, y nosotros decidiremos en todo y por todo; y ellos acatarán, alegres, nuestras sentencias, pues les ahorrarán el cruel trabajo de elegir y determinarse libremente.

—Todos los millones de seres humanos serán así, felices, salvo unos cien mil, salvo nosotros, los depositarios del secreto. Porque nosotros seremos desgraciados. Los felices se contarán por miles de millones, y habrá cien mil mártires del conocimiento, exclusivo y maldito, del bien y del mal. Morirán en paz, pronunciando tu nombre, y, más allá de la tumba, sólo verán la oscuridad de la muerte. Sin embargo, nos lo callaremos; embaucaremos a los hombres, por su bien, con la promesa de una eterna recompensa en el cielo, a sabiendas de que, si hay otro mundo, no ha sido, de seguro, creado para ellos. Se vaticina que volverás, rodeado de tus elegidos, y que vencerás; tus héroes sólo podrán envanecerse de haberse salvado a sí mismos, mientras que nosotros habremos salvado al mundo entero. Se dice que la fornicadora, sentada sobre la bestia y con la "copa del misterio" en las manos, será afrentada y que los débiles se sublevarán después, desgarrarán su púrpura y desnudarán su cuerpo impuro. Pero yo me levantaré entonces y te mostraré los miles de millones de seres felices que no han conocido el pecado. Y nosotros que, por su bien, habremos asumido el peso de sus culpas, nos alzaremos ante ti, diciendo: "¡Júzganos, si puedes y te atreves!" No te temo. Yo también he estado en el desierto; yo también me he alimentado de langostas y raíces; yo también he bendecido la libertad que les diste a los hombres y he soñado con ser del número de los fuertes. Pero he renunciado a ese sueño, he renunciado a tu locura para sumarme al grupo de los que corrigen tu obra. He dejado a los orgullosos para acudir en socorro de los humildes.

—Lo que te digo se realizará; nuestro imperio será un hecho.

—Y te repito que mañana, a una señal mía, verás a un rebaño sumiso echar leña a la hoguera donde te haré morir, por haber venido a perturbarnos. ¿Quién más digno que Tú de la hoguera? Mañana te quemaré. *Dixi*.

El inquisidor calla. Espera unos instantes la respuesta del preso. Aquel silencio le turba. El preso le ha oído, sin dejar de mirarle a los ojos, con una mirada fija y dulce, decidido evidentemente a no contestar nada. El anciano hubiera querido oír de sus labios una palabra, aunque hubiera sido la más amarga, la más terrible. Y he aquí que el preso se le acerca en silencio y da un beso en sus labios exangües de nonagenario. —¡A eso se reduce su respuesta!— El anciano se estremece, sus labios tiemblan; se dirige a la puerta, la abre y dice:

—¡Vete y no vuelvas nunca..., nunca!—. Y le deja salir a las tinieblas de la ciudad. El preso se aleja.

Novela en
nueve cartas

I
De Pyotr Ivanych a Iván Petrovich

Muy señor mío y apreciadísimo amigo Iván Petrovich:

Puede decirse, apreciadísimo amigo, que desde anteayer corro tras usted para hablarle de un asunto muy urgente y no le encuentro en ninguna parte. Ayer, y refiriéndose cabalmente a usted en casa de Semyon Alekseich, decía mi mujer en broma que usted y Tatyana Petrovna están hechos un buen par de zascandiles. Aún no hace tres meses que están casados y ya ni se cuidan siquiera de sus dioses domésticos. Todos nos reímos mucho —claro que por el sincero afecto que les tenemos—, pero, bromas aparte, amigo mío, me trae usted de cabeza. Semyon Alekseich dijo que quizá estuviera usted en el club, en el baile de la Unión Social. No sé si era cosa de reír o llorar. Figúrese usted mi situación: yo en el baile, solo, sin mi mujer... Al verme solo, Iván Andreich, que tropezó conmigo en la conserjería, conjeturó sin más (¡el muy bribón!) que soy un apasionado ardiente de los bailes de sociedad y, tomándome del brazo, trató de llevarme a la fuerza a una clase de baile, diciendo que en la Unión Social había muchas personas, que la sangre moza no tenía donde revolverse, y que el pachuli y la reseda le daban dolor de cabeza. No lo encontré ni a usted ni a Tatyana Petrovna. Iván Andreich dijo que estarían ustedes sin duda viendo la obra de Griboyedov que ponen en el Teatro Aleksandrinski.

Fui volando al Teatro Aleksandrinski. Tampoco estaba usted allí. Esta mañana esperaba encontrarle en casa de Chistoganov, y nada. Shistoganov mandó a preguntar a casa de los Perepalkin, lo mismo. En fin, que quedé molido. Usted dirá si no fue ajetreo. Ahora le escribo a usted (no hay más remedio). Mi asunto no tiene nada de literario (¿usted me comprende?). Lo mejor será que nos veamos a solas. Me es absolutamente necesario hablar con usted cuanto antes; por ello le ruego que venga hoy a mi casa con Tatyana Petrovna a tomar el té y a pasar la velada. Mi mujer, Anna Mihailovna, se pondrá contentísima con la visita de ustedes. Nos dejarán obligados hasta el sepulcro, como dijo aquél.

A propósito, estimadísimo amigo —ya que estoy con la pluma en la mano lo diré todo, sin omitir una coma— debo ahora reprocharle un poco y aun reprenderle, respetadísimo amigo, por una picardía, al parecer muy inocente, que me ha jugado usted... ¡so pillo, so desvergonzado! A mediados del mes pasado presentó usted en mi casa a un conocido suyo, a Evgeni Nikolaich por más señas, avalándole con la amistosa y, por supuesto, para mí sagrada recomendación de usted. Me alegré de la oportunidad, recibí al joven con los brazos abiertos y con ello me puse una soga al cuello. Con soga o sin ella, vaya jugarreta que nos ha hecho usted, como dijo aquél. No es éste el momento de explicarlo, ni es cosa para encomendar a la pluma. Sólo pregunto a usted muy humildemente, malicioso amigo y compañero, si no hay modo de sugerir a ese joven delicadamente, entre paréntesis, al oído, a la chita callando, que hay otras muchas casas en la capital además de la nuestra. ¡Que esto ya no hay quien lo aguante, amigo! Caemos de rodillas ante usted, como dice nuestro amigo Simonevich. Ya le contaré todo cuando nos veamos. No es que el joven no tenga garbo y cualidades espirituales, ni que haya metido la pata en nada. Muy al contrario, es amable y simpático. Pero espere a que nos veamos; y si mientras tanto tropieza usted con él, dígale eso al oído, muy respetuosamente, por lo que usted más quiera. Yo mismo se lo diría, pero ya conoce usted mi carácter: no puedo, eso es todo. Al fin y al cabo, usted fue quien lo recomendó. Pero en todo caso esta noche hablaremos. Y ahora hasta la vista. Quedo de usted, etc.

P.D. Hace ocho días que tenemos al pequeño indispuesto y cada día está peor. Le están saliendo los dientes. Mi mujer no hace más que cuidarle. La pobre sufre. Vengan ustedes. De veras que nos darán un alegrón, estimadísimo amigo mío.

II
De Iván Petrovich a Pyotr Ivanych

Muy señor mío:

Recibí su carta ayer y su lectura me dejó perplejo. Me anduvo usted buscando por Dios sabe qué sitios y yo estaba sencillamente en casa. Estuve esperando a Iván Ivanych Tolokonov hasta las diez. Seguidamente, acompañado de mi mujer, tomé un coche de sitio y me planté en casa de usted a eso de las seis y media. No estaba usted y su esposa nos recibió. Le esperé hasta las diez y media; más tiempo no pude. Tomé un coche de sitio, llevé a mi mujer a casa y yo fui a la de los Perepalkin, pensando que quizá le encontraría allí, pero me llevé otro chasco. Volví a casa, no dormí en toda la noche por la inquietud y esta mañana fui a casa de usted tres veces, a las nueve, a las diez y a las once; más gastos, tres veces, con el alquiler de coches, y de nuevo me dejó usted con un palmo de narices.

La lectura de su carta me dejó, pues, atónito. Habla usted de Evgeni Nikolaich, me dice que le indique algo confidencialmente pero no me dice qué. Alabo su cautela, pero no todas las cartas son iguales, y yo a mi mujer no le doy papeles importantes para que haga rizadores para el pelo. Me pregunto, a decir verdad, qué sentido quiso usted dar a lo que me escribió. Por lo demás, si las cosas han llegado a ese extremo, ¿para qué mezclarme a mí en el asunto? Yo no meto la nariz en cada tejemaneje que se presenta. En cuanto a despedirle, usted mismo puede hacerlo. Sólo veo que tenemos que hablar con más claridad y precisión; amén de que el tiempo pasa. Yo ando en apuros y no sé cómo arreglármelas si usted da esquinazo a lo que tenemos convenido. El viaje se nos viene encima, cuesta dinero, y, por añadidura, mi mujer me gimotea para que le mande hacer una capota de terciopelo a la última moda. En cuanto a Evgeni Nikolaich, me apresuro a decir a usted que por fin ayer, sin perder más tiempo, me informé acerca de él cuando estuve en casa de Pavel Semionych Perepalkin. Es propietario de quinientos siervos en la provincia de Yaroslav y, además, espera heredar de su abuela otros trescientos en las cercanías de Moscú. No sé qué dinero tiene, pero pienso que eso puede usted averiguarlo más fácilmente que yo. Finalmente, ruego me diga dónde podemos encontrarnos. Ayer vio usted a Iván Andreich quien, según usted, dijo que yo estaba con mi mujer en el Teatro Aleksandrinski. Yo por mi parte, digo que miente y que es imposible darle crédito en estas cosas, y que anteayer, sin ir más lejos, estafó a su abuela 800 rublos. Tengo el honor de reiterarme, etc.

P.D. Mi mujer ha quedado embarazada. Es, además, asustadiza y algo inclinada a la melancolía. En las representaciones teatrales hay a veces tiroteos y se imita al trueno por medio de máquinas. Por ello, temiendo que se asuste, no la llevo al teatro. Yo tampoco le tengo mucha afición.

III
De Pyotr Ivanych a Iván Petrovich

Apreciadísimo amigo Iván Petrovich:

Tengo la culpa, la tengo, mil veces la tengo, pero me apresuro a excusarme. Ayer entre cinco y seis, y en el momento justo en que recordábamos a usted con sincera simpatía, llegó corriendo un recadero de parte de mi tío Stepan Alekseich con la noticia de que mi tía estaba grave. Sin decir palabra a mi mujer para no asustarla, pretexté tener que atender a un asunto urgente y fui a casa de mi tía. La encontré en las últimas. A las cinco en punto le había dado un ataque, el tercero en dos años. Karl Fiodorych, el médico de cabecera, dijo que quizá no saliera de la noche. Imagínese mi situación, apreciadísimo amigo mío. Toda la noche de pie, yendo y viniendo, abrumado de pena. Cuando llegó la mañana, con las fuerzas agotadas y abatido por la debilidad física y mental, me acosté en un diván sin acordarme de decir que me despertaran a tiempo, y cuando abrí los ojos eran las once y media. Mi tía estaba mejor. Fui a ver a mi mujer. La pobre estaba deshecha, esperándome. Tomé un bocado, di un beso al pequeño, tranquilicé a mi mujer y fui a buscarle a usted. No estaba en casa. Quien sí estaba era Evgeni Nikolaich. Volví a mi casa, cogí la pluma y ahora le escribo. No se enfade conmigo, mi buen amigo, ni rezongue contra mí. Pégueme, córteme esta cabeza culpable, pero no me prive de su afecto. Me enteré por su esposa de que esta noche van a casa de los Slavyanov. Allí estaré sin falta. Le esperaré con gran impaciencia. Por ahora quedo de usted, etc.

P.D. El pequeño nos tiene verdaderamente desesperados. Karl Fiodorych le ha recetado ruibarbo. Lloriquea. Ayer no conocía a nadie. Hoy ya empieza a conocer a todos y balbucea: papá, mamá, bu... Mi mujer se ha pasado llorando toda la mañana.

IV
De Iván Petrovich a Pyotr Ivanych

Muy señor mío:

Le escribo en su casa, en su cuarto y en su escritorio: pero antes de tomar la pluma le he estado esperando más de dos horas y media. Ahora, Pyotr Ivanych, permita que le dé sin rodeos mi opinión sincera sobre esta situación ignominiosa. Por su última carta supuse que le esperaban a usted en casa de los Slavyanov. Me citó usted allí, fui, le estuve esperando cinco horas y no asomó usted. Ahora bien, ¿es que se propone usted convertirme en el hazmerreír de la gente? Perdón, señor mío... He venido a su casa esta mañana esperando encontrarle, sin imitar, pues, a ciertas personas escurridizas que buscan a la gente en sabe Dios qué sitios, cuando pueden encontrarla en casa a cualquier hora decorosa. En su casa no había ni sombra de usted. No sé qué me impide decirle ahora toda la dura verdad. Diré sólo que, por lo visto, quiere usted zafarse del convenio que usted conoce. Y ahora, después de considerar todo el asunto, no puedo menos de confesar que me asombra el sesgo astuto de su pensamiento. Ahora veo claro que viene usted alimentando sus torcidas intenciones desde mucho tiempo atrás. Prueba de ello es que la semana pasada se adueñó usted, harto impropiamente, de la carta, dirigida a mi nombre, en la que usted mismo exponía, aunque de modo bastante oscuro e incoherente, nuestro acuerdo sobre lo que usted sabe. Tiene usted miedo a los documentos, por eso los destruye y yo me quedo haciendo el primo. Pero yo no permito que se me tenga por tonto, pues nadie hasta ahora me ha tenido por tal, y en ese particular siempre he obrado con beneplácito de todos. He abierto los ojos. Usted quiere sacarme de mis casillas, ofuscarme con Evgeni Nikolaich; y cuando ante la carta del 7 del corriente, que todavía me resulta indescifrable, le pido explicaciones, me da usted citas falsas y se esconde de mí. ¿Piensa usted acaso, señor mío, que soy incapaz de darme cuenta de todo eso? Usted prometió compensarme por servicios que le son muy notorios, a saber la presentación de varias personas, y mientras tanto se las arregla usted no sé cómo para sacarme elevadas cantidades de dinero, sin recibo, como ocurrió la semana pasada sin ir más lejos. Pero ahora, después de embolsarse el dinero, se oculta usted, más aún, niega usted los servicios que le presté con relación a Evgeni Nikolaich. Quizá cuenta con que me vaya pronto a Simbirsk y con que no haya tiempo para liquidar. Pues bien, le participo solemnemente, bajo palabra de honor, que si las cosas llegan a ese punto estoy más que dispuesto a quedarme dos meses enteros en Petersburgo hasta concluir mi negocio, lograr mi propósito y encontrarle a usted. Aquí también sabemos ganarle por la mano al prójimo. En conclusión, le hago saber que si no me da hoy una explicación satisfactoria, primero por carta y después personalmente, cara a cara, y si en su carta no expone de nuevo los puntos principales del convenio entre nosotros y no pone en claro lo tocante a Evgeni Nikolaich, me veré precisado a recurrir a medidas que serán muy desagradables para usted y que a mí mismo me resultan repugnantes. Me reitero de usted, etc.

V
De Pyotr Ivanych a Iván Petrovich

11 de noviembre

Amabilísimo y respetadísimo amigo Iván Petrovich: Su carta me hirió en lo más profundo del alma. ¿Es que no tiene usted reparo, apreciado aunque injusto amigo, en tratar así a quien le tiene la mejor voluntad?

¡Desbocarse así, sin poner en claro todo el asunto, y acabar por insultarme con sospechas tan injuriosas! Me apresuro, no obstante, a responder a sus acusaciones. No me encontró usted ayer, Iván Petrovich, porque fui llamado, de repente e inesperadamente, a la cabecera de una moribunda. Mi tía Evfimiya Nikolavna falleció ayer a las once de la noche. Por acuerdo general de los parientes quedé encargado de las tristes y dolorosas gestiones. Hubo tanto que hacer que no tuve tiempo esta mañana de verle a usted ni de ponerle siquiera un renglón para avisárselo. Lamento de todo corazón la mala inteligencia que ha surgido entre nosotros. Lo que dije acerca de Evgeni Nikolaich, que fue de paso y en broma, lo entendió usted en sentido contrario al que tenía; y ha dado a todo el asunto una interpretación ofensiva para mí. Saca usted a relucir lo del dinero y se manifiesta usted inquieto con respecto a él. Ahora bien, estoy dispuesto a satisfacer sin equívocos todos sus deseos y exigencias, aunque no puedo menos que recordarle que los 350 rublos que recibí de usted la semana pasada no fueron a título de préstamo, sino como parte del convenio que usted sabe. Si hubiera sido préstamo existiría, por supuesto, un recibo. No me rebajo a contestar los otros puntos que menciona usted en su carta. Veo que se trata de una incomprensión, veo en ello sus consabidos arrebatos, su vehemencia y su franqueza. Sé que la bondad y el carácter sincero de usted no permiten que anide la sospecha en su corazón y que, en definitiva, será usted el primero en alargarme la mano. Se equivoca usted, Iván Petrovich, se equivoca usted de medio a medio.

A pesar de que su carta me ha ofendido hondamente, yo, hoy mismo, sería el primero en reconocerme culpable e ir a verle si no fuera porque el mucho ajetreo de ayer me ha dejado enteramente rendido y apenas puedo tenerme de pie. Para colmo de desgracias, mi mujer ha caído en cama y me temo que se trate de algo grave. En cuanto al pequeño, a Dios gracias va mejor. Pero dejo la pluma, los quehaceres me llaman y tengo un montón de ellos. Quedo de usted, apreciadísimo amigo, etc.

VI
De Iván Petrovich a Pyotr Ivanych

14 de noviembre

Muy señor mío:

He esperado tres días y he tratado de emplearlos con provecho. Durante ese tiempo, creyendo que la cortesía y el decoro son los principales adornos del hombre, no le he llamado la atención sobre mí ni de palabra ni de obra desde mi última carta fechada el 10 del corriente, en

parte para que pudiera usted cumplir con calma sus deberes cristianos para con su tía, y en parte también porque necesitaba tiempo para
hacer ciertas gestiones e indagaciones con respecto a nuestro asunto.
Ahora me apresuro a poner las cosas en claro, final y categóricamente.

Confieso con franqueza que tras la lectura de sus dos primeras cartas pensé en serio que usted no entendía lo que yo quiero; por eso prefería
en cada caso verle a usted y hablar cara a cara del asunto, porque la
pluma me asusta y me acuso de falta de claridad en trasladar mis pensamientos al papel. Usted sabe que carezco de educación y de buenas
maneras y que soy ajeno a representar lo que no soy, ya que por triste
experiencia he llegado a saber lo falsas que son a menudo las apariencias y cómo bajo las flores se oculta a veces la víbora. Pero usted me
entendió, y si no me contestó como era debido fue porque con perfidia,
ya había decidido usted faltar a su palabra de honor y pervertir las relaciones amistosas que han existido entre nosotros. Mucho ha demostrado
usted esto en su abominable comportamiento conmigo en días recientes, comportamiento perjudicial para mis intereses, que yo no esperaba
y en el que me he resistido a creer hasta el último momento; porque,
cautivado al comienzo de nuestras relaciones por su actitud sensata, su
fino trato, su conocimiento de los negocios, así como por las ventajas
que se sucederían de mi asociación con usted, supuse que había encontrado a un verdadero amigo, compañero y persona de buena voluntad.
Ahora, sin embargo, comprendo que hay muchas personas que, bajo un
aspecto lisonjero y brillante, esconden veneno en el corazón, que aplican su entendimiento a maquinar contra el prójimo e inventar intolerables
supercherías, y que por ello temen la pluma y el papel, y que, por último, se sirven de las buenas palabras, no en provecho del prójimo y la
patria, sino para fascinar y adormecer el juicio de quienes se han asocia-
do con ellos en diversos acuerdos y asuntos. La perfidia de usted para
conmigo señor mío, se revela en lo que manifiesto a continuación.

En primer lugar, cuando de manera clara y tajante le describí en mi
carta mi situación y le preguntaba además —en mi primera carta— qué
quería dar usted a entender, señor mío, con ciertas frases y alusiones
referentes en particular a Evgeni Nikolaich, trató usted de no darse por
enterado, y después de provocar mi indignación con dudas y sospechas, decidió usted, sin más, esquivar el asunto. Más tarde, después de
hacerme víctima de actos a los que no cabe dar nombre decoroso, empezó usted a decirme por carta que se sentía herido. ¿Qué calificativo, señor
mío, cabe dar a esto? Luego, cuando cada minuto me era precioso y
usted me obligó a perseguirle por toda la capital, me escribió usted cartas en las cuales omitía deliberadamente toda referencia a nuestro asunto
y me hablaba de cosas impertinentes, por ejemplo, de las dolencias de
su esposa, señora para mí muy respetable en todo caso, y de que a su

pequeño le habían recetado ruibarbo porque le estaban saliendo los dientes. A todo esto aludía usted en cada una de sus cartas, con regularidad que me resultaba indigna e injuriosa. Comprendo, por supuesto, que los padecimientos de un hijo atormenten el alma del padre, pero ¿a qué aludir a ellos cuando lo que importa es otra cosa mucho más apremiante y necesaria? Mantuve silencio y me cargué de paciencia; pero ahora, cuando ya ha pasado tiempo, considero mi deber hablar claro. En fin, que con haberme dado citas falsas a menudo y con perfidia, usted me ha obligado, por lo visto, a hacer un papel de bobo y payaso que nunca he tenido intención de representar. Más tarde, después de invitarme previamente a su casa y, naturalmente, de engañarme, me dice usted que ha sido llamado a la cabecera de su tía enferma, quien ha sufrido un ataque a las cinco en punto, justificándose así con vergonzosa precisión. Por fortuna, señor mío, he tenido tiempo de hacer indagaciones en estos tres días y me he enterado de que su tía tuvo el ataque en la víspera del 8, poco antes de medianoche. Veo, pues, que se aprovecha usted de la santidad de las relaciones familiares para engañar a quienes le son enteramente extraños. Para concluir, en su última carta habla usted de la muerte de su pariente como si hubiera ocurrido en el momento preciso en que yo debía presentarme en casa de usted para hablar de los asuntos que usted sabe. En este caso la bajeza de los cálculos y embustes de usted rebasan los límites de lo probable, ya que por informes del todo fehacientes, a los que afortunadamente he podido recurrir muy a propósito y oportunamente, supe que su tía falleció veinticuatro horas después de cuando usted dice falsamente en su carta que ocurrió el fallecimiento. Si fuera a contar todos los indicios por los que he llegado a saber su perfidia para conmigo sería el cuento de nunca acabar. Al observador imparcial le bastaría con ver cómo en todas sus cartas me llama usted su muy sincero amigo y me colma de nombres lisonjeros, cosa que, por lo que deduzco, hace sólo para acallar mi conciencia.

Paso ahora al principal ejemplo de su mala fe y falsedad para conmigo, a saber, el silencio ininterrumpido que en días recientes mantiene usted en todo lo que toca a nuestros intereses comunes; el hurto maligno de la carta en que, de manera oscura y no del todo comprensible para mí, exponía nuestro acuerdo y convenio, previo préstamo bárbaro y forzoso de 350 rublos, sin recibo, que exigió usted de mí en calidad de consocio; y, por último, en las viles calumnias de que hace objeto a nuestro común conocido Evgeni Nikolaich. Ahora veo claro que lo que quería usted sugerir era, si se permite la expresión, que ese joven es como el macho cabrío que no da leche ni lana, que no es ni fu ni fa, ni chicha ni limonada, lo que caracterizaba usted como vicio en su carta del 6 del corriente. Yo, sin embargo, conozco a Evgeni Nikolaich como joven modesto y de buenas costumbres, apto sin duda para merecer, encontrar y ganarse el respeto de todos. También me he enterado de que todas las noches, durante dos semanas enteras, jugando a las cartas con Evgeni Nikolaich, ha llegado usted a embolsarse algunas decenas de rublos y, a veces, hasta algunos centenares. Ahora, sin embargo, se retracta usted de todo esto, y no sólo se niega a resarcirme por mis esfuerzos, sino que se ha apropiado mi propio dinero, halagándome de antemano con el título de consocio y engatusándome con los diversos beneficios que de ello me resultarían. Ahora, después de haberse apropiado ilegalmente mi dinero y el de Evgeni Nikolaich, se niega usted a compensarme y recurre a una calumnia con la que denigra injustamente a quien presenté en su casa a costa de grandes afanes y esfuerzos. Pero, por otro lado, según dicen los amigos, está usted ahora a partir un piñón con él y se hace pasar ante todo el mundo como su mejor amigo, aunque no hay tonto, por muy tonto que sea, que no se dé cuenta de adónde apuntan las intenciones de usted y qué significan en realidad sus relaciones amistosas. Yo, por mí, diré que significan engaño, perfidia, olvido del decoro y los derechos humanos, todo ello en ofensa de Dios y de todo punto abominable. Me pongo a mí mismo como ejemplo y muestra. ¿En qué le he ofendido yo a usted para que me trate de forma tan desvergonzada?

Cierro esta carta. He puesto las cosas en claro. Ahora, para terminar, si usted, señor mío, tan pronto como reciba la presente no me devuelve en su totalidad: Primero, la cantidad que le entregué, 350 rublos, y segundo, no me manda las otras cantidades que, según promesa suya, me corresponden, recurriré a todos los medios posibles para obtener la restitución, tanto a la fuerza pura y simple como al amparo de las leyes; y, por último, le manifiesto que obran en mi poder ciertos testimonios que, mientras sigan en manos de este su servidor y admirador, pueden manchar y destruir el nombre de usted a los ojos del mundo entero. Me reitero, etc.

VII
De Pyotr Ivanych a Iván Petrovich

15 de noviembre

Iván Petrovich:

Cuando recibí su misiva tan grosera como extraña sentí el deseo de hacerla pedazos, pero la guardé como cosa curiosa. Por lo demás, lamento de corazón las incomprensiones y contrariedades que han surgido entre nosotros. Estuve por no contestarle, pero me es indispensable hacerlo. Cabalmente con estos renglones quiero indicarle que me será muy desagradable en todo momento recibirle a usted en mi casa, y que lo mismo digo de mi mujer. Anda delicada de salud y no le sienta bien el olor del alquitrán.

Mi mujer envía a la esposa de usted un libro que dejó en nuestra casa, *Don Quijote de la Mancha*, y le queda muy agradecida. En cuanto a los chanclos que dice usted que dejó aquí en su última visita, debo informarle que desgraciadamente no aparecen por ninguna parte. Se seguirán buscando, pero si no se encuentran, le compraré unos nuevos. Quedo de usted, etc.

VIII

El 16 de noviembre Pyotr Ivanych recibe por correo interior dos cartas dirigidas a su nombre. Abre la primera y saca de ella una nota, cuidadosamente doblada, en papel color de rosa claro. La letra es de su mujer. Está dirigida a Evgeni Nikolaich con fecha 2 de noviembre. No hay nada más en el sobre. Pyotr Ivanych lee:

Amado Evgeni: Fue del todo imposible ayer. Mi marido permaneció toda la velada en casa. Ven mañana sin falta a las once en punto. Mi marido se va a Tsarskoye a las diez y media y no volverá hasta media noche. Estuve furiosa toda la noche. Te agradezco el envío de la correspondencia y noticias. ¡Qué montón de papeles! ¿De veras que ella los ha emborronado todos? Por otra parte, tiene estilo. Gracias, veo que me quieres. No te enfades por lo de ayer y, por lo que más quieras, ven mañana.

A.

Pyotr Ivanych abre el segundo sobre.

Pyotr Ivanych:

Ni que decir tiene que de todos modos no hubiera vuelto a poner los pies en casa de usted; en vano, pues, me lo dice usted por escrito.

La semana que viene salgo para Simbirsk. Como apreciadísimo y estimadísimo amigo le queda a usted Evgeni Nikolaich. Buena suerte y no se preocupe usted por lo de los chanclos.

IX

El 17 de noviembre Iván Petrovich recibe por correo interior dos cartas dirigidas a su nombre. Abre la primera y saca de ella una nota escrita de prisa y con descuido. La letra es de su mujer. Está dirigida a Evgeni Nikolaich con fecha 4 de agosto. No hay nada más en el sobre. Iván Petrovich lee:

¡Adiós, adiós, Evgeni Nikolaich! Que Dios le premie también por esto. Sea usted feliz, aunque para mí sea cruel el destino. ¡Qué horrible! Así lo quiso usted. Si no hubiera sido por mi tía, no hubiera depositado mi confianza en usted. No se burle de mi tía ni de mí. Mañana nos casan. Mi tía está contenta de haber hallado a un hombre bueno que me acepta sin dote. Hoy me he fijado bien en él por primera vez. Parece que es muy bueno. Me dan prisa. Adiós, adiós, amado mío. Acuérdese de mí alguna vez; yo no le olvidaré nunca. Adiós. Firmo esta última como firmé la primera. ¿Recuerda?

Tatyana

La segunda carta reza así:

Iván Petrovich:

Mañana recibirá usted unos chanclos nuevos. Yo no acostumbro a sacar cosas de bolsillos ajenos, ni gusto de recoger basura por esas calles.

Evgeni Nikolaich va a Simbirsk dentro de unos días por asuntos de su abuelo y me pide que le gestione un compañero de viaje. ¿Se anima usted?

Contenido

TÍTULOS DE ESTA COLECCIÓN

Esta obra se terminó de imprimir en septiembre de 2009,
en los talleres de Litográfica Ingramex, S.A. de C.V.
Centeno 162-1, Col. Granjas Esmeralda,
C.P. 09810, México, D.F.